Pabst/Frankewitsch

# Staatsrecht für den Polizeidienst

# Staatsrecht für den Polizeidienst

von

**Heinz-Joachim Pabst**

und

**Anne Frankewitsch**

6. Auflage

KSV Medien

FSC
www.fsc.org
MIX
Papier | Fördert gute Waldnutzung
FSC® C019821

Die Herstellung bei KSV Medien erfolgt weitgehend digital und in dem Bewusstsein, eine möglichst ressourcenschonende Produktion zu gewährleisten.

**Bibliografische Information der Deutschen Nationalbibliothek**
Die Deutsche Nationalbibliothek verzeichnet diese Publikation in der Deutschen Nationalbibliografie; detaillierte bibliografische Daten sind im Internet über http://dnb.dnb.de abrufbar.


Konrad-Adenauer-Ring 13 · 65187 Wiesbaden
info@ksv-medien.de · www.ksv-medien.de

Satz: SEUME Publishing Services GmbH, Erfurt
Druck: Druckerei C.H.Beck · Nördlingen

**ISBN 978-3-8293-1815-0**

# Inhalt

# Vorwort zur 6. Auflage

Mit der sechsten Auflage wird das Lehrbuch erneut umfassend erweitert und auf den Stand Sommer 2025 gebracht. Nach dem krankheitsbedingten Rückzug von Professor Dr. Heinz-Joachim Pabst habe ich – in großer Wertschätzung seiner wegweisenden Vorarbeiten – die Aktualisierung federführend übernommen.

**Neue Schwerpunkte:**

- Neues Bundeswahlrecht und Bundestagswahl 2025
- Das seit 2022 geltende Versammlungsgesetz NRW und die seit 2024 zulässige Individualverfassungsbeschwerde zum VerfGH NRW werden praxisnah erläutert.
- Asylgrundrecht:
- Ein neues Kapitel vermittelt den laut Curriculum geforderten Überblick über das Asylgrundrecht, einschließlich der besonderen Situation geflüchteter Menschen aus der Ukraine.
- Aktualisierte Fallbeispiele:
- Beispiele und Materialien wurden durchgängig überarbeitet und um neueste Entwicklungen mit Bezug zum Polizeirecht ergänzt.

Mein besonderer Dank gilt Professor Dr. Heinz-Joachim Pabst, dessen Konzept und präziser Blick für das Wesentliche das Werk weiterhin prägen.

Warendorf, im Juli 2026 Anne Frankewitsch

# Vorwort zur 1. Auflage

**Staatsrecht macht Spaß!**

Diese Überzeugung will das vorgelegte Buch bei den allen Studierenden, die sich mit dem Staatsrecht befassen müssen, wecken.

Seit längerem wird die Ausbildung im Bereich Polizeivollzugsdienst an der FHöV NRW mit dem Bachelor abgeschlossen. Mit dem vorliegenden Werk sollen die Inhalte des Faches Staatsrecht kompakt aufgearbeitet werden. Das Buch folgt dem Curriculum des Studiengangs und folgt dem Aufbau der Studienabschnitte, Teilmodul GS 2.1 (1. Teil, Kapitel 1-5) und Teilmodul HS 2.2.3 (2. Teil, Kapitel 6). Gerichtet ist das Buch darauf, die Veranstaltungen zum Eingriffsrecht mit der – dringend notwendigen – verfassungsrechtlichen Grundlegung zu begleiten und die besondere Bedeutung des Grundgesetzes gerade für polizeiliches Handeln zu verdeutlichen.

Die zahlreichen Beispiele, Beispielfälle und Merke-Hinweise mögen zum Verständnis und zur Erläuterung beitragen.

Ich bitte all diejenigen um Verzeihung, die erwarten, dass jede Funktion in männlicher und weiblicher Form wiedergegeben wird; meinem schlichten männlichen Gemüt und der Diktion vor allem des Grundgesetzes folgend habe ich mich anstelle gendergerechter Sprache weit überwiegend für die männliche Form entschieden. Sollte jemand hieran Anstoß nehmen, drohe ich hiermit an, evtl. in späteren Fassungen des Werkes weibliche und männliche Bezeichnungen in bunter Reihe zu wählen.

Eine Empfehlung zur Verwendung des Buches: Wer Spaß daran hat, kann den Hinweisen auf die staatsrechtliche Literatur und insb. auf die höchstrichterliche Rechtsprechung folgen; gerade letztere einmal im Original zu lesen, macht Freude und vertieft die Rechtskenntnis.

Die verwendete Rechtsprechung aus der Amtlichen Sammlung des Bundesverfassungsgerichts („BVerfGE") kann zu 99 % abgerufen werden unter http://www.verfassungsrecht.ch.

Anregungen, Lob, Kritik und Hinweise sind jederzeit ausdrücklich erwünscht. Nachrichten können gerichtet werden an

**str-haudrauf@web.de**

Und nun viel Freude beim Lesen und Arbeiten!

Köln, im August 2015 — Heinz-Joachim Pabst

## Zur Verfasserin

Anne Frankewitsch ist Professorin für Allgemeines und Besonderes Verwaltungsrecht sowie stv. Landesmodulkoordinatorin Staats- und Europarecht an der Hochschule für Polizei und öffentliche Verwaltung, Studienort Bielefeld. Schwerpunkt ihrer Lehre im Allgemeinen und Besonderen Verwaltungsrecht bildet das Polizei- und Ordnungsrecht.

# Abkürzungsverzeichnis

| | |
|---|---|
| a. A. | andere/r Ansicht |
| AbgG | Abgeordnetengesetz |
| abl. | ablehnend |
| ABl. | Amtsblatt |
| Abs. | Absatz |
| | Änderungsgesetz |
| AEUV | Vertrag über die Arbeitsweise der Europäischen Union |
| AfD | Alternative für Deutschland |
| a. F. | alte Fassung |
| AG | Aktiengesellschaft |
| AI | Artificial Intelligence (deutsch: KI = Künstliche Intelligenz) |
| AktG | Aktiengesetz |
| allg. | allgemein |
| Alt. | Alternative |
| AMG | Arzneimittelgesetz |
| amtl. | amtlich |
| Anh. | Anhang |
| Anm. | Anmerkung |
| APR | Allgemeines Persönlichkeitsrecht |
| APuZ | Aus Politik und Zeitgeschichte |
| ArbGG | Arbeitsgerichtsgesetz |
| Art. | Artikel |
| AsylG | Asylgesetz |
| AtomG | Atomgesetz |
| AU | Afrikanische Union |
| AufenthG | Aufenthaltsgesetz |
| Aufl. | Auflage |
| AWACS | Airborne Warning and Control System |
| Az. | Aktenzeichen |
| BAG | Bundesarbeitsgericht |
| BAGE | Amtliche Sammlung der Entscheidungen des Bundesarbeitsgerichts |
| BAMF | Bundesamt für Migration und Flüchtlinge |
| BayObLG | Bayerisches Oberstes Landesgericht |
| BayPAG | Polizeiaufgabengesetz Bayern |
| BayVerfGH | Bayerischer Verfassungsgerichtshof |
| BayVersG | Bayerisches Versammlungsgesetz |
| BayVGH | Bayerischer Verwaltungsgerichtshof |
| Bd. | Band |
| BfV | Bundesamt für Verfassungsschutz |
| BeckOK | Beck'scher Onlinekommentar |

| | |
|---|---|
| Begr. | Begründung |
| Beschl. | Beschluss |
| BFH | Bundesfinanzhof |
| BFSG | Barrierefreiheitsstärkungsgesetz |
| BGB | Bürgerliches Gesetzbuch |
| BGBl. | Bundesgesetzblatt |
| BGH | Bundesgerichtshof |
| BGHZ | Amtliche Sammlung der Entscheidungen des Bundesgerichtshofs in Zivilsachen |
| BGHSt | Amtliche Sammlung der Entscheidungen des Bundesgerichtshofs in Strafsachen |
| BKA | Bundeskriminalamt |
| BMI | Bundesministerium des Innern |
| BMinG) | Bundesministergeseetz |
| BND | Bundesnachrichtendienst |
| bspw. | beispielsweise |
| BR | Bundesrat |
| BRAK | Bundesrechtsanwaltskammer |
| BR-Drs. | Bundesratsdrucksache |
| BReg | Bundesregierung |
| BSG | Bundessozialgericht |
| BT | Bundestag |
| BT-Drs. | Bundestagsdrucksache |
| BVerfG | Bundesverfassungsgericht |
| BVerfGE | Amtliche Sammlung der Entscheidungen des Bundesverfassungsgerichts |
| BVerfGG | Bundesverfassungsgerichtsgesetz |
| BVerwG | Bundesverwaltungsgericht |
| BVerwGE | Amtliche Sammlung der Entscheidungen des Bundesverwaltungsgerichts |
| BWahlG | Bundeswahlgesetz |
| BWahlO | Bundeswahlordnung |
| BWV | Bundeswehrverwaltung (Zeitschrift) |
| bzgl. | bezüglich |
| bzw. | beziehungsweise |
| ca. | circa |
| CDU | Christlich demokratische Union Deutschlands |
| CSU | Christlich soziale Union |
| CSD | Christopher-Street-Day |
| d. | des |
| D.C. | District of Columbia |
| DDR | Deutsche Demokratische Republik |
| ders. | Derselbe |
| DFL | Deutsche Fußballliga |

| | |
|---|---|
| d. h. | das heißt |
| DHS | Dürig/Herzog/Scholz (Hrsg.) GG |
| dies. | dieselbe/n |
| DAS | Digital Service Act (Gesetz über digitale Märkte) |
| DSGVO | Datenschutzgrundverordnung |
| Dt. | Deutsche, Deutscher |
| DVBl | Deutsches Verwaltungsblatt |
| DVO | Durchführungsverordnung |
| DW | Deutsche Welle, Auslandsrundfunk der Bundesrepublik Deutschland |
| ebd. | ebenda |
| EGMR | Europäischer Menschenrechtsrat |
| EGV | Einigungsvertrag |
| Einf. | Einführung |
| EingV | Einigungsvertrag |
| Einl. | Einleitung |
| EKD | Evangelische Kirche in Deutschland |
| Erg., erg. | Ergänzung; ergänzend |
| EMRK | Europäische Menschenrechtskonvention |
| Erl. | Erläuterung |
| EU | Europäische Union |
| EuGH | Gerichtshof der Europäischen Gemeinschaften |
| f. | folgende (Singular) |
| FamFG | Gesetz über das Verfahren in Familiensachen und in den Angelegenheiten der freiwilligen Gerichtsbarkeit |
| FAP | Freiheitliche Deutsche Arbeiterpartei |
| FBI | Federal Bureau of Investigation, deutsch: Bundesamt für Ermittlung |
| fdGO | freiheitlich demokratische Grundordnung |
| FDP | Freie Demokratische Partei |
| ff. | folgende (Plural |
| FGO | Finanzgerichtsordnung |
| Fn. | Fußnote |
| FüPoG | Führungspositionengesetz |
| g | Gramm |
| G-10 | Gesetz zur Beschränkung des Brief-, Post- und Fernmeldegeheimnisses |
| GBl. | Gesetzblatt |
| GEAS | Gemeinsames Europäisches Asylsystem |
| gem. | gemäß |
| GewO | Gewerbeordnung |
| GFK | Genfer Flüchtlingskonvention |
| GG | Grundgesetz |
| ggf. | gegebenenfalls |

| | |
|---|---|
| GmbH | Gesellschaft mit beschränkter Haftung |
| GO | Geschäftsordnung |
| GOBR | Geschäftsordnung des Bundesrates |
| GOBReg | Geschäftsordnung der Bundesregierung |
| GOBT | Geschäftsordnung des Bundestages |
| grdl. | grundlegend |
| grds. | grundsätzlich |
| GVBl. | Gesetz- und Verordnungsblatt |
| h | hour (Stunde) |
| Hrsg. | Herausgeber |
| HS | Halbsatz |
| HVersFG | Versammlungsfreiheitsgesetz Hessen |
| ICE | Intercity-Express |
| IEEPA | International Emergency Economic Powers Act, Gesetz über wirtschaftliche Befugnisse bei einer internationalen Notlage |
| IfSG | Infektionsschutzgesetz |
| IHK | Industrie- und Handelskammer |
| insb. | insbesondere |
| i. S. d. | im Sinne des |
| i. S. v. | im Sinne von |
| i. V. m. | in Verbindung mit |
| J. | Jahre |
| Jb | Jahrbuch |
| JuS | Juristische Schulung |
| JuSchG | Jugendschutzgesetz |
| JVA | Justizvollzugsanstalt |
| JZ | Juristenzeitung |
| Kap. | Kapitel |
| Kat. | Kategorie |
| KI | Künstliche Intelligenz |
| Kita | Kindertagesstätte |
| km | Kilometer |
| Komm. | Kommentar |
| KPD | Kommunistische Partei Deutschlands |
| krit. | kritisch |
| KunstUrhG | Kunsturhebergesetz |
| lat. | Lateinisch |
| LKA | Landeskriminalamt |
| LKW | Lastkraftwagen |
| Ls. | Leitsatz |
| LG | Landgericht |
| lit | Buchstabe |
| Lit. | Literatur |
| lt. | laut |

| | |
|---|---|
| LTO | Legal Tribune Online |
| LuftSiG | Luftsicherheitsgesetz |
| LVerf | Landesverfassung |
| LZPD | Landeszentrale für Polizeiliche Dienste |
| Mio. | Millionen |
| m. w. N. | mit weiteren Nachweisen |
| NdsSOG | Niedersächsisches Gesetz über die öffentliche Sicherheit und Ordnung |
| NEA | National Emergencies Act |
| NGO | Non-Governmental Organization, Nichtregierungsorganisation |
| NISG | Gesetz zum Schutz vor nichtionisierender Strahlung bei der Anwendung am Menschen |
| NJW | Neue Juristische Wochenschrift |
| NPD | Nationaldemokratische Partei Deutschlands |
| NJW-RR | Neue Juristische Wochenschrift – Rechtsprechungsreport |
| NVersG | Niedersächsiches Versammlungsgesetz |
| NVwZ | Neue Zeitschrift für Verwaltungsrecht |
| NVwZ-RR | Neue Zeitschrift für Verwaltungsrecht – Rechtsprechungsreport |
| Nr. | Nummer |
| NRW | Nordrhein-Westfalen |
| NS | Nationalsozialismus, nationalsozialistisch |
| NSDAP | Nationalsozialistische Deutsche Arbeiterpartei |
| NS-Regime | nationalsozialistisches Regime |
| NStZ | Neue Zeitschrift für Strafrecht |
| NZM | Neue Zeitschrift für Mietrecht |
| NZV | Neue Zeitschrift für Verkehrsrecht |
| o. Ä. | oder Ähnliches |
| OLG | Oberlandesgericht |
| OVG | Oberverwaltungsgericht |
| PAG | Polizeiaufgabengesetz |
| PartG | Parteiengesetz |
| Pkw | Personenkraftwagen |
| PM | Pressemitteilung |
| PolG | Polizeigesetz |
| PostG | Postgesetz |
| PUAG | Gesetz über parlamentarische Untersuchungsausschüsse |
| RefE | Referentenentwurf |
| RegE | Regierungsentwurf |
| RelKErzG | Gesetz über die religiöse Kindererziehung |
| RGBl | Reichsgesetzblatt |
| Rh.-Pfl. | Rheinland-Pfalz |
| RL | Richtlinie |
| Rn. | Randnummer |
| S. | Seite |

| | |
|---|---|
| SächsVersG | Sächsisches Versammlungsgesetz |
| SBGG | Selbstbestimmungsgesetz |
| SchulG | Schulgesetz |
| SG | Sozialgericht |
| SH | Schleswig-Holstein |
| sog. | sogenannte/n |
| SPD | Sozialdemokratische Partei Deutschlands |
| SRP | Sozialistische Reichspartei |
| SSW | Südschleswigscher Wählerverband |
| StAG | Staatsangehörigkeitsgesetz |
| StGB | Strafgesetzbuch |
| StPO | Strafprozessordnung |
| str. | streitig |
| StrWG | Straßen- und Wegegesetz |
| StVO | Straßenverkehrsordnung |
| StVollzG | Strafvollzugsgesetz |
| SVR | Straßenverkehrsrecht |
| t | Tonne(n) |
| TierSchG | Tierschutzgesetz |
| TKÜ | Telekommunikationsüberwachung |
| TSG | Transsexuellengesetz |
| TVG | Tarifvertragsgesetz |
| u. a. | unter anderem, und andere |
| u. Ä. | und Ähnliche(s) |
| UdSSR | Union der Sozialistischen Sowjetrepubliken |
| umstr. | Umstritten |
| UK | United Kingdom |
| UN | United Nations, Vereinte Nationen |
| UNHCR | United Nations High Commissioner for Refugees, deutsch: Der Hohe Flüchtlingskommissar der Vereinten Nationen |
| Urt. | Urteil |
| US | United States, Vereinigte Staaten |
| USA | United States of America, Vereinigte Staaten von Amerika |
| UzWG | Gesetz über den unmittelbaren Zwang bei Ausübung öffentlicher Gewalt durch Vollzugsbeamte des Bundes |
| v. | von, vom |
| Var. | Variante |
| VereinsG | Vereinsgesetz |
| Verf. | Verfasser, Verfassung |
| VerfBlog | Verfassungsblog |
| VersFG BE | Versammlungsfreiheitsgesetz Berlin |
| VerfGH | Verfassungsgerichtshof |
| VersFG SH | Versammlungsfreiheitsgesetz Schleswig-Holstein |
| VersG NRW | Versammlungsgesetz Nordrhein-Westfalen |

| | |
|---|---|
| VersammlG LSA | Versammlungsgesetz des Landes Sachsen-Anhalt |
| VG | Verwaltungsgericht |
| VGHG | Verfassungsgerichtshofgesetz |
| vgl. | vergleiche |
| V-Mann/V-Leute | Vertrauensperson(en) |
| VO | Verordnung |
| VVdStRL | Vereinigung der deutschen Staatsrechtslehrer |
| VVPolG NRW | Verwaltungsvorschrift zum Polizeigesetz Nordrhein-Westfalen |
| VwGO | Verwaltungsgerichtsordnung |
| WaffG | Waffengesetz |
| WRV | Weimarer Reichsverfassung |
| ZAR | Zeitschrift für Ausländerrecht und Ausländerpolitik |
| z. B. | zum Beispiel |
| zit. | zitiert |
| ZPO | Zivilprozessordnung |
| ZRP | Zeitschrift für Rechtspolitik |
| ZUR | Zeitschrift für Umweltrecht |

## Auswahl der verwendeten Literatur

*Degenhart*, Staatsrecht I, 40. Auflage 2025
*Dürig/Herzog/Scholz* (Hrsg.), Grundgesetz, Kommentar, Stand 8/2024 (abgekürzt: DHS)
*Epping/Hillgruber* (Hrsg.), Beck Online-Kommentar Grundgesetz, Stand 2025
*Gröpl*, Staatsrecht I, 11. Auflage 2019
*Herdegen*, Völkerrecht, 23. Aufl. 2024 München.
*Ipsen*, Staatsrecht I, 36. Auflage 2024
*Jarass/Pieroth*, Grundgesetz, Kommentar, 18. Auflage 2016
*Katz/Sander*, Staatsrecht, 19. Auflage 2019
*Kingreen/Poscher*, Staatsrecht II, 40. Auflage 2024
*Huber/Voßkuhle* (vormals v. Mangoldt/Klein/Starck), Grundgesetz, 8. Aufl. 2024
*Manssen*, Staatsrecht II, 20. Auflage 2024
*Maurer/Schwarz*, Staatsrecht I, 8. Auflage 2023
*Münch, v./Kunig*, Grundgesetz, Kommentar, 7. Auflage 2021
*Sachs*, Grundgesetz, Kommentar, 10. Auflage 2024
*Sachs*, Staatsrecht II, 3. Auflage 2017
*Schöbener/Knauff*, Allgemeine Staatslehre, 5. Auflage 2023
*Schroeder*, Grundrechte, 5. Auflage 2019
*Sodan*, Grundgesetz, Kommentar, 5. Auflage 2024

# 1. Einführung

Die Verfassungsprinzipien und die Grundrechte sind Teil der Verfassung und zugleich Teil des Staatsrechts des Staates „Bundesrepublik Deutschland". Was aber macht diesen Staat aus? Was ist ein Staat? Was ist Staatsrecht? Was ist das Grundgesetz der Bundesrepublik Deutschland? Diese Grundfragen zu klären ist Gegenstand des ersten Kapitels.

## 1.1 Bestimmung des Gegenstandes „Staatsrecht"

Dem Thema „Staat" kann sich aus verschiedener Sicht genähert werden. Der Staat ist nicht nur Gegenstand der rechtswissenschaftlichen Auseinandersetzung, sondern zugleich bspw. der politikwissenschaftlichen oder der volkswirtschaftlichen Sicht zugänglich. Bei allen denkbaren Überschneidungen steht die rechtswissenschaftliche Sicht auf das Staatsrecht im Vordergrund, die zum einen das Staatsrecht in der Gesamtrechtsordnung der Bundesrepublik verortet und zugleich die unerlässliche Positionierung ggü. dem supranationalen Recht, dem Völkerrecht und vor allem dem Europarecht vornimmt.

### 1.1.1 Der Begriff des Staatsrechts

Die deutsche Rechtsordnung ist geprägt von der Unterscheidung zwischen dem **öffentlichen Recht** und dem **Privatrecht**. Ungeachtet der verschiedenen Theorien zur Abgrenzung zwischen Privatrecht und öffentlichem Recht[1] gehört das Staatsrecht dem öffentlichen Recht an.

Als „Staatsrecht" wird die Gesamtheit aller Normen begriffen, die die **fundamentalen Grundlagen** der staatlichen Ordnung sowie den Aufbau und die Organisation des Staates, dessen Funktionen und Aufgaben betreffen. Geregelt werden die Kreation und die Funktion der obersten Staatsorgane sowie das Verhältnis des Menschen und der Gesellschaft zum Staat hinsichtlich der gegenseitigen Rechte und Pflichten. Der föderalen Ordnung der Bundesrepublik geschuldet, regelt das deutsche Staatsrecht zugleich das Verhältnis des Bundes und der Länder untereinander.

Parallel zum Begriff des Staatsrechts existiert der Begriff des **Verfassungsrechts**, der für sich regelmäßig in die Bereiche des materiellen und des formellen Verfassungsrechts unterteilt wird. Das **formelle Verfassungsrecht** bezeichnet die eigentliche **Verfassungsurkunde**, somit für die Bundesrepublik Deutschland das Grundgesetz (GG). Dabei wird aus der Verfassung heraus häufig auf Normen außerhalb der Verfassung verwiesen, die vom Gesetzgeber zu erlassen sind und nähere Bestimmungen zu den jeweiligen Fragestellungen der betreffenden Verfassungsrechtnorm enthalten (vgl. etwa Art. 38 Abs. 3 GG).

1 Vgl. hierzu nur *Katz/Sander*, Staatsrecht, Rn. 12 ff.

Das **materielle Verfassungsrecht** ist dabei nach überwiegender Ansicht deckungsgleich mit dem Begriff des Staatsrechts, da beide Begriffe alle Normen umfassen, die neben dem Text des Grundgesetzes auch die übrigen staats(organ)bezogenen Normen – oder auch das „außerverfassungsrechtliche" Staatsrecht[2] – enthalten.[3]

***Beispiele:***
*Bundeswahlgesetz (BWahlG), (Bundes-)Abgeordnetengesetz (AbgG), Bundesministergesetz (BMinG), Gesetz über parlamentarische Untersuchungsausschüsse (PUAG), Parteiengesetz (PartG), Staatsangehörigkeitsgesetz (StAG), Bundesverfassungsgerichtsgesetz (BVerfGG).*

Es kann insoweit auch – untechnisch – von „politischen Gesetzen" gesprochen werden. Die betreffenden Gesetze konkretisieren zumeist die in der Verfassung notwendigerweise allgemein gehaltenen Aussagen zu dem jeweiligen Rechtsgebiet.

### 1.1.2 Der Begriff des Staates

Mit dem Begriff des Staatsrechts ist allerdings noch nicht geklärt, was der Staat überhaupt ist. Üblicherweise kann sich dem Staatsbegriff aus der Warte des Völkerrechts genähert werden, also der Gesamtheit der Prinzipien und Regeln, die das Verhältnis von Völkerrechtssubjekten untereinander betreffen, wobei Völkerrechtssubjekte Träger von völkerrechtlichen Rechten und Pflichten sind. Zu diesen Völkerrechtssubjekten zählen neben internationalen Organisationen (etwa das Internationale Komitee vom Roten Kreuz) überwiegend Staaten, die aus völkerrechtlicher Sicht durch **drei Elemente** geprägt sind: ein **Staatsgebiet**, ein **Staatsvolk** sowie **Staatsgewalt**.[4]

Das Staatsgebiet bestimmt sich über denjenigen Teil der **Erdoberfläche**, für den der jeweilige Staat räumlich Geltung beansprucht. Das Staatsvolk bezeichnet die Gesamtheit von Personen, die über ihre Staatsangehörigkeit dem jeweiligen Staat zugeordnet ist. Zentralbegriff der Drei-Elemente-Lehre ist die Staatsgewalt, also die umfassende und alleinige Herrschaftsmacht eines Staates bezogen auf das Staatsgebiet und das Staatsvolk. Merkmal der Staatsgewalt ist vornehmlich das Recht, aus sich selbst heraus – also ohne gesonderte Ermächtigung – verbindliche Regeln aufzustellen und Entscheidungen zu treffen. Zu beachten ist allerdings, dass in einem Verfassungsstaat wie der Bundesrepublik Deutschland diese Entscheidungsgewalt nur im Rahmen der Verfassung ausgeübt werden darf.[5]

Die traditionelle Drei-Elemente-Lehre (Gebiet, Volk, Staatsgewalt) ist seit Langem um eine vierte, politisch-diplomatische Komponente ergänzt worden: die Anerkennung

2 Vgl. *Gröpl*, Staatsrecht I, Rn. 115.
3 Vgl. hierzu insgesamt *Ipsen*, Staatsrecht I, Rn. 17 ff.
4 Sog. „Drei-Elemente-Lehre", zurückgehend auf *Jellinek*, Allgemeine Staatslehre, 3. Aufl. 1913, Neudruck 1976, S. 394 ff.
5 Vgl. *Degenhart*, Staatsrecht I, Rn. 3 ff.

durch andere Staaten.[6] Ob diese „Drittanerkennung" den Charakter eines eigenständigen Elements besitzt oder lediglich den Nachweis liefert, dass die drei klassischen Voraussetzungen erfüllt sind, ist in der Völkerrechtswissenschaft umstritten. Praktisch entscheidet sich die Staatlichkeit schwieriger Grenzfälle wesentlich an der Frage, ob eine hinreichende Zahl existierender Staaten bereit ist, diplomatische Beziehungen aufzunehmen, Verträge abzuschließen und im multilateralen Institutionengefüge zusammenzuarbeiten. Das Montevideo-Übereinkommen von 1933 wird in der Literatur nach wie vor als maßgebliche Kodifikation herangezogen, weil es die drei klassischen Kriterien nennt, die Anerkennung jedoch nur deklaratorisch versteht.[7] Dennoch zeigt die jüngere Praxis – von der sukzessiven Anerkennung neuer Balkanstaaten 1991 bis zum gegenwärtigen Umgang mit Palästina –, dass das diplomatische Urteil der Staatengemeinschaft faktisch beinahe so bedeutsam ist wie ein klar abgegrenztes Territorium.

Die Anwendung dieser Theorie wird besonders anschaulich, wenn Einzelfälle nach Stärke von Gebiet, Bevölkerung, effektiver Gewalt und internationalem Echo untersucht werden.[8] Das selbsternannte **Fürstentum Sealand** etwa beruht auf einem ausgedienten britischen Seefort zwölf Kilometer vor der Küste von Suffolk. Obwohl sich eine Handvoll Bewohner seit 1967 als souverän betrachtet, fehlt es dem Konstrukt nicht nur an einem lebensfähigen Staatsvolk, sondern auch an dauerhafter Durchsetzungsmacht jenseits der Plattform. Kein Mitglied der Vereinten Nationen unterhält diplomatische Beziehungen; die britische Regierung betrachtet die Anlage als Teil ihres Küstenmeeres und duldet ihre Nutzung lediglich. Einer völkerrechtlichen Staatlichkeit steht daher das vollständige Fehlen externer Anerkennung entgegen.[9]

Einen völlig anderen Charakter trägt die sogenannte **„Reuß-Affäre"**. Heinrich XIII. Prinz Reuß, Symbolfigur einer Reichsbürger-Gruppe, verfolgte nach Erkenntnissen der deutschen Bundesanwaltschaft ab 2021 den Plan, den staatlichen Kernbereich der Bundesrepublik gewaltsam zu beseitigen und sich selbst an deren Spitze zu setzen. Weil weder ein eigenes Territorium noch eine stabile Bevölkerung noch irgendeine reale Normsetzungs- und Durchsetzungsgewalt vorlagen – die Gruppe war vielmehr Gegenstand strafrechtlicher Ermittlungen und seit Mai 2024 bundesgerichtlich angeklagt –, handelt es sich rechtlich nicht um einen Staat, sondern um eine inländische terroristische Organisation.[10]

Weitaus komplexer gestaltet sich die Lage **Palästinas**. Seit der Unabhängigkeitserklärung von 1988 verfügt die Palästinensische Befreiungsorganisation über einen definitorischen Anspruch auf das Gebiet von Westjordanland und Gaza. Die Kontrolle über dieses Gebiet ist seit 2007 zwischen israelischer Besatzungsverwaltung, der Palästi-

6 Vgl. *Herdegen*, Völkerrecht, § 10 Rn. 1 f.
7 Vgl. *Herdegen*, Völkerrecht, § 10 Rn. 6.
8 Vgl. *Herdegen*, Völkerrecht, § 10 Rn. 6.
9 VG Köln, Urt. vom 3.5.1978 – 9 K 2565/77 – https://www.lto.de/recht/hintergruende/h/staatsgruendung-sealand-liberland 1978, 510 ff.; *Urbaneck, Patric*, Staatengründung für Anfänger und Fortgeschrittene, LTO, 21.4.2015, https://www.lto.de/recht/hintergruende/h/staatsgruendung-sealand-liberland, zuletzt abgerufen am 29.6.2025.
10 ZEIT ONLINE, „Reichsbürger-Prozess: Heinrich XIII. Prinz Reuß weist Vorwurf der Anklage zurück", 28.6.2024, *https://www.zeit.de/gesellschaft/zeitgeschehen/2024-06/terrorismus-heinrich-xiii-prinz-reuss-aussage-gericht-frankfurt*, zuletzt abgerufen am 29.6.2025.

nensischen Autonomiebehörde in Ramallah und der De-facto-Gewalt der Hamas in Gaza aufgespalten. Deutlich mehr als zwei Drittel der UN-Mitgliedstaaten erkennen Palästina trotzdem an. Am 18.4.2024 scheiterte ein erneuter Antrag auf Vollmitgliedschaft im Sicherheitsrat lediglich am US-Veto. Die Kombination aus begrenzter Kontrolle und breiter diplomatischer Anerkennung lässt die Staatlichkeit Palästinas im Grenzbereich zwischen bestätigtem und umstrittenem Status erscheinen.[11] Die Lage hat sich seit dem Hamas-Angriff vom 7.10.2023 und der folgenden israelischen Bodenoffensive verschärft.

Ein weiteres Beispiel für partielle Staatlichkeit liefert das **Kosovo**. Nach der Unabhängigkeitserklärung vom Februar 2008 haben bis April 2025 108 UN-Staaten das Kosovo anerkannt. Die Regierung in Pristina verfügt über eine konsolidierte Verwaltung, eigene Streitkräfte und die Hoheit über das gesamte Landesgebiet, mit Ausnahme vereinzelter ethnisch serbischer Gemeinden im Norden, wo weiterhin internationale Schutztruppen präsent sind. Ein Sitz in den Vereinten Nationen bleibt wegen wiederholter Vetos Russlands und Chinas versagt.[12]

**Taiwan** – offiziell „Republik China" – kontrolliert ein Inselgebiet mit über 20 Millionen Einwohnern, besitzt funktionsfähige demokratische Institutionen, eine starke Wirtschaft und Streitkräfte. Seit der Pekinger Anerkennungspolitik ist die Zahl formeller diplomatischer Partner auf zwölf Staaten gesunken; die überwältigende Mehrheit der Welt unterhält jedoch faktische Beziehungen in Handel, Wissenschaft und Kultur. Damit erfüllt Taiwan alle drei klassischen Kriterien und agiert außenpolitisch weitgehend eigenständig, bleibt aber durch die fehlende flächendeckende Anerkennung und den Einspruch der Volksrepublik China ohne UN-Mitgliedschaft.[13]

Die **Westsahara** wird von Marokko weitgehend verwaltet, während die Frente Polisario in Teilen des Wüstengebiets und von algerischen Flüchtlingslagern aus die Demokratische Arabische Republik Sahara ausgerufen hat. Gut 40 Staaten sowie die Afrikanische Union erkennen diesen Anspruch an; effektive Gebietsherrschaft ist aber nur in einem schmalen Streifen sichergestellt.[14]

**Somaliland** hat sich 1991 von Somalia gelöst, führt seither Wahlen und verwaltet sein Territorium stabil. Gleichwohl verweigern alle UN-Mitglieder bislang die formelle Anerkennung, auch wenn im Frühjahr 2025 erstmals Überlegungen der US-Regierung

11 DW, Middle East updates: US blocks UN membership for Palestine, 18.4.2024, https://www.dw.com/en/middle-east-updates-us-blocks-un-membership-for-palestine/live-68856365, zuletzt abgerufen am 29.6.2025.

12 Vgl. Wissenschaftliche Dienste des Deutschen Bundestages, Sachstand: Anerkennung und Rücknahme der Anerkennung des Kosovo, WD 2 - 3000 - 038/23, https://www.bundestag.de/resource/blob/959762/7a60849ea44b6ac970b0c844369863c4/WD-2-038-23-pdf-data.pdf, zuletzt abgerufen am 29.6.2025

13 *Bastian, Nicole u. a.*, Geopolitik: Taiwan ist das Mega-Risiko für die Weltwirtschaft, Handelsblatt, Online Ausgabe vom 17.12.2024, https://www.handelsblatt.com/politik/international/geopolitik-taiwan-ist-das-mega-risiko-fuer-die-weltwirtschaft/100094539.html, zuletzt abgerufen am 29.6.2025.

14 *Knipp, Kersten*, Chronik eines alten Konflikts, DW, Onlineausgabe vom 17.11.2020, https://www.dw.com/de/marokko-und-die-westsahara-chronik-eines-alten-konflikts/a-55626098, zuletzt abgerufen am 29.6.2025.

sowie ein Abkommen mit Äthiopien internationale Aufmerksamkeit auf die Region lenkten.[15]

*Gegenüberstellung der Streitfälle*

| Entität | Territorium | Bevölkerung | effektive Staatsgewalt | internationale Anerkennung (Stand: 06/2025) | Zusammenfassung |
|---|---|---|---|---|---|
| **Sealand** | Offshore-Plattform (0,004 km²) | unter 10 | faktisch nur private Selbstverwaltung | keine | kein Staat – Voraussetzungen fehlen |
| **„Staat“ des Prinzen Reuß** | kein Gebiet | keine | keine | keine | kein Staat – reine Umsturzfantasie |
| **Palästina** | Westbank & Gaza | ca. 5 Mio. | begrenzte Kontrolle, Besetzung | 147 Anerkennungen, UN-Beobachter | teilanerkannter Staat |
| **Kosovo** | 10.887 km² | 1,8 Mio. | weitgehend voll | 108 Anerkennungen, kein UN-Beitritt | teilanerkannter Staat |
| **Taiwan** | 36.000 km² | 23 Mio. | voll | 12 formelle Anerkennungen, breite faktische Beziehungen | faktischer Staat ohne umfassende Anerkennung |
| **Westsahara** | 266.000 km² | 0,6 Mio. | minimal in dünn besiedeltem Gebiet | 45 Anerkennungen, AU-Mitglied | umstritten |
| **Somaliland** | 176.000 km² | 5 Mio. | seit 1991 stabil | keine UNO-Anerkennung | De-facto-Staat ohne Anerkennung |

Die bundesstaatliche Ordnung der Bundesrepublik bedingt es zudem, dass Staatsgewalt entsprechend der **Kompetenzverteilung** zwischen Bund und Ländern auch auf Ebene der Bundesländer ausgeübt wird; damit haben die Länder aber entsprechend der Drei-Elemente-Lehre zugleich Staatsqualität neben dem Bund.[16]

Daneben wird der Staat auch in seiner Funktion als juristische Person des öffentlichen Rechts beschrieben,[17] und zwar – da er sich über das von ihm beherrschte Territorium definiert – als **Gebietskörperschaft**. Merkmal der juristischen Personen ist es, dass sie nur über ihre Organe, für den Staat also insbesondere die Staatsorgane wie etwa die Regierung, aber auch über Behörden und andere Einrichtungen handlungsfähig sind.

15 *Towensend, Mark*, The Guardian, „Somaliland president says recognition of state ‚on the horizon‘“, 30.5.2025, https://www.theguardian.com/global-development/2025/may/30/exclusive-somaliland-president-says-recognition-of-state-on-the-horizon-following-trump-talks, zuletzt abgerufen am 29.6.2025.

16 Dazu unten Kap. 2.1.1

17 Vgl. etwa *Ipsen*, Staatsrecht I, Rn. 9 ff.

### 1.1.3 Verhältnis des deutschen Staatsrechts zu anderen Rechtskreisen

Einen eigenen, vom bundesdeutschen Staatsrecht getrennt zu betrachtenden Rechtskreis stellt das Recht der Europäischen Union, das **Europarecht**, dar. Das Europarecht steht im Rang über dem Staatsrecht der Bundesrepublik Deutschland, wobei sich dieses Rangverhältnis vornehmlich durch einen Anwendungsvorrang ausdrückt: Nationales Recht wird nicht außer Kraft gesetzt, es wird lediglich verdrängt, soweit es europarechtlichen Normen im Rahmen von deren Anwendung entgegensteht; innerstaatliches Recht findet so auf innerstaatliche Sachverhalte ohne europarechtlichen Bezug weiterhin Anwendung.[18]

In Abgrenzung zum Staatsrecht ist das **Verwaltungsrecht** zu sehen, wobei das Verwaltungsrecht das öffentliche Recht im Übrigen, also dasjenige öffentliche Recht darstellt, das nicht zugleich Staatsrecht im vorgenannten Sinne ist. Gegenstand des Verwaltungsrechts sind neben der Ordnung der staatlichen Stellen und der Verhältnisse der staatlichen Stellen untereinander die „alltäglichen" Rechtsbeziehungen zwischen Staat und Bürger. Dies sind bspw. solche auf dem Gebiet der Polizei- und Ordnungsrechts, des Baurechts oder auch des Sozialrechts, nicht aber die zuvor beschriebenen grundlegenden Rechtsverhältnisse des Staates bzw. die elementaren Rechtsbeziehungen zwischen Bürger und Staat, wie sie sich etwa aus Grundrechten ergeben.

Verfassungsrecht steht im Rang über jeder anderen Norm des sog. „einfachen Rechts", gleich, ob **Parlamentsgesetz** oder untergesetzliche Vorschriften wie Rechtsverordnungen und Satzungen.[19] Das Staatsrecht des Bundes ist zugleich getrennt zu betrachten insb. von den Landesverfassungen, die für die Bundesländer eine eigene Kodifizierung des Staatsrechts des jeweiligen Landes vornehmen. Das Staatsrecht des Bundes wie jedes andere Bundesrecht steht im Rang über dem Verfassungsrecht und dem übrigen Recht der Länder.[20]

## 1.2 Historische Entwicklung bis hin zum Grundgesetz

Bis zum Grundgesetz hat es eine Reihe von Vorläuferverfassungen gegeben, die jeweils das Bild ihrer Zeit widerspiegeln.

18 Vgl. *Streinz*, Europarecht, Rn. 852 f. am Beispiel von Inlandssachverhalten im Bereich der Grundfreiheiten.

19 Zu den unterschiedlichen Gesetzesbegriffen siehe unten Kap. 2.4.2.1

20 Zum Einfluss der Bundesverfassung auf die Verfassungen der Länder siehe unten Kap. 2.1.1.; zur Normenhierarchie unten Kap. 2.4.2.2

## 1.2.1 Von der Paulskirchenverfassung zur Verfassung von 1871

### 1.2.1.1 Paulskirchenverfassung

Als Ergebnis der sog. **„Märzrevolution"**, benannt nach der ersten Revolutionsphase im März 1848, wurde in den Fürstentümern des Deutschen Bundes die Einsetzung liberaler Regierungen und schließlich die Wahl zu einer verfassunggebenden Nationalversammlung erzwungen. Diese trat am 18.5.1848 in der Freien Stadt Frankfurt, dort in der Paulskirche zusammen.

Innerhalb der wenig homogen besetzten **Nationalversammlung** wurde eine Bandbreite unterschiedlicher Konzepte – von einer parlamentarisch regierten gesamtdeutschen Republik bis hin zu einer konstitutionellen Monarchie unter Ausschluss (kleindeutsche Lösung) oder unter Einschluss Österreichs (großdeutsche Lösung) erwogen.

Schließlich setzte sich das Modell der **kleindeutschen Lösung** durch. Als Reichsgebiet wurde das Gebiet des Deutschen Bundes bezeichnet. Das Reich sollte bundesstaatlich organisiert sein. Die Angelegenheit des Äußeren und die Militärgewalt waren auf Reichsebene angesiedelt.

Organe waren der Kaiser als **Reichsoberhaupt**, die **Reichsregierung**, ein Reichstag und ein Reichsgericht. Der Kaiser sollte durch Übertragung der Kaiserwürde an einen der regierenden Fürsten bestimmt werden. Die Kaiserwürde wurde danach an den erstgeborenen Sohn weitervererbt. Der Kaiser ernannte die Reichsminister, die seine Handlungen durch Gegenzeichnung nach außen wirksam machten und für diese die Verantwortung übernahmen.

Der **Reichstag** war aufgeteilt in ein Volkshaus und ein Staatenhaus. Das **Volkshaus** wurde auf Ebene des Reiches in einem demokratischen „allgemeinen" Männerwahlrecht gewählt. Die Abgeordneten hatten ein freies Mandat, genossen Immunität und bekamen Diäten.

Das **Staatenhaus** war die Vertretung der Einzelstaaten des Reiches. Die Vertreter wurden nach Einwohnerzahl gestaffelt entsandt, zur Hälfte bestimmt durch die jeweilige Regierung und das jeweilige Parlament des Gliedstaates.

Die Paulskirchenverfassung gewährte in den Art. 131 ff. umfassende **Grundrechte**. Garantiert war die Freizügigkeit im Reich (Art. 133) und die grundsätzliche Gleichheit unter weitgehender Abschaffung der Adelsvorrechte (Art. 137). Geschützt war unter anderem die Freiheit der Person (Art. 138) und der Wohnung (Art. 139). Ebenso war das Briefgeheimnis (Art. 242) und die Meinungsäußerungs- und Pressefreiheit, verbunden mit einem Zensurverbot gewährleistet (Art. 143). Auch war die Gleichheit der Konfessionen und die Glaubensfreiheit normiert (Art. 144 ff.). Zusammen mit der Versammlungsfreiheit, der Vereinsfreiheit und der Freiheit der Lehre enthielt die Paulskirchenverfassung einen modernen Grundrechtskatalog.

Die Paulskirchenverfassung wurde insgesamt als ausgewogener, praktikabler und geschlossener Entwurf einer **modernen Verfassung** angesehen. *„Der Frankfurter Versuch, die großen Prinzipien der Freiheit, der Gleichheit der Einheit und der zentralen Führung staatsrechtlich zu verbinden, bewahrte im politischen Denken und Handeln*

*Deutschlands über ein volles Jahrhundert hinaus seine bestimmende Kraft.*"[21] Dennoch konnte sich diese neue Ordnung mit dem Scheitern der Revolution nicht durchsetzen. Nach der Niederschlagung der Revolution 1849 und der Wiederherstellung des Deutschen Bundes 1851 erklärte der Bundestag die Grundrechte per gesondertem Beschluss vom 23.8.1851 für ungültig.

#### 1.2.1.2 Reichsverfassung von 1871

Mit der Vereinigung der süddeutschen Staaten mit dem Norddeutschen Bund ging aus der Norddeutschen Bundesverfassung schließlich die Reichsverfassung von 1871 hervor. Hierzu unterzeichneten der Norddeutsche Bund, Baden und Hessen am 15.11.1870 einen Vertrag über die Gründung des Deutschen Bundes und die Feststellung der Bundesverfassung. Bayern und Württemberg traten dem Deutschen Bund am 23.11.1870 und 25.11.1870 bei. Am 10.12.1870 nahm der Reichstag den Vorschlag des Bundesrates an, dass der Deutsche Bund den Namen Deutsches Reich und die Präsidialmacht den Kaisertitel erhalten sollte. Diese Bestimmungen wurden in einem Text zusammengefasst, der am 31.12.1870 im Bundesgesetzblatt als „*Verfassung des Deutschen Bundes, der den Namen ‚Deutsches Reich'*" trägt, veröffentlicht wurde. Zum 1.1.1871 trat diese Verfassung als Verfassung des Deutschen Reiches in Kraft.

Am 3.3.1871 wurde auf Grundlage dieser Verfassung ein neuer Reichstag gewählt, der dem revidierten Verfassungstext zustimmte.

Das Reich war als **föderativer Bundesstaat** konzipiert. Die Regierungsform kann als halbparlamentarische Monarchie mit preußischer Vorherrschaft beschrieben werden. Der Kaiser war Staatsoberhaupt, hatte aber Regierungskompetenzen. Das Volk war über den Reichstag an der Gesetzgebung beteiligt.

Die Verfassung war in vierzehn Abschnitte gegliedert. Der erste Abschnitt beschrieb die Zusammensetzung des Bundesgebietes, mit **Preußen** als stärkstem Gliedstaat mit etwa zwei Dritteln der Gesamtbevölkerung. Die nächsten vier Abschnitte und der vierzehnte Abschnitt befassten sich mit staatlichen Zuständigkeiten und Organen; der sechste bis dreizehnte Abschnitt betrafen die Gesetzgebung und Verwaltung. Der zweite Abschnitt betraf in Fragen der Gesetzgebung insbesondere die **Abgrenzung** der Zuständigkeit von Reich und Gliedstaaten.

**Grundrechte** waren vornehmlich in den Verfassungen der Gliedstaaten enthalten; bei diesem Zustand beließ man es, da nicht zuletzt befürchtet wurde, dass das Ausarbeiten eines Grundrechtskataloges auf Reichsebene die Schaffung einer einheitlichen Verfassung für das Deutsche Reich erheblich verzögern könnte. In der Reichsverfassung waren deshalb nur **ansatzweise Rechte** der Bürger verankert, so etwa die Freizügigkeit zwischen den Gliedstaaten, die Gewährung diplomatischen Schutzes und Regelungen für den Fall der Verwehrung gerichtlichen Rechtsschutzes durch einen Gliedstaat.[22]

21 *Huber*, Deutsche Verfassungsgeschichte seit 1789, Band II, S. 821.
22 *Kotulla*, Deutsches Verfassungsrecht 1806–1918, S. 254.

### 1.2.2 Weimarer Reichsverfassung

Die Weimarer Reichsverfassung 1919 schließlich nahm in Teilen die Tradition der Paulskirchenverfassung auf, indem sie neben umfangreichen Vorschriften zu den Staatsorganen und zum Verhältnis von Reich und Ländern einen umfassenden **Grundrechtskatalog** normierte.

Ihren Namen als Weimarer Reichsverfassung – offiziell hieß sie *„Verfassung des Deutschen Reiches“* – trug sie aufgrund des Ortes des Zusammentretens der verfassunggebenden Nationalversammlung in Weimar, zu der – nach Ende des ersten Weltkriegs – erstmals **Männer** und **Frauen** wahlberechtigt waren.

Die Verfassung schaffte ein **republikanisches** bundesstaatlich organisiertes **Staatswesen** mit einem Reichspräsidenten an der Spitze, einem Nebeneinander von Reichstag und Reichsrat, sowie einem Staatsgerichtshof. Die Reichsregierung wurde gebildet aus Reichskanzler und Reichsministern, wobei letzteren die eigenständige Wahrnehmung ihrer Aufgaben zugebilligt wurde (Ressortprinzip).

Die **Position** des **Reichspräsidenten** war stark ausgestaltet, so dass von einem „Ersatzkaiser“ gesprochen werden kann. Er ernannte und entließ die Mitglieder der Reichsregierung, repräsentierte das Volk, ernannte (auf Vorschlag des Reichsrates) Richter und hatte den Oberbefehl über die Reichswehr. Gemäß Art. 25 WRV stand ihm das Recht zur Auflösung des Reichstags und nach Art. 48 WRV das Recht, bei Gefährdung der Ordnung Grundrechte außer Kraft zu setzen; verbunden damit war nach Art. 48 Abs. 2 WRV das Recht, Notverordnungen zu erlassen.

Der Weimarer Reichsverfassung wurden verschiedene konstruktive Mängel angelastet, die letztlich zum Scheitern der Demokratie beigetragen haben sollen. Zu nennen sind hier neben dem Fehlen einer Sperrklausel und dem Fehlen von Regelungen zum Parteiverbotsverfahren die starke Stellung des Reichspräsidenten und die Möglichkeit, **verfassungsdurchbrechende Gesetze** außerhalb der Verfassung mit Zweidrittelmehrheit zu erlassen. Auf dieser Grundlage wurden bspw. die Ermächtigungsgesetze zur Machtergreifung Adolf Hitlers erlassen.

Gleichwohl wird man davon ausgehen müssen, dass das Scheitern der Weimarer Republik deutlich stärker auf **politische Fehler** als auf konstruktiv-rechtliche Probleme der Reichsverfassung zurückzuführen war.

Zwischen dem Reichstagsbrand am 27.2.1933 und Kriegsende 1945 blieb die Weimarer Verfassung dem Wortlaut nach in Kraft, wurde jedoch in relevanten Teilen durch die *„Verordnung des Reichspräsidenten zum Schutz von Volk und Staat"*[23] vom 28.2.1933 und durch das *Ermächtigungsgesetz* vom 24.3.1933[24] suspendiert. Die Grundrechte waren aufgehoben, alle Gewalten in die Hände der Reichsregierung gelegt, das Führerprinzip ersetzte das Prinzip der Gewaltenteilung. Damit entstand ein Regime, das formell unter einer Notstandsverordnung arbeitete, tatsächlich aber jede verfassungsmäßige Kontrolle abbaute.

---

23 Der Reichstagsbrand gab Hitler die lang ersehnte Möglichkeit, jegliche politische Opposition auszuschalten. Am folgenden Tag überzeugte er Hindenburg (1847–1934), die Verordnung des Reichspräsidenten zum Schutz von Volk und Staat (oder „Reichstagbrandverordnung") zu erlassen, die die Grundrechte der Weimarer Verfassung weitgehend außer Kraft setzte und die Kontrolle des Reiches über die Länderregierungen verschärfte. Tausende von Kommunisten und Sozialdemokraten wurden verhaftet, ihre Versammlungen und Presse verboten, während die nationalsozialistische Wahlkampagne unbehelligt weiterlief. Trotz allem konnte die NSDAP keine absolute Mehrheit bei den Reichstagswahlen am 5.3.1933 gewinnen. Mit 43,9 % aller Stimmen brauchte sie weiterhin die Deutschnationale Volkspartei (DNVP) als Koalitionspartner, https://germanhistorydocs.ghi-dc.org/sub_document.cfm?document_id=2325&language=german, zuletzt abgerufen am 22.6.2025.

24 *„G e s e t z zur Behebung der Not von Volk und Reich.*
*Vom 24. März 1933.*
*Der Reichstag hat das folgende Gesetz beschlossen, das mit Zustimmung des Reichsrats hiermit verkündet wird, nachdem festgestellt ist, daß die Erfordernisse verfassungsändernder Gesetzgebung erfüllt sind:*
*A r t i k e l 1*
*Reichsgesetze können außer in dem in der Reichsverfassung vorgesehenen Verfahren auch durch die Reichsregierung beschlossen werden. Dies gilt auch für die in den Artikeln 85 Abs. 2 und 87 der Reichsverfassung bezeichneten Gesetze.*
*A r t i k e l 2*
*Die von der Reichsregierung beschlossenen Reichsgesetze können von der Reichsverfassung abweichen, soweit sie nicht die Einrichtung des Reichstags und des Reichsrats als solche zum Gegenstand haben. Die Rechte des Reichspräsidenten bleiben unberührt.*
*A r t i k e l 3*
*Die von der Reichsregierung beschlossenen Reichsgesetze werden vom Reichskanzler ausgefertigt und im Reichsgesetzblatt verkündet. Sie treten, soweit sie nichts anderes bestimmen, mit dem auf die Verkündung folgenden Tage in Kraft. Die Artikel 68 bis 77 der Reichsverfassung finden auf die von der Reichsregierung beschlossenen Gesetze keine Anwendung.*
*A r t i k e l 4*
*Verträge des Reiches mit fremden Staaten, die sich auf Gegenstände der Reichsgesetzgebung beziehen, bedürfen nicht der Zustimmung der an der Gesetzgebung beteiligten Körperschaften. Die Reichsregierung erläßt die zur Durchführung dieser Verträge erforderlichen Vorschriften.*
*A r t i k e l 5*
*Dieses Gesetz tritt mit dem Tage seiner Verkündung in Kraft. Es tritt mit dem 1. April 1937 außer Kraft; es tritt ferner außer Kraft, wenn die gegenwärtige Reichsregierung durch eine andere abgelöst wird.*
*Berlin, den 24. März 1933.*
*Der Reichspräsident von Hindenburg*
*Der Reichskanzler Adolf Hitler*
*Der Reichsminister des Innern Frick*
*Der Reichsminister des Auswärtigen Freiherr von Neurath*
*Der Reichsminister der Finanzen Graf Schwerin von Krosigk"*

Eine vergleichende Betrachtung zeigt, dass der Weimarer Notstandsartikel 48 einen rechtlichen Ausnahmezustand auf Widerruf des Reichstags vorsah, während die nationalsozialistische Führung ihr Regierungsermächtigungsgesetz befristungslos ausdehnte.

Aufgrund des autokratischen Regierungsstils von *Donald Trump*, der in seinen Amtszeiten weitestgehend über Dekrete handelt und das Parlament weitgehend nicht beteiligt, lohnt sich an dieser Stelle eine vergleichende Analyse mit den USA.

Seit seinem Amtsantritt am 20.1.2025 knüpft *Donald Trump den Ausnahmezustand* eng an breit gefasste, selbstdeklarierte Notlagen. Er nutzt den National Emergencies Act (NEA) als Türöffner: Mit dem bloßen Ausrufen einer „Handels- oder Grenzkrise" treten ohne weiteres parlamentarisches Zutun mehr als 130 Sonderbefugnisse in Kraft, etwa umfangreiche Zollerhöhungen nach IEEPA[25], Finanzsanktionen und das Umwidmen bewilligter Haushaltsmittel. Die Folge ist ein selbstverstärkender Mechanismus: Jede neue Executive Order verweist auf die vorige Notstandserklärung, sodass sich Rechtswirkung und politischer Druck gegenseitig potenzieren. Im ersten Halbjahr 2025 entstammen bereits rund ein Fünftel der 163 Executive Orders diesem Automatismus; sie reichen von flächendeckenden Zehn-Prozent-Importzöllen bis zum Vorgriff auf Verteidigungsgüter für den Grenzschutz.[26]

Der Automatismus verdichtet sich weiter, weil parallel die Schedule-F-Reklassifizierung das Berufsbeamtentum politisiert: Eine Presidential Order vom 20.1.2025 schaffte ein großes Reservoir kündbarer Spitzenbeamter; Schätzungen gehen von bis zu 50.000 Stellen aus, die künftig ausschließlich dem Präsidentenwillen unterstellt sind.[27]

Damit fällt ein wesentliches Binnenkontroll- und Expertengremium weg, das den ungebremsten Vollzug exekutiver Ausnahmebefehle verlangsamen könnte.

Zugleich nimmt der Präsident die Insurrection Act als eine Art Grauzone in Anspruch, um Nationalgarde-Einheiten auch in nicht kooperierenden Bundesstaaten einzusetzen; zivilgesellschaftliche Analysen verweisen auf fehlende richterliche Vorabkontrolle und warnen vor einem Szenario, in dem militärische Kräfte zur Durchsetzung migrations- oder demonstrationsrechtlicher Maßnahmen gegen den Willen der Gouverneure herangezogen werden könnten.[28]

Aktuelle Ereignisse zeigen, dass der Automatismus bereits außen- und sicherheitspolitische Grenzen überschreitet: Der Luftschlag auf drei iranische Anlagen am 21.6.2025

25 IEEPA steht für "International Emergency Economic Powers Act". Auf Deutsch übersetzt bedeutet das „Gesetz über wirtschaftliche Befugnisse bei internationalen Notfällen". Es handelt sich um ein US-amerikanisches Gesetz, das dem Präsidenten weitreichende Befugnisse zur Regulierung des Handels und zur Verhängung von Sanktionen im Falle eines nationalen Notstands verleiht. Das IEEPA wurde 1977 verabschiedet und erlaubt es dem Präsidenten, im Fall einer „ungewöhnlichen und außergewöhnlichen Bedrohung" der nationalen Sicherheit, der Außenpolitik oder der Wirtschaft der USA, Notstandsmaßnahmen zu ergreifen. Dazu gehört auch die Verhängung von Wirtschaftssanktionen, einschließlich Zöllen auf Importe.

26 https://www.federalregister.gov/presidential-documents/executive-orders/donald-trump/2025, zuletzt abgerufen am 22.6.2025.

27 https://fedscoop.com/trump-restores-schedule-f-via-executive-order/, zuletzt abgerufen am 22.6.2025.

28 https://www.brennancenter.org/our-work/analysis-opinion/unpacking-trumps-order-authorizing-domestic-deployment-military, zuletzt abgerufen am 22.6.2025.

wurde ohne Kongressmandat als „Fortsetzung bestehender Notfallbefugnisse" deklariert und löste binnen Stunden Debatten über ein drittes Amtsenthebungsverfahren aus.[29]

In der Summe entsteht ein Geflecht selbstreferenzieller Ausnahmeentscheidungen, das die klassischen „checks and balances" abschwächt, weil jede einzelne Maßnahme formell auf eine vorherige Notstandslage verweist und damit parlamentarische Kontrolle de facto aushebelt. Der historische Vergleich mit Art. 48 WRV und dem Ermächtigungsgesetz 1933 zeigt strukturelle Parallelen: Auch dort führte ein scheinbar legitimer Ausnahmeparagraph zu einer Kette automatischer Rechtswirkungen, die das System schrittweise entmachteten.

| System | Rechtsgrundlage | Kontrolle | Befristung | Wesentliche Wirkung |
|---|---|---|---|---|
| Weimar 1919–33 | Art. 48 WRV | Reichstag konnte aufheben | formell befristet | temporäre Grundrechtsbeschränkung |
| Nationalsozialismus 1933–45 | Reichstagsbrandverordnung, Ermächtigungsgesetz | keine wirksame Kontrolle | unbefristet | dauerhafte Aufhebung von Grundrechten und Gesetzgebung durch Exekutive |
| USA unter Präsident Trump | Art. II US-Verfassung, National Emergencies Act, Executive Orders | Judikative und Kongress | jeweils befristet, verlängerbar | Gegenstand gerichtlicher Kontrolle (z. B. Travel Ban) |

## 1.3 Das Grundgesetz als Verfassung der Bundesrepublik Deutschland

### 1.3.1 Entstehung des Grundgesetzes

Innerstaatlich steht die Verfassung an der Spitze der Normenordnung. Für die Bundesrepublik erfüllt das Grundgesetz die Funktion der Verfassung. Die Schöpfer des Grundgesetzes mieden bewusst die Bezeichnung „Verfassung", da in den Jahren 1948/49 im Zeichen des Ost-West-Konflikts keine rechtliche Grundlegung für das gesamte deutsche Volk möglich schien und das „Grundgesetz" nur den Übergang bis zu einer gesamtdeutschen Verfassung darstellen sollte. So planten im Jahre 1947 die Westalliierten unter Beteiligung der Benelux-Staaten die Schaffung eines deutschen Teilstaates in den drei westlichen Besatzungszonen. Diese Absicht stellte die Ministerpräsidenten der in den westlichen Besatzungszonen entstandenen Bundesländer vor das Problem, einerseits die Vorteile einer Staatsbildung in Anspruch zu nehmen, dies andererseits unter Inkaufnahme einer deutlicheren **Spaltung Deutschlands** in West und Ost. In der Folge entschloss man

29 https://www.thedailybeast.com/trump-slapped-with-impeachment-threats-after-bombing-iran/ zuletzt abgerufen am 22.6.2025.

sich, das kommende Staatsgebilde letztlich als Provisorium auszugestalten, mit dem Ziel einer gesamtdeutschen Staatsbildung.[30]

Die ersten Vorarbeiten zum Grundgesetz wurden zwischen dem 10. und 23.8.1948 auf der im Chiemsee in Bayern gelegenen Insel Herrenchiemsee geschaffen. Der schließlich vorgelegte **„Herrenchiemseer Entwurf"** wies bereits die Leitlinien der staatlichen Ordnung der Bundesrepublik auf: Existenz zweier Kammern (Parlament und Ländervertretung), Abhängigkeit des Kanzlers/der Regierung vom Parlament, möglichst Vermeidung von Minderheitenregierungen, Schaffung eines neutralen Staatsoberhaupts, föderale Strukturen mit einer Vermutung zugunsten der Länderkompetenzen, weitgehender Verzicht auf plebiszitäre Elemente (Volksbegehren/Volksentscheid), Unberührbarkeit der sog. „freiheitlich-demokratischen Grundordnung"[31].[32]

Der Herrenchiemseer Verfassungskonvent war keineswegs eine reine Expertenrunde ohne politische Akzente. *Anton Pfeiffer*, damaliger Leiter der Bayerischen Staatskanzlei, führte den Vorsitz und sorgte dafür, dass trotz tiefgreifender Meinungsunterschiede zwischen den Länderdelegationen binnen knapp zwei Wochen ein vollständiger Entwurf entstand. *Carlo Schmid*, bereits in Württemberg-Hohenzollern als Justizminister bewährt, prägte die Formulierung der Menschenwürde und die spätere Konstruktion der konstruktiven Misstrauensfrage. *Hermann Brill* aus Hessen brachte seine Erfahrungen des Widerstands gegen das NS-Regime ein und drängte auf einen starken Parlamentsvorbehalt. *Adolf Süsterhenn* aus Rheinland-Pfalz plädierte für die Aufnahme sozialstaatlicher Elemente, die später in Art. 20 Abs. 1 und Art. 28 Abs. 1 GG Ausdruck fanden. Fast die Hälfte dieser Gruppe wechselte anschließend in den Parlamentarischen Rat.

Der Entwurf wurde zur Grundlage der Arbeit des **Parlamentarischen Ratses**, der sich aus 65 Abgeordneten, vorwiegend Berufspolitikern, Akademikern und Juristen, zusammensetzte.

Im Parlamentarischen Rat spielte der spätere Bundeskanzler *Konrad Adenauer* als Ratspräsident eine vermittelnde, aber stets machtbewusste Rolle; er setzte Bonn als provisorischen Regierungssitz durch und knüpfte die Zusammenarbeit mit den Westalliierten. Nicht minder prägend war *Carlo Schmid*, dessen konstitutionstheoretische Ansätze die Regierungskonstruktion des Grundgesetzes tragen. Große Bedeutung kommt den vier Verfassungsmüttern zu: *Elisabeth Selbert* und *Friederike Nadig* erreichten nach intensiven Debatten die Gleichberechtigungsformel in Art. 3 Abs. 2 GG; *Helene Weber* verteidigte den grundrechtlichen Schutz von Ehe und Familie, und *Helene Wessel* erhob schon damals die Forderung nach einklagbaren Sozialrechten. *Theodor Heuss*, der spätere erste Bundespräsident, brachte föderale und kulturpolitische Aspekte mit ein.

Der Bezug zur Europäischen Menschenrechtskonvention erklärt sich nicht nur aus zeitlicher Nähe – die EMRK von 1950 wurde unter maßgeblicher Beteiligung derselben Persönlichkeiten im Europarat entworfen –, sondern diente Westdeutschland als Signal: Das neue Staatswesen band sich freiwillig an einen höheren, supranationalen

30 Vgl. hierzu *Maurer*, Staatsrecht I, § 3 Rn. 18.

31 Zum Begriff der freiheit-demokratischen Grundordnung siehe unten Kap. 2.2.3.2.3

32 *Dt. Bundestag und Bundesarchiv* (Hrsg.): Parlamentarischer Rat 1948-1949, Akten und Protokolle, S. 505 ff.

Menschenrechtsstandard, um das Vertrauen der Nachbarstaaten zu gewinnen und seine außenpolitische Rehabilitation zu beschleunigen.

Der Parlamentarische Rat trat erstmals am 1.9.1948 zusammen. Am 8.5.1949 wurde im Parlamentarischen Rat über das Grundgesetz abgestimmt. Die Genehmigung der alliierten Militärgouverneure wurde am 12.5.1949 erteilt. Schließlich stimmten zehn der elf existierenden Landtage dem Grundgesetz zu; trotz der fehlenden Zustimmung des bayerischen Landtags war damit die nach Art. 144 Abs. 1 GG erforderliche Zweidrittelmehrheit der Länder gegeben.[33] Die Ausfertigung und Verkündung des Grundgesetzes erfolgte schließlich auf einer Abschlusssitzung des Parlamentarischen Rates am 23.5.1949. Das Inkrafttreten erfolgte gemäß Art. 145 Abs. 2 GG mit dem Ablauf des Tages der Verkündung. Die Frage, ob das Inkrafttreten damit noch am 23.5.1949 oder am 24.5.1949 um 0:00 Uhr erfolgte, ist weithin umstritten.[34]

Anders als die **Präambel** des Grundgesetzeses in der Fassung vom 23.5.1949 aussagt *(„hat sich das deutsche Volk kraft seiner verfassungsgebenden Gewalt dieses Grundgesetz gegeben“)*, fehlte es dem Grundgesetz in seiner Urfassung mangels innerer Souveränität der Bundesrepublik an der notwendigen demokratischen Legitimation durch das Volk. Auch dürfte die erste Wahl zum Bundestag im August 1949 – ungeachtet der hohen Wahlbeteiligung – keine nachträgliche Legitimation des Grundgesetzes durch die westdeutsche Bevölkerung dargestellt haben,[35] nicht zuletzt, da die Frage der Akzeptanz des Grundgesetzes als deutsche Verfassung allenfalls mittelbar Gegenstand der Wahl war. Es ist davon auszugehen, dass diese Legitimation erst nach dem endgültigen Ende des Besatzungsregimes am 12.9.1990[36] mit dem Beitritt der fünf neuen Länder auf Grundlage des **Einigungsvertrags**[37] am 3.10.1990 erfolgt ist.[38] So besagte Art. 23 GG a. F.: *„Dieses Grundgesetz gilt zunächst im Gebiete der Länder Baden, Bayern, Bremen, Groß-Berlin, Hamburg, Hessen, Niedersachsen, Nordrhein-Westfalen, Rheinland-Pfalz, Schleswig-Holstein, Württemberg-Baden und Württemberg-Hohenzollern. In den anderen Teilen Deutschlands ist es nach deren Beitritt in Kraft zu setzen“*. Zu diesem Zeitpunkt beruhte der Beitritt auf der Entscheidung frei gewählter Parlamente.

Mit dem Beitritt der fünf Länder wurde zugleich auch Art. 146 GG angepasst. In der alten Fassung hieß es: *„Dieses Grundgesetz verliert seine Gültigkeit an dem Tage, an dem eine Verfassung in Kraft tritt, die von dem deutschen Volke in freier Entscheidung beschlossen worden ist.“* Nunmehr lautet Art. 146 GG: *„Dieses Grundgesetz, das nach Vollendung der Einheit und Freiheit Deutschlands für das gesamte deutsche Volk gilt, verliert seine Gültigkeit an dem Tage, an dem eine Verfassung in Kraft tritt, die von dem deutschen Volke in freier Entscheidung beschlossen worden ist“*. Die letztge-

33 Vgl. hierzu insgesamt *Maurer*, Staatsrecht I, § 3 Rn. 19 ff.

34 Vgl. hierzu die Nachweise bei *Maurer*, Staatsrecht I, § 3 Rn. 25.

35 So auch *Schöbener/Knauff*, Allgemeine Staatslehre, § 5 Rn. 56; a. A. *Maurer*, Staatsrecht I, § 3 Rn. 32.

36 Sog. „Zwei-plus-Vier-Vertrag“ zwischen der Bundesrepublik und der DDR einerseits („Zwei“) und den früheren Besatzungsmächten USA, UdSSR, Großbritannien und Frankreich („Vier“), „Vertrag über die abschließende Regelung in Bezug auf Deutschland“; siehe dazu näher *Maurer*, Staatsrecht I, § 3 Rn. 72 ff.

37 Vertrag über die Herstellung der Einheit Deutschlands (Einigungsvertrag – EGV) vom 31.8.1990, BGBl. 1990 II S. 889 ff.

38 So auch *Schöbener/Knauff*, Allgemeine Staatslehre, § 5 Rn. 56.

nannte Norm ist – neben der Präambel zum Grundgesetz, in der es heißt *„hat sich das Deutsche Volk kraft seiner* ***verfassungsgebenden Gewalt***" – Ausdruck des sog. „pouvoir constituant", also des Umstands, dass das deutsche Volk Inhaber der verfassunggebenden Gewalt ist.

### 1.3.2 Struktur des Grundgesetzes

Das Grundgesetz weist folgende Grundstruktur nach Abschnitten auf:

| | | |
|---|---|---|
| Eingangsformel – Präambel | | |
| I. | Die Grundrechte | (Art. 1–19 GG) |
| II. | Der Bund und die Länder | (Art. 20–37 GG) |
| III. | Der Bundestag | (Art. 38–49 GG) |
| IV. | Der Bundesrat | (Art. 50–53 GG) |
| IVa. | Gemeinsamer Ausschuss | (Art. 53a GG) |
| V. | Der Bundespräsident | (Art. 54–61 GG) |
| VI. | Die Bundesregierung | (Art. 62–69 GG) |
| VII. | Die Gesetzgebung des Bundes | (Art. 70–82 GG) |
| VIII. | Die Ausführung der Bundesgesetze und die Bundesverwaltung | (Art. 83–91 GG) |
| VIIIa. | Gemeinschaftsaufgaben, Verwaltungszusammenarbeit | (Art. 91a–91b GG) |
| IX. | Die Rechtsprechung | (Art. 92–104 GG) |
| X. | Finanzwesen | (Art. 105–115 GG) |
| Xa. | Verteidigungsfall | (Art. 115a–115l GG) |
| XI. | Übergangs- und Schlussbestimmungen | (Art. 116–146 GG) |

Die gewählten Überschriften der Abschnitte sind keine amtlichen, gehören also nicht zum Text des Grundgesetzes, haben sich aber so eingebürgert.

An der Spitze des Grundgesetzes steht die **Präambel**, die wegen ihrer Bezugnahme „Im Bewusstsein seiner Verantwortung vor Gott" nicht unumstritten ist. Üblicherweise wird hierunter aber keine Gottesanrufung verstanden; vielmehr soll das Wissen um die Begrenztheit menschlichen Tuns ausgedrückt werden.[39] Nach der Wiedervereinigung ist das wesentliche in der Präambel formulierte Staatsziel, „als gleichberechtigtes Glied in einem vereinten Europa dem Frieden der Welt zu dienen".

Im ersten Abschnitt sind die **Grundrechte** aufgeführt; er enthält damit neben den **Staatsprinzipien** aus Art. 20 GG (Abschnitt II) die wesentlichen Grundentscheidungen der Verfassung. Die Weimarer Reichsverfassung führte die Grundrechte erst nach den staatsorganisatorischen Vorschriften auf. In den anschließenden Abschnitten finden sich im Wesentlichen staatsorganisatorische Normen, wie angesprochen die Staatsprin-

39 So *Maurer*, Staatsrecht I, § 3 Rn. 4, 6.

zipien an der Spitze des zweiten Abschnitts sowie in den Abschnitten III bis VI die Vorschriften über die obersten Bundesorgane. Die Abschnitte VII und VIII betreffen die Gesetzgebung des Bundes bezüglich Gesetzgebungskompetenzen und Gesetzgebungsverfahren (Abschnitt VII), sowie die Formen des Gesetzesvollzugs (Abschnitt VIII). Die Abschnitte IX und X betreffen die Rechtsprechung mit der hervorgehobenen Stellung des Richters in seiner Unabhängigkeit, die sog. „Justizgrundrechte" (Abschnitt IX) sowie die Finanzverfassung, u. a. mit haushaltsrechtlichen Vorschriften und der Erhebung und Verteilung von Steuern (Abschnitt X). Später eingefügt wurden die Abschnitte VIIIa und Xa über Gemeinschaftsaufgaben zwischen Bund und Ländern, die ursprünglich nicht vorgesehen waren (Abschnitt VIIIa), sowie Regeln zum Verteidigungsfall, letztere eingeführt im Jahre 1968 (Abschnitt Xa). Den Abschluss (Abschnitt XI) bilden Übergangs- und Schlussbestimmungen, einschließlich einer Bestimmung über die mögliche Ablösung des Grundgesetzes durch eine Nachfolgeverfassung (Art. 146 GG).

### 1.3.3 Verhältnis des Grundgesetzes zu den Landesverfassungen

Da den Ländern Staatsqualität zugesprochen wird,[40] steht auch den Ländern das Recht zur autonomen Regelung ihrer staatlichen Ordnung durch Erlass einer Landesverfassung zu. Diese Verfassungsautonomie wird aber durch das Grundgesetz beschränkt. Das sog. **„Homogenitätsprinzip"**, hergeleitet aus Art. 28 Abs. 1 GG, besagt, dass „*die verfassungsmäßige Ordnung in den Ländern [...] den Grundsätzen des republikanischen, demokratischen und sozialen Rechtsstaates im Sinne dieses Grundgesetzes entsprechen*" muss.

### 1.3.4 Verhältnis des Grundgesetzes zum Europarecht

***Beispielfall 1:***
*Nach dem früheren § 10 Abs. 1 des deutschen Biersteuergesetzes durfte untergäriges Bier lediglich aus Gerstenmalz, Hopfen, Hefe und Wasser bestehen; für obergäriges Bier waren ausgewählte andere Malzsorten sowie näher definierte Zuckerarten und Farbstoffe erlaubt. Der Europäische Gerichtshof entschied, dass ein Verbot, ausländische Biere, die auch andere als die genannten Zutaten enthielten, in der Bundesrepublik als „Bier" zu vertreiben, mit europarechtlichen Vorschriften über die Warenverkehrsfreiheit unvereinbar sei.*[41]

*Dürfte der deutsche Brauer B Bananenbier brauen und es „Bier" nennen?*

Mit den Verträgen über die Europäischen Gemeinschaften, weiterentwickelt in den Verträgen über die Europäische Union, wurde das sog. „primäre Gemeinschafts- bzw. **Unionsrecht**" geschaffen. Wie bereits ausgeführt, geht das Europarecht dem Grundgesetz im Rang vor. Allerdings beruht die Schaffung des Europarechts als sog. „supranationales

40 Vgl. oben Kap. 1.1.3.
41 *EuGH*, Rs. 178/84, Slg. 1987, 1227.

Recht" einzig auf der Übertragung von Hoheitsrechten der Mitgliedstaaten auf die Europäische Union, wie sie in Art. 23 GG vorgesehen ist. Hieraus resultiert zum einen, dass das Europarecht nicht an nationalem Verfassungsrecht zu messen ist.[42] Zum anderen besteht lediglich ein Anwendungsvorrang des Europarechts: Verstößt nationales Recht gegen europarechtliche Bestimmungen, ist das nationale Recht nicht etwa nichtig, sondern es kommt lediglich für den betreffenden Sachverhalt nicht zur Anwendung.

***Lösung zum Beispielfall 1:***
*Damit durfte – europarechtlicher Sachverhalt – ein Brauer aus einem anderen Mitgliedstaat sein Bananenbier in der Bundesrepublik als „Bier" vertreiben; das Recht der Warenverkehrsfreiheit, heute Art. 34 ff. AEUV, genoss Anwendungsvorrang vor dem deutschen Biersteuergesetz. Die deutschen Brauer – nationaler Sachverhalt – unterfielen dagegen weiterhin den Regelungen des Biersteuergesetzes und waren an die dort genannten Vorschriften über zulässige Zutaten für Bier gebunden.*

Seine Grenze findet der **Anwendungsvorrang** des Europarechts dort, wo mit Blick auf Art. 23 Abs. 1 Satz 3 GG i. V. m. Art. 79 Abs. 3 GG staatsfundamentale Normen des Grundgesetzes[43] angetastet würden, insbesondere das Demokratie- und das Rechtsstaatsprinzip sowie Grundrechte in ihrem Menschenwürdekern; kein Rechtsakt der europäischen Union darf diese – die Verfassungsidentität der Bundesrepublik ausmachenden – Grundnormen verletzen.

Das Bundesverfassungsgericht hat hierzu die Grundsätze der Identitätskotrolle und die Ultra-vires-Kontrolle entwickelt.

Mittels der Identitätskontrolle überprüft das BVerfG, ob europäisches Recht eine Aushöhlung der Verfassungsidentität des Grundgesetzes herbeizuführen mag;[44] Maßstab ist insoweit – wie ausgeführt – Art. 79 Abs. 3 GG. Gegenstand der Prüfung ist, ob nationale staatliche Stellen in Anwendung des Unionsrechts gegen die Grundsätze des Art. 79 Abs. 3 GG verstoßen, insbesondere – aber nicht nur – gegen Staatsprinzipien.[45]

Gegenstand der **Ultra-vires-Kontrolle** ist die Frage, ob die Union oder eines ihrer Organe mit einem Rechtsakt ihre Kompetenzen offensichtlich überschritten hat; dabei muss es zu einer strukturell bedeutsamen Verschiebung zulasten der Mitgliedstaaten kommen.[46]

Beide Instrumente können vor dem Bundesverfassungsgericht mit der **Verfassungsbeschwerde** geltend gemacht werden; dem Bürger steht insoweit, gestützt auf Art. 38 Abs. 1 GG i. V. m. Art. 20, Abs. 1, 2, Art. 79 Art. 2, 3 GG, ein Recht auf Demokratie im Sinne eines Teilhaberechts zu, das durch Rechtsakte der Union substanziell beschränkt werden kann.[47]

---

42 Vgl. insoweit nur *Ipsen*, Staatsrecht I, Rn. 53 f.; *Degenhart*, Staatsrecht I, Rn. 271 ff.
43 BVerfGE 89, 155 ff. – Maastricht; siehe zu den Staatsprinzipien Kap. 2.
44 Vgl. nur BVerfGE 142, 123, 195 Rn. 138.
45 Näher *Degenhart*, Staatsrecht I, Rn. 284 ff.
46 Zuletzt *BVerfG*, NJW 2020 S. 1647, 1651 Rn. 110 ff. – Staatsanleihenkaufprogramm. Überblick bei *Degenhart*, Staatsrecht I, Rn. 281 ff.
47 *Degenhart*, Staatsrecht I, Rn. 280.

# 2. Verfassungsprinzipien

Unter „Verfassungsprinzipien“ oder „Staatsprinzipien“ werden **verfassungsgestaltende Grundentscheidungen** verstanden, die die elementaren Wesensmerkmale des jeweiligen Staates und seiner verfassungsmäßigen Ordnung bestimmen. Im Grundgesetz sind diese Verfassungsprinzipien im Wesentlichen in Art. 20 GG niedergelegt. Synonym verwendet werden insoweit die Begriffe **„Staatsstrukturprinzipien“**, „Staatsfundamentalnormen“, „Staatsformmerkmale“, „Verfassungsgrundsätze“ oder auch „verfassungsrechtliche Grundprinzipien“.

Aus Art. 20 GG werden folgende Verfassungsprinzipien hergleitet:

| | |
|---|---|
| Bundesstaatsprinzip | (Art. 20 Abs. 1 GG) |
| Demokratieprinzip | (Art. 20 Abs. 1, 2 GG) |
| Republikprinzip | (Art. 20 Abs. 1 GG) |
| Rechtsstaatsprinzip | (insb. Art. 20 Abs. 3 GG, auch Art. 28 Abs. 1 GG) |
| Sozialstaatsprinzip | (Art. 20 Abs. 1 GG) |

Die Grundsätze des Art. 20 GG genießen insgesamt einen besonderen Schutz; so ist eine Änderung des Grundgesetzes, durch die unter anderem die in Art. 20 GG niedergelegten Grundsätze berührt werden, gemäß Art. 79 Abs. 3 GG, der sog. **„Ewigkeitsgarantie“**,[1] unzulässig.

Im Kontext der Verfassungsprinzipien wird auch häufig die sich aus Art. 20a GG ergebende Staatszielbestimmung **Umwelt-** und **Tierschutz** behandelt.

## 2.1 Bundesstaatsprinzip

Das Grundgesetz hat sich in Abgrenzung zum zentralstaatlichen Gefüge der NS-Zeit und in Anlehnung an die staatenbündisch oder bundesstaatlich gefassten Vorläuferverfassungen etwa der des Deutschen Bundes (1815), der Paulskirchenverfassung (1849), der Verfassung des Norddeutschen Bundes (1867), des Deutschen Reichs von 1871 und der Weimarer Republik für die Wiedererrichtung eines Bundesstaates entschieden. Dies kommt auch in Art. 20 Abs. 1 GG zum Ausdruck: *„Die Bundesrepublik Deutschland ist ein ... Bundesstaat.“*

Die derzeit existierenden sechzehn **Bundesländer** sind Baden-Württemberg, Bayern, Berlin, Brandenburg, Bremen, Hamburg, Hessen, Mecklenburg-Vorpommern, Niedersachsen, Nordrhein-Westfalen, Rheinland-Pfalz, Saarland, Sachsen, Sachsen-Anhalt, Schleswig-Holstein und Thüringen. Die von verschiedenen Ländern verwendeten Zusätze „Freistaat“ (Bayern, Sachsen, Thüringen) oder „Freie (Hanse-)Stadt“ (Bremen, Hamburg) sind historisch bedingt und haben heute keine maßgebliche rechtliche Be-

1 Näher *Katz/Sander*, Staatsrecht, Rn. 147.

deutung mehr; insoweit genießen alle Bundesländer die gleiche verfassungsrechtliche Position.

Die bundesstaatliche Balance hat sich in den Jahren 2020 bis 2025 mehrfach bewährt. Während der COVID-19-Pandemie übernahm der Bund mit der „Bundesnotbremse“ in §§ 28b, 28c IfSG zeitweilig zentrale Regelungsbefugnisse; Das Bundesverfassungsgericht bestätigte am 19.11.2021, dass dieser befristete Eingriff den Kern des Bundesstaatsprinzips unberührt ließ, weil die Länder weiterhin vollziehende Hauptakteure blieben und der Bundestag ihre Beteiligungsrechte wahrte.[2]

Zugleich dokumentiert die Aufnahme des neuen Art. 87a Abs. 1a GG im Juni 2022, der das schuldenfinanzierte Sondervermögen für die Bundeswehr verfassungsrechtlich verankert, wie flexibel der Föderalismus auf außen- und sicherheitspolitische Ausnahmelagen reagieren kann, ohne die Staatlichkeit der Länder in Frage zu stellen.[3]

Das Bundesstaatsprinzip ist zweifach gegen eine Abschaffung abgesichert: Zum einen verbietet – wie bereits angesprochen – Art. 79 Abs. 3 GG die Änderung der in Art. 20 GG niedergelegten Grundsätze; zum anderen ist die *„Gliederung des Bundes in Länder“* in Art. 79 Abs. 3 GG noch einmal ausdrücklich vor Veränderung geschützt.

### 2.1.1 Staatlichkeit der Länder

Wie bereits oben ausgeführt,[4] besitzen die Länder Staatsqualität. Damit stellt sich die Bundesrepublik als **zweigliedriges Staatsgebilde**, bestehend aus Gesamtstaat und Gliedstaaten dar. Die Bundesländer besitzen jeweils originäre, nicht vom Bund abgeleitete eigene Staatsgewalt, sodass der Bürger sich stets einer doppelten Staatsgewalt gegenübersieht.

**Merke:**
Der Gesamtstaat „Bundesrepublik Deutschland“ besitzt kein allein diesem zugeordnetes Territorium. Vielmehr ist das Staatsgebiet der Bundesrepublik vollständig auf die Territorien der Länder aufgeteilt.
Ein abweichendes Modell findet sich etwa in den USA. Hier ist Washington D. C. (District of Columbia) ein originär dem Kongress der Vereinigten Staaten unterstelltes Gebiet, das weder selbst Bundesstaat ist noch einem der Bundesstaaten der Vereinigten Staaten von Amerika angehört.

---

2 BVerfG, Beschl. vom 19.11.2021, – 1 BvR 781/21 – (Bundesnotbremse) (BGBl. I 2022 S. 1030; Grundgesetzänderung Art. 87a Abs. 1a GG); https://www.bundesverfassungsgericht.de/SharedDocs/Entscheidungen/DE/2021/11/rs20211119_1bvr078121.html, zuletzt abgerufen am 22.7.2025.

3 Art. 87a Abs. 1a GG lautet:
„(1a) Zur Stärkung der Bündnis- und Verteidigungsfähigkeit kann der Bund ein Sondervermögen für die Bundeswehr mit eigener Kreditermächtigung in Höhe von einmalig bis zu 100 Milliarden Euro errichten. Auf die Kreditermächtigung sind Artikel 109 Absatz 3 und Artikel 115 Absatz 2 nicht anzuwenden. Das Nähere regelt ein Bundesgesetz.“

4 Vgl. oben Kap. 1.1.2.

Als Ausfluss der Staatlichkeit ergibt sich zugleich, dass die Bundesländer über **Verfassungsautonomie** verfügen und damit auch Rechtssetzungsgewalt bezüglich des Erlasses einer Landesverfassung haben.

***Beispielfall 2:***
*Im Bundesland X bildet sich eine monarchistische Volksbewegung, die eine Änderung der Landesverfassung dahingehend anstrebt, dass anstelle des Ministerpräsidenten ein Landesfürst eingesetzt wird, der fortan die Fürstenwürde im Wege der Erbfolge in seinem Herrscherhaus weitergeben soll.*

Begrenzt wird die Rechtssetzungsgewalt insoweit allerdings durch das zuvor beschriebene **Homogenitätsprinzip.**[5] Art. 28 Abs. 1 GG gebietet, dass alle Verfassungen der Länder auf die Grundsätze des republikanischen, demokratischen und sozialen Rechtsstaates im Sinne dieses Grundgesetzes festgelegt sind. Zugleich ist entgegenstehendes Landesverfassungsrecht nichtig und unbeachtlich.

***Lösung zum Beispielfall 2:***
*Geht man davon aus, dass das Republikprinzip jegliche monarchische Herrschaft i. S. v. Herrschaft eines durch Erbfolge bestimmten Staatsoberhaupts ausschließt*[6] *und zugleich das Demokratieprinzip eine vom Volk in Wahlen übertragene Herrschaft auf Zeit gebietet,*[7] *würde eine entsprechende Verfassungsänderung im Bundesland X einen Verstoß gegen Art. 28 Abs. 1 GG darstellen.*

Sieht man bspw. richtigerweise die Abschaffung der Todesstrafe (Art. 102 GG) u. a. als Ausfluss des Rechtstaatsprinzips,[8] ist den Ländern eine entsprechende Regelungsmöglichkeit schon mit Blick auf Art. 28 Abs. 1 GG verwehrt. Bis 2018 sah Art. 21 Abs. 1 Satz 3 HessVerf vor, dass bei besonders schweren Verbrechen die Todesstrafe verhängt werden darf.

**Merke:**
Seit dem Volksentscheid vom 28.10.2018 ist die Todesstrafe in der hessischen Verfassung nicht mehr vorhanden. Der Landesgesetzgeber hat die Vorschrift durch das Gesetz zur Änderung der Art. 21 und 109 der Verfassung des Landes Hessen vom 15.6.2018[9] ersatzlos gestrichen, und 83,2 % der Abstimmenden haben diese Novelle angenommen. Damit besteht heute bundesweit völlige Übereinstimmung zwischen Landes- und Bundesrecht: Die Todesstrafe ist nirgends mehr verfassungsrechtlich vorgesehen.

---

5 Dazu oben Kap. 1.2.3.

6 Vgl. unten Kap. 2.3.

7 Vgl. unten Kap. 2.2.1.

8 Vgl. nur *Kersten* in DHS, Grundgesetz-Kommentar, Art. 102 GG Rn. 9; *Degenhart* in Sachs, Grundgesetz-Kommentar, Art. 102 GG Rn. 7; zum Rechtsstaatsprinzip siehe unten Kap. 2.4.

9 Gesetz zur Änderung der Art. 21 und 109 HessVerf (GVBl. 2018 S. 430).

### 2.1.2 Zuständigkeitsverteilung zwischen Bund und Ländern

Die Aufteilung des Bundes in Länder führt zu einer Verteilung der Staatsgewalt auf zwei Ebenen und enthält damit ein Moment vertikaler Gewaltenteilung.[10] Damit ist zugleich die Abgrenzung von Kompetenzen zwischen Bund und Ländern von besonderer Wichtigkeit. Eine Grundaussage zur **Kompetenzverteilung zwischen Bund und Ländern** trifft Art. 30 GG, demzufolge die Ausübung der staatlichen Befugnisse und die Erfüllung der staatlichen Aufgaben Sache der Länder ist, soweit das Grundgesetz keine andere Regelung trifft oder zulässt. Damit wird zunächst eine klare Zuordnung staatlicher Kompetenzen entweder zugunsten der Länder oder zugunsten des Bundes ausgesprochen; keine staatliche Aufgabe bewegt sich im kompetenzlosen Raum;[11] zugleich spricht das Grundgesetz ein Regel-Ausnahme-Verhältnis zugunsten der Länder aus:[12] Der Bund darf sich auf die ausdrücklich zugewiesenen Kompetenzen berufen, den Ländern stehen die unbenannten Kompetenzen im Übrigen zu.[13] Dieser Grundsatz des Art. 30 GG wird für die Gesetzgebungszuständigkeit in Art. 70 Abs. 1 GG bestätigt, für die Ausführung der Bundesgesetze in Art. 83 ff. GG.

Wie das Bundesverfassungsgericht in seinem Klimabeschluss vom 24.3.2021 ausdrücklich betont hat, darf der Bund im Bereich des Klimaschutzes von einer **Verbund- oder Mischkompetenz** ausgehen, weil nur er Emissionsziele gegenüber der Europäischen Union verantwortet. Damit präzisiert das Gericht, dass Art. 30 GG den Gesetzgeber nicht daran hindert, neue, materiell-verfassungsrechtlich begründete Sachgebiete in Bundeszuständigkeit zu überführen, sofern eine bundeseinheitliche Regelung zur Wahrung intertemporaler Freiheitsrechte erforderlich ist.[14]

Wenn gültiges Bundesrecht und gültiges Landesrecht nebeneinanderstehen und sich widersprechen, gilt nach der **Kollisionsregel** des Art. 31 GG, dass in diesem Fall Bundesrecht Landesrecht bricht, Bundesrecht also vorgeht. Anwendungsfälle werden vornehmlich im Bereich der konkurrierenden Gesetzgebungskompetenz nach Art. 72 Abs. 1, 2 GG gesehen: Die Länder dürfen hier regeln, solange und soweit der Bund nicht geregelt hat. Wenn mangels einer bundesgesetzlichen Regelung bisher rechtmäßiges Landesrecht existierte und der Bund nunmehr eine bestimmte Frage erstmals rechtmäßig regelt, verdrängt das neu entstandene Bundesgesetz kraft Art. 31 GG das bereits existierende Landesgesetz.

10 *Hellermann* in BeckOK GG, Art. 30 GG Rn. 1; *Ipsen*, Staatsrecht I, Rn. 536.

11 *Hellermann* in BeckOK GG, Art. 30 GG Rn. 2; *März* in v. Mangoldt/Klein/Starck, GG-Kommentar, Art. 30 Rn 15, 21 f.

12 *Hellermann* in BeckOK GG, Art. 30 GG Rn. 2.

13 *Jarass/Pieroth*, GG-Kommentar, Art. 30 GG Rn 1.

14 BVerfG, Beschl. vom 24.3.2021 – 1 BvR 2656/18 –, https://www.bundesverfassungsgericht.de/SharedDocs/Entscheidungen/DE/2021/03/rs20210324_1bvr265618.html, zuletzt abgerufen am 22.6.2025.

### 2.1.3 Grundsatz der Bundestreue

***Beispielfall 3:***
*Die Europäische Union will eine Richtlinie zur Harmonisierung der Rundfunkordnungen in Europa erlassen. Hierüber verhandelt die Bundesrepublik, vertreten durch den zuständigen Bundesminister, im Ministerrat. Die Bundesländer legen der Bundesregierung einen Forderungskatalog vor, der in die Verhandlungen in Brüssel einfließen soll. Zunächst folgt der Bundesminister den Forderungen der Länder, weicht dann aber partiell von diesen ab. Die Bundesregierung beschließt, der Richtlinie, in die verschiedene Punkte der Bundesländer nicht eingeflossen sind, dennoch zuzustimmen.*

Zwar weist Art. 30 GG die Zuständigkeiten eindeutig zu, gleichwohl sind Bund und Länder gehalten, bei der Ausübung der jeweiligen Kompetenzen Rücksichtnahme zu üben. Diese Pflicht wird üblicherweise als **„Bundestreue"** bezeichnet, auch als „bundes-" bzw. „länderfreundlichen Verhalten".[15] Der Grundsatz der Bundestreue ist ein ungeschriebener Verfassungsgrundsatz, der in der Rechtsprechung des Bundesverfassungsgerichts entwickelt und näher ausgeführt worden ist.

***Lösung zum Beispielfall 3:***
*Die Vertretung der Bundesrepublik im Ministerrat obliegt der Bundesregierung. Der Regelungsbereich „Rundfunk" liegt nach Art. 30, 70 Abs. 1 GG in der Gesetzgebungskompetenz der Länder.*

*Das Bundesverfassungsgericht sah in der Zustimmung der Bundesregierung zur Richtlinie einen Verstoß gegen den Grundsatz der Bundestreue (hier in der Form des Grundsatzes länderfreundlichen Verhaltens). Der zuständige Bundesminister habe bei den Verhandlungen über die Richtlinie die Position der Länder nicht konsequent vertreten.*[16]

**Merke:**
So wie die Bundesregierung die Position der Länder – insbesondere im Bereich der innerstaatlichen Gesetzgebungskompetenz der Länder – in der EU vertreten muss, sind die Länder nach dem Grundsatz bundesfreundlichen Verhaltens umgekehrt verpflichtet, die Europäischen Richtlinien im Rahmen ihrer Gesetzgebungskompetenz korrekt in nationales (Länder-)Recht umzusetzen.

Der Grundsatz der Bundestreue wird damit als **Kompetenzbegrenzungsregelung** angesehen. Die Akteure auf Bundes- und Landesebene dürfen ihre Kompetenz gegenüber der anderen Seite nicht um jeden Preis durchsetzen. Es handelt sich insoweit um einen

15 *Ipsen*, Staatsrecht I, Rn. 717 ff.
16 BVerfGE 92, 203, 242 f.

Ausdruck des kooperativen Föderalismus. Die Bedeutung des Grundsatzes kann sich auch darin zeigen, dass im Umgang zwischen Bund und Ländern bestimmte Verfahrensanforderungen eingehalten werden. Der Bund ist gehalten, sich in Fragen, die die Länder betreffen, mit allen Ländern abzustimmen. Er darf aber andererseits, wenn keine Einigung mit allen Ländern erreichbar ist, eine Allianz mit politisch nahestehenden Landesregierungen schmieden. Wenn der Bund gegenüber einem Land, etwa im Rahmen der Auftragsverwaltung, Weisungen erteilen will, muss das Land zunächst angehört werden, obgleich Art. 85 GG eine solche Anhörungspflicht nicht ausdrücklich vorsieht.[17]

Wichtig ist, dass der Grundsatz der Bundestreue keinen originären Anspruch des Bundes oder eines Landes auf ein bestimmtes Verhalten der Gegenseite erzeugt. Der Grundsatz der Bundestreue kann vielmehr nur **akzessorisch**, d. h. innerhalb eines bestehenden Rechtsverhältnisses (Rechtssetzungsverfahren der EU wie im Beispiel, Ausübung des Weisungsrechts nach Art. 85 GG) geltend gemacht werden, begründet aber keine selbständigen Rechtsverhältnisse zwischen den Beteiligten.[18]

### 2.1.4 Zuschnitt der Bundesländer

Die grundsätzliche Gliederung des Bundes in Länder ist mit Blick auf Art. 79 Abs. 3 GG garantiert. Nicht aber garantiert ist der **Bestand** des einzelnen Bundeslandes. Art. 29 GG sieht ein Verfahren vor, nach dem Ländergrenzen neu definiert werden, bestehende Länder abgeschafft oder neue Länder geschaffen werden können. Die Neugliederung kann durch den Bund oder durch einen qualifizierten Anteil der Einwohner eines Landes oder mehrerer Länder initiiert werden. Die Entscheidung über die Neugliederung erfolgt durch Bundesgesetz, das durch **Volksentscheid**, also durch Abstimmung der betroffenen Einwohner bestätigt werden muss.[19]

**Merke:**
Entsprechend dem Wortlaut findet die Neugliederung der Länder ihre Grenze wiederum in Art. 79 Abs. 3 GG. Auch nach einer Neugliederung ist, da Art. 79 Abs. 3 GG von der Gliederung des Bundes „in Länder" spricht, eine Existenz von mindestens zwei Ländern erforderlich.

Ein Anspruch eines Landes bzw. mehrerer Länder auf Neugliederung besteht nach der Rechtsprechung des Bundesverfassungsgerichts nicht. *„Die lediglich passive Beteiligung der Länder als Objekte der von Bundes wegen vorzunehmenden Neugliederung kann nicht einen Status der gegenwärtig bestehenden Länder erzeugen, aus dem sich ein Anspruch auf Neugliederung ergeben könnte"*.[20]

17 BVerfGE 81, 310, 331 ff.; einschränkend BVerfGE 104, 249, 270.
18 Vgl. BVerfGE 13, 54, 75; BVerfGE 104, 238, 247 f.
19 Siehe hierzu insgesamt *Hellermann* in BeckOK GG, Art. 29 Rn. 13 ff.
20 So BVerfGE 13, 54, 75.

Der bisher einzige vollständig vollzogenen Neugliederungsakt betrifft die Entstehung Baden-Württembergs.[21] Der **Südweststaat** Baden-Württemberg entstand in der unmittelbaren Nachkriegszeit aus drei Ländern, die nach den alliierten Besatzungsgrenzen entstanden waren: Württemberg-Baden in der amerikanischen Zone sowie Baden und Württemberg-Hohenzollern in der französischen Zone.[22] Weil sich die politischen und wirtschaftlichen Zentren Stuttgart, Karlsruhe und Freiburg in engem Austausch befanden, wuchs schon 1946 der Ruf nach einem einheitlichen Bundesland. Art. 118 GG[23] eröffnete für diesen Sonderfall ein vereinfachtes Fusionsverfahren. Das Zweite Neugliederungsgesetz vom 4.5.1951 teilte das Abstimmungsgebiet in vier Bezirke und verlangte eine Dreiviertelmehrheit der Bezirke bei einfacher Gesamtmehrheit. In einem heftig geführten Abstimmungskampf warb insbesondere Ministerpräsident *Reinhold Maier* für den „Südweststaat", während südbadische Kräfte die Wiederherstellung des alten Landes Baden forderten. Am 9.12.1951 votierten 69,7 % der Wähler insgesamt für die Vereinigung; nur im Bezirk Südbaden überwog das Nein. Die verfassunggebende Landesversammlung konstituierte sich am 9.3.1952 und wählte am 25.4.1952 *Reinhold Maier* zum ersten Ministerpräsidenten des neuen Landes, das seitdem „Baden-Württemberg" heißt.

Ein halbes Jahrhundert später wollten Berlin und Brandenburg aus zwei Ländern eines formen. Die politische Idee, die Hauptstadtregion in einer Verwaltungseinheit zu bündeln, wurzelt in der Wiedervereinigung von 1990. Am 27.4.1995 unterzeichneten beide Landesregierungen einen Staatsvertrag[24], den ihre Parlamente im Juni 1995 mit Zweidrittelmehrheit ratifizierten. Der Vertrag setzte für das Inkrafttreten zwingend parallele Volksentscheide in beiden Ländern voraus. Am 5.5.1996 stimmten in Berlin 53,4 % der Wähler für die Fusion; in Brandenburg lehnten jedoch 62,7 % das Vorhaben ab, und man verfehlte dort zudem das vorgeschriebene Zustimmungsquorum von 25 % der Wahlberechtigten.[25] Befürworter in Berlin hofften auf einen gemeinsamen Wirtschaftsraum, während viele Brandenburger finanzielle Nachteile und eine Dominanz der Hauptstadt fürchteten. Mit dem Scheitern der Volksabstimmungen blieb es bei zwei getrennten Ländern, wenngleich seither zahlreiche Kooperationen – etwa im Verkehrsverbund oder in der Landesplanung – unter dem Label „Hauptstadtregion" fortbestehen.

21 *Hrbek, Rudolf*, Das Problem der Neugliederung des Bundesgebietes, APuZ 46/1971.

22 Landesportal Baden-Württemberg, Entstehung des Südweststaat, https://www.baden-wuerttemberg.de/de/unser-land/geschichte/entstehung-des-suedweststaats, zuletzt abgerufen am 29.6.2025.

23 „**Art 118 GG**
Die Neugliederung in dem die Länder Baden, Württemberg-Baden und Württemberg-Hohenzollern umfassenden Gebiete kann abweichend von den Vorschriften des Artikels 29 durch Vereinbarung der beteiligten Länder erfolgen. Kommt eine Vereinbarung nicht zustande, so wird die Neugliederung durch Bundesgesetz geregelt, das eine Volksbefragung vorsehen muß."

24 Gesetz zu dem Staatsvertrag der Länder Berlin und Brandenburg über die Bildung eines gemeinsamen Bundeslandes, Neugliederungs-Vertrag) und zu dem Staatsvertrag zur Regelung der Volksabstimmungen in den Ländern Berlin und Brandenburg über den Neugliederungs-Vertrag vom 18.7.1995 (GVBl. S. 490).

25 Bundeszentrale für politische Bildung, Deutschland-Chronik bis 2000, 5. Mai 1996, https://www.bpb.de/themen/zeit-kulturgeschichte/deutschland-chronik/132377/5-mai-1996/, zuletzt abgerufen am 29.6.2025.

## 2.2 Demokratieprinzip

„Demokratie" bedeutet entsprechend der altgriechischen Herleitung Herrschaft (κρατία, kratia) des Volkes (δῆμος dēmos). Das **Demokratieprinzip** ist Gegenstand des Art. 20 Abs. 1 GG *(„Die Bundesrepublik ist ein demokratischer ... Bundesstaat")*. Zugleich ist Art. 20 Abs. 2 GG Ausdruck des Demokratieprinzips, da hier der Grundsatz der Volkssouveränität, also die Forderung, dass alle Staatsgewalt vom Volke ausgeht, festgeschrieben wird.

Obgleich alle Staatsgewalt vom Volk ausgeht, ist der unmittelbare Einfluss des Volkes auf die Ausübung der Staatsgewalt begrenzt. Art. 20 Abs. 2 Satz 2 GG beschreibt die Form der Ausübung von Staatsgewalt so: *„Sie wird vom Volke in Wahlen und Abstimmungen und durch besondere Organe der Gesetzgebung, der vollziehenden Gewalt und der Rechtsprechung ausgeübt."* Aus dieser Formulierung lassen sich zwei wesentliche Aussagen herleiten, nämlich wie und durch wen die Staatsgewalt ausgeübt wird.

### 2.2.1 Ausübung der Staatsgewalt in Wahlen und Abstimmungen

Zunächst ist die wichtigste Möglichkeit der Ausübung von Staatsgewalt für den Einzelnen die Teilnahme an **Wahlen** und **Abstimmungen**. „Wahlen" sind das Treffen von **Personalentscheidungen** durch Bestimmung von Repräsentanten des Volkes.[26]

> **Merke:**
> Damit wird ein wesentliches Merkmal des Demokratieprinzips deutlich, nämlich die Verleihung von **Macht auf Zeit**; derjenige, der aus einer Wahl als Gewählter hervorgeht, muss sich, so er dies möchte, periodisch wieder zur Wahl stellen.

Bei „Abstimmungen" handelt es sich um Entscheidungen über **Sachfragen**.[27] Letztere sind im Grundgesetz nur selten und ausnahmsweise vorgesehen. Im Wesentlichen handelt es sich um Abstimmungen (eines hiervon betroffenen Teilvolkes) über die Neugliederung des Bundes durch Veränderung des Zuschnitts von Bundesländern gem. Art. 29 GG,[28] daneben aber auch die Abstimmung über eine neue Verfassung i. S. d. Art. 146 GG. Weitere, d. h. über die Vorgaben des Grundgesetzes in der jetzigen Fassung hinausgehende Volksentscheide oder auch nur staatlicherseits organisierte Volksbefragungen sind mit Blick auf das dem Grundgesetz zugrunde liegende Leitbild der

26 Zum Wahlrecht und zu Wahlrechtsgrundsätzen siehe unten Kap. 2.2.6.1.
27 *Degenhart*, JuS 2010 S. 473, 476.
28 Dazu oben Kap. 2.1.4.

parlamentarischen Demokratie unzulässig.[29] Die in der Weimarer Reichsverfassung enthaltenen plebiszitären (von lat. „plebs“ = Volk und „scitum“ = Beschluss) Elemente wurden bei Schaffung des Grundgesetzes als eine Ursache für das Wachsen extremistischer Kräfte und damit als mögliche Schwächung der Demokratie angesehen, obgleich in der Weimarer Zeit kein Volksentscheid erfolgreich durchgeführt wurde.

**Merke:**
Deutschland hat das aktive Wahlalter für Europawahlen durch Gesetz vom 11.11.2022 auf 16 Jahre gesenkt. Jugendliche konnten erstmals bei der Wahl zum Europäischen Parlament am 9.6.2024 abstimmen.[30]
Diese Reform erweitert den Kreis der Wahlberechtigten erheblich und illustriert, wie das Allgemeinheitsprinzip der Wahl aufgrund gesellschaftlicher Partizipationsforderungen dynamisch fortgeschrieben wird.

## 2.2.2 Notwendigkeit ununterbrochener demokratischer Legitimation

Darüber hinaus wird die Staatsgewalt des Volkes besonderen Organen der Gesetzgebung, der vollziehenden Gewalt und der Rechtsprechung übertragen. Hieraus lässt sich herleiten, dass wenn eines der Organe rechtmäßig Staatsgewalt ausüben will, diese Ausübung in einer ununterbrochenen demokratischen **Legitimationskette** – unmittelbar oder mittelbar – auf den „Volkswillen“ zurückführbar sein muss.

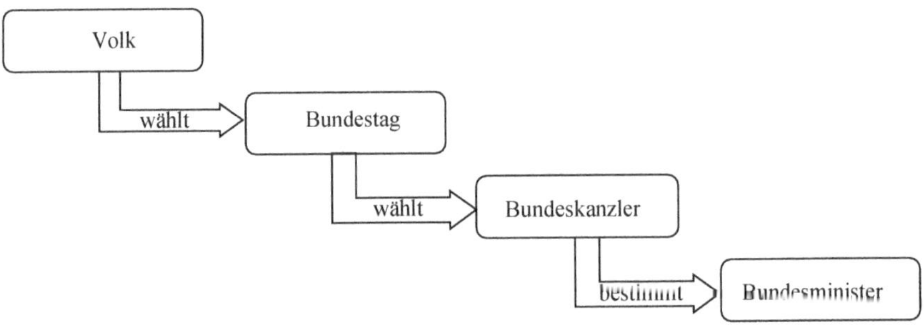


*Legitimationskette vom Volk bis zu den Bundesministern (Eigene Darstellung)*

29 So auch *Gröpl*, Staatsrecht I, Rn. 299; einschränkend *Grzeszick* in DHS, Grundgesetz-Kommentar, Art. 20 Rn. 114: Unzulässig sein sollen nur Volksbefragungen, die eine auch nur ansatzweise rechtliche Verbindlichkeit entfalten; rein konsultatorische Volksbefragungen sollen durch einfaches Gesetz einführbar sein. Zur parlamentarischen Demokratie sogleich unten Kap. 2.2.3.

30 Bundeswahlleiterin, Informationsseite Europawahl 2024, https://bundeswahlleiterin.de/europawahlen/2024/informationen-waehler.html, zuletzt abgerufen am 23.6.2025.

Entsprechend der Darstellung legitimiert das **Volk** durch Wahl unmittelbar den **Bundestag** bzw. die gewählten Abgeordneten. Die Abgeordneten legitimieren durch Wahl – mittelbar, da dieser bzw. diese nicht direkt vom Volk gewählt wird – den **Bundeskanzler** bzw. die Bundeskanzlerin. Dadurch, dass der Bundeskanzler die Mitglieder seiner Regierung, also die **Bundesminister** bestimmt, sind diese auch – mehrfach mittelbar – durch das Volk legitimiert.

Die Legitimationskette lässt sich innerhalb des **Verwaltungsaufbaus**, also der vollziehenden Gewalt oder Exekutive, dadurch nachvollziehen, dass die jeweilige Verwaltung – auf Bundes- wie auf Landesebene – weisungsgebunden gegenüber der jeweiligen obersten Bundes- oder Landesbehörde, also dem jeweiligen Ministerium, letztlich gegenüber dem Minister ist. Materiell entfaltet sich die Legitimation der Verwaltung dadurch, dass die Verwaltung zur Ausführung und Achtung der durch die Parlamente erlassenen Gesetze verpflichtet ist. Über die nach unten wirkende Ministerverantwortung wird auch die persönliche Legitimation des Amtswalters, also des Beamten oder Angestellten im öffentlichen Dienst, hergestellt. Die ununterbrochene Legitimation der Rechtsprechung, also der Judikative, wird über die Ernennung der Richter zumeist durch den (Landes-)Justizminister unter Beteiligung demokratisch eingesetzter Richterwahlausschüsse, Art. 98 Abs. 4 GG, vermittelt.[31]

**Merke:**
Demokratische Legimitation ist nicht in allen Bereichen des Staates gleich ausgeprägt; allerdings soll ein Ausgleich weniger starker demokratischer Bindung durch Bereiche intensiverer demokratischer Legitimation ausgeglichen werden können; notwendig ist ein insgesamt betrachtet hinreichendes Legitimationsniveau.[32]

Abschließend wird die ununterbrochene Legitimationskette anhand eines Beispiels betreffend die vorgezogene Bundestagswahl im Februar 2025 erläutert:

| Ebene | demokratischer Akt | handelnde Person | Datum | Verbindung zur nächsten Ebene |
|---|---|---|---|---|
| Volk | Wahl zum 21. Deutschen Bundestag im Wahlkreis Dortmund I | Wählerin Anna Berger, wohnhaft Dortmund-Hörde | 23.2.2025 | wählt mit Erst- und Zweitstimme den Bundestag |

31 Vgl. hierzu *Detterbeck* in Sachs, Grundgesetz-Kommentar, Art. 98 GG Rn. 20 ff.; für Bundesrichter gilt vergleichbar Art. 95 Abs. 2 GG.

32 Vgl. BVerfGE 119, 311, 366; VerfGH RhPf., NVwZ-RR 1994 S. 665, 668 f.

| **Ebene** | **demokratischer Akt** | **handelnde Person** | **Datum** | **Verbindung zur nächsten Ebene** |
|---|---|---|---|---|
| Bundestag | Mandat für den Wahlkreis Dortmund I | Abgeordneter Jens Peick (SPD) | 23.2.2025 | wirkt an der Kanzlerwahl mit |
| Bundestag | Wahl des Bundeskanzlers | Friedrich Merz (CDU) erhält 394 Stimmen | 6.5.2025 | ernennt die Bundesminister |
| Bundesregierung | Ernennung des Bundesministers des Innern und für Heimat | Alexander Dobrindt (CSU) | 7.5.2025 | erlässt Ressortbefehle an die Bundespolizei |
| Bundespolizei | Allgemeine Dienstanweisung Grenzkontrollen 2025 | Bundespolizeipräsident Dieter Romann | 20.5,2025 | leitet operative Einsatzpläne ab |
| Bundespolizeidirektion Sankt Augustin | Einsatzbefehl: Verstärkte Kontrollen Flughafen Düsseldorf | Direktionsleiterin Martina Link | 24.5.2025 | setzt Aufgaben für Dienststellen fest |
| Bundespolizeiinspektion Düsseldorf | Dienstgruppenplan | Erster Polizeihauptkommissar Jonas Weber | 25.5.2025 | erteilt konkrete Weisungen an Streifen |
| Streife | Kontrolle eines aus Spanien einreisenden Passagiers | Polizeikommissarin Sarah König | 25.5.2025 | vollzieht hoheitliche Maßnahme auf Grundlage der Wahlentscheidung vom 23.2.2025 |

## 2.2.3 Parlamentarische Demokratie und Parteiendemokratie als Leitbilder des Grundgesetzes

Die Grundentscheidung des Grundgesetzes für ein System der **parlamentarischen Demokratie** geht einher mit der Entscheidung im Wesentlichen gegen Elemente direkter Demokratie („Abstimmungen“[33]) und für ein System der **Parteiendemokratie**.

### 2.2.3.1 Grundzüge des Systems parlamentarischer Demokratie

Durch die Anordnung in Art. 20 Abs. 2 GG, dass das Volk die Staatsgewalt primär „in Wahlen“ ausübt, liegt dem Grundgesetz das Bild der parlamentarisch-repräsentativen Demokratie zugrunde. Ergebnis der Wahlen auf Bundesebene ist die Bestimmung der Mitglieder **des Deutschen Bundestages**, also des Parlaments der Bundesrepublik. Der Bundestag ist das einzige unmittelbar vom Volk legitimierte Staatsorgan auf Bundesebene. Zugleich wird die Staatsgewalt damit repräsentativ ausgeübt, nämlich primär

33 Dazu schon oben Kap. 2.2.1.

durch die gewählten Abgeordneten. Auch alle weiteren durch das Parlament mittelbar legitimierten staatlichen Organe nehmen eine solche das Volk vertretende, also repräsentative Funktion wahr.

> **Merke:**
> Das Staatssystem der Bundesrepublik ist damit zugleich von der präsidialen Demokratie abzugrenzen. Merkmal präsidialer Systeme ist die Volkswahl des Staatspräsidenten, der zugleich oberstes Exekutivorgan ist; regelmäßig ist die Regierung nicht dem Parlament, sondern dem Präsidenten verpflichtet und von diesem abhängig. Er kann durch das Parlament nicht seines Amtes enthoben werden. Präsidentielle Regierungssysteme sind vergleichsweise selten; ein bekanntes Beispiel sind die Vereinigten Staaten von Amerika. Der Präsident wird dort indirekt durch das Volk über das Wahlmännerkollegium gewählt und ist zugleich Staatsoberhaupt und Regierungschef. Er ernennt die Mitglieder seiner Regierung weitgehend unabhängig vom Parlament. Die Amtszeit des Präsidenten ist grundsätzlich festgelegt; eine vorzeitige Absetzung ist nur durch ein Amtsenthebungsverfahren (Impeachment) wegen schwerer Verfehlungen möglich. Kennzeichnend für das präsidentielle System ist die institutionelle Trennung von Exekutive und Legislative, wobei beide Gewalten durch gegenseitige Kontroll- und Vetorechte miteinander verflochten sind.

Da die Repräsentativfunktion aufgrund der unmittelbaren demokratischen Legitimation der Abgeordneten primär im Bundestag ausgeübt wird, wird aus dem Demokratieprinzip der **Parlamentsvorbehalt** hergeleitet. Danach werden die zentralen Entscheidungen für das Gemeinwesen durch das Parlament getroffen. Der Parlamentsvorbehalt verlangt, dass – im Sinne eines **staatsrechtlichen Wesentlichkeitsgrundsatzes** – alle staatswesentlichen Entscheidungen dem Parlament vorbehalten sind.[34] Diese Entscheidungen können – als wichtigstes „Transportmittel" – in Gesetzesform ergehen;[35] das Parlament kann aber staatswesentliche Entscheidungen auch in Form von Bundestagsbeschlüssen treffen, so etwa über Bundeswehreinsätze im Ausland mit der Möglichkeit der Einbindung in bewaffnete Konflikte.[36]

Ein feststehender **Katalog** staatswesentlicher Entscheidungen **besteht** allerdings **nicht**, sodass es im Einzelfall streitig sein kann, ob die Reaktion auf eine bestimmte politische Situation einen Parlamentsbeschluss verlangt. Im Zweifelsfall – insbesondere dann, wenn sich das Parlament bspw. durch die Bundesregierung übergangen fühlt – ist das Bundesverfassungsgericht auf Antrag der hierfür notwendigen Zahl von Abgeordneten gehalten, die Notwendigkeit einer parlamentarischen Entscheidung festzustellen.

---

34 Vgl. insoweit *Gröpl*, Staatsrecht I, Rn. 286 ff.

35 Zum Zusammenhang mit dem Grundsatz des Vorbehalts des Gesetzes siehe unten Kap. 2.4.3.

36 Vgl. hierzu BVerfGE 121, 135, 154 ff. – AWACS und BVerfGE 90, 286, 381 ff. – Adria-Einsatz.

#### 2.2.3.2 Das demokratische System der Bundesrepublik als Parteiendemokratie

Verbunden mit dem System der parlamentarischen Demokratie ist die Entscheidung für die besondere **Rolle der Parteien** im demokratischen System. Vornehmliche Aufgabe der Parteien ist es, den politischen Willen „des Volkes“ zu bündeln und diesem Willen insbesondere in den Wahlen zu den Parlamenten des Bundes und der Länder Gehör zu verschaffen.

##### *2.2.3.2.1 Organisationsform und Aufgaben der Parteien*

Art. 21 Abs. 1 GG weist den Parteien die Aufgabe der Mitwirkung an der politischen Willensbildung zu. Das Bundesverfassungsgericht hat sie früh als „verfassungsmäßige Institution“ und, wenn nicht als Teil der obersten Staatsorgane, so doch als „Staatsorgane“ bezeichnet.[37] § 2 Abs. 1 Satz 1 PartG definiert Parteien als

> *„Vereinigungen von Bürgern, die dauernd oder für längere Zeit für den Bereich des Bundes oder eines Landes auf die politische Willensbildung Einfluss nehmen und an der Vertretung des Volkes im Deutschen Bundestag oder einem Landtag mitwirken wollen, wenn sie nach dem Gesamtbild der tatsächlichen Verhältnisse, insbesondere nach Umfang und Festigkeit ihrer Organisation, nach der Zahl ihrer Mitglieder und nach ihrem Hervortreten in der Öffentlichkeit eine ausreichende Gewähr für die Ernsthaftigkeit dieser Zielsetzung bieten.“*

Diese Definition wird vom Bundesverfassungsgericht als verfassungsmäßige Konkretisierung des Parteienbegriffs nach Art. 21 Abs. 1 GG angesehen.[38] Jedenfalls stellt das PartG eine Orientierung für die Interpretation des Art. 21 GG dar.[39] In seiner neueren Rechtsprechung löst sich das Bundesverfassungsgericht ein Stück weit von der Vorstellung der Parteien als **Wahlermöglichungsorgane**, sondern formuliert:

> *„Die Parteien sind [...] nicht bloße Wahlvorbereitungsorganisationen und nicht nur in dieser Funktion sind sie für die demokratische Ordnung unerlässlich. Sie sind vornehmlich berufen, die Bürger freiwillig zu politischen Handlungseinheiten mit dem Ziel der Beteiligung an der Willensbildung in den Staatsorganen organisatorisch zusammenzuschließen und ihnen so einen wirksamen Einfluss auf das staatliche Geschehen zu ermöglichen. Den Parteien obliegt es, politische Ziele zu formulieren und diese den Bürgern zu vermitteln sowie daran mitzuwirken, dass die Gesellschaft wie auch den einzelnen Bürger betreffende Probleme erkannt, benannt und ange-*

37 BVerfGE 1, 208, 225.

38 BVerfGE 91, 262, 267; anders wohl *Kluth* in BeckOK GG, Art. 21 GG Rn. 19: Sachliche Übereinstimmung der Parteibegriffe nach Art. 21 Abs. 1 GG und § 2 PartG, aber keine inhaltliche Ableitung aus dem einfachen Gesetzesrecht.

39 So auch *Morlok*, PartG, Einleitung Rn. 3.

*messenen Lösungen zugeführt werden. Die für den Prozess der politischen Willensbildung im demokratischen Staat entscheidende Rückkoppelung zwischen Staatsorganen und dem Volk ist auch Sache der Parteien. Sie erschöpft sich nicht nur in dem nur in Abständen wiederkehrenden Akt der Wahl des Parlaments. Willensbildung des Volkes und Willensbildung in den Staatsorganen vollziehen sich in vielfältiger und tagtäglicher, von den Parteien mitgeformter Wechselwirkung. Politische Programme und Verhalten der Staatsorgane wirken auf die Willensbildung des Volkes ein und sind selbst Gegenstand der Meinungsbildung."*[40]

Dennoch bleibt die auch in § 2 Abs. 1 PartG angesprochene Funktion – Einflussnahme auf die politische Willensbildung durch **Teilnahme an Wahlen** – eine **Kernaufgabe** der Parteien.[41] Dem entsprechend verlangt § 2 Abs. 2 PartG die Teilnahme an Wahlen auf Bundes- oder Landesebene spätestens sechs Jahre nach Gründung für neue Parteien bzw. sechs Jahre nach dem letzten Wahltermin für existierende Parteien.[42] Die regelmäßige Teilnahme an Wahlen ist Ausweis der in § 2 Abs. 1 PartG geforderten **Ernsthaftigkeit**.

Die Feststellung der Parteieneigenschaft ist nicht an einer Stelle gebündelt, weshalb ein Registrierungsverfahren erwogen wird.[43] Letztlich ist derzeit jede Stelle, bei der eine vermeintliche Partei Rechte geltend macht, frei in der Bewertung der Frage, ob die Voraussetzungen des § 2 Abs. 1 PartG gegeben sind. Nach Gründung einer Partei kann der gewählte Vorstand dem Bundeswahlleiter die Satzung, das Parteiprogramm sowie eine Liste der Namen von Vorständen der Partei und der Landesverbände mit Angabe der Funktionen bekannt geben. Die Kundgabe des Bundeswahlleiters kann als Anhaltspunkt für Parteieigenschaft dienen. Dabei erkennt § 6 Abs. 4 PartG die Existenz reiner Landesparteien grundsätzlich an.

Parteien sind regelmäßig wie rechtsfähige oder nicht rechtsfähige **Vereine** organisiert,[44] deren Mitglieder nach § 2 Abs. 1 Satz 3 PartG nur natürliche Personen sein können. Abgesehen von der CSU, der FDP und der Linken sind die meisten deutschen Parteien wie nicht rechtsfähige Vereine organisiert. Eine Mindestmitgliederzahl ist nicht definiert. Während eine Mindestzahl von 55 Mitgliedern in der Rechtsprechung als nicht genügend angesehen wurde, hat der Bundeswahlleiter für die Bundestagswahl 2009 die Partei „Nein!-Idee“ mit 61 Mitgliedern zugelassen. Ziel einer Partei muss sein, an Wahlen teilnehmen zu können; hierfür muss eine gewisse Zahl an Mitgliedern gegeben sein, allerdings können Defizite bei der Zahl der Mitglieder ggf. durch ein Mehr an anderen Stellen (Nachweis technischer Möglichkeiten zur Wahlorganisation wie Internetwahlkampf u. Ä.) ausgeglichen werden.[45]

40 BVerfGE 85, 264, 284 f.
41 So auch *Kluth* in BeckOK GG, Art. 21 GG Rn. 21.
42 *Morlok*, PartG, § 2 Rn. 11.
43 Vgl. *Morlok/Bäcker*, NVwZ 2011, 1153, 1157.
44 *Morlok*, PartG, § 2 Rn. 3.
45 In diesem Sinne auch *Morlok*, PartG, § 23 Rn. 10.

Die Parteien wurden nach der Rechtsprechung des Bundesverfassungsgerichts zunächst aufgrund ihrer Quasi-Staatsorganqualität als nicht grundrechtsfähig, aber organstreitverfahrensfähig (Art. 94 Abs. 1 Nr. 1 GG) angesehen.[46] Mittlerweile wird die Staatsfreiheit der Parteien in den Vordergrund gerückt, weshalb Parteien als juristische Personen (vgl. Art. 19 Abs. 3 GG[47]) grundrechtsberechtigt[48] und damit **verfassungsbeschwerdefähig** sind, zugleich durch Art. 21 GG besonderen Schutz genießen.

#### 2.2.3.2.2 Innere Ordnung

Die **innere Ordnung** der Partei muss entsprechend Art. 21 Abs. 1 Satz 2 GG **demokratischen Grundsätzen** entsprechen. Damit sind autokratische Parteistrukturen, die die Partei nur dem Willen der Parteispitze unterwerfen, unzulässig. Dies feststellen zu können bedeutet zugleich die Forderung nach einer gewissen Öffentlichkeit und Transparenz der Parteiarbeit. Zu verlangen ist wenigstens die Besetzung von Ämtern und Kandidatenpositionen durch Wahlen. Zumeist werden derartige Wahlen durch Delegierte auf Parteitagen durchgeführt. Nicht dagegen verlangt sind basisdemokratische Strukturen, wie eine Urwahl, d. h. die Wahl jedes einzelnen Kandidaten oder jeder Parteifunktion durch alle Mitglieder.[49] Das vom Bundesverfassungsgericht aufgestellte Postulat, dass der Parteiaufbau von unten nach oben erfolgen muss,[50] bedeutet insbesondere, dass die Mitglieder nicht von der Willensbildung in der Partei ausgeschlossen sein dürfen. Das besagt aber nicht, dass nicht wichtige Impulse für die Partei von den Führungsgremien ausgehen dürfen.[51] Indiz für das Vorliegen einer demokratischen inneren Ordnung ist stets die Satzung der Partei, die aber entsprechend gelebt werden muss – deshalb die Forderung nach Öffentlichkeit und Transparenz.

**Merke:**
Versuche einer gesetzlichen Paritätspflicht für Wahllisten sind bislang verfassungsrechtlich gescheitert. Sowohl das Verfassungsgericht Brandenburg (Urt. vom 23.10.2020 – VfGBbg 9/19 –) als auch der Thüringer Verfassungsgerichtshof (Urt. vom 15.7.2020 – VerfGH Thür 2/20 –) haben landesrechtliche Paritätsgesetze aufgehoben, weil sie in das freie Wahlvorschlagsrecht der Parteien und die Gleichheit der Wahl eingriffen.
Die Entscheidungen betonen, dass eine Erhöhung des Frauenanteils im Parlament zwar ein legitimes Ziel darstellt, jedoch nur auf freiwilliger Basis der Parteien verwirklicht werden darf.

46 BVerfGE 1, 208, 255 ff.
47 Dazu näher unten Kap. 3.4.1.2.
48 BVerfG, NJW 2002 S. 2227, 2227.
49 So auch *Klein* in DHS, Grundgesetz-Kommentar, Art. 21 GG Rn. 338; 340 ff.
50 So BVerfGE 2, 1, 40 – SRP-Verbotsverfahren.
51 *Klein* in DHS, Grundgesetz-Kommentar, Art. 21 GG Rn. 338.

#### 2.2.3.2.3 Parteienprivileg

***Beispielfall 4:***[52]
*Im Bundesland B macht die seit zehn Jahren existierende „Widerstandsbewegung im Land B (WiLB)" von sich reden mit einer sog. „Volkstod-Kampagne", die den Slogan verwendet: „Die Demokraten bringen uns den Volkstod!" Deswegen lehnt die Bewegung nach eigenem Bekunden die Beteiligung an Wahlen generell ab. Der Innenminister des Landes B erwägt, die WiLB zu verbieten: Nach seiner Überzeugung ergibt sich aus der Überwachung des Fernmeldeverkehrs der WiLB, aus Recherchen der Verfassungsschutzbehörden im Internet und in Anbetracht zahlreicher einschlägiger Ermittlungsverfahren gegen Mitglieder, dass die WiLB verfassungsfeindliche Ziele verfolgt. Nach Erkenntnissen des Verfassungsschutzes hat die WiLB 30 feste Mitglieder und einen lockeren, wechselnden Unterstützerkreis von ca. 40 Personen.*

*Der „Sprecher" der WiLB meint dagegen, „Parteien wie die WiLB" dürfe nur das Bundesverfassungsgericht verbieten; wenn schon ein Minister die WiLB verbieten wolle, dann allenfalls der Bundesinnenminister, denn schließlich betätige man sich regelmäßig zweimal im Jahr bei Fackelzügen auch im Bundesland C. Wäre die Zuständigkeit des Innenministers von B für ein Verbot der WiLB gegeben?*

Das sog. **„Parteienprivileg"** wird vornehmlich hergeleitet aus Art. 21 Abs. 2 GG, wonach Parteien, *„die nach ihren Zielen oder nach dem Verhalten ihrer Anhänger darauf ausgehen, die freiheitliche demokratische Grundordnung zu beeinträchtigen oder zu beseitigen oder den Bestand der Bundesrepublik Deutschland zu gefährden"*, nur vom Bundesverfassungsgericht als verfassungswidrig verboten werden dürfen.

##### 2.2.3.2.3.1 Parteienverbotsverfahren

Seit der Gründung der Bundesrepublik hat es immer wieder Versuche gegeben, extremistische Formationen mit den Mitteln des Verfassungsrechts aus dem politischen Raum auszuschließen. Das erste Verfahren traf 1952 die Sozialistische Reichspartei (SRP)[53], eine offen neonazistische Nachfolgeorganisation der NSDAP. Der Beschluss des Bundesverfassungsgerichts beendete den Einfluss alt-nationalsozialistischer Kader in der frühen Nachkriegsdemokratie und markierte den Beginn der wehrhaften Demokratie.

Vier Jahre später, 1956, untersagte das Gericht die Kommunistische Partei Deutschlands (KPD).[54] Vor dem Hintergrund des Kalten Krieges sah es in ihrem revolutionären Programm eine akute Gefahr für die verfassungsmäßige Ordnung; das Urteil traf eine Partei, die damals noch in Landesparlamenten vertreten war.

In den 1990er Jahren waren rechtsextreme Akteure zwar erneut auf dem Vormarsch, doch das in dieser Zeit wichtigste Verfahren betraf nicht mehr eine Partei, sondern den

52 Frei nach OVG Bln-Bbg, Urt. vom 20.11.2013 – OVG 1 A 4.12 –, juris.
53 BVerfG, Urt. vom 23.10.1952 – 1 BvB 1/51 –, juris.
54 BVerfG, Urt. vom 17.8.1956 – 1 BvB 2/51 –, juris.

Verein „Freiheitliche Deutsche Arbeiterpartei“. Das Innenministerium nutzte 1995 das Vereinsgesetz, weil die FAP zwar Parteiambitionen hatte, aber die Voraussetzungen des Parteienbegriffs nicht erfüllte.[55]

Im Jahr 2003 versuchten Bund und Länder erstmals, die NPD (Nationaldemokratische Partei Deutschlands, ab Juni 2023: „Die Heimat“) zu verbieten. Das Verfahren scheiterte, weil eine starke Durchdringung der Partei durch staatliche V-Leute das Gericht an einer fairen Beweisführung zweifeln ließ.[56]

Nach erneuter Antragstellung 2017 stellte das Gericht zwar fest, dass die NPD verfassungsfeindliche Ziele verfolge, es verneinte aber ein Verbot, weil ihr jede realistische Durchsetzungschance fehlte.[57] Der Gesetzgeber reagierte 2019 und entzog der Partei auf Grundlage des neuen Art. 21 Abs. 3 GG[58] die staatliche Teilfinanzierung.

Gegenwärtig wird öffentlich diskutiert, ob ebenfalls ein Verbotsverfahren gegen die AfD eingeleitet werden soll. Ein Gutachten des Bundesamtes für Verfassungsschutz ordnet die Partei seit 2023 als „gesichert rechtsextreme Bestrebung“ ein, doch Vertreter von Bundestag und Bundesrat warnen vor den hohen prozessualen Hürden; es müsste nachgewiesen werden, dass die AfD nicht nur verfassungsfeindliche Ziele verfolgt, sondern auch konkret in der Lage ist, sie durchzusetzen. Bislang liegt kein förmlicher Antrag vor, weshalb offenbleibt, ob der Weg des Parteiverbots oder der Finanzierungsausschluss einschlägig werden wird.

| **Partei/Vereinigung** | **Jahr der Entscheidung** | **Ergebnis** | **Tragender Kontext und Hauptbegründung** |
|---|---|---|---|
| Sozialistische Reichspartei (SRP) | 1952 | Verbot | Rückfall in NS-Ideologie unmittelbar nach Kriegsende; Gefährdung der noch jungen Demokratie |
| Kommunistische Partei Deutschlands (KPD) | 1956 | Verbot | Kalter Krieg, Konzept der „Diktatur des Proletariats"; konkrete Unterwanderung von Gewerkschaften und Jugendverbänden |
| Freiheitliche Deutsche Arbeiterpartei (FAP) | 1995 | Verbot nach Vereinsgesetz | Rechtsextremistischer Gewaltkult; keine Parteieigenschaft, daher Vereinskompetenz des Innenministeriums |

55 Die Bundesregierung, Verbot des rechtsextremistischen Vereins „Freiheitliche Deutsche Arbeiterpartei“, Bulletin 15-95, 1.3.1995, https://www.bundesregierung.de/breg-de/service/newsletter-und-abos/bulletin/verbot-des-rechtsextremistischen-vereins-freiheitliche-deutsche-arbeiterpartei--801336, zuletzt abgerufen am 23.6.2025.

56 BVerfG, Beschl. vom. 18.3.2003 – 2 BvB 3/01–, juris.

57 BVerfG, Urt. vom 17.1.2017 – 2 BvB 1/13–, https://www.bundesverfassungsgericht.de/SharedDocs/Entscheidungen/DE/2017/01/bs20170117_2bvb000113.html, zuletzt abgerufen am 23.6.2025.

58 Art. 21 Abs. 3 GG lautet.

*„(3) Parteien, die nach ihren Zielen oder dem Verhalten ihrer Anhänger darauf ausgerichtet sind, die freiheitliche demokratische Grundordnung zu beeinträchtigen oder zu beseitigen oder den Bestand der Bundesrepublik Deutschland zu gefährden, sind von staatlicher Finanzierung ausgeschlossen. Wird der Ausschluss festgestellt, so entfällt auch eine steuerliche Begünstigung dieser Parteien und von Zuwendungen an diese Parteien.“*

| Partei/Vereinigung | Jahr der Entscheidung | Ergebnis | Tragender Kontext und Hauptbegründung |
|---|---|---|---|
| NPD (erstes Verfahren) | 2003 | Einstellung | Verfahrenshindernis wegen verdeckter V-Leute in Führungsgremien |
| NPD (zweites Verfahren) | 2017 | Feststellung verfassungswidrig, kein Verbot | „Fehlendes Potential" zur Durchsetzung der Ziele; mangelnde parlamentarische Relevanz |
| NPD (Finanzierung) | 2019 | sechs Jahre Ausschluss von Teilfinanzierung | Umsetzung von Art. 21 Abs. 3 GG; Sanktion ohne Organisationsverbot |
| AfD | Stand 2026 | Kein Antrag, Debatte offen | Verfassungsschutz stuft Partei als rechtsextrem ein; Streit über Nachweis aggressiver Bekämpfung und Durchsetzungschance |

Damit genießen Parteien einen deutlich stärkeren Schutz als bspw. politische Vereine. Diese können durch die Innenminister – bei Agieren eines Vereins im Wesentlichen auf dem Gebiet eines Landes durch den Landesinnenminister, bei Erstreckung der Betätigung auf mehrere Bundesländer durch den Bundesinnenminister – nach Vereinsgesetz (VereinsG) verboten werden. Rechtsmittel gegen die Vollziehung des Verbots haben keine aufschiebende Wirkung (§ 6 Abs. 2 VereinsG). Der **politische Verein** verliert damit mit der **Verbotsverfügung** seine Existenz und wird allenfalls noch für ein Rechtschutzverfahren als existent fingiert. Ein wichtiger Aspekt des Parteienprivilegs ist es dagegen, dass eine Partei bis zu ihrem **Verbot** durch das **Bundesverfassungsgericht** vollwertig als Partei agieren kann, weiter Anspruch auf Mittel aus der staatlichen Teilfinanzierung hat und als nicht verfassungswidrig gelten muss. Erst mit dem Verbotsausspruch ist die Partei verboten, ihr Vermögen kann eingezogen und die Gründung von Nachfolgeorganisationen zugleich untersagt werden. Auch verlieren Abgeordnete der Partei im Bundestag ihren Sitz (vgl. § 1 Abs. 1 Nr. 5 BWahlG).

Antragsberechtigt für das **Parteiverbotsverfahren** (§ 43 BVerfGG) sind die Bundesregierung, der Bundestag und der Bundesrat. Nach § 43 Abs. 2 BVerfGG ist für Parteien, die lediglich auf der Ebene eines Landes organisiert sind, auch die jeweilige Landesregierung antragsberechtigt. Es genügt, wenn einer der möglichen Antragsteller tätig wird; bei Bundestag und Bundesrat sind entsprechende Mehrheitsbeschlüsse für ein Parteiverbotsverfahren erforderlich. Art. 21 Abs. 2 GG verlangt, dass Parteien verboten werden können, wenn sie darauf ausgehen, *„die* ***freiheitliche demokratische Grundordnung*** *zu beeinträchtigen oder zu beseitigen oder den Bestand der Bundesrepublik Deutschland zu gefährden."* Das Bundesverfassungsgericht hat die freiheitlich-demokratische Grundordnung in der Entscheidung über das Verbot der Sozialistischen Reichspartei (SRP) wie folgt beschrieben:

> *„So lässt sich die freiheitliche demokratische Grundordnung als eine Ordnung bestimmen, die unter Ausschluss jeglicher Gewalt- und Willkürherrschaft eine rechtsstaatliche Herrschaftsordnung auf der Grundlage der Selbstbestimmung des Volkes nach dem Willen der jeweiligen Mehrheit und der*

> *Freiheit und Gleichheit darstellt. Zu den grundlegenden Prinzipien dieser Ordnung sind mindestens zu rechnen: die Achtung vor den im Grundgesetz konkretisierten Menschenrechten, vor allem vor dem Recht der Persönlichkeit auf Leben und freie Entfaltung, die Volkssouveränität, die Gewaltenteilung, die Verantwortlichkeit der Regierung, die Gesetzmäßigkeit der Verwaltung, die Unabhängigkeit der Gerichte, das Mehrparteienprinzip und die Chancengleichheit für alle politischen Parteien mit dem Recht auf verfassungsmäßige Bildung und Ausübung einer Opposition.*"[59]

Damit sind nach der Rechtsprechung des Bundesverfassungsgerichts die wesentlichen Elemente der freiheitlich-demokratischen Grundordnung (die Abkürzung „fdGO" sollte nach Möglichkeit vermieden werden):

- Achtung der Grundrechte des GG (insb. Art. 2 Abs. 1, Abs. 2 GG),
- Wahrung des Grundsatzes der Volkssouveränität (Art. 20 Abs. 2 Satz 1 GG),
- Grundsatz der Gewaltenteilung,
- Wahlrecht und Wahlrechtsgrundsätze,
- Verantwortlichkeit der Regierung,
- Grundsatz der Gesetzmäßigkeit der Verwaltung,
- Unabhängigkeit der Gerichte,
- Bestand des Mehrparteiensystems,
- grds. Chancengleichheit der Parteien,
- Wahrung von Minderheiterechten im Parlament.

Es ist allerdings nicht hinreichend, dass diese Ordnung abgelehnt wird; für ein Verbot muss eine aktiv **kämpferische, aggressive Haltung** gegenüber der bestehenden Ordnung hinzukommen.[60] Diese muss auch das Bestreben, den Bestand der Bundesrepublik zu gefährden, kennzeichnen. Das Parteiverbotsverfahren wird einerseits als Ausdruck der sog. „streitbaren" oder „wehrhaften Demokratie" verstanden, andererseits kann der besondere Schutz der Parteien – durch Monopolisierung und Formalisierung des Verfahrens beim Bundesverfassungsgericht – einen Missbrauch der Verbotsmöglichkeiten seitens der Staatsmacht zulasten lediglich missliebiger politischer Kräfte eindämmen.

### *2.2.3.2.3.2 Ausschluss von der Parteienfinanzierung*

In der Folge des – damit letztlich gescheiterten und gleichermaßen nicht gescheiterten – NPD-Verbotsverfahrens hat sich der Bundesgesetzgeber auf Anregung des Bundesverfassungsgerichts zu einer Grundgesetzänderung entschlossen, mit der Parteien, die vom Bundesverfassungsgericht für lediglich verfassungswidrig, erklärt wurden, von der staatlichen Parteienfinanzierung ausgenommen sind. Art. 21 GG wird dabei nach Absatz 2 um zwei weitere Absätze ergänzt:[61]

59 BVerfGE 2, 1, 12 f. – SRP-Verbotsverfahren.
60 BVerfGE 5, 85, 141 – KPD-Verbotsverfahren.
61 Vgl. zu Text und Begründung BT-Drs. 18/12357.

***„Art. 21 GG***

*(1) ...*

*(2) ...*

*(3) Parteien, die nach ihren Zielen oder dem Verhalten ihrer Anhänger darauf ausgerichtet sind, die freiheitliche demokratische Grundordnung zu beeinträchtigen oder zu beseitigen oder den Bestand der Bundesrepublik Deutschland zu gefährden, sind von staatlicher Finanzierung ausgeschlossen. Wird der Ausschluss festgestellt, so entfällt auch eine steuerliche Begünstigung dieser Parteien und von Zuwendungen an diese Parteien.*

*(4) Über die Frage der Verfassungswidrigkeit nach Absatz 2 sowie über den Ausschluss von staatlicher Finanzierung nach Absatz 3 entscheidet das Bundesverfassungsgericht.*

*(5) ...“*

Diese als „Lex NPD“ bezeichnete Grundgesetzänderung folgt einerseits dem – nachvollziehbaren – Ansatz, dass Parteien, die auf Beseitigung der staatlichen Ordnung der Bundesrepublik aus sind, im Zeichen der wehrhaften Demokratie nicht auch noch von dem Staat, den sie bekämpfen wollen, staatliche Mittel für die Unterstützung dieses Kampfes erhalten sollen. Andererseits wird mit dem Verdikt der Verfassungswidrigkeit, aber nicht Verbotswürdigkeit der Grundsatz der Chancengleichheit der (existenten, weil nicht verbotenen) Parteien in Frage gestellt.

Das neue Verfahren ist dem Parteiverbotsverfahren nachgebildet und folgt zunächst den gleichen Voraussetzungen.[62] Anders als im Parteiverbotsverfahren ist aber die Potentialität der Zielerreichung nicht darzulegen[63], also der Nachweis, dass *„konkrete Anhaltspunkte von Gewicht vorliegen, die es zumindest möglich erscheinen lassen, dass das gegen die Schutzgüter des Art. 21 Abs. 2 GG gerichtete Handeln einer Partei erfolgreich sein kann“*[64]. Die Unterscheidung soll sich aus der abweichenden Formulierung des Absatzes 2 *(„darauf ausgehen“)* gegenüber Absatz 3 *(„darauf ausgerichtet sind“)* ergeben.[65]

Der Ausspruch des Bundesverfassungsgerichts geht in den betreffenden Fällen gem. § 46a Abs. 1 BVerfGG dahin, die Partei, deren Verfassungswidrigkeit festgestellt wird, zunächst für die Dauer von sechs Jahren von der staatlichen Parteienfinanzierung auszuschließen[66] und ihre steuerrechtlichen Privilegien zu streichen. Die Befristung wird damit begründet, dass sich die verfassungswidrige, aber nicht verbotene Partei von ihren verfassungswidrigen Zielen distanzieren können soll. Ursprünglich war vorgesehen, den Ausschluss für vier Jahre zu ermöglichen und dann der Partei die Antragstellung auf Teilhabe an der Finanzierung zu eröffnen. Nunmehr kann mit Vorlauf von spätestens sechs Monaten durch einen Antragsberechtigten, der nicht Antragsteller des Ursprungsverfahrens gewesen sein muss, die Verlängerung des Ausschlusses beantragt werden.

62 *Waldhoff* in BeckOK BVerfGG, § 46a BVerfGG Rn. 6.
63 *Waldhoff* in BeckOK BVerfGG, § 46a BVerfGG Rn. 2.
64 So BVerfGE 144, 20, 224 f.
65 *Waldhoff* in BeckOK BVerfGG, § 46a BVerfGG Rn. 6.
66 *Waldhoff* in BeckOK BVerfGG, § 46a BVerfGG Rn. 9.

Die Antragstellung kann wiederholt erfolgen. Im Verfahren um den Verlängerungsantrag ist das Vorverfahren nach § 45 BVerfGG nicht durchzuführen. Im Übrigen wird das Prüfprogramm des Ausgangsverfahrens durchgeführt; von einer mündlichen Verhandlung kann aber abgesehen werden.[67]

Wichtig ist die Feststellung, dass die als verfassungswidrig gekennzeichnete Partei weiter existent ist. Die errungenen Mandate bleiben erhalten. Auch kann die Partei weiter an Wahlen teilnehmen; abgesehen vom Ausschluss von der staatlichen Teilfinanzierung und von steuerlichen Vorteilen besteht auch weiterhin das Gebot der grundsätzlichen Gleichbehandlung.[68]

Prozessual kann das Verfahren nach Art. 21 Abs. 3 GG gem. § 43 Abs. 1 Satz 2 BVerfGG als Hilfsantrag gegenüber dem Antrag nach Art. 21 Abs. 2 GG gestellt werden, so dass im Hauptantrag das Verbot der Partei beantragt wird, und für den Fall, dass das Bundesverfassungsgericht von der Verfassungswidrigkeit der Partei ausgeht, ohne dass die Voraussetzungen für deren Verbot vorliegen, hilfsweise der Ausschluss von der staatlichen Finanzierung angestrebt wird.

Das neue Verfahren folgt damit einem abgestuften Konzept und ist Ausdruck des Verhältnismäßigkeitsgrundsatzes.[69] Geht man davon aus, dass es regelmäßig kleinere und damit tendenziell eher bedeutungslosere Parteien sind, die verfassungsfeindliche Ziele verfolgen, wird das Verfahren nach Art. 21 Abs. 3 GG relativ häufiger zur Anwendung kommen können. Es besteht darüber hinaus tatsächlich die Möglichkeit, dass das Verbotsverfahren nach Art. 21 Abs. 2 GG an praktischer Relevanz verlieren wird.[70]

***Lösung zum Beispielfall 4:***

*Die alleinige Zuständigkeit des Bundesverfassungsgerichts wäre gegeben, wenn es sich bei der WiLB um eine Partei (hier: eine Landespartei) handeln würde. Hiergegen spricht bereits, dass sie in Anbetracht ihrer Existenz seit zehn Jahren und ihrer offenbaren Ablehnung von Wahlen ein zentrales Merkmal des § 2 Abs. 1, 2 PartG („an der Vertretung des Volkes im Deutschen Bundestag oder einem Landtag mitwirken") nicht erfüllt bzw. ein Ausschlusskriterium („sechs Jahre lang weder an einer Bundestagswahl noch an einer Landtagswahl mit eigenen Wahlvorschlägen teilgenommen") verwirklicht. Auch dürfte ihr fester Mitgliederkern von 30 Personen für eine Partei zu klein sein. Folglich liegt ein politischer Verein vor, der durch die Exekutive verboten werden kann.*

*Der Innenminister wäre zuständig, wenn sich die Vereinigung im Wesentlichen auf dem Gebiet des Landes B betätigt. Dies dürfte aber bei der nach eigenem Bekunden nur sporadischen Teilnahme an Veranstaltungen im Bundesland C anzunehmen sein.*

*Folglich ist der Landesinnenminister auch insoweit zuständig.*

67 *Waldhoff* in BeckOK BVerfGG, § 46a BVerfGG Rn. 15 ff.
68 *Kluth* in BeckOK GG, Art. 21 GG Rn. 212c.
69 *Waldhoff* in BeckOK BVerfGG, §46a BVerfGG Rn. 4 f.
70 So auch *Kluth* in BeckOK GG, Art. 21 GG Rn. 212d.

#### 2.2.3.2.4 Anspruch auf Aufnahme?

Parteien sind gem. Art. 21 Abs. 1 GG in ihrer Gründung frei. Ob es den Parteien aber auch freisteht, Bewerber um eine Parteimitgliedschaft abzulehnen, ist umstritten. So könnte eine Verantwortung insbesondere von großen Parteien darin bestehen, sich nicht abzuschotten, damit die besondere Funktion der Parteien – die Förderung der politischen Willensbildung des Volkes – erfüllt werden kann. Parteien können ausländische Staatsangehörige aufnehmen; die Partei verliert aber nach § 2 Abs. 3 Nr. 1 PartG den Parteistatus, wenn sie überwiegend ausländische Mitglieder hat. Deswegen kann die Aufnahme von Ausländern begrenzt werden. Ob die Parteien Diskriminierungsverboten, orientiert an Merkmalen des Art. 3 Abs. 3 GG („Rasse", Geschlecht, Hautfarbe, soziale Herkunft usw.) unterliegen, ist umstritten.

***Beispielfall 5:***
*Der erfolgreiche Unternehmer U sieht in der Politik der C-Partei die einzige akzeptable Stimme für eine unternehmerfreundliche und wachstumsfördernde Wirtschaftspolitik, weshalb es die C-Partei zu fördern gelte. Er stellt an den zuständigen Kreisverband der C-Partei einen Aufnahmeantrag.*

*Der Kreisverbandsvorsitzende K ist zunächst entzückt vom Antrag des U, von dem er sich reiche Spenden für die Partei erhofft. K „googelt" den U, um sich von der wirtschaftlichen Potenz von dessen Unternehmen zu überzeugen. Umso entsetzter ist K, als er auf der Internetseite des U einen Link auf die Seite „atheistic-phantastic.de" findet. Dort wirbt eine areligiöse Bewegung, zu deren Führung der U gehört, für die „Freuden eines gottlosen Lebens". Die Satzung der C-Partei bekennt sich zu christlichen Werten, weshalb sich der K außer Stande sieht, dem Antrag des U zu entsprechen.*

*Zu Recht?*

§ 10 Abs. 1 Satz 1 PartG sagt aus, dass die Parteien „nach näherer Bestimmung der Satzung frei über die Aufnahme von Mitgliedern" entscheiden. Grundsätzlich soll Art. 21 Abs. 1 Satz 3 GG („Ihre innere Ordnung muss demokratischen Grundsätzen entsprechen") einen Aufnahmeanspruch gewähren, der aber unter dem Vorbehalt entgegenstehender berechtigter Interessen der Partei steht.[71] Für die Berücksichtigung der Interessen der Partei streitet zunächst die grundsätzliche Staatsfreiheit der Parteien. Andererseits könnte der Umstand, dass die Parteien zu guten Teilen staatlich finanziert werden, für eine generelle Öffnung für den Bürger sprechen. So wird auch eine Auslegung des Art. 10 Abs. 1 Satz 2 PartG im Sinne einer Aufnahmepflicht nach Maßgabe der Satzung nicht als schlechthin ausgeschlossen erachtet. Andererseits muss nach der Rechtsprechung ein Mindestmaß an inhaltlicher Übereinstimmung zwischen den erklärten Zielen einer Partei und einem Bewerber um Aufnahme erkennbar sein; die gerichtliche Überprüfbarkeit von Ablehnungen der Aufnahme wie des Parteiausschlusses soll demnach auf eine **Willkürkontrolle** beschränkt sein.[72]

71 Vgl. *Morlok*, PartG, § 10 Rn. 3.
72 BVerfG, NJW 2002 S. 2227, 2227 f.

***Lösung zum Beispielfall 5:***
*Zwar steht die Überzeugung des U in Sachen Wirtschaftspolitik möglicherweise im Einklang mit den Zielen der C-Partei. Wenn aber die C-Partei mit Blick auf ihre – auch in der Satzung geäußerte – christliche Überzeugung einen bekennenden Atheisten als Parteimitglied ablehnt, ist diese Entscheidung nicht als willkürlich zu erachten.*

*Die Ablehnung des U erfolgte damit zu Recht.*

#### 2.2.3.2.5 Abgrenzung Fraktion/Partei

**Fraktionen** sind Zusammenschlüsse von Abgeordneten der gleichen Partei bzw. von Parteien, die in keinem Bundesland um Wählerstimmen konkurrieren.

> **Merke:**
> Der Fall einer Fraktion, gebildet aus Abgeordneten verschiedener Parteien, die in keinem Bundesland im Wettbewerb stehen, ist die CDU/CSU-Fraktion; bei Bundestagswahlen tritt die CDU traditionell in allen Bundesländern außer Bayern, die CSU nur in Bayern an.
> Zwar „brüllt der Bayerische Löwe“ von Zeit zu Zeit gegen diese Tradition;[73] trotzdem hält die „Fraktionsehe“ der beiden Parteien seit 1949. Sie muss aber eingangs jeder Legislaturperiode neu beschlossen werden.

§ 10 Abs. 1 Satz 1 GOBT enthält insoweit eine Legaldefinition und bestimmt zugleich, dass die betreffenden Vereinigungen **mindestens 5 %** der Abgeordneten des Bundestags repräsentieren müssen. Insoweit besteht eine Rückkoppelung zur 5-%-Hürde, da nur Abgeordnete von Parteien, die die 5-%-Hürde überwunden haben, das Recht haben, Fraktionen zu bilden.[74] Abweichende (bspw. parteiübergreifende) Zusammensetzungen von mindestens 5 % der Abgeordneten bedürfen für eine Fraktionsbildung der Zustimmung durch den Bundestag. Fraktionen sind gem. § 46 Abs. 2 AbgG rechtsfähige Vereinigungen; sie können also klagen und verklagt werden. Da sie nach Absatz 3 nicht Teil der öffentlichen Verwaltung sind und keine öffentliche Gewalt ausüben, werden sie als juristische Personen sui generis (= eigener Art) angesehen. Die Fraktionen werden im Grundgesetz nur am Rande (Art. 53a Abs. 1 Satz 2 GG) erwähnt; die Verfassung setzt aber ihre Existenz offenbar als selbstverständlich voraus.[75]

Fraktionen bilden sich zu Beginn jeder Legislaturperiode neu; sie enden mit dem Zusammentritt des folgenden Bundestags. Die Fraktionsgründung folgt dem Selbstorganisationsrecht der Abgeordneten (Art. 38 Abs. 1 Satz 2 GG). Hauptaufgabe der Frak-

73 Vgl. http://www.spiegel.de/politik/deutschland/cdu-csu-fraktions-ehe-seit-1949-a-376001.html, zuletzt abgerufen am 18.6.2021.

74 Anders *Maurer*, Staatsrecht I, § 13 Rn. 110, der die Orientierung der Mindestfraktionsgröße an der 5-%-Hürde für nicht überzeugend erachtet, da die Bezugspunkte – Einzug in den Bundestag und Mitwirkung im Bundestag – unterschiedliche seien.

75 *Schmidt-Jortzig*, NVwZ 1994 S. 1145, 1146.

tionsarbeit ist die **Kanalisierungsfunktion** bezüglich der Willensbildung gerade auch innerhalb der Abgeordneten einer politischen Richtung. Die GOBT räumt den Fraktionen erhebliche Rechte ein, so die Verteilung der der Fraktion zugewiesenen Redezeiten ihrer Abgeordneten. Auch will § 76 Abs. 1 GOBT neben anderen Rechten das Initiativrecht für Gesetzesvorhaben an den Vorschlag *„von einer Fraktion"* (oder mindestens 5 % der Abgeordneten) binden.

Politisch bündeln die Fraktionen die politischen Kräfteverhältnisse im Bundestag. So finden sich traditionell „Regierungs-" und „Oppositions-Fraktionen". Erstere sind diejenigen, die die Regierung in der Person des Kanzlers gewählt haben und diese mit ihrer Mehrheit tragen; Die Oppositionsfraktionen sind diejenigen, die nicht an der Regierung beteiligt sind und zumeist den Minderheitswillen repräsentieren. Das Grundgesetz koppelt bestimmte Kontrollfunktionen an Quoren (notwendige Anzahl von Stimmen, von lat. „quorum" = „von denen"), die zumeist von den Minderheitsfraktionen erreicht werden. Ein Beispiel ist die Einberufung von Sitzungen des Bundestags auf Antrag eines Drittels der Abgeordneten, die Einrichtung von Untersuchungsausschüssen und die abstrakte Normenkontrolle durch ein Viertel der Abgeordneten. Auch öffentliche Anhörungen in Ausschüssen des Bundestages hängen an einem Antrag von einem Viertel der Abgeordneten im Ausschuss. Problematisch ist diese Vorgehensweise, wenn sich im Bundestag eine sog. **„Große Koalition"** bildet, die die größten im Bundestag vertretenen Parteien umfasst und – wie in der 18. Legislaturperiode (2013–2017) – ca. 80 % der Abgeordneten repräsentiert. In dieser Situation kann eine Gefährdung der Minderheitenrechte im Bundestag eintreten. Abhilfe soll insoweit § 126a GOBT schaffen, der für die 18. Legislaturperiode die Quoren für die Wahrnehmung verschiedener parlamentarischer Rechte auf die nominelle Stärke der Minderheitsfraktionen (Quorum von 120 Abgeordneten bei 127 Abgeordneten von „Die Linke" und „Bündnis 90/Die Grünen") zuschneidet.

**Merke:**
Das Grundgesetz kennt den Begriff der Opposition nicht und gewährt deswegen den Minderheitsfraktionen als solchen auch keine gesonderten Rechte. Das parlamentarische System Großbritanniens erkennt die Opposition an, mit dem „Leader of His Majesty's Most Loyal Opposition in the United Kingdom" an der Spitze. So hat die offizielle Opposition bspw. das Recht, an zwanzig Sitzungstagen in einer Legislaturperiode die Gegenstände der Debatten zu bestimmen.

Zusammenschlüsse von Abgeordneten, die zahlenmäßig nicht Fraktionsgröße erreichen, können als **Gruppen** anerkannt werden. Zur Bildung von Gruppen kann es insbesondere bei Eingreifen der Grundmandatsklausel kommen,[76] aber auch, wenn die Zahl der Abgeordneten in einer Fraktion unter 5 % sinkt. Dies kann geschehen, wenn Abgeordnete aus einer Fraktion – etwa wegen Parteiwechsels – ausscheiden oder wenn Abgeordnete aus dem Parlament ausscheiden und kein Nachrücken stattfinden kann. Das Recht,

76 Vgl. oben Kap. 2.2.4.1.4.1.

in Ausschüssen anteilig vertreten zu sein, wird auch Gruppen zuzugestehen sein. Die Gruppen haben Anspruch auf Mittel des Bundestages für die Selbstorganisation, nicht aber in Höhe eines Fraktionszuschusses.[77]

## 2.2.4 Wahlrechtsgrundsätze und Wahlrecht zum Deutschen Bundestag

Die wesentlichen Aussagen zu den Wahlen auf Bundesebene finden sich in Art. 38 Abs. 1 Satz 1 GG. Die Festlegung, nach welchem Wahlrecht Wahlen zum Bundestag abgehalten werden, ist Gegenstand des Bundeswahlgesetzes (BWahlG). Das BWahlG konkretisiert damit die Bestimmungen des Grundgesetzes; zugleich ist aber die Frage des **Wahlsystems** mangels Aussage des Grundgesetzes dem einfachen Gesetzgeber überlassen.

### 2.2.4.1 Wahlrechtsgrundsätze

Gemäß Art. 38 Abs. 1 Satz 1 GG werden die Abgeordneten des Deutschen Bundestages in

- allgemeiner,
- unmittelbarer,
- freier,
- gleicher und
- geheimer

Wahl gewählt. In diesem Kontext wird zugleich der Grundsatz der Öffentlichkeit der Wahl diskutiert.

> **Merke:**
> Gemäß Art. 28 Abs. 1 Satz 2 GG gelten diese Wahlrechtsgrundsätze in Anwendung des Homogenitätsprinzips[78] auch für Wahlen auf Landes- und Kommunalebene.

#### *2.2.4.1.1 Allgemeinheit der Wahl*

**„Allgemeinheit der Wahl"** bedeutet, dass grundsätzlich jeder wählen darf, der die Vorgaben des Grundgesetzes erfüllt, insbesondere das in Art. 38 Abs. 2 HS 1. GG notwendige Alter von 18 Jahren erreicht hat (aktives Wahlrecht) bzw. das Recht hat, unter den genannten Vorgaben gewählt zu werden (passives Wahlrecht). Durch das Sechste Gesetz zur Änderung des Europawahlgesetzes vom 25.6.2023 (BGBl. I Nr. 202) hat der Bundestag das Mindestwahlalter für Europawahlen auf 16 Jahre herabgesetzt. Neben anderen Verfassungsnormen (bspw. Art. 3 Abs. 2 Satz 1 GG: „*Männer und Frauen*

77 Hierzu insgesamt *Maurer*, Staatsrecht I, § 13 Rn. 110.
78 Vgl. oben Kap. 1.2.3.

*sind gleichberechtigt*"[79]) gebietet die Allgemeinheit der Wahl – selbstverständlich – auch das **Frauenwahlrecht**.

> **Merke:**
> Das Frauenwahlrecht ist in Europa seit Beginn des 20. Jahrhunderts schrittweise eingeführt worden. Den Anfang machte Finnland 1906, gefolgt von Norwegen 1913. In Deutschland besteht das Frauenwahlrecht seit Ende des ersten Weltkrieges im Jahr 1918, in Großbritannien seit 1928 und in Frankreich seit 1944. Erst spät wurde ein flächendeckendes Frauenwahlrecht in der Schweiz eingeführt (auf Bundesebene 1971, auf Kantonalebene zuletzt 1991 im Kanton Appenzell Innerrhoden). Der letzte westeuropäische Staat, der das Frauenwahlrecht einführte, war Liechtenstein im Jahre 1984 durch Volksabstimmung, nachdem zuvor zwei Volksabstimmungen (1971 und 1973) erfolglos waren – Volksabstimmungen, an denen selbstredend nur Männer teilnehmen durften![80]

Da durch die Wahlen deutsche Staatsgewalt ausgeübt wird, beschränkt sich der Grundsatz der Allgemeinheit der Wahl allerdings auf das deutsche Staatsvolk.[81] Das im Zuge der europäischen Einigung auch aufgrund Richtlinienrecht einzuführende **kommunale Ausländerwahlrecht** für EU-Bürger[82] bedurfte einer entsprechenden Grundgesetzänderung, vgl. Art. 28 Abs. 1 Satz 3 GG.[83]

Sofern ein grundsätzlich Wahlberechtigter vom Wahlrecht ausgeschlossen werden soll, muss es hierfür zwingende verfassungsrechtliche Gründe geben, die das Interesse des Betroffenen überwiegen, also eine verfassungsrechtliche Rechtfertigung.[84] Vom Wahlrecht ausgeschlossen war bis 2019 gem. § 13 Nr. 2 BWahlG derjenige, der unter sog. **„Totalbetreuung"** steht, der also gem. § 1896 Abs. 1 Satz 1 HS 1. BGB „*auf Grund einer psychischen Krankheit oder einer körperlichen, geistigen oder seelischen Behinderung seine Angelegenheiten ganz […] nicht besorgen*" kann.[85]

Der Zweite Senat des Bundesverfassungsgerichts erklärte die pauschalen Ausschlüsse in § 13 Nr. 2 und 3 BWahlG mit Beschluss vom 29.1.2019 – 2 BvC 62/14 u. a. – für verfassungswidrig.[86] Der Gesetzgeber hob diese Regelungen durch das „Elfte Gesetz zur

---

79 Dazu näher unten Kap 5.1.

80 Eine Übersicht zur Einführung des Frauenwahlrechts in Europa bietet http://www.bundestag.de/kulturundgeschichte/ausstellungen/parl_hist/frauenwahlrecht/einfuehrung/246998, zuletzt abgerufen am 15.7.2016.

81 Vgl. nur BVerfGE 83, 37, 50 f.; auch BVerfGE 83, 60, 70 f.

82 Richtlinie 94/80/EG (Abl. 1994 Nr. 368 S. 38 ff.).

83 Vgl. hierzu auch *Degenhart*, Staatsrecht I, Rn. 70.

84 Vgl. BVerfGE 42, 312, 340.

85 Zu den – strengen – Anforderungen an eine Betreuung „für alle Angelegenheiten" vgl. BayObLG, NJW-RR 1997 S. 834.

86 BVerfG, Beschl. vom 29.1.2019 – 2 BvC 62/14 – u. a. (BGBl. I S. 714); vgl. Pressemitteilung 13/2019 des BVerfG.

Änderung des Bundeswahlgesetzes" (BGBl. I 2019 S. 714) mit Wirkung zur Europawahl 2019 ersatzlos auf.

Schwieriger stellt sich die Lage bei der Begehung von Straftaten dar. So ist vom Wahlrecht ausgeschlossen, wer durch Richterspruch vom **(aktiven) Wahlrecht** ausgeschlossen ist oder durch Richterspruch die Wählbarkeit nicht besitzt.

***Beispielfall 6:***
*Der Bundestag erwägt, im Strafgesetzbuch die Möglichkeit aufzunehmen, rechtskräftig verurteilten Mördern (§ 211 StGB) das aktive Wahlrecht für die Zeit der Haft zu entziehen. Zur Begründung wird angeführt, dass wenn der Ermordete durch die Hand des Mörders die Möglichkeit zu wählen verloren habe, es nur recht und billig sei, auch dem Mörder das Wahlrecht für die Zeit seiner Buße abzuerkennen.*

Wer zu einer Freiheitsstrafe von mindestens einem Jahr verurteilt wurde, verliert gem. § 45 Abs. 1 StGB automatisch für fünf Jahre das **passive Wahlrecht**, auch wenn die Strafe zur Bewährung ausgesetzt wird, der Betroffene also nicht in Haft muss. Auch kann ein Richter, soweit der jeweilige Straftatbestand dies vorsieht, bei geringeren Strafen das passive Wahlrecht für zwei bis fünf Jahre aberkennen. Das aktive Wahlrecht kann derjenige durch Richterspruch für zwei bis fünf Jahre verlieren, der bestimmte politische Straftaten (bspw. Hochverrat, Verunglimpfung des Staates oder des Bundespräsidenten, Wahlfälschung, Wahlbehinderung, Wahlbetrug) begeht. Der Gesetzgeber hat sich damit beim Entzug des aktiven Wahlrechts als strafrechtliche Nebenfolge für die verfassungsrechtliche Notwendigkeit eines politischen Bezugs entschieden; gerechtfertigt wird die Aberkennung des aktiven Wahlrechts vornehmlich damit, dass das Wahlrecht als „politisches Ehrenrecht" in den angeführten Fällen aus zwingendem Grund verwirkt wird.[87] Damit erscheint die Begrenzung der Aberkennung insbesondere des aktiven Wahlrechts auf Straftaten mit politischem Bezug naheliegend.

***Lösung zum Beispielfall 6:***
*Legt man die genannten Grundsätze an den Plan zur Gesetzesänderung an, wird man die verfassungsrechtliche Zulässigkeit der StGB-Änderung bezweifeln müssen. Zwar gehört die Sühnefunktion zu den anerkannten Strafzwecken, diese ist aber nur sehr nachrangig in Beziehung zum Verlust des Wahlrechts des Opfers zu setzen; damit ist ein zwingender Grund für die Aberkennung des Wahlrechts nicht nachweisbar. Zudem spricht der Resozialisierungsgedanke gegen eine Aberkennung des aktiven Wahlrechts bei anderen als den im StGB genannten politischen Straftaten (a. A. wohl vertretbar).*

#### 2.2.4.1.2 Unmittelbarkeit der Wahl

Der Grundsatz der **Unmittelbarkeit der Wahl** sagt zunächst aus, dass die zu Wählenden ohne zwischengeschaltete Instanz direkt vom Wähler bestimmt werden. So wäre

87 Vgl. *Nelles*, JZ 1991 S. 18, 22, mit Zweifeln an der Tragfähigkeit dieser Sicht.

eine indirekte Wahl – also bspw. eine Wahl von Wahlmännern, die dann ihrerseits die endgültige Wahlentscheidung treffen – unzulässig.

Das Bundesverfassungsgericht verlangt ein Wahlrecht, bei dem der Wähler vor dem Wahlakt erkennen kann, „welche Personen sich um ein Abgeordnetenmandat bewerben und wie sich die eigene Stimmabgabe auf Erfolg oder Misserfolg der Wahlbewerber auswirken kann“.[88]

***Beispielfall 7:***
*Die X-Partei tritt zum ersten Mal bei einer Landtagswahl an. Da die Partei nicht sonderlich groß ist, besetzt sie ihre Liste mit lediglich zwölf Personen und macht diese Liste öffentlich. Der Wahlerfolg fällt jenseits aller Erwartungen hoch aus; auf die X-Partei entfallen 13 Sitze. Daraufhin erwägt die Parteivorsitzende F, ihren Ehemann nachzunominieren und auf Platz 13 der Liste zu setzen.*

*Zieht der Ehemann der F in das Landesparlament ein?*

Problematisch ist das vom Bundesverfassungsgericht aufgestellte Erfordernis der Erkennbarkeit der Bewerber insb. bei einer sog. **„Verhältniswahl“**[89], bei der nicht Personen („Direktkandidaten“), sondern (Partei-)Listen gewählt werden. Hier ist es erforderlich, dass die Kandidatenlisten den Wählern vor der Wahl zugänglich gemacht werden. Für den Wähler ist selbstverständlich nicht absehbar, wer genau von der Liste in das Parlament einziehen wird, aber er kann erkennen, wer potenziell bei wachsendem Wahlerfolg der Partei zum Abgeordneten bestimmt wird.

***Lösung zum Beispielfall 7:***
*Zwar stehen der X-Partei 13 Sitze zu. Würde aber eine Nachnominierung zugelassen werden, würde eine Person in den Landtag einziehen, die vorher nicht zur Wahl stand. Der Grundsatz der Unmittelbarkeit der Wahl wäre verletzt.*

*Je nach Wahlrecht würde der dreizehnte auf die X-Partei entfallende Sitz im Zweifel unbesetzt bleiben.*

Üblicherweise werden die Listen der Parteien mit der zwei- bis dreifachen Zahl an Bewerbern gemessen an der zu erwartenden Abgeordnetenzahl besetzt. Hiermit wird zugleich sichergestellt, dass wenn ein Bundestagsabgeordneter (wegen Todes oder Aufgabe des Mandats) aus dem Bundestag ausscheidet, genügend Nachrücker von der **Landesliste** existieren. Auch im Falle der sog. „Listenerschöpfung“ dürfte keine Nachnominierung und damit kein Nachrücken erfolgen, der Sitz des ausgeschiedenen Abgeordneten bliebe frei.

---

88 BVerfGE 95, 335, 349.

89 Zur Verhältniswahl näher unten Kap. 2.2.4.2.1.

**Merke:**
Akut geworden wäre diese Frage beinahe bei der Wahl zum Berliner Abgeordnetenhaus 2011. Hier hatte die Piraten-Partei 15 Sitze erlangt; die Liste der Partei wies exakt diese Zahl an Kandidaten auf.

Einfachgesetzlich bestimmt § 14 Abs. 4 BWahlG, das jeder Wahlberechtigte sein Wahlrecht „nur persönlich" ausüben kann. Diese einfachgesetzliche Anordnung wird aber als Konkretisierung des Grundsatzes der Unmittelbarkeit der Wahl angesehen, so dass die **höchstpersönliche Stimmabgabe** – abgesehen von Fällen der technischen Wahlhilfe etwa bei Behinderung – ein zwingendes Gebot des Art. 38 Abs. 1 Satz 1 GG ist.[90]

#### 2.2.4.1.3 Freiheit der Wahl

Der Grundsatz der **Freiheit der Wahl** verlangt, dass der Wähler seine Wahlentscheidung frei von staatlicher Pression oder sonstiger Beeinflussung treffen kann. *„Der Wähler soll […] nach dem Grundsatz der Freiheit der Wahl schon vor Beeinflussungen geschützt werden, die geeignet sind, eine Entscheidungsfreiheit trotz bestehenden Wahlgeheimnisses ernstlich zu beeinträchtigen. Hierzu gehört der unzulässige Druck von Seiten anderer Bürger oder gesellschaftlicher Gruppen."*[91] Damit ist die Wahlrechtsfreiheit nicht allein staatsgerichtet; sie betrifft auch die (unzulässige) Einflussnahme durch andere Bürger und gesellschaftliche Kräfte. Entsprechend stellt das StGB in §§ 108, 108b StGB auch Wählernötigung und -bestechung unter Strafe. Zu beachten ist aber, dass damit eine Stellungnahme für oder gegen eine politische Partei durch gesellschaftliche Gruppen nicht schlechthin ausgeschlossen ist. So sind „Hirtenbriefe" der Kirchen oder auch Positionspapiere von Gewerkschaften im Zuge eines Wahlkampfs nicht schlechthin verboten. Sie stellen eine legitime Quelle der Beeinflussung dar, wie sie in Wahlkampfzeiten üblich ist.[92]

***Beispielfall 8:***
*Der Kreisverband der X-Partei in der Stadt S kommt während des Bundestagswahlkampfes auf die Idee, den örtlichen Seniorenheimen am Wahltag einen kostenlosen Abholservice zum nächstgelegenen Wahllokal anzubieten. Die Seniorenheime sollen sich bei der X-Partei melden; es soll eine Abholzeit nach dem Frühstück und vor dem Mittagessen ausgemacht werden. Diejenigen Senioren, die den Service in Anspruch nehmen wollen, melden sich bei der Heimleitung. Die Partei schickt dann einen bei einem örtlichen Busunternehmer gecharterten Bus, der die Alten und Gebrechlichen abholt, zum Wahllokal fährt und wieder zum Heim zurückbringt. Die Partei plant, im Fond des Busses ein Werbebanner zu platzieren mit der Aufschrift „Ein Wahlservice, ermöglicht durch Ihre X-Partei!".*

90 *Klein* in DHS, Grundgesetz-Kommentar, Art. 38 GG Rn. 101 m. w. N.
91 BVerfGE 66, 369, 380; ähnlich auch BVerfGE 44, 125, 139.
92 So auch *Degenhart*, Staatsrecht I, Rn. 93 f.

*Die Y-Partei sieht durch die Aktion der X-Partei den Grundsatz der Freiheit der Wahl verletzt.*

Der Grundsatz der Freiheit der Wahl weist aber auch Grenzfälle auf. So ist nicht zuletzt die Grenzziehung zwischen zulässiger **Aufklärungsarbeit der Regierung** und unzulässiger Wählerbeeinflussung häufig schwer zu ziehen. „*Grundsätzlich lässt sich sagen, dass die Öffentlichkeitsarbeit der Regierung dort ihre Grenze findet, wo die Wahlwerbung beginnt.*“[93] Auch kann die Abgrenzung zwischen unzulässiger Einflussnahme und zulässigen Aktionen der politischen Parteien problematisch sein. Verboten ist jedenfalls das Ausnutzen von Abhängigkeitsverhältnissen oder die Entfaltung wirtschaftlichen Drucks.

***Lösung zum Beispielfall 8:***
*Für eine unzulässige Beeinflussung der Freiheit der Wahl spricht, dass der Bus mit dem Banner im Innenraum einen klaren Bezug zur X-Partei aufweist und beim Wähler eine innere Verpflichtung auslösen könnte, die Partei zu wählen. Andererseits ist die Inanspruchnahme des Bustransports freiwillig. Auch Alten und Gebrechlichen steht mit der Briefwahl eine anderweitige Möglichkeit zur Verfügung, trotz aller Einschränkungen zu wählen. Zugleich es ist zweifelhaft, ob der Busservice in der Lage ist, gewachsene Bindungen zu einer politischen Richtung aufzubrechen.*

*Die Aktion der X-Partei dürfte damit mit Blick auf den Grundsatz der Freiheit der Wahl noch zulässig sein (a. A. gut vertretbar).*

Umfasst vom Grundsatz der Freiheit der Wahl ist auch die Freiheit, gewählt zu werden, also die Verwirklichung des passiven Wahlrechts ohne Pression und unzulässiger sonstiger Einflussnahme. So darf ein Kandidat nicht durch Drohung mit Kündigung seitens des Arbeitgebers von der Kandidatur abgehalten werden. Gegebenenfalls muss auch eine Freistellung von der Arbeitsleistung (wenn auch unter Wegfall des Arbeitslohns) ermöglicht werden, um dem Arbeitnehmer das Werben um Wählerstimmen zu ermöglichen. Dem kann allerdings im Einzelfall ein Überwiegen betrieblicher Belange entgegenstehen, ohne dass damit die Freiheit der Wahl verletzt sein muss.

Umstritten ist die Zulässigkeit der Einführung einer **Wahlpflicht.**

***Beispielfall 9:***
*Über die letzten Jahre nähert sich die Wahlbeteiligung bei Bundestagswahlen der 50 %-Marke. Durch diese stetig sinkende Wahlbeteiligung sieht der Gesetzgeber die demokratische Legitimation der Parlamente gefährdet. Er plant daher die Einführung einer Wahlpflicht. Jeder Wahlberechtigte soll verpflichtet sein, bei der Bundestagswahl seine Stimme – durch Briefwahl oder Urnenwahl im Wahllokal – abzugeben. Für den Fall des unentschuldigten Fernbleibens von der Wahl – entschuldigt ist bspw. der Fall plötzlicher Erkrankung oder überraschender Notwendigkeit von Auslandsaufenthalten – kann ein Bußgeld verhängt werden.*

93 BVerfGE 44, 125, 150, auch unter dem Aspekt der Wahlrechtsgleichheit.

*Ist die Einführung einer Wahlpflicht mit dem Grundsatz der Freiheit der Wahl vereinbar?*

Die Wahlpflicht ist zunächst auch im europäischen Raum nicht völlig unüblich. Neben Italien und Luxemburg und Liechtenstein unterliegen auch die Bürger in Belgien der Wahlpflicht; Verstöße sind strafbewehrt, werden allerdings nicht (mehr) geahndet. In Österreich bestand bis 2010 eine Pflicht zur Teilnahme an der Wahl des österreichischen Bundespräsidenten.

Argumente, die für eine Wahlpflicht vorgebracht werden, sind etwa, dass zur **Auseinandersetzung mit politischen Inhalten** gezwungen werde. Auch solle verhindert werden, dass wahlbereite Minderheiten die Politik gegenüber der Mehrheit dominieren. Argumente gegen eine Wahlpflicht sind, dass zur Freiheit der Wahl auch die Freiheit gehöre, den **Wahlakt** zu **unterlassen**. Auch berge eine Wahlpflicht die Gefahr, dass der erzwungene Urnengang irrationale Wahlentscheidungen oder Protestwahlen zugunsten extremer Parteien begünstigt.

***Lösung zu Beispielfall 9:***
*Aufbautechnisch lässt sich insoweit eine Parallele zur Prüfung von Grundrechten ziehen, die dem Grobschema „Schutzbereich – Eingriff – Rechtfertigung" folgt.*[94]

*Zunächst ist festzustellen, dass die Freiheit der Wahl durch die Einführung einer Wahlpflicht berührt wird. Ausdruck (völliger) Freiheit der Wahl ist demnach auch die Freiheit, keinen Wahlakt vorzunehmen bzw. dem Wahllokal fernzubleiben („Schutzbereich"). Diese Freiheit wird durch die Pflicht, einen Wahlzettel auszufüllen und abzusenden (Briefwahl) oder einen Wahlzettel im Wahllokal einzuwerfen (Urnenwahl) verkürzt, so dass ein Eingriff in die Freiheit der Wahl anzunehmen sein dürfte.*

*Mit dem Abwägen des Für und Wider kann festgestellt werden, ob diese Einschränkung der Freiheit der Wahl gerechtfertigt ist oder ob die Freiheit der Wahl verletzt wird, mit der Folge, dass die Einführung der Wahlpflicht durch Änderung des Bundeswahlgesetzes verfassungswidrig wäre.*

*Dem Argument, dass die Wahlpflicht zu irrationalen oder Protestwahlentscheidungen führen kann, mag entgegengehalten werden, dass auch nicht erzwungene Wahlentscheidungen aus Protest oder irrational ergehen können. Auch besteht jedenfalls die Chance, dass der Zwang zur Wahl zur Auseinandersetzung mit politischen Inhalten führt („Wenn ich schon mal hier bin, will ich auch wissen, was ich tue"). Die Nichtteilnahme an einer Wahl – Argument gegen eine Wahlpflicht – kann die politische Aussage enthalten, dass man sich mit dem politischen System nicht identifiziert; die Nichtteilnahme an der Wahl kann aber auch aus Bequemlichkeit erfolgen. Die Möglichkeit, die Ablehnung des politischen Systems durch Nichtwahl auszudrücken, kann durch absichtliches Ungültigwählen ersetzt werden; allerdings kann eine ungültige Wahl auch auf Unwissenheit bzw. Ignoranz beruhen. Die Zahl der Nichtwähler und der ungültigen Stimmen ist*

94 Zum Schema der Grundrechtsprüfung bei Freiheitsrechten siehe unten Kap 3.8.

*also mit oder ohne Wahlpflicht kein verlässliches Barometer für politische Stimmungen.*

*Im Endeffekt wird man kein klares Überwiegen der rechtlichen Argumente gegen eine Wahlpflicht feststellen können, so dass die Einführung einer Wahlpflicht noch vom Gestaltungsspielraum des Gesetzgebers gedeckt sein dürfte (a. A. gut vertretbar).*[95]

#### 2.2.4.1.4 Gleichheit der Wahl

Der Grundsatz der **Gleichheit der Wahl** weist unterschiedliche Aspekte auf. Zu betrachten ist der Grundsatz der Gleichheit aus der Sicht des Wählers sowie aus der Sicht der Parteien bzw. Kandidaten. Aus der Wählersicht gilt es zunächst, die beiden zentralen Aspekte der **Zählwertgleichheit** und der **Erfolgswertgleichheit** zu trennen. Aus Sicht der zu Wählenden, Parteien und Kandidaten, ist die Frage der **Chancengleichheit** von besonderer Bedeutung.

##### 2.2.4.1.4.1 Zählwert- und Erfolgswertgleichheit

Das Bundesverfassungsgericht prüft gleichheitsbezogene Sachverhalte zumeist unter dem Aspekt der Zählwert- und der Erfolgswertgleichheit. Nicht abänderbar ist unter Geltung des Grundgesetzes die Zählwertgleichheit.

***Beispielfall 10:***
*Um den zukünftigen Generationen mehr Gewicht in der Politik zu verschaffen, plant der Bundesgesetzgeber, ein sog. „Elternwahlrecht" einzuführen. Elternteile sollen nach einem im Gesetz näher beschriebenen System (bspw. Aufteilung der Stimmen zwischen beiden Elternteilen, bei ungeraden Kinderzahlen abwechselnd zwischen Mutter und Vater, unter Gleichbehandlung von nicht ehelichen Lebensgemeinschaften oder gleichgeschlechtlichen Partnerschaften mit Kindern) so viele Stimmen haben wie Kinder.*

Die Zählwertgleichheit wird häufig mit der englischen Wendung „One man, one vote" beschrieben; hier ist „man" im Sinne von Mensch zu verstehen. Die Formel besagt, dass jeder Wahlberechtigte eine Stimme hat und keinem Wahlbürger etwa aufgrund Herkunft oder Vermögenslage mehr Stimmen zukommen dürfen. Ausgeschlossen sind damit Klassen- oder **Pluralwahlrechte**. In einem echten Pluralwahlrecht werden Angehörigen einer Gruppe von Wählern mehrere Stimmen zugestanden. Beim unechten Pluralwahlrecht haben zwar alle Wahlbürger nur eine Stimme, diese Stimme hat aber aufgrund des Zuschnitts von Wahlkreisen oder Wahlen von Wahlmännern nach Klassen unterschiedlich großes Gewicht.

95 Vgl. insoweit auch *Guckelberger*, JA 2012 S. 561, 565: Wahlpflicht nur durch Verfassungsänderung einführbar.

**Merke:**
Ein solches Wahlsystem war etwa das Dreiklassenwahlrecht in Preußen zwischen 1849 und 1918. Je nach direktem Staatssteueraufkommen wurden die Wahlbürger in drei Abteilungen (Klassen) aufgeteilt: eine kleine Abteilung mit höchstem Steueraufkommen, eine relativ größere Abteilung mit mittlerem Steueraufkommen und eine überragend große Abteilung mit geringem Steueraufkommen. Gewählt wurden Wahlmänner, wobei jede der drei Abteilungen trotz ihrer abweichenden Größe je ein Drittel der Wahlmänner stellte.[96] Im Ergebnis wirkten sich also die Stimmen der Mitglieder der relativ kleinsten Gruppe deutlich stärker aus als die der Wähler in den anderen Gruppen.
Das Dreiklassenwahlrecht ist damit bezüglich der Problemlage auf der Grenzlinie zwischen Zählwert- und Erfolgswertgleichheit.

Ein Pluralwahlrecht verstößt damit schon gegen Art. 3 Abs. 1 GG („Alle Menschen sind vor dem Gesetz gleich"); der Grundsatz der Gleichheit der Wahl stellt insoweit einen besonderen Gleichheitssatz dar.[97]

***Lösung zum Beispielfall 10:***
*Die Einführung eines Elternwahlrechts durch Gewährung von mehr Stimmen pro Wahlbürger mit Kind(ern) stellt ein echtes Pluralwahlrecht dar und begründet damit – trotz der möglicherweise hehren Zielsetzung einer stärkeren politischen Berücksichtigung der (mutmaßlichen) Interessen von Kindern – einen Verstoß gegen die Zählwertgleichheit und damit den Grundsatz der Gleichheit der Wahl.*

Während das Bundesverfassungsgericht die Zählwertgleichheit uneingeschränkt anmahnt, verlangt es bezüglich des Erfolgswerts nur eine gleiche Erfolgschance.[98] Bei einem reinen **Mehrheitswahlsystem**, bei dem pro Wahlkreis ein Kandidat direkt gewählt wird, haben nur diejenigen Stimmen Erfolg, die auf den gewählten Kandidaten entfallen; alle anderen Stimmen werden im Wahlergebnis nicht abgebildet und haben damit keinen Erfolg.

96 Nachweise bei *Huber*, Deutsche Verfassungsgeschichte seit 1789, Bd. III, S. 91 ff.
97 Zur Gleichheit im grundrechtlichen Sinne siehe unten Kap. 5.1.
98 Vgl. etwa BVerfGE 51, 222, 235 f.

**Merke:**
Wenn – wie etwa bei der Mehrheitskomponente des Bundestagswahlrechts[99] – keine absolute, sondern nur eine relative Mehrheit der Stimmen für das Erringen des Mandats verlangt wird, kann die Zahl der Stimmen, die keinen Erfolg hat, bei weit über 50 % liegen (Beispiel: Kandidat A erhält 31 % der Stimmen, Kandidat B 25 %, Kandidat C 21 %; die restlichen Stimmen verteilen sich auf vier weitere Kandidaten jenseits der 10 % – es setzt sich Kandidat A mit seinen 31 % durch; der Erfolgswert von 69 % der Stimmen ist gleich null).
Verlangt man eine absolute Mehrheit, gehen nur 49, 99 % der Stimmen verloren; ein solches Wahlsystem würde aber – so auch im Beispiel zuvor – regelmäßig einen zweiten Wahlgang mit Stichwahl zwischen den beiden erfolgreichsten Kandidaten des ersten Wahlgangs erfordern.

Aber auch die Verhältniswahl kann den Erfolgswert von Stimmen beeinträchtigen, wenn – so wie etwa bei der Verhältniswahlkomponente auf Bundesebene – eine Sperrklausel (**„5-%-Hürde“**) geregelt ist. Hier setzt sich nur diejenige Partei durch, die mindestens eine Stimmzahl oberhalb der Sperrklausel erreicht. Die Stimmen, die auf Parteien unterhalb der Sperrklausel entfallen, werden im Ergebnis der Wahl nicht abgebildet, haben also keinen Erfolg. Zwar haben alle Stimmen die gleiche Erfolgschance, gleichwohl bedarf die Einschränkung des Erfolgswertes stets der verfassungsrechtlichen Rechtfertigung: *„Aus den Grundsätzen der formalen Wahlrechtsgleichheit und der Chancengleichheit der Parteien folgt mithin, daß dem Gesetzgeber bei der Ordnung des Wahlrechts zu politischen Körperschaften nur ein eng bemessener Spielraum für Differenzierungen verbleibt. Diese bedürfen hier stets zu ihrer Rechtfertigung eines zwingenden Grundes.“*[100] Diese wird bei der **5-%-Sperrklausel** bislang regelmäßig mit dem Ziel einer Sicherung der Funktionsfähigkeit des Parlaments durch den Schutz vor Zersplitterung bei Einzug kleiner und kleinster Parteien benannt.[101] Die Höhe der Sperrklausel von 5 % sieht das Gericht dabei vom Ermessensspielraum des Gesetzgebers gedeckt.[102] Letztlich sind die 5 % eine willkürlich herausgegriffene, kontingente Zahl (sie könnte also auch anders sein), deren Berechtigung sich jedenfalls aus statistischen Betrachtungen herleiten lässt, also daraus, bei welcher Bundestagswahl wie viele Parteien die Hürde überwunden haben bzw. daran gescheitert sind.

Sozusagen als Gegenausnahme zur 5-%-Sperrklausel sieht das Bundeswahlrecht in § 6 Abs. 6 Satz 1 BWahlG die sog. **„Grundmandatsklausel“** vor. Demgemäß nimmt diejenige Partei an der Verteilung der Bundestagsmandate teil, die zwar nicht die 5-%-Hürde überwunden, aber gleichzeitig in drei Wahlkreisen Direktmandate errungen hat. Eine Partei, die lediglich ein oder zwei Direktmandate erringt und die 5-%-Hürde nicht überwindet, zieht nur mit den Direktmandaten in das Parlament ein.

99 Dazu näher unten Kap. 2.2.4.2.2.
100 So BVerfGE 82, 322, 337.
101 Vgl. nur BVerfGE 51, 222, 236; BVerfGE 82, 322, 338.
102 Wiederum BVerfGE 82, 322, 338.

**Merke:**
Nach § 6 Abs. 6 Satz 1 BWahlG zieht eine solche Partei nicht nur mit den Direkt- bzw. Grundmandaten in den Bundestag ein, sondern auch mit der Zahl an Abgeordneten, die auf den prozentualen Stimmenanteil unterhalb der 5 % entfallen. So errang die PDS bei der ersten Bundestagswahl nach der Wiedervereinigung 1994 im gesamten Bundesgebiet nur 4,4 % der Stimmen, aber zugleich in Berlin vier Direktmandate. Die PDS zog daraufhin neben den vier Direktmandaten mit 26 Listenmandaten, diese aus verschiedenen Bundesländern, in den Bundestag ein.

Diese Regelung soll laut Bundesverfassungsgericht ihre Rechtfertigung in folgender Überlegung finden: Das Erringen dreier Direktmandate spricht dafür, dass die Partei offenbar Anliegen aufgreift, die ihre Präsenz im Parlament rechtfertigt. Auch wenn die Direktmandate nicht regional geschlossen errungen werden und über die Berücksichtigung der Listenmandate Abgeordnete aus verschiedenen Bundesländern Berücksichtigung finden,[103] soll dies die Rechtmäßigkeit der Grundmandatsklausel nicht hindern.[104]

Gefährdet werden kann die Erfolgswertgleichheit auch durch den ungleichen **Zuschnitt von Wahlkreisen**. So sollte die Anzahl an Stimmen, die notwendig ist, um ein Mandat zu erreichen, ungefähr gleich groß sein; hat ein Wahlkreis deutlich weniger Wähler, kann hier ein Direktmandat mit weniger Stimmen erreicht werden. Verlangt man eine ungefähr gleiche Wählerzahl pro Wahlkreis, hat dies wiederum gerade in ländlichen Gebieten potenziell Auswirkungen auf die flächenmäßige Ausdehnung des Wahlbezirks. Je größer sich der Wahlbezirk flächenmäßig erstreckt, desto weiter sind die Wege, die der Wahlberechtigte zur Ausübung seines Wahlrechts zurücklegen muss, mit der Folge, dass Wähler vom Urnengang abgehalten werden könnten. Hier kann dann allenfalls durch eine höhere Zahl an Wahllokalen Abhilfe geschaffen werden. Einen Einfluss kann auch der Zuschnitt der Wahlkreise haben. So könnte in Gegenden mit einem hohen Wähleranteil einer Partei der Erfolg dieser Partei dadurch beeinflusst werden, dass dieser Bereich über den Wahlkreiszuschnitt mit Hochburgen anderer Parteien zusammengelegt wird.

#### *2.2.4.1.4.2 Chancengleichheit der Parteien*

Eng verknüpft mit der Frage des Erfolgswerts von Wählerstimmen ist die Frage der **Chancengleichheit der Parteien**. Wenn eine staatliche Stelle einer Partei Begünstigungen gewährt, muss sie diese Begünstigungen möglichst auch anderen Parteien in gleicher Weise gewähren. Dies kann sowohl das Zurverfügungstellen von öffentlichen Einrichtungen (Stadthallen u. Ä.) für Wahlkampfveranstaltungen als auch die Zuweisung von Flächen für Wahlwerbung auf öffentlichen Straßen betreffen. Hier darf die klei-

103 Insgesamt, aber gerade insoweit kritisch zur Grundmandatsklausel *Roth*, NJW 1994 S. 3269, 3271 m. w. N.

104 Für die Berücksichtigung auch von über das Bundesgebiet verstreuten Grundmandaten ausdrücklich BVerfGE 95, 408, 424 f.

nere, „unbedeutende" Partei nicht unter Hinweis auf ihre potenzielle Bedeutungslosigkeit auf unattraktive Flächen verwiesen werden, während die großen Parteien bspw. im Zentrum der Einkaufsmeile werben dürfen; ggf. muss eine Stadt bei begrenzter Kapazität an vorteilhaften Lagen nachvollziehbare Vergabekriterien aufstellen, von Rotation bis etwa zu Losverfahren.

Insbesondere die Zuweisung von **Wahlwerbezeiten** in Rundfunk und Fernsehen folgt dabei einem Modell **abgestufter Chancengleichheit**. So kann, wenn der öffentlich-rechtliche Rundfunk kostenlose Sendezeiten für politische Parteien zur Verfügung stellt, die Vergabe von Sendezeiten an den Erfolg einer Partei bei der letzten Wahl angeknüpft werden. Dies hat zur Folge, dass relativ kleine Parteien weniger Berücksichtigung bei Rundfunk- und Fernsehauftritten finden und damit der Status als kleinere Partei ein Stückweit verfestigt wird. Allerdings kann aus dem Grundsatz der Chancengleichheit auch nicht folgen, dass kleinere Parteien gegenüber größeren Parteien absolut gleichbehandelt werden. Eine Abstufung nach Wahlerfolg einer Partei ist daher grundsätzlich zulässig; es sollen aber auch andere Faktoren einfließen, wie etwa Dauer ihres Bestehens, ihre Kontinuität, ihre Mitgliederzahl, der Umfang und Ausbau ihres Organisationsnetzes, ihre Vertretung in Parlamenten und ihre Beteiligung an der Regierung in Bund oder Ländern.[105] Nähere Vorgaben trifft insoweit auch § 5 Abs. 1 PartG, der bspw. vorschreibt, dass für eine Partei, die im Bundestag in Fraktionsstärke vertreten ist, der Umfang der Gewährung mindestens halb so groß wie für jede andere Partei sein muss. Für die Wahlwerbung im privaten Rundfunk sehen die Landesgesetze über den privaten Rundfunk Regelungen vor, die sich an § 5 Abs. 1 PartG orientieren; im privaten Rundfunk kann nach Maßgabe der vorgenannten Gesetze Kostenersatz für die in Anspruch genommene Sendezeit verlangt werden (vgl. etwa § 36 Landesmediengesetz NRW).

#### 2.2.4.1.5 Geheimheit der Wahl

Im engen Zusammenhang mit dem Grundsatz der Freiheit der Wahl steht der Grundsatz der **Geheimheit der Wahl**. Die Möglichkeit, die Stimme geheim abzugeben, sichert die Freiheit der Wahlentscheidung. Neben der geheimen Stimmabgabe sichert der Grundsatz der Geheimheit auch das Recht, seine Wahlentscheidung vor und nach der Wahl nicht offenbaren zu müssen. Der Staat hat organisatorische Vorkehrungen zu treffen, die es dem Bürger ermöglichen, seine Wahlentscheidung geschützt vor der Kenntnisnahme durch Dritte, Staat oder Private, zu treffen. Hierzu gehört vornehmlich das Aufstellen von hinreichend geschützten Wahlkabinen, die es ermöglichen, dass der Wähler seinen Stimmzettel *„unbeobachtet kennzeichnen und falten"* kann, und die Verwendung von Wahlurnen, *„die die Wahrung des Wahlgeheimnisses sicherstellen"* (§ 33 Abs. 1 BWahlG).

***Beispielfall 11:***
*A ist glühender Anhänger der X-Partei. Er betritt das Wahllokal, bekommt die Wahlunterlagen ausgehändigt und nähert sich der Wahlkabine. Dann aber macht er auf dem Absatz kehrt, zückt einen mitgebrachten Kugelschreiber, markiert den*

105 So die Kriterien nach BVerfGE 14, 121, 136.

*Stimmzettel für jeden im Wahllokal sichtbar bei der X-Partei und wirft den Stimmzettel vor den verblüfften Augen der Wahlhelfer in die Urne.*

*Ist das Verhalten des A verfassungsrechtlich zulässig?*

Der Grundsatz der Geheimheit der Wahl hindert den Wahlbürger nicht, seine Wahlentscheidung vor oder nach der Wahl, etwa bei Befragungen durch **Meinungsforschungsinstitute**, preiszugeben.[106] Überwiegend wird aber für die Wahlhandlung selbst eine Pflicht zur Geheimheit angenommen. Als Gründe werden in erster Linie genannt: die Möglichkeit einer Beeinflussung Dritter, die sich genötigt sehen könnten, ihre Stimme ebenfalls offen abzugeben[107] und der Umstand, dass die Geheimheit der Wahl nicht nur subjektives Recht des Wählers, sondern allgemeiner Wahlrechtsgrundsatz sei.[108] Hiergegen lässt sich vorbringen, dass die geheime Abstimmung – anders als etwa in totalitären Systemen, in denen sich der geheim Wählende verdächtig macht und deswegen staatliche Repressionen befürchten muss – für den weit überwiegenden Teil der Wähler selbstverständlich ist. Ein abweichendes Verhalten dürfte kaum negative Vorbildwirkung haben oder gar einen Zwang zur Nachahmung auslösen. Auch folgt aus dem Grundsatz der Allgemeinheit der Wahl, der mit der obigen Argumentation auch nicht nur ein subjektives Recht, sondern zugleich als allgemeiner Wahlrechtsgrundsatz zu gelten hat, keine Wahlpflicht. Allerdings geht § 56 Bundeswahlordnung (BWahlO) von einer Pflicht zur Geheimheit aus; so hat der örtliche Wahlvorstand Wähler zurückzuweisen, die den Stimmzettel außerhalb der Wahlkabine gekennzeichnet oder gefaltet haben. Jedenfalls wird man festhalten können, dass die Geheimheit der Wahl als demokratische Errungenschaft durch den Wähler gewahrt werden sollte.

***Lösung zum Beispielfall 11:***

*Geht man mit der herrschenden Meinung von einer Pflicht zur Geheimheit der Wahlhandlung aus, ist das Verhalten des A gemessen am Grundsatz der Geheimheit der Wahl unzulässig.*

Gefährdet wird der Grundsatz der Geheimheit der Wahl durch die Wahrnehmung der **Briefwahl**. Zunächst ist sicherzustellen, dass der eigentliche Stimmzettel von den mit dem Briefwahlumschlag übersendeten Angaben zum Wähler, etwa Namen und Nr. im Wählerverzeichnis, vor Auswertung getrennt wird. Allerdings kann – anders als im Wahllokal – die Geheimheit der Stimmabgabe bei der Briefwahl nicht kontrolliert werden. So ist nicht sichergestellt, dass der Wähler bei Kennzeichnung des Stimmzettels unbeobachtet war. Zugleich gefährdet ist mit der Briefwahl der Grundsatz der Freiheit der Wahl, da eine unzulässige Beeinflussung bei der Wahlentscheidung staatlicherseits nicht festgestellt werden kann.

Gleichwohl hat das Bundesverfassungsgericht die **Briefwahl** ausdrücklich **gebilligt**. Ausgangspunkt der Überlegungen war, dass die Wahlrechtsgrundsätze niemals voll-

106 Vgl. etwa *Degenhart*, Staatsrecht I, Rn. 88.
107 In diesem Sinne *Guckelberger*, JA 2012 S. 561, 565.
108 So *Maurer*, Staatsrecht I, § 13 Rn. 12.

ständig und lückenlos durchsetzbar sind; zugleich werde der Grundsatz der Allgemeinheit der Wahl gefördert.[109] Festzustellen ist, dass die Briefwahl bis 2008 an die Angabe von zwingenden Verhinderungsgründen geknüpft war (Krankheit, zwingende Abwesenheit vom Wahlort am Wahltag, vgl. § 25 Abs. 1 BWahlO a. F.). Mit der nunmehr allgemeinen und gleichwertigen Möglichkeit der Briefwahl neben der Urnenwahl nehmen die Gefährdungen der Freiheit und Geheimheit der Wahl zu; zuzugestehen ist aber, dass die Verhinderungsgründe auch vor 2008 kaum überprüfbar waren. Ob Bequemlichkeit oder der Vorrang von Freizeitbedürfnissen am Wahltag die zunehmende Tendenz zur Briefwahl rechtfertigen können, ist zweifelhaft.[110] Auch kann das zeitliche Auseinanderziehen der Wahl, das durch die Briefwahl erzeugt wird, das Wahlergebnis verfälschen.[111] Es ist aber davon auszugehen, dass die nicht zu leugnenden Gefährdungen in Anbetracht der andernfalls womöglich weiter sinkenden Wahlbeteiligung hinzunehmen ist und wohl noch hingenommen werden kann.[112]

Nicht bedenkenfrei hinsichtlich der Freiheit und Geheimheit der Wahl ist die Einrichtung von Sonderwahlbezirken, etwa in Altenheimen oder Wahlen in sozialtherapeutischen Anstalten und Justizvollzugsanstalten (vgl. §§ 13, 62, 64 BWahlG).

***Beispielfall 12:***
*Der Gesetzgeber denkt immer noch über die Stärkung von Kinderrechten nach, nicht zuletzt, um Anreize für eine kindgerechte Politik und damit mittelbar für ein größeres Bevölkerungswachstum zu setzen. Anders als im Beispielfall 11 („Elternwahlrecht") soll nach dem Modell des „Stellvertreterwahlrechts" Kindern mit ihrer Geburt ein Wahlrecht zugesprochen werden. Dieses Wahlrecht soll bis zum Eintritt der Volljährigkeit treuhänderisch durch die gesetzlichen Vertreter ausgeübt werden, die dabei gemäß § 1626 Abs. 2 BGB die wachsende Fähigkeit des Kindes zu selbstständigem verantwortungsbewusstem Handeln zu berücksichtigen haben.*

*Wie steht es um die Vereinbarkeit dieses Vorhabens mit Wahlrechtsgrundsätzen?*

Die Ausformung eines sog. **„Stellvertreterwahlrechts"** wird in der Politik tatsächlich diskutiert und war bereits Gegenstand von fraktionsübergreifenden Anträgen im Bundestag.[113] Gleichwohl begegnet das Modell grundsätzlichen Bedenken, die aber möglicherweise nicht unüberwindbar sind.

***Lösung zum Beispielfall 12:***

***1. Grundsatz der Allgemeinheit der Wahl***

*Der Grundsatz der Allgemeinheit der Wahl wird durch die Erweiterung des Kreises der nominellen Wahlberechtigten über den Kreis der mindestens 18-*

109 BVerfGE 59, 119, 125 f.

110 So auch *Guckelberger*, JA 2012 S. 561, 566; *Maurer*, Staatsrecht I, § 13 Rn. 13.

111 Darauf weist *Maurer*, Staatsrecht I, § 13 Rn. 13, zutreffend hin.

112 So *Guckelberger*, JA 2012 S. 561, 566.

113 Etwa BT-Drs. 15/2544, 16/9868.

*Jährigen hinaus gefördert. Das Modell verlangt insoweit eine Änderung des Art. 38 Abs. 2 HS 1 GG.*

2. ***Grundsatz der Unmittelbarkeit der Wahl***
*Sieht man die Notwendigkeit der höchstpersönlichen Stimmabgabe als unmittelbaren Inhalt des Grundsatzes der Unmittelbarkeit der Wahl,*[114] *würde eine Stimmabgabe durch die Eltern bis zum 18. Lebensjahr des Kindes den Unmittelbarkeitsgrundsatz verletzen; hier könnte Art. 38 Abs. 2 GG ergänzt und § 14 Abs. 4 BWahlG geändert werden.*
3. ***Grundsatz der Gleichheit der Wahl***
*Zweifelhaft ist die Achtung des Grundsatzes der Zählwertgleichheit.*[115] *Formal betrachtet bleibt es bei der Festlegung „One man, one vote": Jeder Wahlberechtigte hat eine Stimme; das Kind hat eine eigene Stimme, so wie die Elternteile je eine Stimme haben. Materiell betrachtet ergeben sich aber gerade für Kleinkinder Bedenken. Letztlich läuft das Stellvertreterwahlrecht für die Zeit der mangelnden Einsichtsfähigkeit des Kindes auf ein verdecktes Pluralwahlrecht zugunsten der Eltern hinaus. (Nur) Wenn man bei der formalen Sicht verbleibt, ergeben sich keine verfassungsrechtlichen Bedenken.*
4. ***Grundsätze der Freiheit und der Geheimheit der Wahl***
*Die Grundsätze der Freiheit und der Geheimheit der Wahl sind bei der Einführung des Stellvertreterwahlrechts für die Kinder nicht gewahrt. Selbst wenn das Kind nach Ansicht der Eltern einsichtsfähig ist, ist es nicht frei von elterlicher Beeinflussung. Auch muss es seinen Eltern die eigene Überzeugung offenbaren. Nicht sichergestellt ist, dass die Eltern die betreffende Entscheidung des Kindes im Rahmen ihrer (dann wieder geheimen) Stimmabgabe für das Kind auch umsetzen. Diese Einschränkungen wären unter Zurückstellung der grundsätzlichen Gleichwertigkeit der Wahlrechtsgrundsätze mit einem Vorrang insbesondere der Allgemeinheit der Wahl allenfalls hinzunehmen.*
***Fazit:*** *Letztlich begegnet das Modell „Stellvertreterwahlrecht" damit jedenfalls Bedenken hinsichtlich der Freiheit, Geheimheit und Gleichheit der Wahl.*

#### 2.2.4.1.6 Grundsatz der Öffentlichkeit der Wahl?

Dem Grundsatz der Geheimheit der Wahl scheint der vom Bundesverfassungsgericht hervorgehobene Grundsatz der **Öffentlichkeit der Wahl** zu widersprechen; er betrifft aber nur die Transparenz des Wahlverfahrens, nicht die Zugänglichkeit der eigenen Wahlentscheidung für Dritte.

Gegenstand der zugrunde liegenden Entscheidung war eine Wahlprüfungsbeschwerde betreffend die Zulässigkeit rechnergesteuerter Wahlgeräte, sog. **„Wahlcomputer"**.[116] Dem Grundsatz der Öffentlichkeit der Wahl liegt die Forderung nach einem transparenten und für den Wähler nachvollziehbaren Wahlverfahren zugrunde. Dieses verlangt insbesondere, dass der Wähler zuverlässig nachvollziehen kann, ob seine Stimme un-

114 Vgl. oben Kap. 2.2.4.1.2.
115 Vgl. oben Kap. 2.2.4.1.4.1.
116 BVerfG, NVwZ 2009 S. 708 ff.

verfälscht erfasst und in die Ermittlung des Wahlergebnisses einbezogen wird und wie die insgesamt abgegebenen Stimmen zugeordnet und gezählt werden. Hieraus folgt für das Bundesverfassungsgericht, dass die Stimmen nach der Stimmabgabe nicht ausschließlich auf einem elektronischen Speicher abgelegt werden dürfen und der Wähler auf das Funktionieren und die technische Integrität des Systems vertrauen können müsse.[117] Damit ist für das Bundesverfassungsgericht der Einsatz von Wahlcomputern nicht schlechthin ausgeschlossen; vielmehr sollen Geräte, die bspw. noch ein Papierprotokoll der abgegebenen Stimme ausdrucken, die Anforderungen der Öffentlichkeit der Wahl erfüllen können.

Bei einer reinen „Papierwahl“, also einer Wahl mit Stimmzetteln, kann die Öffentlichkeit der Wahl – nur, aber jedenfalls – dadurch sichergestellt werden, dass der Wähler bei der Auszählung anwesend sein darf (vgl. 54 BWahlO: „*Während der Wahlhandlung sowie der Ermittlung und Feststellung des Wahlergebnisses hat jedermann zum Wahlraum Zutritt, soweit das ohne Störung des Wahlgeschäfts möglich ist*“). Es besteht so die Möglichkeit, einen Abgleich zwischen der Anzahl der abgegebenen Stimmzettel und der entsprechend der Markierungen im Wählerverzeichnis ausgegebenen Stimmzettel herzustellen. Ist die Anzahl gleich, besteht jedenfalls die starke Vermutung, dass die eigene Stimme in das Wahlergebnis eingeflossen ist.

### 2.2.4.2 Wahlrecht zum Deutschen Bundestag

#### *2.2.4.2.1 Entscheidung für ein personalisiertes Verhältniswahlrecht*

Das Wahlrecht zum Deutschen Bundestag beruht heute – wie schon seit 1949 – auf einer bewussten Kombination von Verhältnis- und Personenwahl. Diese Mischform wird als „personalisiertes Verhältniswahlrecht“ bezeichnet. Das Grundgesetz legt ausdrücklich nur die Wahlrechtsgrundsätze fest, äußert sich jedoch nicht zum konkreten Wahlsystem; der einfache Bundesgesetzgeber hat dieses System daher im Bundeswahlgesetz ausgestaltet. Die Verhältniswahl sorgt dafür, dass sich das politische Meinungsspektrum der Bevölkerung proportional in der Sitzverteilung widerspiegelt, während die Personen- oder Mehrheitswahl jedem Wahlkreis die Möglichkeit gibt, einen Abgeordneten direkt zu bestimmen, der sich fortan als lokaler Ansprechpartner legitimiert fühlt.

Die Entscheidung zugunsten eines gemischten Systems folgt vor allem zwei Überlegungen: Ein reines Mehrheitswahlrecht wie in Großbritannien kann zwar stabile Regierungen begünstigen, lässt jedoch einen großen Teil der Stimmen ohne parlamentarisches Gewicht. Dagegen bildet die reine Verhältniswahl zwar jedes Prozentpunkt-Ergebnis ab, erschwert aber häufig die Regierungsbildung, weil sie einer starken Zersplitterung Vorschub leisten kann. Der deutsche Mittelweg versucht, beide Schwächen abzufedern: Einerseits gehen Direktmandate mit hohem Identifikationspotenzial in das Gesamtergebnis ein, andererseits behalten kleinere Parteien eine faire Chance, in Fraktionsstärke einzuziehen. Das Bundesverfassungsgericht hat in mehreren Entscheidungen betont, dass der Gesetzgeber theoretisch auch ein anderes Modell wählen könnte, solange er dabei die Wahlrechtsgrundsätze – vor allem die Gleichheit und Unmittelbar-

117 So BVerfG, NVwZ 2009 S. 708, 710 f.

keit der Wahl – wahrt.[118] Faktisch bietet das personalisierte Verhältniswahlrecht jedoch den flexibelsten Ausgleich zwischen Funktionsfähigkeit des Parlaments und proportionaler Repräsentation. Für künftige Polizistinnen und Polizisten bedeutet das: Sie finden in ihren Einsatzbezirken einen direkt gewählten Abgeordneten vor, ohne dass damit automatisch die Stimmenvielfalt kleinerer Parteien unter den Tisch fiele.

#### 2.2.4.2.2 Ausgestaltung des Wahlrechts in Grundzügen nach der Reform 2023

Die jüngste Reform aus dem Jahr 2023 hat das bisherige System nicht abgeschafft, aber an entscheidenden Stellen neu justiert.[119] Kernpunkt ist die gesetzlich festgelegte Sollgröße des Bundestags von 630 Sitzen.[120] Damit reagierte der Gesetzgeber auf jahrelange Kritik an der immer weiter wachsenden Anzahl der Mandate, die bei der Bundestagswahl 2021 einen Höchststand von 735 erreicht hatte.[121] Durch die Reform entfallen klassische Überhang- und Ausgleichsmandate.[122] Direktmandate bleiben der Partei künftig nur dann erhalten, wenn sie durch ihren Zweitstimmenanteil gedeckt sind.[123] Bleibt die Deckung aus, fällt das betreffende Direktmandat weg und wird im Wahlkreis nicht nachbesetzt. Dieses Verfahren wird „Zweitstimmendeckung" genannt und garantiert, dass die Gesamtsitzanzahl bislang erstmals zuverlässig auf 630 begrenzt bleibt.[124]

Die Wähler behalten ihre zwei Stimmen. Mit der Erststimme wählen sie weiterhin eine Einzelperson im Wahlkreis, mit der Zweitstimme entscheiden sie über die Landesliste ihrer bevorzugten Partei. Anders als in manchen anderen Systemen sind die Listen starr; die Reihenfolge der Bewerber wird vor der Wahl parteiintern festgelegt und lässt sich durch die Wahlhandlung nicht mehr verändern. Für die Sitzverteilung werden zunächst alle Zweitstimmen bundesweit addiert. Das hochgerechnete Stimmenverhältnis wird anschließend mithilfe des **Sainte-Laguë-Verfahrens**[125] auf genau 630 Mandate übertragen, bevor diese Zahl nach Bevölkerungsanteilen auf die 16 Länder verteilt wird. Erst im dritten Schritt wird geprüft, ob eine Partei in einem Land mehr Direktmandate errungen hat als ihr Listenmandate zustehen. Überschreitungen fallen sofort weg, bleiben also anders als früher nicht mehr als Überhangmandate erhalten. Der bisherige Effekt

118 So BVerfGE 95, 335, 349.

119 BT-Drs. 20/5370, Gesetzentwurf zur Änderung des Bundeswahlgesetzes, 23.1.2023.

120 Deutscher Bundestag, Wahlrechtsreform zur Verkleinerung des Bundestages beschlossen, 17.3.2023, zuletzt abgerufen am 30.6.2025.

121 Bundeszentrale für politische Bildung, Sitzverteilung, Bundestagswahl 2021, 28.8.2024, https://www.bpb.de/kurz-knapp/zahlen-und-fakten/bundestagswahlen/zuf-btw-2021/340992/sitzverteilung/, zuletzt abgerufen am 30.6.2025.

122 *Degenhart, Christoph*, Wahlrechtsreform - cui bono?, NJW-Aktuell 23/2023.

123 BVerfG, Urt. vom 30.7.2024 – 2 BvF 1/23, Rn. 154, https://www.bundesverfassungsgericht.de/SharedDocs/Entscheidungen/DE/2024/07/fs20240730_2bvf000123.html, zuletzt abgerufen am 30.6.2025.

124 Die Welt, Neues umstrittenes Wahlrecht hat nur drei Abgeordnetensitze eingespart, Welt v. 24.3.2025, https://www.welt.de/politik/deutschland/article255766824/Analyse-Neues-umstrittenes-Wahlrecht-hat-nur-drei-Abgeordnetensitze-eingespart.html, zuletzt abgerufen am 30.6.2025.

125 Bundeswahlleiterin, Glossar Sainte-Laguë/Schepers, https://www.bundeswahlleiterin.de/service/glossar/s/sainte-lague-schepers.html, zuletzt abgerufen am 30.6.2025.

des negativen Stimmgewichts, bei dem zusätzliche Stimmen vereinzelt zu Sitzverlusten führen konnten, ist damit systematisch ausgeschlossen.[126]

Eine weitere Streitfrage betraf die sog. „Grundmandatsklausel". Der Gesetzgeber wollte diese 2023 streichen;[127] das Bundesverfassungsgericht erklärte den ersatzlosen Wegfall jedoch für unvereinbar mit dem Grundsatz der Erfolgswertgleichheit.[128] Bis zu einer neuen gesetzlichen Lösung bleibt es deshalb dabei, dass Parteien mit drei direkt gewonnenen Wahlkreisen auch dann an der allgemeinen Sitzverteilung teilnehmen, wenn sie die 5-%-Hürde verfehlen. Gerade im polizeilichen Alltag in Grenz- und Minderheitenregionen – man denke an den Südschleswigschen Wählerverband[129] – kann diese Klausel politisch relevant sein, weil sie Minderheiteninteressen den Zugang zum Bundestag sichert.[130]

Eine Feuerprobe für das neue Wahlrecht stellte die vorgezogene Bundestagswahl vom 23.2.2025 dar.[131] Vorausgegangen war der Bruch der **Ampel-Koalition** am 6.11.2024. In der Folge stellte Bundeskanzler *Olaf Scholz* am 16.12.2024 die Vertrauensfrage nach Art. 68 GG und verlor sie planmäßig.[132] Bundespräsident *Frank-Walter Steinmeier* löste den 20. Bundestag auf und legte Neuwahlen für Februar 2025 fest.[133] Die Wahlbeteiligung stieg deutlich auf über 80 %.

Das Ergebnis bestätigte erstmals, dass die Deckelung auf 630 Sitze technisch funktioniert.[134] Die CDU erreichte auf Bundesebene die meisten Zweitstimmen, blieb jedoch unter einem Drittel der Stimmen, während die CSU traditionell den in Bayern dominierenden Anteil beisteuerte. Die SPD rutschte erneut auf Platz drei, konnte aber in einer Großen Koalition zusammen mit CDU/CSU die Regierungsbildung sichern. Auffällig war das Abschneiden der AfD, die knapp ein Fünftel der Zweitstimmen erzielte, jedoch mangels Koalitionspartner in die Opposition ging. Die Grünen hielten ihr zwei-

126 BVerfG, Urt. vom 25.7.2012 - 2 BvF 3/11, Rn. 103, openJur 2013, 46901.

127 *Rennert, Dominik*, Ein ernsthafter Fehler, VerfBlog, 2023/3/17, https://verfassungsblog.de/ein-ernsthafter-fehler/, DOI: 10.17176/20230317-185251-0.

128 BVerfG, Urt. vom 30.7.2024 – 2 BvF 1/23 u. a., https://www.bundesverfassungsgericht.de/SharedDocs/Entscheidungen/DE/2024/07/fs20240730_2bvf000123.html, zuletzt abgerufen am 23.6.2025; siehe auch die Besprechung von *Nebel, Jasper*, Alles hat ein Ende: Das Bundesverfassungsgericht beendet die Folgerichtigkeitsdogmatik im Wahlrecht, VerfBlog, 2024/8/23, https://verfassungsblog.de/alles-hat-ein-ende/, DOI: 10.59704/3fd214bd571f0761.

129 Der Südschleswigsche Wählerverband (SSW) ist die Partei der dänischen Minderheit und der friesischen Volksgruppe in Schleswig-Holstein. Als Partei einer nationalen Minderheit ist er von der Fünf-Prozent-Sperrklausel ausgenommen (§ 6 Abs. 3 Satz 2 BWahlG).

130 BVerfG, PM Nr. 64/2024 zum Urt. vom 30.7.2024

131 Bundeswahlleiterin, Glossar „Grundmandatsklausel", https://www.bundeswahlleiterin.de/service/glossar/g/grundmandatsklausel.html, zuletzt abgerufen am 30.6.2025.

132 Bundeswahlausschuss, Endgültiges Ergebnis der Bundestagswahl festgestellt, 14.3.2025, https://www.bundestag.de/dokumente/textarchiv/2025/kw11-bundeswahlausschuss-1056272, zuletzt abgerufen am 30.6.2025.

133 Deutscher Bundestag, 394 Abgeordnete sprechen Bundeskanzler Scholz nicht das Vertrauen aus, 16.12.2024, https://www.bundestag.de/dokumente/textarchiv/2024/kw51-de-vertrauensfrage-1033624, zuletzt abgerufen am 30.6.2025.

134 ZDF heute, Schritt zu Neuwahlen: Kanzler Scholz verliert Vertrauensfrage, 16.12.2024, https://www.zdf.de/video/magazine/zdfheute-live-102/vertrauensfrage-bundestag-scholz-abstimmung-video-100, zuletzt abgerufen am 30.6.2025.

stelliges Ergebnis, verfehlten aber eine erneute Regierungsbeteiligung.[135] Linke und SSW profitierten von der Grundmandatsklausel; ohne diese wären sie an der Sperrhürde gescheitert.[136]

Am 6.5.2025 wählte der neu konstituierte Bundestag *Friedrich Merz* im zweiten Wahlgang zum Bundeskanzler.[137] Das Kabinett Merz I konnte bereits zwei Wochen später vereidigt werden[138] – ein Rekordtempo, das im Vergleich zu vorangegangenen Legislaturperioden auch deswegen möglich war, weil die feste Sitzzahl die komplexen Verhandlungsrunden um Ausschussgrößen und Ressortzuschnitte erheblich verkürzte.

Insgesamt zeigt die Reform von 2023, abgesichert durch die Karlsruher Klarstellungen, dass ein strikt gedeckelter Bundestag handlungsfähig bleibt, ohne seinen repräsentativen Charakter zu verlieren.[139]

#### ***2.2.4.2.3 Einzelheiten***

Direktmandate nach der Reform

Auch im reformierten Bundeswahlgesetz bleibt es bei 299 Wahlkreisen. Gewählt ist grundsätzlich der Bewerber, der in seinem Wahlkreis die meisten Erststimmen erhält. Diese Direktwahl garantiert aber keinen sicheren Sitz mehr. Erst wenn feststeht, wie viele Mandate einer Partei nach dem Verhältnis der Zweitstimmen überhaupt zustehen, wird endgültig entschieden, welche Wahlkreissieger tatsächlich einziehen. Liegen mehr Direktmandate vor als der Zweitstimmenanteil deckt, verlieren die „überzähligen“ Kandidaten ihren Anspruch; der Wahlkreis bleibt dann unbesetzt. Damit ersetzt die Zweitstimmendeckung die früheren Überhang- und Ausgleichsmandate vollständig.[140]

Schrittweise Sitzverteilung mit fester Obergrenze von 630

**Im ersten Schritt** werden alle gültigen Zweitstimmen bundesweit addiert. Anschließend wird mithilfe des Sainte-Laguë-Verfahrens berechnet, wie viele der 630 Sitze jeder Partei zustehen, sofern sie entweder 5 % der Zweitstimmen erreicht oder – nach dem

135 Deutschlandfunk, Neues Wahlrecht zieht Folgen und politische Diskussionen nach sich, 26.2.2025, https://www.deutschlandfunk.de/wahlrechtsreform-bundestagswahl-auswirkungen-100.html, zuletzt abgerufen am 30.6.2025.

136 Die Welt, Neues umstrittenes Wahlrecht hat nur drei Abgeordnetensitze eingespart, Welt v. 24.3.2025, https://www.welt.de/politik/deutschland/article255766824/Analyse-Neues-umstrittenes-Wahlrecht-hat-nur-drei-Abgeordnetensitze-eingespart.html, zuletzt abgerufen am 30.6.2025.

137 Deutscher Bundestag, Friedrich Merz mit 325 Stimmen zum Bundeskanzler gewählt, 6.5.2025, https://www.bundestag.de/dokumente/textarchiv/2025/kw19-de-kanzlerwahl-1062470, zuletzt abgerufen am 30.6.2025.

138 Deutscher Bundestag, Friedrich Merz als Bundeskanzler vereidigt, 20.5.2025, https://www.bundestag.de/dokumente/textarchiv/2025/kw19-de-kanzlerwahl-vereidigung-1063890, zuletzt abgerufen am 30.6.2025.

139 *Michl, Fabian/Mittrop, Johanna*, Zwischen Prinzipientreue und Pragmatismus: Das Urteil des Bundesverfassungsgerichts zur Wahlrechtsreform der Ampelkoalition, VerfBlog, 2024/7/31, https://verfassungsblog.de/zwischen-prinzipientreue-und-pragmatismus/, DOI: 10.59704/bdac4cfb3dc97993

140 *Von Ungern-Sternberg, Antje*, Wahlkreissieger ohne Bundestagssitz?: Auswirkungen der Zweitstimmendeckung und Reformoptionen, VerfBlog, 2025/2/26, https://verfassungsblog.de/wahlkreissieger-ohne-bundestagssitz/, DOI: 10.59704/ec6c9aa34b8e4760.

Urteil des Bundesverfassungsgerichts vom 30.7.2024 – mindestens drei Direktmandate errungen hat. Die Sperrklausel selbst blieb unangetastet, doch Karlsruhe verpflichtete den Gesetzgeber, die Grundmandatsklausel vorläufig beizubehalten, weil ihr ersatzloser Wegfall den Erfolgswert kleinerer Parteien unverhältnismäßig stark geschmälert hätte.

**Im zweiten Schritt** wird jedes Parteikontingent auf die sechzehn Länder verteilt. Dabei orientiert sich das Gesetz an der Zahl der wahlberechtigten Deutschen, um sicherzustellen, dass Bundesländer mit hoher Bevölkerungszahl nicht strukturell benachteiligt werden. Innerhalb des Landes werden die so zugewiesenen Listenplätze sodann mit den dort errungenen Direktmandaten verrechnet. Stimmen die Zahlen überein, ziehen alle Wahlkreissieger ein und die Liste bleibt unerreichbar. Reichen die Listenplätze nicht aus, bleiben Wahlkreise leer; sind noch Sitze frei, rücken Kandidaten der Landesliste in festgelegter Reihenfolge nach.

Weil alle Parteien spätestens in dieser Landesstufe genau so viele Mandate erhalten wie ihr Zweitstimmenanteil rechtfertigt, entsteht weder ein negatives Stimmgewicht noch kommt es zu erneuter Aufblähung des Parlaments. Die Gesamtsitzanzahl verbleibt bei 630, selbst wenn mehrere Wahlkreise ohne Abgeordneten bleiben.

### Vorzüge des neuen Systems

Die feste Obergrenze macht die Größe des Bundestages wieder kalkulierbar. Das Ende der Überhang- und Ausgleichslogik beseitigt mathematische Effekte, die früher kaum zu erklären waren. Zugleich verhindert die Beibehaltung der Grundmandatsklausel, dass starke regionale Minderheiten – exemplarisch wiederum der SSW in Schleswig-Holstein – an der Sperrklausel scheitern. Schließlich ist das negative Stimmgewicht, das ältere Wahlrechtsregime verfassungsrechtlich belastete, systematisch ausgeschlossen.

### Nachteile und offene Fragen

Dem Zugewinn an Transparenz steht ein Preis gegenüber. Künftig kann ein Wahlkreis trotz klaren Siegers ohne Vertreter bleiben; das schmälert den unmittelbaren personellen Bezug zwischen Region und Bundestag. Größere Parteien verlieren einen Teil ihres bisherigen Direktmandatspolsters, während kleine Parteien kaum noch auf Kompensation durch Ausgleichsmandate hoffen dürfen. Ob die fest eingefrorene Sitzzahl die Arbeitsfähigkeit des Parlaments dauerhaft verbessert oder nur Konflikte in die Wahlkreise verlagert, muss sich erst zeigen.

| Schritt | Rechenweg/Inhalt | Rechtsgrundlage | Zwischenergebnis |
|---|---|---|---|
| **1. Oberverteilung** | Alle gültigen Zweitstimmen werden bundesweit addiert. Mit dem Divisor-Verfahren nach Sainte-Laguë/Schepers werden die 630 Sitze proportional auf die Parteien verteilt, sofern sie entweder mindestens 5 % der Stimmen erzielen oder – kraft fortgeltender Grundmandatsklausel – drei Direktmandate gewinnen. | § 5 Abs. 1 bis 3 BWahlG; BVerfG 30.7.2024 | Jede Partei erhält ein bundesweites Sitzkontingent, z. B. CDU 164, SPD 120 usw. |

| Schritt | Rechenweg/Inhalt | Rechtsgrundlage | Zwischenergebnis |
|---|---|---|---|
| **2. Landesverteilung** | Das Kontingent jeder Partei wird nach dem Bevölkerungsanteil der Länder erneut nach Sainte-Laguë auf die 16 Landeslisten verteilt. | § 5 Abs. 4 BWahlG | Jede Landesliste weiß nun, wie viele Sitze sie maximal besetzen kann |
| **3. Abgleich Direktmandate** | Für jedes Land wird geprüft, wie viele Wahlkreissieger (Erststimmen) die Partei dort errungen hat. | § 6 Abs. 1 BWahlG | **Fall A:** Zahl der Direktmandate ≤ Listenplätze → Alle Sieger ziehen ein, Restplätze gehen an die Liste.<br>**Fall B:** Zahl der Direktmandate > Listenplätze → Es liegen „nicht gedeckte" Direktmandate vor. |
| **4. Zweitstimmendeckung** | Nicht gedeckte Direktmandate verfallen ersatzlos; der Wahlkreis bleibt unbesetzt. Überhang- und Ausgleichsmandate entstehen nicht mehr. | § 6 Abs. 2 BWahlG | Die Sitzsumme jeder Partei entspricht exakt ihrem Zweitstimmenanteil; die Bundestagsgröße bleibt bei 630. |
| **5. Restabgleich** | Ergibt sich (theoretisch) eine absolute Zweitstimmenmehrheit einer Partei, die nicht zu einer Mandatsmehrheit führt, wird diese Partei um genau die fehlenden Sitze aufgestockt, bis sie einen Sitz über die Hälfte erreicht. | § 6 Abs. 7 BWahlG | Praktisch kaum relevant, aber verfassungsrechtliche Absicherung gegen „verkehrte Mehrheiten". |

**Merke:**
Das neue Bundeswahlgesetz weist Parteien zuerst ihr bundesweites Sitzkontingent nach Zweitstimmen zu, verteilt es dann auf die Länder und gleicht dort Direkt- mit Listenmandaten ab. Alles, was nicht durch Zweitstimmen gedeckt ist, entfällt. Dadurch bleibt der Bundestag sicher bei 630 Sitzen. Die Grundmandatsklausel lebt auf Anordnung des Bundesverfassungsgerichts vorläufig weiter, um regional verankerte Kleinparteien nicht systematisch auszuschließen. Vorteil des Modells ist seine Transparenz und die feste Obergrenze; Nachteil ist, dass einzelne Wahlkreise ohne Abgeordneten bleiben können und größere Parteien ihre früheren Direktmandatspolster verlieren.

## 2.2.5 Die Rechtsstellung des gewählten Abgeordneten

Mit den Wahlen werden – wie gezeigt – direkt oder indirekt **Abgeordnete** bestimmt, die zumeist einer Partei angehören.

Die Rechtsstellung des einzelnen Abgeordneten wird im Wesentlichen in Art. 38 Abs. 1 Satz 2, 46–48 GG beschrieben. Der Abgeordnete erwirbt die **Bundestagsmitgliedschaft** nach der erfolgreichen Wahl mit der Eröffnung der ersten („konstituierenden") Sitzung des neuen Bundestages (§ 45 Abs. 1 BWahlG). Die Mitgliedschaft endet regulär (ungeachtet der Möglichkeit der Wiederwahl) durch die Beendigung der Legislaturperiode mit Zusammentritt des nächsten Bundestags. Der Abgeordnete verliert das Mandat (relativ selbsterklärend) durch Tod und aus den Gründen des § 46 Abs. 1 BWahlG, insbesondere durch Neufeststellung des Wahlergebnisses zu seinen Lasten, durch Verlust des passiven Wahlrechts und durch Verzichtserklärung vor allem gegenüber dem Bundestagspräsidenten (dass er das Mandat niederlegt). Das Mandat geht auch verloren, wenn die Partei, der der Abgeordnete angehört, durch das Bundesverfassungsgericht verboten wurde (Art. 21 Abs. 2 GG).

#### 2.2.5.1 Freies Mandat

***Beispielfall 13:***
*Der Bundestagskandidat B der S-Partei hat bei der Kandidatenaufstellung durch die Partei eine schriftliche Verpflichtungserklärung abgegeben, nach Wahl in den Bundestag einen sog. „Plakatierungstaler" an die Partei zu entrichten, der monatlich für die Legislaturperiode 20 € ausmacht, um die Wahlkampfkosten, die die Partei aufgebracht hat, mit zu decken. Zudem hat er erklärt, dass er für den Fall eines Parteiaustritts und eines Ausscheidens aus der zukünftigen S-Fraktion sein Bundestagsmandat verliert.*

*Der B kann sich nach einem Jahr im Bundestag wegen der seines Erachtens verfehlten Energiepolitik nicht mehr mit den Zielen der S-Partei identifizieren, tritt aus Partei und Fraktion aus und wechselt nach Parteibeitritt zur Fraktion der G-Partei. Den Plakatierungstaler, den er bislang zähneknirschend entrichtet hat, will er auch nicht mehr zahlen; vielmehr will er die bereits geleisteten Beträge (240,– €) zurückerhalten.*

*Die S-Partei fordert ihn auf, dem Bundestagsabgeordneten gegenüber zu erklären, dass er entsprechend seiner Verpflichtungserklärung nicht mehr Abgeordneter sei, bzw. dass er jedenfalls dem Bundestagspräsidenten gegenüber erklären müsse, das Mandat niederzulegen, damit ein Kandidat der S-Partei nachrücken kann. Das Geld will die S-Partei weiterhin von B erhalten; an eine Rückzahlung sei nicht zu denken.*

*Wie ist die Rechtslage?*

Das **„Freie Mandat"**, das in der Fassung des Art. 38 Abs. 1 Satz 2 GG zum Ausdruck kommt („*Sie* [die Abgeordneten, Anm. d. Verf.] *sind Vertreter des ganzen Volkes, an Aufträge und Weisungen nicht gebunden und nur ihrem Gewissen unterworfen*") ist in ähnlicher Form bereits Gegenstand sowohl der Reichsverfassung von 1871 (Art. 29 RV) als auch der Weimarer Reichsverfassung (Art. 21 WRV) gewesen. Schon § 96 Paulskirchenverfassung (PaulskirchenV) lautete: „*Die Mitglieder beider Häuser können durch Instruktionen nicht gebunden werden.*"

Insbesondere die Paulskirchenverfassung und die Reichsverfassung von 1871 waren wesentlich weniger geprägt durch das Phänomen des Parteienstaates; die Parlamente galten vielmehr als „Honoratiorenparlamente“, in denen die Repräsentanz des ganzen Volkes und die Freiheit der Willensbildung letztlich unbeeinflusster stattfinden konnte.[141] Im „Parteienstaat“ Bundesrepublik Deutschland ist es den tatsächlichen Gegenebenheiten geschuldet, dass der Abgeordnete nicht stets eigene, freigewählte Entscheidungen trifft, sondern regelmäßig eine von der Partei und der Fraktion **vorgeformte Willensentschließung** mitträgt; dies ist aber nicht zuletzt Folge der zunehmenden **Komplexität** politischer Entscheidungsprozesse, die der Einzelne schon aufgrund eigener Sachkenntnis häufig nicht allein bewältigen kann. Art. 38 Abs. 1 Satz 2 GG sichert daher auch vornehmlich einen Rechtsstatus des Abgeordneten, der es verbietet, ihn bei abweichenden Ansichten zu reglementieren oder zu bestrafen, damit er sich in die Diskussion in seiner Partei und Fraktion mit eigenen Ansichten und Ideen einbringen kann.

Das Mittragen der Parteilinie kann daher als zulässige **Fraktionsdisziplin** angesehen werden, die aber **nicht** in **Fraktionszwang** – eben partei- oder fraktionsinterne Ahndung abweichender Positionen – umschlagen darf. Zugleich soll sich der Abgeordnete nicht im Vorhinein Bindungen unterwerfen müssen, die die Partei an ihn heranträgt und damit sein rechtliches und politisches Schicksal als Abgeordneten beeinflusst. Selbstverständlich ist auch, dass diese Freiheit von Zwang nur das laufende Mandat betreffen kann; nicht auszuschließen ist, dass vermeintliche oder tatsächliche Illoyalität bzw. „Abweichlertum“ bspw. bei der nächsten Aufstellung von Kandidatenlisten zulasten des „Parteirebellen“ geht. Entscheidend ist aber, dass weder Partei noch Fraktion auf das laufende Mandat des Abgeordneten einwirken können, ihn also insbesondere nicht zur Aufgabe des Mandats zwingen können.

***Lösung zum Beispielfall 13:***
***1. Mandatsverlust***
*Die der Partei gegenüber ausgesprochene Selbstverpflichtung ist kein Verlustgrund für das Abgeordnetenmandat. Insoweit hat der B das Mandat mit Partei- und Fraktionswechsel nicht automatisch verloren. Wenn er seine Verpflichtungserklärung durch Verzichtserklärung gegenüber dem Bundestagspräsidenten umsetzen müsste, würde dies genau die Art von Zwang bedeuten, die durch den Grundsatz des freien Mandates vermieden werden soll. Somit ist er nicht rechtlich verpflichtet, den Verzicht zu erklären; die Verpflichtungserklärung ist insoweit unwirksam.*
***2. Plakatierungstaler***
*Unabhängig vom Umstand des Wechsels der politischen Richtung bedeutet auch die Selbstverpflichtung in wirtschaftlicher Hinsicht unzulässigen Zwang, den die Partei – ungeachtet eines u. U. anerkennenswerten Interesses – mit Blick auf Art. 38 Abs. 1 Satz 2 GG nicht durchsetzen kann. B war so zu keiner Zeit zur Zahlung des Plakatierungstalers verpflichtet. Da die entsprechende Verpflichtungserklärung unwirksam ist, fehlt es auch für die geleisteten Zahlungen*

141 In diesem Sinne *Ipsen*, Staatsrecht I, Rn. 291.

*zugleich an einem Rechtsgrund, so dass er den Betrag von 240,– € nach den Grundsätzen des bürgerlichen Rechts zurückverlangen kann.*

Das Bundesverfassungsgericht hat als Ausfluss des Freien Mandats auch einen Anspruch auf eine von staatlicher Beeinflussung freie Kommunikationsbeziehung zwischen dem Abgeordneten und den Wählerinnen und Wählern sowie die Freiheit des Abgeordneten von exekutiver Beobachtung, Beaufsichtigung und Kontrolle anerkannt. Anlass war die offene, also lediglich aus öffentlichen Quellen gespeiste und unter Verzicht auf geheimdienstliche Mittel vorgenommene Beobachtung eines Bundestagsabgeordneten von der Partei „Die Linke". Das Gericht vertrat die These, dass der Abgeordnete, der in seiner Kommunikation mit dem Wahlvolk gestört wird, seine **Repräsentationsaufgabe** *(„Vertreter des ganzen Volkes")* nicht vollumfänglich erfüllen kann; sofern der Staat dennoch Beobachtungsmaßnahmen durchführen wolle, müsse dies nach Maßgabe einer strengen Verhältnismäßigkeitsprüfung erfolgen.[142]

Die jüngere Rechtsprechung stärkt den Schutzbereich des Freien Mandats weiter. Der Zweite Senat des Bundesverfassungsgerichts hob mit Urteil vom 14.12.2022 – 2 BvE 8/21 – hervor, dass die Bundesregierung schon durch die Verweigerung von Auskünften an einzelne Abgeordnete das Freie Mandat verletzen kann, weil sie dadurch parlamentarische Kontrollrechte und die gleichberechtigte Teilnahme an der öffentlichen Debatte beschneidet.[143] Die Entscheidung erweitert den bisher primär gegen partei- oder fraktionsinterne Zwänge verstandenen Schutz des Art. 38 Abs. 1 Satz 2 GG auf Fälle exekutiver Informationsverweigerung. Damit verdeutlicht das Gericht, dass der Mandatsträger seine Aufgaben nur dann erfüllen kann, wenn ihm die Bundesregierung nicht selektiv Informationen vorenthält.[144]

#### 2.2.5.2 Rechte und Pflichten des Abgeordneten im Parlament

Der parlamentarische Status des Abgeordneten ist gekennzeichnet durch ein grundsätzliches **Rederecht**. Insoweit wird aber in der praktischen Arbeit des Parlaments die Rolle des Abgeordneten durch den Einfluss der Fraktion determiniert. So gehört es zu den parlamentarischen Üblichkeiten, dass der Bundestagspräsident den Fraktionen Redezeitkontingente ungefähr entsprechend ihrer Vertretung im Bundestag (mit Besserstellung kleinerer Fraktionen) zuweist und die Fraktionen die Redezeit auf Abgeordnete in ihren Reihen verteilen.[145] In Ausübung seiner Kontrollfunktion hat der Abgeordnete auch ein **Fragerecht** gegenüber der Bundesregierung, das insoweit aber durch die Fraktionen in Fragestunden, großen und kleinen Anfragen gelenkt werden kann. Auch der fraktionslose Abgeordnete muss hinreichend Redezeit eingeräumt bekommen und den Wunsch nach Redezeit frühzeitig beim Bundestagspräsidenten einreichen können.

---

142 BVerfG, NVwZ 2013 S. 1468, 1470 ff.

143 *Sehl, Markus*, BVerfG zu Verfassungsschutz im Ausland. Pauschale Absage verletzt Fragerecht im Parlament, LTO, 14.12.2022, https://www.lto.de/recht/nachrichten/n/bundesverfassungsgericht-mitarbeiter-bfv-ausland-auskunft-organstreitverfahren, zuletzt abgerufen am 30.6.2025.

144 BVerfG, Urt. vom 14.12.2022 – 2 BvE 8/21 –, openJur 2022, 22404.

145 Siehe dazu und zur Problemlage unten Kap 3.1.5.1 und 3.1.5.2.

Seit dem 1.1.2023 ermöglicht § 60 GOBT in der Fassung des Beschlusses vom 15.12.2022 unter bestimmten Voraussetzungen die digitale Teilnahme an Ausschusssitzungen. Abgeordnete – auch fraktionslose – können ihre Mitgliedsrechte in begründeten Ausnahmefällen per Videokonferenz wahrnehmen, ohne Präsenz in Berlin.

Die Covid-Pandemie zeigte, dass physische Präsenz nicht durchgehend gewährleistet ist. Die Geschäftsordnungsänderung schafft einen verfassungskonformen Ausgleich zwischen Funktionsfähigkeit des Bundestags und der Pflicht der Abgeordneten zur Sitzungsteilnahme.

Selbstverständlich ist das **Stimmrecht** des Abgeordneten bei allen Abstimmungen im Bundestag, so bei einfachen Parlamentsbeschlüssen, aber auch bei Gesetzesbeschlüssen. Zudem ist der Abgeordnete im Rahmen der GOBT antragsberechtigt, so bezüglich Änderungen der Tagesordnung (§ 20 Abs. 2 GOBT) und Änderungen in der zweiten Lesung von Gesetzesvorlagen (Art. 82 Abs. 1 GOBT). In Ausübung des Selbstorganisationsrechts besitzt der Abgeordnete das Recht, mit anderen Abgeordneten eine Fraktion oder eine Gruppe zu bilden (§ 10 GOBT).

Ausgehend davon, dass in den Ausschüssen die wesentliche parlamentarische Arbeit stattfindet, hat jeder Abgeordnete **Anspruch** auf einen Sitz in einem **Bundestagsausschuss.**[146] Dies gilt auch für fraktionslose Abgeordnete, die in ihrem Ausschuss zugleich ein Rede- und Antragsrecht, aber nicht zwingend ein Recht auf Teilnahme an Abstimmungen haben.[147] Allerdings hat kein Abgeordneter einen Anspruch auf Zuordnung zu einem Ausschuss seiner Wahl. Für fraktionsangehörige Abgeordnete bestimmt dies die Fraktion; für fraktionslose Abgeordnete hält der Bundestagspräsident einen Pool an Ausschusssitzen vor, aus dem diesen ein Sitz zugewiesen wird (§ 57 Abs. 2 Satz 1 GOBT).

Die Pflichtenstellung des Abgeordneten verbietet es ihm, für seine parlamentarischen Tätigkeiten andere als die gesetzlichen Zuwendungen anzunehmen. Allerdings steht es ihm frei, neben dem Mandat andere Tätigkeiten auch gegen Entgelt auszuüben (§ 44a AbgG). Über derartige **Nebeneinnahmen** (die die Einnahmen als Abgeordneter im Einzelfall aber auch deutlich überschreiten können) muss der Abgeordnete durch Anzeige gegenüber dem Bundestagspräsidenten Rechenschaft ablegen. Seit der Reform 2021 müssen Nebeneinkünfte nur noch dann mitgeteilt werden, wenn sie 1.000 € monatlich oder 3.000 € im Kalenderjahr übersteigen; sie werden auf Euro und Cent genau veröffentlicht (§ 45 Abs. 2, § 47 AbgG). Die frühere Veröffentlichung in zehn Einkommensstufen (1.000-3.500 € bis über 250.000 €) ist entfallen.[148]

146 So BVerfGE 80, 188, 224 – Wüppesahl; siehe dagegen § 57 Abs. 1 Satz 2 GOBT: „Jedes Mitglied des Bundestages **soll** grundsätzlich einem Ausschuss angehören."

147 Wiederum BVerfGE 80, 188, 224 f.

148 Deutscher Bundestag, Transparenzregeln für Abgeordnete sollen verschärft werden, https://www.bundestag.de/dokumente/textarchiv/2021/kw16-de-abgeordnetengesetz-834856, zuletzt abgerufen am 30.6.2025; Deutscher Bundestag, Ausführungsbestimmungen zu den Vorschriften des Zehnten und Elften Abschnitts des Abgeordnetengesetzes vom 12. Mai 2022, https://www.bundestag.de/parlament/aufgaben/rechtsgrundlagen/ausfuehrungsbestimmungen-abgeordnetengesetz-894090, zuletzt abgerufen am 30.6.2025.

**Merke:**
Der Gesetzgeber hat die Transparenzregeln mit dem Gesetz zur Änderung des Abgeordnetengesetzes vom 8.10.2021 (BGBl. I S. 4650) grundlegend neu gefasst; seit 19.10.2021 sind die Verhaltensregeln Teil des Abgeordnetengesetzes. Die Ausführungsbestimmungen des Ältestenrates vom 12.5.2022 konkretisieren die Schwellenwerte und die Veröffentlichung auf Euro und Cent genau.

#### 2.2.5.3 Immunität und Indemnität

Zur Sicherung der freien politischen Auseinandersetzung und zum Schutz vor ungerechtfertigter staatlicher Verfolgung genießen Abgeordnete das Recht der **Indemnität** (Art. 46 Abs. 1 GG) und das der **Immunität** (Art. 46 Abs. 2 GG).

***Beispielfall 14:***
***Ausgangsfall***
*Im Rahmen einer Bundestagsdebatte um ein großes Rüstungsvorhaben äußert der Abgeordnete A, der als Kenner der Szene gilt, massive Zweifel an der Fähigkeit des Rüstungsunternehmens R, die technischen Schwierigkeiten mit dem für R überlebenswichtigen Rüstungsprojekt, dem Hubschrauber BE 100, in den Griff zu bekommen: „BE steht wohl für ‚Bleierne Ente', und die 100 für 100 Tonnen von dem Blei!". A ist von der Berechtigung seiner Zweifel zutiefst überzeugt; tatsächlich unterliegt das Projekt aber nur einer Entwicklungsverzögerung, wie sie bei Projekten dieser Art üblich ist. Gleichwohl bricht der Börsenkurs des Unternehmens, nachdem die 20 Uhr-Nachrichten die Redepassage des A übertragen hatte, massiv ein, und verschiedene Kleinaktionäre verlieren ihr sauer Erspartes, dem sie mittelbar mit dem BE 100 Flügel verleihen wollten.*

*Kleinsparer K will seine Verluste bei A einklagen. Mit Erfolg?*

***Fortsetzung***
*Der Abgeordnete B hat infolge von Verlusten durch Spekulation mit Aktien der Rüstungsfirma R seinerseits Geldsorgen. Er entwendet seinem pazifistisch erzogenen Neffen N dessen echt aussehende Spielzeugpistole (Vergehen nach §§ 242, 248a StGB – Diebstahl geringwertiger Sachen) und schnippelt in eine Werbe-Pudelmütze des Deutschen Bundestages (Aufschrift: „Für Ihren Kopf vom Bundestag!") zwei Sehschlitze. Dann lässt er sich vom Fahrdienst der Deutschen Bundestages in die Nähe einer Filiale der Berliner Bank bringen, zieht die Mütze über den Kopf und die Pistole aus der Tasche, um dann in der Bank auf unkonventionelle Art Geld abzuheben (Verbrechen nach §§ 249, 250 StGB oder §§ 253, 255, 250 StGB – schwerer Raub oder schwere räuberische Erpressung). Zwei Tage später findet ein Raumpfleger im Mülleimer von B's Bundestagsbüro die Mütze und die Pistole, und wendet sich an die Strafverfolgungsbehörden. N's Eltern*

*sind zwar froh, das „schreckliche Ding" los zu sein, stellen aber gleichwohl Strafantrag wegen der geklauten Pistole.*

*Was muss die Staatsanwaltschaft tun, um den nunmehr dringend tatverdächtigen B wegen der o. a. Taten verhaften zu können?*

### 2.2.5.3.1 Indemnität

Mit der Indemnität ist der Abgeordnete von jeder rechtlichen Verantwortlichkeit für **Äußerungen** im Bundestag, in regulären Sitzungen, in Ausschüssen und in der Fraktion, freigestellt.[149] Er kann für entsprechende Äußerungen nicht bestraft werden, nicht zivilrechtlich oder disziplinarrechtlich an Anspruch genommen werden. Äußerungen, die vom Abgeordneten außerhalb des parlamentarischen Raums getätigt werden, unterfallen nicht der Indemnität; die Verfolgung kann aber in strafrechtlicher Hinsicht durch den Grundsatz der Immunität gehindert werden. Wann eine Äußerung im parlamentarischen Raum oder öffentlich einzustufen ist, ist im Einzelfall zu klären. Wird der Presse eine im Parlament gefallene Äußerung (nachgewiesen durch schriftliche Anfragen u. Ä.) nachträglich zugetragen und berichtet diese, gilt die Äußerung als im parlamentarischen Raum gefallen. Wenn der Abgeordnete sich zunächst gegenüber der Presse und anschließend im Bundestag äußert, kann er für die zunächst der Presse gegenüber erfolgte Kundgabe belangt werden.

Ausgenommen von der Indemnität sind, so der Wortlaut des Art. 46 Abs. 1 Satz 2 GG, „verleumderische Beleidigungen". Dies bezeichnet nach dem Text des StGB in der Fassung vor der Strafrechtsreform von 1975 den heutigen Verleumdungstatbestand (§ 187 StGB), zugleich den Tatbestand des § 103 Abs. 1 Alt. 2 StGB (Verleumderische Beleidigung von Organen oder Vertretern ausländischer Staaten) und § 188 Abs. 2 StGB (Verleumdung gegenüber Personen des politischen Lebens).[150] Voraussetzung ist, dass wider besseres Wissen in Beziehung auf einen anderen eine unwahre Tatsache behauptet oder verbreitet wird, welche denselben verächtlich zu machen oder in der öffentlichen Meinung herabzuwürdigen oder dessen Kredit zu gefährden geeignet ist. Demnach von der Indemnität erfasst sind (Formal-)Beleidigungen i. S. d. § 185 StGB.

***Beispiel:***

*Am 30.1.2025 hob der Bundestag die Immunität der Abgeordneten Martin Sichert (AfD) und Friedhelm Boginski (FDP) einstimmig auf, um staatsanwaltschaftliche Ermittlungen zu ermöglichen. Die Entscheidung erfolgte wiederum nach den zu Beginn jeder Wahlperiode übernommenen Grundsätzen der Anlage 6 GOBT.*[151]

149 *Magiera* in Sachs, Grundgesetz-Kommentar, Art. 46 GG Rn.4.

150 Aufgehoben durch das Gesetz zur Reform der Straftaten gegen ausländische Staaten vom 17.7.2017 (BGBl. I S. 2439) mit Wirkung vom 1.1.2018; Anlass war die Strafanzeige des türkischen Staatspräsidenten Erdogan aufgrund des sogenannten „Schmähgedichts" des deutschen Satirikers Böhmermann.

151 Deutscher Bundestag, Immunität von Martin Sichert und Friedhelm Boginski aufgehoben, https://www.bundestag.de/dokumente/textarchiv/2025/kw05-de-immunitaet-1042596, zuletzt abgerufen am 23.6.2025.

*Das Beispiel zeigt, dass der Bundestag das verfassungsrechtliche Privileg regelmäßig einschränkt, wenn kein Zusammenhang zur Mandatsausübung besteht und damit die Funktionsfähigkeit des Parlaments nicht gefährdet ist.*

**Merke:**
*„Mit Verlaub, Herr Präsident, Sie sind ein Arschloch!"* Der berühmte Ausspruch des Grünen-Abgeordneten und späteren Bundesaußenministers Joschka Fischer von 1984 gegenüber Bundestagsvizepräsident Richard Stücklen, nachdem dieser den Abgeordneten Jürgen Reents ausgeschlossen hatte, weil er Bundeskanzler Helmut Kohl als „von Flick freigekauft" bezeichnete, war zwar Formalbeleidigung i. S. d. § 185 StGB. Sie hätte aber, selbst wenn Stücklen dies gewollt hätte, wegen des Grundsatzes der Indemnität nicht verfolgt werden können. Richard Stücklen war im Übrigen CSU-Abgeordneter.

Eine Verfolgung ist auch nach Ende des Mandates nicht möglich. Art. 46 Abs. 1 Satz 1 GG sagt insoweit, der Abgeordnete dürfe ***„zu keiner Zeit"*** verfolgt werden. Der Abgeordnete kann auf die Indemnität nicht verzichten; auch kann der Bundestag sie nicht aufheben.[152] Nicht geschützt ist der Abgeordnete gegen parlamentarische Ordnungsmaßnahmen wegen solcher Äußerungen, etwa einen Sitzungsausschluss.

***Lösung zu Beispielfall 14 – Ausgangsfall:***
*Ob auch bei Vorliegen einer Verleumdung des A gegenüber R eine privatrechtliche Verfolgung durch K möglich gewesen wäre, ist zweifelhaft. Jedenfalls war A von der Richtigkeit seiner Einschätzung überzeugt, so dass eine Verleumdung ausscheidet. Somit kommt eine Inanspruchnahme des A durch K wegen der erlittenen Verluste unter keinen Umständen in Betracht.*

### 2.2.5.3.2 Immunität

Die Immunität nach Art. 46 Abs. 2 GG schützt den Abgeordneten schlechthin vor **Strafverfolgung** wegen jedes begangenen Delikts, gleich ob im Bundestag oder im öffentlichen Raum. Sie schützt dagegen nicht vor zivilrechtlichen Ansprüchen wegen eines Delikts. Die Immunität gewährt nicht Straffreiheit; sie ist ein reines Strafverfolgungshindernis. Dieses Strafverfolgungshindernis endet in jedem Fall mit dem Ende des Mandats. Zudem kann die Immunität auf Antrag durch den Bundestag als Ganzem (bei schweren Delikten) aufgehoben werden, bzw. durch den Immunitätsausschuss bei leichteren Delikten. Letzterer erlässt in diesen Fällen Vorentscheidungen, die – was rechtlich umstritten ist – als Bundestagsbeschluss gelten. Selbst verzichten kann der Abgeordnete auf die Immunität nicht.[153]

152 Wiederum *Magiera* in Sachs, Grundgesetz-Kommentar, Art. 46 GG Rn.4.
153 BVerfGE 104, 310, 326 f.

Die Immunität wird nur bezogen auf das einzelne potenziell begangene Delikt aufgehoben, wegen anderer evtl. möglicher Straftaten besteht sie bis zur Aufhebung für diese Tat fort.[154]

Sogenannte „mitgebrachte" Straftaten, also Taten, die vor Beginn des Mandats begangen wurden, können während der Mandatszeit nicht verfolgt werden. Allerdings ruht für diese Zeit, wie für alle in der Mandatszeit begangenen Taten, die Verfolgungs- und Vollstreckungsverjährung.

Nicht ausgeschlossen ist nach jetziger Praxis, dass die Strafverfolgungsbehörden ermitteln; für Ermittlungsverfahren erteilt der Bundestag zu Beginn jeder Legislaturperiode eine generelle Genehmigung.[155] Die Strafverfolgungsbehörden müssen den Bundestagspräsidenten aber von der Einleitung von Ermittlungen in Kenntnis setzen. Ohne Genehmigung des Bundestags kann der Abgeordnete gem. Art. 46 Abs. 2 GG verhaftet und verfolgt werden, wenn er bei Begehung der Tat **(„in flagranti")** oder im Laufe des folgenden Tages (bis 0:00 Uhr) festgenommen wird. Auch in solchen Fällen aber ist die anschließende Vollstreckung einer Freiheitsstrafe genehmigungsbedürftig.[156]

***Lösung zu Beispielfall 14 – Fortsetzung:***
*Da seit der Tat des B jedenfalls mehr als zwei Tage vergangen sind, kann die Verhaftung des B nur nach Genehmigung durch den Bundestag, also nach Aufhebung der Immunität für die begangene Tat des Raubes erfolgen; die Entscheidung müsste im Zweifel wegen der Schwere der Tat durch das Plenum ergehen. Die Verfolgung wegen des Entwendens der Spielzeugpistole würde für sich genommen allein aufgrund einer Entscheidung des Immunitätsausschusses erfolgen können – wenn dieser für eine solche Bagatellstraftat die Immunität aufzuheben bereit ist. Ist er es nicht, würde über die Mandatszeit aber keine Verjährung eintreten können, so dass die Verfolgung nach Ende des Mandates einsetzen könnte.*

**Merke:**
Nachdem der Grünen-Abgeordnete *Volker Beck* Anfang des Jahres 2016 offenbar mit illegalen Drogen durch die Polizei aufgegriffen worden war, hatte der amtierende Bundestagspräsident *Lammert* vorgeschlagen, die Regelung nach § 46 Abs. 2 GG dergestalt zu verändern, dass Abgeordnete bei Verdacht von Straftaten grds. verfolgt werden dürfen, es sei denn, der Bundestag spricht ihnen Immunität zu. „*Immunität wird in der Öffentlichkeit häufig als Privileg der Abgeordneten angesehen, ist in Wirklichkeit aber eher eine Belastung, da ein Immunitätsverfahren immer mit erheblicher Publizität verbunden ist, die schnell auch den Charakter einer Vorverurteilung annehmen kann.*"[157]

---

154 *Ipsen*, Staatsrecht I, Rn. 310.
155 Zu dieser umstrittenen Praxis *Magiera* in Sachs, Grundgesetz-Kommentar, Art. 46 GG Rn. 20.
156 *Magiera* in Sachs, Grundgesetz-Kommentar, Art. 46 GG Rn. 17 f.
157 So *Lammert*, zitiert nach http://www.zeit.de/politik/deutschland/2016-03/immunitaet-bundestag-norbert-lammert-fuer-abschaffung, zuletzt abgerufen am 18.6.2021.

Eine solche Regelung ist bereits in der brandenburgischen Verfassung enthalten (Art. 58 LVerf BB: *„Jede Strafverfolgungsmaßnahme gegen einen Abgeordneten, jede Haft und jede sonstige Beschränkung seiner persönlichen Freiheit sind auf Verlangen des Landtages auszusetzen, wenn durch sie die parlamentarische Arbeit des Landtages beeinträchtigt wird"*). Hierfür spricht, dass in der heutigen Zeit nicht mehr zu erwarten ist, dass staatliche Stellen willkürliche und nicht rechtsstaatlich motivierte Strafverfolgungsmaßnahmen gegen Bundestagsabgeordnete anstrengen, um diese „auszuschalten" oder in ihrer Reputation zu schädigen. Eine Entscheidung über eine derartige Verfassungsänderung steht aus.

***Praxisbeispiel:***
*Der Bundestag hat einem Abgeordneten der AfD die Immunität entzogen. Am 10.10.2024 genehmigte das Plenum auf Empfehlung des Ausschusses für Wahlprüfung, Immunität und Geschäftsordnung die Aufnahme strafrechtlicher Ermittlungen gegen den Abgeordneten Stephan Brandner. Hintergrund war eine Strafanzeige der Spiegel-Journalistin Ann-Kathrin Müller, die Brandner mehrfach öffentlich als „Faschistin" bezeichnet hatte. Mit dem Beschluss konnte die Staatsanwaltschaft Gera wegen Beleidigung und Anstiftung zur Beleidigung ermitteln. Die AfD-Fraktion enthielt sich, alle übrigen Fraktionen stimmten zu, sodass die zur Aufhebung erforderliche Mehrheit erreicht wurde.*[158]

### 2.2.5.4 Abgeordnetenentschädigung

Für seine Tätigkeit hat der Abgeordnete Anspruch auf eine angemessene Entschädigung, sog. „Diäten" (nicht weil sie so knapp bemessen ist, sondern von lat. „dies" = der Tag, abgeleitet von den früheren Tagegeldern für die Teilnahme an einzelnen Sitzungstagen).

Seit dem 1.7.2024 beträgt die monatliche Grundentschädigung der Mitglieder des Deutschen Bundestages 11.227,20 €. Zum 1.7.2025 steigt sie infolge der gesetzlichen Indexierung um 5,4 % auf 11.833,47 €. Die steuerfreie Kostenpauschale wurde zum 1.1.2025 auf 5.349,58 € angehoben. Für die Beschäftigung von Mitarbeitern stehen den Abgeordneten seit dem 1.3.2024 monatlich 25.874 € (Arbeitnehmerbrutto) zur Verfügung.

158 LTO, Bundestag hebt Immunität von Stephan Brandner auf, 11.10.2024, https://www.lto.de/recht/nachrichten/n/bundestag-hebt-immunitaet-von-afd-abgeordnetem-stephan-brandner-auf, zuletzt abgerufen am 24.6.2025.

Die Beträge werden nach § 11 Abs. 3 und 4 Abgeordnetengesetz jährlich zum 1. Juli an die Entwicklung des Nominallohnindex angepasst.[159] Dadurch steigen sowohl die Grundentschädigung als auch die steuerfreie Kosten- und Mitarbeiterpauschale kontinuierlich, um die Unabhängigkeit der Mandatsausübung und die Deckung realer Lebenshaltungs- und Personalkosten sicherzustellen.

Daneben stehen dem Abgeordneten alle **Verkehrsmittel** der Deutsche Bahn AG zur Benutzung frei („Bahncard 100" – die Schwarze!); gem. § 16 Abs. 1 AbgG werden im Inland auch sonstige Fahrt- und Flugkosten, die in Ausübung des Mandates entstehen, ersetzt.

## 2.3 Republikprinzip

Dass das deutsche Staatsgefüge Republik ist, ergibt sich aus der der Wendung in Art. 20 Abs. 1 GG: *„Die Bundes**republik** Deutschland…"*; die reine Nennung des Staatsnamens hat damit zugleich eine konstitutive, also rechtlich bestimmende Bedeutung.[160] Der Republikbegriff wird hergeleitet aus dem lateinischen „res publica" (= „Sache des Volkes").

Zentrale Aussage des **Republikprinzips** ist, dass das Staatsvolk die höchste Gewalt im Staat und damit der eigentliche Ausgangspunkt staatlicher Legitimität ist. Insoweit wird die Aussage in Art. 20 Abs. 2 Satz 1 GG: „Alle Staatsgewalt geht vom Volke aus" bestätigt. Verbunden mit der Entscheidung für die Republik ist der generelle Ausschluss monarchischer Herrschaft. Damit ist ein durch Erbfolge bestimmtes Staatsoberhaupt unzulässig.[161] In der Folge sind zugleich Formen der parlamentarischen oder konstitutionellen Monarchie ausgeschlossen,[162] etwa nach britischem Vorbild.

***Beispielfall 15:***
*Um dem Wunsch des deutschen Volkes nach König- und Kaisertum nachzugeben, wird erwogen, durch Grundgesetzänderung bei Belassung aller Regelungen im Übrigen (Wahlverfahren, Amtszeit, Wiederwahlmöglichkeiten usw.) das Staatsoberhaupt zukünftig in der ersten Amtsperiode als „König", in der einmal im Anschluss möglichen zweiten Amtsperiode als „Kaiser" zu bezeichnen.*

*Liegt ein Verstoß gegen das Republikprinzip vor?*

159 Die Koalitionsfraktionen CDU/CSU und SPD wollen in diesem Jahr aufgrund der angespannten Haushaltslage auf die vorgesehene Diätenerhöhung für die Abgeordneten um 4,2 % von bisher 11.833,47 Euro auf 12.330,48 Euro monatlich verzichten. Der Bundestag hat sich am Donnerstag, 11.6.2026, erstmals mit dem Gesetzentwurf von CDU/CSU und SPD ‚zur Abweichung von dem Anpassungsverfahren gemäß Paragraf 11 Absatz 4 des Abgeordnetengesetzes für das Jahr 2026' (Anpassungsverfahrensabweichungsgesetz 2026, 21/6330) befasst. Im Anschluss an die erste Lesung wurde der Gesetzentwurf zur weiteren Beratung an den federführenden Ausschuss für Wahlprüfung, Immunität und Geschäftsordnung überwiesen (Deutscher Bundestag, https://www.bundestag.de/dokumente/textarchiv/2026/kw24-de-abgeordnetengesetz-1183830, abgerufen am 21.6.2026).

160 In diesem Sinne statt vieler auch *Grzeszick* im DHS, Grundgesetz-Kommentar, Art. 20 GG Rn. 4.

161 Vgl. insoweit *Huster/Rux* in BeckOK GG Art. 20 GG Rn. 201.

162 In diesem Sinne wohl auch *Sachs* in Sachs, Grundgesetz-Kommentar, Art. 20 GG Rn. 9.

Wenn das Grundgesetz durch die Festlegung auf das Republikprinzip jede Form monarchischer Herrschaft verbietet, muss aber auch die Verwendung entsprechender Bezeichnungen als unzulässig angesehen werden, die symbolhaft für eine monarchische Herrschaft stehen.

***Lösung zu Beispielfall 15:***
*Entsprechend den vorherigen Ausführungen wäre damit auch eine Bezeichnung eines demokratisch auf Zeit gewählten Staatsoberhauptes als „König" oder „Kaiser" nicht mit dem Republikprinzip vereinbar.*

**Merke:**
Zugespitzt bedeutet das jedenfalls aus Sicht des Republikprinzips zugleich, dass wir – in der Sache schon wegen der damit verbundenen Lächerlichkeit (fast) unvorstellbar – unser Staatsoberhaupt etwa „Wuppdich" (oder auch „Bundeswuppdich"), aber niemals „König" nennen dürften.

Zugleich wird – und dies macht die Überschneidung und die schwierige Trennbarkeit gegenüber anderen Verfassungsprinzipien (etwa dem Demokratieprinzip) deutlich – jede Form einer die **Volkssouveränität** gefährdenden **despotischen Herrschaft** ausgeschlossen.

## 2.4 Rechtsstaatsprinzip

Das **Rechtsstaatsprinzip** wird in Art. 20 GG, insbesondere in Absatz 2 und 3, umschrieben. Seine ausdrückliche Erwähnung findet es in Art. 28 Abs. 1 Satz 1 GG in der Beschreibung des Homogenitätsprinzips: *„Die verfassungsmäßige Ordnung in den Ländern muss den Grundsätzen des republikanischen, demokratischen und sozialen* ***Rechtsstaates*** *im Sinne dieses Grundgesetzes entsprechen."*

Das Rechtsstaatsprinzip bietet – wie auch das Republikprinzip – zahlreiche Überschneidungen zu anderen Verfassungsprinzipien. Zugleich enthält es verschiedene Facetten, die jeweils für sich prägend für das Staatssystem der Bundesrepublik sind, insbesondere

- das Gewaltenteilungsprinzip,
- der Grundsatz des Vorbehalts des Gesetzes,
- der Grundsatz des Vorrangs des Gesetzes,
- der Bestimmtheitsgrundsatz,
- das Vertrauensschutzprinzip,
- der Grundsatz der Verhältnismäßigkeit und
- die Rechtsschutzgarantie.

### 2.4.1 Gewaltenteilungsprinzip

Das **Gewaltenteilungsprinzip** wird insbesondere in Art. 20 Abs. 2 Satz 2 GG („Sie [die Staatsgewalt] wird [...] durch besondere Organe der Gesetzgebung, der vollziehenden Gewalt und der Rechtsprechung ausgeübt") beschrieben und in Art. 20 Abs. 3 GG („Die Gesetzgebung ist an die verfassungsmäßige Ordnung, die vollziehende Gewalt und die Rechtsprechung sind an Gesetz und Recht gebunden") vorausgesetzt. Die Gewaltenteilung grenzt bspw. die umfassende Herrschaft eines Monarchen oder Despoten (Rechtssetzung, Gesetzesausführung und Gerichtsbarkeit in der Gestalt des Alleinherrschers als „Alles-aus-einer-Hand-Lösung") von den demokratischen Strukturen eines Rechtsstaats ab.

> **Merke:**
> Die Idee der Gewaltenteilung geht auf die Gedanken der Aufklärung zurück, vor allem auf die Schriften von John Locke (1632–1704) und Montesquieu[163] (1689–1755). So heißt es in Montesquieus Schrift „Vom Geiste der Gesetze" („De L'Esprit des Loix") aus dem Jahr 1748: *„Alles wäre verloren, wenn ein und derselbe Mann beziehungsweise die gleiche Körperschaft entweder der Mächtigsten oder der Adligen oder des Volkes folgende drei Machtvollkommenheiten ausübte: Gesetze erlassen, öffentliche Beschlüsse in die Tat umsetzen, Verbrechen und private Streitfälle aburteilen."*

Grundgedanke der Gewaltenteilung ist das Prinzip der gegenseitigen **Kontrolle** bzw. Hemmung und des gegenseitigen **Ausgleichs** der **Staatsgewalten** („checks and balances").[164]

#### 2.4.1.1 Formen der Gewaltenteilung

Gewaltenteilung existiert in verschiedenen Ausprägungen. Sozusagen die Grundform der Gewaltenteilung ist diejenige, die Art. 20 Abs. 2 GG zum Ausdruck bringt: das Neben- (und Gegen-)einander von rechtssetzender Gewalt **(„Legislative")**, ausführender oder vollziehender Gewalt **(„Exekutive")** und rechtsprechender Gewalt **(„Judikative")**. Die rechtssetzende Gewalt – der parlamentarische Gesetzgeber – erlässt die Gesetze. Deren Ausführung obliegt der Exekutive. Dabei wird als „Exekutive" im Sinne einer Negativdefinition jede staatliche Tätigkeit angesehen, die nicht Rechtsetzung oder Rechtsprechung ist. Rechtsetzung und Rechtsausführung werden ihrerseits durch die Rechtsprechung kontrolliert, die wiederum nur im Rahmen der Gesetze agieren darf. Insoweit wird auch von **„Horizontaler Gewaltenteilung"** gesprochen.

Von **„Vertikaler Gewaltenteilung"** ist die Rede, wenn zwischen unterschiedlichen staatlichen Ebenen unterschieden wird; im politischen System der Bundesrepublik

163 Charles de Secondat, Baron de Montesquieu, bekannt unter dem Namen „Montesquieu".
164 *Degenhart*, Staatsrecht I, Rn. 297.

Deutschland betrifft dies insbesondere die föderale Struktur. Hier werden sowohl Aufgaben der Legislative, Exekutive und Judikative kompetenziell eigenverantwortlich zum einen den einzelnen Bundesländern, zum anderen der Bundesebene zugewiesen.

Ein Ausdruck Vertikaler Gewaltenteilung ist es auch, dass die Bundesländer am Erlass ausnahmslos jedes Bundesgesetzes beteiligt sind, wenn auch die Einflussmöglichkeiten je nachdem, ob es sich um ein Einspruchs- oder ein Zustimmungsgesetz handelt, unterschiedlich ausgeprägt sind.

#### 2.4.1.2 Durchbrechungen

Die Gewaltenteilung ist der Grundsatz, der aber an verschiedenen Stellen **Durchbrechungen** und Modifikationen erfährt, die häufig sinnvoll, ggf. aber zu rechtfertigen sind.

Der Gesetzgeber ist zum Erlass abstrakt-genereller Vorschriften befugt, die von der Exekutive auszuführen sind. Bei einem besonderen Bedürfnis kann aber auch eine konkret einzelfallbezogene Entscheidung Gegenstand von Gesetzen sein. Dies geschieht in Ausnahmefällen im **Planungsrecht**[165] oder im Falle der **Legislativenteignung**[166], also der Enteignung von Eigentumsgegenständen zugunsten der Allgemeinheit, unmittelbar durch Gesetz anstelle der **Administrativenteignung**, also durch Einzelentscheidung der zuständigen Verwaltungsbehörde. Gerechtfertigt werden derartige Übergriffe in den Bereich des Verwaltungshandelns regelmäßig mit der besonderen Eilbedürftigkeit der jeweiligen Maßnahme.

Auch ist die Regierung in Bund oder Land als Spitze der Exekutive zumeist mit Mitgliedern des Parlaments als zentralem Organ der Gesetzgebung besetzt (in Nordrhein-Westfalen bezüglich des Ministerpräsidenten/der Ministerpräsidentin gem. § 52 Abs. 1 LVerf NRW zwingend: „*Der Landtag wählt aus seiner Mitte in geheimer Wahl ohne Aussprache den Ministerpräsidenten mit mehr als der Hälfte der gesetzlichen Zahl seiner Mitglieder*“). Zugleich hat die Bundesregierung gem. Art. 76 Abs. 1 GG ein Gesetzesinitiativrecht und ist gem. Art. 82 Abs. 1 GG am Abschluss des Gesetzgebungsverfahrens beteiligt.

Eine weitere Durchbrechung besteht darin, dass die Exekutive, auf Bundesebene die Bundesregierung, einzelne Minister oder auch Landesregierungen, unter den Voraussetzungen des Art. 80 GG durch den Gesetzgeber zur Rechtssetzung, also zum Erlass von abstrakt-generellen Normen, dies in Form von **Rechtsverordnungen**[167], befugt werden kann. Sinn dieser Delegation – also der Übertragung der Rechtsetzungszuständigkeit – ist es, den fachnahen Sachverstand der Ministerien für die Ausgestaltung bspw. von technischen Vorschriften zu nutzen und so den parlamentarischen Gesetzgeber zu entlasten sowie eine schnellere Abänderbarkeit derartiger Vorschriften ohne ein aufwändiges Gesetzgebungs- bzw. -änderungsverfahren zu ermöglichen.

Die Gerichte sind zur Kontrolle der Legislative und der Exekutive berufen. Im Falle der Kontrolle der Exekutive handelt es sich regelmäßig um eine nachlaufende Kontrolle,

165 Vgl. BVerfGE 95, 1 ff. – Investitionsmaßnahmegesetz.
166 Vgl. BVerfGE 24, 367 ff. – Hamburger Deichordnungsgesetz.
167 Zur Gesetzesqualität von Rechtsverordnungen siehe Kap. 2.4.2.1; zur Einordnung von Rechtsverordnungen in der Normenhierarchie siehe unten Kap. 2.4.2.2.

also eine Überprüfung ergangener Entscheidungen; ausnahmsweise ist das Gericht aber auch im Rahmen der sog. „vorbeugenden Unterlassungsklage“ befugt, der Verwaltungsbehörde ein bestimmtes zukünftiges Handeln zu untersagen. Diese Übergriffe in den Bereich der Exekutive verlangen eine strenge Rechtfertigung, insbesondere dann, wenn andernfalls der effektive Rechtsschutz für den Bürger eingeschränkt wäre. Ein weiterer Durchbrechungstatbestand ist die sog. „richterliche Rechtsfortbildung“, bei der in engen Grenzen Ergänzungen und Weiterführungen des geschriebenen Rechts zulässig sein können.[168]

### 2.4.2 Exkurs: Gesetzesbegriffe und Normenhierarchie

Insbesondere im Folgenden wird häufig auf das „Gesetz“ abgestellt; damit liegt es nahe, sich zunächst Klarheit über den Begriff des Gesetzes und über die Rangordnung von Normen, die sog. „Normenhierarchie“, zu verschaffen.

#### 2.4.2.1 Gesetzesbegriffe

Der Begriff „Gesetz“ ist nicht eindeutig. Es werden verschiedene Gesetzesbegriffe unterschieden, die sich aber auch partiell überschneiden. Der Duden definiert „Gesetz“ als *„eine vom Staat festgesetzte, rechtlich bindende Vorschrift“*[169]. Der Begriff „Rechtsnorm“ wird teilweise synonym verwendet, teilweise reicht das Verständnis des Begriffs „Rechtsnorm“ aber auch weiter, wenn bspw. auf das Merkmal der Außenwirkung verzichtet wird.

Bezüglich des Begriffs „Gesetz“ wird insbesondere unterschieden zwischen dem **Gesetz** im **materiellen** und im **formellen** Sinn. Ein Gesetz im materiellen Sinn ist jede abstrakt-generelle Regelung, die mit dem Anspruch auf Außenwirkung menschliches Verhalten ordnet. „Abstrakt-generell“ bedeutet, dass eine Vielzahl von Sachverhalten für eine Vielzahl von Personen geregelt wird, nicht nur ein einzelner Lebenssachverhalt bezogen auf eine bestimmte Person (konkret-individuell).

Ein Gesetz im formellen Sinne ist jede Regelung, die in einem formellen, in der Verfassung niedergelegten Gesetzgebungsverfahren zustandegekommen ist. Insoweit sind die Begriffe des **„Parlamentsgesetzes“** und des formellen Gesetzes gleichzusetzen. Ob es sich hierbei um eine gesetzliche Bestimmung der Verfassung oder um eine des einfachen, d. h. nicht der Verfassung angehörigen Rechts handelt, macht für den Begriff des formellen Gesetzes keinen Unterschied.

Gesetze im **formellen** Sinne sind in der weit überwiegenden Zahl auch zugleich materielle Gesetze. Eine Ausnahme bildet das Haushaltsgesetz gem. Art. 110 Abs. 2 Satz 1 GG, durch das lediglich der als Anlage beigefügte Haushaltsplan für die betreffende Haushaltsperiode (zumeist ein Jahr) mit einer Gesamtsumme von Einnahmen und Ausgaben festgestellt wird. Das Haushaltsgesetz wird im förmlichen Gesetzgebungsverfahren erlassen, enthält aber keine materiellen Regelungen, die allein dem Haus-

168 Näher *Gröpl*, Staatsrecht I Rn. 908.
169 Vgl. Duden, Universalwörterbuch, Stichworteintrag: „Gesetz“.

haltsplan vorbehalten sind. Auch Zustimmungsgesetze zu völkerrechtlichen Verträgen gem. Art. 59 Abs. 2 GG sind lediglich formelle und nicht zugleich materielle Gesetze.[170]

Dagegen existieren **materielle Gesetze**, die nicht zugleich formelle Gesetze sind. So stellen Rechtsverordnungen, auf Bundesebene erlassen auf Grundlage des Art. 80 GG, zwar materielle Gesetze dar. Sie sind aber – aufgrund Delegation, also Übertragung der Rechtssetzungsbefugnis durch den Gesetzgeber auf die Exekutive – nicht zugleich formelle Gesetze, da sie nicht im parlamentarischen Gesetzgebungsverfahren nach Art. 76 ff. GG zustande gekommen sind.

***Beispiel:***
*Die Straßenverkehrsordnung als Rechtsverordnung beinhaltet die wichtigsten materiellen Regeln für den Straßenverkehr; sie basiert auf dem (formellen) Straßenverkehrsgesetz, das in § 6 StVG die Delegation vornehmlich zugunsten des Bundesverkehrsministeriums enthält.*

**Merke:**
Rechtsverordnungen können „Verordnung" oder „Ordnung" heißen, aber nicht jede Rechtsvorschrift, die „Ordnung" heißt, ist eine Rechtsverordnung. So führen verschiedene ältere (formelle) Gesetze die Bezeichnung „Ordnung", obgleich sie formelles Gesetz sind, so die Gewerbeordnung, die Handwerksordnung (Volltitel: „Gesetz zur Ordnung des Handwerks – Handwerksordnung"), aber auch die Zivilprozess-, Strafprozessordnung. Neuere Prozessordnungen tragen dagegen ihre Rechtsqualität im Namen, so das Arbeitsgerichtsgesetz oder das Sozialgerichtsgesetz. Besteht Unsicherheit, ob eine „Ordnung" Rechtsverordnung oder Gesetz ist, hilft der Blick ins Bundesgesetzblatt. Dort ist für eine Rechtsverordnung stets eingangs die ermächtigende Norm in einem formellen Gesetz zitiert.

Eine weitere Kategorie materieller Gesetze, die nicht zugleich formelle Gesetze sind, sind öffentlich-rechtliche Satzungen. Diese werden im Rahmen der **Satzungsautonomie** von juristischen Personen des öffentlichen Rechts für ihren jeweiligen Bereich erlassen. So steht den Kommunen als Selbstverwaltungskörperschaften das Recht zu, die eigenen Angelegenheiten durch Satzung zu regeln. Satzungen werden zwar nach einem gesetzlich festgelegten Verfahren erlassen, nicht aber aufgrund eines verfassungsrechtlich niedergelegten Verfahrens, was – wie zuvor ausgeführt – formellen (Parlaments-)Gesetzen vorbehalten ist. Ausgehend vom Begriff des formellen Gesetzes handelt es sich bei Rechtsverordnungen und Satzung um sog. „untergesetzliches Recht".

Legt man die oben angeführten Begriffe zugrunde, wird zugleich deutlich, dass ein „Gesetz" nicht nur das Gesamtwerk, also etwa das Bürgerliche Gesetzbuch (BGB), das Strafgesetzbuch (StGB), das Baugesetzbuch (BauGB) oder – auf Ebene der Rechtsverordnungen als „nur" materiellem Gesetz – die StVO als Ganzes ist. „Gesetz" ist auch

170 Vgl. *Gröpl*, Staatsrecht I, Rn. 438.

die einzelne Rechtsnorm, da auch die einzelne Vorschrift eine abstrakt-generelle Regelung mit dem Anspruch auf Außenwirkung ist. Ebenso ist ein **Änderungsgesetz** zu einem existierenden Gesetz stets selbst „vollwertiges" Gesetz, da es eine Willensäußerung des parlamentarischen Gesetzgebers zur Schaffung einer neuen Vorschrift, eines neuen Gesetzes ist.

Keinen Gesetzescharakter haben reine Innenrechtssätze, also solche abstrakt-generellen Regelungen, die nur innerhalb der Verwaltung gelten und keine unmittelbare Außenwirkung besitzen. Hier sind in erster Linie **Verwaltungsvorschriften** zu nennen, die innerhalb der Verwaltung die gleichmäßige Rechtsanwendung bezogen auf Gesetze sicherstellen sollen.

***Beispiel:***
*Das Polizeigesetz NRW (PolG NRW) ist formelles Landesgesetz, das die Polizeibehörden zu Eingriffen bei Verstößen gegen die öffentliche Sicherheit und Ordnung ermächtigt. Zum Polizeigesetz existiert eine umfangreiche Verwaltungsvorschrift (VVPolG NRW), die die gesetzlichen Begriffe erläutert und so als Auslegungshilfe für die Rechtsanwender dient.*

### 2.4.2.2 Normenhierarchie

Der Begriff der **Normenhierarchie** verweist darauf, welche Rangordnung zwischen unterschiedlichen Rechtsnormen besteht. Hier sind zum einen die Herkunft der Norm (Europarecht, Bundesrecht, Landesrecht) und zum anderen die Rechtsqualität (Verfassungsrecht, einfaches Recht, untergesetzliches Recht) von Bedeutung. Im Verhältnis zum Europarecht wird nationales Recht – soweit das europäische Recht die betreffenden Sachverhalte betrifft – verdrängt. Für nationale Sachverhalte gilt im Verhältnis „Bundesrecht zu Landesrecht" im Wesentlichen Art. 31 GG (*„Bundesrecht bricht Landesrecht"*), sodass nach wohl überwiegender Ansicht bei Kollision von Bundesrecht und Landesrecht, also in dem Fall, in dem auf einen Sachverhalt sowohl eine Norm des Bundesrechts als auch eine Norm des Landesrechts anwendbar ist, Bundesrecht jeder Rangstufe vorgeht und Landesrecht insoweit unwirksam und nichtig ist.[171]

| |
|---|
| Europarecht<br>(mit Anwendungsvorrang vor nationalem Recht)<br>Grundgesetz (Verfassung) |
| Bundesgesetze<br>Bundesrechtsverordnungen (vgl. Art. 80 GG)<br>Satzungsrecht und übriges untergesetzliches Recht auf Bundesebene |
| Landesverfassungen<br>Landesgesetze<br>Landesrechtsverordnungen (vgl. etwa Art. 70 LVerf NRW)<br>Satzungsrecht und übriges untergesetzliches Recht auf Landesebene |

171 Vgl. zum Meinungsstand nur *Hellermann* in BeckOK GG, Art. 31 GG Rn. 15.

Das **Völkerrecht**, also die Gesamtheit der (geschriebenen und ungeschriebenen) Normen, die das Verhältnis der (unabhängigen) Staaten untereinander und die Beziehungen zwischen den einzelnen Staaten und den internationalen Organisationen regeln, wird – insbesondere bezüglich völkerrechtlicher Verträge – durch Transformationsgesetz (Art. 59 Abs. 2 GG) in nationales Recht überführt[172]. Es genießt damit zunächst (nur) den Rang eines einfachen (Bundes-)Gesetzes und steht damit im Rang unterhalb der Verfassung. Gleichwohl gilt der Grundsatz der **Völkerrechtsfreundlichkeit** des Grundgesetzes.[173] Demnach ist innerstaatliches Recht jedes Ranges, also auch das Grundgesetz einschließlich der Grundrechte, so auszulegen, dass eine Verletzung von bindenden Völkerrechtsnormen nach Möglichkeit vermieden wird und eingetretene Verletzungen ggf. korrigiert werden müssen.[174]

### 2.4.3 Grundsatz des Vorbehalts des Gesetzes

Der Grundsatz des Vorbehalts des Gesetzes besagt, dass belastendes staatliches Handeln stets auf einer gesetzlichen Grundlage basieren muss. Sofern also der Staat in Rechte des Bürgers eingreifen will, muss er sich hierfür auf eine **Ermächtigungsgrundlage** berufen können. Der Vorbehalt des Gesetzes hat eine grundrechtssichernde Funktion und ist zugleich Ausdruck der parlamentarischen Demokratie. Wenn Grundrechte des Bürgers zulässigerweise beschränkt werden sollen, darf dies nur auf der Entscheidung der gewählten Abgeordneten in Form eines Gesetzes erfolgen. Der Grundsatz des Vorbehalts des Gesetzes ist damit zugleich Ausprägung des Parlamentsvorbehalts; er korreliert mit der Forderung, dass im Sinne der grundrechtlichen Wesentlichkeitstheorie alle wesentlichen Entscheidungen dem parlamentarischen Gesetzgeber vorbehalten sind.

Der Vorbehalt des Gesetzes findet insbesondere für das Strafrecht seine Ausprägung in Art. 103 Abs. 2 GG, wo ausgeführt wird, dass eine Tat nur bestraft werden kann, wenn die Strafbarkeit gesetzlich bestimmt war, bevor die Tat begangen wurde („nulla poena sine lege" – keine Strafe ohne Gesetz).[175]

Gleichermaßen gilt der Vorbehalt des Gesetzes aber auch für anderweitiges belastendes Staatshandeln, etwa im Polizei- und Ordnungsrecht. Wenn dem Bürger bspw. ein bestimmtes Verhalten aufgegeben wird, um eine Gefahr für die öffentliche Sicherheit oder Ordnung zu beseitigen, muss sich der Staat hierfür auf eine gesetzliche Ermächtigungsgrundlage berufen können. Aber auch die Rücknahme begünstigender Verwaltungsakte, die Rückforderung zu Unrecht erbrachter staatlicher Leistungen oder auch die Meldepflicht am neuen Wohnort (um nur einige Beispiele zu nennen) sind nur zulässig, wenn sich der Staat hierfür auf eine entsprechende gesetzliche Vorschrift berufen kann.

---

172 Vgl. zum Verfahren der Transformation von Völkerrecht *Degenhart*, Staatsrecht I, Rn. 582 ff.
173 Vgl. nur BVerfGE 75, 1, 17; BVerfGE 112, 24, 26.
174 BVerfGE 112, 24, 26; dazu auch *Degenhart*, Staatsrecht I, Rn. 288.
175 Dazu unter dem Aspekt des Rückwirkungsverbotes unten Kap. 2.4.6.

**Merke:**
Umstritten ist, ob nicht letztlich jegliches Staatshandeln nur auf gesetzlicher Grundlage zulässig sein soll (sog. **„Totalvorbehalt"**). Damit würde sich der Vorbehalt des Gesetzes auch auf staatlicherseits gewährte Begünstigungen erstrecken müssen. Gegen einen solchen Totalvorbehalt werden allerdings Bedenken aus Sicht der Gewaltenteilung erhoben. So geht die wohl überwiegende Ansicht davon aus, dass es einen „Kernbereich exekutiver Eigenverantwortung" geben muss, der der parlamentarischen Entscheidung entzogen ist. Ein Problemfeld stellt insoweit die Gewährung staatlicher Subventionen dar. Hier lassen es die höchsten Gerichte[176] genügen, wenn im Haushaltsplan als wesentlichem Bestandteil des förmlichen Haushaltsgesetzes bestimmte Mittel vorgesehen sind, der Haushaltsplan eine hinreichende Zweckbestimmung aufweist und die Verteilung der Mittel – zumeist auf Grundlage von innerbehördlichen Richtlinien – von den zuständigen Verwaltungsinstanzen erfolgt. Nicht zu leugnen ist jedenfalls, dass die Begünstigung einer Person mit der Benachteiligung einer anderen Person in vergleichbarer Lage verbunden sein kann, die diese Begünstigung nicht erfährt. Diese Problematik wird im Zweifel so zu lösen sein, dass man einerseits die Anforderungen an die Regelungsdichte eines ermächtigenden Gesetzes herabschraubt, eine minimale Orientierung der Exekutive am Gesetz genügen lässt und so der eben beschriebenen exekutiven Eigenverantwortung hinreichend Raum lässt. Zugleich müssen sich die behördeninternen Vergaberichtlinien an rechtsstaatlichen Maßstäben, insbesondere der Willkürfreiheit, messen lassen. Die Diskussion um das Erfordernis eines Totalvorbehalts dürfte aber als nicht abgeschlossen anzusehen sein.[177]

***Beispiel:***
*In den Abendstunden des 10.8.2025 hält die Polizei Essen stichprobenartig E-Scooter-Fahrer an und verlangt ohne jeden konkreten Verdacht die Herausgabe der Smartphones, um Fahrdaten auszulesen. Ein Beamter stützt sich allein auf „interne Erfahrungen", wonach viele Scooter-Fahrer unter Alkoholeinfluss stünden. Ein Betroffener weigert sich und erhält einen Platzverweis.*

*Die Durchsicht eines Smartphones stellt einen erheblichen Eingriff in das Recht auf informationelle Selbstbestimmung dar. Nach nordrhein-westfälischem Polizeirecht wäre ein solches Vorgehen nur bei konkreter Gefahr nach § 39 PolG NRW zulässig; eine verdachtsunabhängige Kontrolle sieht das Gesetz nicht vor. Weil es an einer ausdrücklichen gesetzlichen Ermächtigung fehlt, ist die Maß-*

176 Vgl. nur BVerfGE 8, 155, 155 f., Leitsatz 2: „Das Bundesverfassungsrecht enthält keinen allgemeinen ungeschriebenen Gesetzesvorbehalt für die Regelung des Verfahrens und der Zuständigkeiten der Verwaltungsbehörden im Bereich der leistungsgewährenden Verwaltung"; vgl. auch BVerwGE 58, 45, 48.

177 Umfassend zur Lehre vom Totalvorbehalt und der hiergegen erhobenen Kritik *Ossenbühl* in Isensee/Kirchhof, Handbuch des Staatsrechts der Bundesrepublik Deutschland Bd. 5, 3. Aufl., § 101 Rn. 23 ff. Vgl. auch *Degenhart*, Staatsrecht I, Rn. 325 ff.

*nahme mangels Rechtsgrundlage ein Verstoß gegen den Vorbehalt des Gesetzes und damit rechtswidrig.*

### 2.4.4 Grundsatz des Vorrangs des Gesetzes

Der Grundsatz des Vorrangs des Gesetzes besagt, dass keine der drei Staatsgewalten – Legislative, Exekutive oder Judikative – gegen das Gesetz, also geltendes Recht verstoßen darf. Der Grundsatz des **Vorrangs des Gesetzes** erstreckt sich auf jede gültige Vorschrift, egal ob Verfassungsnorm, „einfaches" Gesetz, Verordnung oder Satzung.

Die Bindung der Legislative – also des parlamentarischen Gesetzgebers – entfaltet sich durch die Pflicht zur Beachtung höherrangigen Rechts, also insbesondere formellen Verfassungsrechts[178]. Gesetze im Rang unterhalb der Verfassung darf der Gesetzgeber im Rahmen seiner Kompetenz abschaffen oder ändern, so dass insoweit keine Bindungswirkung konstruiert werden kann. Dem entsprechend besagt Art. 20 Abs. 3 HS 1 GG: „*Die Gesetzgebung ist an die verfassungsmäßige Ordnung [...] gebunden.*"

Der Vorrang des Gesetzes erstreckt sich für die Exekutive und die Judikative auf die gesamte Rechtsordnung. Dem entsprechend besagt Art. 20 Abs. 3 HS 2 GG erweiternd zum ersten Halbsatz: „*die vollziehende Gewalt und die Rechtsprechung sind an Gesetz und Recht gebunden.*" Dabei ist die Unterscheidung zwischen den Begriffen **„Gesetz" und „Recht"** schwierig. Der Begriff „Gesetz" beschreibt relativ unstreitig das geschriebene Recht. Der Begriff „Recht" soll nach einer Ansicht vornehmlich das Gewohnheitsrecht umfassen, also regelmäßig angewendete Rechtsvorstellungen, die zwar keinen gesetzlichen Niederschlag gefunden haben, aber nach allgemeiner Überzeugung notwendig und richtig sind. Teilweise wird auch auf überrechtliche Gerechtigkeitsvorstellungen abgestellt. Wenig überzeugend ist insbesondere, im Nebeneinander der Begriffe in Art. 20 Abs. 3 HS 1 GG „*verfassungsmäßige Ordnung*" und Art. 20 Abs. 3 HS 2 GG „*Recht*", mit dem Begriff „Recht" die Verfassung, mit dem Begriff „Gesetz" das einfache Gesetzesrecht zu bezeichnen. Zutreffend dürfte sein, dass der zunehmende Hang zur Vergesetzlichung – also die Tendenz, immer mehr Lebenssachverhalte in Gesetzesform zu fassen –, den eigenständigen Sinngehalt des Begriffs „Recht" gegenüber dem des „Gesetzes" verblassen lässt. Vorzugswürdig scheint aber dennoch, dass die in Art. 20 Abs. 3 HS 2 GG verwendete Begrifflichkeit in Ansehung der Erfahrungen des NS-Regimes eine reine, den Sinn und Wortlaut des Gesetzes nicht hinterfragende Gesetzesbindung nicht ausreichen lassen soll, sondern die Gesetze eben auch im Sinne allgemeiner Wert- und Gerechtigkeitsvorstellungen auszulegen sind.[179] Teilweise wird hierin auch ein Bezug zu übergesetzlichen Rechtsmaßstäben gesehen, wie sie insbesondere in

178 Zum Begriff des formellen Verfassungsrechts vgl. oben Kap. 1.1.1.

179 Vgl. die Übersicht bei *Gröpl*, Staatsrecht I, Rn. 440 ff.

der Radbruch'schen Formel ihren Ausdruck gefunden haben; eine allgemeine Ermächtigung zur Durchbrechung positiven Rechts folgt daraus jedoch nicht.[180]

Ein Verstoß des Gesetzgebers gegen die verfassungsmäßige Ordnung hat zur Folge, dass verfassungswidrige Gesetze nichtig und unwirksam sind. Verstöße der Exekutive gegen gesetzliche Bestimmungen lässt untergesetzliches Recht (Rechtsverordnungen, Satzungen) unwirksam und Ausführungsakte (Verwaltungsakte, aber auch Realakte) rechtswidrig und aufhebbar werden.

**Merke:**
Zwar ist verfassungswidriges formelles Gesetzesrecht unwirksam. Diese Feststellung ist aber für sog. „nachkonstitutionelles Recht" dem Bundesverfassungsgericht vorbehalten (sog. „Verwerfungsmonopol" des Bundesverfassungsgerichts). „Nachkonstitutionelles Recht" bezeichnet Gesetze, die jünger sind als das Grundgesetz oder nach Schaffung des Grundgesetzes wieder in den Willen des Gesetzgebers aufgenommen wurden, bspw. bei Änderung von Vorschriften des BGB (Inkrafttreten im Jahre 1900).
Rechtswidrige Verwaltungsakte verlangen, auch wenn sie rechtswidrig sind – mit Ausnahme schwerer offensichtlicher Rechtswidrigkeit, also Nichtigkeit –, zunächst Befolgung; sie können aber angefochten und so beseitigt werden.

***Beispiel:***
*Eine Klimaschutzinitiative meldet für den 3.3.2026 eine Sitzblockade auf der Königsallee in Düsseldorf an. Die Kreispolizeibehörde akzeptiert die Anmeldung und erlässt keine Auflagen. Wenige Tage vor der Aktion gibt das Innenministerium Nordrhein-Westfalen jedoch einen Erlass an alle Polizeibehörden heraus. Darin heißt es, jede Sitzblockade, die den Verkehr länger als fünfzehn Minuten beeinträchtigt, sei unverzüglich aufzulösen, um Staus im Berufsverkehr zu verhindern. Am 3. März setzt der zuständige Einsatzleiter den Erlass wörtlich um: Er löst die Versammlung genau nach Ablauf der fünfzehn Minuten auf, verweist auf den ministeriellen Erlass als alleinige Rechtsgrundlage und lässt die Demonstrierenden wegtragen. Eine Teilnehmerin klagt vor dem Verwaltungsgericht Düsseldorf auf Feststellung der Rechtswidrigkeit.*

*Nach § 13 Abs. 1 VersG NRW darf die Behörde eine Versammlung nur beschränken oder auflösen, wenn ihre Durchführung die öffentliche Sicherheit unmittelbar gefährdet; Zusätzlich verlangt Absatz 1 eine konkrete, auf Tatsachen gestützte Gefahrenprognose. Der ministerielle Erlass schafft demgegenüber eine starre Fünfzehn-Minuten-Grenze, ohne zwischen konkreten und abstrakten Gefahren zu unterscheiden. Innendienstliche Erlasse haben im Normgefüge einen*

180 *Gustav Radbruch*, „Gesetzliches Unrecht und übergesetzliches Recht", Süddeutsche Juristen-Zeitung 1 (1946), S. 105–108; Bundeszentrale für politische Bildung, „Radbruchformel", 29.6.2023, insbesondere zur Aussage, dass positives Recht grundsätzlich gilt, aber bei unerträglichem Widerspruch zur Gerechtigkeit zurücktritt.

*niedrigeren Rang als formelle Gesetze. Stehen Erlass und Gesetz in Widerspruch, gilt der Vorrang des Gesetzes. Weil im Einsatz keine Individualgefahr für Rechtsgüter festgestellt wurde und der Einsatzleiter sich ausschließlich auf den Erlass stützte, fehlt es an einer gesetzlichen Ermächtigungsgrundlage für die Auflösung. Die Maßnahme verstößt daher gegen den Grundsatz des Vorrangs des Gesetzes und ist rechtswidrig; die Klägerin hat Anspruch auf entsprechende Feststellung.*

### 2.4.5 Bestimmtheitsgrundsatz

Der **Bestimmtheitsgrundsatz** verlangt, dass der Normbefehl einer gesetzlichen Vorschrift für den Bürger hinreichend klar erkennbar ist, so dass er sein Verhalten an dieser Norm ausrichten kann. Der Grundsatz der Bestimmtheit lässt sich aus dem Grundgesetz nicht ausdrücklich herleiten; er gehört zu den ungeschriebenen und zugleich wesentlichen Bestandteilen des Rechtsstaatsprinzips. Dass das Bundesverfassungsgericht nur hinreichende Bestimmtheit verlangt, ist nicht unproblematisch. Zutreffend wird darauf hingewiesen, dass die Anforderungen an die Bestimmtheit umso höher sind, je stärker der Bürger belastet werden soll. Der Bestimmtheitsgrundsatz ist damit zugleich Ausdruck des mit dem Rechtsstaatsprinzip verknüpften Grundsatzes der Rechtssicherheit.

Der Grundsatz der Bestimmtheit hindert den Gesetzgeber nicht, unbestimmte Rechtsbegriffe oder auch **Generalklauseln** zu verwenden. Insbesondere Generalklauseln (vgl. etwa § 8 Abs. 1 PolG NRW) sind häufig auf Tatbestands- („*um eine [...] Gefahr für die öffentliche Sicherheit und Ordnung [...] abzuwehren*“) wie auf Rechtsfolgenseite („*kann die notwendigen Maßnahmen treffen*“) zu finden. Insoweit steht der Bestimmtheitsgrundsatz im Widerstreit zum abstrakt-generellen Charakter von Normen, die eine Vielzahl von Sachverhalten erfassen sollen und deswegen notwendigerweise weit gefasst sein müssen. Die Problematik stellt sich gleichermaßen im Strafrecht, wo rechtlich umschriebene Verhaltensweisen unter Strafe gestellt werden. Hier wird die sog. **„Parallelwertung in der Laiensphäre“** bemüht, die darauf abstellt, dass auch der juristisch nicht geschulte Bürger ein zutreffendes Verständnis der Strafnorm mit ihren in juristischer Sprache gefassten Tatbestandsmerkmalen entwickeln kann.

***Beispiel: Text des § 242 Abs. 1 StGB – Diebstahl***
*„Wer eine fremde bewegliche Sache einem anderen in der Absicht wegnimmt, die Sache sich oder einem Dritten rechtswidrig zuzueignen, wird mit Freiheitsstrafe bis zu fünf Jahren oder mit Geldstrafe bestraft.“*

*Parallelwertung in der Laiensphäre:*

*Wer einem Anderen („fremd“) etwas („bewegliche Sache“) klaut („in der Absicht wegnimmt, ...“), wird bestraft.*

Grenzfälle der Parallelwertung in der Laiensphäre sind etwa die Entscheidungen zum **Gewaltbegriff** im Rahmen der Nötigung gem. § 240 StGB, bezogen auf **Sitzblockaden**. Reicht (bspw. durch das Sitzenbleiben vor einem Militär-LKW) rein psychisch vermittelte Gewalt aus, um Gewalt i. S. d. Nötigungsparagraphen zu verüben, und kann der Blockierer erkennen, dass er damit Gewalt ausübt? Das Bundesverfassungsgericht hat ursprünglich psychisch vermittelte Gewalt als Gewalt gelten lassen und den Gewaltbegriff nach § 240 StGB insoweit als hinreichend bestimmt erachtet.[181] In einer Folgeentscheidung[182] kam das Gericht zur Überzeugung, dass der Gewaltbegriff im Lichte des Bestimmtheitsgrundsatzes i. V. m. Art. 103 Abs. 2 GG bezogen auf Fälle des Fehlens physisch vermittelter Gewalt zu unbestimmt sei. Aus Art. 103 Abs. 2 GG wird ein **Verbot** strafschärfender **Analogie** im Sinne einer Schließung unbeabsichtigter Regelungslücken abgeleitet. Für die Rechtsprechung folgt insoweit aus dem Erfordernis gesetzlicher Bestimmtheit ein Verbot analoger oder gewohnheitsrechtlicher Strafbegründung. Die Grenzen der zulässigen Analogie sah das Bundesverfassungsgericht überschritten. Folge war, dass ein Sitzblockierer nicht erkennen musste, dass er mit seiner friedlichen Sitzblockade Gewalt i. S. d. § 240 StGB ausübt. Der Bundesgerichtshof (BGH) entwickelte daraufhin die „Zweite-Reihe-Rechtsprechung“[183]: Der Sitzblockierer verübt zwar nicht Gewalt gegen den ersten LKW-Fahrer, er benutzt diesen aber als schuldlos handelndes Werkzeug gegen den hinter ihm stehenden LKW-Fahrer im Sinne physisch wirkender Gewalt, indem durch Errichtung des physisch unüberwindlichen Hindernisses in Form des ersten LKW Gewalt auf den zweiten LKW-Fahrer ausgeübt wird. Das Bundesverfassungsgericht hat diese Rechtsprechung des BGH jedenfalls bezogen auf den Grundsatz der Bestimmtheit gebilligt, im konkreten Fall aber dem Grundrecht des Betroffenen aus Art. 8 GG (Versammlungsfreiheit) höheren Rang eingeräumt.[184]

***Beispielfall 16:***
*Der Bedienstete B der Bauaufsichtsbehörde der kreisfreien Stadt K geht am Haus des H in der X-Straße 15 vorbei und meint, erkennen zu können, dass einer der beiden an der Vorderseite des Hauses befindlichen Balkone baufällig ist. Nach Zusendung eines Anhörungsschreiben an H (dieser hat keine Lust, sich zu äußern und tut dies denn auch nicht) erlässt B unter Nennung der einschlägigen Normen eine Bauordnungsverfügung, in der es heißt:*

*„Ordnungsverfügung – Hiermit gebe ich Ihnen auf, binnen zwei Wochen etwas gegen den Zustand eines der beiden Balkone an der Vorderseite Ihres Hauses X-Straße 15 in K zu unternehmen.*

*Begründung: Der Zustand des betreffenden Balkons an Ihrem o. a. Haus ist baurechtlich nicht hinnehmbar.“*

*Ist in der Fassung der Bauordnungsverfügung – ungeachtet evtl. weiterer Rechtswidrigkeitsgründe – ein Verstoß gegen das rechtsstaatliche Bestimmtheitsgebot zu sehen?*

181 Vgl. BVerfGE 73, 206, 239 f.
182 Vgl. BVerfGE 92, 1, 14 ff.
183 Vgl. BGHSt 41, 182, 184 f.
184 Vgl. BVerfG, NJW 2011 S. 3020 ff.

Der Bestimmtheitsgrundsatz gilt nicht nur für Gesetze gleich welchen Ranges, er verlangt auch Beachtung bei staatlichen **Einzelakten**, so z. B. bei Verwaltungsakten. Nur wenn der Bürger hinreichend klar erkennen kann, welches Verhalten die Behörde bei Erlass eines Verwaltungsakts von ihm erwartet, kann er diesem Verwaltungsakt Folge leisten. Zwar muss grds. der Tenor – also der eigentlich verfügende Teil des Verwaltungsakts – hinreichend bestimmt sein. Hier genügt es aber, wenn dem Betroffenen „geeignete Maßnahmen" aufgegeben werden, dass die Begründung den abzuändernden Zustand beschreibt und die hierzu geeigneten **Handlungsoptionen** erkennbar sind. In einem solchen Fall kann es geradezu ein Gebot der Verhältnismäßigkeit[185] sein, dem Adressaten des Verwaltungsakts die Wahl zu lassen, wie er der Verfügung nachkommen will.

***Lösung Beispielfall 16:***
*Zunächst unterfällt auch der Erlass eines Verwaltungsakts dem Bestimmtheitsgebot. Hier wird in zweifacher Hinsicht gegen das Bestimmtheitsgebot verstoßen. Zum einen fehlt die Angabe, welcher Balkon von Baufälligkeit betroffen sein könnte. Gegebenenfalls stellt der Eigentümer H bei näherer Betrachtung fest, dass der linke Balkon einen Schaden hat, den B gar nicht erkannt hat. B aber meinte den rechten Balkon, sodass H Gefahr läuft, entgegen der Intention des B den falschen Balkon zu sanieren. Zum anderen muss die Behörde klarer aufgeben, welche Maßnahme sie von H erwartet. Was bemängelt sie? Soll der Balkon abgestützt, repariert oder abgerissen werden? Soll H innerhalb einer bestimmten Frist handeln? Hier würde zwar ausreichen, wenn sich die Bestimmtheit aus dem Zusammenspiel von Tenor („Hiermit gebe ich Ihnen auf, ...") und Begründung ergibt; letztere ist aber für sich unzureichend und gibt ihrerseits keine Auskunft über das Bemängelte und Gewollte.*

Das Bundesverfassungsgericht verlangte im Urt. vom 29.11.2023 – 2 BvF 1/21 – erhöhte Klarheit bei wahlrechtlichen Normen. Es stellte klar, dass Bestimmtheit und Normenklarheit ein einheitliches Postulat bilden und dass selbst hochkomplexe Vorschriften für den Rechtsanwender noch vorhersehbar sein müssen.

Die Entscheidung konkretisiert die bislang abstrakt formulierten Anforderungen: Eine Norm darf zwar komplex sein, muss aber die Wahlhandlung und das Ergebnisermittlungsverfahren so verständlich regeln, dass Rechtsbehelfe effektiv ausgeübt werden können.

## 2.4.6 Vertrauensschutz bzw. Rückwirkungsverbot

**„Vertrauensschutz"** bedeutet, dass sich der Bürger im Wesentlichen darauf verlassen können muss, dass einmal getroffene Dispositionen nicht entwertet bzw. gefestigte Rechtspositionen nicht beliebig entzogen werden dürfen. Auch der Gedanke des Ver-

185 Dazu sogleich unten Kap. 24.7.

trauensschutzes sowie das **Rückwirkungsverbot** sind wiederum Ausfluss des Gebots der Rechtssicherheit.[186] Konflikte mit dem Grundsatz des Vertrauensschutzes treten dann auf, wenn der Staat rückwirkend Umstände ändert, die negativen Einfluss bspw. auf die o. a. Rechte oder Dispositionen haben. Ob eine derartige Rückwirkung zulässig ist oder nicht, hängt von der Art der Rückwirkung ab. Unterschieden werden die echte und die unechte Rückwirkung.

***Beispielfall 17:***
***1. Fallvariante***
*Die Studierenden des Einstellungsjahrganges 2012 der Hochschule für öffentliche Verwaltung des Landes X haben ihren Bachelorabschluss erworben. Es mehren sich Beschwerden aus den Einstellungsbehörden, dass die Kenntnisse der Studierenden im Fach „Grundlagen der Verkehrslehre" nicht hinreichend seien. Daraufhin wird die Studien- und Prüfungsordnung (StPrO) der Hochschule geändert. Sodann werden die Bachelorabsolventen angeschrieben, dass sie sich noch einmal an der Hochschule einzufinden hätten, um in Einklang mit der neuen StPrO im Fach „Grundlagen der Verkehrslehre" einen Ergänzungskurs zu belegen und eine „Bestätigungsklausur" zu bestehen. Dann dürften sie, so das Schreiben der Hochschule, weiterhin den Bachelortitel führen, ansonsten werde dieser aberkannt.*
***2. Fallvariante***
*Der Einstellungsjahrgang 2014 an der Hochschule für öffentliche Verwaltung des Landes X beginnt das Studium unter Geltung einer Studien- und Prüfungsordnung mit einer Gesamtzahl von sechs zweistündigen Klausuren. Im zweiten Studienjahr wird die StPrO geändert. Nunmehr ist zum Ende des dritten Studienjahrs eine Klausur mehr als bisher zu bestehen; die beiden bislang schon im dritten Studienjahr zu schreibenden Klausuren werden von zwei auf vier Stunden aufgestockt.*
***3. Fallvariante***
*Die Regelung nach Fallvariante 2 wird auch auf die Studierenden des Einstellungsjahrganges 2013 erstreckt, die kurz vor ihrem Abschluss stehen.*
***Liegt jeweils ein Verstoß gegen das Rückwirkungsverbot vor?***

Eine **echte Rückwirkung** liegt vor, wenn ein Sachverhalt in der Vergangenheit begonnen und abgeschlossen wurde und dieser Sachverhalt nachträglich einer anderen, belastenden Regelung unterworfen wird. Der Vertrauensschutz gebietet es, die neuen Rechtsfolgen nicht rückwirkend auf den abgeschlossenen Tatbestand zu erstrecken. Die echte Rückwirkung ist regelmäßig unzulässig. Nur wenn mit einer Neuregelung – etwa wegen offenbarer Nichtigkeit oder jedenfalls großer Bedenken an der Wirksamkeit der Norm – zu rechnen war, die Auswirkungen der Neuregelung absolut nachrangig sind oder ein weit überwiegendes Gemeinwohlinteresse die Anwendung auf abgeschlossene Sachverhallte verlangt, kann die echte Rückwirkung ausnahmsweise zulässig sein.

186 Vgl. *Gröpl*, Staatsrecht I, Rn. 486.

Eine **unechte Rückwirkung** (oder auch „tatbestandliche Rückanknüpfung“) liegt vor, wenn ein Sachverhalt in der Vergangenheit begonnen wurde, aber noch nicht abgeschlossen ist. Wird ein solcher „laufender“ Sachverhalt einer neuen Rechtslage unterworfen, können die neuen belastenden Rechtsfolgen zunächst einmal grundsätzlich auf den betreffenden Sachverhalt angewendet werden. Die unechte Rückwirkung ist damit grundsätzlich zulässig. Allerdings kann der Vertrauensschutz im Einzelfall gebieten, von einer Anwendung abzusehen. So kann bspw. gefragt werden, wie weit der Sachverhalt im Einzelfall gediehen ist, sodass abhängig davon das Vertrauen auf die Beibehaltung der alten Rechtslage schutzwürdig erscheinen kann. Abzustellen ist allerdings nicht auf den Zeitpunkt des Inkrafttretens einer Neuregelung, sondern auf den Zeitpunkt, in dem diese Neuregelung in wesentlichen Zügen zugänglich ist, bspw. bei Vorlage eines Gesetzentwurfs; ab diesem Zeitpunkt muss mit einer Neuregelung gerechnet werden, und das Vertrauen ist ggf. nicht mehr schutzwürdig.

***Lösung zu Beispielfall 17:***
***1. Fallvariante***
*Es handelt sich um einen Fall echter Rückwirkung, die grds. unzulässig ist. Auch ist keiner der zuvor genannten Ausnahmen einschlägig. Die StPrO war bislang unbestritten, die Auswirkung der nachträglichen Änderung ist erheblich und überwiegende Gemeinwohlbelange sind nicht erkennbar; ggf. müsste die Einstellungsbehörde nachschulen, ohne dass der Bachelorabschluss gefährdet werden dürfte.*
***2. Fallvariante***
*Es handelt sich um einen Fall unechter Rückwirkung, die grundsätzlich und wohl auch hier zulässig ist. Es kann nicht davon ausgegangen werden, dass das Vertrauen der Studierenden auf eine Beibehaltung der gleichen Prüfungsanforderungen im zweiten Studienjahr so groß ist, dass eine derartige Änderung für das dritte Studienjahr unzulässig wäre (a. A. wohl vertretbar).*
***3. Fallvariante***
*In diesem Fall unechter Rückwirkung könnte das Vertrauen auf die Fortgeltung des alten Prüfungsrechts teilweise überwiegen. Die Studierenden des EJ 2013 haben sich im Zweifel von ihrer Studienplanung her so auf die alte StPrO eingestellt, dass jedenfalls die zusätzliche Klausur kurz vor Ende des dritten Studienjahres, in dem sich die Studierenden befinden, nicht verlangt werden darf. Die Verlängerung der schon bisher verlangten Klausuren um zwei Stunden dagegen dürfte zumutbar sein (a. A. wohl vertretbar).*

**Merke:**
Der Grundsatz „nulla poena sine lege“ gem. Art. 103 Abs. 2 GG formuliert insoweit auch einen Fall echter Rückwirkung. Ein Verhalten, das zu dem Zeitpunkt, zu dem es gezeigt wurde, nicht strafbar war, darf für den Handelnden nicht rückwirkend mit Strafe belegt werden.[187] Hier kommt es auch nicht auf eine eventuelle Ankündigung einer zukünftigen Strafbarkeit an, sondern entsprechend dem eindeutigen Wortlaut des Art. 103 Abs. 2 GG („*wenn **die Strafbarkeit gesetzlich bestimmt war,** bevor die Tat begangen wurde*“) tatsächlich auf das Inkrafttreten der Strafnorm.

### 2.4.7 Grundsatz der Verhältnismäßigkeit

Der Grundsatz der **Verhältnismäßigkeit** (oder auch das **„Übermaßverbot“**) ist ein grundlegendes Element des Rechtsstaatsprinzips; Er zieht sich durch das gesamte öffentliche Recht und bezeichnet ein wesentliches Element des Staat-Bürger-Verhältnisses, insbesondere des Grundrechtsschutzes: „*Der Grundsatz der Verhältnismäßigkeit [...] ergibt sich aus dem Rechtsstaatsprinzip, im Grunde bereits aus dem Wesen der Grundrechte selbst, die als Ausdruck des allgemeinen Freiheitsanspruchs des Bürgers gegenüber dem Staat von der öffentlichen Gewalt jeweils nur so weit beschränkt werden dürfen, als es zum Schutz öffentlicher Interessen unerlässlich ist.*“[188] Der Staat soll (nur) bei legitimen Eingriffen gegenüber dem Bürger stets (nur) dasjenige Mittel anwenden, das am wenigsten belastet und zugleich die Rechte der Betroffenen sowie der Allgemeinheit am meisten achtet. Ausdrücklich in der Verfassung genannt ist der Grundsatz der Verhältnismäßigkeit nicht, besitzt aber unstreitig Verfassungsrang.[189] Seine positive Normierung findet er bspw. in den Vorschriften des Polizei- und Ordnungsrecht, etwa in § 15 OBG NRW oder in § 2 PolG NRW.

Der Grundsatz der Verhältnismäßigkeit bemisst sich nach vier Elementen:
- Legitimer Zweck,
- Geeignetheit,
- Erforderlichkeit,
- Angemessenheit oder „Verhältnismäßigkeit im engeren Sinne“.

187 Dazu unter dem Aspekt des Vorbehalts des Gesetzes oben Kap. 2.4.3.
188 So BVerfGE 19, 342, 249.
189 Vgl. insoweit BVerfGE 23, 127, 133: „die Grundsätze der Verhältnismäßigkeit und des Übermaßverbotes, die sich als übergreifende Leitregeln allen staatlichen Handelns zwingend aus dem Rechtsstaatsprinzip ergeben und deshalb Verfassungsrang haben“.

### 2.4.7.1 Legitimer Zweck

Ziel der Verhältnismäßigkeit ist letztlich, die Zweck-Mittel-Relation bezüglich eines bestimmten Staatshandelns zu untersuchen. Ausgangspunkt und Maßstab der Verhältnismäßigkeitsprüfung ist deswegen der **Zweck**, den der Staat mit seinem jeweiligen Handeln verfolgt. Der Staat darf dabei nur Zwecke verfolgen, die vor der Verfassung Bestand haben.

***Beispiel:***
*Polizist P erschießt einen unangeleint über die Straße laufenden Hund, weil er Hunde nicht leiden kann und Katzen vorzieht → kein verfassungsrechtlich legitimer Zweck!*

*Polizist P erschießt einen unangeleinten Hund, der laut kläffend und mit gefletschten Zähnen auf ein kleines Kind in der Sandkiste auf dem Spielplatz zustürmt → verfassungsrechtlich legitimer Zweck!*

Ob ein Zweck legitim ist, bedarf einer genauen Feststellung. Dabei ist die Legitimität eines Zwecks immer recht leicht zu bejahen, wenn etwa der Schutz von Grundrechten Dritter bezweckt ist (siehe das Beispiel des Kindes, das in der Sandkiste gleich vom Hund gefressen werden würde). Legitime Zwecke kommen aber nicht immer mit dieser Deutlichkeit des Wegs. So kann auch ein nicht unmittelbar bzw. ausdrücklich aus der Verfassung herzuleitender Zweck legitim sein, im Fall des Haftbefehls und der Untersuchungshaft (Mittel!) etwa, die Durchführung eines geordneten Strafverfahrens zu gewährleisten und die spätere Strafvollstreckung sicherzustellen (Zweck!); hier ergibt sich die verfassungsrechtliche Grundlegung mittelbar aus dem Rechtstaatsprinzip.[190]

**Merke:**
Bei der Prüfung eines legitimen Zwecks müssen Zweck und Mittel sauber getrennt werden. In den o. a. Beispielen sind das Ausleben der Aversion gegen Hunde und der Schutz von Leben und körperlicher Unversehrtheit des Kindes der Zweck, der Schuss ist das Mittel!

Der Staat kann mit einer Regelung auch mehrere verschiedene Zwecke verfolgen, die zunächst einzeln auf ihre Legitimität hin zu überprüfen sind. Im Übrigen sollten diese Zwecke auch in der weiteren Prüfung der Verhältnismäßigkeit mitgeführt und gesondert geprüft werden.

***Beispiel:***
*Der Bundesverkehrsminister fügt in die StVO anstelle der Richtgeschwindigkeit von 130 km/h auf Autobahnen ein generelles Tempolimit von 120 km/h ein. Hintergrund der Regelung ist zum einen die Minimierung von Unfallzahlen und Un-*

190 Hierzu BVerfGE 19, 342, 349.

*fallfolgen, zum anderen eine Verbesserung des Umweltschutzes durch den tendenziell geringeren Benzinverbrauch.*

*Der erste Zweck ist legitim mit Blick auf den Schutz von Leben, körperlicher Unversehrtheit und bedeutenden Sachwerten (Art. 2 Abs. 2 Satz 1 GG, Art. 14 Abs. 1 GG). Der zweite Zweck ist legitimiert durch Art. 20a GG, das Staatsziel „Umweltschutz“*[191].

Im Zweifel wird davon auszugehen sein, dass wenn sich nur einer von mehreren verfolgten Zwecken als legitim erweist, insgesamt dennoch das Vorliegen eines legitimen Zwecks zu bejahen ist. So würde der Polizist, der im Beispiel oben den Hund erschießt, weil er Hunde hasst (und Katzen vorzieht), zugleich aber auch das Kind retten will, trotz seiner ausgelebten Hundeaversion einen legitimen Zweck verfolgen.

#### 2.4.7.2 Geeignetheit

Um das Merkmal der **Geeignetheit** zu erfüllen, muss das gewählte Mittel den zuvor festgestellten Zweck zumindest fördern. Es ist also gerade nicht optimale Zweckerreichung verlangt; es genügt **Zweckförderlichkeit** im weitesten Sinne, gleichsam ein „Schritt in die richtige Richtung“. Bezogen auf die Auswahl der Mittel zur Zweckerreichung liegt es im Prognosespielraum des Staates, ein seiner Ansicht nach zweckförderliches Mittel anstelle eines anderen, ebenfalls zweckförderlichen Mittels zu wählen.

> **Merke:**
> Bei der Prüfung der Verhältnismäßigkeit ist die Geeignetheit in den seltensten Fällen ein Hindernis, da der Staat sich schon für ein relativ „schwachsinniges“ Mittel entschieden haben muss, damit dieses in keiner Weise zweckförderlich und damit schlechthin als ungeeignet zu erachten ist.

***Beispiel:***
*§ 1 Transsexuellengesetz (TSG) sah ursprünglich vor, dass die Änderung der Vornamen ohne geschlechtsangleichende Operation (sog. „kleine Lösung“) erst ab Vollendung des 25. Lebensjahres möglich ist. Die Vorschrift wollte verhindern, dass sich jüngere Trans*Personen „vorschnell“ auf eine andere Geschlechtsidentität festlegen. Das Bundesverfassungsgericht erklärte die Altersgrenze jedoch wegen Verstoßes gegen Art. 3 Abs. 1 GG (Ungleichbehandlung nach Alter) für verfassungswidrig. Es betonte, die Regelung sei eher geeignet, das Leben in der anderen Geschlechtsrolle über einen längeren Zeitraum vor der Operation zu erschweren und jüngere Transsexuelle zu einer möglichst frühen Entscheidung für eine „geschlechtsanpassende Operation zu veranlassen“ – mithin war es kontraproduktiv und ungeeignet.*[192]

191 Dazu unten Kap. 2.7.2.
192 BVerfGE 88, 67 – Transsexuelle II.

***Geltendes Recht seit 1.11.2024: Selbstbestimmungsgesetz (SBGG)***
*Mit Inkrafttreten des Gesetzes über die Selbstbestimmung in Bezug auf den Geschlechtseintrag (SBGG) am 1.11.2024 ist das TSG vollständig außer Kraft getreten. Eine Änderung des Geschlechtseintrags und der Vornamen erfolgt nun durch eine einfache Erklärung vor dem Standesamt (§§ 2 ff. SBGG); Medizinische Maßnahmen spielen dabei keinerlei Rolle mehr.*

Im Rahmen der **Erforderlichkeit** wird gefragt, ob es ein zur Erreichung des zuvor skizzierten Zwecks milderes, d. h. weniger stark eingreifendes Mittel gleicher Eignung, also gleicher Zweckförderlichkeit gibt. Die Feststellung der Erforderlichkeit darf damit insbesondere nicht im Wortsinn als „Notwendigkeit" einer Regelung verstanden werden. Sie folgt der Erkenntnis, dass der Staat stets dasjenige Mittel wählen muss, das die Rechte des Bürgers am wenigsten einschränkt.[193]

Der Prüfung der Erforderlichkeit ist im Rahmen einer Klausurbearbeitung besondere Beachtung zu schenken. Sie muss stets in den beiden Schritten „1. Milderes Mittel? 2. Gleiche Eignung?" erfolgen. So finden sich häufig Mittel, die deutlich milder sind als das vom Staat gewählte. Fraglich ist aber, ob diese Mittel auch gleichermaßen geeignet sind. Genauso gibt es extrem zweckförderliche Mittel, die den Bürger aber übermäßig stark belasten.

***Beispiel:***
*Mord (§ 211 StGB) wird mit lebenslanger Freiheitsstrafe bestraft. Sicher wäre eine Flyer- und Anzeigenkampagne des Bundesjustizministers: „Töte Deinen Nächsten nicht! Das führt zu Verstimmungen!" ein deutlich milderes Mittel. Ungeachtet jeder Diskussion um die Abschreckungswirkung langer Haftstrafen dürfte eine solche Kampagne aber nicht gleichermaßen geeignet sein, Mordtaten einzudämmen und Leben zu schützen.*

*Stellt sich heraus, dass ein Bauwerk ohne die notwendige Baugenehmigung errichtet wurde, wäre eine Abrissverfügung bestens geeignet, baurechtlich rechtmäßige Verhältnisse zu schaffen. Ist das Gebäude aber genehmigungsfähig (also nur formell, aber nicht materiell rechtswidrig), ist eine solche Abrissverfügung nicht erforderlich. Es reicht für die Schaffung des rechtmäßigen Zustands aus, das Genehmigungsverfahren nachzuholen und den Bau so nachträglich zu legalisieren.*

**Merke:**
Auch bei der Frage der Erforderlichkeit ist stets der Prognosespielraum – die „Einschätzungsprärogative" – des Gesetzgebers zu beachten. Dieser Gedanke kann in der Klausur helfen, die Frage der Erforderlichkeit zu entscheiden.

193 Vgl. *Gröpl*, Staatsrecht I, Rn. 421.

So kann man trefflich darüber streiten, ob im Beispiel oben zur StVO-Änderung zum Schutz der Umwelt und zur Eindämmung von Unfallschäden ein generelles Tempolimit von 120 km/h auf Autobahnen erforderlich ist. Warum nicht 110 km/h? Warum nicht 130 km/h? 130 km/h wären bezogen auf passionierte Schnellfahrer milder, 110 km/h bezogen auf Umweltschutz und Unfallfolgen u. U. geeigneter. Hier muss es genügen, festzustellen, dass sich das gewählte Tempolimit im Rahmen des Üblichen (bspw. im europäischen Vergleich) bewegt und damit nicht schlechthin fehlsam ist.

Wie bereits angesprochen, ist im Falle mehrerer verfolgter Zwecke auch die Erforderlichkeitsprüfung auf alle legitim verfolgten Zwecke zu erstrecken. Hierbei kann sich ergeben, dass das vorgesehene Mittel bezogen auf einen der Zwecke milder bei gleicher Eignung, bezogen auf den anderen Zweck aber weniger gut geeignet ist. Im Ergebnis würde die Erforderlichkeit dann zu bejahen sein.

***Beispiel:***
*Im Fall der Einführung eines allgemeinen Tempolimits käme als mildere Maßnahme – bezogen auf die Sicherheit des Straßenverkehrs – der Ausbau von Bundesautobahnen in Betracht; ungeachtet der fiskalischen Machbarkeit („Diktat leerer Kassen") würde dies aber dem Umweltschutz nicht entscheidend weiterhelfen. Bezogen auf den Zweck „Umweltschutz" hingegen würde die staatliche Förderung verbrauchsarmer Motoren in Betracht kommen, was aber bei gleichbleibend hohem Geschwindigkeitsniveau nichts zur Unfallprävention beitragen würde. In der Folge scheiden bei Alternativen gegenüber dem gewählten Ansatz „Tempolimit" unter dem Blickwinkel der Erforderlichkeit aus.*

#### 2.4.7.3 Angemessenheit oder Verhältnismäßigkeit im engeren Sinne

Ein vom Staat gewähltes Mittel, das geeignet, also zweckförderlich, und erforderlich, also das relativ mildeste Mittel ist, muss **angemessen** sein. Die Begriffe „Angemessenheit", „Proportionalität" oder „Verhältnismäßigkeit im engeren Sinne" sind insoweit gleichbedeutend. Das Bundesverfassungsgericht führt dazu aus: „*Das Gebot der Verhältnismäßigkeit im engeren Sinn verlangt, dass die Schwere des Eingriffs bei einer Gesamtabwägung nicht außer Verhältnis zu dem Gewicht der ihn rechtfertigenden Gründe stehen darf [...]. Die Prüfung an diesem Maßstab kann dazu führen, dass ein an sich geeignetes und erforderliches Mittel des Rechtsgüterschutzes nicht angewandt werden darf, weil die davon ausgehenden Grundrechtsbeeinträchtigungen den Zuwachs an Rechtsgüterschutz überwiegen, so dass der Einsatz des Schutzmittels als unangemessen erscheint [...]. In dem Spannungsverhältnis zwischen der Pflicht des Staates zum Rechtsgüterschutz und dem Interesse des Einzelnen an der Wahrung seiner von der*

*Verfassung verbürgten Rechte ist es dabei [...] Aufgabe des Gesetzgebers, in abstrakter Weise einen Ausgleich der widerstreitenden Interessen zu erreichen.*"[194]

Gegenstand der Angemessenheitsfeststellung ist damit die Ermittlung aller einschlägigen Interessen – sowohl derjenigen der Allgemeinheit bzw. der Personen, die der Staat mit einer bestimmten Maßnahme zu schützen oder zu fördern gewillt ist, als auch derjenigen Personen, die durch die staatliche Maßnahme in ihren Rechten betroffen werden.

> ***Beispiel:***
> *So kann die automatisierte Erfassung von Autokennzeichen zwar geeignet und erforderlich sein, um bspw. Autodiebstähle oder Verstöße gegen das Pflichtversicherungsgesetz aufzudecken. Gleichwohl ist eine flächendeckende, verdachts- und anlasslose Erfassung von Kennzeichen mit unklarer anschließender Zweckverwendung mit den Rechten insbesondere von rechtmäßig agierenden Autofahrer nicht vereinbar und bezogen auf die Persönlichkeitsrechte dieser Fahrer unangemessen.*[195]

Zugleich kann eine Maßnahme bezogen auf die Mehrheit der Betroffenen angemessen, bezogen auf Einzelfälle aber unangemessen und damit unverhältnismäßig sein, so dass die Betrachtung ggf. bis hin zur Ermittlung der Interessen einzelner Betroffener reichen muss. Hier kann verlangt werden, dass der Gesetzgeber, um auch derartige Ausreißer erfassen zu können, **Ausnahme-**, **Härtefall-** oder **Übergangsbestimmungen** in die gesetzliche Regelung einfügt; unterlässt er dies, kann die Regelung im Einzelfall unangemessen sein.

> ***Beispiel:***
> *Durch Gesetz werden Verleger im Bundesland X verpflichtet, von jeder Auflage eines Werks ein Exemplar unentgeltlich der Landesbibliothek als Pflichtexemplar zu überlassen. Zweck der Regelung ist das verfassungsrechtlich legitime Bestreben des Gesetzgebers, literarische Erzeugnisse einer Epoche der Allgemeinheit möglichst geschlossen zugänglich zu machen und so auch späteren Generationen einen umfassenden Eindruck vom geistigen Schaffen früherer Epochen zu ermöglichen. Die Maßnahme ist geeignet, weil zweckförderlich. Sie ist auch erforderlich, da insbesondere eine Entschädigung der Verleger zu teuer wäre und die Überlassung von Kopien oder elektronischen Formen häufig nicht den gleichen dokumentarischen Wert hätte. Die Regelung ist für die Mehrheit der Verleger, die die finanzielle Belastung bei der Preiskalkulation berücksichtigen und weiterreichen können, auch angemessen. Übermäßig betroffen werden aber Klein- und Kleinstverleger, insbesondere wenn sie geringe Auflagen besonders wertvoller Bücher herstellen. Wenn der Gesetzgeber diese Verleger nicht im Blick hat und*

194 BVerfGE 115, 320, 345 f.
195 Vgl. BVerfGE 120, 378, 429 ff.

*bspw. ausnahmsweise Entschädigungsregelungen vorsieht, kann die Regelung für solche Verleger unangemessen sein.*[196]

Die Angemessenheit kann auch bei der Rechtsanwendung problematisch sein. Die Verhältnismäßigkeitsprüfung ist also nicht auf ein ermächtigendes Gesetz, sondern auch auf Ausführungsakte seitens der Exekutive zu erstrecken.

***Beispiel:***
*So dürfte die Polizei nicht gezielt auf einen rasant auf dem Fahrrad flüchtenden Taschendieb schießen. Die Maßnahme verfolgt einen legitimen Zweck, nämlich Strafverfolgung und Schutz der Rechte des Bestohlenen. Sie ist geeignet, also zweckförderlich, da man des Täters und der Beute habhaft werden kann. Sie ist – wenn der Polizist selbst zu Fuß unterwegs ist und nicht wirksam Verstärkung herbeirufen kann – auch erforderlich. Jedoch stehen der Anlass (Taschendiebstahl) und der verfolgte Zweck (Strafverfolgung, Schutz der Rechte des Bestohlenen) in keinem angemessenen Verhältnis zu den potenziellen Folgen für den Taschendieb, nämlich schwere Gefahren für die körperliche Integrität bis hin zur Lebensgefährdung.*

Die hier vorzunehmende Abwägung zwischen den betroffenen Interessen sollte im Rahmen der Klausurbearbeitung besonderes Gewicht erfahren, sie kommt aber nicht ohne wertende, je nach persönlicher Sicht und Erfahrung abweichende Gesichtspunkte aus. Der Aufgabensteller sollte daher eine sorgsame Abwägung verlangen, nicht (s)eine einzig richtige Abwägung.

## 2.4.8 Rechtsschutzgarantie

### 2.4.8.1 Umfang der Rechtsschutzgarantie

Flankiert werden die Aussagen des Rechtsstaatsprinzips durch die **Rechtsschutzgarantie**. Den Schutz des Bürgers vor Übergriffen des Staates gewährleistet das Grundgesetz zentral in Art. 19 Abs. 4 GG, wo es in Satz 1 heißt: „*Wird jemand durch die öffentliche Gewalt in seinen Rechten verletzt, so steht ihm der Rechtsweg offen.*“ Der Staatsrechtler *Richard Thoma* (1874–1957) hat Art. 19 Abs. 4 GG dementsprechend als „*Schlussstein im Gewölbe des Rechtsstaates*“[197] bezeichnet. So würde ein möglicher Verstoß gegen Vorrang des Gesetzes, Bestimmtheit, Vertrauensschutz oder Verhältnismäßigkeit ungeahndet bleiben und die entsprechenden Grundsätze für den Bürger entwertet, wenn er seine Rechte nicht vor einem unabhängigen Gericht durchzusetzen versuchen könnte.

Der Begriff der öffentlichen Gewalt betrifft vorrangig die Exekutive. So bezieht das Bundesverfassungsgericht die Reichweite des Art. 19 Abs. 4 GG nicht auf die

196 So vereinfacht die Fallgestaltung von BVerfGE 58, 137 ff. – Pflichtexemplar.

197 *Thoma*, Über die Grundrechte im Grundgesetz für die BRD, in Wandersleb u. a., Recht, Staat, Wirtschaft Bd. 2, S. 9 ff, 9.

(Parlaments-)Gesetzgebung.[198] Dies erscheint in Anbetracht des **Verwerfungsmonopols** des Bundesverfassungsgerichts[199] nachvollziehbar: Wenn das Bundesverfassungsgericht für sich das alleinige Recht zur Verwerfung von (Parlaments-)Gesetzen reklamiert, kann der Bürger unmittelbar gegen ein Gesetz allenfalls vor der Verfassungsgerichtsbarkeit streiten. Auch der Richter, der eine streitentscheidende Vorschrift des nachkonstitutionellen Rechts für verfassungswidrig hält, muss diese nach Art. 100 GG dem Bundesverfassungsgericht vorlegen. Zugleich aber verbürgt Art. 19 Abs. 4 GG keinen subjektiven verfassungsgerichtlichen Rechtsschutz,[200] sondern vornehmlich Zugang zur „einfachen" Fachgerichtsbarkeit.

Für bürgerlich-rechtliche Streitigkeiten wird ein allgemeiner **Justizgewährleistungsanspruch** generell aus dem Rechtsstaatsprinzip i. V. m. Art. 2 Abs. 1 GG – der allgemeinen Handlungsfreiheit[201] – hergeleitet; die Notwendigkeit eines Zugangs zu unabhängigen Gerichten auch im Streit von Privaten untereinander ergibt sich bereits daraus, dass dem Bürger die Anwendung von Selbsthilfe verwehrt bleiben muss.[202]

Die Ausgestaltung effektiven Rechtsschutzes überlässt das Grundgesetz dem parlamentarischen Gesetzgeber. Damit lässt sich aus dem Grundgesetz – weder aus dem allgemeinen Justizgewährleistungsanspruch noch aus Art. 19 Abs. 4 GG – ein Anspruch auf Gewährung eines Instanzenzugs nicht herleiten.[203] Auch wird Rechtsschutz grundsätzlich nur durch den Richter und nicht gegen den Richter gewährt.[204] Gleichwohl ist es geboten, gegen verwaltendes Handeln der Gerichte (Entscheidungen des Rechtspflegers, Kostenentscheidungen) Rechtsschutz zu gewähren. Auch können sich aus dem gerichtlichen Verfahren selbst Grundrechtsverstöße ergeben, so bei Verletzung des rechtlichen Gehörs (Art. 103 Abs. 1 GG). In solchen Fällen muss jedenfalls nach dem allgemeinen Justizgewährleistungsanspruch ein Gericht höherer Instanz angerufen werden können; letztendlich wäre eine Verfassungsbeschwerde, gestützt auf eine Verletzung von Art. 103 Abs. 1 GG, zulässig.

Seit dem 1.8.2024 können Personen ihre Schriftsätze auch beim Bundesverfassungsgericht wirksam in elektronischer Form einreichen. Für Rechtsanwälte besteht hierfür eine Nutzungspflicht über das besondere elektronische Anwaltspostfach. Art. 19 Abs. 4 GG verlangt damit nicht mehr nur einen „offenen Rechtsweg" im traditionellen Sinn, sondern umfasst nach der gesetzlichen Neuregelung (§§ 23a ff. BVerfGG) den effektiven digitalen Zugang zum Gericht.

Durch die Anbindung des Bundesverfassungsgerichts an den elektronischen Rechtsverkehr wird der bisher lediglich papier- oder faxgebundene Rechtsschutz modernisiert. Die Änderung beseitigt medienbedingte Zugangshürden, verkürzt Laufzeiten und entspricht der Rechtsprechung des Bundesverfassungsgerichts, wonach der Staat

198 Vgl. etwa BVerfGE 45, 297, 334.
199 Vgl. oben Kap. 2.4.4.
200 Vgl. BVerfGE 99, 1, 19.
201 Dazu unten Kap. 4.2.
202 Vgl. *Degenhart*, Staatsrecht I, Rn. 445.
203 Vgl. BVerfGE 54, 277, 291.
204 Vgl. *Sachs* in Sachs, Grundgesetzkommentar, Art. 19 GG Rn. 120.

technische Entwicklungen berücksichtigen muss, um den Zugang zu Gerichten realitätsnah und wirkungsvoll auszugestalten.

#### 2.4.8.2 Die Stellung der rechtsprechenden Gewalt

Der IX. Abschnitt (Art. 92 GG) befasst sich mit der **Rechtsprechung** als der sog. „Dritten Gewalt". Rechtsprechung kann als die verbindliche Entscheidung von Rechtsstreitigkeiten durch unabhängige, nur Recht und Gesetz verantwortliche staatliche Stellen in einem mit besonderen Garantien ausgestalteten Verfahren angesehen werden.[205] Gekennzeichnet ist die Rechtsprechung damit durch ihre **Unabhängigkeit** und das Tätigkeitwerden in besonders ausgestalteten Verfahren, wie sie aus den **Verfahrensordnungen** der Gerichtsbarkeiten (ZPO, StPO, VwGO, SGG oder FGG oder FGO), aber auch dem BVerfGG hervorgehen. Aufgabe der Rechtsprechung ist es, den allgemeinen Justizgewährleistungsanspruch des Bürgers sowie den Rechtsschutz gegenüber hoheitlichen Maßnahmen sicherzustellen,[206] womit gleichzeitig das **Verbot** der **Selbstjustiz**, das staatliche **Gewaltmonopol** und die grundsätzliche Rechtsgehorsamspflicht des Bürgers abgesichert werden.

Merkmale richterlicher Tätigkeit, aus der auch das besondere Vertrauen des Staates und der Gesellschaft in die Rechtsprechung resultieren soll, ist die **Unparteilichkeit** und **Objektivität** der Rechtsprechung.

> **Merke:**
> Objektivität und Unparteilichkeit entledigen den Richter nicht seiner Eigenschaft als Subjekt mit eigenen Anschauungen und Überzeugungen, auch wenn er diese so weit wie möglich zurückstellen soll. Dennoch mag es bspw. bei Streitigkeiten um die Frage, wie oft der Nachbar das Grillen im angrenzenden Garten dulden muss,[207] schon einen Unterschied machen, ob der Richter den Gerichtssaal noch mit dem Duft des zuletzt gegrillten Koteletts betritt oder Veganer Stufe 5 ist („Ich esse nichts, was einen Schatten wirft!"[208]).

##### *2.4.8.2.1 Gerichtszweige*

Die **Gerichtszweige** sind gem. Art. 95 Abs. 1 GG
- ordentliche Gerichtsbarkeit (Zivil- und Strafgerichte),
- Arbeitsgerichtsbarkeit,
- Verwaltungsgerichtsbarkeit,
- Sozialgerichtsbarkeit,
- Finanzgerichtsbarkeit.

---

205 So *Maurer*, Staatsrecht I, § 19 Rn. 5.
206 Dazu oben Kap. 2.4.8.
207 Vgl. AG Westerstede, NZM 2010 S, 336 einerseits und LG München, WuM 2004 S. 368 andererseits.
208 Vgl. http://www.youtube.com/watch?v=ETNQ3suMLZA, zuletzt abgerufen am 16.8.2016.

An der Spitze dieser als Landesgerichtsbarkeiten (Art. 92 GG) ausgestalteten Gerichtszweige stehen die folgenden Obersten **Gerichtshöfe des Bundes** in der vorherigen Reihenfolge:

- Bundesgerichtshof (BGH) mit (Haupt-)Sitz in Karlsruhe und Sitz in Leipzig,
- Bundesarbeitsgericht (BAG) mit Sitz in Erfurt,
- Bundesverwaltungsgericht (BVerwG) mit Sitz in Leipzig,
- Bundessozialgericht (BSG) mit Sitz in Kassel,
- Bundesfinanzhof (BFH) mit Sitz in München.

Will ein Oberster Gerichtshof von der Entscheidung eines anderen Obersten Gerichtshofs des Bundes abweichen, wird der in Art. 95 Abs. 3 GG vorgesehene **Gemeinsame Senat** der Obersten Gerichtshöfe, angesiedelt beim BGH, angerufen. Dies gilt auch, wenn von einer Entscheidung dieses Gemeinsamen Senats abgewichen werden soll. Daneben existieren die Verfassungsgerichtsbarkeit des Bundes, das Bundesverfassungsgericht[209], und die Verfassungsgerichtsbarkeiten der Länder. Kein Oberster Gerichtshof des Bundes, sondern Bundesgericht ist das **Bundespatentgericht** mit Sitz in München. Das Bundespatentgericht ist in teilweiser Ausübung der Kompetenz nach Art. 96 Abs. 1 GG durch Umgestaltung des Bundespatentamts errichtet worden und ist Gericht erster Instanz für Fragen des Patentrechts, des Gebrauchs- und Geschmacksmusterrechts und des Markenrechts.[210]

Der Gesetzgeber hat mit dem „Gesetz zur Förderung des Einsatzes von Videokonferenztechnik in der Zivil- und Fachgerichtsbarkeit" vom 25.5.2023 § 128a ZPO, § 102a VwGO, § 65a SGG, § 91a FGO und § 46 ArbGG neu gefasst. Seither dürfen Gerichte Termine im Regelfall als Videoverhandlung anordnen, Zeugen- und Sachverständigenbeweise per Bild- und Tonübertragung erheben und auf Antrag der Beteiligten digitale Zuschaltungen umfassend zulassen. Die Länder Nordrhein-Westfalen und Bayern haben ihre Landesverfahrensordnungen und Gerichtssäle bereits flächendeckend mit geeigneter Technik ausgestattet.

Die Reform reagiert auf Erfahrungen aus der Pandemie und auf das zunehmende Bedürfnis nach ortsunabhängiger Verfahrensbeteiligung. Sie stärkt die Funktionsfähigkeit der Gerichte ohne den Grundsatz der Öffentlichkeit und den Anspruch auf rechtliches Gehör einzuschränken, weil eine rein virtuelle Verhandlung weiterhin der ausdrücklichen Anordnung des Gerichts bedarf.[211]

209 Dazu oben Kap. 3.6.

210 Siehe näher zu Vorgeschichte und Zuständigkeiten *Morgenthaler* in DHS, Grundgesetz-Kommentar, Art. 96 GG Rn. 11 ff.

211 Bundesministerium der Justiz und für Verbraucherschutz, Kabinett beschließt Stärkung von Videoverhandlungen an den Zivilgerichtenhttps://www.bmjv.de/SharedDocs/Pressemitteilungen/DE/2023/0524_Videokonferenztechnik.html, zuletzt abgerufen am 24.6.2025.

#### 2.4.8.2.2 Richtervorbehalt

***Beispielfall 18:***
*Nach Mitternacht stoppt eine Streife in Duisburg einen Pkw-Fahrer, der bei einer Kontrolle Alkoholgeruch aufweist. Die Polizisten wählen zehn Minuten lang erfolglos die Nummer der richterlichen Bereitschaft. Sie dokumentieren Uhrzeit, Anrufversuche und die fortschreitende Alkoholisierung. Da der Fahrer erkennbar weiterhin Alkohol abbaut, ordnet die diensthabende Kommissarin eine Blutentnahme an.*

Gemäß Art. 92 GG ist die rechtsprechende Gewalt den Richtern anvertraut **(Richtervorbehalt)**. Damit kommt zum Ausdruck, dass die Rechtsprechung nicht vorrangig Objekt der Zuständigkeitsverteilung zwischen Bund und Ländern ist; vielmehr wird der Richter bzw. die Gerichtsbarkeit institutionell angesprochen. Dieser Fokus kann mit den Erfahrungen des Dritten Reiches begründet werden;[212] die Rechtsprechung dient der Flankierung des Rechtsstaats und nimmt hierfür den Richter in seiner persönlichen Verantwortung besonders in die Pflicht.

Spezielle Richtervorbehalte sieht das Grundsetz etwa in Art. 13 GG (Eingriffe in die Unverletzlichkeit der Wohnung) und in Art. 104 GG (freiheitsentziehende Maßnahmen) vor.[213]

**Hinweis für die Praxis:**
Polizeibeamtinnen und -beamte begegnen dem Richtervorbehalt im Ermittlungsalltag vor allem bei der Anordnung von Blutproben (§ 81a Abs. 2 StPO) oder Wohnungsdurchsuchungen (§ 105 StPO). Der Bundesverfassungsgerichtsbeschluss vom 9.12.2022 – 1 BvR 1345/21 – betont, dass Gefahr im Verzug nur dann vorliegt, wenn der drohende Beweisverlust konkret begründet und dokumentiert wird; ein allgemeiner Hinweis auf nächtliche Dienstzeiten genügt nicht. Das Gericht stellte klar, dass ein Beweisverwertungsverbot droht, wenn Polizeivollzugsbeamte den Richtervorbehalt routinemäßig umgehen. Gleichzeitig verpflichtet § 163 Abs. 1 Satz 2 StPO die Polizei, der Staatsanwaltschaft unverzüglich Bericht zu erstatten; die Staatsanwaltschaft bleibt Herrin des Ermittlungsverfahrens, kann Weisungen erteilen und übernimmt spätestens ab § 170 StPO die Entscheidung über Anklage oder Einstellung

***Lösung zu Beispielfall 18:***
*Die detaillierte Dokumentation zeigt eine ernsthafte Bemühung, den zuständigen Richter zu erreichen. Die rapide Minderung des Blutalkoholwerts begründet*

212 *Maurer*, Staatsrecht I, § 19 Rn. 11.
213 Näher *Maurer*, Staatsrecht I, § 19 Rn. 14 f. und unten Kap. 4.9 und Kap. 4.5.

*Gefahr im Verzug. Die Anordnung entspricht § 81a Abs. 2 StPO, verletzt nicht den Richtervorbehalt und bleibt verwertbar.*

#### 2.4.8.2.3 Richterliche Unabhängigkeit

Richter sind **sachlich** und persönlich **unabhängig** (Art. 97, 98 GG). Sie sind nur an Recht und Gesetz gebunden. Die sachliche Unabhängigkeit bezieht sich auf die Rechtsprechungstätigkeit; die Entscheidungen der Richter und Gerichte ergehen weisungsfrei und frei von staatlicher Einflussnahme. Dies gilt gleichermaßen für Beeinflussungen seitens der Politik wie der Verwaltung.

Die **persönliche** Unabhängigkeit sichert und ergänzt die sachliche Unabhängigkeit. Hauptamtliche und planmäßig endgültig angestellte („verplante") Richter dürfen nur unter engen gesetzlich abgesicherten Voraussetzungen (Art. 97 Abs. 2 GG) versetzt, entlassen oder in den Ruhestand versetzt werden (**Unabsetzbarkeit** und **Unversetzbarkeit**). Die persönliche Unabhängigkeit sichert auch Freiheiten bezüglich des „Wie" und des „Wo" richterlichen Arbeitens. Diese Freiheiten bestehen in Grenzen; der Richter muss bspw. selbstverständlich für Sitzungstage im Gericht zur Verfügung stehen, ebenso muss er sich in die Arbeit in Kollegialgerichten einfügen.

Durch diese begrenzten Einwirkungsmöglichkeiten soll mittelbarer **Druck** auf die richterliche Tätigkeit (etwa: Inaussichtstellen von Belastungen oder Begünstigungen für Entscheidungen in eine bestimmte Richtung) **vermieden** werden. Selbstverständlich ist andererseits, dass sich der Richter im Rahmen der Gesetze ggf. disziplinarrechtlich oder strafrechtlich für nachgewiesenes Fehlverhalten verantworten muss.

#### 2.4.8.2.4 Anspruch auf den gesetzlichen Richter/rechtliches Gehör

Im Kontext richterlicher Tätigkeit stehen auch die sog. **„Justizgrundrechte"**, insb. Art. 101 GG und 103 Abs. 1 und 3 GG[214].

Art. 101 Abs. 1 GG sichert dem Einzelnen einen Anspruch auf den gesetzlichen Richter zu. Damit ist gewährleistet, dass Richter und Gerichte nicht manipulativ zugeordnet werden, sondern aufgrund einer absehbaren, **generell-abstrakten Zuständigkeitsregelung** (bspw. Geschäftsverteilungspläne bei den Gerichten), und zwar auf Grundlage gesetzlicher Zuständigkeitsregelungen.[215] Art. 103 Abs. 1 GG sichert jedermann das Recht zu, vor staatlichen Gerichten im Kontext laufender Verfahren mit seinem Vorbringen gehört zu werden, ebenso das Recht, dass dieses Vorbringen in die Entscheidung einfließt, mindestens dadurch, dass es mit Begründung als „nicht erheblich" gekennzeichnet wird. Umfasst ist das Recht, über die Rechtslage informiert zu werden, sowie vor Überraschungsentscheidungen geschützt zu sein.[216]

Art. 103 Abs. 3 GG enthält das **Verbot** der **Doppelbestrafung** wegen *„derselben Tat"* („ne bis in idem"). Das Bundesverfassungsgericht sieht in diesem Kontext eine Tat

214 Zu Art. 104 GG siehe unten Kap. 8.4.3. Zum Grundsatz „nulla poena sine lege" siehe Art. 103 Abs. 2 GG, schon oben Kap. 2.4.3.

215 *Morgenthaler* in BeckOK GG, Art. 101 GG Rn. 10 ff.

216 *Morgenthaler* in BeckOK GG, Art. 103 GG Rn. 6 ff.

als einen *„geschichtlichen Vorgang, auf welchen Anklage und Eröffnungsbeschluss hinweisen und innerhalb dessen der Angeklagte als Täter oder Teilnehmer einen Straftatbestand verwirklicht haben soll.“*[217] Folge kann sein, dass wenn eine Verurteilung wegen einer Tat erfolgt ist und die Verwirklichung eines schwereren Tatbestands zu dieser Zeit nicht erkannt wurde, eine erneute Bestrafung wegen der schwereren Tat nicht mehr möglich ist (Strafklageverbrauch).

Der Zweite Senat des Bundesverfassungsgerichts hat mit Beschluss vom 31.10.2023 – 2 BvR 900/22 – klargestellt, dass eine Überraschungsentscheidung auch dann vorliegt, wenn das Gericht in einer Videoverhandlung einen neuen rechtlichen Gesichtspunkt aufgreift ohne den anwaltlich vertretenen Beteiligten ausreichend Gelegenheit zur Stellungnahme zu geben. Verstöße gegen diese Rückäußerungsfrist führen regelmäßig zur Aufhebung des Urteils, weil sie das rechtliche Gehör verletzen.

Die Entscheidung erweitert die bisherige Dogmatik des Art. 103 Abs. 1 GG auf den virtuellen Gerichtssaal und betont, dass technische Formate keine Abstriche bei den prozessualen Beteiligungsrechten erlauben.

**Praxishinweis:**
Auch im polizeilichen Alltag hat der Grundsatz des gesetzlichen Richters Bedeutung. Eine Durchsuchung darf nur von dem nach der Geschäftsverteilung zuständigen Ermittlungsrichter angeordnet werden. Wird mangels Eilkompetenz ein fachlich unzuständiger Richter angerufen, führt dies zur Rechtswidrigkeit des Beschlusses.

## 2.5 Sozialstaatsprinzip

Die Aufnahme des **Sozialstaatsprinzips** als unabänderbarem Strukturprinzip der Bundesrepublik ist geschichtlich der zunehmenden Bedeutung der „sozialen Frage“ als Spätfolge der industriellen Revolution geschuldet. Unter dem Grundgesetz soll allen Bevölkerungsschichten die Möglichkeit eröffnet werden, ihre bürgerlichen Freiheiten in Anspruch zu nehmen. In Abgrenzung zum liberalen Rechtsstaat, bei dem die Garantie des privaten Freiraums gegenüber dem Staat über die Gewährung von Freiheit und Eigentum und die Gewährung von Rechtsgleichheit im Vordergrund steht, bemüht sich der soziale Rechtsstaat um die Realisierung tatsächlicher Gleichheit bzw. um die Schaffung der tatsächlichen Voraussetzungen für die Verwirklichung grundrechtlicher Freiheit.[218]

217 BVerfGE 23, 191, 202.
218 *Degenhart*, Staatsrecht I, Rn. 592.

**Merke:**
Teilweise wird vertreten, dass es sich bei der Vorgabe, dass die *„Bundesrepublik Deutschland ein [...] sozialer Bundesstaat"* ist, um ein Staatsziel handelt.[219] Staatsziele bergen die Verpflichtung für den Staat, auf die jeweilige Zielsetzung im Rahmen des Möglichen hinzuwirken.[220] Da das Sozialstaatsprinzip auch als Staatsziel der Ewigkeitsgarantie nach Art. 79 Abs. 3 GG unterfiele, leiten sich aus der Verortung als Staatsprinzip oder als Staatsziel keine unterschiedlichen Rechtsfolgen her.

Gekennzeichnet ist der Sozialstaat durch ein Moment der **Umverteilung**, um die Ziele des Sozialstaatsprinzips – soziale Gerechtigkeit und soziale Sicherheit – zu fördern. Umverteilung erfolgt in der Bundesrepublik u. a. über jegliche an der Höhe des Einkommens gestaffelten Leistungen des Bürgers, etwa bei der Steuerlast oder bei entsprechend ausgestalteten abweichenden Sozialversicherungsbeiträgen, so bspw. in der gesetzlichen Krankenversicherung.

### 2.5.1 Sozialstaat als Aufgabe des Staates

Adressat des Sozialstaatsprinzips ist der Staat in seiner Tätigkeit als Gesetzgeber, der eine an sozialer Gerechtigkeit orientierte Ordnung schaffen soll, die aber zugleich mit der (begrenzten) Leistungsfähigkeit der Volkswirtschaft in Einklang stehen muss. Deswegen wird dem Staat bei der konkreten Ausgestaltung sozialstaatlicher Strukturen – bei dem „Wie" des Sozialstaats – auch ein großer Gestaltungsspielraum eingeräumt.[221] Während die Regelungen etwa der gesetzlichen Sozialversicherung den Aspekt der sozialen Sicherheit betreffen (SGB V – Gesetzliche Krankenversicherung, SGB VI – Gesetzliche Rentenversicherung, SGB VII – Gesetzliche Unfallversicherung, SGB XI – Pflegeversicherung, ergänzt durch SGB II – Grundsicherung für Arbeitssuchende und SGB XII – Sozialhilfe), sind über Vorschriften des sozialen Mietrechts, des Verbraucherschutzes und des Arbeitsrechts die Aspekte der sozialen Gerechtigkeit erfasst.

Die Umsetzung sozialstaatlicher Strukturen ist dann aber auch Aufgabe der Exekutive beim Gesetzesvollzug und der Rechtsprechung bei der Überprüfung gesetzgeberischer und exekutiver Entscheidungen. Dabei ist auch auf diesen Ebenen stets das Bestreben des Staates zur Schaffung **sozialer Gerechtigkeit** zu beachten.

Zu bedenken sind neben dem Wunsch des Einzelnen zur **Teilhabe** eben auch volkswirtschaftliche Grenzen, Grundrechte Dritter, gerichtet auf Wahrnehmung wirtschaftlicher Freiheit, sowie Aspekte der Generationengerechtigkeit. Sofern soziale Gerechtigkeit gefordert wird, ist einzugestehen, dass soziale Gerechtigkeit stets eine Frage des Blickwinkels ist.

219 So *Degenhart*, Staatsrecht I, Rn. 588 ff.; wohl auch *Gröpl*, Staatsrecht I, Rn. 673.
220 Näher unten Kap. 2.7.1.
221 BVerfGE 132,134, 159; BVerfGE 125, 175, 222 (st. Rspr).

Das Bürgergeld wurde zum 1. Januar 2023 als Nachfolger des Arbeitslosengeldes II eingeführt. Die damalige Reform verfolgte das Ziel, die Existenzsicherung stärker mit nachhaltiger Arbeitsmarktintegration, Qualifizierung und Teilhabe zu verbinden. Im Koalitionsvertrag von 2025 kündigte die Bundesregierung an, das Bürgergeld zu einer neuen "Grundsicherung für Arbeitsuchende" weiterzuentwickeln. Diese Reform ist inzwischen gesetzlich beschlossen worden. Danach wird das Bürgergeldsystem durch eine neue Grundsicherung ersetzt, die den Vermittlungsvorrang in Arbeit wieder stärker betont, die Karenzzeiten für Vermögen und Unterkunftskosten weitgehend beendet und strengere Mitwirkungs- und Sanktionsregelungen vorsieht. Gleichzeitig bleibt die Gewährleistung des verfassungsrechtlich geschützten Existenzminimums bestehen. Die Regelsätze wurden zunächst auf dem Niveau von 563 Euro für Alleinstehende eingefroren („Nullrunde"). Die Neuregelung verfolgt das Ziel, die Balance zwischen staatlicher Unterstützung und Eigenverantwortung neu auszurichten sowie die Arbeitsaufnahme stärker zu fördern.[222] Zu beachten ist, dass die Reform politisch als „Abschaffung des Bürgergeldes“ bezeichnet wird, materiell-rechtlich jedoch kein vollständiger Systemwechsel erfolgt. Vielmehr bleibt die Grundsicherung für Arbeitsuchende im Zweiten Buch Sozialgesetzbuch (SGB II) bestehen, wird jedoch hinsichtlich Vermittlungsvorrang, Vermögensanrechnung und Sanktionen neu ausgestaltet.[223] Der geplante Einfrieren des Regelbedarfs genügt nach bisheriger Einschätzung dem verfassungsrechtlichen Existenzminimum, könnte jedoch real zu Kaufkraftverlusten führen und wird in der Fachliteratur bereits kritisch diskutiert.

***Beispiel:***
*Derjenige, der als Arbeitsloser Arbeitslosengeld-II-Regelsatzleistungen bezieht, mag diesen Regelsatz als zu niedrig und damit ungerecht empfinden. Derjenige, der einer schlechtbezahlten Vollzeitbeschäftigung nachgeht und nur wenig mehr als den Regelsatz verdient, mag die ALG II-Leistungen gemessen an dem, was er aus acht Stunden Arbeit am Tag geringfügig mehr erzielt, als zu hoch und damit ebenfalls ungerecht empfinden.*

### 2.5.2 Regelmäßig keine Ansprüche des Einzelnen aus dem Sozialstaatsprinzip

Wie gezeigt, obliegt die Ausgestaltung des Sozialstaats dem Gesetzgeber, der auf einfachgesetzlicher Ebene Ansprüche auf Sozialleistungen (bspw. Hilfe zum Lebensunterhalt, Grundsicherung für Arbeitsuchende nach dem SGB II oder Erwerbsminderungsrenten) regeln kann. Dagegen lassen sich aus dem Sozialstaatsprinzip unmittelbar regelmäßig keine konkreten Leistungsansprüche herleiten. Ausnahmsweise hat das Bundes-

222 Siehe https://www.bmas.de/DE/Service/Gesetze-und-Gesetzesvorhaben/13-gesetz-zur-aenderung-zweiten-buch-sozialgesetzbuch-und-anderer-gesetze.html, abgerufen am 21.6.2026.

223 Siehe https://iab-forum.de/die-neue-grundsicherung-kein-grundlegender-systemwechsel-aber-eine-partiell-sinnvolle-neujustierung/, abgerufen am 21.6.2026.

verfassungsgericht aus der Menschenwürdegarantie des Art. 1 Abs. 1 GG in Verbindung mit dem Sozialstaatsprinzip des Art. 20 Abs. 1 GG einen Anspruch auf Gewährleistung eines menschenwürdigen Existenzminimums hergeleitet, der mittlerweile insbesondere in den Vorschriften des SGB II und SGB XII einfachgesetzlich ausgestaltet ist.

Auch kann der Einzelne nicht die Beibehaltung bestimmter Strukturen sozialstaatlicher Leistungen aus dem Sozialstaatsprinzip fordern. Der Gesetzgeber verfügt vielmehr über einen weiten Gestaltungsspielraum bei der Organisation und Ausgestaltung sozialer Sicherungssysteme. Dies zeigt sich etwa an den Reformen von der Arbeitslosenhilfe und Sozialhilfe hin zu den Systemen des SGB II und SGB XII im Rahmen der sog. „Hartz-Reformen", an der Einführung des Bürgergeldes zum 1.1.2023 sowie an dessen anschließender Weiterentwicklung zu einer neuen Grundsicherung für Arbeitsuchende. Derartige Systemänderungen sind Ausdruck der dem Gesetzgeber zustehenden sozialpolitischen Gestaltungsfreiheit und grundsätzlich verfassungsrechtlich zulässig, solange das verfassungsrechtlich garantierte menschenwürdige Existenzminimum gewahrt bleibt.

Die Einführung des Bürgergeldes konkretisierte das Sozialstaatsprinzip, indem sie den Schwerpunkt stärker von einer reinen Existenzsicherung auf nachhaltige Eingliederung in den Arbeitsmarkt, Qualifizierung und gesellschaftliche Teilhabe verlagerte. Die nachfolgende Reform zur neuen Grundsicherung für Arbeitsuchende setzt demgegenüber verstärkt auf die schnelle Aufnahme einer Erwerbstätigkeit, eine stärkere Verbindlichkeit der Mitwirkungspflichten sowie eine restriktivere Ausgestaltung der Vermögens- und Sanktionsregelungen. Ungeachtet dieser unterschiedlichen sozialpolitischen Schwerpunktsetzungen verbleibt die Gewährleistung des menschenwürdigen Existenzminimums als verfassungsrechtliche Untergrenze bestehen. Die Entwicklung von den Hartz-Reformen über das Bürgergeld bis hin zur neuen Grundsicherung verdeutlicht daher, dass das Sozialstaatsprinzip dem Gesetzgeber zwar einen verbindlichen Sicherungsauftrag auferlegt, ihm jedoch zugleich erhebliche Spielräume bei dessen konkreter Ausgestaltung belässt.

## 2.6 Exkurs: Widerstandsrecht, Art. 20 Abs. 4 GG

Nicht unmittelbar zu den Verfassungsprinzipien zählend, ist das Widerstandsrecht im Jahr 1968 im Zuge der sog. **„Notstandsgesetzgebung"** und quasi als Gegengewicht zu dieser in Art. 20 GG eingefügt worden. So wurden mit dem 17. Gesetz zur Änderung des Grundgesetzes[224] Regelungen für den Verteidigungsfall, den Spannungsfall und Fälle des inneren Notstands sowie zum Katastrophenfall eingefügt. In diesen Situationen sollte nicht zuletzt die Einschränkung von Grundrechten erleichtert werden können und insbesondere im Verteidigungsfall staatliche Funktionen auf den **Gemeinsamen Ausschuss** übertragen werden. Auch die vorgenannten Krisensituationen sollten nicht als Vorwand für die Beseitigung grundrechtlicher Freiheiten[225] oder eben grundlegender staatlicher Prinzipien dienen können.

224 17. Gesetz zur Änderung des Grundgesetzes vom 24.6.1968 (BGBl. I S. 709).
225 In diesem Sinne *Huster/Rux* in BeckOK GG, Art. 20 GG Rn. 226.

Gedacht war das Widerstandsrecht als subjektiv-rechtliche Ergänzung zu Art. 79 Abs. 3 GG[226], mit dem Staatsbürger individuell wie kollektiv berechtigt werden sollten, gegen die Beseitigung der staatlichen Ordnung **aufzubegehren**.

Nicht unumstritten ist, ob das Widerstandsrecht reduziert ist auf die Kernaussagen des **Art. 20 Abs. 1 bis 3 GG** oder ob die Beseitigung der freiheitlich-demokratischen Grundordnung[227] bzw. aller in Art. 79 Abs. 3 GG geschützten Verfassungsgüter Anlass zur Ausübung des Widerstandsrechts sein darf.[228] Zutreffend dürfte sein, dass etwa in der Beseitigung der besonderen Achtung der Menschenwürde – als solche erfasst von Art. 79 Abs. 3 GG, nicht aber ausdrücklich erwähnt in Art. 20 Abs. 1 bis 3 GG – zugleich ein Verstoß gegen die Grundsätze der Rechtsstaatlichkeit nach Art. 20 Abs. 3 GG liegen dürfte, so dass auch ein solches Vorgehen zur Ausübung des Widerstandsrechts berechtigen würde. Ob Art. 20 Abs. 4 GG von der Ewigkeitsgarantie des Art. 79 Abs. 3 GG erfasst ist, wird unterschiedlich gesehen.[229]

Ein wesentliches Strukturelement des Widerstandsrechts ist, dass es (erst) einsetzt, wenn – insbesondere im Falle des Versagens existierender verfassungsrechtlicher Kontrollinstanzen und -mechanismen – die **staatliche Ordnung** bereits **beseitigt** ist. Jede Ausübung von Widerstand innerhalb des noch rechtsstaatlich agierenden Systems ist damit vom Widerstandsrecht nicht gedeckt.

Keine Aussage trifft das Grundgesetz dazu, **welche Mittel** zur Ausübung des Widerstandsrechts ausgeübt werden dürfen. Hier ist davon auszugehen, dass alle Formen des „zivilen Ungehorsams" bzw. des passiven Widerstandes bis hin zur (ggf. bewaffneten) Gewaltausübung gegen Personen und Sachen erfasst. Korrektiv ist insoweit aber stets der Grundsatz der **Verhältnismäßigkeit**.

**Merke:**
Ob das Widerstandsrecht wirklich ein geeigneter Mechanismus zur Verteidigung einer – gefallenen – staatlichen Ordnung sein kann, mag bezweifelt werden. Entweder steht der Bürger, der berechtigterweise das Widerstandsrecht ausübt, einer in der Regel nicht rechtsstaatlich agierenden Staatsmacht gegenüber und wird dafür – wenn auch zu Unrecht – sanktioniert. Oder der Bürger wähnt sich zu Unrecht in der Situation, das Widerstandsrecht ausüben zu dürfen; in diesem Fall wird er von einer rechtstaatlich agierenden Staatsmacht – dann zu Recht – sanktioniert. Sanktionen erfolgen also immer, im letzteren Fall aber wiederum hoffentlich im Rahmen der Verhältnismäßigkeit.[230]

226 Dazu unten Kap. 2.8.

227 Dazu oben Kap. 2.2.3.2.3.

228 Zum Meinungsstand siehe *Huster/Rux* in BeckOK GG, Art. 20 GG Rn. 226.

229 Vgl. einerseits (nicht erfasst) *Kingreen/Poscher*, Staatsrecht II, Rn. 1184, und andererseits (erfasst) *Huster/Rux* in BeckOK GG, Art. 20 GG Rn. 231.

230 In diesem Sinne auch *Kingreen/Poscher*, Staatsrecht II, Rn. 1182: „Art. 20 Abs. 4 […] hat mit anderen Worten nur symbolische Funktion."

Im Übrigen steht das Widerstandsrecht aber nicht nur gegenüber staatlichen Stellen oder Amtsträgern gegenüber zur Verfügung, sondern auch gegenüber dem **Staatsstreich** revolutionär – „von unten" – agierender Kräfte. Gleichwohl folgt hieraus kein Recht der Organe der rechtmäßigen staatlichen Ordnung, sich auf das Widerstandsrecht zu berufen.

***Beispiel:***
*In jüngster Zeit haben sich Teile der „Querdenker-Bewegung" sowie Aktivisten der Gruppierung „Letzte Generation" öffentlich auf das Widerstandsrecht nach Art. 20 Abs. 4 GG berufen, um Straßenblockaden und andere Störaktionen zu rechtfertigen. Medienberichte und polizeiliche Lagebilder zeigen jedoch, dass weder eine konkrete Abschaffung der verfassungsmäßigen Ordnung noch die Aussichtslosigkeit anderweitiger Abhilfe gegeben ist. Das Widerstandsrecht bleibt deshalb ein äußerstes Notwehrrecht gegen einen Putsch oder eine Diktatur, nicht aber ein Freibrief für zivilen Ungehorsam im funktionierenden Rechtsstaat.*

## 2.7 Staatsziel Umweltschutz und Tierschutz

Seit 1994 ist im Grundgesetz der **Umweltschutz** durch Einfügen des Art. 20a GG als **Staatsziel** in die Verfassung aufgenommen worden;[231] Art. 20a GG wurde im Jahre 2002 durch Aufnahme des Staatsziels **Tierschutz** ergänzt.[232]

### 2.7.1 Staatsziel

**Staatsziele** erlegen dem Staat eine grundsätzliche verfassungsrechtlich bekräftigte Verpflichtung auf, ein bestimmtes **Ziel anzustreben** und möglichst zu verwirklichen. Staatsziele müssen beachtet, d. h. bei allem staatlichen Handeln mit bedacht und nach Möglichkeit gefördert werden. Die Mittel, die der Staat zur Förderung des Staatsziels einsetzt, stehen ihm weithin frei. Auch ist er weithin frei, unbestimmte Zielsetzungen zu konkretisieren.[233]

Eine Besonderheit der Staatsziele „Umwelt-" und „Tierschutz" ist es, dass letztlich nicht ein Ziel, also ein bestehender unvollkommener Zustand und ein angestrebter Zustand, sondern vielmehr eine Aufgabenstellung formuliert wird – anders mit deutlicherer Zielperspektive in Art. 3 Abs. 2 Satz 2 GG: „Der Staat fördert die tatsächliche Durchsetzung der Gleichberechtigung von Frauen und Männern und wirkt auf die Beseitigung bestehender Nachteile hin".[234]

Die Formulierung in Art. 20a GG, der zufolge der Staat Umwelt und Tiere „auch in Verantwortung für die künftigen Generationen" schützen soll, legt ein **anthropozen-**

231 42. Gesetz zur Änderung des Grundgesetzes vom 27.10.1994 (BGBl. I S. 3146).
232 50. Gesetz zur Änderung des Grundgesetzes vom 26.7.2002 (BGBl. I S. 2862).
233 Vgl. *Murswiek* in Sachs, Grundgesetz-Kommentar, Art. 20a GG Rn. 17.
234 Vgl. auch insoweit *Murswiek* in Sachs, Grundgesetz-Kommentar, Art. 20a GG Rn. 19 f.

**trisches** Verständnis der Norm nahe, also den Schutz der genannten Güter für den Menschen. Allerdings dürfte davon auszugehen sein, dass das Grundgesetz Umwelt und Tiere auch um ihrer selbst willen als eigenen Wert schützen will und damit auch ein **ökozentrischer** Ansatz verfolgt wird. Deutlich wird dies in der einfachgesetzlichen Ausprägung nach § 1 Bundesnaturschutzgesetz (BNatSchG), wo es heißt: „Natur und Landschaft sind auf Grund ihres eigenen Wertes und als Grundlage für Leben und Gesundheit des Menschen [...] zu schützen, [...]". Unabhängig davon, ob die Konzeption des Art. 20a GG anthropozentrisch oder ökozentrisch anzusehen ist, sind Umweltschutz und Tierschutz nunmehr als Rechtsgüter mit Verfassungsrang anzusehen. Aufgabe und Verpflichtung des Staates ist es, dem Umweltschutz und den Tierschutz im Sinne eines Optimierungsgebots einen möglichst hohen Stellenwert im Rechtssystem der Bundesrepublik zukommen zu lassen.[235]

Weder das Staatsziel „Umweltschutz" noch das Staatsziel „Tierschutz" vermittelt dem Einzelnen ein subjektives Recht; es besteht aus Art. 20a GG heraus kein rechtlich geschützter Anspruch gegen den Staat, dass dieser Umwelt- oder Tierschutz in bestimmter Weise betreibt, noch gewährt Art. 20a GG ein Recht des Einzelnen, ungestört Umwelt- oder Tierschutz betreiben zu können. Diese Rechte stehen dem Einzelnen allenfalls als Gewährleistung der Grundrechte, insbesondere Art. 2 Abs. 1 GG, zu.

Dieser Befund dürfte für den Umweltschutz im Ergebnis auch durch die aktuelle Entscheidung des Bundesverfassungsgerichts zum **Klimaschutzgesetz** des Bundes[236] nicht grundsätzlich in Frage gestellt werden. Jedenfalls aber stellt das Gericht einen Konnex zwischen dem Staatsziel Umweltschutz und der Verwirklichung grundrechtlicher Freiheiten her; so heißt es im 4. Leitsatz der Entscheidung: *„Das Grundgesetz verpflichtet unter bestimmten Voraussetzungen zur Sicherung grundrechtsgeschützter Freiheit über die Zeit und zur verhältnismäßigen Verteilung von Freiheitschancen über die Generationen. Subjektivrechtlich schützen die Grundrechte als intertemporale Freiheitssicherung vor einer einseitigen Verlagerung der durch Art. 20a GG aufgegebenen Treibhausgasminderungslast in die Zukunft. Auch der objektivrechtliche Schutzauftrag des Art. 20a GG schließt die Notwendigkeit ein, mit den natürlichen Lebensgrundlagen so sorgsam umzugehen und sie der Nachwelt in solchem Zustand zu hinterlassen, dass nachfolgende Generationen diese nicht nur um den Preis radikaler eigener Enthaltsamkeit weiter bewahren könnten. Die Schonung künftiger Freiheit verlangt auch, den Übergang zu Klimaneutralität rechtzeitig einzuleiten. Konkret erfordert dies, dass frühzeitig transparente Maßgaben für die weitere Ausgestaltung der Treibhausgasreduktion formuliert werden, die für die erforderlichen Entwicklungs- und Umsetzungsprozesse Orientierung bieten und diesen ein hinreichendes Maß an Entwicklungsdruck und Planungssicherheit vermitteln."*[237]

---

235 Vgl. *Caspar/Geissen*, NVwZ 2002 S. 913, 913.

236 BVerfG, ZUR 2021 S., 363 ff.; für ein „Grundrecht auf Umweltschutz" plädierend *Klinger*, ZUR 2021, S. 257 f.

237 BVerfG, ZUR 2021 S. 363, 364, Ls. 4.

## 2.7.2 Staatsziel Umweltschutz

### 2.7.2.1 Inhalt

Gemäß Art. 20a GG sollen die **natürlichen Lebensgrundlagen** geschützt werden. Zu diesen natürlichen Lebensgrundlagen zählen die Umweltmedien wie Luft, Wasser und Boden sowie die klimatischen Bedingungen.[238] Zugleich werden aber auch Fauna und Flora in ihren natürlichen Lebensräumen erfasst. Die Rechtsprechung sieht auch die Unversehrtheit der Landschaft einbezogen.[239]

Der Begriff „schützen" bedeutet das Vermeiden belastender Eingriffe in die Umwelt, das Abwehren von Gefahren sowie im Sinne des **Vorsorgeprinzips** die frühzeitige Prävention zukünftiger Gefährdungen, um solche erst gar nicht entstehen zu lassen. Primärer Adressat der Schutzpflicht ist der Staat, der aber nicht nur eigene Eingriffe unterlassen und Gefährdungen vermeiden soll; er ist auch gehalten, das Verhalten Dritter im Rahmen der Gesetzgebung und der Rechtsanwendung im Sinne des Staatsziels zu lenken. Der sog. „Nachweltschutz" (*„auch in Verantwortung für die künftigen Generationen"*) bezieht den Ressourcenschutz und den nachhaltigen Umgang mit Umweltgütern ausdrücklich mit ein.

### 2.7.2.2 Aufwertung, aber kein Diktat des Umweltschutzes

Trotz der dem Staat auferlegten Schutzverpflichtung ergibt sich aus Art. 20a GG **kein Diktat** des Umweltschutzes. Umweltbelastende Vorhaben sind nicht schlechthin unzulässig: allerdings kann der Umweltschutz, etwa bei baurechtlichen Zulassungsentscheidungen, als gewichtiger gelten. Umweltschutzgesichtspunkte sind bspw. in der Bauleitplanung seit je her als abwägungsrelevanter Belang vorgesehen; mit der „Adelung" des Umweltschutzes zum Rechtsgut mit Verfassungsrang ist er aber tendenziell aufgewertet und stärker in den Fokus staatlicher Aufmerksamkeit gerückt. Jedenfalls enthält die Norm ein umweltrechtliches Verschlechterungsverbot, d. h., dass von bestehenden Umweltstandards nicht mehr nach unten abgewichen werden darf.

Das Bundesverfassungsgericht hat mit seinem Klimabeschluss vom 24.3.2021 – 1 BvR 2656/18 u. a. – erstmals konkrete Klimaschutzpflichten aus Art. 20a GG hergeleitet. Es erklärte §§ 3 Abs. 1 Satz 3, 4 Abs. 1 Satz 3 und Anlage 2 zum Bundes-Klimaschutzgesetz teilweise für verfassungswidrig, weil die Reduktionslasten nach 2030 unzumutbar auf jüngere Generationen verschoben wurden. Der Gesetzgeber müsse frühzeitig ein $CO_2$-Minderungspfad festlegen, um die Freiheit künftiger Generationen nicht über Gebühr einzuschränken.

Die Entscheidung stärkt das Staatsziel „Umweltschutz" und verknüpft es mit intertemporaler Freiheitswahrung. Sie verpflichtet Verwaltung und Polizei, Umweltschutz als verfassungsrechtlich aufgewertetes Ziel in Abwägungsentscheidungen mitzuberücksichtigen.

---

238 *Degenhart*, Staatsrecht I, Rn. 615.
239 BVerwG, NJW 1995 S. 2648, 2649.

## 2.7.3 Staatsziel Tierschutz

### 2.7.3.1 Inhalt

Das Staatsziel **„Tierschutz“** betrifft in Abgrenzung zum Staatsziel „Umweltschutz“ nicht den Schutz der Tiere in ihrer natürlichen Umgebung, sondern – wie es in § 1 Satz 1 Tierschutzgesetz (TierSchG) zum Ausdruck kommt – das Leben und Wohlbefinden des Tieres als Mitgeschöpf des Menschen zu schützen. Auch gilt das Gebot des Satzes 2, demzufolge einem Tier ohne vernünftigen Grund keine Schmerzen, Leiden oder Schäden zugefügt werden dürfen. Art. 20a GG ist insoweit Ausdruck des ethischen Tierschutzes.

Der Tierbegriff des Art. 20a GG ist ebenfalls dem **Tierschutzgesetz** entlehnt und betrifft alle Arten von Tieren, nicht nur Wirbeltiere.[240] Die Norm gebietet, den Tierschutz wiederum im Sinne eines tierschutzrechtlichen **Verschlechterungsverbots** und zugleich einer staatlichen Nachbesserungspflicht[241] stets auf dem aktuellen wissenschaftlichen Stand zu halten.

### 2.7.3.2 Auswirkung auf grundrechtlich geschützte Verhaltensweisen

Konsequenzen hat die Aufnahme des Tierschutzes in die Verfassung insbesondere bei Konflikten des Tierschutzes mit sog. „vorbehaltlos gewährten Grundrechten“, also mit Grundrechten, die keinen ausdrücklichen Gesetzesvorbehalt vorsehen.[242] Beispiele hierfür sind die Wissenschafts-, die Forschungs- und die Religionsfreiheit.

Seine Auswirkungen zeigt Art. 20a GG auf dem Gebiet des **Tierversuchsrechts**. Solange der Tierschutz keinen Verfassungsrang hatte, war von einem tendenziellen Überwiegen der in Art. 5 Abs. 3 GG geschützten Wissenschaftsfreiheit gegenüber den Wertungen des Tierschutzgesetzes auszugehen. Nunmehr kann insoweit eine Abwägung zwischen zwei Rechtsgütern mit Verfassungsrang vorgenommen werden, so dass Genehmigungsanträgen nicht mehr unterschiedslos Folge zu leisten ist. Auch kann **tierquälende Kunst** nunmehr in Einzelfällen strafrechtlich geahndet werden.

**Kollisionen** mit der **Religionsfreiheit** ergeben sich vorwiegend im Bereich rituellen Schlachtens von Tieren, insbesondere des **Schächtens**, also des betäubungslosen Schlachtens mit anschließendem Ausblutenlassen. Derartige Riten treten im Judentum und im Islam in Erscheinung, stehen aber im Gegensatz zu § 4a Abs. 1 TierSchG, der betäubungsloses Töten von Wirbeltieren grundsätzlich untersagt, und nur dann ausnahmsweise erlaubt, wenn zwingende Vorschriften der jeweiligen Religionsgemeinschaft dies vorschreiben. Auch hier kann Art. 20a GG bewirken, dass die Ausnahmegenehmigung nicht erteilt werden darf, wenn sich solche zwingenden Vorgaben der Religion nicht objektivierbar feststellen lassen.[243] Die Konflikte, die an die Feststellung des zwingenden Charakters derartiger Vorschriften anknüpfen, vermag Art. 20a GG aber nach

240 Vgl. *Caspar/Geissen*, NVwZ 2002 S. 913, 914.

241 So *Caspar/Geissen*, NVwZ 2002 S. 913, 914 unter Bezugnahme auf *Schulze-Fielitz* in Dreier, Grundgesetz-Kommentar, Art. 20a GG Rn. 59, für den alten Art. 20a GG bezogen auf den Umweltschutz.

242 Dazu ausführlich unten Kap. 3.6.3.

243 *Caspar/Geissen*, NVwZ 2002 S. 913, 916 f.

wie vor nicht letztlich zu lösen, nicht zuletzt, da er – ebenso wie beim Umweltschutz – kein Diktat des Tierschutzes anordnet.

In der industriellen Geflügelhaltung verleiht Art. 20a GG (Staatsziel Tierschutz) dem Gesetzgeber wie auch den Vollzugsbehörden – also auch der Polizei in ihrer Funktion als Amtshilfe für Veterinär- und Ordnungsbehörden – einen verfassungsrechtlichen Handlungsauftrag. Besonders sichtbar wurde dies beim jahrzehntelang üblichen **massenhaften Töten männlicher Eintagsküken** aus Legehennenlinien, weil diese weder Eier legen noch wirtschaftlich schnell Mastfleisch ansetzen.

Mit Urteil vom 13.6.2019 – BVerwG 3 C 28.16 – erklärte das Bundesverwaltungsgericht, das rein wirtschaftliche Interesse der Brütereien sei kein „vernünftiger Grund" i. S. v. § 1 Satz 2 TierSchG; das Töten verstoße damit gegen einfaches Recht, ausgelegt im Lichte des Staatsziels „Tierschutz". Zugleich räumte das Gericht eine kurze Übergangsfrist ein, weil praxistaugliche Alternativen (Früherkennung des Geschlechts im Ei, Aufzucht sog. „Bruderhähne") bereits absehbar waren.[244]

Der Gesetzgeber reagierte mit dem Sechsten Gesetz zur Änderung des Tierschutzgesetzes (BGBl. I 2021 S. 1826 ff.) und schuf den neuen § 4c TierSchG:

| **Zeitpunkt** | **Inhalt des Verbots** |
|---|---|
| Seit 1.1.2022 | Vollständiges Verbot des Tötens geschlüpfter Küken der Art *Gallus gallus* (§ 4c Abs. 1 TierSchG). |
| Seit 1.1.2024 | Zusätzliches Verbot, nach Anwendung eines In-ovo-Geschlechtsbestimmungsverfahrens ab dem 13. Bebrütungstag Eingriffe oder Brutabbrüche vorzunehmen, die den Tod des Embryos verursachen (§ 4c Abs. 3 TierSchG n. F.). |

Die ursprünglich geplante Schwelle „ab Tag 7" wurde auf den 13. Tag verschoben, um technisch ausgereiftere Verfahren und eine sichere Verfügbarkeit am Markt zu gewährleisten.[245]

**Merke:**
Art. 20a GG wirkt nicht nur programmatisch, sondern konkretisiert als Auslegungshilfe einfaches Recht und verpflichtet Exekutive wie Judikative auf ein hohes Tierschutzniveau.
Die zunächst landesrechtlichen Verbotsversuche (z. B. Erlass in Nordrhein-Westfalen 2013, in Hessen 2014) waren nur Übergangslösungen; das bundeseinheitliche Verbot seit 2022 beseitigt endgültig rechtliche Unsicherheiten.
Durch die frühe Geschlechtsbestimmung im Ei, Bruderhahn-Aufzucht und Zucht sog. „Zweinutzungslinien" existieren heute praxistaugliche Alternativen, womit das frühere ökonomische Argument für das Kükentöten endgültig entfallen ist.

244 BVerwG, Urt. vom 13.6.2019 – BVerwG 3 C 28.16 –, openJur 2020, 82354.
245 Siehe https://www.t-online.de/klima/leben-umwelt/id_100155782/maennliche-kueken-in-der-eier-industrie-toeten-ohne-reue-.html, abgerufen am 21.6.2026.

Damit zeigt die Entwicklung exemplarisch, wie Art. 20a GG – flankiert von höchstrichterlicher Rechtsprechung – den Gesetzgeber und die Vollzugsbehörden zu immer strengeren Tierschutzstandards anhält und welche Rolle die Polizei bei deren Durchsetzung im Alltag industrieller Tierhaltung spielt.

## 2.8 Ewigkeitsgarantie

Die Besonderheit der Verfassungsprinzipien ist, dass sie – zusammen mit anderen Teilen des Grundgesetzes – auch durch den verfassungsändernden Gesetzgeber **nicht geändert** werden dürfen.

Einer Verfassungsänderung entzogen sind die in Art. 79 Abs. 3 GG genannten Institutionen **(Ewigkeitsklausel)**. Die Aufteilung des Bundes in **Länder** muss ebenso unverändert bleiben wie die Beteiligung der Länder an der Gesetzgebung, einschließlich der Garantie eigener Gesetzgebungsmacht der Länder.[246] Daneben dürfen die in Art. 1 und 20 GG genannten **Grundsätze** nicht geändert werden. Mit den Grundsätzen des Art. 20 GG sind die **Staatsprinzipien**, Rechtsstaatlichkeit, Bundesstaatlichkeit, Sozialstaatlichkeit, Demokratie- und Republikprinzip gemeint. Hinsichtlich der Reichweite der Unabänderlichkeit kann auch auf die Bestandteile der freiheitlich-demokratischen Grundordnung verwiesen werden.[247]

Schließlich ist mit den in Art. 1 GG genannten Grundsätzen die Unabänderlichkeit der **Menschenwürde** als Grundlage des Staates gemeint. Nicht ausdrücklich genannt und damit nicht schlichtweg unabänderlich sind damit die Grundrechte nach Art. 2 bis 19 GG; diese unterliegen der Ewigkeitsgarantie, soweit sie einen Menschenwürdegehalt aufweisen. So wäre bspw. die Gleichheit aller Menschen vor dem Gesetz nach Art. 3 Abs. 1 GG als unmittelbarer Ausfluss der Menschenwürdegarantie unabänderlich; wie weit der **Menschenwürdegehalt** einzelner **Grundrechte** reicht, kann nicht generell festgestellt werden, sondern bedarf der Feststellung im Einzelfall.

Um seine Funktion zu sichern, ist – ohne dass dies ausdrücklich ausgeführt wird – auch Art. 79 Abs. 3 GG selbst von der **Ewigkeitsklausel erfasst**.

Die Ewigkeitsklausel verhindert jedoch nicht, dass sich das deutsche Volk eine das Grundgesetz ablösende Verfassung schaffen könnte, auch wenn diese Veränderungen mit sich bringt, die eigentlich durch die Ewigkeitsklausel verhindert werden sollen. Diese Möglichkeit, eine **neue Verfassung** zu schaffen, sieht Art. 146 GG ausdrücklich vor. Damit muss aber auch Art. 79 Abs. 3 GG in der jetzigen Fassung zur Disposition stehen; das Bundesverfassungsgericht deutet aber an, dass bestimmte Staatsgrundsätze *„schon wegen der Universalität von Würde, Freiheit und Gleichheit sogar für die verfassungsgebende Gewalt gilt, also für den Fall, dass das deutsche Volk in freier Selbstbestimmung, aber in einer Legalitätskontinuität zur Herrschaftsordnung des Grund-*

246 *Degenhart*, Staatsrecht I, Rn. 479.
247 Vgl. oben Kap. 2.2.3.2.3.

*gesetzes sich eine neue Verfassung gibt.*“[248] Menschenwürdebindung, Rechtsstaatlichkeit und Demokratie müssten damit mit einiger Sicherheit Gegenstand jeder neuen deutschen Verfassung sein.[249]

***Beispielszenarien zur Ewigkeitsgarantie:***
*Eine neue Fraktion im Bundestag erklärt, sie wolle Art. 79 Abs. 3 GG streichen, um künftig jede Verfassungsvorschrift ändern zu können.*
***Variante 1: Die Abgeordneten bringen einen Gesetzentwurf gemäß Art. 79 Abs. 1 und 2 GG ein***
*Das Vorhaben scheitert bereits materiell, weil Art. 79 Abs. 3 GG ausdrücklich Änderungen ausschließt, die die in Art. 1 und 20 GG niedergelegten Grundsätze betreffen; die vorgeschlagene Streichung wäre selbst verfassungswidrig.*
***Variante 2: Die Fraktion schlägt eine „Opt-out-Klausel“ vor, wonach Änderungen des Grundgesetzes auf bestimmte Bundesländer nicht anwendbar sind.***
*Auch diese Konstruktion berührt die Gliederung des Bundes in Länder und verletzt damit den Schutzbereich der Ewigkeitsgarantie.*
***Variante 3: Schließlich diskutiert die Gruppe, eine vollständig neue Verfassung nach Art. 146 GG durch Volksentscheid einzuführen.***
*Art. 146 GG eröffnet zwar theoretisch den Weg zu einer neuen Verfassung, verlangt aber ein demokratisches Verfahren, in dem die Schranken des Art. 79 Abs. 3 GG nicht automatisch fortgelten. Gleichwohl bleiben die völker- und europarechtlichen Bindungen Deutschlands sowie die fundamentalen Inhalte der Menschenwürde und Demokratie maßgeblich. Ein solcher Verfassungsneubeginn würde jedenfalls die Zustimmung der Bevölkerungsmehrheit in freier Entscheidung voraussetzen.*

**Merke:**
Die drei Varianten zeigen anschaulich, dass die Ewigkeitsgarantie unüberwindbar ist, solange das Grundgesetz gilt, und dass sie nur im Wege eines verfassungsgebenden Volksentscheids nach Art. 146 GG umgangen werden könnte, wobei auch dann die materielle Bindung an die Menschenwürde und die demokratische Grundordnung fortwirkt.

248 BVerfGE 123, 267, 343, ausdrücklich bezogen auf das demokratische Prinzip.

249 Für andere strukturprägende Momente des Grundgesetzes mag das nicht in gleicher Weise gelten, etwa für die Bundesstaatlichkeit oder die Bindung an das Republikprinzip.

# 3. Allgemeine Grundrechtslehre

Die sog. „Allgemeine Grundrechtslehre" beschreibt die **Grundrechte**, die an prominenter Stelle an der Spitze der Verfassung stehen, in ihrer **Funktion** und ihren unterschiedlichen **Ausprägungen**. Sie befassen sich mit den unterschiedlichen **Grundrechtsträgern** oder **Grundrechtsberechtigten** und den **Grundrechtsadressaten** oder **Grundrechtsverpflichteten**. Zugleich wird die **Struktur** der Grundrechte erfasst, so die allgemein geltenden Regeln zum **Schutzbereich**, zum **Eingriff** in Grundrechte und zu Möglichkeiten der **Rechtfertigung** dieser Eingriffe.

## 3.1 Entwicklung der Grundrechte und des Grundrechtsverständnisses in Deutschland

Die Spur moderner Freiheitsrechte beginnt im mittelalterlichen England. Die **Magna Carta** von 1215 machte zum ersten Mal schriftlich deutlich, dass selbst der König dem Recht untersteht. Dort taucht bereits der Grundgedanke der „Rule of law" auf, also der Vorrang eines allgemeinen, für Alle verbindlichen Gesetzes vor persönlicher Herrschaft.

Gut vierhundert Jahre später erzwang das englische Unterhaus die **Petition of Right** von 1628. Sie beschränkte ausdrücklich die königliche Prärogative – ein damals geläufiges Wort für die Vorrechte des Monarchen – und bekräftigte das Budgetrecht des Parlaments, das Verbot willkürlicher Verhaftungen und die Unzulässigkeit der Verhängung des Standrechts (also von Militärjustiz) in Friedenszeiten. Wer heute in Art. 104 GG nachliest, dass Freiheitsentziehungen nur auf gesetzlicher Grundlage zulässig sind, findet darin diese Tradition wieder.

Nach der Glorious Revolution folgte 1689 die **Bill of Rights**, die zum einen den Vorrang des Parlaments bei Gesetzgebung und Steuern festschrieb, zum anderen die freie Wahl des Unterhauses sowie Redefreiheit und Schutz vor grausamen Strafen garantierte. Diese Rechte wurden nicht mehr bloße Zusagen, sondern „laws" im Sinne des „common law", also einklagbare allgemeine Regeln.

Die Ideen wanderten über den Atlantik. Die amerikanischen Federalists schlugen 1791 zehn Zusatzartikel zur neuen Verfassung vor, die als „Bill of Rights" bis heute Rede-, Presse- und Religionsfreiheit, das Recht, Waffen zu tragen, sowie grundlegende Verfahrensgarantien sichern.

Fast zeitgleich bekräftigte die französische **Declaration des droits de l'homme et du citoyen** von 1789 die allen Menschen angeborenen, unveräußerlichen Naturrechte – ein Begriff, der das Vorstaatliche dieser Rechte betont – und stellte mit der Volkssouveränität klar, dass jede legitime Gewalt vom Volk ausgeht.

Diese Texte wurden in Deutschland zunächst rezipiert, ohne dass die Monarchien ihre Vorrechte aufgaben. Die Preußische Konstitution von 1848 und ihre revidierte Fassung von 1850 enthielten zwar Presse-, Versammlungs- und Eigentumsgarantien, überließen ihre Ausgestaltung jedoch dem König und beschränkten politische Beteiligung durch das Dreiklassenwahlrecht.

Erst die **Paulskirchenverfassung** von 1849 verband Freiheitsrechte mit dem Gedanken der Volkssouveränität. Ihr Grundrechtskatalog – etwa Gleichheit vor dem Gesetz, Glaubens- und Gewissensfreiheit sowie unverletzliche persönliche Freiheit – wurde zum unmittelbaren Vorbild für den Parlamentarischen Rat 1948/49.

Mit dem Scheitern der Revolution von 1848 fiel Preußen auf ein monarchisch geprägtes Modell zurück und beließ echte Grundrechte weitgehend in königlicher Hand.

Weimar griff die Paulskirchenideen 1919 wieder auf und erweiterte sie in der sog. **„Weimarer Reichsverfassung"** (WRV) sozialstaatlich, indem sie zum Beispiel kostenlose Schulbildung und Sozialversicherung versprach. Doch die Rechte standen nicht am Anfang der Verfassung, waren nicht unmittelbar einklagbar und konnten durch Notverordnungen außer Kraft gesetzt werden.

Das nationalsozialistische Regime machte sich diesen Konstruktionsfehler zunutze. Die „Reichstagsbrandverordnung" vom 28.2.1933 setzte Meinungs-, Presse-, Versammlungs- und persönliche Freiheit faktisch außer Kraft und ebnete den Weg in die Diktatur.

Die Entscheidung, die Grundrechte in die Eröffnungsartikel des Grundgesetzes aufzunehmen, war eine bewusste Lehre aus dem Scheitern der Weimarer Reichsverfassung und den Erfahrungen des nationalsozialistischen Unrechtsstaates. Der **Parlamentarische Rat** verstand die erste Sektion als wertentscheidende Grundordnung, die allem Staatshandeln vorangestellt ist und durch Art. 79 Abs. 3 GG selbst vor Verfassungsänderungen geschützt wird. Damit soll dauerhaft verhindert werden, dass elementare Freiheitsrechte erneut durch einfache Mehrheiten oder Notverordnungen suspendiert werden können.

Mit der zusätzlichen Möglichkeit für den Einzelnen, die Verletzung von Grundrechten im Wege der **Verfassungsbeschwerde** geltend zu machen, haben die Grundrechte einen erheblichen Bedeutungszuwachs erfahren. In Art. 1 Abs. 2 GG findet sich ein Bekenntnis zu unverletzlichen und unveräußerlichen Menschenrechten, womit ein Anklang an die Grundrechte als dem Staat vorausliegende Rechtspositionen – Rechte kraft Menschseins, nicht kraft staatlicher Gewährung – erfolgt. Gleichwohl finden sich auch Grundrechte, die kraft staatlicher Gewährung wirken, so die gesetzlich ausfüllungsbedürftigen Rechte auf Ehe und Eigentum. In Art. 1 Abs. 3 GG schließlich ist nunmehr klargestellt, dass die Grundrechte **alle Staatsgewalt**, also auch den Gesetzgeber, **binden**.

Der Klimabeschluss des Bundesverfassungsgerichts vom 24.3.2021 hat die Evolutionsfähigkeit der Grundrechte eindrucksvoll verdeutlicht.[1] Er verankert den Klimaschutz als grundrechtsrelevante Pflicht des Staates und leitet aus den Freiheitsrechten der jungen und künftigen Generationen einen **intertemporalen Schutzauftrag** ab. Damit knüpft das Gericht die Reichweite der Grundrechte an ökologische Nachhaltigkeit und verpflichtet den Gesetzgeber, Freiheitschancen nicht in die Zukunft zu verlagern.

Mit dem Selbstbestimmungsgesetz vom 12.4.2024, das ab 1.11.2024 das Transsexuellengesetz ersetzt, hat der Gesetzgeber das Recht auf geschlechtliche Identität gestärkt.[2] Die Möglichkeit, den Geschlechtseintrag auf bloße Erklärung hin jährlich neu festzule-

1 BVerfG, Beschl. vom 24.3.2021 – 1 BvR 2656/18 –, – 1 BvR 96/20 –, – 1 BvR 78/20 –, – 1 BvR 288/20 –, – 1 BvR 96/20 –, – 1 BvR 78/20 –, https://www.bundesverfassungsgericht.de/SharedDocs/Entscheidungen/DE/2021/03/rs20210324_1bvr265618.html, zuletzt abgerufen am 24.6.2025.

2 BT-Drs. 20/9049, Beschlussempfehlung BT-Drs. 20/11004; Plenarbeschluss BT-PlPr. 21/79 vom 12.4.2024.

gen, konkretisiert die Schutz- und Teilhabebedeutung von Art. 2 Abs. 1 i. V. m. Art. 1 Abs. 1 GG sowie das Diskriminierungsverbot des Art. 3 Abs. 3 GG.

*Vergleichende Übersicht der Schlüsselverfassungen und -erklärungen*

| **Dokument – Jahr** | **Politischer Kontext** | **Markante Freiheits- oder Beteiligungsrechte** | **Bedeutung für deutsche Grundrechte** |
|---|---|---|---|
| Magna Carta 1215 | Machtbegrenzung des englischen Königs nach Adelaufstand | Schutz vor willkürlicher Haft und vor Sondersteuern | Erster geschriebener Vorrang des Rechts vor der Krone |
| Petition of Right 1628 | Konflikt Parlament vs. Charles I. | Gesetzliche Grundlage für Steuern und Freiheitsentzug, Verbot des Standrechts im Frieden | Vorbild für Art. 104 GG und das Haushaltsrecht des Parlaments |
| Bill of Rights 1689 | Glorious Revolution | Parlamentshoheit, freie Wahlen, Rede- und Petitionsfreiheit, Verbot grausamer Strafen | Begriffsprägung „civil rights“, Idee einklagbarer Grundrechte |
| Declaration 1789 | Französische Revolution | Naturrechte Liberty, Property, Security, Resistance; Volkssouveränität | Leitbild universeller Menschenrechte und Gleichheitssatz |
| US Bill of Rights 1791 | Sicherung individueller Rechte im neuen Bundesstaat | Rede-, Presse-, Religionsfreiheit; faire Verfahren; Waffenrecht | Vorbild für gerichtliche Durchsetzbarkeit von Rechten |
| Preußische Konstitution 1848/1850 | Monarch reagiert auf Revolution | Presse- und Versammlungsfreiheit, Gleichheit vor dem Gesetz, aber monarchisches Vorbehaltsrecht | Zeigt Grenzen oktroyierter Rechte ohne Volkssouveränität |
| Paulskirchenverfassung 1849 | Deutsche Nationalversammlung | Umfassender Grundrechtskatalog, Volkssouveränität, Gewaltenteilung | Direktes Formulierungs- und Strukturvorbild für das GG |
| Weimarer Reichsverfassung 1919 | Demokratische Republik nach Kriegsende | Freiheits- und ausführliche Sozialrechte, aber kein gerichtlicher Schutz | Verdeutlicht Risiko aushebelbarer Grundrechte |
| Grundgesetz 1949 | Neugründung nach NS-Terror | Grundrechte als unveräußerlich, bindend für alle Staatsgewalt, geschützt durch Art. 79 Abs. 3 GG | Vollendung der Entwicklung: effektiver, dauerhafter Grundrechtsschutz |

## 3.2 Verhältnis der Grundrechte nach dem Grundgesetz zu anderen Gewährleistungen

Grundrechte sind nicht nur im Grundgesetz, sondern auch in anderen Rechtsquellen normiert. So sieht auf gesamteuropäischer Ebene die Europäische **Menschenrechtskonvention** (EMRK)[3] einen Bestand von sog. „Menschenrechten“ vor; als „Menschenrechte“

3 Konvention Nr. 005 des Europarats.

werden Grundrechte verstanden, die allen Menschen unabhängig von ihrer Staatsangehörigkeit zustehen. Die EMRK genießt als völkerrechtliche Vereinbarung in Deutschland den Rang eines einfachen Bundesgesetzes, jedoch ist jedes innerstaatliche Recht so auszulegen, dass eine Verletzung von Rechten nach der EMRK nach Möglichkeit vermieden und Verletzungen ggf. korrigiert werden müssen.[4] Als Teil des Primärrechts der Europäischen Union schützt die EU-Grundrechtecharta vor Eingriffen aller Organe, Einrichtungen und sonstigen Stellen der Europäischen Union bzw. der Mitgliedstaaten bei Erlass und Anwendung von Unionsrecht, einschließlich der Umsetzung von Unionsrecht in nationales Recht.

Die Digitalisierung europäischer Lebenswelten wird seit 2024 durch zwei unionsrechtliche Instrumente grundrechtskonkretisierend flankiert. Der **Digital Services Act** gilt seit dem 17.2.2024 für alle Plattformen und verpflichtet sie, Meinungs-, Informations- und Verbraucherschutzrechte in ihren Moderations- und Empfehlungs-Algorithmen zu achten. Die unmittelbare Wirkung ergibt sich aus Art. 288 Abs. 2 AEUV. Ergänzend regelt der Artificial Intelligence Act (VO (EU) 2024/1689, ABl. EU NR. L 2024 Nr. 206) als horizontale Marktordnung den risikobezogenen Umgang mit KI-Systemen. Beide Rechtsakte erweitern die Maßstabs- und Anwendungsebene der Grundrechte um spezifische Transparenz-, Prüf- und Abhilfepflichten, die in Deutschland von Verwaltung und Gerichten sowohl im Vollzug unionsrechtlicher Vorgaben als auch bei der Auslegung nationaler Normen zu berücksichtigen sind.

Unterhalb der Grundrechte des Grundgesetzes finden sich auch in verschiedenen **Landesverfassungen** Grundrechtsgewährleistungen. Regelmäßig weisen Verfassungen, die älter sind als das Grundgesetz, eigene Grundrechtskataloge aus, so die Hessische Landesverfassung (Art. 1–26 HessVerf). In den jüngeren Verfassungen wird häufiger im Wege dynamischer Verweisungen auf den jeweils gültigen Grundrechtsbestand des Grundgesetzes Bezug genommen, so in der Verfassung des Landes NRW.[5] Die Landes- und Bundesgrundrechte sind nicht immer wortgleich, aber inhaltlich weithin deckungsgleich. Teilweise gibt es auch Grundrechtsgewährungen, die es so im Grundgesetz nicht gibt. So normiert die Bayerische Verfassung in Art. 142 Abs. 3 Satz 1 BayVerf ein eigenes Grundrecht auf Genuss der Naturschönheiten des Landes: *„Der Genuss der Naturschönheiten und die Erholung in der freien Natur, insbesondere das Betreten von Wald und Bergweide, das Befahren der Gewässer und die Aneignung wildwachsender Waldfrüchte in ortsüblichem Umfang ist jedermann gestattet.“*

Die Verfassungen der neuen Länder gehen unterschiedliche Wege. Während die Verfassungen der Länder Brandenburg, Sachsen, Sachsen-Anhalt und Thüringen eigene Grundrechtskataloge enthalten, verweist die Verfassung des Landes Mecklenburg-Vorpommern auf die Grundrechte des Grundgesetzes.

4 Grundsatz der Völkerrechtsfreundlichkeit des Grundgesetzes, dazu schon oben Kap. 2.4.2.2.

5 Trotz der missverständlichen Formulierung in Art. 4 Abs. 1 LVerf NRW (*„Die im Grundgesetz für die Bundesrepublik Deutschland in der Fassung vom 23. Mai 1949 festgelegten Grundrechte und staatsbürgerlichen Rechte sind Bestandteil dieser Verfassung und unmittelbar geltendes Landesrecht“*) wird die Norm als dynamische Verweisung begriffen. Die Bezeichnung des Grundgesetzes mit dem Inkrafttretensdatum verweist nicht auf den Grundrechtsbestand des Grundgesetzes mit Stand von 1949; sie dient der Identifizierbarkeit des Grundgesetzes als Quelle der Grundrechte der Landesverfassung.

Die Landesverfassung von Nordrhein-Westfalen geht einen Sonderweg: Sie enthält keinen eigenen Grundrechtskatalog. Art. 4 Abs. 1 übernimmt vielmehr dynamisch – das bedeutet stets in der jeweils aktuellen Fassung – alle Grund- und staatsbürgerlichen Rechte des Grundgesetzes als unmittelbar geltendes Landesrecht. Diese Gestaltungsoption vermeidet divergierende Wortlaute und stellt sicher, dass jede Weiterentwicklung des Bundesgrundrechts automatisch auch die Staatsorgane des Landes bindet. Einen eigenständigen Akzent setzt Art. 4 Abs. 2 mit dem ausdrücklich garantierten Recht auf Datenschutz, das 1978 in die Verfassung eingefügt wurde, lange bevor der Schutz personenbezogener Daten im Grundgesetz richterrechtlich aus dem allgemeinen Persönlichkeitsrecht hergeleitet wurde. Über das bloße Grundrechtsbekenntnis hinaus formulieren die Art. 5 bis 29a der Landesverfassung NRW Staatsziele zu Familie, Kultur, Arbeit, Wirtschaft und Umwelt. Sie sind programmatische Leitplanken für den Landtag und die Verwaltung, jedoch – anders als Grundrechte – nicht unmittelbar einklagbar.

Seit dem 1.1.2019 kann jede Person vor dem Verfassungsgerichtshof in Münster eine Individualverfassungsbeschwerde erheben, wenn sie sich durch einen Hoheitsakt des Landes in einem durch die Landesverfassung gewährleisteten Recht verletzt sieht. Die Beschwerde ist nur zulässig, wenn der Rechtsweg erschöpft wurde und der angegriffene Akt landesrechtlich veranlasst ist; wird Bundesrecht ausgeführt, bleibt der Weg zum Bundesverfassungsgericht in Karlsruhe eröffnet. Grundlage ist § 53 ff. des Gesetzes über den Verfassungsgerichtshof des Landes Nordrhein-Westfalen i. V. m. Art. 75 Nr. 5a der Landesverfassung. Die Landesverfassungsbeschwerde ergänzt damit den bundesverfassungsrechtlichen Grundrechtsschutz, indem sie den Bürgern einen wohnortnahen Rechtsschutz gegen Landesakte bietet und zugleich das Landesverfassungsrecht durch judikative Durchsetzung lebendig hält.

*Tabellarischer Vergleich des Grundrechtsschutzes in Nordrhein-Westfalen*

| **Bezugsebene** | **Rechtsquelle** | **Form des Grundrechtsschutzes** | **Besonderheiten für NRW** |
|---|---|---|---|
| Bundesrecht | Grundgesetz, Art. 1–19 | Unmittelbare Geltung für alle Staatsgewalten; Verfassungsbeschwerde zum BVerfG | Maßgeblicher Grundrechtsmaßstab auch für Landesakte |
| Landesrecht | Verfassung NRW, Art. 4 Abs. 1 | Dynamische Übernahme der Grundrechte des Grundgesetzes als Landesrecht | Wortlaut gleicht sich automatisch an jede GG-Änderung an |
| Landesrecht | Verfassung NRW, Art. 4 Abs. 2 | Eigenständiges Grundrecht auf Datenschutz | Eigenständiges Grundrecht auf Datenschutz; greift ein, wenn Polizeibehörden personenbezogene Daten verarbeiten |
| Landesrecht | Verfassung NRW, Art. 5–29a | Staatsziele (u. a. Familie, Kultur, Umwelt) | Programmatik, keine unmittelbaren Individualansprüche |
| Rechtsschutz | VerfGH NRW, Art. 75 Nr. 5a Verf NRW; § 53 ff. VGHG NRW | Individualverfassungsbeschwerde gegen landesrechtliche Akte | Einführung 2019; subsidiär zu Karlsruhe |

Für das Verhältnis von Landes- zu Bundesgrundrechten enthält Art. 142 GG eine eigene **Kollisionsregel**: Wenn die Landesgrundrechte mit den Grundrechtsgewährleistungen des Grundgesetzes übereinstimmen (oder mehr Rechte gewähren[6]), bleiben sie ungeachtet des Art. 31 GG in Kraft und binden die Staatsgewalt des Landes. Ob tatsächlich der Fall gegeben ist, dass Landesgrundrechte einen umfänglicheren Schutz bieten, ist im Einzelfall zu klären. Wenn Art. 4 Abs. 2 Satz 1 LVerf NRW ein Grundrecht auf Datenschutz gewährt, ist dies im Text des Grundgesetzes so nicht zu finden. Allerdings hat das Bundesverfassungsgericht aus dem allgemeinen Persönlichkeitsrecht als ungeschriebenem Freiheitsrecht nach Art. 2 Abs. 1 GG i. V. m. Art. 1 Abs. 1 GG das Recht auf informationelle Selbstbestimmung hergeleitet;[7] damit ist der Datenschutz auch nach dem Grundgesetz grundrechtlich garantiert.

Die Bundesgrundrechte gehen den Landesgrundrechten nach Art. 31 GG in den Fällen vor, in denen letztere im **Widerspruch** zum Grundgesetz stehen. So ist das Aussperrungsverbot nach Art. 29 Abs. 5 HessVerf in Anbetracht dessen, dass die Koalitionsfreiheit nach Art. 9 Abs. 3 GG die Abwehraussperrung als zulässiges Arbeitskampfmittel umfasst,[8] unwirksam.[9] Grundrechte der Landesverfassungen, die im Schutzstandard hinter den Grundrechten des Grundgesetzes zurückbleiben, dem Grundgesetz aber nicht widersprechen, bleiben wirksam.[10]

Die folgenden Ausführungen betreffen die Grundrechte nach dem Grundgesetz, auch wenn verschiedene allgemeine Grundsätze auch für Landesgrundrechte gelten.

## 3.3 Grundrechtsfunktionen

Als klassische Funktion werden die Grundrechte als **subjektive Abwehrrechte** gegen den Staat bezeichnet. Sie können zudem staatliche **Schutzpflichten** auslösen. Daneben treten ihre Funktionen als **Leistungsrechte**, als **Teilhaberechte** und als **Einrichtungsgarantien**. In Ergänzung dieser subjektiven Funktionen stellen sie zugleich eine objektive **Werteordnung** dar als Richtschnur für staatliches Handeln.

### 3.3.1 Abwehrfunktion

Die nach heutigem Verständnis wohl wichtigste Grundrechtsfunktion ist die des **Abwehrrechts** des Bürgers gegen den Staat. Der Einzelne soll durch die Grundrechte vor Eingriffen des Staates geschützt werden; er soll Einschränkungen oder Verletzungen seiner Grundrechte abwehren können. Wenn der Staat in diese grundrechtlich geschützten Bereiche eindringen will, soll er das nur aufgrund einer besonderen Rechtfertigung

6 *Germann* in BeckOK GG, Art. 142 GG Rn. 11.
7 BVerfGE 65, 1 ff.; dazu näher unten Kap. 5.3.2.1.
8 Vgl. BVerfGE 84, 212 ff.
9 In diesem Sinne auch *Schroeder*, Grundrechte, Rn. 4.
10 *Kingreen/Poscher*, Staatsrecht II, Rn. 83.

tun dürfen. Ohne solche Rechtfertigungen sind Eingriffe zu unterlassen, und wenn sie geschehen sind, zu beseitigen.[11] Anders gewendet gewähren Grundrechte Freiheit des Bürgers vor dem Staat.

Einzelne Grundrechte signalisieren die Abwehrfunktion deutlich. So formuliert Art. 4 Abs. 1 GG: *„Die Freiheit des Glaubens, des Gewissens und die Freiheit des religiösen und weltanschaulichen Bekenntnisses sind unverletzlich."*

## 3.3.2 Leistungsrechte

Nur ausnahmsweise lassen sich aus Grundrechten **Leistungsrechte** ableiten. So kann unter engen Voraussetzungen ein Anspruch aus grundrechtlichen Gewährleistungen hergeleitet werden.

Ein klassisches Beispiel ist die Privatschulfinanzierung. Gemäß Art. 7 Abs. 4 Satz 1 GG ist das Recht zur Einrichtung von Privatschulen gewährleistet; dieses Recht würde ggf. leerlaufen, wenn die Privatschulen gezwungen würden, zu ihrer Unterhaltung Schulgelder zu erheben. Dies könnte dazu führen, dass der Besuch von privaten Ersatzschulen wirtschaftlich bevorzugten Kreisen vorbehalten bliebe oder ihr Bestand gefährdet würde. Deswegen hat das Bundesverfassungsgericht entschieden: „Soll Art. 7 Abs. 4 Satz 1 GG nicht zu einem wertlosen Individualgrundrecht auf Gründung existenzunfähiger Ersatzschulen und zu einer nutzlosen institutionellen Garantie verkümmern, so muss diese Verfassungsnorm zugleich als eine Verpflichtung des Gesetzgebers verstanden werden, die privaten Ersatzschulen zu schützen und zu fördern."[12] Wie der Staat seine Förderungspflicht erfüllt, steht allerdings unter dem Vorbehalt des Finanzierbaren.

Leistungsrechtliche Ansprüche werden auch, in Verbindung mit dem **Sozialstaatsprinzip**, aus Art. 1 Abs. 1 Satz 1 GG hergeleitet, wonach ein menschenwürdiges **Existenzminimum** gewährleistet werden muss.[13]

Ebenso wird aus Art. 6 Abs. 4 GG („Jede Mutter hat Anspruch auf den Schutz und die Fürsorge der Gemeinschaft") neben dem Auftrag an den Gesetzgeber, Vorschriften betreffend Schutz und Fürsorge werdender Mütter zu erlassen, ein subjektiv-rechtlicher **Verschaffungsanspruch** für werdende Mütter hergeleitet.[14] So hat das Bundesverfassungsgericht zu Vorschriften des Mutterschutzgesetzes ausgeführt: „Der mit den Beschäftigungsverboten angestrebte Schutz bleibt, gemessen an Art. 6 Abs. 4 GG, unvollständig, wenn er nicht von Maßnahmen begleitet wird, die die sich daraus ergebende Benachteiligung der Mutter, die während der Mutterschutzfrist an der Erfüllung der Anwartschaftszeit gehindert ist, soweit wie möglich ausgleichen."[15]

11 *Kingreen/Poscher*, Staatsrecht II, Rn. 118 ff.
12 BVerfGE 75, 60, 65.
13 Jüngst BVerfGE 132, 134, 159 f.
14 *Sodan* in Sodan, Grundgesetz-Kommentar, Art. 6 GG Rn. 19.
15 BVerfGE 115, 259, 272.

***Beispielfall 19:***
*Der Obdachlose O arbeitet als Redakteur bei der Obdachlosenzeitung „Kälteblatt“ in der Stadt S mit. Der Oberbürgermeister der Stadt veranstaltet einmal monatlich ein Treffen mit Lokalzeitungsredakteuren zu Fragen der Verwaltung und Politik der Stadt. Beim nächsten Treffen geht es um das Thema „Obdachlosigkeit in S“. O begehrt Zugang zu diesem Treffen. Der Oberbürgermeister lehnt das ab: Man würde den O zwar noch unterbringen können, aber schließlich sei O gar kein ausgebildeter Journalist, auch sei die Qualität der Artikel im „Kälteblatt“ mies. Schließlich sehe O furchtbar aus und stinke erbärmlich.*

*Hat O einen Anspruch auf Teilnahme?*

Neben den zuvor angesprochenen originären Leistungsrechten werden aber auch derivative (abgeleitete) Leistungsrechte anerkannt. So muss die gleichmäßige **Teilhabe** am Vorhandenen gesichert werden. Wenn ein knappes staatliches Gut zu verteilen ist, kann aus einem Grundrecht i. V. m. Art. 3 Abs. 1 GG, dem allgemeinen Gleichheitssatz, ein Anspruch auf Leistung, jedenfalls aber auf Verteilung nach nachvollziehbaren Kriterien gewährleistet sein.

***Lösung zum Beispielfall 19:***
*O hat auch als ungelernter Mitarbeiter beim „Kälteblatt“ den Schutz der Pressefreiheit (Art. 5 Abs. 1 Satz 2 Var. 1 GG) auf seiner Seite. Dieser bringt zunächst aber keinen Leistungsanspruch mit sich. Ein solcher kann sich aber aus dem Zusammenspiel mit Art. 3 Abs. 1 GG ergeben. Sofern O Redakteur ist, müsste er gleichbehandelt werden mit den übrigen Journalisten. Sachliche Gründe für seine Nichtberücksichtigung sind nicht ersichtlich. Sollte die Qualität der Artikel mies sein, könnte sich der Oberbürgermeister hierauf nicht berufen; dem Staat steht keine Qualitätskontrolle zu. Sofern O ungepflegt aussieht und stinkt, dürfte das seiner Obdachlosigkeit zuzuschreiben sein. Aber auch dies ist kein sachlicher Grund. Er wäre bis zur Grenze der Gesundheitsgefährdung zu akzeptieren; wenn O zu sehr stinkt, müsste das Fenster geöffnet werden. Da hinreichende Kapazität bei dem Treffen gegeben ist, kann O aus Art. 5 Abs. 1 Satz 2 1. Var. GG i. V. m. Art. 3 Abs. 1 GG Zulassung zu dem Treffen verlangen.*

### 3.3.3 Teilhaberechte

Auch die Ausnahme sind aus Grundrechten abgeleitete **Teilhaberechte**. So wird aus dem grundrechtsgleichen Recht aus Art. 38 Abs. 1 Satz. 1 GG, dem Wahlrecht, ein grundsätzliches Teilhaberecht im Rahmen der Wahlgesetze abgeleitet.

**Merke:**
Die vorgenannten Dimensionen der Grundrechte werden von *Jellinek* als Statusrechte beschrieben, worauf bis heute immer wieder Bezug genommen wird. *Jellinek* unterscheidet den status negativus, den status positivus und den status activus.[16] Der status negativus entspricht im Wesentlichen der abwehrrechtlichen Dimension der Grundrechte, der status positivus der leistungsrechtlichen Komponente. Schließlich beschreibt der status activus die Teilhaberechte aus Grundrechten.

### 3.3.4 Einrichtungsgarantien

Eine objektiv-rechtliche Dimension entfalten Grundrechte, die Einrichtungsgarantien als **Institutsgarantien** oder **institutionelle Garantien** gewähren. Zu den (privatrechtlich verorteten) Institutsgarantien zählen Ehe und Familie (Art. 6 Abs. 1 GG), die Privatschulen (Art. 7 Abs. 4 GG) und Privateigentum und Erbrecht (Art. 14 Abs. 1 GG). Diese „Institute“ darf der Gesetzgeber nicht abschaffen. Vielmehr muss er einfachgesetzlich ein Konstrukt von Vorschriften zur Verfügung stellen, das den Namen „Ehe“ oder „Privateigentum“ verdient. Subjektiv-rechtlich eröffnen die Institutsgarantien bspw. das Recht, eine Ehe einzugehen, Privatschulen zu gründen oder Privateigentum zu besitzen. Zu den (öffentlich-rechtlich orientierten) institutionellen Garantien wird das Berufsbeamtentum (Art. 33 Abs. 5 GG) gerechnet, aber auch der Sonn- und Feiertagsschutz (Art. 140 GG i. V. m. Art. 139 WRV).

### 3.3.5 Grundrechte als objektive Werteordnung

Damit der Bürger die grundrechtlichen Freiheiten in Anspruch nehmen kann, ist der Staat gehalten, die rechtlichen und tatsächlichen Voraussetzungen für die Freiheitsentfaltung des Einzelnen zu schaffen. Grundrechte sind insoweit eine Richtschnur für staatliches Handeln. Der Gesetzgeber muss im Bewusstsein des Freiheitsanspruchs des Bürgers tätig werden; Verwaltung und Rechtsprechung müssen das Recht im Lichte der Grundrechte als objektive **Wertentscheidungen** des Grundgesetzes anwenden und auslegen.[17] Ausdruck der objektiven **Werteordnung** sind auch die zuvor angesprochenen Einrichtungsgarantien.

### 3.3.6 Schutzfunktion

Eine relativ neue Funktion der Grundrechte ist ihre **Schutzfunktion**. Im Rahmen der Schutzfunktion ist der Staat verpflichtet, aktiv zum Schutz des Bürgers tätig zu werden.

16 Jellinek, System der subjektiven öffentlichen Rechte, 2. Aufl. 1905, nachgedr. 2011, S. 87, 94 ff.
17 *Schroeder*, Grundrechte, Rn. 12.

Dies ist insbesondere dann zu gewährleisten, wenn eine drohende Grundrechtsverletzung, sollte sie sich verwirklichen, irreparabel wäre, wenn die Entwicklung, die zu einer Grundrechtsverletzung führen kann, nicht beherrschbar und für den potenziell betroffenen Grundrechtsträger nicht beeinflussbar ist. Staatliche Schutzpflichten werden diskutiert bspw. für das Recht auf Leben, Art. 2 Abs. 2 GG, auch nach Art. 6 Abs. 4 GG für die werdende Mutter; für das Recht auf Eigentum wird das Bestehen von Schutzpflichten offengelassen.[18]

Wie der Staat seiner Schutzpflicht nachkommt, steht in seinem – weiten – gesetzgeberischen **Ermessen**. So kann der Staat ungeborenes Leben dadurch schützen, dass er Schwangerschaftsabbrüche ab einem gewissen Zeitpunkt unter Strafe stellt, dass er staatliche Leistungen gewährt, um Schwangere zur Fortführung der Schwangerschaft zu bewegen und/oder Beratung anbietet.[19] Vorwerfbar ist reines Untätigbleiben des Staates, wenn die Pflicht zu staatlichem Handeln erkennbar ist; insoweit wird auch von **„Untermaßverbot“** gesprochen.[20]

Die Verletzung einer staatlichen Schutzpflicht abgelehnt hat das Bundesverfassungsgericht bspw. im Fall der Ersatzansprüche von Waldbesitzern wegen Schädigungen des Waldes durch Umwelteinflüsse;[21] ein Untätigbleiben des Gesetzgebers, das nur noch durch Gewährung staatlicher Entschädigungsansprüche für geschädigte Waldbesitzer ausgeglichen werden könnte, vermochte das Gericht nicht festzustellen.

**Merke:**
In der juristischen Fallbearbeitung ist die abwehrrechtliche Funktion der Grundrechte die häufigste Variante; insbesondere aber die Erfüllung staatlicher Schutzpflichten gegenüber Dritten kann einen Eingriff in Grundrechte begründen. In diesem Fall ist das Gewicht des Grundrechts des Betroffenen mit der staatlichen Schutzpflicht abzuwägen. Am Beispiel der Entscheidung zum Schwangerschaftsabbruch stehen der staatlichen Schutzpflicht für das ungeborene Leben grundrechtlich geschützte Rechte der Schwangeren gegenüber.
Auch ist es vorstellbar, dass der Staat in Ausübung seiner Schutzpflicht die Grundrechte desjenigen einschränkt, zu dessen Schutz er tätig wird. So verbietet der Staat Betreibern von Sonnenstudios, nach § 4 Gesetz zum Schutz vor nichtionisierender Strahlung bei der Anwendung am Menschen (NiSG) Minderjährige zu bedienen, um letztere in ihrem Recht auf Leben, Gesundheit und körperliche Unversehrtheit (Art. 2 Abs. 2 GG) vor der Möglichkeit späterer Krebserkrankungen zu schützen. Dadurch werden die Minderjährigen, für die der Wunsch, kommerzielle Sonnenbanken zu benutzen, dem Schutzbereich der allgemeinen Handlungsfreiheit nach Art. 2 Abs. 1 GG unterfällt, gerade in dieser allgemeinen Handlungsfreiheit beschnitten.

18 BVerfG, NJW 1988 S., 3264, 3264.
19 BVerfGE 88, 203, 255 ff.
20 *Schroeder*, Grundrechte, Rn. 41.
21 BVerfG, NJW 1998 S. 3264, 2366.

Die Schutzfunktion gewinnt im digitalen Raum neue Konturen. Der Gerichtshof der Europäischen Union hat mit Urteil vom 30.4.2024 – C-470/21 –[22] die generalisierte, aber zeitlich begrenzte Speicherung von IP-Adressen zur Verfolgung jeglicher Straftaten zugelassen, sofern Begleitgarantien – insbesondere richterliche Kontrolle und Datentrennung – bestehen. Die Entscheidung verdeutlicht, dass datenschutzrechtliche Schutzpflichten des Staates in ein Spannungsverhältnis zu den Freiheitsrechten treten können und bei der Normsetzung wie in der Vollzugspraxis strikt verhältnismäßig austariert werden müssen.

## 3.4 Grundrechtsberechtigte und Grundrechtsverpflichtete

Grundrechte sind im Wesentlichen als **subjektive Rechte** ausgestaltet. Sie ermöglichen demjenigen, der sich auf die Grundrechte berufen kann, von demjenigen, der durch Grundrechte verpflichtet wird, die Achtung der Grundrechte zu fordern.

### 3.4.1 Grundrechtsberechtigte oder Grundrechtsträger

**Grundrechtsberechtigt** ist zunächst, wer Träger von Grundrechten sein kann. So gilt es festzustellen, wer sich überhaupt auf Grundrechte berufen kann, wer grundrechtsfähig ist. Die Frage, auf welche Grundrechte sich ein **Grundrechtsträger** konkret berufen kann, ist Frage der unterschiedlichen Typen von Grundrechten bzw. der konkreten Ausgestaltung der einzelnen Grundrechte.

#### 3.4.1.1 Natürliche Personen

Grundrechtsberechtigt im Sinne ihrer Grundrechtsfähigkeit sind zunächst alle **natürlichen Personen**. Natürliche Personen sind alle Menschen in ihrer Rolle als Rechtssubjekt, also als Träger von Rechten und Pflichten. Das BGB knüpft die Erlangung der Rechtsfähigkeit an den Umstand der Geburt (§ 1 BGB: „*Die Rechtsfähigkeit des Menschen beginnt mit der Vollendung der Geburt*"). Diese Betrachtung greift für die Frage der Grundrechte zu kurz. So genießt Grundrechtsschutz – bezüglich des Rechts auf Leben, Art. 2 Abs. 2 GG und der Menschenwürde, Art. 1 Abs. 1 Satz 1 GG – bereits der Embryo bzw. „Nasciturus" (lat.: „der, der geboren werden wird"). Ebenso endet die Grundrechtsfähigkeit nach der Rechtsprechung des Bundesverfassungsgerichts nicht mit dem Tod. Das Bundesverfassungsgericht leitet aus der Menschenwürdegarantie (Art. 1 Abs. 1 Satz 1 GG) nicht zuletzt ein postmortales Persönlichkeitsrecht ab, das die Ehre und Würde des Menschen auch über den Zeitpunkt seines Ablebens hinaus schützen kann.

---

22 EuGH, Urt. vom 30.4.2024 – C-470/21 –, Rn. 69 ff.; Analyse „Geheime Pläne der EU – Quick Freeze"; *Sehl, Markus/Abdulsalam, Kamul*, Geheime Pläne der EU. Und wenn die Vorratsdatenspeicherung doch zurück nach Deutschland kommt?, LTO 22.7.2024, https://www.lto.de/recht/hintergruende/h/vorratsdatenspeicherung-eu-bruessel-bmj-bmi-deutschland-quick-freeze-kompetenz, zuletzt abgerufen am 24.6.2025.

Mittlerweile geht die Rechtsprechung davon aus, dass Grundrechte auch in sog. **„Sonderstatusverhältnissen“** (bspw. Schüler, Strafgefangene, Soldaten, Beamte) gelten. In der Strafgefangenen-Entscheidung hat das Bundesverfassungsgericht ausgeführt, dass entgegen der früheren Ansichten zu diesen sog. „besonderen Gewaltverhältnissen“ die Grundrechte – wenn auch im Einzelfall eingeschränkte – Geltung entfalten.[23]

#### 3.4.1.2 Juristische Personen

Art. 19 Abs. 3 GG, in dem ausgeführt wird, dass die Grundrechte auch für inländische juristische Personen gelten, schließt **juristische Personen** in den Kreis der Grundrechtsberechtigten ein, soweit sie ihrem Wesen nach auf diese anwendbar sind. Der Begriff der juristischen Person ist hier allerdings nicht lediglich im technischen Sinne einer rechtsfähigen Organisation oder Personenmehrheit – etwa Aktiengesellschaft, GmbH, eingetragener Verein – zu verstehen. Vielmehr sollen auch nicht voll rechtsfähige Personenmehrheiten als solche grundrechtsberechtigt sein, wenn sie sich durch ein Mindestmaß an Verfasstheit und Dauerhaftigkeit von den sie bildenden natürlichen Personen abgrenzen. So wäre ein nicht rechtsfähiger Verein eine juristische Person, eine Geburtstagsgesellschaft nicht; zweifelhaft sind in diesem Kontext bspw. Bürgerinitiativen. Wenn diese dauerhaft mit einer gewissen Binnenstruktur ihre Ziele verfolgen, können auch sie juristische Personen i. S. d. Art. 19 Abs. 3 GG sein.

Wann ein Grundrecht dem **Wesen** nach anwendbar ist, richtet sich nach der jeweiligen Gewährleistung. So sind Grundrechte, die an Eigenschaften natürlicher Personen anknüpfen, nicht auf juristische Personen übertragbar. Diesen fehlt die Menschenwürde; sie „leben“ nicht i. S. d. Art. 2 Abs. 2 GG, sie können zwar Firmenehen, aber keine Ehe i. S. d. Art. 6 Abs. 1 GG eingehen.

Kritisch zu beurteilen ist, dass das Bundesverfassungsgericht den Grundrechtsschutz juristischer Personen davon abhängig macht, dass die Bildung und Betätigung juristischer Personen Ausdruck der freien Entfaltung natürlicher Personen hinter der juristischen Person ist.[24] Dieser Gedanke des notwendigen **„personalen Substrats“** hinter juristischen Personen ist so aber nicht aus Art. 19 Abs. 3 GG herleitbar.[25] Sinnvoller scheint es, darauf abzustellen, ob sich die juristische Person in einer den natürlichen Personen vergleichbaren **Gefährdungslage** befindet.

***Beispiel:***
*Eine Aktiengesellschaft kann wie eine natürliche Person bürgerlich-rechtliches Eigentum bspw. an einem Grundstück haben; bürgerlich-rechtliches Eigentum ist Eigentumsposition i. S. d. Art. 14 GG. Es macht im Fall einer Enteignung des Grundstücks keinen Unterschied, ob der Eigentumsgegenstand einer juristischen oder einer natürlichen Person entzogen wird.*

23 BVerfGE 33, 1 ff. – Strafgefangenen-Entscheidung.
24 BVerfGE 21, 362, 369.
25 So auch *Kingreen/Poscher*, Staatsrecht II, Rn. 215.

Eine juristische Person ist **inländisch** i. S. d. Art. 19 Abs. 3 GG, wenn sie ihr tatsächliches **Aktionszentrum** im Inland aufweist. Dies kann, muss aber nicht der Ort ihres satzungsmäßigen Sitzes sein.[26] Liegt dieser Sitz im Inland, liegt die Annahme einer inländischen juristischen Person nahe.

#### 3.4.1.3 Sonderproblem: Juristische Personen des öffentlichen Rechts

Ein Sonderproblem stellen die juristischen Personen des **öffentlichen Rechts**, Körperschaften, Anstalten und Stiftungen des öffentlichen Rechts dar.

***Beispielfall 20:***
*Die Gemeinde S wendet sich gegen die Genehmigung eines Kernkraftwerks in unmittelbarer Nähe zu Grundstücken, die im Eigentum der Gemeinde stehen und teils selbst bewirtschaftet, teils an Dritte verpachtet werden. Die Gemeinde sieht sich durch die Möglichkeit atomarer Verseuchung in ihrem Eigentumsrecht aus Art. 14 Abs. 1 GG verletzt. Die Gemeinde trägt im Rahmen einer durch sie erhobenen Verfassungsbeschwerde vor, in gleicher Weise wie ein Privater betroffen zu sein.*

*Kann sich die Gemeinde S auf Art. 14 Abs. 1 GG berufen?*

In ihrer Hauptfunktion – der Abwehrfunktion – vermitteln Grundrechte Freiheit vom Staat. Damit steht zugleich fest, dass der Staat Grundrechtsverpflichteter, nicht Grundrechtsberechtigter ist. Damit scheidet die Grundrechtsberechtigung juristischer Personen des öffentlichen Rechts grds. aus. Wenn eine staatliche Stelle in den Kompetenzbereich einer anderen staatlichen Stelle übergreift, handelt es sich hierbei um **Kompetenzkonflikte** im weiteren Sinne, die nicht der grundrechtstypischen Gefährdungslage im Verhältnis Staat/Bürger entsprechen.

***Lösung zum Beispielfall 20:***
*Die Gemeinde S ist eine öffentlich-rechtliche (Gebiets-)Körperschaft, damit juristische Person des öffentlichen Rechts. Zwar hat die Gemeinde S bürgerlichrechtliches Eigentum. Gleichwohl kann sie nicht als Sachwalterin der Interessen ihrer Bürger gesehen werden, auch wenn eine etwaige Verletzung der bürgerlichrechtlichen Eigentumsinteressen sich negativ auf die Gemeinde und mittelbar negativ auf die Bürger auswirken können. Somit ist auch außerhalb des Bereichs hoheitlicher Betätigung der Gemeinden eine Berufung auf Grundrechte wie Art. 14 GG ausgeschlossen.*[27]

Eine Ausnahme vom Grundsatz, dass juristische Personen des öffentlichen Rechts nicht grundrechtsfähig sind, wird in zwei Fällen gemacht.

Die erste Ausnahme sind juristische Personen des öffentlichen Rechts, die „unmittelbar dem durch die Grundrechte geschützten **Lebensbereich** zuzuordnen" sind. Dies

26 *Kingreen/Poscher*, Staatsrecht II, Rn. 210.
27 BVerfGE 61, 82, 100 ff. – Sasbach-Entscheidung.

ist anerkannt worden für die **Universitäten** und Fakultäten für den Bereich des Art. 5 Abs. 3 GG (Wissenschaftsfreiheit) und für die öffentlich-rechtlichen **Rundfunkanstalten** für den Bereich des Art. 5 Abs. 1 Satz 2 Var. 2 GG (Rundfunkfreiheit). Für letztere heißt es beim Bundesverfassungsgericht:

> *„Gerade um die Verwirklichung des Grundrechts der Rundfunkfreiheit zu ermöglichen, sind die Rundfunkanstalten als vom Staat unabhängige, sich selbstverwaltende Anstalten des öffentlichen Rechts durch Gesetze geschaffen worden; ihre Organisation ist derart, dass ein beherrschender Einfluss des Staates auf die Anstalten unmöglich ist.“*[28]

Damit sind Universitäten und die dortigen Fakultäten begrenzt auf die Wissenschaftsfreiheit, die öffentlich-rechtlichen Rundfunkanstalten begrenzt auf die Rundfunkfreiheit grundrechtsfähig.

Eine weitere Ausnahme sind die als öffentlich-rechtliche Körperschaften organisierten **Religionsgemeinschaften**, insbesondere die Bistümer der katholischen Kirche, die evangelischen Landeskirchen und die jüdischen Gemeinden. Die Eigenschaft als öffentlich-rechtliche Körperschaften erhalten diese Religionsgemeinschaften zwar aufgrund staatlicher Gewährung, aber letztlich nur als Angebot des Staates in Anerkennung ihrer gesamtgesellschaftlichen Funktion. Sie werden durch den Körperschaftsstatus nicht Staat, sondern bleiben **staatsfern**. Die Folge ist, dass die Religionsgemeinschaften nicht nur in Bezug auf Art. 4 Abs. 1, 2 GG (Religionsfreiheit), sondern vielmehr umfassend grundrechtsberechtigt sind.

#### 3.4.1.4 Sonderproblem: Juristische Personen des Privatrechts in öffentlich-rechtlicher Trägerschaft

Solche juristischen Personen des Privatrechts, die etwa im Wege der **formellen Privatisierung** entstanden sind (Stadtwerke-GmbH, Verkehrsbetriebe-AG) und Aufgaben der **Daseinsvorsorge** wahrnehmen, sind zwar formal nicht dem öffentlichen Recht zuzuordnen, sind aber Staat und damit nicht grundrechtsfähig.[29] Fehlt dem Staat als Anteileigner aber der bestimmende Einfluss auf die Geschäftsführung eines erwerbswirtschaftlichen Unternehmens, ist dieses als grundrechtsfähig anzusehen.[30] Bei mehr als 50%iger Beteiligung des Staates wird die Grundrechtsfähigkeit verneint, zugleich die Grundrechtsbindung bejaht.[31] Der private Anteilseigner darf sich auch in einem solchen gemischtwirtschaftlichen Unternehmen selbstverständlich hinsichtlich seiner Anteile auf die Eigentumsgarantie (Art. 14 Abs. 1 GG) berufen.

28 BVerfGE 39, 302, 314; BVerfGE 31, 314, 322.
29 Vgl. *Kingreen/Poscher*, Staatsrecht I, Rn. 217 f.
30 BVerfGE 115, 205, 227 f.
31 BVerfGE 128, 226, 246 f. – Fraport-Entscheidung.

***Beispiel:***
*Die Nachfolgeunternehmen der deutschen Telekom sind, auch wenn noch (Rest-)-Anteilseigentum der Bundesrepublik besteht, grundrechtsberechtigt. Die Deutsche Bahn AG, die jedenfalls im Bereich des Personennahverkehrs noch Aufgaben der Daseinsvorsorge erfüllt, ist, weil zudem noch in alleiniger Anteilseignerschaft des Bundes, nicht grundrechtsberechtigt.*

#### 3.4.1.5 Sonderproblem: Justizgrundrechte

Die sog. **„Justizgrundrechte"** (Art. 101 Abs. 1 Satz 1, 2 GG – Recht auf gesetzlichen Richter; Art. 103 Abs. 1 GG – Recht auf rechtliches Gehör)[32] sollen als Verfahrensrechte, die das Bundesverfassungsgericht nicht zu den „materiellen Grundrechten" i. S. d. Art. 19 GG zählt, auch für juristische Personen des öffentlichen Rechts Geltung entfalten. Diese *„enthalten objektive Verfahrensgrundsätze, die für jedes gerichtliche Verfahren gelten und daher auch jedem zugutekommen müssen, der nach den Verfahrensnormen parteifähig ist oder von dem Verfahren unmittelbar betroffen wird."*[33]

### 3.4.2 Grundrechtsverpflichtete – Grundrechtsadressaten

Gemäß Art. 1 Abs. 3 GG binden die Grundrechte alle **Staatsgewalt**, also Gesetzgebung, Exekutive und Rechtsprechung.

#### 3.4.2.1 Grundrechtsbindung der Gesetzgebung oder Legislative

Der Gesetzgeber ist bei Erlass von **Rechtsvorschriften** an die Grundrechte gebunden, egal ob er Normen des Privatrechts oder des öffentlichen Rechts erlässt. Gemeint ist im Übrigen jede Stelle, die staatliche Normsetzung gleich welchen Ranges betreibt, also der (parlamentarische) Bundes- der Landesgesetzgeber, aber auch der Kreis der Verordnungsgeber oder der (bspw. kommunalen) Satzungsgeber.[34]

Im öffentlichen Recht (einschließlich des Strafrechts) bedeutet dies insbesondere, dass die Gesetzgebung die Grundrechte des Bürgers stets im Blick haben und **übermäßige** (unverhältnismäßige) **Eingriffe** vermeiden muss. Für das Privatrecht bedeutet dies, dass der Gesetzgeber bereits auf gesetzlicher Ebene bemüht sein muss, den **Ausgleich** zwischen Grundrechtspositionen der Grundrechtsberechtigten herzustellen. So kann mit der Einräumung von Rechten für bestimmte Private eine Auferlegung von Pflichten für andere einhergehen, und damit eine Verkürzung von Grundrechten.

***Beispiel:***
*Beim Kaufvertrag (§ 433 BGB) bekommt der Käufer unter bestimmten Voraussetzungen Gewährleistungsrechte (§ 437 BGB) eingeräumt, die der Verkäufer*

32 Dazu oben Kap. 2.4.8.2.4.
33 BVerfGE 61, 82, 104.
34 *Schroeder*, Grundrechte, Rn. 54.

*ggf. erfüllen muss; letzterer ist damit in seiner unternehmerischen Freiheit (Berufsfreiheit – Art. 12 Abs. 1 GG, Allgemeine Handlungsfreiheit – Art. 2 Abs. 1 GG) eingeschränkt. Auf der anderen Seite kann sich der Käufer nicht beliebig vom Vertrag lösen; er muss vielmehr häufig eine Frist zur Nacherfüllung setzen (§ 323 BGB), womit wiederum seine allgemeine Handlungsfreiheit (Art. 2 Abs. 1 GG) eingeschränkt ist.*

#### 3.4.2.2 Grundrechtsbindung der vollziehenden Gewalt oder Exekutive

Die Grundrechtsbindung der **Exekutive** scheint eine Selbstverständlichkeit zu sein, die keiner weiteren Darlegung bedarf. Dies ist für belastendes hoheitliches Staatshandeln auch einsichtig. Wenn der Staat gegen den Bürger mit Befehl und Zwang vorgeht, gilt wiederum der Grundsatz, dass die Grundrechte der Betroffenen möglichst zu achten sind und im Falle der Notwendigkeit eines Eingriffs nicht übermäßig beschränkt werden.

Als vollziehende Gewalt i. S. d. Art. 1 Abs. 3 GG oder auch als „Exekutive" ist jede Stelle zu verstehen, die verwaltend und gesetzesvollziehend tätig wird. Dies können klassisch Behörden sein, aber auch Private, die mit hoheitlichen Befugnissen ausgestattet wurden, sog. „Beliehene". Es kommt auch nicht darauf an, ob es sich im Übrigen um Stellen der unmittelbaren oder mittelbaren Staatsverwaltung handelt.[35]

**Merke:**
Zu den Grundrechtsverpflichteten können so auch solche Stellen gehören, die gerade eben noch als Grundrechtsberechtigte skizziert wurden.
So ist eine staatliche Hochschule (Universität), die sich jedenfalls auf Art. 5 Abs. 3 GG berufen kann, im Fall der Exmatrikulation eines Studierenden, weil dieser eine Prüfung endgültig nicht bestanden hat, hoheitlich tätig und insoweit grundrechtsverpflichtet. Das Gleiche gilt für eine Schule in kirchlicher Trägerschaft oder für die kirchensteuereinzugsberechtigten Religionsgemeinschaften, die in beiden Fällen hoheitlich handeln.

Problematisch sind die Fälle, in denen die Exekutive nicht in öffentlich-rechtlichen, sondern in privatrechtlichen Formen handelt.

Bei Handeln in Formen des **Verwaltungsprivatrechts**, also bei Versorgung mit Leistungen der Daseinsvorsorge (bspw. Gas, Wasser, Strom, Nahverkehrsleistungen) durch privatisierte Hoheitsträger (wie eben beschrieben: Stadtwerke-AG oder Verkehrsbetriebe-GmbH) sind diese nach wie vor grundrechtsverpflichtet; es darf insoweit keine „Flucht ins Privatrecht" geben, um Grundrechtsbindungen abzuschütteln.

Umstritten ist die Grundrechtsbindung bei rein **erwerbswirtschaftlichem Handeln** (bspw. Holzverkauf aus dem Staatsforst) oder bei bedarfsdeckenden **Hilfsgeschäften**

35 Zur letzteren würden – neben den Kommunen – auch die Beliehenen gehören (vgl. *Kingreen/Poscher*, Staatsrecht II, Rn. 236); zu den denkbaren grundrechtsverpflichteten öffentlichen Stellen siehe auch *Schroeder*, Grundrechte, Rn. 56.

(Bleistifte einkaufen) die „Fiskalgeltung der Grundrechte“. Hier soll nach BGH-Rechtsprechung die Geltung der Grundrechte, insbesondere die Bindung an den Gleichheitssatz, aufgehoben sein.[36] Hiergegen wird aber zu Recht eingewandt, dass zum einen nicht erkennbar sei, wieso die dem Allgemeinwohl verpflichtete Verwaltungstätigkeit im fiskalischen Bereich nicht den Grundrechten unterliegen sollte. Zum anderen gibt der allgemeine Gleichheitssatz dem Staat hinreichend Spielraum, den eigenen Interessen wie den Interessen der Grundrechtsträger auf der anderen Seite gerecht zu werden.[37] Es ist insbesondere nicht ersichtlich, wieso die Verwaltung beim Einkauf von Büromöbeln bspw. wie ein Privater nach der Haarfarbe des Anbieters („Rote Haare? Teufelskind, Unglück!“[38]) differenzieren können sollte.

### 3.4.3 Sonderproblem: Grundrechtsgeltung zwischen Privaten – Drittwirkung von Grundrechten

Aus der Gesamtschau der Grundrechtsberechtigten und Grundrechtsverpflichteten ergibt sich zunächst, dass eine **Grundrechtsgeltung** zwischen **Privaten** grds. nicht besteht.

***Beispielfall 21:***
*Prinzessin C von M sieht in der Zeitschrift „Einfarbige“ folgende Überschrift: „Prinzessin C von M verzweifelt: Schlägt er auch ihre Kinder?“ Illustriert wird das Ganze von einem Foto, das C mit ihren Kindern A und B, beide weinend, im Arm zeigt. Sie erinnert sich genau, dass das Foto anlässlich eines Pressetermins entstanden ist, zu dem ein tölpelhafter Hofschranze der Familie mal so nebenbei das Ableben des Lieblingslabradors der fürstlichen Familie, L von Wuff, kündete.*

*Hintergrund des Berichts in der „Einfarbigen“ ist, dass der Ehemann der Prinzessin, E A von H, kürzlich wegen brutalen Eindreschens auf einen Gastwirt in Marbella verurteilt worden war.*

*C verlangt vor dem Zivilgericht mit Blick auf ihr allgemeines Persönlichkeitsrecht (Art. 2 Abs. 1 GG i. V. m. 1 Abs. 1 GG) Unterlassung; die „Einfarbige“ und ihr Reporter berufen sich auf die Presse- und Meinungsäußerungsfreiheit (Art. 5 Abs. 1 GG).*

*Gelten hier die Grundrechte?*

Anerkannt ist eine Geltung der Grundrechte zwischen Privaten insbesondere für die **Koalitionsfreiheit** nach Art. 9 Abs. 3 Satz. 1 und 2 GG, weshalb insb. die Tarifvertragsparteien untereinander grundrechtsberechtigt und -verpflichtet sind.[39] Auch die **Menschenwürde** (Art. 1 Abs. 1 Satz 1 GG) soll unmittelbare Drittwirkung entfalten,[40] so

36 BGH, NJW 1962, 196, 197 f.
37 In diesem Sinne *Kingreen/Poscher*, Staatsrecht II, Rn. 233 ff.
38 [Anm. d. Verf.:] Nur ein Beispiel, nichts gegen Rothaarige!
39 Zum Meinungsstand siehe *Kingreen/Poscher*, Staatsrecht II, Rn. 239; auch *Katz/Sander*, Staatsrecht, Rn. 659 ff. Grundlegend BVerfGE 7, 198 ff. – Lüth und BVerfGE 25, 256 ff. – Blinkfüer.
40 *Hillgruber* in BeckOK, GG Art. 1 GG Rn. 8 m. w. N.

dass Private untereinander verpflichtet sind, ihrem Gegenüber nicht die Menschenwürde zu versagen.

Im Übrigen bleibt es zunächst bei dem Befund, dass Grundrechte in Privatrechtsverhältnissen keine Geltung entfalten. Allerdings ist ein staatliches Gericht, wenn es Rechtsstreitigkeiten zwischen Privaten schlichtet, gehalten, die Grundrechte als objektive Werteordnung zu achten und bei der Auslegung von Zivilrechtsnormen heranzuziehen. Dies wird jedenfalls vertreten für sog. „Generalklauseln des Privatrechts", wenn unbestimmte Rechtsbegriffe verwendet werden (bspw. Sittenwidrigkeit, § 138 BGB; Treu und Glauben, § 242 BGB; Leistungsbestimmung nach billigem Ermessen, § 315 BGB; Rechtswidrigkeit und sonstige Rechte, § 823 Abs. 1 BGB). Diese „Einfallstore" für die Grundrechte transportieren die Wirkung der Grundrechte mittelbar in das Verhältnis zweier Privater untereinander, weshalb von der **„mittelbaren Drittwirkung"** der Grundrechte gesprochen wird. Mittlerweile wird diese mittelbare Drittwirkung letztlich auf die Anwendung jeder Norm des Privatrechts erstreckt, so dass die Bedeutung der zuvor angesprochenen Generalklauseln für die mittelbare Drittwirkung zurücktritt.[41]

> ***Lösung zum Beispielfall 21:***
> *C macht gegen die „Einfarbige" einen Unterlassungsanspruch nach §§ 823 Abs. 1, 1004 BGB geltend. Das Zivilgericht muss bei seiner Entscheidung über die Auslegung des Begriffs „rechtswidrig" nach § 823 Abs. 1 BGB das allgemeine Persönlichkeitsrecht der C (zugleich „sonstiges Recht" i. S. d. § 823 Abs. 1 BGB) beachten und dabei einen Ausgleich mit der Presse- und Meinungsäußerungsfreiheit auf Seiten der „Einfarbigen" herstellen.*
>
> *Damit strahlen die Grundrechte der Streitbeteiligten mittelbar in die Zivilrechtsstreitigkeit aus; ein Fall mittelbarer Drittwirkung der Grundrechte ist gegeben.*

Der Bundesgerichtshof verlangt seit seinem Urteil vom 29.7.2021 – III ZR 179/20 – von Anbietern sozialer Netzwerke ein Widerspruchs- und Anhörungsverfahren, bevor Nutzerkonten gesperrt oder Beiträge gelöscht werden. Das Gericht begründet dies mit der mittelbaren Wirkung der Meinungsfreiheit nach Art. 5 Abs. 1 GG gegenüber marktmächtigen Plattformen. In Verbindung mit den Transparenz- und Beschwerdepflichten des Digital Services Act entsteht ein konsistentes Schutzniveau für digitale Öffentlichkeitskommunikation.[42]

## 3.5 Grundrechtsmündigkeit

Im Zusammenhang mit der Frage der Grundrechtsfähigkeit oder -berechtigung steht die Frage der **Grundrechtsmündigkeit**, hier zugeschnitten auf die Frage der Möglichkeiten Minderjähriger, Grundrechte im eigenen Namen prozessual geltend zu machen.

41 *Hufen*, NJW 1999 S. 1504, 1507; *Katz/Sander*, Staatsrecht, Rn. 663.
42 BGH, Urt. vom 29.7.2021 – III ZR 179/20 –, openJur 2021, 34148.

***Beispielfall 22:***

*Der 16-jährige J ist Gründungsmitglied einer in seinem Heimatort angesiedelten Bürgerinitiative gegen eine Düngemittelfabrik am Ortsrand. Er managt erfolgreich die Pressearbeit der Bürgerinitiative und gibt häufig Interviews. Bei seinem letzten Fernsehinterview im Lokalfernsehen beklagt er, dass zum vierten Mal in Folge die Kläranlage des Ortes durch Abwässer der Fabrik zum Kippen gebracht wurde.*

*Der Düngemittelhersteller D lässt J letztinstanzlich verbieten, „weiterhin dreiste Lügen über D im Fernsehen zu verbreiten". J, der mittlerweile über Gutachten über den Zusammenhang zwischen Kläranlage und Fabrik verfügt, will sich an das Bundesverfassungsgericht mit der Behauptung einer Verletzung von Art. 5 Abs. 1 Satz 1 Alt. 1 GG, der Meinungsäußerungsfreiheit, wenden.*

*Ist J bezogen auf seine Meinungsäußerungsfreiheit grundrechtsmündig?*

Nur in den seltensten Fällen signalisiert der einfache Gesetzgeber, wann er einen **Minderjährigen** für geeignet hält, Grundrechte im eigenen Namen geltend zu machen. Hier ist § 5 Satz 2 des Gesetzes über die religiöse Kindeserziehung (RelKErzG) zu nennen; nach Vollendung des 14. Lebensjahres soll das Kind selbst entscheiden können, zu welchem religiösen Bekenntnis es sich halten will. Hieraus wird eine Altersgrenze bezogen auf die Religionsmündigkeit mit 14 Jahren abgeleitet. Für die übrigen Grundrechte könnte stets an eine starre Altersgrenze angeknüpft werden, insbesondere die Geschäftsfähigkeit mit Vollendung des 18. Lebensjahres. Das BGB regelt insoweit nur die Ausnahme der beschränkten Geschäftsfähigkeit (bspw. § 106 BGB), woraus die unbeschränkte Geschäftsfähigkeit ab dem 18. Lebensjahr, also mit Eintritt der Volljährigkeit (§ 2 BGB), hergeleitet werden kann.

Vorzugswürdig erscheint dagegen, an die **Einsichtsfähigkeit** des jeweiligen Grundrechtsträgers anzuknüpfen und so zu gleitenden Altersgrenzen zu gelangen; die starre Altersgrenze von 18 Jahren käme insbesondere für diejenigen Grundrechte in Betracht, die üblicherweise mit privatrechtlichen Rechtsgeschäften verbunden sind, v. a. Art. 12 Abs. 1 GG (Berufsfreiheit) und Art. 14 GG (Eigentumsfreiheit).[43]

***Lösung zum Beispielfall 22***

*J ist grundrechtsmündig. Seine erfolgreiche Pressearbeit und sein Verständnis der sachlichen Zusammenhänge belegen die für Art. 5 Abs. 1 Satz 1 GG erforderliche Einsichtsfähigkeit. Seit dem Klimaschutzbeschluss 2021 nimmt das Bundesverfassungsgericht Minderjährige in dieser Altersgruppe als beschwerdefähig an, sofern ihre Vertretung gesichert ist. J kann daher die Verfassungsbeschwerde – gegebenenfalls über einen vom Familiengericht bestellten Verfahrensbeistand – wirksam erheben.*

Die Rechtsprechung hat den Ansatz der Einsichtsfähigkeit in den letzten Jahren ausdrücklich bestätigt. Im Klimaschutz-Beschluss vom 24.3.2021 hat das Bundesverfas-

43 Vgl. zum Ganzen *Kingreen/Poscher*, Staatsrecht II, Rn. 184 f.

sungsgericht mehrere minderjährige Beschwerdeführende als grundsätzlich prozess- und beschwerdefähig behandelt; es verlangte lediglich die Vertretung durch Sorgeberechtigte oder bestellte Verfahrensbevollmächtigte, nicht aber die Volljährigkeit. Der Senat betonte, dass Grundrechte auch die Freiheit künftiger Generationen vor übermäßiger Risikoverlagerung schützen. Der Beschluss zeigt, dass ein 16-Jähriger ohne Weiteres als einsichtsfähig für Art. 5 Abs. 1 Satz 1 GG angesehen werden kann, sobald er – wie J – strukturiert Öffentlichkeitsarbeit betreibt und fachliche Gutachten einordnet. J wäre daher nicht nur inhaltlich, sondern auch verfahrensrechtlich beschwerdefähig; steht ihm kein Elternteil zur Seite, kann das Familiengericht nach §§ 1673 ff. BGB i. V. m. § 57 FamFG einen Ergänzungspfleger bestellen.

**Merke:**
Die Entscheidung – 1 BvR 2656/18 u. a. –[44] erweitert die bislang rein dogmatische Figur der „Grundrechtsmündigkeit" um eine klar verfahrensrechtliche Praxis: Minderjährige können Beschwerdeführer sein, wenn ihre Einsichtsfähigkeit im Einzelfall festgestellt ist. Damit bestätigt das Gericht den Vorrang der flexiblen Altersgrenze und macht das oft zitierte Postulat „16 = grundrechtsmündig, wenn einsichtsfähig" justiziell nachprüfbar. Zugleich stärkt der Beschluss den Anspruch Minderjähriger auf rechtlichen Gehörsschutz, weil Vertretungslücken durch familiengerichtliche Ergänzungspflege geschlossen werden müssen.

| **Typisierte Altersstufe** | **Regelbeispiel der Einsichtsfähigkeit** | **Typische verfahrensrechtliche Vertretung** | **Leitentscheidung/Norm** |
|---|---|---|---|
| < 14 J. | Kaum eigenständige Grundrechtswahrnehmung | Eltern §§ 1626 ff. BGB | § 5 RelKErzG (Religionsmündigkeit 14 J.) |
| 14–15 J. | Religions-, schul- oder medienbezogene Entscheidungen, erste Online-Publikationen | Eltern, bei Konflikt Ergänzungspfleger | BVerfG 1 BvR 2365/11 („Schülersprecher"), § 5 RelKErzG |
| 16–17 J. | Eigenständige politische oder mediale Betätigung, Vereins- und Versammlungsteilnahme | Grundsätzlich eigenes Handeln; Vertretung nur formell | BVerfG Klimabeschluss 2021; § 90 BVerfGG „Jedermann" |
| ≥ 18 J. | Voll geschäfts- und prozessfähig | – | § 2 BGB; §§ 104 ff. BGB |

## 3.6 Grundrechtstypen

Grundrechte lassen sich nach verschiedenen Kriterien einteilen, um so zu einer gewissen **Systematisierung** zu gelangen, die den Umgang mit den einzelnen Rechten ver-

44 BVerfG, Beschl. vom 24.3.2021 – 1 BvR 2656/18 –, – 1 BvR 78/20 –, – 1 BvR 96/20 –, – 1 BvR 288/20 – (Klimaschutzgesetz), https://www.bundesverfassungsgericht.de/SharedDocs/Entscheidungen/DE/2021/03/rs20210324_1bvr265618.html, zuletzt abgerufen am 2.7.2025.

einfachen kann. Bei der Durchsicht fällt auf, dass einzelne Grundrechte selbstverständlich in mehrere Kategorien eingeteilt werden können.

## 3.6.1 Freiheits- und Gleichheitsrechte

### 3.6.1.1 Allgemeines

Ein wesentliches Unterscheidungsmerkmal ist die Frage nach dem Vorliegen eines **Freiheitsrechts** oder eines **Gleichheitsrechts**. Freiheitsrechte sind primär auf die Abwehrfunktion der Grundrechte ausgerichtet und schützen insoweit die grundrechtlich geschützte Betätigung vor Eingriffen durch den Staat. Gleichheitsrechte dagegen verlangen vom Staat ein Verhalten, mit dem eine unterschiedliche, insbesondere den Einzelnen dadurch benachteiligende Herangehensweise an vergleichbare Sachverhalte nach Möglichkeit vermieden wird.

**Merke:**
Diese unterschiedliche Herangehensweise findet ihren Niederschlag zum einen in den unterschiedlichen Prüfschemata, sie legt aber auch eine Reihenfolge der Prüfung nahe: Wenn ein Verhalten des Staates gemessen an den Freiheitsrechten des einzelnen Betroffenen noch hinnehmbar sein könnte, kann es gleichwohl durch eine andere Behandlung vergleichbarer Fälle gegen Gleichheitssätze verstoßen. Deswegen hat sich bei der Prüfung von Grundrechten die Reihung

**„Freiheit vor Gleichheit"**

als üblich erwiesen.

Seit dem Beschluss des Bundesverfassungsgerichts zum Klimaschutzgesetz[45] gilt: Freiheitsrechte sichern nicht allein gegenwärtige Handlungsräume, sondern binden den Gesetzgeber auch **intertemporal**. Der Senat interpretiert Art. 2 Abs. 1 GG und Art. 20a GG in **intergenerationeller praktischer Konkordanz**. Damit wird die klassische Reihenfolge **„Freiheit vor Gleichheit"** um eine zeitliche Dimension ergänzt: **Der Freiheitsgebrauch heutiger Generationen darf künftige Freiheit nicht unverhältnismäßig einschränken.**

45 BVerfG, Beschl. vom 24.3.2021 – 1 BvR 2656/18 – u. a., Ls. 1 und Rn. 183 ff.), https://www.bundesverfassungsgericht.de/SharedDocs/Entscheidungen/DE/2021/03/rs20210324_1bvr265618.html, zuletzt abgerufen am 2.7.2025.

> **Merke:**
> Mit seiner neuartigen Verknüpfung von Freiheits- und Schutzpflichtdimension in Art. 2 Abs. 1 GG hat das Gericht ein Gleichheits- und Gerechtigkeitsmoment über Generationen eingeführt. Bei der Prüfung legitimer Zwecke von Grundrechtsbeschränkungen ist künftig auch die Lastenverteilung zwischen Alterskohorten zu thematisieren

#### 3.6.1.2 Beispiele

Einige klassische Beispiele für **Freiheitsrechte** sind:

- Allgemeine Handlungsfreiheit, Art. 2 Abs. 1 GG,
- Recht auf Leben, Freiheit, körperliche Unversehrtheit, Art. 2 Abs. 2 GG,
- Religions- und Gewissensfreiheit, Art. 4 Abs. 1 und 2 GG,
- Meinungsäußerungs-, Presse-, Rundfunk- und Filmfreiheit, Art. 5 Abs. 1 GG,
- Versammlungsfreiheit, Art. 8 Abs. 1 GG,
- Vereinigungsfreiheit, Art. 9 Abs. 1 GG,
- Koalitionsfreiheit, Art. 9 Abs. 3 GG,
- Freizügigkeit, Art. 11 Abs. 1 GG,
- Berufsfreiheit, Art. 12 Abs. 1 GG,
- Unverletzlichkeit der Wohnung, Art. 13 GG.

**Gleichheitsrechte** finden sich neben dem allgemeinen Gleichheitssatz:

***Art. 3 Abs. 1 GG: „Alle Menschen sind vor dem Gesetz gleich"***

in den sog. „besonderen Gleichheitssätzen", so etwa:

- Gleichberechtigung von Männern und Frauen, Art. 3 Abs. 2 GG,
- Allgemeines Diskriminierungsverbot, Art. 3 Abs. 3 GG,
- Gleichbehandlung politischer Parteien, Art. 21 GG,
- Gleiche staatsbürgerliche Rechte und Pflichten für alle Deutschen Art. 33 Abs. 1 GG,
- Gleicher Zugang zu öffentlichen Ämtern Art. 33 Abs. 2 GG,
- Gleiche bürgerliche und staatsbürgerliche Rechte, Art. 33 Abs. 3 GG,
- Allgemeinheit und Gleichheit der Wahlen, Art. 38 Abs. 1 Satz 1 GG (vgl. auch Art. 28 Abs. 1 GG).

### 3.6.2 Jedermanns- und Deutschenrechte

#### 3.6.2.1 Allgemeines

Weiterhin unterscheidet das Grundgesetz nach **Jedermannsrechten** (oder auch Menschenrechten) und **Deutschenrechten**. Jedermannsrechte zeichnen sich zumeist in ihrer Formulierung dadurch aus, dass sie den Kreis der Geschützten uneingeschränkt beschreiben. Dies gilt angefangen in Art. 1 Abs. 1 Satz 1 GG („*Die Würde des Menschen*", nicht etwa „*des Deutschen*") über Art. 2 Abs. 1 GG („*Jeder hat das Recht,* […]"), Art. 3 Abs. 1 GG („*Alle Menschen*") bis hin zu Art. 3 Abs. 3 GG („*Niemand darf*"). Andere Grundrechte signalisieren die Eigenschaft als Jedermannsrecht durch Fehlen jeder personalen Eingrenzung, wie etwa Art. 4 Abs. 1 GG: „*Die Freiheit des Glaubens […] ist unverletzlich.*"

Zumeist deutlich zu erkennen sind die Deutschenrechte, die zunächst nur Deutschen i. S. d. Art. 116 GG zustehen. Bei den grundrechtsgleichen Rechten ist die Allgemeinheit und Gleichheit der Wahl nicht als Deutschenrecht gekennzeichnet; aus dem Umstand, dass nach Art. 38 Abs. 1 Satz 1 GG deutsche Staatsgewalt gewählt wird, ergibt sich die Beschränkung des Rechts auf Deutsche.

#### 3.6.2.2 Beispiele

Jedermannsrechte sind bspw.
- Menschenwürdegarantie, Art. 1 Abs. 1 Satz 1 GG,
- Allgemeine Handlungsfreiheit, Art. 2 Abs. 1 GG,
- Recht auf Leben, Freiheit, körperliche Unversehrtheit, Art. 2 Abs. 2 GG,
- Allgemeiner Gleichheitssatz, Art. 3 Abs. 1 GG,
- Gleichberechtigung von Männern und Frauen, Art. 3 Abs. 2 GG,
- Allgemeine Diskriminierungsverbote, Art. 3 Abs. 3 GG,
- Religions- und Gewissensfreiheit, Art. 4 Abs. 1 und 2 GG,
- Meinungsäußerungs-, Presse-, Rundfunk- und Filmfreiheit, Art. 5 Abs. 1 GG,
- Unverletzlichkeit der Wohnung, Art. 13 GG,
- Eigentum, Art. 14 GG.

Deutschenrechte sind bspw.
- Versammlungsfreiheit, Art. 8 Abs. 1 GG,
- Vereinigungsfreiheit, Art. 9 Abs. 1 GG,
- Koalitionsfreiheit, Art. 9 Abs. 3 GG,
- Freizügigkeit, Art. 11 Abs. 1 GG,
- Berufsfreiheit, Art. 12 Abs. 1 GG,
- Gleiche staatsbürgerliche Rechte und Pflichten für alle Deutschen, Art. 33 Abs. 1 GG,
- Gleicher Zugang zu öffentlichen Ämtern, Art. 33 Abs. 2 GG,
- Gleiche bürgerliche und staatsbürgerliche Rechte, Art. 33 Abs. 3 GG,
- Allgemeinheit und Gleichheit der Wahlen, Art. 38 Abs. 1 Satz 1 GG (vgl. auch Art. 28 Abs. 1 GG).

#### 3.6.2.3 Art. 2 Abs. 1 GG als Auffanggrundrecht für Ausländer

Allgemein wird Art. 2 Abs. 1 GG als **Auffanggrundrecht** für alle Verhaltensweisen angesehen, die nicht unter ein spezielleres Freiheitsrecht fallen. So ist die Freiheit, seinen Glauben zu entfalten (Art. 4 Abs. 1 GG) zugleich Teil der freien Entfaltung der Persönlichkeit (Art. 2 Abs. 1 GG); Gleiches gilt bspw. für die Ausübung der Berufsfreiheit nach Art. 12 Abs. 1 GG. Dies hat aber gleichzeitig zur Folge, dass Verhaltensweisen, die unter spezielle Grundrechte fallen, welche Deutschen vorbehalten sind, für Ausländer jedenfalls über Art. 2 Abs. 1 GG geschützt sind.

***Beispiel:***
*Für den deutschen Physiotherapeuten D ist der Betrieb seiner Massagepraxis über Art. 12 Abs. 1 GG (Berufsfreiheit) geschützt; für den türkischen Physiotherapeuten ist der Betrieb seiner Massagepraxis („nur", aber jedenfalls) über Art. 2. Abs. 1 GG (Allgemeine Handlungsfreiheit) geschützt.*

Der Unterschied besteht in erster Linie darin, dass die **Einschränkbarkeit** der speziellen Grundrechte teilweise etwas schwieriger ist als die der allgemeinen Handlungsfreiheit. So hat das Bundesverfassungsgericht zu Rechten von Ausländern bezogen auf die Freizügigkeit im Bundesgebiet (Deutschengrundrecht nach Art. 11 GG) entscheiden:

> *„Das Grundrecht aus Art. 2 Abs. 1 GG auf die freie Entfaltung der Persönlichkeit steht als allgemeines Menschenrecht auch Ausländern in der Bundesrepublik zu. Die Beschränkung des Grundrechts der Freizügigkeit auf Deutsche und auf das Bundesgebiet (Art. 11 GG) schließt nicht aus, auf den Aufenthalt von Menschen in der Bundesrepublik auch Art. 2 Abs. 1 GG anzuwenden […]. Der daraus folgende Schutz ist jedoch nur in dem durch Art. 2 Abs. 1 GG gezogenen Rahmen, besonders nur in den Schranken der verfassungsmäßigen Ordnung gewährleistet; zur verfassungsmäßigen Ordnung gehört jede Rechtsnorm, die formell und materiell mit der Verfassung in Einklang steht."*[46]

Das Gericht stellt damit klar, dass die Einschränkung der Freizügigkeit für Ausländer insbesondere nicht den relativ engen Grenzen des Art. 11 Abs. 2 GG unterliegt.

Gerade der Unterschied zwischen Art. 2 Abs. 1 GG und Art. 11 GG macht deutlich, worin der geringere Schutz des Art. 2 Abs. 1 GG liegt. Während die allgemeine Handlungsfreiheit durch jedes verfassungsgemäße Gesetz eingeschränkt werden kann, müssen sich die Gesetze, die die allgemeine Handlungsfreiheit für Deutsche einschränken können, in ihrer Zwecksetzung an den strengen Vorgaben des Art. 11 Abs. 2 GG orientieren.

#### 3.6.2.4 Sonderproblem: Deutschenrechte und EU-Ausländer

Deutschengrundrechte stellen sich mit Blick auf die Mitgliedschaft der Bundesrepublik in der Europäischen Union als problematisch dar. Für die Anwendbarkeit der Deutschengrundrechte auch auf **Unionsbürger** sprechen das allgemeine Diskriminierungsverbot gem. Art. 18 AEUV und die besonderen Diskriminierungsverbote der Grundfreiheiten. Der Vorrang des Europarechts ist heute allgemein anerkannt[47] und führt dazu, dass die

46 BVerfGE 35, 382, 399.
47 BVerfGE 85, 191 ff.

EU-Ausländer verlangen können, ebenso wie Inländer behandelt zu werden. Für das Verhältnis von nationalem Recht (einschließlich der Grundrechte) und EU-Recht gilt das Prinzip des „effet utile“, das besagt, dass sich das EU-Recht gegenüber nationalem Recht möglichst effektiv durchsetzen soll. Insbesondere Art. 18 AEUV ordnet eine Gleichstellung aller EU-Bürger an und fordert für diese das gleiche Schutzniveau innerhalb der Union.

Wie dieses Ziel der Gleichbehandlung von EU-Ausländern bezogen auf Deutschengrundrechte erreicht werden kann, wird anhand zweier unterschiedlicher Ansätze beurteilt.

**Ansatz 1:** Gegen eine Ausweitung des Schutzes von Deutschengrundrechten auch auf Unionsbürger spricht, dass der Wortlaut einer Norm üblicherweise die äußerste Grenze der Auslegung ist. Folgt man dem klaren Wortlaut („Deutsche“), ist eine Anwendung auf EU-Ausländer gesperrt. In der Folge könnten sich Unionsbürger wie alle Ausländer nur auf Art. 2 Abs. 1 GG berufen. Eine Gleichbehandlung lässt sich bei dieser Sicht herstellen, indem bei der Auslegung des Art. 2 Abs. 1 GG den strengeren Maßstäben des speziellen Deutschengrundrechte gefolgt wird. Also müssten, soweit der AEUV eine Gleichbehandlung mit Inländern fordert, im Wege einer **europarechtskonformen Auslegung** die Schranken des Deutschengrundrechts auf Art. 2 Abs. 1 GG übertragen werden.

**Ansatz 2:** Mehr spricht für die Möglichkeit einer Ausweitung der Deutschengrundrechte auf EU-Bürger. Zwar bildet der Wortlaut einer nationalen Norm die Grenze der Auslegung. Jedoch kann der **Anwendungsvorrang** des AEUV dazu führen, dass eine nationale Norm – auch entgegen ihrem klaren Wortlaut – teilweise außer Anwendung bleibt, soweit sie EU-Ausländer diskriminiert. Das Tatbestandsmerkmal „Deutscher“ ist deshalb wegen des Vorrangs des Europarechts nicht anwendbar. Die Beschränkung des Schutzbereichs von Grundrechten auf Deutsche ist damit durch das Europarecht überlagert. Die Deutschengrundrechte sind somit so zu lesen, dass sie sowohl für Deutsche wie für EU-Ausländer gelten.

***Beispiel:***
*Soll die Freizügigkeit im Inland beschränkt werden, würden diese sich bei Zugrundelegung von **Ansatz 1** EU-Ausländer nur auf Art. 2 Abs. 1 GG berufen können. Dieser kann durch jedes verfassungsmäßige Gesetz eingeschränkt werden. EU-Ausländer würden damit schlechtergestellt als Deutsche, deren Freizügigkeit nur unter den engen Voraussetzungen des Art. 11 Abs. 2 GG eingeschränkt werden darf. Um Gleichbehandlung herzustellen, überträgt man für EU-Ausländer die engen Schranken des Art. 11 Abs. 2 GG auf Art. 2 Abs. 1 GG.*

*Dieser Weg („von hinten durch die Brust ins Auge“) lässt sich bei der Anwendung des insoweit vorzugswürdigen **Ansatzes 2** vermeiden. Hier wird Art. 11 Abs. 1 GG zum Zweck der Gleichstellung von Inländern und EU-Ausländern wie folgt gelesen: „Alle Deutschen **und EU-Ausländer** genießen die Freizügigkeit im ganzen Bundesgebiet“.*

#### 3.6.2.5 Sonderproblem: Anwendung von Grundrechten auf EU-ausländische juristische Personen

Erst relativ spät hat sich das Bundesverfassungsgericht mit der Frage der Anwendbarkeit von Deutschengrundrechten auf **EU-ausländische juristische Personen** auseinandergesetzt. Ansatz der Problematik ist die Beschränkung des Art. 19 Abs. 3 GG auf „inländische" juristische Personen.

Aus Anlass einer Verfassungsbeschwerde einer in Italien ansässigen „società per azioni" (dt.: „Gesellschaft auf Aktien") hat das Bundesverfassungsgericht entschieden, dass die Geltung der Deutschengrundrechte für EU-ausländische juristische Personen erweitert werden muss, sofern diese Grundfreiheiten in Anspruch nehmen oder sich im Anwendungsbereich des sekundären Europarechts bewegen.[48] Gleiches gilt für die Anwendung von Jedermannsgrundrechten, da über die Erweiterung der Grundrechtsgeltung für EU-ausländische juristische Personen auch der Wortlaut des Art. 19 Abs. 3 GG „inländische" überwunden wird; zu fragen ist dann jeweils noch nach der wesensmäßigen Anwendbarkeit.

### 3.6.3 Grundrechte mit und ohne ausdrücklichen Schrankenvorbehalt

Freiheitsrechte gewähren dem Einzelnen Freiheit vom Staat bei der Betätigung seiner Grundrechte. Allerdings versteht es sich von selbst, dass die Berufung auf Grundrechte nicht uneingeschränkt erfolgen kann. Es gibt sowohl staatliche Interessen, Interessen der Allgemeinheit als auch Interessen anderer Grundrechtsberechtigter, die der eigenen Freiheitsentfaltung Grenzen setzen können. Solche Grenzen zu setzen ist die Aufgabe von **Grundrechtsschranken**.

> ***Beispiel:***
> *Sie sind Besitzer eines Porsche 911 Turbo, Spitzengeschwindigkeit 310 km/h. Ihr Wunsch ist es, diese 310 km/h im Rahmen Ihrer allgemeinen Handlungsfreiheit (Art. 2 Abs. 1 GG) immer und überall auszunutzen. Dem könnte der (zugegebenermaßen kleinliche) Wunsch von Dacia-Fahrern, Radlern und Fußgängern entgegenstehen, von Ihnen nicht totgefahren zu werden.*

#### 3.6.3.1 Allgemeines

Manche Grundrechte enthalten bereits im Text unmittelbare Einschränkungen, sog. **„verfassungsunmittelbare Schranken"**. Andere Grundrechte lassen erkennen, dass sie nicht unbegrenzt – **„schrankenlos"** – gewährt werden, indem die Möglichkeit der Beschränkung oder auch Regelung – zumeist „durch Gesetz" oder „aufgrund eines Gesetzes" – normieren, sog. „Schranken-", oder „Gesetzes-" und „Regelungsvorbehalte". Bei letzteren werden teilweise auch genauere Anforderungen an diese **Schrankenre-**

48 BVerfGE 129, 78, 94 ff.

**gelungen** formuliert, sog. „qualifizierte Gesetzesvorbehalte". Wieder andere werden dem Wortlaut nach ohne Einschränkung gewährt, müssen aber – dem obigen Gedanken folgend – dennoch in irgendeiner Weise beschränkbar sein, über sog. „verfassungsimmanente Schranken".

### 3.6.3.2 Beispiele

#### *3.6.3.2.1 Verfassungsunmittelbare Schranken*

Bei diesen Schranken handelt es sich genaugenommen nicht um Grundrechtsschranken, sondern um Beschneidungen bzw. Definitionen des Schutzbereichs. So hängt von der Erfüllung bzw. Nichterfüllung eines Merkmals ab, ob der Schutzbereich des jeweiligen Grundrechts eröffnet ist.

Ein Beispiel für ein Grundrecht, das eine **verfassungsunmittelbare** Schranke enthält, ist Art. 8 Abs. 1 GG. So dürfen sich alle Deutschen ohne Anmeldung oder Erlaubnis versammeln, dies aber nur „friedlich und ohne Waffen" tun. Folge ist, dass eine Versammlung, die unfriedlich ist, oder deren Teilnehmer bewaffnet sind, von vornherein nicht den Schutz des Art. 8 Abs. 1 GG genießt.

Auch sind nach Art. 9 Abs. 2 GG Vereinigungen, deren Zwecke oder deren Tätigkeit den Strafgesetzen zuwiderlaufen oder die sich gegen die verfassungsmäßige Ordnung oder gegen den Gedanken der Völkerverständigung richten, verboten.

Ebenso entbindet gem. Art. 5 Abs. 3 Satz 2 GG die Freiheit der Lehre nicht von der Treue zur Verfassung; in der Folge genießt verfassungswidrige Lehre nicht den Schutz des Art. 5 Abs. 3 GG.

> **Merke:**
> Im Prüfungsaufbau sind verfassungsunmittelbare Schranken dem entsprechend bereits im sachlichen Schutzbereich zu prüfen.[49] Nur die friedliche Versammlung ohne Waffen ist eine Versammlung, die in den sachlichen Schutzbereich des Art. 8 Abs. 1 GG fällt.

#### *3.6.3.2.2 Schranken- oder Gesetzesvorbehalte, Regelungsvorbehalte*

Von einem **„Schrankenvorbehalt"** (oder „Gesetzesvorbehalt") spricht man bei einem Grundrecht, bei dem die Einschränkung des Grundrechts ausdrücklich durch Gesetz oder aufgrund eines Gesetzes ermöglicht wird. Man unterscheidet hier zwischen einfachen und qualifizierten Gesetzesvorbehalten. Ein **einfacher Gesetzesvorbehalt** ist gegeben, wenn das Grundgesetz keine näheren Anforderungen an das einschränkende Gesetze gestellt werden.

49 Zum Prüfaufbau siehe unten Kap. 3.8; zu den verfassungsunmittelbaren Schranken nach Art. 8 GG unten Kap. 6.2.1.2.

***Beispiel:***
*So garantiert Art. 2 Abs. 2 Satz. 1 und 2 GG das Recht auf Leben, körperliche Unversehrtheit und Leben. Als Einschränkung dient Satz 3: „In diese Rechte darf nur auf Grund eines Gesetzes eingegriffen werden."*
*Art. 8 Abs. 1 GG garantiert das Recht der Deutschen, sich friedlich und ohne Waffen zu versammeln. Für Versammlungen unter freiem Himmel schränkt Absatz 2 ein: „Für Versammlungen unter freiem Himmel kann dieses Recht durch Gesetz oder auf Grund eines Gesetzes beschränkt werden."*

**Merke:**
Das Grundgesetz unterscheidet Einschränkungen „durch Gesetz" oder „aufgrund eines Gesetzes". Die Wendung „durch Gesetz" bedeutet, dass die Einschränkung eines Grundrechts unmittelbar durch ein Gesetz angeordnet wird.
- Das Arzneimittelgesetz (AMG) ist Parlamentsgesetz. § 10 AMG unmittelbar fest, dass Fertigarzneimittel die dort genannten Kennzeichnungen enthalten müssen; die Berufsfreiheit der Arzneimittelhersteller wird durch diese Norm unmittelbar beschränkt bzw. geregelt.

Die Wendung „aufgrund eines Gesetzes" bedeutet, dass ein Gesetz existieren darf, das die Einschränkung eines Grundrechts durch Exekutivakt ermöglicht. Dies kann sowohl durch exekutive Rechtssetzung (bspw. Rechtsverordnung), durch Verwaltungsakt oder durch Realakt erfolgen.
- Das Straßenverkehrsgesetz (StVG) ist Parlamentsgesetz. Die Straßenverkehrsordnung (StVO) ist erlassen worden als Rechtsverordnung – exekutive Rechtssetzung auf Grundlage des § 6 StVG. § 30 Abs. 3 StVO lautet: *„An Sonntagen und Feiertagen dürfen in der Zeit von 0.00 bis 22.00 Uhr Lastkraftwagen mit einer zulässigen Gesamtmasse über 7,5 t sowie Anhänger hinter Lastkraftwagen nicht verkehren."* Das Verbot erfolgt „aufgrund eines Gesetzes".
- Das PolG NRW ist (Landes-)Parlamentsgesetz. § 8 PolG NRW ermöglicht den Erlass von Polizeiverfügungen (Verwaltungsakt) bei Vorliegen einer Gefahr für die öffentliche Sicherheit oder Ordnung. Der Verwaltungsakt ergeht „aufgrund eines Gesetzes".
- Das Gesetz über den unmittelbaren Zwang bei Ausübung öffentlicher Gewalt durch Vollzugsbeamte des Bundes (UZwG) ist Parlamentsgesetz, das in §§ 9–12 Regeln zum Waffengebrauch enthält. Macht ein Bundespolizist von dieser Ermächtigung Gebrauch, indem er auf einen Menschen schießt, ist dies ein Realakt „aufgrund eines Gesetzes".

Von einem **qualifizierten Gesetzesvorbehalt** wird gesprochen, wenn an das einschränkende Gesetz besondere **materielle Anforderungen** gestellt werden.

***Beispiel:***
*So bestimmt Art. 5 Abs. 2 GG, dass die Rechte aus Art. 5 Abs. 1 GG (Meinungsäußerungsfreiheit, Informationsfreiheit, Presse-, Rundfunk- und Filmfreiheit) ihre Schranken „in den Vorschriften der allgemeinen Gesetze" finden.*[50]

*Art. 11 Abs. 1 GG garantiert Freizügigkeit der Deutschen im gesamten Bundesgebiet. Gemäß Art. 11 Abs. 2 GG kann dieses Recht durch Gesetz oder Maßnahmen aufgrund eines Gesetzes erfolgen, aber „nur für die Fälle eingeschränkt werden, in denen eine ausreichende Lebensgrundlage nicht vorhanden ist und der Allgemeinheit daraus besondere Lasten entstehen würden oder in denen es zur Abwehr einer drohenden Gefahr für den Bestand oder die freiheitliche demokratische Grundordnung des Bundes oder eines Landes, zur Bekämpfung von Seuchengefahr, Naturkatastrophen oder besonders schweren Unglücksfällen, zum Schutze der Jugend vor Verwahrlosung oder um strafbaren Handlungen vorzubeugen, erforderlich ist."*

**Regelungsvorbehalte** sind nur ausnahmsweise vorgesehen, so in Art. 12 Abs. 1 Satz 1 GG: *„Die Berufsausübung kann durch Gesetz oder aufgrund eines Gesetzes geregelt werden."* Nach früherem Verständnis beinhaltete der Regelungsvorbehalt das Recht des Gesetzgebers, Modalitäten der Grundrechtsausübung zu bestimmen, ohne das Grundrecht verkürzen zu dürfen.[51] Mittlerweile wird der Regelungsvorbehalt aber regelmäßig richtigerweise als normaler Gesetzes- oder Schrankenvorbehalt mit jedweder Be- und Einschränkungsmöglichkeit begriffen.[52]

#### 3.6.3.2.3 Verfassungsimmanente Schranken

Verschiedene Grundrechte enthalten **keinen** geschriebenen **Schrankenvorbehalt**. Dies bedeutet aber regelmäßig nicht, dass diese Grundrechte unbeschränkt gewähret werden. Vielmehr finden diese Grundrechte ihre Grenzen in **verfassungsimmanenten Schranken**, also in kollidierenden Rechtsgütern mit Verfassungsrang.

> **Merke:**
> Einzige Ausnahme ist die Menschenwürdegarantie aus Art. 1 Abs. 1 Satz 1 GG: *„Die Würde des Menschen ist unantastbar."* Diese Gewährleistung erfolgt ohne Einschränkungsmöglichkeit.

Beispiele sind Art. 4 Abs. 1, 2 GG; die Religions- und Gewissensfreiheit enthält keinen geschriebenen Schrankenvorbehalt. Deutlich wird dies auch in Art. 5 Abs. 3 GG: *„Kunst und Wissenschaft, Forschung und Lehre sind frei."* Insoweit enthält Art. 5 Abs. 3 Satz 2 GG eine nur auf die Freiheit der Lehre bezogene verfassungsunmittelbare Schranke der

50 Zum Begriff der allgemeinen Gesetze siehe ausführlich unten Kap. 6.1.3.1.1
51 Vgl. hierzu *Kingreen/Poscher*, Staatsrecht II, Rn. 276.
52 Vgl. nur BVerfG, NJW 1980 S. 2123, 2123 f.; auch hierzu *Kingreen/Poscher*, Staatsrecht II, Rn. 934.

Verfassungstreue bei aggressiven und verächtlichen Angriffen auf die freiheitliche demokratische Grundordnung, die, wenn sie nicht sachlich begründet ist, lediglich einen Missbrauch der Lehrfreiheit darstellen.

***Beispielfall 23:***
*Die kleine Religionsgemeinschaft R hält es in Übereinstimmung mit den Schriften ihres Religionsstifters S für angemessen, ihrer Gottheit mit Menschenopfern zu huldigen. Da die Religionsgemeinschaft – wie gesagt – klein ist und auch kein Nachwuchs in Sicht, entschließt man sich, bei einem Lieferdienst eine Pizza zu ordern. Der Pizzabote wird mit der Pizza in den Tempel gebeten, um sogleich rituell geopfert zu werden. Die Pizza wird kalt und ungenießbar.*

*Später dazu befragt, wie man darauf komme, Pizzaboten zu opfern, meint der Hohepriester der R, dass das doch kein Problem sei; schließlich werde die Religionsfreiheit schrankenlos gewährt.*

*Ist die Ansicht des Hohepriesters zutreffend?*

Einschränkungen der vorgenannten Grundrechte können sich nur aus der Verfassung selbst ergeben. **Rechtsgüter** mit **Verfassungsrang**, die dem Wortlaut nach schrankenlos gewährte Grundrechte einschränken können, sind bspw. die Grundrechte Anderer. Schranken können sich aber auch aus Staatsprinzipien ergeben.

***Beispiel:***
*Das Interesse des Staates an einer geordneten Strafverfolgung kann als Ausfluss des Rechtsstaatsprinzips angesehen werden. Damit genießt die geordnete Strafverfolgung zugleich Verfassungsrang und kann als Einschränkung von Grundrechten dienen.*

*Sozusagen „ungeschriebenes" Rechtsgut mit Verfassungsrang kann bspw. die Funktionsfähigkeit des Parlaments, abgeleitet aus dem Demokratieprinzip, sein. Das Bundesverfassungsgericht hat auch die Funktionsfähigkeit der Bundeswehr als Rechtsgut mit Verfassungsrang eingestuft.*[53]

| Schrankenart | Charakteristische Formel im GG | Grundrechte, bei denen sie vorkommt |
|---|---|---|
| Verfassungsunmittelbare Schranke | Begrenzung schon im Tatbestand („friedlich und ohne Waffen") | Art. 8 Abs. 1, Art. 9 Abs. 2, Art. 5 Abs. 2 Satz 2 GG |
| Einfacher Gesetzesvorbehalt | „durch Gesetz"/„aufgrund eines Gesetzes" | Art. 2 Abs. 2 Satz 3, Art. 10 Abs. 2, Art. 12 Abs. 7 GG |
| Qualifizierter Gesetzesvorbehalt | Gesetz muss besondere Zwecke erfüllen | Art. 5 Abs. 2 („allgemeine Gesetze"), Art. 11 Abs. 2 (Katalog), Art. 12a GG |
| Regelungsvorbehalt | Gesetz darf „regeln" | Art. 12 Abs. 1 Satz 2 (Berufsausübung) GG |

53 BVerfGE 48, 127, 159.

Auch **Staatszielbestimmungen** können grundrechtseinschränkende Wirkung entfalten. So ist bspw. der Tierschutz nach Art. 20a GG ein Rechtsgut mit Verfassungsrang, das dazu dient, tierquälende Kunst oder wissenschaftliche Tierversuche nach Art. 5 Abs. 3 GG zu beschränken.

> ***Lösung zum Beispielfall 23:***
> *Dem Wunsch der Religionsgemeinschaft, ihrer Gottheit mit Menschenopfer zu huldigen, steht das (Grund-)Recht auf Leben unseres fleißigen Pizzaboten gegenüber, das sich aus Art. 2 Abs. 2 Satz 1 GG ergibt. Die vorzunehmende Abwägung sollte in aller Deutlichkeit ergeben, dass das religiös motivierte Opfern von Menschen durch das Recht auf Leben der zu Opfernden überwogen wird.*
> *Kurz gesagt: Menschen opfern kommt nicht infrage!*

Grundrechtseinschränkende Wirkung haben auch Bestimmungen wie Art. 7 Abs. 1 GG, wonach das gesamte Schulwesen unter der Aufsicht des Staates steht. Über Art. 7 Abs. 1 GG kann das elterliche Erziehungsrecht aus Art. 6 GG eingeschränkt werden; abgeleitet aus Art. 7 Abs. 1 GG wird bspw. die allgemeine **Schulpflicht**, wie sie in den Schulgesetzen der Länder normiert ist (§§ 34 ff. SchulG NRW; auch Art. 8 Abs. 2 Verf NRW).

Ziel der Abwägung zwischen Grundrechten und verfassungsimmanenten Schranken ist die Herstellung **„praktischer Konkordanz"**. Das Grundrecht muss nur soweit weichen, wie das kollidierende Verfassungsgut dies verlangt und umgekehrt. Oder wie das Bundesverfassungsgericht zur Kunstfreiheit ausführt:

> *„All dies erfordert eine Abwägung der widerstreitenden Belange und verbietet es, einem davon generell [...] Vorrang einzuräumen."*[54]

Dieser lobenswerte Ansatz kann aber nicht darüber hinwegtäuschen, dass auch bei Bemühen um praktische Konkordanz oft ein Rechtsgut komplett auf der Strecke bleibt; in Beispielfall 22 kann der Pizzabote halt nicht „ein bisschen geopfert" werden. Hier muss die Religionsfreiheit zwingend zurückstehen.

### 3.6.4 Grundrechtsgleiche Rechte

Neben den Grundrechten existieren noch so genannte **grundrechtsgleiche Rechte**, die den Grundrechten, wie sie im I. Abschnitt aufgeführt sind, strukturell gleichstehen. Ausfluss ihrer Gleichstellung ist, dass ihre Verletzung – wie die der vorgenannten Grundrechte – mit der Individualverfassungsbeschwerde gerügt werden kann.

54 BVerfGE 83, 130, 146 – Josephine Mutzenbacher.

Als grundrechtsgleiche Rechte anerkannt sind:

- Art. 20 Abs. 4 GG – Widerstandsrecht,
- Art. 33 Abs. 1–3, 5 GG – gleicher Zugang zu öffentlichen Ämtern; einzelne begünstigende Gewährleistungen aus den hergebrachten Grundsätzen des Berufsbeamtentums,
- Art. 38 Abs. 1, 2 GG – aktives und passives Wahlrecht,
- Justizgrundrechte, insbesondere
  - Art. 101 Abs. 1 Satz 2 GG – Recht auf den gesetzlichen Richter,
  - Art. 103 Abs. 1 GG – Recht auf rechtliches Gehör,
  - Art. 103 Abs. 2 GG – nulla poena sine lege, keine Strafe ohne Gesetz,
  - Art. 103 Abs. 3 GG – ne bis in idem, Verbot der Doppelbestrafung,
  - Art. 104 GG – Garantien anlässlich freiheitsbeschränkender bzw. -entziehender Maßnahmen.[55]

## 3.7 Anforderungen an grundrechtsbeschränkende Gesetze/Maßnahmen – Schranken-Schranken

So wie Einschränkungen von Grundrechten durch Schrankenregelungen erfolgen können, müssen diese Schranken in vielfacher Hinsicht auf ihre Wirksamkeit und ihre formelle und materielle Richtigkeit – Verfassungsmäßigkeit – hin überprüft werden. Nur **wirksame Schrankenregelungen** können Schranken für Grundrechte ergeben. Weil Grundrechtsschranken damit ihrerseits Schranken unterliegen, wird insoweit auch von **„Schranken-Schranken"** gesprochen.

Sofern Gesetze oder hierauf gestützte staatliche Maßnahmen Grundrechte einschränken sollen, müssen sie einige grundlegende Anforderungen erfüllen. Diese ergeben sich teilweise aus Art. 19 Abs. 1 und 2 GG, teilweise aus Staatsprinzipien, insbesondere dem Rechtsstaatsprinzip.

Aus dem Rechtsstaatsprinzip ergeben sich die Forderung nach der hinreichenden **Bestimmtheit** eines Gesetzes oder einer staatlichen Maßnahme, das Gebot des **Vertrauensschutzes** und das Gebot der **Verhältnismäßigkeit**. Letztere sind bereits angesprochen worden, so dass insoweit im Wesentlichen verwiesen werden kann.[56] Umfasst ist auch die Notwendigkeit, dass ein Gesetz, um Grundrechte einschränken zu können, zunächst formell verfassungsgemäß zustande gekommen sein muss, dass also der Gesetzgeber im Rahmen seiner Gesetzgebungskompetenz gehandelt hat, das Gesetz verfahrensfehlerfrei beschlossen und formal richtig ausgefertigt und verkündet wurde. Das Gleiche gilt für untergesetzliche Normen.

---

55 Die jeweiligen Rechte werden in unterschiedlichem Kontext näher erläutert; zum Katalog der grundrechtsgleichen Rechte siehe auch *Sachs*, Staatsrecht II, Rn. 7 ff., dort auch, 10 ff., zur Kategorie der sog. „grundrechtsähnlichen Rechte", die aber lt. *Sachs* – zutreffend – keine rechtliche Konsequenz nach sich zieht.

56 Siehe oben Kap. 2.4.5 bis 2.4.7.

Die Anforderungen des Art. 19 Abs. 1 und 2 GG betreffen das Verbot des Einzelfallgesetzes, das Zitiergebot und die Wesensgehaltsgarantie.

### 3.7.1 Verbot des Einzelfallgesetzes, Art. 19 Abs. 1 Satz 1 GG

Mit dem **Verbot** des **Einzelfallgesetzes** soll im Wesentlichen vermieden werden, dass Grundrechtsbetroffene durch „Verwaltungsakte in Gesetzesform" in Grundrechten beschränkt werden. Der Inhalt des Gesetzes darf sich also nicht auf eine konkret-individuelle Regelung reduzieren; vielmehr ist eine abstrakt-generelle Regelung gefordert.[57] Ausgeschlossen sind sowohl konkret-generelle Regelungen als auch abstrakt-individuelle Regelungen, also sowohl Einzelpersonen- als auch Einzelfallgesetze.[58]

Hintergrund ist, dass über ein Einzelfallgesetz Schranken für das Verhalten einzelner Grundrechtsberechtigter errichtet werden, die diese nur schwer anfechten können. Der Gesetzgeber soll nicht einen Einzelnen mit auf diesem zugeschnittenen einschränkenden Sonderrecht überziehen dürfen. Das Verbot geht auf – insoweit wohl zutreffende – Überlegungen aus der Weimarer Zeit zurück, wonach nur solche Gesetze den rechtsstaatlichen Anforderungen genügen, die inhaltlich generelle, auf gewisse Dauer konzipierte Rechtsregeln aufstellen, was gesetzförmige Individualmaßnahmen ausschließen sollte.[59] Die Anforderung an ein Gesetz im Einklang mit Art. 19 Abs. 1 Satz. 1 GG ist,

> *„wenn sich wegen der abstrakten Fassung der gesetzlichen Tatbestände nicht absehen lässt, auf wie viele und welche Fälle das Gesetz Anwendung findet […], wenn also nicht nur ein einmaliger Eintritt der vorgesehenen Rechtsfolgen möglich ist."*[60]

Was sich kaum verhindern lässt, was aber in der Praxis nicht vorkommen sollte, ist, dass ein Gesetz ein verkapptes Einzelfallgesetz ist.[61] Dies ist dann vorstellbar, wenn das Gesetz zwar abstrakt-generell formuliert ist, tatsächlich aber nur auf eine einzige Person und/oder einen einzigen Sachverhalt anwendbar ist.

57 *Enders* in BeckOK GG, Art. 19 GG Rn. 10.
58 *Sachs* in Sachs, Grundgesetz-Kommentar, Art. 19 GG Rn. 21.
59 So *Enders* in BeckOK GG, Art. 19 GG Rn. 1.
60 BVerfGE 99, 367, 400.
61 *Enders* in BeckOK GG, Art. 19 GG Rn. 9.

**Merke:**
Ein Konflikt entsteht insoweit mit Blick auf Art. 14 Abs. 3 Satz 2 GG. Die Norm ermöglicht Enteignungen, also die gezielte Entziehung von konkreten Eigentumspositionen zulasten des jeweiligen Eigentümers durch Gesetz. Diese sog. „Legislativenteignungen" (auch „Legalenteignungen") sind notgedrungen Einzelfallgesetze. Teilweise wird Art. 14 Abs. 3 Satz. 2 GG als lex specialis, also als vorrangiges Recht ggü. Art. 19 Abs. 1 Satz 1 GG angesehen. Es wird aber auch vertreten, dass derartige Einzelfallgesetze nur dann zulässig sind, wenn die durch die Enteignung in Gesetzesform herbeigeführte Einschränkung des Rechtsschutzes (lediglich mit Verfassungsbeschwerde angreifbar!) aufgrund der tatsächlichen Lage sachlich geboten ist und so eine Ausnahme von Art. 19 Abs. 1 Satz 1 GG rechtfertigen kann.[62] Letztere Sicht dürfte in Anbetracht der unterschiedlichen Schutzrichtungen von Art. 14 Abs. 3 Satz 2 GG (besondere inhaltliche Anforderungen an Grundrechtseingriffe durch Gesetz) und Art. 19 Abs. 1 Satz 1 GG (Vermeidung von ungerechtfertigten Ungleichbehandlungen) zutreffend sein.

### 3.7.2 Zitiergebot, Art. 19 Abs. 1 Satz 2 GG

Das sog. **„Zitiergebot"** nach Art. 19 Abs. 1 Satz 2 GG steht in Beziehung zum Verbot des Einzelfallgesetzes. Satz 1 erlaubt die Einschränkbarkeit von Grundrechten nur durch Gesetze, die nicht Einzelfallgesetz sind. Darüber hinaus muss nach Satz 2 („*Außerdem muss das Gesetz*") das Grundrecht, das durch ein gemessen an Satz 1 zulässiges Gesetz eingeschränkt wird, dort als eingeschränkt benannt (also zitiert) werden.

#### 3.7.2.1 Allgemeines

Mit dem Zitiergebot will Art. 19 Abs. 1 Satz 2 GG eine Warn- und **Erinnerungsfunktion** gegenüber dem Gesetzgeber statuieren. Es soll bereits im Gesetzgebungsvorgang deutlich werden, dass das Gesetz freiheitsverkürzend wirkt; das Zitiergebot soll so als psychologische Schranke fungieren.[63] Das Zitiergebot gilt seinem Wortlaut nach unbegrenzt, also für alle Grundrechte, ist aber in seiner tatsächlichen Anwendbarkeit begrenzt.

#### 3.7.2.2 Anwendbarkeit und Ausnahmen

Zunächst greift das Zitiergebot nur bei solchen Grundrechten ein, die einen Schrankenvorbehalt besitzen. Das betroffene Grundrecht muss also eine **Beschränkungsmöglichkeit** „durch Gesetz" und/oder „aufgrund eines Gesetzes" ausdrücklich vorsehen.[64]

62 Meinungsstand bei *Remmert* in DHS, Grundgesetz-Kommentar, Art. 19 Abs. 1 GG Rn. 21 ff.
63 *Enders* in BeckOK GG, Art. 19 GG Rn. 14.
64 *Kingreen/Poscher*, Staatsrecht II, Rn. 363.

***Beispiel:***
*Eine typische Ausformung des Zitiergebots enthält etwa § 7 PolG NRW:*
*„Durch dieses Gesetz werden die Grundrechte auf*
*informationelle Selbstbestimmung (Artikel 2 Absatz 1 in Verbindung mit Artikel 1 Absatz 1 des Grundgesetzes),*
*Leben und körperliche Unversehrtheit (Artikel 2 Abs. 2 Satz 1 des Grundgesetzes),*
*Freiheit der Person (Artikel 2 Abs. 2 des Grundgesetzes),*
*Fernmeldegeheimnis (Artikel 10 Absatz 1 des Grundgesetzes),*
*Freizügigkeit (Artikel 11 des Grundgesetzes) und*
*Unverletzlichkeit der Wohnung (Artikel 13 des Grundgesetzes)*
*eingeschränkt."*

Damit gilt das Zitiergebot bei Zugrundelegung des engen Wortlauts nicht für Gesetze ohne Gesetzesvorbehalt[65] und nicht für Grundrechte mit Regelungsvorbehalt (auch wenn dieser im Ergebnis wie ein Gesetzesvorbehalt angewendet wird[66]). Die Nichtgeltung für Gesetze, die Einschränkungen des Art. 5 Abs. 1 GG (Meinungsäußerungsfreiheit usw.) vorsehen, ergibt sich neben dem Wortlaut daraus, dass der Begriff „allgemeine Gesetze" nach Art. 5 Abs. 2 GG gerade meinungsspezifisches Sonderrecht verbietet.[67] Bezüglich des Auffanggrundrechts nach Art. 2 Abs. 1 GG gilt das Zitiergebot auch deshalb nicht, weil jedes verfassungsmäßige Gesetz in der Lage ist, Art. 2 Abs. 1 GG einzuschränken; die Wahrung des Zitiergebots würde so zum reinen Formalismus verkommen.

Allerdings sieht das Bundesverfassungsgericht auch dann von der Einhaltung des Zitiergebots ab, wenn die einschränkenden Gesetze **vorkonstitutionell** sind (also vor Inkrafttreten des Grundgesetzes erlassen wurden);[68] dies ist insoweit konsequent, als die beschriebene Warnfunktion für den Gesetzgeber hier nicht greifen kann. Es soll aber auch nicht eingreifen, wenn Inhalte vorkonstitutioneller Gesetze fortgeschrieben werden.

***Beispiel:***
*So verweist das (nachkonstitutionelle) Atomgesetz auf Einschränkungsmöglichkeiten aus der (vorkonstitutionellen) Gewerbeordnung; deswegen muss der Gesetzgeber des AtomG das Zitiergebot nicht einhalten.*

Dagegen soll das Zitiergebot gelten *„bei jeder Veränderung der Eingriffsvoraussetzungen [...], die zu neuen Grundrechtseinschränkungen führt"*.[69] Dies gilt auch dann, wenn

65 Siehe oben Kap. 3.6.3.2.3.
66 Siehe oben Kap. 3.6.3.2.2.
67 Siehe unten Kap. 6.1.3.1.1.
68 Zuletzt BVerfGE 124, 43, 66.
69 BVerfGE 113, 348, 366.

das eingeschränkte Grundrecht im bestehenden Gesetz bereits als eingeschränkt benannt ist.[70]

**Merke:**
Man stellt fest: Die Geschichte des Art. 19 Abs. 1 Satz 2 GG scheint die Geschichte seiner Ausnahmen zu sein. In der Fallbearbeitung ist das Ganze weniger problematisch, weil man selten ein ganzes Gesetz zur Prüfung vorgelegt bekommt und jegliches Nachdenken über die Einhaltung des Zitiergebots damit regelmäßig Kaffeesatzleserei und darum sinnlos ist. Selbst der Satz „*Verstöße gegen das Zitiergebot sind nicht ersichtlich*" ist nicht ungefährlich, da er schon unterstellen könnte, es würde in das betreffende Grundrecht eingreifen. Also am besten ganz die Finger davon lassen.

### 3.7.3 Wesensgehaltsgarantie, Art. 19 Abs. 2 GG

Diese gilt jedenfalls dann, wenn vom **Verbleib** eines **Sinngehalts** eines Grundrechts **im Allgemeinen** ausgeht. So wird in der Literatur zunächst zutreffend dargestellt, dass der finale Rettungsschuss der Polizei das Grundrecht auf Leben für den Betroffenen vollkommen beseitigt. Deswegen soll in diesen Fällen auf die Entziehung des Grundrechtskerns im Allgemeinen – nicht für den betroffenen Einzelnen – abzustellen sein.[71] Dem ist beizupflichten. Wenn aber andererseits bei Grundrechten, die keinem „Ganz-oder-gar-nicht-Prinzip" folgen, die Erhaltung des Grundrechtskerns für den Einzelnen in den Vordergrund geschoben wird, erscheint dies nicht konsequent. So soll im Gegensatz zum Recht auf Leben bei Eingriffen in die körperliche Unversehrtheit, die in verschiedenen Graden erfolgen kann, der Wesensgehalt in der Gewährleistung für den Einzelnen heranzuziehen sein.[72] Wenn man trotz des Wortlauts des Art. 19 Abs. 2 GG („*In keinem Fall*") in Fällen wie dem Eingriff in das Recht auf Leben auf die Allgemeinheit abstellt, besteht kein rechter Grund, dies nicht generell zu tun. Den Wesensgehalt im Zweifel in der Verbürgung für den Einzelnen zu suchen hieße letztlich, die Prüfung der Angemessenheit eines Grundrechtseingriffs – Abwägung im Einzelfall – in die Verletzung der Wesensgehaltsgarantie zu transportieren.[73] Mit diesem Argument kann dem Begriff des absoluten Wesensgehalts der Vorzug gegeben werden, die den Wesensgehalt abstrakt bezogen auf die Allgemeinheit bestimmt – und nicht bezogen auf den Einzelnen.[74]

---

70 *Enders* in BeckOK GG, Art. 19 GG Rn. 16.

71 Theorie vom absoluten Wesensgehalt; zur Abgrenzung von der Theorie vom relativen Wesensgehalt siehe *Kingreen/Poscher*, Staatsrecht II, Rn. 353 f.

72 So wiederum *Kingreen/Poscher*, Staatsrecht II, Rn. 358.

73 So ausdrücklich *Kingreen/Poscher*, Staatsrecht II, Rn. 359.

74 So wie hier *Manssen*, Staatsrecht II, Rn. 176 f.

**Merke:**
Diese Sicht, die ebenso wenig zwingend ist wie die Gegenansicht, hat dann aber zur Folge, dass der Verstoß gegen die Wesensgehaltsgarantie nur in Extremfällen eine wirksame Schranken-Schranke sein kann.

Die Entscheidung des Bundesverfassungsgerichts vom 15.11.2023 zur Schuldenbremse[75] betont, dass haushalts- und fiskalrechtliche Gesetze, die Grundrechte mittelbar beeinträchtigen, den Grundsatz der Normenklarheit in besonderem Maße beachten müssen. Der Senat hat das Zweite Nachtragshaushaltsgesetz 2021 für nichtig erklärt, weil die Begründung des Notlagenkredits *„weder die tatbestandlichen Voraussetzungen des Art. 115 Abs. 2 Satz 6 GG hinreichend greifbar macht noch die verfassungsrechtlich geforderte Zweck-Bindung ausweist."* Damit konkretisiert das Gericht, dass auch finanzverfassungsrechtliche Normen die hinreichende Bestimmtheit als Schranken-Schranke wahren müssen.

### 3.7.4 Wiederholung: Verhältnismäßigkeitsgrundsatz

Die **Verhältnismäßigkeitsprüfung** ist Ausfluss des Rechtsstaatsprinzips[76] und zumeist das Herzstück jeder Prüfung einer Grundrechtsbeschränkung auf ihre Verfassungsmäßigkeit hin. Sie folgt dem Schema:
- Zweck,
- Geeignetheit,
- Erforderlichkeit,
- Angemessenheit.

#### 3.7.4.1 Zweck

Bei grundrechtsbeschränkenden Eingriffen ist im Lichte des Verhältnismäßigkeitsgrundsatzes zu fragen, ob der Staat mit seiner Maßnahme (Gesetz und/oder Einzelakt) einen verfassungsrechtlich legitimen **Zweck** verfolgt. Als verfassungsrechtlich legitime Zwecke können alle Zwecke angesehen werden, die dem Schutz oder der Förderung von Rechtsgütern mit Verfassungsrang dienen.[77]

#### 3.7.4.2 Geeignetheit

**Geeignet** ist eine staatliche Maßnahme (Gesetz und/oder Einzelakt) dann, wenn sie den zuvor festgestellten verfassungsrechtlich legitimen Zweck jedenfalls **fördert**. Wiederum:

75 BVerfG, Urt. vom 15.11.2023 – 2 BvF 1/22 –, openJur 2023, 12475.
76 Siehe schon ausführlich oben Kap. 2.4.7.
77 Letztlich also alle Rechtsgüter, die auch als verfassungsimmanente Schranken dienen können, vgl. Kap. 3.6.3.2.3.

(Optimale) Zweckerreichung ist für die Geeignetheit nicht gefordert, nur ein „Schritt in die richtige Richtung“.

#### 3.7.4.3 Erforderlichkeit

Die Frage nach der **Erforderlichkeit** ist die Frage danach, ob es für den Staat kein Mittel (keine andere Maßnahme) gibt, die das Grundrecht weniger stark einschränkt, dabei aber gleichermaßen wirksam ist.

#### 3.7.4.4 Angemessenheit

Bei der Prüfung der **Angemessenheit** geht es um die Ermittlung und Bewertung aller einschlägigen Interessen, sowohl derjenigen des Staates, der Allgemeinheit bzw. derer, die der Staat mit einer bestimmten Maßnahme zu schützen oder zu befördern gewillt ist, als auch derjenigen, die durch die staatliche Maßnahme in Rechten betroffen werden.

Dabei ist zu bedenken, dass eine staatliche Maßnahme in der Mehrzahl der Fälle angemessen sein kann, den konkret Betroffenen in seiner persönlichen Situation aber über die Maßen belastet. Diesen Fall nicht zu sehen kann ein Versäumnis des Gesetzgebers oder Rechtsanwenders sein, dem mit Ausnahmen, Härtefall- oder Übergangsregeln begegnet werden müsste, oder auch mit der schlichten Nichtanwendung einer Regelung.

Wichtig ist, dass die Verhältnismäßigkeitsprüfung in der Grundrechtsprüfung häufig auf **zwei Ebenen** stattzufinden hat. So ist zunächst zu prüfen, ob ein **Gesetz**, das Grundrechtseingriffe erlaubt, neben allen anderen Verfassungsmäßigkeitsvoraussetzungen[78] dem Grundsatz der Verhältnismäßigkeit genügt. Wenn der eigentliche Grundrechtseingriff aber in der **Anwendung** des Gesetzes auf den Einzelfall liegt, muss auf einer zweiten Ebene auch dieser Anwendungsakt verhältnismäßig sein. Der Anwendungsakt muss also einen legitimen Zweck verfolgen (der der gleiche sein sollte wie der, den das Gesetz verfolgt), geeignet, erforderlich und angemessen sein.

***Beispiel:***
*Die Regelung zum finalen Rettungsschuss in § 63 Abs. 2 Satz 2 PolG NRW („Ein Schuss, der mit an Sicherheit grenzender Wahrscheinlichkeit tödlich wirken wird, ist nur zulässig, wenn er das einzige Mittel zur Abwehr einer gegenwärtigen Lebensgefahr oder der gegenwärtigen Gefahr einer schwerwiegenden Verletzung der körperlichen Unversehrtheit ist“) stellt den tödlichen Schusswaffeneinsatz unter enge Voraussetzungen und kennzeichnet ihn als ultima ratio (letzte Wahl). Die Regelung muss so als verhältnismäßig angesehen werden.*

*Wenn Polizist P den finalen Rettungsschuss aber einsetzt, um seinen treuen Diensthund D, der sich in der Gewalt eines bewaffneten Räubers befindet, aus Lebensgefahr oder gegenwärtiger Gefahr für dessen körperliche Unversehrtheit zu erretten, handelt er nicht angemessen und damit nicht verhältnismäßig.*

78 Wie soeben dargestellt siehe Kap. 3.7.1 bis 3.7.3.

## 3.8 Grundrechtsverwirkung

Art. 18 GG sieht die Möglichkeit einer Grundrechtsverwirkung bezogen auf die dort genannten Grundrechte vor. Die Vorschrift ist Ausdruck der sog. „wehrhaften Demokratie“ („*keine Freiheit für Feinde der Freiheit*“[79]).

### 3.8.1 Verwirkbare Grundrechte

Die verwirkbaren Grundrechte sind in Art. 18 Satz 1 GG abschließend aufgeführt. Verwirkt werden kann

- das Recht der Meinungsäußerung aus Art. 5 Abs. 1 GG, dabei insbesondere die Pressefreiheit nach Art. 5 Abs. 1 Satz 2 Var. 1 GG,
- die Lehrfreiheit nach Art. 5 Abs. 3 GG,
- die Versammlungsfreiheit nach Art. 8 GG,
- das Brief-, Post- und Fernmeldegeheimnis nach Art. 10 GG,
- die Eigentumsfreiheit nach Art. 14 GG und
- das Asylrecht nach Art. 16a GG.

Gemeinsames Merkmal der meisten aufgeführten Grundrechte ist ihr im weitesten Sinne bestehender Bezug zum politischen Raum. Bezüglich Art. 5 Abs. 1 GG wird vertreten, dass trotz der Wendung „*insbesondere*“ nur die Meinungsäußerungsfreiheit nach Art. 5 Abs. 1 Satz 1 Alt. 1 GG und die Pressefreiheit nach Art. 5 Abs. 1 Satz 2 Var. 1 GG verwirkt werden können.[80]

### 3.8.2 Voraussetzungen der Verwirkung

Voraussetzung ist, dass die bezeichneten **Grundrechte** zum Kampf gegen **die freiheitliche demokratische Grundordnung missbraucht** werden. Der Begriff ist identisch mit dem in Art. 21 Abs. 3 GG. Das Bundesverfassungsgericht versteht darunter „*eine Ordnung [...], die unter Ausschluss jeglicher Gewalt- und Willkürherrschaft eine rechtsstaatliche Herrschaftsordnung auf der Grundlage der Selbstbestimmung des Volkes nach dem Willen der jeweiligen Mehrheit und der Freiheit und Gleichheit darstellt.*“[81]

**Elemente** der freiheitlichen demokratischen Grundordnung sind nach der zitierten Entscheidung des Bundesverfassungsgerichts zum SRP-Verbotsverfahren

- die Achtung vor den im Grundgesetz konkretisierten Menschenrechten, v. a. vor dem Recht der Persönlichkeit auf Leben und freie Entfaltung,

---

79 Zitat, zugeschrieben *Louis Antoine Léon Saint-Just* (1767–1794), französischer Politiker.

80 *Butzer* in BeckOK GG, Art. 18 GG Rn. 8.1 f., dort auch zu Möglichkeiten einer Erweiterung des Katalogs.

81 BVerfGE 2, 1, 12 f. – SRP-Verbotsverfahren; vgl. auch schon oben Kap. 2.2.3.2.3.1.

- die Volkssouveränität,
- die Gewaltenteilung,
- die Verantwortlichkeit der Regierung,
- die Gesetzmäßigkeit der Verwaltung,
- die Unabhängigkeit der Gerichte,
- das Mehrparteienprinzip und die Chancengleichheit für alle politischen Parteien mit dem Recht auf verfassungsmäßige Bildung und Ausübung einer Opposition.[82]

Verlangt wird *„eine fortgesetzte,* ***aktiv-aggressive staatsfeindliche politische Betätigung*** *[...], die die Beseitigung oder Beeinträchtigung der freiheitlichen demokratischen Grundordnung in der Bundesrepublik Deutschland zum Ziel hat"*[83]. Abzustellen ist auf eine Zukunftsprognose bezüglich der fortdauernden Gefährlichkeit des Grundrechtsträgers, ohne dass von diesem eine konkrete Gefahr für die freiheitliche demokratische Grundordnung ausgehen müsste.[84]

### 3.8.3 Verfahren und Ausspruch

Das Verfahren der Grundrechtsverwirkung obliegt dem **Bundesverfassungsgericht** und richtet sich nach §§ 13 Nr. 1, 36–42 BVerfGG. **Antragsberechtigt** sind nach § 36 BVerfGG der Bundestag, die Bundesregierung oder eine Landesregierung.

Wird dem Antrag stattgegeben, entscheidet das Bundesverfassungsgericht, **welche Grundrechte** verwirkt werden; nach wohl zutreffender Ansicht kann das Gericht auch solche Grundrechte aus dem Katalog des Art. 18 GG für verwirkt erklären, die der Betroffenen nicht zum o. a. Kampf missbraucht hat (Ausstrahlungstheorie).[85] Die Entscheidung wird aber vom Grundsatz der **Verhältnismäßigkeit** regiert. Insbesondere besteht die Möglichkeit, die Verwirkung **befristet** auszusprechen. Auch können der Betroffene wie der Antragsteller die Entscheidung die Entscheidung zur Nachprüfung stellen, ggf. mit der Folge der Aufhebung oder Verkürzung der Verwirkung. Andererseits kann der Antrag nach Ablauf der Frist auch neu gestellt werden.

> **Merke:**
> Das Verfahren nach Art. 18 GG, §§ 13 Nr. 1, 36 ff. BVerfGG ist bislang nur selten beantragt und noch nie mit Erfolg durchgeführt worden.

82 BVerfGE 2, 1, 12 f. – SRP-Verbotsverfahren.
83 So *Butzer* in BeckOK GG, Art. 18 GG Rn. 9.
84 *Butzer* in BeckOK GG, Art. 18 GG Rn. 9
85 So auch *Butzer* in BeckOK GG, Art. 18 GG Rn. 12 m. w. N., auch in Abgrenzung zur sog. „Identitätstheorie".

## 3.9 Struktur einer Grundrechtsprüfung[86] – Freiheitsrechte

Mit der Frage nach der Eröffnung des **Schutzbereichs** wird geprüft, ob sich ein bestimmtes Verhalten des Grundrechtsberechtigten unter ein Grundrecht subsumieren lässt (**sachlicher** Schutzbereich) und ob sich der Betroffene auf das Grundrecht berufen kann (**persönlicher** Schutzbereich).

*Historische Verfahren zur Grundrechtsverwirkung (Art. 18 GG)*

| Jahr – Az. – | Antragsgegner | Missbrauchsvorwurf | Ergebnis | Entscheidungsgrund |
|---|---|---|---|---|
| 1960 – 2 BvA 1/56 –[87] | *Otto Ernst Remer*, ehemaliger SRP-Vize | Antisemitische Hetzreden | Antisemitische Hetzreden | Fehlende aktuelle Gefährlichkeitsprognose |
| 1974 – 2 BvA 1/69 –[88] | *Gerhard Frey*, „Deutsche National-Zeitung" | Rechtsextreme Pressepropaganda | Antrag zurückgewiesen | Keine fortdauernde aktiv-aggressive Betätigung |
| 1996 –2 BvA 1/92 – und – 2 BvA 2/92 –[89] | *Thomas Dienel/ Heinz Reisz* | Volksverhetzende Brandreden | Anträge zurückgewiesen | Bewährungsprognose positiv, Gefahrensituation beendet |

Die Prüfung von Freiheitsrechten folgt immer grob dem Schema:

- Schutzbereich,
- Eingriff,
- Rechtfertigung.

### 3.9.1 Schutzbereich

Mit der Frage nach der Eröffnung des **Schutzbereichs** wird geprüft, ob sich ein bestimmtes Verhalten des Grundrechtsberechtigten unter ein Grundrecht subsumieren lässt (**sachlicher** Schutzbereich) und ob sich der Betroffene auf das Grundrecht berufen kann (**persönlicher** Schutzbereich).

#### 3.9.1.1 Sachlicher Schutzbereich

Hier ist zu fragen, ob ein bestimmtes Verhalten oder eine Rechtsposition, die der Betroffene für sich reklamiert, dem **„Lebensbereich"** eines bestimmten Grundrechts zuzuordnen ist.

86 Das Schema für die Prüfung von **Gleichheitsrechten** soll im Rahmen der Darstellung der Gleichheitsrechte erfolgen (siehe dazu unten Kap. 5.4).

87 BVerfGE 11, 282.

88 BVerfGE 38, 23.

89 BVerfG, Beschl. vom 18.7.1996 – 2 BvA 1/92 –, – 2 BvA 2/92 –, juris.

- Ist das, was der Betroffene tut, Beruf i. S. d. Art. 12 Abs. 1 GG?
- Erfüllt eine Äußerung die Voraussetzungen für eine Meinungsäußerung i. S. d. Art. 5 Abs. 1 GG?
- Ist die Handlung des Betroffenen Ausdruck von Glaube, Religion oder Gewissen i. S. d. Art. 4 Abs.1, 2 GG?
- Ist ein bestimmter Ort, den der Betroffene für sich reklamiert, Wohnung i. S. d. Art. 13 GG?

Wenn ein bestimmtes Verhalten nicht unter eines der speziellen Freiheitsrechte zu fassen ist, bleibt immer noch der Schutz durch das **Auffanggrundrecht** aus Art. 2 Abs. 1 GG, die allgemeine Handlungsfreiheit.

#### 3.9.1.2 Persönlicher Schutzbereich

Beim **persönlichen Schutzbereich** steht die Frage im Vordergrund, ob der Betroffene sich auf das Grundrecht berufen kann. Die wichtigste Frage ist, ob es sich bei dem geprüften Grundrecht um ein Deutschen- oder ein **Jedermannsgrundrecht** handelt, und ob der Betroffene – falls **Deutschengrundrecht** – Deutscher oder EU-Ausländer ist. Hier spätestens müsste die Diskussion geführt werden, ob Deutschenrechte auf EU-Ausländer zu erstrecken sind.[90]

Wenn sich kein anderer Ort für die betreffende Prüfung findet, wäre hier auch zu problematisieren, ob das betreffende Grundrecht auf eine **juristische Person** i. S. d. Art. 19 Abs. 3 GG „dem Wesen nach“ anwendbar ist.[91]

> **Merke:**
> Die Frage der Grundrechtsmündigkeit[92] könnte thematisch auch hier eingeordnet werden; da aber die Feststellung der Grundrechtsmündigkeit eher die Frage nach Verfahrens- oder Prozessfähigkeit des Grundrechtsträgers ist, spielt dies eher bei der Prüfung der prozessualen Geltendmachung von Grundrechtsverletzungen im Rahmen der Verfassungsbeschwerde eine Rolle.

### 3.9.2 Eingriff

**„Eingriff“** ist **jede staatliche Maßnahme, die den Schutzbereich eines Grundrechts verkürzt, also dessen Ausübung erschwert oder unmöglich macht**. Diese allgemeingültige Definition bedeutet aber nicht, dass hinsichtlich des Eingriffs nicht weiter differenziert werden sollte zwischen dem sog. „klassischen Eingriffsbegriff“ und dem „modernen Eingriffsbegriff“. Die o. g. Definition erfasst dabei beide Eingriffskonstellationen.

90 Dazu oben Kap. 3.6.2.4.
91 Dazu oben Kap. 3.4.1.4.
92 Dazu oben Kap. 3.5.

#### 3.9.2.1 Klassischer Eingriffsbegriff

Der ursprüngliche Eingriffsbegriff stellt für die Annahme eines Eingriffs auf folgende Kriterien ab:
- zielgerichtetes staatliches Eingriffshandeln,
- unmittelbar gegen den Betroffenen gerichtet,
- durch Rechtsakt und
- mit den Mitteln von Befehl und Zwang.

**Eingriffe** im **klassischen** Sinne sind demnach staatliche Ge- oder Verbote, sei es unmittelbar durch Gesetz (oder untergesetzliche Normen) oder durch Einzelakt, bspw. Polizeiverfügungen, auch durch gerichtliche Verurteilungen. Derartiges staatliches Eingriffshandeln erfüllt stets den Tatbestand einer Grundrechtsverkürzung und stellt einen Eingriff in ein Grundrecht dar.

#### 3.9.2.2 Moderner Eingriffsbegriff – mittelbar-faktischer Eingriff

Die Beschränkung auf Eingriffe im klassischen Sinne wird vor dem Hintergrund der Erkenntnis, dass nicht nur gezielt eingreifendes Staatshandeln grundrechtsgefährdend sein kann, als zu eng angesehen. Deswegen erfasst der **moderne Eingriffsbegriff** auch mittelbare, tatsächliche und nicht zielgerichtete Beeinträchtigungen von Grundrechten.

Denkbare Kriterien für sog. **„mittelbar-faktische Eingriffe“** nach dem modernen Eingriffsbegriff sind:
- Die Grundrechtsbeeinträchtigung durch faktisch mittelbares Handeln ist gerade **beabsichtigt** – sog. „Finalität im engeren Sinne“,

  ***Beispiel:***
  *Der Sektenbeauftragte der Bunderegierung warnt die Allgemeinheit in Broschüren vor den Gefahren sog. „Psycho- und Jugendsekten“.*

  *Der Staat bezuschusst die Aufklärungsarbeit der großen Religionsgemeinschaften bezüglich Psycho- und Jugendsekten.*

  *Folge ist jeweils, dass der Zulauf zu entsprechenden Sekten – wie geplant – abnimmt.*

oder:
- die Grundrechtsbeeinträchtigung ist typische, objektiv **vorhersehbare** bzw. in Kauf genommene Nebenfolge des staatlichen Akts – sog. „Finalität im weiteren Sinne“,

  ***Beispiel:***
  *Die zuständige Behörde warnt vor Lebensmitteln, die unter Verwendung von sog. „Vollei-Produkten“ hergestellt werden. Grund ist, dass in Einzelfällen im Vollei (aus dem Inhalt aufgeschlagener Hühnereier gewonnene Eimasse als Vorprodukt für die Lebensmittelindustrie) pürierte Hühnerembryos zu finden waren.*

  *In der Folge bleiben auch die Nudeln der Firma B, hergestellt mit nachweislich nicht verunreinigtem Vollei, wie Blei im Supermarktregal liegen.*

oder:

- die Folgen des hoheitlichen Handelns sind derart **schwerwiegend**, dass sie einem klassischen Eingriff gleichstehen – sog. „Intensität".

***Beispiel:***
*Eine Zivilstreife der Polizei verfolgt ohne Inanspruchnahme von Sonderrechten (das magnetisch aufsetzbare Blaulicht ist wieder mal defekt) einen flüchtigen Bankräuber. Rentner R bewegt sich – wie stets in den 60 Jahren seines unfallfreien Autofahrerlebens – fein säuberlich die Verkehrsregeln achtend über die Straßen seiner Heimatstadt H. Der Polizist in seinem Einsatzwagen rammt den „Golf (60) plus" unseres Rentners unter Missachtung der Vorfahrt.*

Zu überprüfen ist bei mittelbar-faktischen Eingriffen das Merkmal der Unmittelbarkeit; es dürfen keine wesentlichen **Zwischenursachen** zwischen das Vorgehen des Staates und die Grundrechtseinwirkung treten.

***Beispiel:***
*Durch Änderung der StVO wird die bisherige Richtgeschwindigkeit von 130 km/h auf deutschen Autobahnen in ein allgemeines Tempolimit von 120 km/h abgeändert. Der Porschefahrer P sieht den Wiederverkaufswert seines Schmuckstücks (jedenfalls geschützt durch Art. 2 Abs. 1 GG – allgemeine Handlungsfreiheit) gefährdet. Sollte es im Anschluss an die Einführung des Tempolimits im Segment des Sportwagen-Gebrauchtwagenmarktes zu Preiseinbrüchen kommen, tritt der Markt, also das Käuferverhalten, als wesentliche Zwischenursache zwischen das Verhalten des Staates und die Folge bei P (a. A. wohl noch vertretbar).*

Die relative Weite des modernen Eingriffsbegriffs macht es auf der anderen Seite erforderlich, reine **Belästigungen** aus dem Bereich der Eingriffe auszuscheiden.

***Beispiel:***
*Die Polizei sperrt eine Straßenkreuzung, die an eine Bankfiliale angrenzt und in der sich ein Bankräuber mit Geiseln befindet. Dies hindert den hungrigen Studierenden S, die neben der Bank liegende Imbissbude zum Erwerb seiner „Fritte rutwieß" (Kölsch – auf Hochdeutsch: „Pommes frites rot-weiß", im Ruhrpott: „Pommes Schranke") aufzusuchen.*

**Merke:**
Ein Rückgriff auf den modernen Eingriffsbegriff ist dann notwendig, wenn ein Eingriff im klassischen Sinne nicht gegeben ist. Liegt also deutlich ein klassischer Eingriff vor, bedarf der moderne Eingriffsbegriff keiner Erwähnung mehr.[93]

93 Genau umgekehrt sieht das *Kingreen/Poscher*, Staatsrecht II, Rn. 269, wie hier sieht das *Michael/Morlok*, Grundrechte, Rn. 500.

### 3.9.3 Verfassungsrechtliche Rechtfertigung

Mit dem Eingriff in den Schutzbereich ist das Grundrecht betroffen, aber noch nicht verletzt. Deswegen wird in einem weiteren Schritt nach der **verfassungsrechtlichen Rechtfertigung** des Eingriffs gefragt.

Ist der Eingriff verfassungsrechtlich gerechtfertigt, ist der Betroffene in seinem Grundrecht nicht verletzt; ist der Grundrechtseingriff nicht verfassungsrechtlich gerechtfertigt, liegt eine **Grundrechtsverletzung** vor.

#### 3.9.3.1 Frage nach der Beschränkbarkeit des Grundrechts

Um den Maßstab für die Rechtfertigungsprüfung festzustellen, ist zunächst zu fragen, wie das Grundrecht **beschränkbar** ist, also die Frage, ob es sich um ein Grundrecht mit oder ohne geschriebenen Schrankenvorhalt[94] handelt.

#### 3.9.3.2 Prüfung bei Grundrechten mit Gesetzes-/Schrankenvorbehalt

Bei Grundrechten mit Schrankenvorbehalt muss zunächst gefragt werden, ob ein beschränkendes Gesetz existiert, also eine Grundrechtsschranke. Dieses Gesetz muss dann aber auch verfassungsgemäß sein, um als **wirksame** Schranke dienen zu können, womit nach den **Schranken-Schranken** (= Schranken für die Schranke) gefragt wird.

##### 3.9.3.2.1 *Schranken-Schranken-Prüfung bei Grundrechten mit einfachem Gesetzesvorbehalt*

***Beispielfall 24 – Bestimmtheitsgebot:***
*Der nordrhein-westfälische Gesetzgeber ergänzt § 36a PAG NRW um die Ermächtigung, „zur Abwehr einer drohenden Gefahr automatische Gesichtserkennung im öffentlichen Raum einzusetzen". Der Begriff „drohende Gefahr" bleibt undefiniert. Die Polizei Köln richtet daraufhin ein permanentes Kameranetz rund um den Dom ein. Eine Passantin legt Verfassungsbeschwerde ein und rügt die Verletzung von Art. 2 Abs. 1 i. V. m. 1 Abs. 1 GG wegen mangelnder Normenklarheit.*

***Beispielfall 25 – Verbot des Einzelfallgesetzes:***
*Nach wiederholten Auseinandersetzungen im Braunkohle-Tagebau Hambach erlässt der Landtag ein Gesetz zur „Sicherung des Tagebaus Hambach 2025" (§ 1: „Versammlungen im 500-Meter-Korridor um das Betriebsgelände sind verboten."). Klimaschutzgruppen erheben Verfassungsbeschwerde.*

***Beispielfall 26 – Wesensgehaltsgarantie:***
*Der Bund reaktiviert § 14 Abs. 3 LuftSiG und ermächtigt die Einsatzkräfte, ein von Terroristen entführtes Passagierflugzeug abzuschießen, wenn an Bord mehrheitlich Terroristen vermutet werden. Die Anordnung erfolgt, obwohl auch 30 unbeteiligte Reisende an Bord sind.*

94 Siehe Kap. 3.6.3.

***Beispielfall 27 – Verhältnismäßigkeit:***
*Die Bundesregierung ordnet auf Grundlage des Bundes-Infektionsschutzgesetzes eine einheitliche Ausgangssperre von 18 bis 6 Uhr für alle Kommunen an, in denen binnen sieben Tagen mehr als 35 Neuinfektionen je 100.000 Einwohner auftreten. Ein Jogger aus Münster legt Verfassungsbeschwerde ein.*

Bei Vorliegen eines **einfachen Gesetzesvorbehalts**, wenn das Grundgesetz also keine speziellen Anforderungen an das einschränkende Gesetz stellt, muss das Gesetz
- durch den kompetenziell zuständigen Gesetzgeber
- im ordnungsgemäßen Verfahren
- formgerecht zustande gekommen sein (formelle Verfassungsmäßigkeit)

sowie
- das Verbot des Einzelfallgesetzes wahren,
- dem Zitiergebot (soweit anwendbar) genügen,
- die Wesensgehaltsgarantie achten,
- hinreichend bestimmt sein,
- dem Gebot des Vertrauensschutzes genügen und
- verhältnismäßig sein (materielle Verfassungsmäßigkeit).[95]

Ziel der Verhältnismäßigkeitsprüfung ist wiederum insbesondere die Herstellung **praktischer Konkordanz** mit den Interessen des Staates, der Allgemeinheit oder Dritten.

***Lösung zu Beispielsfall 24 – Bestimmtheit:***
*Der Einsatz verletzt das Bestimmtheitsgebot als Ausprägung des Rechtsstaatsprinzips. Wie das Bundesverfassungsgericht im Urteil zum BKA-Gesetz 2016 ausgeführt hat,[96] müssen polizeiliche Eingriffstatbestände klare Schwellen vorsehen; der unbestimmte Sammelbegriff „drohende Gefahr“ genügt diesen Anforderungen nicht, wenn er – anders als im BKAG – weder durch einen Schutzgutkatalog noch durch qualifizierte Wahrscheinlichkeitsprognosen konturiert ist. Die Norm ist deshalb nichtig; die Videoüberwachung ist mangels gesetzlicher Grundlage verfassungswidrig.*

***Lösung zu Beispielfall 25 – Verbot des Einzelfallgesetzes:***
*Das Gesetz verletzt Art. 19 Abs. 1 Satz 1 GG. Es regelt einen konkreten örtlichen Konflikt und richtet sich faktisch nur an einen überschaubaren Personenkreis. Der formale Gesetzesrang tarnt damit einen Einzelfallverwaltungsakt („Lex Hambach“). Nach der Lex-Rheinstahl-Entscheidung von 1969 (§ 1 Mitbestimmungsgesetz)[97] darf der Gesetzgeber einen Einzelfall nicht in Gesetzesform regeln, wenn kein allgemeinverbindlicher Regelungswille erkennbar ist. Das Versamm-*

95 Dazu oben Kap. 3.6.
96 BVerfG, Urt. vom 20.4.2016, – 1 BvR 966/09 –, –1 BvR 1140/09 –, https://www.bundesverfassungsgericht.de/SharedDocs/Entscheidungen/DE/2016/04/rs20160420_1bvr096609.html, zuletzt abgerufen am 2.7.2025.
97 BVerfG, Urt. vom 7.5.1969 – 2 BvL 15/67, juris.

*lungsverbot ist mangels Allgemeinheit nichtig; polizeiliche Eingriffe auf seiner Grundlage sind verfassungswidrig.*

***Lösung zu Beispielsfall 26 – Wesensgehaltsgarantie:***
*Die Norm verletzt Art. 19 Abs. 2 GG, weil sie den absoluten Wesensgehalt von Art. 1 Abs. 1 GG (Menschenwürde) und Art. 2 Abs. 2 Satz 1 GG (Recht auf Leben) preisgibt. Menschen dürfen nie zum Objekt staatlichen Handelns gemacht werden, auch nicht zur Rettung Anderer. Das Bundesverfassungsgericht hat die nahezu wortgleiche Vorgängerregelung 2006 für nichtig erklärt und damit klargestellt, dass eine Abwägung „Leben gegen Leben" den Kernbereich des Lebensgrundrechts aufhebt.*[98]

***Lösung zu Beispielsfall 27– Verhältnismäßigkeit:***
*Die Maßnahme verfolgt ein legitimes Ziel (Lebens- und Gesundheitsschutz). Sie ist grundsätzlich dazu geeignet, Kontakte zu reduzieren. Sie ist nicht erforderlich, sobald mildere Mittel (Maskenpflicht im Freien, Test-to-release) gleichermaßen effektiv sind. Im November-Beschluss 2021 hat das Bundesverfassungsgericht die strengere „Bundesnotbremse" (Inzidenz 100, Sperre ab 22 Uhr, Befristung) als gerade noch angemessen gebilligt. Die aktuelle Schwelle 35 und die sehr lange Sperrzeit überschreiten aber den noch vertretbaren Belastungs-Nutzen-Ausgleich; die Maßnahme ist unverhältnismäßig.*[99]

**Merke:**

Für die Klausur gilt bezüglich der **formellen Verfassungsmäßigkeit**:
- Verfahrens- und Formfehler sind nur bei Zweifeln im Sachverhalt anzusprechen.
- Die Gesetzgebungskompetenz kann und sollte (jedenfalls bei für die Klausur erfundenen Gesetzen) positiv festgestellt werden.

Für die Klausur gilt bezüglich der **materiellen Verfassungsmäßigkeit**:
- Das Verbot des Einzelfallgesetzes, das Zitiergebot und die Wesensgehaltsgarantie können – wenn überhaupt – mit einem Satz erwähnt werden (Verstöße gegen Verbot des Einzelfallgesetzes, das Zitiergebot nach Art. 19 Abs. 1 GG sowie die Wesensgehaltsgarantie nach Art. 19 Abs. 2 GG sind nicht ersichtlich). Gegebenenfalls kann dieser Satz ohne Hinweise auf Probleme auch weggelassen werden.

98 BVerfG, Urt. vom 15.2.2006 – 1 BvR 357/05, openJur 2010, 3172.
99 BVerfG, Beschl. vom 19.11.2021 – 1 BvR 781/21 u. a., https://www.bundesverfassungsgericht.de/SharedDocs/Entscheidungen/DE/2021/11/rs20211119_1bvr078121.html, zuletzt abgerufen am 2.7.2025.

> - Die Bestimmtheit ist nur anzusprechen, wenn die Norm (insbesondere wenn ein Gesetz für die Klausur „erfunden“ wird) im Wortlaut wiedergegeben ist. Wird ein Gesetz nur referiert („Der Gesetzgeber regelt, dass zukünftig …“) oder wird ein „ganz normales“ Gesetz (§ 14 OBG und Ähnliches) angewendet, ist die Prüfung der Bestimmtheit kaum möglich und wenig sinnvoll.
> - Zum Vertrauensschutz lohnen sich Ausführungen nur bei erkennbaren Rückanknüpfungen des Gesetzes.
> - Die Verhältnismäßigkeit ist immer ausführlich zu prüfen, im Rahmen einer Verfassungsbeschwerdeprüfung in Bezug auf das (die) als verletzt gerügte(n) Grundrecht(e).
>
> Im Übrigen ist immer darauf zu achten, ob der Aufgabensteller das Gesetz nicht bereits als „formell (und/oder) materiell verfassungsgemäß“ gekennzeichnet hat. Dann erübrigt sich die weitere Prüfung. Wird beides unterstellt, kommt es regelmäßig auf die Prüfung der Anwendung des Gesetzes an.

Genügt das Gesetz den zuvor aufgestellten Anforderungen, stellt es eine wirksame Grundrechtsschranke dar.

*Zitiergebot nach Art. 19 Abs. 1 Satz 2 GG*

| **Grundrecht** | **Zitiergebot erforderlich** | **Kurzbegründung** |
|---|---|---|
| Art. 2 Abs. 2 GG (Leben, körperliche Unversehrtheit, Freiheit) | Ja | Ausdrücklicher Gesetzesvorbehalt in Satz |
| Art. 8 Abs. 2 GG (Versammlung unter freiem Himmel) | Ja | Kann „durch Gesetz oder aufgrund eines Gesetzes“ beschränkt werden |
| Art. 10 Abs. 2 GG (Brief-, Post-, Fernmeldegeheimnis) | Ja | Einfacher Gesetzesvorbehalt; BND-Gesetz 2023 nennt Art. 10 GG ausdrücklich |
| Art. 11 GG (Freizügigkeit) | Ja | Einfacher Gesetzesvorbehalt |
| Art. 13 Abs. 2 bis 6 GG (Wohnung) | Ja | mehrstufige Vorbehalte; z. B. NRW-PolG zitiert Art. 13 GG |
| Art. 16 GG (Staatsangehörigkeit) | Ja | Einfacher Gesetzesvorbehalt |
| Art. 5 Abs. 1 Satz 1 GG (Meinungsfreiheit) | Nein | Einschränkung durch „allgemeine Gesetze“; Zitiergebot würde zum Formalismus verkommen, weil jede Presse- oder Strafnorm einzubeziehen wäre |
| Art. 4 Abs. 1 und 2 GG (Religion), Art. 5 Abs. 3 GG (Kunst) | Nein | Verfassungsimmanente Schranke; kein Gesetzesvorbehalt |
| Art. 12 Abs. 1 Satz 2 GG (Berufsausübung) | Nein | Regelungsvorbehalt, nach h. M. nicht zitierpflichtig |

| Grundrecht | Zitiergebot erforderlich | Kurzbegründung |
|---|---|---|
| Art. 14 GG (Recht auf Eigentum) | Nein | Kein Gesetzesvorbehalt, sondern ausdrücklich andere Bezeichnung: Inhalts- und Schrankenbestimmung und Enteignung |
| Art. 16a GG (Recht auf Asyl) | Nein | Kein Gesetzesvorbehalt |
| Art. 19 Abs. 4 GG (Widerstandsrecht) | Nein | Kein Gesetzesvorbehalt |
| Art. 2 Abs. 1 GG (Allg. Handlungsfreiheit) | Nein | Kein Gesetzesvorbehalt, Zitiergebot würde zu weit führen, dann müsste jedes Gesetz Art. 2 Abs. 1 GG zitieren |

#### 3.9.3.2.2 Schranken-Schranken-Prüfung bei Grundrechten mit qualifiziertem Gesetzesvorbehalt

Bei Vorliegen eines **qualifizierten Gesetzesvorbehalts** ist zusätzlich zu prüfen, ob das einschränkende Gesetz den Voraussetzungen des qualifizierten Gesetzesvorbehalts genügt. So wäre bei Art. 5 Abs. 1 GG zu prüfen, ob das einschränkende Gesetz „*allgemeines Gesetz*" i. S. d. Art. 5 Abs. 2 GG ist. Oder es ist bezüglich des Art. 11 Abs. 1 GG festzustellen, ob ein Gesetz, das die Freizügigkeit im Bundesgebiet einschränkt, eines oder mehrere der Ziele des Art. 11 Abs. 2 GG verfolgt. Die Prüfung sollte nach der Prüfung der formellen Verfassungsmäßigkeit zu Beginn der materiellen Anforderungen an das Gesetz erfolgen.

#### 3.9.3.2.3 Prüfung des Einzelakts

Ist das Gesetz auf einen Einzelfall angewendet worden, schließt sich die **Prüfung** des **Einzelakts** an. Hier ist – insbesondere im Rahmen einer Verfassungsbeschwerdeprüfung – festzustellen, ob (durch Exekutive und Judikative, vom Einzelakt bis hin zu einem letztinstanzlichen Urteil) das Gesetz verfassungsgemäß, insbesondere grundrechtskonform angewendet wurde. Dabei gilt es wiederum zu prüfen, ob die staatliche Maßnahme und ein diese bestätigender Urteilsspruch rechtsstaatlichen Anforderungen genügt, ob (falls erkennbar) insbesondere die Maßstäbe der Bestimmtheit und (falls einschlägig) die Grundsätze des Vertrauensschutzes gewahrt wurden. Vor allem ist wiederum zu prüfen, ob die Gesetzesanwendung die Grundrechtsrelevanz des Falles berücksichtigt hat, und ob die Anwendung des Gesetzes auf den Einzelfall verhältnismäßig war.

Ist dies im Ergebnis anzunehmen, ist das Grundrecht nicht verletzt. Ist der Anwendungsakt bzw. ein bestätigendes Urteil unter Missachtung der genannten rechtsstaatlichen Anforderungen und/oder der Grundrechte des Betroffenen zustande gekommen, ist das Grundrecht verletzt.

#### 3.9.3.3 Schranken-Schranken-Prüfung bei Grundrechten ohne Gesetzes-/ Schrankenvorbehalt

Bei Grundrechten ohne geschriebenen Schrankenvorbehalt ist zunächst zu fragen, ob ein kollidierendes **Rechtsgut** mit **Verfassungsrang** existiert,[100] das der Staat hier gegen das Grundrecht des Betroffenen in Ansatz bringt.

Ist ein solches Rechtsgut gefunden, besinnt man sich auf den Grundsatz des Vorbehalts des Gesetzes[101]. Belastendes Staatshandeln bedarf stets einer gesetzlichen Grundlage. Also ist es tunlich, ein Gesetz zu suchen, dass das Rechtsgut mit Verfassungsrang **einfachgesetzlich konkretisiert**.

***Beispiel:***
*Als kollidierendes Rechtsgut gegenüber Tierversuchen an Wirbeltieren, geschützt durch das schrankenlos gewährte Grundrecht des Wissenschaftsfreiheit aus Art. 5 Abs. 3 GG, ist der Tierschutz, verfassungsrechtlich abgesichert in Art. 20a GG – Staatsziel „Tierschutz“[102]. Einfachgesetzlich konkretisiert ist der Tierschutz bspw. im Tierschutzgesetz (TierSchG), so in §§ 7 ff. TierSchG.*

*Als kollidierendes Rechtsgut gegenüber dem religiös motivierten Wunsch muslimischer Mädchen, nicht am schulischen Schwimmunterricht teilzunehmen, lassen sich der staatliche Bildungsauftrag und die Schulpflicht, gestützt auf Art. 7 Abs. 1 GG, anführen. Einfachgesetzlich konkretisiert ist Art. 7 Abs. 1 GG bspw. im SchulG NRW; in § 43 SchulG NRW ist die Möglichkeit der Befreiung von Unterrichtsveranstaltungen „aus wichtigem Grund“ vorgesehen.*

Soweit die einfachgesetzliche Konkretisierung gefunden ist, gleicht die weitere Prüfung derjenigen wie bei Grundrechten mit einfachem Gesetzesvorbehalt, ggf. mit anschließendem Einzelakt. Das konkretisierende **Gesetz** muss formell und materiell **verfassungsgemäß**, insbesondere verhältnismäßig sein. Liegt die Grundrechtsbeeinträchtigung in einem Vollzugsakt bezüglich des Gesetzes, muss auch hier eine **grundrechtskonforme Anwendung** des **Gesetzes** stattgefunden haben.

***Beispiel:***
*Ein muslimisches Mädchen beantragt die Befreiung vom schulischen Schwimmunterricht nach § 43 Abs. 3 SchulG NRW, was die Schulaufsichtsbehörde unter Hinweis auf die Schulpflicht und den staatlichen Bildungsauftrag (Art. 7 Abs. 1 GG) verweigert.*

*§ 43 SchulG NRW ist ordnungsgemäß zustande gekommen und auch materiell verhältnismäßig, da die Schulpflicht nicht unbedingt durchgesetzt wird, sondern § 43 Abs. 3 SchulG vielmehr Befreiungsmöglichkeiten vorsieht.*

*Bleibt die Frage, ob die Verweigerung der Befreiung verhältnismäßig, insbesondere angemessen war. Die Schulbehörde führt an, dass der Sportunterricht*

100 Dazu oben Kap. 3.3.
101 Dazu oben Kap. 2.4.3.
102 Dazu oben Kap. 2.7.3.

*generell, aber auch der Schwimmunterricht, eine sozialisierende Funktion hat, und in Notsituationen die Fähigkeit, schwimmen zu können, lebensrettend sein kann. Der religiösen Überzeugung des Mädchens kann zur Herstellung praktischer Konkordanz durch Tragen eines Burkini Rechnung getragen werden.*

### 3.9.4 Prüfungsschema

Aus dem Vorgenannten ergibt sich damit folgendes (vollständiges, in dieser Form nicht immer gefordertes) Prüfungsschema:

**I. Schutzbereich**

**1.** Sachlicher Schutzbereich
**2.** Persönlicher Schutzbereich

**II. Eingriff**

**1.** Zunächst: Klassischer Eingriff, wenn nicht
**2.** Mittelbar-faktischer Eingriff (moderner Eingriffsbegriff)

**III. Verfassungsrechtliche Rechtfertigung**

**1.** Schrankenprüfung: Frage nach Beschränkbarkeit des Grundrechts
**Variante 1:** Grundrechte mit Gesetzesvorbehalt
**Variante 2:** Grundrechte ohne Gesetzesvorbehalt

**2.** Existenz eines beschränkenden Gesetzes (Variante 1)
Kollidierendes Rechtsgut mit Verfassungsrang (Variante 2)

**3.** **(Variante 1)** Schranken-Schranken-Prüfung: Verfassungsmäßigkeit des einschränkenden Gesetzes
**(Variante 2)** Schranken-Schranken-Prüfung: Frage nach einfachgesetzlicher Konkretisierung des Rechtsguts mit Verfassungsrang, dann Verfassungsmäßigkeit dieses konkretisierenden Gesetzes

**a)** Formelle Verfassungsmäßigkeit
- Gesetzgebungskompetenz
- Gesetzgebungsverfahren
- Form

**b)** Materielle Verfassungsmäßigkeit
- Einzelfallgesetz
- Zitiergebot
- Wesensgehalt
- Vertrauensschutz
- Bestimmtheit
- Verhältnismäßigkeit

**4.** Verfassungsgemäße Anwendung des einschränkenden Gesetzes im Einzelfall, insb. Verhältnismäßigkeit

# 4. Einzelne Freiheitsrechte

Gegenstand der weiteren Darstellung sind einzelne **Freiheitsrechte** und ihre Besonderheiten. Eingegangen wird auf die Grundrechte aus:

- Art. 1 Abs. 1 Satz 1 GG (Menschenwürde),
- Art. 2 Abs. 1 GG (allgemeine Handlungsfreiheit),
- Art. 2 Abs. 1 i. V. m. Art. 1 Abs. 1 Satz 1 GG (allgemeines Persönlichkeitsrecht),
- Art. 2 Abs. 2 Satz 1 GG (Leben, körperliche Unversehrtheit),
- Art. 2 Abs. 2 Satz 2 GG (Freiheit der Person),
- Art. 4 Abs. 1, 2 GG (Religions- und Weltanschauungsfreiheit, Gewissensfreiheit),
- Art. 10 GG (Post- und Fernmeldegeheimnis),
- Art. 11 GG (Freizügigkeit im Bundesgebiet),
- Art. 13 GG (Unverletzlichkeit der Wohnung),
- Art. 14 GG (Eigentumsfreiheit).

## 4.1 Art. 1 Abs. 1 Satz 1 GG – Menschenwürde

Die Achtung der **Menschenwürde** steht an der Spitze der Verfassung und am Beginn des I. Anschnitts „Die Grundrechte“. Gleichwohl ist nicht unstreitig, ob es sich bei der Menschenwürde um ein Grundrecht handelt. Auch weist die Menschenwürde hinsichtlich der Prüfung von Schutzbereich, Eingriff und Rechtfertigung Besonderheiten gegenüber anderen Vorschriften des I. Abschnitts auf.

### 4.1.1 Allgemeines

Das Bundesverfassungsgericht sieht die Menschenwürde als *„tragendes* ***Konstitutionsprinzip*** *der Verfassung“* und *„obersten Verfassungswert“*;[1] über Art. 79 Abs. 3 GG genießt die Menschenwürde den Schutz der Ewigkeitsgarantie.[2]

Nicht letztlich unproblematisch ist aber der **Grundrechtscharakter** der Menschenwürdegarantie. Zweifel ergeben sich zunächst aus der Fassung des Art. 1 Abs. 1 Satz. 2 GG: *„Sie* [die Menschenwürde; Anm. d. Verf.] *zu achten und zu schützen ist Verpflichtung aller staatlicher Gewalt.“* Aus dieser Formulierung könnte herzuleiten sein, dass die Menschenwürde kein subjektives Recht des Einzelnen im Sinne eines Abwehrrechts, sondern vielmehr lediglich ein staatlicher Schutzauftrag ist. Gegen die Grundrechtseigenschaft des Art. 1 Abs. 1 Satz 1 GG könnte auch Art. 1 Abs. 3 GG sprechen: *„Die* ***nachfolgenden*** *Grundrechte binden Gesetzgebung, vollziehende Gewalt und Rechtsprechung als unmittelbar geltendes Recht.“* Allerdings hat das Bundesverfassungsgericht festgestellt, dass Art. 1 Abs. 1 Satz 1 GG Grundrechtscharakter hat: *„Einen solchen* [Prüfmaßstab; Anm. d. Verf.] *können die nachfolgenden Grundrechte, aber auch*

1 U. a. BVerfGE 87, 209, 228 – Tanz der Teufel; BVerfGE 67, 209, 228; BVerfGE 45, 187, 227.
2 Dazu oben Kap. 2.8.

*das in Art. 1 Absatz I GG gewährleistete Grundrecht bilden – dass Art. 1 Absatz I GG kein ‚nachfolgendes' Grundrecht ist, schließt eine Bindung der staatlichen Gewalten an dieses oberste Konstitutionsprinzip des Grundgesetzes nicht aus.*“[3]

Die **Stellung** von Art. 1 Abs. 1 Satz 1 GG zu Art. 1 Abs. 3 GG ist darauf zurückzuführen, dass der Parlamentarische Rat das Bekenntnis zur Menschenwürde mit Blick auf das die Menschenwürde verachtende NS-Regime an die Spitze der Verfassung stellen, aber nicht deren Grundrechtscharakter infrage stellen wollte.[4] In der Folge ist die Menschenwürde Abwehrrecht des Einzelnen gegen staatliche Eingriffe jeder Art.

Trotz des Grundrechtscharakters des Art. 1 Abs. 1 Satz 1 GG ist unbestritten, dass das Grundgesetz in Art. 1 Abs. 1 Satz 2 GG – in dieser Deutlichkeit selten – eine ausdrückliche Verpflichtung des Staates zum **Schutz** der Menschenwürde des Einzelnen gegenüber staatlichen Stellen wie gegenüber Dritten, auch Privaten, normiert hat.

**Leistungsrechtliche** Bestandteile[5] weist die Menschenwürdegarantie – im Zusammenspiel mit dem Sozialstaatsprinzip – bezüglich der staatlichen Garantie eines menschenwürdigen Existenzminimums auf; dies ist in der Rechtsprechung zum Asylbewerberleistungsgesetz bestätigt worden.[6]

Die polizeiliche Praxis hat in jüngerer Zeit drei Konstellationen hervorgebracht, in denen das Recht auf Menschenwürde als unmittelbare Eingriffsgrenze sichtbar wird: **Erstens** hat der Europäische Gerichtshof für Menschenrechte in Wa Baile ./. Switzerland am 20.2.2024 klargestellt, dass verdachtsunabhängige Identitätskontrollen, die an Hautfarbe oder ethnische Merkmale anknüpfen, eine Herabwürdigung des Betroffenen zu einem bloßen Objekt schematischer Zuschreibungen darstellen und gegen Art. 14[7] i. V. m Art. 8 EMRK[8] verstoßen.[9] **Zweitens** hat das Bundesverfassungsgericht mit Urteil vom 16.2.2023 entschieden, dass landesrechtliche Befugnisse zur automatisierten Auswertung polizeilicher Massendaten („Hessendata“) verfassungswidrig sind, wenn sie ohne normklare Eingriffsschwelle den Einzelnen algorithmisch zum bloßen Datenobjekt de-

3 BVerfG, NJW 1983 S. 559, 560.

4 So auch *Kingreen/Poscher*, Staatsrecht II, Rn. 408.

5 Zu Grundrechten als Leistungsrechte schon oben Kap. 3.3.2.

6 BVerfGE 132, 134, 159 f.

7 ***„Art. 14 EMRK Diskriminierungsverbot***
*Der Genuß der in dieser Konvention anerkannten Rechte und Freiheiten ist ohne Diskriminierung insbesondere wegen des Geschlechts, der Rasse, der Hautfarbe, der Sprache, der Religion, der politischen oder sonstigen Anschauung, der nationalen oder sozialen Herkunft, der Zugehörigkeit zu einer nationalen Minderheit, des Vermögens, der Geburt oder eines sonstigen Status zu gewährleisten.“*

8 ***„Art. 8 EMRK Recht auf Achtung des Privat- und Familienlebens***
*(1) Jede Person hat das Recht auf Achtung ihres Privat- und Familienlebens, ihrer Wohnung und ihrer Korrespondenz.*
*(2) Eine Behörde darf in die Ausübung dieses Rechts nur eingreifen, soweit der Eingriff gesetzlich vorgesehen und in einer demokratischen Gesellschaft notwendig ist für die nationale oder öffentliche Sicherheit, für das wirtschaftliche Wohl des Landes, zur Aufrechterhaltung der Ordnung, zur Verhütung von Straftaten, zum Schutz der Gesundheit oder der Moral oder zum Schutz der Rechte und Freiheiten anderer.“*

9 EGMR, Wa Baile ./. Switzerland, Urt. vom 20.2.2024, Nr. 43868/18, 25883/21, HUDOC, https://hudoc.echr.coe.int/eng#{%22itemid%22:[%22002-14292%22]}, zuletzt abgerufen am 25.6.2025.

gradieren.[10] **Drittens** hat das Bundesverfassungsgericht durch Beschluss vom 14.11.2024 die längerfristige, verdeckte Video-Observation nach dem PolG NRW für unvereinbar mit Art. 1 Abs. 1 GG erklärt, solange die Norm keine präzise Gefahrenschwelle enthält.[11]

Die am 13.6.2024 erlassene EU-Verordnung 2024/1689 („AI Act")[12] ergänzt dieses Bild, indem sie Echtzeit-Gesichtserkennung im öffentlichen Raum nur bei unmittelbar drohenden Schwersttaten unter richterlicher Kontrolle zulässt und dabei ausdrücklich den Schutz der menschlichen Würde als Leitprinzip nennt.

**Merke:**
Die Entscheidung Wa Baile erhöht den Würdeschutz schon bei diskriminierenden Routinekontrollen und zwingt Polizeidienststellen, die Dokumentations- und Nachweislast im Hinblick auf den Gefahrverdacht zu tragen. Die Urteile zu Hessendata und zur verdeckten Video-Observation verdeutlichen, dass digitale Ermittlungswerkzeuge und Langzeitüberwachungen einer strengen Objektformel-Kontrolle unterliegen. Der AI Act verankert diese Anforderungen auf unionsrechtlicher Ebene und verpflichtet vor jedem Einsatz KI-gestützter Systeme zu einer dokumentierten Grundrechts-Risikoanalyse. Zusammengenommen zeigen die Entscheidungen, dass Menschenwürdeverletzungen heute weniger an spektakuläre Gewaltakte als an strukturelle Diskriminierung und datenbasierte Kontrollprogramme anknüpfen.

### 4.1.2 Schutzbereich

***Beispielfall 28:***
*Der Millionärssohn J wird von einem in Geldnot befindlichen Bekannten der Familie, dem G, entführt, und kurz nach seiner Entführung ermordet. G wird schnell als Verdächtiger ermittelt, schweigt aber vor der Polizei. Der Polizeipräsident von Frankfurt a. M., der D, der von der Ermordung des J noch nichts weiß, versucht aus G herauszubekommen, wo sich J befindet, um diesen retten zu können. Da G weiterhin beharrlich schweigt, droht D dem G Folter an, um an die gewünschten Informationen zu gelangen.*

*Nachdem die Tat aufgeklärt ist, rügt der schließlich wegen Mordes und Kindesentführung verurteilte G gegenüber dem Land Hessen die Verletzung seiner Menschenwürde wegen der Folterandrohung.*

*Zu Recht?*

10 BVerfG, Urt. vom 16.2.2023 – 1 BvR 1547/19 –, – 1 BvR 2634/20 – (Hessendata), https://www.bundesverfassungsgericht.de/SharedDocs/Entscheidungen/DE/2023/02/rs20230216_1bvr154719.html, zuletzt abgerufen am 25.6.2025.

11 BVerfG, Beschl. vom 14.11.2024 – 1 BvL 3/22 – (Video-Observation PolG NRW), https://www.bundesverfassungsgericht.de/SharedDocs/Entscheidungen/DE/2024/11/ls20241114_1bvl000322.html, zuletzt abgerufen am 25.6.2025.

12 Regulation (EU) 2024/1689 (AI Act), ABl. EU Nr. L 2024/1689 vom 13.6.2024.

#### 4.1.2.1 Sachlicher Schutzbereich

Der Bestimmung des sachlichen Schutzbereichs kann man sich durch eine **positive** oder eine **negative** Beschreibung nähern.

Der sog. **„Mitgift-Theorie“** zufolge – positiver Ansatz – ist die Menschenwürde ein durch Gott oder die Natur mitgegebener Wert; „*der Eigenwert und die Eigenständigkeit, die Wesenheit, die Natur des Menschen schlechthin.*“[13] Diesem philosophisch-transzendenten und auch naturrechtlich geprägten Ansatz steht die **Leistungstheorie** gegenüber, die, ohne einen philosophischen Ansatz zu präferieren, die Würde des Menschen aufgrund seines selbstbestimmten Verhaltens verliehen sieht.[14] Problematisch ist an der zweiten Ansicht vor allem, dass auch der nicht (mehr) zu selbstbestimmtem Handeln fähige Mensch allein kraft seines Menschseins einen Würdeanspruch besitzt.

Das Bundesverfassungsgericht nähert sich – negativer Ansatz – dem Schutzbereich der Menschenwürde eher über die **Eingriffsseite**, indem es beschreibt, welches staatliche Verhalten die Würde des Menschen verletzt:

> *„Die Behandlung des Menschen durch die öffentliche Hand, die das Gesetz vollzieht, muss also, wenn sie die Menschenwürde berühren soll, Ausdruck der Verachtung des Wertes, der dem Menschen kraft seines Personseins zukommt, also in diesem Sinne eine ‚verächtliche Behandlung‘ sein.“*[15]

Dabei klingt mit dem Gedanken der *„kraft seines Personseins“* verliehenen Würde der Ansatz der Mitgift-Theorie an.

Wichtig ist, dass die Menschenwürde dem Menschen allein kraft seines **Menschseins**, unabhängig von Leistung, Stand, moralischer Anschauung, sozialem Status, körperlichem oder geistigem Zustand oder sonstiger persönlicher Eigenschaften zusteht. *„Selbst durch ‚unwürdiges‘ Verhalten geht sie nicht verloren. Sie kann keinem Menschen genommen werden.“*[16]

#### 4.1.2.2 Persönlicher Schutzbereich

Die Menschenwürdegarantie ist **Jedermannsrecht**[17] und Menschenrecht. Zugleich ist sie, wie die Beschreibung des sachlichen Schutzbereichs zeigt, an das Menschsein gebunden und scheidet damit für eine wesensmäßige Anwendbarkeit auf juristische Personen (Art. 19 Abs. 3 GG)[18] aus.

Das Bundesverfassungsgericht geht davon aus, dass, sobald menschliches **Leben** existiert, diesem auch der Schutz der Menschenwürde zusteht, egal *„ob der Träger sich*

13 *Nipperdey* in: Die Grundrechte, Bd. II, S. 1.
14 *Luhmann*, Grundrechte als Institution, S.53 ff.
15 BVerfGE 30, 1, 26.
16 BVerfGE 87, 209, 228 – Tanz der Teufel.
17 Dazu oben Kap. 3.6.2.
18 Dazu oben Kap. 3.4.1.2.

*dieser Würde bewusst ist und sie selbst zu wahren weiß.*"[19] Spricht man dem werdenden Leben, jedenfalls dem Nasciturus (lat.: „der, der geboren werden wird", also das gezeugte, aber noch nicht geborene Kind), das Recht auf Leben zu,[20] beginnt mit diesem Zeitpunkt auch der Schutz der Menschenwürde. Setzt man mit Teilen der staatsrechtlichen Literatur den Zeitpunkt des Lebens früher an, wird der Würdeschutz auch auf Embryonen vor der Einnistung erstreckt, wodurch Phänomene wie die verbrauchende Embryonenforschung und die Präimplantationsdiagnostik am Maßstab des Art. 1 Abs. 1 GG zu messen wären.[21]

Gleichzeitig erkennt das Bundesverfassungsgericht eine über den Tod hinaus bestehende Dimension des Würdeschutzes an, das aus Art. 1 Abs. 1 GG hergeleitete **„postmortale Persönlichkeitsrecht"**.[22] Hierbei ist allerdings zu beachten, dass dieses postmortale Persönlichkeitsrecht – aufgrund des mit dem Tod eintretenden Endes der Subjektqualität – nicht mehr Ausdruck eines subjektiven Abwehrrechts des Verstorbenen ist. Hier wird vielmehr die staatliche Schutzpflicht nach Art. 1 Abs. 1 Satz 2 GG aktualisiert.

### 4.1.3 Eingriff

Eingriffe in Art. 1 Abs. 1 Satz 1 GG zeichnen sich dadurch aus, dass erhebliche Grundrechtsverkürzungen vorliegen müssen. Das Bundesverfassungsgericht verwendet hierfür – wie zuvor erwähnt – die sog. **„Objektformel"**:

> *„Mit ihm [dem Begriff der Menschenwürde, Anm. d. Verf.] ist der soziale Wert- und Achtungsanspruch des Menschen verbunden, der es verbietet, den Menschen zum bloßen Objekt des Staates zu machen oder ihn einer Behandlung auszusetzen, die seine Subjektqualität prinzipiell in Frage stellt."*[23]

Dem Ansatz des Bundesverfassungsgerichts wird mangelnde Bestimmtheit vorgeworfen,[24] was insoweit richtig ist, als ohne nähere Bestimmung, was diese Herabwürdigung ausmacht, wenig gewonnen ist. Gleichwohl zeigt die Objektformel, wie tiefgreifend ein staatliches Handeln wirken muss, um einen Eingriff in die Menschenwürde zu begründen; letztlich muss der Betroffene seiner Subjektqualität vollständig enthoben werden. Deswegen wird das Verbot der Todesstrafe nach Art. 102 GG als wesentliche Konkretisierung der Menschenwürdegarantie angesehen.[25]

19 BVerfGE 39, 1, 41.
20 Zur verfassungsrechtlichen Diskussion um den Beginn des Lebens siehe unten Kap. 8.4.2.1.
21 Vgl. die Nachweise bei *Lang* in BeckOK GG, Art. 2 GG Rn. 59.
22 BVerfGE 31, 173, 193 – Mephisto.
23 BVerfGE 87, 209, 228 – Tanz der Teufel.
24 *Kingreen/Poscher*, Staatsrecht II, Rn. 424.
25 *Scholz* in DHS, Grundgesetz-Kommentar, Art. 102 GG Rn. 29.

Der Bundesgerichtshof sieht – was nicht unumstritten ist[26] – die Wiedereinführung der **Todesstrafe** im Lichte des Art. 1 Abs. 1 GG als ausgeschlossen an.[27] Der Ansicht des Bundesgerichtshofs dürfte zuzustimmen sein. Zwar ist das Recht auf Leben nicht uneingeschränkt gewährt; gleichwohl wäre in der vorsätzlichen Tötung eines in der Gewalt des Staates befindlichen Menschen die Negierung seiner Subjektqualität im Sinne der Objektformel zu sehen. Insoweit kann auch nicht auf die Schwere einer ggf. verwirklichten Straftat, Mord, Vergewaltigung u. Ä., abgestellt werden; wie bereits ausgeführt, versagt auch unwürdiges Verhalten dem Menschen nicht seine Menschenwürde.

Deutlicher wird das Vorliegen eines Eingriffs in die Menschenwürde anhand von **Beispielen**. Eingriffe in die Menschenwürde werden angenommen bei

- *Versklavung, Menschenhandel, Leibeigenschaft,*
- *Folter, Androhung von Folter*[28]*,*
- *erzwungenen oder heimlichen medizinischen Behandlungen zu Forschungszwecken, Verabreichung von Drogen zu Vernehmungszwecken,*
- *zutiefst demütigendem Verhalten von Vorgesetzten, vorgetäuschte Erschießungen zu Ausbildungszwecken,*[29]
- *Entzug des Existenzminimums, Nichteinschreiten bei Verwahrlosung,*
- *Eindringen des Staates mit Abhörmitteln in die Wohnung unter Verletzung des Kernbereichs privater Lebensführung,*[30]
- *Abschuss von entführten Zivilflugzeugen mit unschuldigen Passagieren an Bord (i. V. m. Art. 2 Abs. 2 Satz 1 GG – Recht auf Leben).*[31]

Als Eingriff in die Menschenwürde wird auch lebenslange **Haft** ohne Aussicht auf Entlassung angesehen.[32] Die Vollzugsanstalten sollen bezogen auf die Grundrechte der eine lebenslange Freiheitsstrafe verbüßenden Gefangenen verpflichtet sein, schädlichen Auswirkungen des Freiheitsentzugs im Rahmen des Möglichen zu begegnen. Dies gilt vor allem für deformierende Persönlichkeitsveränderungen, die die Lebenstüchtigkeit ernsthaft in Frage stellen und ausschließen, dass sich der Gefangene im Falle einer Entlassung aus der Haft im normalen Leben noch zurechtzufinden vermag.[33] Allerdings führt das Bundesverfassungsgericht auch aus: „*Die Menschenwürde wird auch dann nicht verletzt, wenn der Vollzug der Strafe wegen fortdauernder Gefährlichkeit des Gefangenen notwendig ist und sich aus diesem Grunde eine Begnadigung verbietet. Es ist der staatlichen Gemeinschaft nicht verwehrt, sich gegen einen gemeingefährlichen Straftäter durch Freiheitsentzug zu sichern.*“[34]

26 Vgl. die Nachweise bei *Epping* in BeckOK GG, Art. 102 GG Rn. 5 f.
27 BGH, NJW 1996 S. 857, 858.
28 EGMR, NVwZ 2010 S. 3145 ff.
29 BGH, NJW 2009 S. 1360, 1366.
30 BVerfGE 109, 279, 314 ff.
31 BVerfGE 115, 118, 151 – Luftsicherheitsgesetz.
32 BVerfGE 45, 187, 228; BVerfGE 109, 133, 150 – Sicherungsverwahrung.
33 BVerfGE 64, 261, 272 f.
34 BVerfGE 45, 187, 242.

**Merke:**
Wenn in § 211 StGB von „lebenslanger Haft“ gesprochen wird, ist grds. lebenslange Haft gemeint. Hiervon zu trennen ist die Frage, dass – auch im Sinne der Wahrung der Menschenwürde – nach Ablauf von 15 bzw. 18 Jahren (bei Feststellung der besonderen Schwere der Schuld) eine obligatorische Überprüfung der Strafaussetzung zur Bewährung erfolgt.

Anders als bei der Todesstrafe ist im **finalen Rettungsschuss** (bspw. § 54 Abs. 2 PolG NRW) oder auch im Abschuss eines nur mit Terroristen besetzten Flugzeugs, das als Waffe pervertiert werden soll, kein Menschenwürdeverstoß zu sehen. Dadurch, dass dem Betroffenen die Folgen seines selbstbestimmten Handelns – Gefährdung von Menschenleben Dritter – durch Anwendung von tödlicher Gewalt unmittelbar zugerechnet werden, wird er in seiner Subjektqualität geachtet.[35] Zugleich hat der Betroffene es immer noch in der Hand, von seinem Tun abzulassen.

Die Menschenwürde entfaltet nach allgemeiner Überzeugung auch **unmittelbare Drittwirkung.**[36] In der Folge stellt sie einen auch durch private Dritte unmittelbar zu achtenden Wert dar, so dass Eingriffe auch durch Private erfolgen können.

### 4.1.4 Verfassungsrechtliche Rechtfertigung

Zunächst steht Art. 1 Abs. 1 Satz 1 GG nicht unter Gesetzesvorbehalt. Damit käme allenfalls eine Einschränkung durch kollidierendes Verfassungsrecht in Betracht. Wegen ihrer herausragenden Stellung in der Verfassung als Fundament aller Grundrechte[37] ist sie jedoch mit keinem Einzelgrundrecht abwägungsfähig. Da sie zugleich *„in der freiheitlichen Demokratie [...] der oberste Wert“*[38] ist, scheidet auch eine Abwägung mit anderen Rechtsgütern mit Verfassungsrang aus. Hieraus folgt, dass Eingriffe in die Menschenwürde nicht gerechtfertigt werden können; jeder **Eingriff** in die Menschenwürde begründet zugleich ihre **Verletzung**.

**Merke:**
Dieser Umstand macht noch einmal deutlich, wieso Eingriffe in Art. 1 Abs. 1 Satz 1 GG einer erheblichen Intensität bedürfen, wenn die Menschenwürde, wie der ehemalige Verfassungsrichter *Böckenförde* einmal gesagt hat, *„nicht zur kleinen Münze verkommen“* soll.
Deswegen ist bspw. ein möglicherweise zu Unrecht auferlegtes Bußgeld oder die Auferlegung eines Friedhofszwangs für Urnen kein Menschenwürdeverstoß.

35 BVerfGE 115, 118, 160 – Luftsicherheitsgesetz.
36 *Hillgruber* in BeckOK GG, Art. 1 GG Rn. 8 m. w. N.
37 Vgl. insoweit BVerfGE 107, 275, 284.
38 BVerfGE 5, 85, 204 – KPD-Verbot.

***Lösung zu Beispielfall 28:***
*Wenn Folter und Androhung von Folter einen Menschenwürdeverstoß darstellen, muss dies auch für einen Tatverdächtigen und sogar einen Mörder gelten. Durch den Verdacht der Tat oder die Tat selbst verliert er nicht den Anspruch auf Achtung seiner Menschenwürde, egal ob die Menschenwürde seines Opfers geachtet hat. Das Land Hessen ist in dem zugrunde liegenden Fall der Entführung des Bankierssohns Jakob von Metzler nach vorhergehendem Urteil des EGMR zur Zahlung von 3.000 € Entschädigung zugunsten des Mörders Magnus Gäfgen verurteilt worden.*

Der Fall *Gäfgen* hat die Diskussion um die Zulässigkeit der sog. **„Rettungsfolter"** aufkommen lassen; so wird als denkbar erachtet, dass auf gesetzlicher Grundlage in vergleichbaren Fällen zur Rettung von Entführungsopfern Foltermaßnahmen angeordnet werden dürfen. Hiergegen wird – letztlich überzeugend – das sog. „Dammbruch-Argument" geltend gemacht: Wenn die Tür hin zur Folter als Mittel staatlichen Handels aufgemacht wird, kann dies zu einem Dammbruch, also zur schrittweisen Ausweitung auf andere, ggf. weniger gravierende Fälle führen.

### 4.1.5 Schutzpflicht

***Beispielfall 29:***
*Die F-GmbH betreibt einen Freizeitpark mit Diskothek. Mit Plakaten wirbt die F wie folgt: „Die neue Sensation aus den USA: Zwergenweitwurf, jetzt live in Eurer Disko, Bonsai-Warrior". Gegenstand der Veranstaltung ist, dass sich an Kleinwüchsigkeit oder Mikrosomie leidende Menschen gegen Bezahlung zur Verfügung stellen, um von kräftigen Disko-Besuchern möglichst weit auf eine gepolsterte Fläche geworfen zu werden; wer „seinen Zwerg" am weitesten wirft, gewinnt.*

*Die zuständige Gewerbeaufsicht fragt sich, ob sie die Veranstaltung zum Schutz der Menschenwürde der Kleinwüchsigen verbieten darf.*

Fraglich ist, wie weit die in Art. 1 Abs. 1 Satz 2 GG normierte **Schutzpflicht** des Staates reicht, ob der Staat bspw. im Rahmen seiner Schutzpflicht gegen Menschenwürdeverstöße – durch den Staat oder Private – vorgehen muss.

So verbietet die **Strafprozessordnung** (§ 136a Abs. 3 StPO), Erkenntnisse aus Vernehmungen, die durch Misshandlung, durch Ermüdung, durch körperlichen Eingriff, durch Verabreichung von Mitteln, durch Quälerei, durch Täuschung oder durch Hypnose erreicht wurden, zu verwerten, auch wenn der Betroffenen der Erhebung bzw. Verwertung zustimmt.

Das VG Neustadt (Weinstraße) hat entschieden, dass auch bei **Einwilligung** durch die Betroffenen Zwergenweitwurfwettbewerbe wegen Verletzung der Menschenwürde durch Private zu verbieten seien.[39]

39 VG Neustadt (Weinstraße), NVwZ 1993 S.,98, 99 f.

Auch soll die Teilnahme von Frauen an Live-Peepshows gegen die Menschenwürde verstoßen.[40] Hiergegen wird vorgebracht, dass zwar eine Verletzung der Menschenwürde durch Private möglich und der Staat hier im Rahmen des Art. 1 Abs. 1 Satz 2 GG einzuschreiten verpflichtet sein kann. Ob und inwieweit eine **Einwilligung** des Betroffenen den Eingriff in die Menschenwürde und damit deren Verletzung ausschließen kann, ist umstritten. In Bezug auf Peepshows geht das Bundesverwaltungsgericht offenbar davon aus, dass die Einwilligung schlechthin ausgeschlossen sei.[41] Nach anderer Ansicht soll bei Einwilligung der Beteiligten, Freiwilligkeit unterstellt, ein Verstoß gegen die Menschenwürde ausgeschlossen sein.[42] Das Problem liegt, insb. in den Peepshow-Fällen, dann aber in der zweifelsfreien Feststellung der Freiwilligkeit. Wenig hilfreich ist in derartigen Fällen die Abgrenzung nach dem Vorliegen eines „Tabubruchs" als Grenze der Einwilligungsfähigkeit.[43] Dass eine Darstellung von Dritten als geschmacklos empfunden werden wird, vermag keinen Maßstab für die Vereinbarkeit mit der Menschenwürde zu abzugeben.

***Lösung zu Beispielfall 29:***
*In Anwendung der Rechtsprechung des VG Neustadt (Weinstraße) hätte die zuständige Gewerbeaufsicht eine Handhabe, den Wettbewerb nach § 33a Abs. 2 Nr. 2 Gewerbeordnung (GewO) wegen des zu erwartenden Verstoßes gegen die guten Sitten zu verbieten. Der Sittenverstoß ergäbe sich dann aus dem Verstoß gegen die Menschenwürde. Bei Zugrundelegung der Ansicht des VG Neustadt (Weinstraße) kann sowohl eine Verletzung der staatlichen Schutzpflicht als auch – unmittelbare Drittwirkung – ein Eingriff durch die werfenden Gäste der Diskothek angenommen werden: „Dabei kann der die Menschenwürde verletzende Angriff auch von privaten Personen ausgehen. Aufgrund seiner verfassungsrechtlichen Schutzpflicht ist der Staat in einem solchen Falle gehalten, die mit der Rechtsanwendung gegebenen Möglichkeiten zur Abwehr eines derartigen Angriffs auszuschöpfen."*[44]

*Mit den zuvor genannten Argumenten könnte man bei der naheliegenden Annahme einer wirksamen Einwilligung den Verstoß gegen die Menschenwürde auch mit guten Gründen verneinen. Nicht alles, was gegen den guten Geschmack verstößt, ist zugleich eine Menschenwürdeverletzung.*

40 BVerwGE 64, 274, 276 f.

41 BVerwG, NJW 1982 S. 664, 664 f.

42 *Dreier* in Dreier, Grundgesetz-Kommentar, Art. 1 I Rn. 152; *Kingreen/Poscher*, Staatsrecht II, Rn. 416; *Herdegen* in DHS, Grundgesetz-Kommentar, Art. 1 Abs. 1 GG Rn. 79; auch HmbOVG, DÖV 1987 S. 1024, 1024: Freiwillige Teilnahme an Peepshows schließt einen Menschenwürdeverstoß aus.

43 In diesem Sinne wohl BayVGH, NJW 2003 S. 1618, 1620 f. – Körperwelten.

44 VG Neustadt (Weinstraße), NVwZ 1993 S. 98, 99.

*Übersichtstabelle: Würde- und Freiheitsschutz in polizeilichen Digitalszenarien*

| **Entscheidung** | **Datum** | **Grundrechtlicher Schwerpunkt** | **Kernaussage** | **Relevanz für die Polizeipraxis** |
|---|---|---|---|---|
| EGMR Wa Baile ./. Switzerland | 20.2.2024 | Menschenwürde, Art. 14 EMRK | Racial Profiling verletzt die Würde des Betroffenen und kehrt die Beweislast um | Kontrolle nur bei objektiviertem Verdacht; Dokumentationspflicht |
| BVerfG Hessendata | 16.2.2023 | Menschenwürde, informationelle Selbstbestimmung | Algorithmen-basiertes Profiling ohne präzise Eingriffsschwelle verfassungswidrig | Normklarheit und Risikoanalyse bei Big-Data-Tools |
| BVerfG Video-Observation NRW | 14.11.2024 | Menschenwürde, Art. 2 Abs. 1 GG | Langzeit-Videoüberwachung braucht konkrete Gefahr und richterliche Kontrolle | Anpassungsbedarf für verdeckte Observationen |
| EU-AI-Act 2024/1689 | 13.6.2024 | Würdeschutz, Grundrechte-Charta | Echtzeit-Gesichtserkennung nur bei Schwersttaten unter Richtervorbehalt | Vorab-Grundrechts-Folgenabschätzung bei KI-Einsatz |

## 4.2 Art. 2 Abs. 1 GG – Allgemeine Handlungsfreiheit

Die etwas schwülstige Formulierung des Art. 2 Abs. 1 GG („*Jeder hat das Recht auf die freie Entfaltung seiner Persönlichkeit*“) sagt das aus, was in Art. 2 Abs. 2 Herrenchiemseer Entwurf[45] zum Grundgesetz etwas prosaischer klang: „*Jedermann hat die Freiheit, innerhalb der Schranken der Rechtsordnung und der guten Sitten alles zu tun, was Anderen nicht schadet.*“

### 4.2.1 Allgemeines

Die allgemeine Handlungsfreiheit ist ein **Auffanggrundrecht**. Es ist nur einschlägig, wenn ein bestimmtes grundrechtlich geschütztes Verhalten nicht in den Schutzbereich eines spezielleren Grundrechts fällt.

> **Merke:**
> Es geht bei der Frage der Subsidiarität nicht darum, ob ein anderes Grundrecht verletzt ist. Bereits wenn die Tätigkeit unter den „Lebensbereich“ eines Grundrechts zu fassen ist, also für ein bestimmtes Verhalten dessen Schutzbereich eröffnet ist, tritt Art. 2 Abs. 1 GG zurück.

45 Dazu oben Kap. 1.2.1.

Der Erste Senat des Bundesverfassungsgerichts hat im Klimabeschluss vom 24.3.2021 die „intertemporale Freiheitssicherung“ hervorgehoben. Die Handlungsfreiheit künftiger Generationen dürfe nicht dadurch faktisch beseitigt werden, dass der Gesetzgeber Emissionsminderungen auf spätere Zeiträume verschiebt, in denen nur noch drastische Freiheitseinbußen möglich wären. Der Staat ist daher verpflichtet, schon frühzeitig ambitionierte Minderungsziele festzulegen.[46]

Art. 2 Abs. 1 GG ist zugleich Auffanggrundrecht für Nicht-EU-Ausländer bezogen auf die Deutschenrechte.

***Beispiel:***
*Während sich der griechische Kioskbesitzer – etwa bei gesetzlich verordneten Sortimentbeschränkungen (kein Schnapsverkauf nach 22.00 Uhr) – auf die Berufsfreiheit als Deutschen (bzw. EU-Ausländer-)grundrecht berufen kann, steht dem türkischen Kioskbesitzer insoweit („nur“, aber jedenfalls) Art. 2 Abs. 1 GG offen.*

Zu beachten ist, dass diese Subsidiarität nur gegenüber anderen Freiheitsrechten gilt. Gegenüber Gleichheitsrechten tritt Art. 2 Abs. 1 GG **nicht** zurück. Daraus ergibt sich als Prüfreihenfolge, dass Art. 2 Abs. 1 GG – **jedenfalls** wenn er angesprochen wird – vor der Prüfung von Gleichheitsrechten angeordnet wird.[47]

## 4.2.2 Schutzbereich

***Beispielfall 31:***
*P fährt mit einem hochmotorisierten Sportwagen regelmäßig in den Nachtstunden durch die Innenstadt und beschleunigt dabei so stark, dass Einsatzkräfte von einer illegalen Beschleunigungsfahrt ausgehen. Die Kreispolizeibehörde stellt das Fahrzeug nach § 43 PolG NRW zur Gefahrenabwehr sicher. P hält dieses Vorgehen für rechtswidrig und macht geltend, die Sicherstellung verletze seine allgemeine Handlungsfreiheit, weil er sein Eigentum nicht mehr nutzen könne.*

### 4.2.2.1 Sachlicher Schutzbereich

Der sachliche Schutzbereich des Art. 2 Abs. 1 GG ist denkbar weit. Er umfasst **jede Verhaltensweise**, die sich nicht unter ein Spezialgrundrecht subsumieren lässt. Geschützt ist jedes Verhalten, egal ob es sozialethisch wertvoll ist und ohne Rücksicht darauf, welches Gewicht der Betätigung für die Persönlichkeitsentfaltung zukommt.[48] Erfasst

46 BVerfG, Beschl. vom 24.3.2021 – 1 BvR 2656/18 – u. a., Rn. 183 ff. (Bundes-Klimaschutzgesetz), https://www.bundesverfassungsgericht.de/SharedDocs/Entscheidungen/DE/2021/03/rs20210324_1bvr265618.html, zuletzt abgerufen am 25.6.2025.

47 Zum Grundsatz „Freiheit vor Gleichheit“ schon oben Kap. 3.6.1.1.

48 So ausdrücklich BVerfGE 90, 145, 171.

ist das Taubenfüttern[49], das Sichberauschen[50] oder das Tragen einer bestimmten Haartracht[51]. Geschützt ist aber auch das Recht auf wirtschaftliche Handlungsfreiheit,[52] das Recht auf freie wirtschaftliche Betätigung[53] und die Vertragsfreiheit[54], soweit nicht durch Spezialgrundrechte erfasst.[55] Schließlich war dem Bundesverfassungsgericht auch die Freiheit, nackt auf dem Rücken eines Pferdes im Wald zu reiten, einer Betrachtung unter dem Aspekt der allgemeinen Handlungsfreiheit wert.[56]

#### 4.2.2.2 Persönlicher Schutzbereich

In persönlicher Hinsicht ist die allgemeine Handlungsfreiheit jedem Menschen gewährt. Mit der schon angesprochenen Funktion als Auffanggrundrecht für Nicht-EU-Ausländer bezüglich der Deutschengrundrechte gewährt Art. 2 Abs. 1 GG auch diesen Ausländern **lückenlosen Grundrechtsschutz**. Zugleich ist die allgemeine Handlungsfreiheit dem Wesen nach auf juristische Personen anwendbar (Art. 19 Abs. 3 GG), dies gerade im Bereich wirtschaftlicher Betätigung.[57]

***(Zwischen-)Lösung zu Beispielfall 31:***
*Der P ist in seinen Grundrechten verletzt, wenn der Schutzbereich eröffnet ist, in diesen Schutzbereich eingegriffen wurde und dieser Eingriff nicht gerechtfertigt ist.*

*In Betracht kommt nach dem Vortrag des P eine Verletzung von Art. 14 Abs. 1 GG und Art. 2 Abs. 1 GG.*

***I. Art. 14 Abs. 1 GG***

***1. Schutzbereich***

***a) Sachlicher Schutzbereich***

*Art. 14 Abs. 1 GG schützt das Eigentum. Eigentum ist ein normgeprägtes Grundrecht. Es wird das geschützt, was die Rechtsordnung zu einem bestimmten Zeitpunkt als Eigentum definiert. Dies ist – gleichsam als Leitbild des Eigentumsbegriffs – jedenfalls das bürgerlich-rechtliche Eigentum gem. §§ 903 ff. BGB.*

*Hier ist davon auszugehen, dass der P bürgerlich-rechtliches Eigentum am Porsche besitzt.*

*Im Wesentlichen geschützt ist aber die Substanz des Eigentums im Sinne einer Bestandsgarantie.*

*Nicht erfasst ist der Tauschwert des Eigentums, also die Wertgarantie. Damit fällt der – unterstellt – sinkende Wiederverkaufspreis nicht in den Schutz-*

49 BVerfG, NJW 1980, S. 2572, 2572.
50 BVerfGE 90, 145, 171.
51 BayVGH, BayVBl. 2003 S. 212, 213 f. – der „gepflegte Lagerfeld-Zopf“ bei Polizisten.
52 BVerfGE 128, 193, 206 f.
53 BVerfGE 12, 341 ff.
54 BVerfG, NZA 2007 S. 42, 45.
55 Zum Katalog denkbarer Schutzgüter des Art. 2 Abs. 1 GG vgl. *Lang* in BeckOK GG, Art. 2 GG Rn. 6.
56 BVerfGE 80, 137 ff.
57 Vgl. *Lang* in BeckOK GG, Art. 2 GG Rn. 19.

*bereich des Eigentums. Geschützt ist aber die Nutzung des Eigentumsobjekts. Gemeint ist damit allerdings die eigentumsbezogene Nutzung, also das Recht, mit der Sache nach Belieben zu verfahren, etwas durch Vermietung, Verkauf, Verschenken.*

*Der sachtypische Gebrauch ist bei beweglichen Sachen nicht über die Eigentumsgarantie erfasst, sondern über die Grundrechte, denen das jeweilige Verhalten zuzuordnen ist.*

***Bsp.:** Das Lesen einer gekauften Zeitung unterfällt Art. 5 Abs. 1 Satz 1 Alt. 2 GG (Informationsfreiheit).*

*Nur aber jedenfalls bez. des Bestandes seines Eigentums am Porsche unterfällt P dem Schutzbereich des Art. 14 GG.*

***a) Personaler Schutzbereich***

*Art. 14 Abs. 1 GG ist ein Jedermannsgrundrecht; damit besteht keine Einschränkung für P.*

***Zwischenergebnis:** Der Schutzbereich des Art. 14 Abs. 1 GG ist insoweit eröffnet.*

***2. Eingriff***

*Eingriff ist jede staatliche Maßnahme, die den Schutzbereich eines Grundrechts verkürzt, also dessen Ausübung erschwert oder unmöglich macht.*

*Hier aber liegt bezüglich des Eigentumsbestands keine Verkürzung der Rechtsposition des P vor. Ihm wird staatlicherseits das bürgerlich-rechtliche Eigentum an seinem Porsche nicht streitig gemacht.*

***Zwischenergebnis:** Mangels staatlichen Eingriffs scheidet eine Verletzung von Art. 14 Abs. 1 GG aus.*

***II. Art. 2 Abs. 1 GG***

*[Anm.: Art. 2 Abs. 1 GG ist nur zu prüfen, wenn kein spezielleres Grundrecht eingreift (Subsidiarität!).] Da hier Art. 14 Abs. 1 GG nur bezüglich des Eigentumsbestands, nicht aber bezüglich des Tauschwerts oder sachtypischen Nutzung des Eigentums („schnelles Fahren") eröffnet ist, ist Art. 2 Abs. 1 GG bezüglich der letzten beiden Aspekte zu prüfen.*

***1. Schutzbereich***

***a) Sachlicher Schutzbereich***

*Art. 2 Abs. 1 GG ist allgemeines Freiheitsrecht und ergreift damit jegliche menschliche Verhaltensweise, nicht nur solche besonders wertvoller Art. Damit ist grds. auch das (schnelle) Autofahren Gegenstand des Art. 2 Abs. 1 GG. Auch die Verwirklichung des Tauschwertes ist Gegenstand der Allgemeinen Handlungsfreiheit, insbesondere, da dies insoweit von Art. 14 Abs. 1 GG nicht erfasst ist.*

***b) Persönlicher Schutzbereich***

*Art. 2 Abs. 1 GG ist ein Jedermannsgrundrecht, auf das sich der P als natürliche Person berufen kann.*

***Zwischenergebnis:** Der Schutzbereich der allgemeinen Handlungsfreiheit ist eröffnet.*

### 4.2.3 Eingriff

***Beispielfall 32:***
*Die 16-jährige C ist eine Sonnenanbeterin. Da der Herbst im Ruhrgebiet wenig Raum für derartige Vergnügungen hergibt, beschließt sie, das Sonnenstudio des S aufzusuchen, um ihrem über den Sommer in die Anmutung eines Brathähnchens mutierten Teint nachzuhelfen. Empört stellt sie fest, dass sie der Sonnenstudiobesitzer S nicht auf den Grill lassen will („Dukummshiernitrein!" – der Klassiker!). Er beruft sich auf § 4 des Gesetzes zum Schutz vor nichtionisierender Strahlung bei der Anwendung am Menschen (NiSG), der es Sonnenstudiobesitzern verbietet, Minderjährige zu bedienen.*

*Liegt für C ein Eingriff in Art. 2 Abs. 1 GG vor?*

Die Weite des Schutzbereichs führt dazu, dass praktisch **jedes staatliche Verhalten** mit einer Verkürzung der allgemeinen Handlungsfreiheit einhergehen kann. Dies hat zu der Überlegung geführt, dass die Geltung des sog. „modernen Eingriffsbegriffs" für die allgemeine Handlungsfreiheit ausgeschlossen sein soll.[58] Mit dem Ausschluss mittelbar-faktischer Eingriffe in den Schutzbereich des Art. 2 Abs. 1 GG wäre die Zahl der denkbaren Eingriffstatbestände tatsächlich besser eingrenzbar. Allerdings ist für diese Einschränkung außer Praktikabilitätserwägungen wenig vorzubringen. Insbesondere lässt sich eine derartige systemfremde Einschränkung normativ quasi nicht begründen.

Sinnvoller erscheint es – wohlgemerkt unter Inkaufnahme von Unschärfen durch Wertungsgesichtspunkte –, die mittelbar-faktischen Eingriffe zuzulassen, gleichzeitig aber die Weite der denkbaren Eingriffe durch Ausscheiden reiner **Belästigungen**, die dann die Schwelle eines Eingriffs nicht erreichen, auszuschließen.[59]

***Lösung zum Beispielfall 32:***
*Ein klassischer Eingriff liegt bezüglich C nicht vor, da es der Staat nur den Sonnenstudiobesitzern rechtsförmig durch Gesetz verbietet, Minderjährige zu bedienen. Ein ausdrückliches gesetzliches Verbot ggü. Minderjährigen wird nicht ausgesprochen. Also könnte bezogen auf C allenfalls – aber immerhin – ein mittelbar faktischer Eingriff vorliegen. Dieser wäre gegeben, da der Staat durch befehlendes Einwirken auf den Sonnenstudiobesitzer (insoweit klassischer Eingriff in dessen Art. 12 Abs. 1 GG) mittelbar erreichen will, dass Minderjährige nicht auf die Sonnenbank kommen (Finalität im engeren Sinne[60]).*

*Nimmt man eine Beschränkung auf klassische Eingriffe an, läge damit – wenig überzeugend – im mittelbar-faktischen Einwirken auf C kein Eingriff in deren Handlungsfreiheit. Schließt man mittelbar-faktische Eingriffe ein, wäre allenfalls zu fragen, ob hier eine reine Bagatelle vorliegt. Allerdings dürfte dies bei dem*

58 Vgl. *Kingreen/Poscher*, Staatsrecht II, Rn. 455 f.
59 In diesem Sinne *Lang* in BeckOK GG, Art. 2 GG Rn. 23.
60 Zu den Anforderungen an den mittelbar-faktischen Eingriff insoweit oben Kap. 3.9.2.2.

*ernsthaften Bräunungswunsch der C, dem nicht entsprochen wird, nicht anzunehmen sein.*

Zugleich muss bei Einbeziehung der mittelbar-faktischen Eingriffe – wiederum wertend – das Erfordernis einer gewissen **Unmittelbarkeit** zwischen staatlichem Handeln und Grundrechtsverkürzung beachtet werden.

***(Zwischen-)Lösung zu Beispielfall 30:***

***2. Eingriff***

*Eingriff ist jede staatliche Maßnahme, die den Schutzbereich eines Grundrechts verkürzt, also dessen Ausübung erschwert oder unmöglich macht.*

***a) Tauschwert***

*Fraglich ist, ob bezüglich des – unterstellt – geringeren Tauschwerts, also bezüglich des möglicherweise geringeren Wiederverkaufswerts ein staatlicher Eingriff in Art. 2 Abs. 1 GG gegeben ist.*

*Hier könnte allenfalls ein mittelbar-faktischer Eingriff vorliegen, da insoweit ggü. P nicht rechtsförmig mit Befehl und Zwang vorgegangen wird. Gegen das Vorliegen eines solchen Eingriffs sprechen hier zwei Gesichtspunkte. Zum einen ist bereits fraglich, ob der Tauschwert gemindert wird. In nahezu allen Staaten der Welt herrschen generelle Tempolimits, ohne dass der Wert schneller Autos dadurch gemindert würde. Bspw. vertreibt Porsche große Teile seiner Produktion im Ausland. Zudem würde es – den geringeren Tauschwert unterstellt – an der notwendigen Unmittelbarkeit fehlen. Der Preis von PKW (auch Gebrauchtwagen) wird im Wesentlichen über den Markt bestimmt. Hier kommen so viele Faktoren zusammen, dass ein Tempolimit kaum nachweisbare und für den Staat nicht vorhersehbare Auswirkungen auf den Wiederverkaufswert von Gebrauchtwagen haben dürfte. Damit ist ein Eingriff insoweit im Ergebnis zu Eingriff zu verneinen (a. A. wohl vertretbar).*

***b) Schnellfahren***

*P darf aufgrund des entsprechenden Verbots in der StVO auf keinem öffentlichen Straßenteil mehr beliebig schnell fahren. Damit ist ein (klassischer) Eingriff in den Schutzbereich gegeben.*

***Zwischenergebnis:*** *Ein (klassischer) Eingriff ist hinsichtlich des Verbots, so schnell zu fahren wie P möchte, gegeben.*

### 4.2.4 Verfassungsrechtliche Rechtfertigung

Mit der Weite des Schutzbereich und der Weite der Eingriffsmöglichkeiten korrespondiert die Weite der **Einschränkungsmöglichkeiten**, die in Art. 2 Abs. 1 HS 2 GG angelegt ist.

### 4.2.4.1 Schranken

Art. 2 Abs. 1 HS 2 GG stellt die allgemeine Handlungsfreiheit unter den Vorbehalt der Verletzung von Rechten Anderer, des Verstoßes gegen die verfassungsmäßige Ordnung oder das Sittengesetz. In diesem Kontext wird von der sog. **„Schrankentrias"** gesprochen.

#### *4.2.4.1.1 Rechte Anderer*

Rechte Anderer umfassen nicht **Beeinträchtigungen** bloßer Interessen (die schöne Aussicht vom Balkon auf den Dom, der immer freie Parkplatz auf der Straße vor der eigenen Wohnung); gemeint sind vielmehr subjektive Rechte des Einzelnen,[61] also geschützte Rechtspositionen, auf die sich der Einzelne berufen kann.

#### *4.2.4.1.2 Verfassungsmäßige Ordnung*

Die verfassungsmäßige Ordnung erfasst alle formell und materiell verfassungsgemäßen **Rechtssätze** gleich welchen Ranges; erfasst sind Parlamentsgesetze, Verordnungen, Satzungen oder sonstiges Ortsrecht bis hin zu ordnungsbehördlichen Verordnungen.[62]

#### *4.2.4.1.3 Sittengesetz*

Das Sittengesetz umfasst nicht etwa (ggf. überkommene) **Moralvorstellungen** der Masse der Bevölkerung. So würde man sexuelle Beziehungen zu unbelebten Gegenständen („Paraphilie" oder „Objektophilie") sicherlich nicht als mit den Moralvorstellungen der überwiegenden Bevölkerung übereinstimmend empfinden. Gleichwohl verstoßen derartige Neigungen nicht gegen das Sittengesetz. Erfasst sind vielmehr die positiv-rechtlich normierten Bereiche von Treu und Glauben und der guten Sitten im Sinne einer in der Gesellschaft vorherrschenden Rechtsmoral, so wie bspw. in §§ 242, 138 BGB niedergelegt.

#### *4.2.4.1.4 Verhältnis der Schranken zueinander*

Die Ausprägungen der drei Schranken der Schrankentrias zeigen bereits, dass sowohl die Rechte Anderer als auch das Sittengesetz von der verfassungsmäßigen Ordnung erfasst werden, so dass die **verfassungsmäßige Ordnung** die einzig bedeutsame Schranke der Allgemeinen Handlungsfreiheit ist.[63]

### 4.2.4.2 Schranken-Schranken

Damit erweist sich allerdings der Grundsatz der **Verhältnismäßigkeit** als die eigentliche Schranken-Schranke der Allgemeinen Handlungsfreiheit. Selbstverständlich müssen Gesetze, die die Handlungsfreiheit einschränken, formell ordnungsgemäß zustande

61 *Kingreen/Poscher*, Staatsrecht II, Rn. 462.
62 BVerfG, NJW 1980 S. 2572, 2572.
63 So statt vieler auch *Lang* in BeckOK GG, Art. 2 GG Rn. 24.

gekommen sein. Sie müssen auch hinreichend bestimmt sein. Das Zitiergebot ist schon wegen des Wortlauts des Schrankenvorbehalts[64] nicht zu beachten. Dass der Wesensgehalt der Allgemeinen Handlungsfreiheit angetastet wird, ist nicht vorstellbar. Letztlich reduziert sich die Schranken-Schranken-Prüfung damit – „nur“, aber immerhin – zumeist auf die Frage, ob der Staat mit seiner Regelung bzw. Maßnahme der Allgemeinen Handlungsfreiheit des Betroffenen hinreichend Raum gelassen hat. Im Ergebnis sind die Schranken der Allgemeinen Handlungsfreiheit damit sehr weitgehend; jedoch muss sich jede einschränkende Regelung jedenfalls dem Prüfstand der Verhältnismäßigkeit stellen.

***Praxisbeispiel:***
*Der Erste Senat des Bundesverfassungsgerichts hat mit Beschluss vom 27.4.2022 (– 1 BvR 2649/21 – § 20a IfSG)[65] die Verfassungsbeschwerden gegen die einrichtungs- und unternehmensbezogene COVID-19-Nachweispflicht zurückgewiesen. Die Pflicht erfasste alle Personen, die in Gesundheits-, Pflege- und Betreuungseinrichtungen tätig sind; sie mussten seit dem 16.3.2022 einen Impf-, Genesenen- oder – bei medizinischer Kontraindikation – einen ärztlich bescheinigten Befreiungsnachweis vorlegen. Wurde kein Nachweis erbracht, musste die Einrichtungs- oder Unternehmensleitung das Gesundheitsamt informieren, das im nächsten Schritt ein Betretungs- oder Tätigkeitsverbot aussprechen konnte. Die Ablehnung einer Impfung wurde also nicht mit unmittelbarem Zwang, sondern über ein abgestuftes Ordnungsregime sanktioniert.*

*Das Gericht erkannte in dieser Nachweispflicht einen* ***zielgerichteten mittelbaren Eingriff*** *in die körperliche Unversehrtheit des betroffenen Personals, weil die faktische Alternative zur Impfung – Aufgabe der bisherigen Tätigkeit oder ein Arbeitsplatzwechsel – erheblichen Druck erzeugt. Daneben sieht es Eingriffe in die Berufsfreiheit (Art. 12 GG) und in die Allgemeine Handlungsfreiheit (Art. 2 Abs. 1 GG). Gleichwohl hält der Senat die Maßnahme für verfassungsgemäß, weil der Gesetzgeber mit ihr legitimerweise das Leben und die Gesundheit besonders vulnerabler Menschen schützt, die auf die Leistungen der Einrichtungen angewiesen sind und sich selbst nur eingeschränkt vor Infektionen bewahren können.*

*Bei der* ***Geeignetheitsprüfung*** *stützte sich das Gericht auf die zum Gesetzgebungszeitpunkt herrschende wissenschaftliche Einschätzung, wonach eine COVID-19-Impfung das Risiko von Infektion und Transmission deutlich senkte und geimpfte Personen kürzer infektiös waren. Alternative Mittel – etwa alleinige Test- oder Maskenkonzepte – bewertete der Senat als weniger wirksam, weil sie das Übertragungsrisiko zwar mindern, aber nicht in ähnlichem Umfang beherrschen.*

*In der* ***Angemessenheitsabwägung*** *stellt der Senat die sehr geringe Wahrscheinlichkeit schwerer Impfnebenwirkungen dem hohen Risiko schwerer oder tödlicher Krankheitsverläufe bei vulnerablen Gruppen gegenüber. Die staatliche Schutzpflicht aus Art. 2 Abs. 2 Satz 1 GG erhält besonderes Gewicht, weil diese*

64 Dazu oben Kap. 3.7.2.
65 BVerfG, Beschl. vom 27.4.2021 – 1 BvR 2649/21 –, openJur 2022, 10187.

*Personen den Kontakt zum ungeimpften Pflege- oder Behandlungspersonal nicht vermeiden können. Vor diesem Hintergrund seien die nach dem Gesetz vorgesehenen Folgen – insbesondere Betretungs- und Tätigkeitsverbote, nicht aber Zwangsimpfungen – zumutbar.*

*Hinzu kommt, dass § 20a IfSG hinreichend bestimmt ist: Er nennt klar die erfassten Einrichtungen, die Nachweisarten, die Übergangs- und Meldefristen sowie die Ausnahmen bei Kontraindikationen. Das gestufte Verfahren – Nachweis gegenüber der Leitung, Meldung an das Gesundheitsamt, behördliches Ermessen vor Erlass des Verbots – erlaubt eine einzelfallbezogene Härtefallprüfung. Damit respektiert der Gesetzgeber die Entscheidungsfreiheit der Beschäftigten, ohne den Schutzanspruch der Bewohner und Patientinnen zu vernachlässigen.*

**Merke:**
Für die Praxis bedeutet der Beschluss, dass Art. 2 Abs. 1 GG in Konstellationen mit hohem Drittgefährdungspotenzial zurücktreten kann, sofern der Eingriff gesetzlich klar konturiert, wissenschaftlich fundiert und verhältnismäßig ausgestaltet ist. Zugleich bekräftigte das Gericht, dass die Freiheit der Einzelnen nicht schrankenlos, sondern in eine Verantwortungsgemeinschaft eingebettet ist, in der der Staat auf lebenswichtige Bedürfnisse besonders Schutzbedürftiger Rücksicht nehmen muss.

***Lösung zum Beispielfall 31:***
*Das Führen eines privaten Kraftfahrzeugs ist alltägliches Verhalten und gehört zum Schutzbereich des Art. 2 Abs. 1 GG. Die präventive Sicherstellung ist ein Eingriff. Rechtsgrundlage ist § 43 PolG NRW, der Teil der verfassungsmäßigen Ordnung ist. Die Maßnahme dient dem Schutz von Leib, Leben und bedeutenden Sachwerten anderer Verkehrsteilnehmer, ist geeignet, da P das Gefahrenmittel verliert, und erforderlich, weil mildere Mittel wie Fahrverbote die konkrete Wiederholungsgefahr nicht zuverlässig bannen. Angesichts der hohen Unfall- und Nachahmungsgefahr ist sie auch angemessen. Art. 2 Abs. 1 GG ist daher nicht verletzt.*

***Lösung zu Beispielfall 30:***

***3. Verfassungsrechtliche Rechtfertigung des Eingriffs***

***a) Beschränkbarkeit des Grundrechts?***

*Art. 2 Abs. 1 2. HS. GG steht unter dem Vorbehalt der verfassungsmäßigen Ordnung, der Rechte Dritter und des Sittengesetzes, der sog. „Schrankentrias".*

***b) Existenz einer wirksamen Schranke?***

*Hier kommt vornehmlich eine Einschränkung durch die verfassungsmäßige Ordnung in Form der StVO-Änderung in Betracht. Dazu müsste die StVO in der Fassung der Änderungs-VO Teil der verfassungsmäßigen Ordnung sein.*

*Dazu müsste die StVO(-Änderung) auf einer wirksamen Ermächtigungsgrundlage beruhen, von der durch die richtigen Verordnungsermächtigten in verfassungsgemäßer Weise Gebrauch gemacht wurde.*

***aa) Beruht der Eingriff (Änderung der StVO) auf einer gesetzlichen Grundlage?***

*Hier liegt die Ermächtigung für den Erlass der StVO in § 6 StVG. Das StVG ist als wirksame Ermächtigungsgrundlage, die auch die Anforderungen des Art. 80 Abs. 1 GG bezüglich der Wiedergabe von Inhalt, Zweck und Ausmaß der Verordnungsermächtigung erfüllt. Das StVG (insb. § 6 Abs. 1 Nr. 3 StVG) ist damit wirksame Verordnungsermächtigung i. S. d. Art. 80 Abs. 1 GG.*

***bb) Formelle Rechtmäßigkeit der StVO-Änderung***

*Gehandelt hat der nach § 6 StVG ermächtigte Bundesminister für Verkehr, das weitere Verfahren (Zustimmung des Bundesrates, Ausfertigung, Verkündung usw.) ist als ordnungsgemäß zu unterstellen.*

***c) Materielle Rechtmäßigkeit***

*§ 3 StVO n. F. entspricht den in der Ermächtigungsgrundlage (§ 6 Abs. 1 Nr. 3 StVG) genannten Zwecken. Fraglich ist, ob sie die Schranken-Schranken einhält. Die Norm ist hinreichend bestimmt. Fraglich ist aber vornehmlich, ob sie dem Grundsatz der Verhältnismäßigkeit entspricht.*

***aa) Verfassungsrechtlich legitimer Zweck***

*[**Anm.:** Der Sachverhalt nennt nicht die Zwecke, die der Verordnungsgeber/ Gesetzgeber mit der betreffenden Regelung verfolgt. Dann müssen die naheliegenden Zwecke selbst erarbeitet werden, was aber in diesem Fall keine sonderlichen Probleme bereiten sollte]*

*Zweck der Regelung ist zum einen Schutz von Leib und Lebens anderer Verkehrsteilnehmer und bedeutender Sachwerte sowie der Umweltschutz. Leib, Leben und Eigentum Dritter sind grundrechtlich geschützt; der Umweltschutz genießt nach Art. 20a GG Verfassungsrang. Damit verfolgt die Neuregelung insgesamt verfassungsrechtlich legitime Zwecke.*

***bb) Geeignetheit***

*Die Frage nach der Geeignetheit der Regelung ist die nach der Zweckförderlichkeit im weitesten Sinne. Geeignetheit in diesem Sinne dürfte hier anzunehmen sein. Es entspricht der Lebenswahrscheinlichkeit, dass geringere Geschwindigkeiten die Folgen von Unfällen reduzieren. Zugleich kann davon ausgegangen werden, dass mit einer geringeren Geschwindigkeit auch ein geringerer $CO_2$-Ausstoß einhergeht.*

***cc) Erforderlichkeit***

*Zu fragen ist, ob ein milderes Mittel gleicher Eignung zur Zweckerreichung existiert.*

*In Betracht käme zur Reduzierung von Unfallfolgen auch ein Ausbau von Straßen und Autobahnen, um so die Verkehrssicherheit zu erhöhen. Dieses Mittel wäre aber zum einen infolge des Diktats leerer Kassen nicht milder, da ein entsprechender Ausbau kaum finanzierbar wäre. Bei Umschichtung von Mitteln zum Straßenbau müssten andere relevante Gemeinwohlbelange*

*zurückstehen. Zum anderen wäre mit dem Ausbau der Straßen dem Umweltschutz nicht wesentlich geholfen, so dass die Maßnahme bezogen auf diesen verfolgten Zweck nicht gleichermaßen geeignet wäre.*
*Für den Umweltschutz könnte die staatliche Förderung verbrauchsarmer Fahrzeuge ein milderes Mittel sein. Dies würde aber bei Beibehaltung der hohen Geschwindigkeiten auf Seiten des Unfallschutzes nichts beitragen.*
*Zentrales Problem ist die Frage, wieso das Tempolimit im Zeichen der Erforderlichkeit bei 120 km/h und nicht etwa bei 130 km/h oder 110 km/h angesetzt wird. Wenn die Annahme stimmt, dass schnelles Fahren die oben genannten Effekte hat, wäre eine Prognoseentscheidung, dass bei 120 km/h diese Effekte verringert werden, grds. wissenschaftlich abzusichern. Allerdings ist die Festsetzung des Tempolimits bei 120 km/h – gerade auch im internationalen Vergleich (Belgien 120 km/h, Frankreich 130 km/h) – vom Prognosespielraum des Verordnungsgebers, der insoweit zu achten ist, gedeckt.*
***[Anm.:** Das Problem, die Erforderlichkeit festzustellen, stellt sich bei allen festen Grenzen, die staatlicherseits gezogen werden. Die Frage ist im Wesentlichen, ob die Maßnahme des Staates „in range" ist. Dabei ist der „Blick über den Tellerrand", also auf vergleichbare Regelungen bspw. in Nachbarstaaten, legitim, und kann hilfreich sein.]*

***dd) Angemessenheit***
*Es stehen sich gegenüber das Interesse des P am schnellen Fahren und das Interesse der Allgemeinheit an sauberer Umwelt und Verkehrssicherheit. Hier ist bereits eine deutliche Unwucht zulasten des Interesses des P festzustellen, da der Staat hier den Schutz höchstwertiger Rechtsgüter bezweckt. Zudem fällt das Tempolimit von 120 km/h noch relativ moderat aus. Außerdem besteht für P die Möglichkeit, auszuweichen. Auf privaten Rennstrecken besteht nach wie vor die Möglichkeit, das eigene Fahrzeug nach Herzenslust auszufahren. Der Staat zieht sich hier einerseits aus dem Rechtsgüterschutz zwischen den Nutzern dieser Strecken ein Stück weit heraus und macht andererseits insoweit schon Zugeständnisse, was den Schutz der Umwelt angeht.*
***Zwischenergebnis:** Zwar liegt in der Änderung der StVO bezogen auf das Recht des P, so schnell zu fahren wie er möchte, ein Eingriff in das Grundrecht aus Art. 2 Abs. 1 GG, dieser erscheint aber gerechtfertigt.*
***Endergebnis:** P wird durch die Änderung der StVO nicht in Grundrechten verletzt.*

### 4.2.5 Aufbauhinweis

Wenn Art. 2 Abs. 1 GG gegenüber anderen Grundrechten **subsidiär** ist, stellt sich die Frage, ob und ggf. wann Art. 2 Abs. 1 GG in der Klausur überhaupt Erwähnung finden muss, wenn der Schutzbereich anderer speziellerer Freiheitsrechte eröffnet ist. Hier ist folgende (vorsichtige) Empfehlung zu geben:

- Wenn der Grundrechtsbetroffene sich nicht auf bestimmte Grundrechte beruft, und sämtliche (!) Verhaltensweisen unter Spezialgrundrechte zu fassen sind, ist es nicht dringend notwendig, den stereotypen Hinweis zu geben, dass Art. 2 Abs. 1 GG im Wege der Subsidiarität hinter die speziellen Grundrechte zurücktritt.
- Rügt der Grundrechtsbetroffene ausdrücklich auch die Verletzung von Art. 2 Abs. 1 GG, sollte das Zurücktreten des Art. 2 Abs. 1 GG hinter die Spezialgrundrechte kurz erwähnt werden.
- Dabei ist aber stets darauf zu achten, ob nicht doch irgendein menschliches Verhalten eben nicht unter Spezialgrundrechte fällt und damit für die Anwendung der Allgemeinen Handlungsfreiheit übrigbleibt

## 4.3 Art. 2 Abs. 1 i. V. m. Art. 1 Abs. 1 GG – Allgemeines Persönlichkeitsrecht

Das Allgemeine Persönlichkeitsrecht ist ein sog. **„unbenanntes Freiheitsrecht"**, das also keinen besonderen Freiheitsbereich schützt, wie es die „benannten" Freiheitsrechte mit ihren speziellen Gewährleistungen (Glaube, Meinung, Versammlung usw.) tun. *„Seine Aufgabe ist es, im Sinne des obersten Konstitutionsprinzips der ‚Würde des Menschen' (Art. 1 Abs. 1 GG) die engere persönliche Lebenssphäre und die Erhaltung ihrer Grundbedingungen zu gewährleisten, die sich durch die traditionellen konkreten Freiheitsgarantien nicht abschließend erfassen lassen. Wegen der Eigenart des allgemeinen Persönlichkeitsrechts hat die Rechtsprechung des Bundesverfassungsgerichts den Inhalt des geschützten Rechts nicht abschließend umschrieben, sondern seine Ausprägungen jeweils anhand des zu entscheidenden Falles herausgearbeitet."*[66]

In der Folge dieser Feststellung steht zugleich fest, dass der Schutzbereich des Allgemeinen Persönlichkeitsrechts nach dem Stand der Rechtsprechung nicht abschließend beschrieben sein dürfte, dass vielmehr auch zukünftig neue Facetten des Allgemeinen Persönlichkeitsrechts „gefunden" werden.

### 4.3.1 Allgemeines

Die Herleitung des Allgemeinen Persönlichkeitsrechts nimmt das Bundesverfassungsgericht anhand des Art. 2 Abs. 1 GG vor, verstärkt durch Art. 1 Abs. 1 GG. Durch die Heranziehung von Art. 1 Abs. 1 GG wird die Gewährleistung des Art. 2 Abs. 1 GG, frei vom Staat **handeln** zu dürfen, um die Komponente ergänzt, frei vom Staat **sein** zu dürfen. Geschützt ist damit das **passive Element** der Entfaltung der **Persönlichkeit**, während die Allgemeine Handlungsfreiheit das aktive Element der Persönlichkeitsentfaltung

66 So BVerfGE 54, 148, 153 f.

schützt.[67] Das Allgemeine Persönlichkeitsrecht hebt sich damit vom Schutzbereich der Allgemeinen Handlungsfreiheit ab und dient dem Schutz der menschlichen Persönlichkeit.

Das Bundesverfassungsgericht begründet das damit, dass „dem Einzelnen um der freien und selbstverantwortlichen Entfaltung seiner Persönlichkeit willen ein ‚Innenraum‘ verbleiben muss, in dem er ‚sich selbst besitzt‘ und ‚in den er sich zurückziehen kann, zu dem die Umwelt keinen Zutritt hat, in dem man in Ruhe gelassen wird und ein Recht auf Einsamkeit genießt‘."[68]

Soweit das Allgemeine Persönlichkeitsrecht eingreift, geht es der Allgemeinen Handlungsfreiheit vor, steht aber hinter spezielleren Grundrechten zurück.

Das Allgemeine Persönlichkeitsrecht ist inzwischen untrennbar mit unionsrechtlichen Vorgaben verknüpft. Seit dem 17.2.2024 gilt die Digital-Services-Verordnung (Verordnung (EU) 2022/2065, DSA[69]) vollständig. Sie verpflichtet Online-Plattformen, bei allen Moderations- und Empfehlungssystemen eine Grundrechts-Folgenabschätzung vorzunehmen und Nutzer über algorithmische Risiken aufzuklären. Ergänzend trat am 1.8.2024 die KI-Verordnung (Verordnung (EU) 2024/1689, AI Act[70]) in Kraft. Das Regelwerk verbietet unter anderem die Echtzeit-Gesichtserkennung im öffentlichen Raum und verlangt bei allen hochriskanten KI-Systemen eine gesonderte Prüfung möglicher Eingriffe in das allgemeine Persönlichkeitsrecht. Damit konkretisieren beide Verordnungen das vom Bundesverfassungsgericht entwickelte „Frei-vom-Staat-sein-dürfen" für den digitalen Raum und liefern unionsrechtliche Schranken, die von Gesetzgeber und Verwaltung künftig zwingend zu beachten sind.

*„Organwachstum" des allgemeinen Persönlichkeitsrechts seit den fünfziger Jahren*

| Jahr | Ausprägung | Leitentscheidung | Schutzrichtung und Kernaussagen |
|---|---|---|---|
| 1957 | Allgemeine Handlungsfreiheit als methodische Grundlage | BVerfGE 6, 32 – Elfes | Art. 2 Abs. 1 GG schafft einen offenen Freiraum persönlicher Lebensgestaltung und bildet das Fundament für spätere Konkretisierungen des APR. |
| 1971 | Postmortaler Persönlichkeitsschutz | BVerfGE 30, 173 – Mephisto | Die Kunstfreiheit findet ihre Grenze in der Menschenwürde Verstorbener; das Gericht betont erstmals ausdrücklich die Fortwirkung des APR über den Tod |
| 1973 | Geldentschädigung bei schwerer Persönlichkeitsverletzung | BVerfGE 34, 269 – Soraya | Das APR wird als zivilrechtlich durchsetzbares Rechtsgut etabliert; immaterielle Schäden können durch Geld kompensiert werden. |
| 1983 | Recht auf informationelle Selbstbestimmung | BVerfGE 65, 1 – Volkszählungsurteil | Kein „belangloses Datum" – umfassendes Verfügungsrecht über eigene Daten; Datenerhebung und -vernetzung bedürfen strenger gesetzlicher Grundlage. |

67 In diesem Sinne BVerfGE 54, 148, 153.

68 BVerfGE 27, 1, 6

69 DSA: Art. 7 ff. Verordnung (EU) 2022/2065; vollständige Anwendung ab 17.2.2024.

70 AI Act: Art. 113 ff. Verordnung (EU) 2024/1689; Inkrafttreten am 1.8.2024.

| Jahr | Ausprägung | Leitentscheidung | Schutzrichtung und Kernaussagen |
|---|---|---|---|
| 1989 | Absoluter Kernbereich – Tagebuchschutz | BVerfGE 80, 367 – Tagebuch | Private Aufzeichnungen gehören zum unantastbaren Innenraum; ihre zwangsweise Verwertung verletzt den unverletzlichen Kern der Intimsphäre. |
| 1999 | Privat- und Kinderschutz im Bildnisrecht | BVerfGE 101, 361 – Caroline von Monaco II | Präzisiert die Sphärentheorie: Kinder prominenter Personen genießen gesteigerten Schutz; heimliche Alltagsfotos überschreiten die zumutbare Sozialsphäre. |
| 2008 | Vertraulichkeit & Integrität IT-Systeme („Computergrundrecht") | BVerfGE 120, 274 | Online-Durchsuchungen nur bei im Einzelfall drohender Gefahr für überragende Rechtsgüter; Richtervorbehalt und Kerntilgungsgebot für intime Daten. |
| 2019 | Recht auf Vergessen I & II | BVerfG, Beschl. vom 6.11.2019 – 1 BvR 16/13 –, – 1 BvR 276/17 – | APR wird europaoffen ausgestaltet; Löschansprüche sind im Lichte der DSGVO und der EU-Grundrechtecharta zu prüfen |
| 2023 | Grenzen der automatisierten Datenanalyse | BVerfG, Entsch. vom 16.2.2023 – 1 BvR 1547/19 –, – 1 BvR 2634/20 – („Hessendata") | Predictive-Policing-Gesetze ohne klare, gefahrenbezogene Schwellen sind unverhältnismäßig; maschinelle Verknüpfung von Massendaten greift tief in das informationelle Selbstbestimmungsrecht ein. |

## 4.3.2 Schutzbereich

### 4.3.2.1 Sachlicher Schutzbereich

#### *4.3.2.1.1 Allgemein*

Der sachliche Schutzbereich ist vielgestaltig und kann im Zweifel nicht abschließend bestimmt werden. Denn es ist nicht auszuschließen, dass sich aus technischen und sozialen Entwicklungen neue Gefährdungen ergeben, die einen ergänzenden Schutz des allgemeinen Persönlichkeitsrechts erfordern.

Anerkannt sind nach der Rechtsprechung des Bundesverfassungsgerichts verschiedene Facetten des allgemeinen Persönlichkeitsrechts, die sich unter das Recht auf **Selbstbewahrung**, das Recht auf **Selbstdarstellung** und das Recht auf **Selbstentfaltung** fassen lassen.

Die fortschreitende Verbreitung generativer KI und sog. „Deepfakes" erfordert eine neue Facette des Rechts auf Selbstbewahrung: das Recht auf Authentizität der eigenen visuellen und auditiven Darstellung. Der Gesetzgeber hat auf diese Entwicklung reagiert und berät derzeit die Einführung eines neuen § 201b StGB (Verletzung von Persönlichkeitsrechten durch „digitale Fälschung"), der die strafrechtliche Erfassung täuschender digitaler Personenfälschungen bezweckt.[71] Parallel ordnet der AI Act Deep-

71 BR-Drs. 222/24 (Beschluss); BT-Drs. 21/1383, Entwurf eines Gesetzes zur Verbesserung des strafrechtlichen Schutzes gegen digitale Fälschungen, S. 1 ff.

fake-Technologien zumindest der Kategorie „limited risk“ zu und verlangt eine klare Kennzeichnung.[72] Die Leitsätze des Bundesverfassungsgerichts zum unantastbaren Kern der Intimsphäre erstrecken sich damit auf manipulierte Medieninhalte, wenn sie geeignet sind, Persönlichkeit, Ruf oder sexuelle Selbstbestimmung zu beeinträchtigen.

###### *4.3.2.1.1.1 Recht auf Selbstbewahrung*

Geschützt ist das Recht auf **Selbstbewahrung**, also insbesondere in der Privatsphäre, der Geheim- und der Intimsphäre unangetastet zu bleiben.[73] Hierzu zählt auch das Recht, sich nicht selbst bezichtigen zu müssen, ebenso die Vertraulichkeit des Tagebuchs[74] und das Vertrauen auf das Unterbleiben von verdeckten Abhörmaßnahmen im Auto (was zu deren Unverwertbarkeit führen kann).[75]

Ausdrucksformen der eigenen **Sexualität** gehören grundsätzlich in den absolut geschützten Kernbereich des allgemeinen Persönlichkeitsrechts.[76] Dies gilt jedenfalls dann, wenn der Betroffene diese Informationen geheimhalten will.[77] Zu trennen ist aber die Beschränkung der Ausforschung oder Kundgabe durch Dritte von der – nicht unbeschränkten – Freiheit der sexuellen Selbstentfaltung, etwa in Fällen von Inzest und Sodomie.[78]

Abzugrenzen ist die Privat- oder Intimsphäre von einem Bereich abgestufter Schutzbedürftigkeit, der mit dem Auftreten in der Öffentlichkeit schließlich in der **Sozialsphäre** mündet, die deutlich weniger Schutz genießt.

**Merke:**
Früher hat das Bundesverfassungsgericht in deutlicher abgrenzbaren Kreisen (Intimsphäre – absolut unantastbar, Privatsphäre – nur unter strenger Abwägung antastbar, es sei denn, es wird bspw. durch „Homestories“ Zugang gewährt, Sozialsphäre – geringer Schutz) gedacht. Neuerdings ist die Rechtsprechung eher durch den nach wie vor unantastbaren Schutz der Intimsphäre, darüber hinaus aber einen fließenden Übergang abnehmender Schutzintensität über die Privat- in die Sozialsphäre geprägt.

Die letzte Ausprägung des Rechts auf Selbstbewahrung, die das Bundesverfassungsgericht entwickelt hat, ist das Recht auf Vertraulichkeit und Integrität informationstech-

72 Kennzeichnungspflicht für Deepfakes, Art. 52 AI Act.
73 BVerfGE 54, 148, 153 ff.
74 BVerfGE 80, 367, 373.
75 BGH, NJW 2012 S. 945 ff.
76 BVerfGE 119, 1, 29 f.
77 Vgl. insoweit BGH, NJW 2012 S., 767, 769 f., zum Fall der Berichterstattung über einen Pornodarsteller, der sich – erfolglos – gegen eine Berichterstattung über ihn und seine neue Freundin unter Bezugnahme auf seine aktuellen Pornofilme mit Sexualverkehr „ohne Kondom“ wehren wollte.
78 Dazu sogleich unten Kap. 4.4.2.1.3.

nischer Systeme, das sog. **„Computergrundrecht"**, das vor staatlicher Ausspähung im Wege von Online-Überwachungen („Bundestrojaner") schützt.[79]

#### *4.3.2.1.1.2 Recht auf Selbstdarstellung*

Gegenstand des Rechts auf **Selbstdarstellung** ist u. a. das Recht der persönlichen Ehre,[80] das Recht am eigenen Namen, hier bezüglich des Rechts auf Mehrfachnamen,[81] das Recht am eigenen geschriebenen und gesprochenen Wort[82] und das Recht am eigenen Bild.[83]

Das Recht am eigenen Bild bietet immer wieder Konfliktpotential, wenn es um die Ablichtung von in der Öffentlichkeit stehenden Persönlichkeiten geht. Dies können sein: bekannte Politiker, Wirtschaftslenker, berühmte Schauspieler, legendäre Sportler und Angehörige von Königshäusern oder Adelsgeschlechtern. Grundlage für ein eventuelles Recht bspw. der Presse oder des Rundfunks auf Abbildungen ohne Einwilligung der Betroffenen ist § 23 Kunsturhebergesetz (KunstUrhG), der da lautet:

> ***„§ 23 KunstUrhG***
> *(1) Ohne die nach § 22 erforderliche Einwilligung dürfen verbreitet und zur Schau gestellt werden:*
> *1. Bildnisse aus dem Bereich der Zeitgeschichte;*
> *2. Bilder, auf denen die Personen nur als Beiwerk neben einer Landschaft oder sonstigen Örtlichkeit erscheinen;*
> *3. Bilder von Versammlungen, Aufzügen und ähnlichen Vorgängen, an denen die dargestellten Personen teilgenommen haben;*
> *4. Bildnisse, die nicht auf Bestellung angefertigt sind, sofern die Verbreitung oder Schaustellung einem höheren Interesse der Kunst dient.*
> *(2) Die Befugnis erstreckt sich jedoch nicht auf eine Verbreitung und Schaustellung, durch die ein berechtigtes Interesse des Abgebildeten oder, falls dieser verstorben ist, seiner Angehörigen verletzt wird."*

Nach früherer Rechtsprechung, etwa des Bundesgerichtshofs, bestand bei sog. **„absoluten Personen der Zeitgeschichte"** stets ein Informationsinteresse. Absolute Personen der Zeitgeschichte waren solche, die *„Zeitgeschichte machen und die über ihren Tod hinaus ständige Personen der Zeitgeschichte bleiben, also alle, die durch Geburt, Stellung, Leistungen, Taten oder Untaten im Bereich der Zeitgeschichte unter den Mitmenschen außergewöhnlich hervorragen und die deshalb im Blickfeld der Öffentlichkeit stehen"*.[84] Bei derartigen Personen war eine Verbreitung von Bildern auch ohne Einwilligung grundsätzlich zulässig, wenn nicht im Einzelfall schützenswerte Interessen dagegen sprachen. Relative Personen der Zeitgeschichte waren dagegen solche, die – ggf.

79 BVerfGE 120, 274, 302 ff.
80 BVerfGE 54, 208, 217.
81 BVerfGE 123, 90 ff.; im Ergebnis billigt das Bundesverfassungsgericht die Einschränkung von Mehrfachnamen.
82 BVerfGE 54, 148, 155.
83 BVerfGE 35, 202, 220; BVerfGE 101, 361, 380 – Caroline von Monaco.
84 So *Specht* in Dreier/Schulze, Urheberrechtsgesetz, 5. Aufl. 2015, § 23 KunstUrhG Rn. 5.

auch unfreiwillig – aufgrund eines konkreten Anlasses gleichsam vorübergehend in den Fokus der Öffentlichkeit geraten waren. Bei diesen Personen („Filmsternchen“, Opfer von Unglückfällen u. Ä.) war die Vermutung für das überwiegende Informationsinteresse nur für einen beschränkten Zeitraum und in beschränktem Umfang zu bejahen, bezogen auf das Ereignis, das die Eigenschaft als relative Person der Zeitgeschichte ausmachte.[85]

Aufgrund einer Entscheidung des Europäischen Gerichtshofs für Menschenrechte[86] hat die Rechtsprechung insoweit einen Wandel erfahren, als – auch bei früheren absoluten Personen der Zeitgeschichte – nunmehr keine Vermutung mehr für ein überwiegendes Informationsinteresse besteht; vielmehr ist stets eine **Einzelfallabwägung** vorzunehmen. Abgestellt wird nunmehr nicht mehr auf die Person und ihre Bekanntheit, sondern vielmehr auf das **einzelne Ereignis** und dessen Relation zur Zeitgeschichte. Wenn ein überwiegendes Informationsinteresse an dem betreffenden Ereignis vorliegt, ist der Schutz am eigenen Bild im Sinne des § 23 Abs. 1 Nr. 1 KunstUrhG eingeschränkt. Damit ist die Unterscheidung zwischen absoluten und relativen Personen der Zeitschichte mittlerweile verzichtbar. Ereignisse der Zeitgeschichte sind dabei alle Geschehnisse mit gesellschaftlicher Relevanz. Gefragt wird insbesondere nach dem Beitrag der Berichterstattung zur öffentlichen Meinungsbildung, was gleichzeitig dazu führt, dass der Begriff des Ereignisses der Zeitgeschichte recht breit gefasst wird. Abzuwägen ist in jedem Einzelfall zwischen dem Grad des Informationsinteresses und dem konkreten Schutzinteresse des Betroffenen.[87]

Ausdruck des Rechts am eigenen Bild kann es auch sein, wenn Polizisten **Anordnungen zur Löschung** von Bildern erteilen, die anlässlich polizeilicher Einsätze von ihnen gemacht wurden. Allerdings müssen konkrete Anhaltspunkte bestehen, dass die betreffenden Fotos zur Verbreitung vorgesehen sind; hierfür reicht nach der Rechtsprechung nicht aus, dass derartige Aufnahmen von Polizisten generell häufig im Internet verbreitet werden.[88]

Das Allgemeine Persönlichkeitsrecht ist damit zugleich häufiger Anwendungsfall der sog. **„mittelbaren Drittwirkung“** von Grundrechten, klassisch im Kontakt von Presseberichterstattung und dem Objekt dieser Berichterstattung. Hier wird auf der einen (Presse-)Seite ein berechtigtes Interesse an der Berichterstattung geltend gemacht, während sich die andere Seite unter Berufung auf das allgemeine Persönlichkeitsrecht gegen diese Berichterstattung zur Wehr setzen möchte. Gewährt wird jedenfalls der **Schutz vor verfälschender und entstellender Darstellung**,[89] ggf. mit dem Recht auf Gegendarstellung. Geschützt ist auch das Recht am eigenen Bild und Wort, insbesondere dann, wenn Prominente in jeder Situation damit rechnen müssen, durch verdeckte Aufnahme-

85 *Specht* in Dreier/Schulze, Urheberrechtsgesetz, 5. Aufl. 2015, § 23 KunstUrhG Rn. 6, 8.
86 EGMR, NJW 2004 S., 2647 ff. – Caroline von Monaco.
87 BGH, GRUR 2007 S. 527, 529.
88 VG Meiningen, NVwZ-RR 2012 S. 551, 552 mit Hinweisen zu Situationen, in denen die Löschungsanweisung gerechtfertigt sein kann.
89 BVerfGE 99, 185, 194. Vgl. insoweit auch BGH, NJW 2012 S. 767, 769 f.

geräte aufgenommen und später ohne eigene Einflussnahmemöglichkeit abgebildet zu werden.[90]

***Beispielfall 33:***
*Prinzessin C von M sieht in der Zeitschrift „Einfarbige" folgende Überschrift: „Prinzessin C von M verzweifelt: Schlägt er auch ihre Kinder?" Illustriert wird das Ganze von einem Foto, das C mit ihren Kindern A und B, beide weinend, im Arm zeigt. Sie erinnert sich genau, dass das Foto anlässlich eines Pressetermins entstanden ist, zu dem ein tölpelhafter Hofschranze der Familie mal so nebenbei das Ableben des Lieblingslabradors der fürstlichen Familie, L von Wuff, kündete.*

*Hintergrund des Berichtes in der „Einfarbigen" ist, dass der Ehemann der Prinzessin, E A von H, kürzlich wegen brutalen Eindreschens auf einen Gastwirt in Marbella verurteilt worden war.*

*C verlangt vor dem Zivilgericht mit Blick auf das Allgemeine Persönlichkeitsrecht (Art. 2 Abs. 1 GG i. V. m. 1 Abs. 1 GG) Unterlassung; die „Einfarbige" und ihr Reporter berufen sich auf die Presse- und Meinungsäußerungsfreiheit (Art. 5 Abs. 1 GG).*

*Kann C sich erfolgreich auf ihre Grundrechte und die ihrer Kinder berufen?*

Ausdruck des Rechts am eigenen Bild kann es auch sein, wenn Polizisten **Anordnungen zur Löschung** von Bildern erteilen, die anlässlich polizeilicher Einsätze von ihnen gemacht wurden. Allerdings müssen konkrete Anhaltspunkte bestehen, dass die betreffenden Fotos zur Verbreitung vorgesehen sind; hierfür reicht nach der Rechtsprechung nicht aus, dass derartige Aufnahmen von Polizisten generell häufig im Internet verbreitet werden.[91]

Das **Recht am eigenen Wort** schützt u. a. davor, dass einem durch Dritte Worte in den Mund gelegt werden und man entstellend oder verfälschend zitiert wird. Es bewahrt davor, dass jemandem Äußerungen zugeschrieben werden, die er nicht getan hat und die seine Privatsphäre oder den von ihm selbst definierten sozialen Geltungsanspruch beeinträchtigen. Der grundrechtliche Schutz wirkt dabei nicht nur gegenüber Fehlzitaten, sondern auch gegenüber unrichtigen, verfälschten oder entstellten Wiedergaben einer Äußerung. Gleichwohl hat der Bundesgerichthof eine Presseberichterstattung gebilligt, die eine Interpretation einer Äußerung darstellte, aber als wörtliche Äußerung gekennzeichnet war; der Bundesgerichtshof begründete seine Entscheidung damit, dass die tatsächliche Äußerung nicht mehrdeutig gewesen sei und die Interpretation die einzig zutreffende Deutung widergegeben habe.[92]

Zum Recht auf Selbstdarstellung gehört auch ein Recht auf **individuelle Gestaltung seines Äußeren** bspw. durch Wahl der Kleidung, so im Falle des Wunschs eines Strafgefangenen, nicht in Anstaltskleidung vor Gericht vorgeführt zu werden.[93]

90 BVerfGE 101, 361, 381 – Caroline von Monaco.

91 VG Meiningen, NVwZ-RR 2012 S. 551, 552 mit Hinweisen zu Situationen, in denen die Löschungsanweisung gerechtfertigt sein kann.

92 BGH, NJW 2011 S. 3516, 3516 f.

93 BVerfG, NJW 2000 S. 1399, 1399.

**Keinen Anspruch** gewährt das allgemeine Persönlichkeitsrecht dahingehend, öffentlich nur so dargestellt zu werden wie es dem eigenen Selbstbild entspricht oder es einem **selbst genehm** ist. So ist insbesondere dann, wenn zuvor Aspekte der Sexualität öffentlich kundgetan werden, eine Berufung auf die Intimsphäre ausgeschlossen; der Wunsch, die betreffenden Informationen nicht nach außen dringen zu lassen, genießt dann ggf. nur noch einen abgeschwächten Schutz, nach früherer Diktion der Rechtsprechung den der Privat- oder nur der Sozialsphäre.[94]

#### *4.3.2.1.1.3 Recht auf Selbstentfaltung*

Das Recht auf **Selbstentfaltung** umfasst bspw. das Recht auf schuldangemessene Strafe;[95] so ist bei der Festsetzung der Strafe das gerechte Verhältnis zwischen Tatschwere und Verschulden des Täters unter Berücksichtigung der besonderen Umstände des einzelnen Falls zu beachten. Der Schuldgrundsatz in seiner die Strafe begrenzenden Auswirkungen ist damit zugleich Ausdruck des Verhältnismäßigkeitsgrundsatzes. Erfasst ist auch das Recht auf Resozialisierung.[96]

Das Bundesverfassungsgericht hat als Teil des Rechts auf Selbstentfaltung ebenso das Recht des Minderjährigen anerkannt, in die Volljährigkeit ohne Schulden übergehen zu dürfen.[97] Zugleich besteht auch ein Recht auf **sexuelle Selbstentfaltung** und **Selbstbestimmung**, bspw. in Form des Rechts auf Fortpflanzung. Problematisch sind die Fälle des nach StGB strafbaren Inzests (§ 173 Abs. 2 StGB), der – anders als dies für den Bereich der sexuellen Selbstentfaltung regelmäßig gilt – nicht in die unantastbare Intimsphäre zu rechnen ist, sondern aufgrund seiner Wirkungen über das Intimleben hinaus auch Belange Dritter und der Gemeinschaft berührt.[98] Gebilligt wurde jüngst auch das Verbot der Sodomie nach §§ 3 Nr. 13, 18 Abs. 1 Nr. 4, Abs. 4 TierschG.[99]

**Leistungsrechtliche Komponenten** weist das allgemeine Persönlichkeitsrecht bspw. auf bezüglich des Rechts auf Kenntnis von der eigenen Abstammung, da diese auch im Bewusstsein des Einzelnen eine Schlüsselstellung für Individualitätsfindung und Selbstverständnis einnehme.[100]

Erfasst ist auch die negative Gewährleistung des Selbstbestimmungsrechts, also das Recht, sich mit bestimmten Fragen nicht auseinandersetzen zu müssen. Relevant wird die bspw. bei der sog. **„Widerspruchslösung“** bez. Organspenden. Wenn jeder Mensch im Todesfall automatisch als Organspender angesehen wird, sofern er nicht zu Lebzeiten aktiv widerspricht, ist er gezwungen, sich mit der Frage der Spendenbereitschaft aktiv

94 Vgl. insoweit wiederum BGH, NJW 2012 S. 767, 769 f.
95 BVerfGE 95, 96, 140 – Mauerschützen.
96 BVerfGE 35, 202, 235 ff. – Lebach.
97 BVerfGE 72, 155, 170.
98 BVerfGE 120, 224, 238 ff.
99 BVerfG, NJW 2016 S. 1229, 1229 f.
100 BVerfGE 79, 256, 268 ff.

auseinanderzusetzen. Damit ist gut vertretbar, dass durch die auferlegte Erklärungslast in sein **negatives Selbstbestimmungsrecht** eingegriffen wird.[101]

#### 4.3.2.1.2 *Insbesondere: Recht auf informationelle Selbstbestimmung*

Teil des Rechts auf **Selbstbewahrung** ist das Recht auf **informationelle Selbstbestimmung**, also ein Verfügungsrecht über die eigenen Daten. „Gefunden“ wurde dieses Recht im Volkszählungsurteil.[102] Das Urteil ist getragen von der Erkenntnis, dass der Staat mit den Möglichkeiten moderner Datenverarbeitung aus verstreuten, für sich unbedenklichen Einzeldaten umfassende Persönlichkeitsstrukturen abbilden kann. Aufgrund der Möglichkeit, Daten zusammenzuführen, gibt es zur Überzeugung des Bundesverfassungsgerichts keine belanglosen Daten mehr.[103] Aus dem Recht auf informationelle Selbstbestimmung folgt, dass der Mensch Schutz gegen unbegrenzte Erhebung, Speicherung, Verwendung und Weitergabe seiner persönlichen Daten genießt.

Das Bundesverfassungsgericht führt insoweit wörtlich aus:[104]

> *„Mit dem Recht auf informationelle Selbstbestimmung wären eine Gesellschaftsordnung und eine diese ermöglichende Rechtsordnung nicht vereinbar, in der Bürger nicht mehr wissen können, wer was wann und bei welcher Gelegenheit über sie weiß. Wer unsicher ist, ob abweichende Verhaltensweisen jederzeit notiert und als Information dauerhaft gespeichert, verwendet oder weitergegeben werden, wird versuchen, nicht durch solche Verhaltensweisen aufzufallen.“*

Damit sind alle Daten geschützt, die geeignet sind, einen Bezug zu einer bestimmten Person herzustellen.

Die Rechtsprechung hat den Datenbegriff weiter präzisiert. Automatisierte Massendatenanalysen durch Polizeibehörden („Predictive Policing“) greifen nach dem Urteil „Hessendata“ vom 16.2.2023 in das informationelle Selbstbestimmungsrecht ein, wenn sie ohne hinreichend bestimmte Rechtsgrundlage erfolgen. Auf Unionsebene hat der Gerichtshof 2024 das Recht auf Löschung gestärkt: Aufsichtsbehörden dürfen die Entfernung unrechtmäßig verarbeiteter Daten auch ohne Antrag der betroffenen Person anordnen (– C-46/23 –) und Betroffene haben einen effektiven Rechtsbehelf gegen Untätigkeit (– C-200/23 –).

---

101 Vgl. *Kelle*, Widerspruchslösung und Menschenwürde, S. 34 ff., https://repository.publisso.de/resource/frl:4409708-1/data, zuletzt abgerufen am 21.6.2021; da mangels Zwangs zur Begründung des Widerspruchs wohl kein Eingriff in die Intimsphäre anzunehmen sein dürfte, würde das negative Selbstbestimmungsrecht im Ergebnis wohl hinter den Interessen der Allgemeinheit und der auf Organe angewiesenen Patienten zurückstehen müssen (str.).

102 BVerfGE 65, 1, 41 ff. – Volkszählung.

103 BVerfGE 65, 1, 45 – Volkszählung.

104 BVerfGE 65, 1, 43 – Volkszählung.

| Entscheidung/ Dokument | Jahr | Kernaussage | Praxisrelevanz für Verwaltung |
|---|---|---|---|
| BVerfG – 1 BvR 1547/19–, – 1 BvR 2634/20 – („Hessendata“) | Urt. vom 16.2.2023 | Automatisierte Datenanalyse ohne klaren Gesetzesvorbehalt verfassungswidrig | Softwareeinsatz nur bei konkreter, normklar geregelter Gefahr möglich |
| EuGH – C-46/23 – | Urt. vom 14.5.2024 | Aufsichtsbehörde kann Löschung unrechtmäßig verarbeiteter Daten von Amts wegen anordnen | Verpflichtet Datenschutz-Aufsichtsbehörden zu proaktivem Handeln |
| EuGH – C-200/23 – | Urt. vom 4.10.2024 | Effektiver gerichtlicher Rechtsbehelf bei Untätigkeit der Aufsicht | Stärkt Rechtsschutzinteresse Betroffene |
| OLG Köln – 15 UKl 2/25 – | Urt. vom 23.5.2025 | Verarbeitung öffentlich zugänglicher Profil-Daten zum KI-Training kann nach DSGVO Art. 6 Abs. 1 f zulässig sein | Abwägungsmaßstab für Behörden bei Kooperation mit Plattformen |

#### 4.3.2.2 Persönlicher Schutzbereich

Das allgemeine Persönlichkeitsrecht ist **Jedermannsgrundrecht**. Umstritten ist die wesensmäßige Anwendbarkeit auf juristische Personen nach **Art. 19 Abs. 3 GG**. Teilweise wird vertreten, dass hier wegen der Nähe des Allgemeinen Persönlichkeitsrechts zur Menschenwürde nur der Schutz des Art. 2 Abs. 1 GG greift.[105]

Sofern der juristischen Person das Recht am eigenen Wort zugestanden wird, soll dies auch nur aus Art. 2 Abs. 1 GG folgen.[106] Zugleich wird das Allgemeine Persönlichkeitsrecht in der Zivilrechtsprechung auf den Bereich wirtschaftlicher Betätigung erstreckt. So bejaht der Bundesgerichtshof die Anwendbarkeit des Allgemeinen Persönlichkeitsrechts nach Art. 19 Abs. 3 GG im Falle des Namens einer Handelsgesellschaft,[107] ohne aber eine eindeutige Herleitung aus Art. 2 Abs. 1 i. V. m. Art. 1 Abs. 1 GG vorzunehmen; die Wendung, dass *„diese Befugnis* [den Namen werbend zu verwenden, Anm. d. Verf.] *Teil des nur dem Namensträger selbst zustehenden Rechts auf [...]* ***freie Entfaltung der Persönlichkeit“*** sei, legt die Anwendung wiederum nur des Art. 2 Abs. 1 GG nahe.

### 4.3.3 Eingriff

#### 4.3.3.1 Allgemein

Eingriffe sind sowohl als **klassische** wie als **mittelbar-faktische Eingriffe** möglich. Rechtsförmige Eingriffe sind staatliche Ge- und Verbote, die den Schutzbereich in der eben beschrieben Weite beeinflussen. Eingriffe im klassischen Sinne sind auch Verurteilungen bspw. wegen strafbaren Inzests.[108] Denkbar ist auch die – regelmäßig nicht

105 So in der Tendenz wohl BVerfG, NJW 1994 S., 1784, 1784.
106 BVerfGE 106, 28, 43.
107 BGH, NJW 1981 S., 2402, 2402 f.
108 Wiederum BVerfGE 120, 224, 253 ff.

rechtsförmige – staatliche Einsichtnahme in Tagebücher bspw. in Ermittlungsverfahren oder im Strafprozess.

In den beschriebenen Fällen **mittelbarer Drittwirkung** liegt der Eingriffsakt bspw. in Entscheidungen der Gerichte, die bestimmte Formen und Inhalte der Berichterstattung, gegen die sich der Grundrechtsträger wehren will, billigen.

#### 4.3.3.2 Insbesondere: Recht auf informationelle Selbstbestimmung

Auch hier sind Eingriffe im **klassischen** wie im **mittelbar-faktischen** Sinne denkbar. Klassische Eingriffe können vorliegen, wenn ein Betroffener – etwa im Rahmen polizeilicher Identitätsfeststellung – zur Preisgabe von persönlichen Daten aufgefordert wird.

Im Bereich des Rechts auf informationelle Selbstbestimmung überwiegen aber im Zweifel die **nicht-rechtsförmigen Eingriffe**. So kann auch ungezielte, massenhafte Datenspeicherung zum Eingriff führen. Für den Fall der automatisierten Autokennzeichenerfassung hat das Bundesverfassungsgericht selbst bei sofortiger Löschung der Daten nach Abgleich mit Fahndungslisten o. Ä. einen Eingriff in das allgemeine Persönlichkeitsrecht angenommen –[109] und dies, obgleich das betreffende Datum – das Autokennzeichen – für jeden sichtbar am KFZ geführt wird. Auch heimliche Abhörmaßnahmen erfüllen nicht den Tatbestand des rechtsförmigen Eingriffs, sondern haben faktischen Charakter.[110]

### 4.3.4 Verfassungsrechtliche Rechtfertigung

#### 4.3.4.1 Schranken

Schranken ergeben sich für das allgemeine Persönlichkeitsrecht vornehmlich aus der **verfassungsmäßigen Ordnung** als Teil der Schrankentrias nach Art. 2 Abs. 1 GG. Die Herleitung auch aus der Menschenwürde führt nicht zur Unantastbarkeit des Grundrechts. Verlangt ist aber regelmäßig die Einschränkung durch Parlamentsgesetz.

Dies bedeutet aber, dass die Einschränkungsmöglichkeit im Falle des Art. 2 Abs. 1 i. V. m. Art. 1 Abs. 1 GG unmittelbar **Gegenstand** eines **Parlamentsgesetzes** sein muss und nicht etwa auf einen Verordnungsgeber delegiert werden dürfte. Die Anforderungen an rechtfertigende Rechtssätze als Teil der verfassungsmäßigen Ordnung sind somit strenger als die in der allgemeinen Handlungsfreiheit nach Art. 2 Abs. 1 GG. Bezüglich des Rechts am eigenen Bild findet sich eine mögliche Rechtfertigung etwa in §§ 22, 23 KunstUrhG. Allerdings hat das Bundesverfassungsgericht entschieden, dass sich Polizisten, die während der Anfertigung von Bild- und Videoaufnahmen im Rahmen von Versammlungen selbst fotografiert werden, zur Abwehr derartiger Aufnahmen nicht per se auf §§ 22, 23, 33 Abs. 1 KunstUrhG berufen können.[111]

109 BVerfGE 150, 144, 167 ff.

110 *Manssen*, Staatsrecht II, Rn. 281.

111 BVerfG, NVwZ 2016 S., 53, 54; zur Rechtmäßigkeit des Filmens polizeilicher Einsätze siehe BVerwG, NVwZ 2000 S. 63, 65 m. w. N.

#### 4.3.4.2 Schranken-Schranken

##### *4.3.4.2.1 Allgemein*

Die Frage nach den Schranken-Schranken lässt sich nicht einheitlich beantworten. Zu unterscheiden ist nach der Intensität des Eingriffs.

So ist bei Eingriffen in die **Intimsphäre keine Rechtfertigungsmöglichkeit** gegeben; die Intimsphäre ist unantastbar. Je näher sich ein Eingriff im Umfeld der Intimsphäre bewegt, desto schärfer sind die Anforderungen an die Schranken-Schranken, insbesondere an die Wahrung des Verhältnismäßigkeitsgrundsatzes. Je weiter sich das Verhalten in die Öffentlichkeit, sozusagen in die Sozialsphäre hinein verlagert, desto geringer fällt der Schutz des allgemeinen Persönlichkeitsrechts aus.

Weitergehenden, in der Prüfung der Verhältnismäßigkeit zu beachtenden Schutz genießen auch **Kinder** von Prominenten; deren persönliche Entwicklung kann durch Presseberichterstattung erheblich gestört werden, weshalb sie einen umfassenderen Schutz vor Berichterstattung genießen als Erwachsene.[112]

***Lösung zu Beispielfall 33:***
*Hier stehen sich das Persönlichkeitsrecht der C und ihrer Kinder einerseits und die Freiheit der Berichterstattung der „Einfarbigen" andererseits gegenüber.*

*Das Recht am eigenen Bild wird C für sich und ihre Kinder nicht geltend machen können, da die Aufnahme nicht verdeckt, sondern anlässlich eines Pressetermins entstanden ist. Möglicherweise kann sie sich aber auf den Schutz vor entstellender Berichterstattung berufen. Für Übergriffe des E A von H auf ihre Kinder ist nichts ersichtlich; gleichwohl suggeriert der Bericht eine entsprechende Gefahr, auch wenn die Titelzeile in Frageform formuliert ist. Für ihre Kinder dürfte der verschärfte Schutz des Allgemeinen Persönlichkeitsrechts gelten; aber auch für C selbst bewegt sich die – grundlose – Berichterstattung nahe an der Privat- und Intimsphäre, so dass für sie und ihre Kinder der Schutz des allgemeinen Persönlichkeitsrechts die Rechte der Einfarbigen und des Redakteurs aus Art. 5 Abs. 1 GG überwiegen dürfte.*

Besondere Hürden hat das Bundesverfassungsgericht bspw. für Eingriffe in das **„Computergrundrecht"** formuliert. Online-Durchsuchungen sind nur zulässig, wenn eine *„im Einzelfall drohende Gefahr für ein überragend wichtiges Rechtsgut"*[113] besteht, insbesondere Leben, körperliche Unversehrtheit und Freiheit – Allgemeingüter mit existentieller Bedeutung. *„Selbst bei höchstem Gewicht der drohenden Rechtsgutsbeeinträchtigung kann auf das Erfordernis einer hinreichenden Eintrittswahrscheinlichkeit nicht verzichtet werden"*.[114] Konkret ist eine Gefahr – anders als im ordnungsrechtlichen Verständnis –, wenn sich noch nicht mit hinreichender Wahrscheinlichkeit feststellen lässt, dass die Gefahr schon in näherer Zukunft eintritt, sofern bestimmte

112 BVerfG, NJW 2003 S. 3262, 3263 f.
113 BVerfGE 120, 274, 326 f.
114 BVerfGE 120, 274, 327.

Tatsachen auf eine im Einzelfall drohende Gefahr für ein überragend wichtiges Rechtsgut hinweisen.[115] Zudem hat das Bundesverfassungsgericht einen **Richtervorbehalt** statuiert: Online-Durchsuchungen bedürfen richterlicher Anordnung. Der besondere Schutz der Privat- und Intimsphäre muss ebenfalls gewahrt bleiben; so sind Erkenntnisse, die bei einer Online-Durchsuchung diesen Bereich betreffen, etwas Dateien intimen Inhalts, unmittelbar zu tilgen.[116]

#### 4.3.4.2.2 Insbesondere: Recht auf informationelle Selbstbestimmung

Bei Eingriffen in das Recht auf informationelle Selbstbestimmung sieht das Bundesverfassungsgericht folgende besondere Abwägungstendenz:[117]

> *„Je mehr dabei der gesetzliche Eingriff elementare Äußerungsformen der menschlichen Handlungsfreiheit berührt, umso sorgfältiger müssen die zu seiner Rechtfertigung vorgebrachten Gründe gegen den grundsätzlichen Freiheitsanspruch des Bürgers abgewogen werden."*

Einer besonders **sorgfältigen Abwägung** mit dem Recht auf informationelle Selbstbestimmung bedürfen Eingriffe, mit denen der Betroffene nicht rechnete, die er nicht wahrnehmen konnte und denen er sich nicht entziehen konnte.[118]

Kritisch zu sehen ist in diesem Kontext insbesondere die Datenerfassung zu Zwecken der Verfolgung von Straftaten und Ordnungswidrigkeiten, die anlasslos und **ohne konkreten Verdacht** erfolgt.

***Beispiel:***
*So hat das Bundesverfassungsgericht die hessischen und schleswig-holsteinischen Regelungen zur unbemerkten anlasslosen automatischen Erfassung von Kennzeichen zur Aufdeckung von Verstößen gegen die Versicherungspflicht oder zur Aufdeckung von KFZ-Diebstählen für unzulässig erklärt.*[119]

*Problematisch sind insoweit auch Verfahren zur Feststellung von Geschwindigkeitsverstößen, die Fahrzeugkennzeichen beim Einfahren in eine Messzone erfassen, um aus der Dauer des Durchfahrens auf die Einhaltung der Geschwindigkeitsbegrenzung zu schließen (sog. „Section Control"). Auch wenn die betreffenden Daten nach ordnungsgemäßer Durchfahrt sofort wieder gelöscht werden, liegt ein Verstoß gegen das Recht auf informationelle Selbstbestimmung nahe.*[120]

115 BVerfGE 120, 274, 329.
116 BVerfGE 120, 274, 335 ff.
117 Schon BVerfGE 17, 306, 314.
118 *Kingreen/Poscher*, Staatsrecht II Rn. 461.
119 BVerfG, NJW 2008 S. 1505 ff.
120 Zur Problematik, nicht zuletzt der tauglichen Ermächtigungsgrundlagen, siehe *Albrecht*, SVR 2009 S. 161 ff.

## Exkurs: Die Sphärentheorie

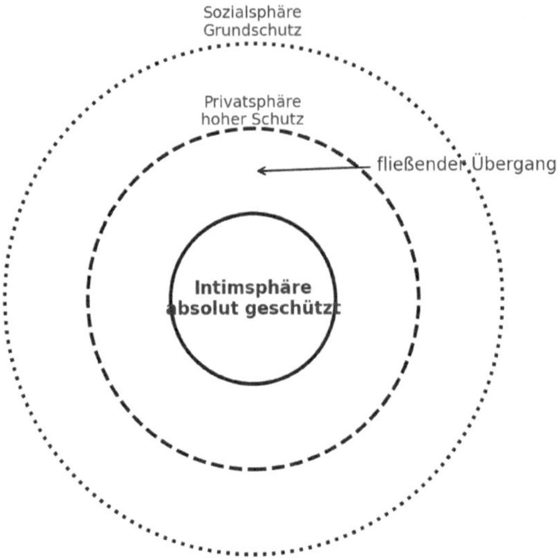


*Eigene Darstellung*

Die **Sphärentheorie** beschreibt, wie sich das allgemeine Persönlichkeitsrecht in konzentrischen Schutzkreisen staffelt und dadurch je nach Nähe zum Innersten der Person unterschiedlich stark wirkt.

Im Mittelpunkt steht die **Intimsphäre**. Sie umfasst alles, was die Sexualität, die körperliche Unversehrtheit, den seelischen Kern und besonders schützenswerte Vertrauensbeziehungen betrifft. Dieser Bereich ist dem Staat und der Öffentlichkeit schlechthin entzogen; Eingriffe sind ausgeschlossen, weil hier das Zusammenspiel aus Art. 2 Abs. 1 und Art. 1 Abs. 1 GG zur Unantastbarkeit verschmilzt.

Um diese Intimsphäre legt sich die **Privatsphäre**. Sie reicht von der häuslichen Umgebung über persönliche Korrespondenz bis zu Freizeitaktivitäten in nichtöffentlichem Rahmen. Der Schutz ist weiterhin hoch, doch nicht mehr absolut: Staatliche Maßnahmen oder mediale Eingriffe sind denkbar, müssen aber auf einer klaren gesetzlichen Grundlage beruhen und einer strengen Verhältnismäßigkeitsprüfung standhalten.

Der äußerste Ring bildet die **Sozialsphäre,** also das öffentliche Auftreten der Person in Beruf, Politik, Kultur oder in sozialen Netzwerken. Hier greift das Persönlichkeitsrecht nur mit Grundschutz; es tritt in eine Abwägung mit der Presse-, Meinungs- und Kunstfreiheit ein. Zwischen diesen Ringen verläuft kein harter Grenzzaun, sondern ein gleitender Übergang: Je weiter sich ein Vorgang von der Intimsphäre entfernt, desto eher überwiegen die Kommunikationsfreiheiten Anderer.

In einem typischen Prüfungsschema wird die Sphärentheorie zunächst im Schutzbereich verortet, weil sie klärt, ob der betroffene Lebensvorgang überhaupt von Art. 2 Abs. 1 i. V. m. Art. 1 Abs. 1 GG erfasst ist und welches Gewicht der Einzelaspekt des

Persönlichkeitsrechts besitzt. Spätestens bei der Verhältnismäßigkeitsprüfung fließt sie erneut ein, denn der Kreis, in dem sich die angegriffene Handlung bewegt, bestimmt die Intensität des Eingriffs und damit die Strenge der Rechtfertigungsanforderungen:

- Intimsphäreneingriffe sind stets unverhältnismäßig;
- Privatsphäreneingriffe bedürfen besonders gewichtiger Gründe,
- während in der Sozialsphäre regelmäßig eine offene Güterabwägung stattfinden kann.

Auf diese Weise strukturiert die Sphärentheorie sowohl die Frage, ob überhaupt ein Eingriff vorliegt, als auch die Antwort, welche Schranken ihn unter welchen Bedingungen rechtfertigen können.

**Merke:**
In das gängige Grundrechts-Prüfungsschema lässt sich die Sphärentheorie an zwei Stellen einbetten, damit ihr differenzierender Schutzgehalt in jeder Klausur systematisch berücksichtigt wird.
Nach der Einleitung mit Obersatz und Zuständigkeit folgt zuerst der Schutzbereich. Hier lautet der auszuformulierende Prüfungspunkt:
**„Sachlicher Schutzbereich“.** Erfasst sind alle Erscheinungsformen der Persönlichkeit, deren Schutzintensität sich nach der Sphärentheorie des Bundesverfassungsgerichts bemisst. Daher ist zunächst festzustellen, ob der in Rede stehende Lebensvorgang zur Intimsphäre, zur Privatsphäre oder bereits zur Sozialsphäre zählt. Je näher das Geschehen am innersten Bereich liegt, desto höher ist der grundrechtliche Schutz.
Sobald der Eingriff bejaht ist, wird die Sphärentheorie erneut im Rahmen der Verhältnismäßigkeit herangezogen. Der entsprechende Passus lautet:
**„Angemessenheit“.** Die Rechtfertigungsanforderungen ergeben sich aus der betroffenen Persönlichkeitssphäre. Eingriffe in die Intimsphäre sind von vornherein unzulässig. Berührt die Maßnahme die Privatsphäre, muss sie durch besonders gewichtige Gemeinwohlbelange getragen sein und strikten gesetzlichen Vorgaben genügen. In der Sozialsphäre ist eine offene Güter- und Interessenabwägung zulässig, weil hier die Beeinträchtigung weniger intensiv wiegt.
Das Schema fügt sich damit wie folgt in die Gesamtprüfung ein:

I. Schutzbereich – unter Einbeziehung der Sphärentheorie zur Bestimmung der Intensität
II. Eingriff – Feststellung, ob staatliches oder mittelbar zugerechnetes Handeln vorliegt
III. Verfassungsrechtliche Rechtfertigung
1. Schranke – einfache Gesetze oder Parlamentsvorbehalt, je nach Grundrechtsdogmatik
2. Schranken-Schranken – insbesondere Verhältnismäßigkeit, wobei die Angemessenheitsstufe ausdrücklich die betroffene Sphäre einbezieht

> Durch diese doppelte Verankerung wird die Sphärentheorie sowohl bei der Frage, ob überhaupt Schutz gewährt wird, als auch bei der Beurteilung, wie streng ein Eingriff zu rechtfertigen ist, präzise verortet.

## 4.4 Art. 2 Abs. 2 Satz 1 GG – Recht auf Leben, körperliche Unversehrtheit

### 4.4.1 Allgemeines

Art. 2 Abs. 2 GG schützt mit Leben, körperlicher Unversehrtheit und Freiheit der Person **höchstrangige Rechtsgüter**. Wie auch die Menschenwürdegarantie können die Gewährleistungen des Art. 2 Abs. 2 Satz 1 GG nicht ohne Rücksicht auf die Erfahrungen des NS-Regimes betrachtet werden. Problematisch sind bezüglich des Rechts auf Leben insbesondere der Zeitpunkt des Beginns sowie des Endes des Lebens.

Die staatliche Schutzverantwortung für das Leben wurde seit 2021 deutlich nachgeschärft. Das Bundesverfassungsgericht hat dem Gesetzgeber aufgegeben, in Pandemien Vorkehrungen zu treffen, die Menschen mit Behinderung bei Triage-Entscheidungen wirksam vor Benachteiligung sichern. Die Vorgabe wurde im Dezember 2022 durch § 5c IfSG (Triagegesetz) umgesetzt; seither dürfen Behandlungsplätze ausschließlich nach kurzfristiger Überlebenswahrscheinlichkeit zugeteilt werden, Ex-post-Triage ist verboten.[121]

### 4.4.2 Schutzbereich

#### 4.4.2.1 Recht auf Leben

##### *4.4.2.1.1 Sachlicher Schutzbereich*

Mit dem Recht auf Leben ist der Schutz der biologisch-physischen Existenz geschützt. Wann genau das Leben **beginnt**, ist umstritten und wird je nach Sicht (philosophisch, juristisch, biologisch oder religiös) anders beurteilt. Extrempositionen sind zum einen die Annahme des Lebens mit Befruchtung der Eizelle, zum anderen der Abschluss des Geburtsvorgangs. Das Bundesverfassungsgericht hat sich in der Entscheidung zu § 218 StGB (Schwangerschaftsabbruch) dafür entschieden, den Zeitpunkt des Beginns des Lebens „jedenfalls" mit der Nidation, also der Einnistung der befruchteten Eizelle in die Gebärmutterschleimhaut, bei normalem Verlauf etwa fünf bis sechs Tage nach der

121 BVerfG, Beschl. vom 16.12.2021 – 1 BvR 1541/15 –, https://www.bundesverfassungsgericht.de/SharedDocs/Entscheidungen/DE/2021/12/rs20211216_1bvr154120.htmlzuletzt abgerufen am 26.6.2025.

Befruchtung, anzunehmen.[122] Im Kontext der Entscheidung über die Verfassungsmäßigkeit des § 218 StGB konnten damit nidationshemmende Verhütungsmittel („Pille danach") aus der Abtreibungsdiskussion ausgeschlossen werden. Dass menschliches Leben bereits vor der Nidation, also mit Befruchtung der Eizelle gegeben ist, ist eine jedenfalls verbreitete Ansicht in der Literatur.[123] Letztlich kommt es dabei nicht auf die Art der Verschmelzung an, also ob sie auf natürlichem Wege oder außerhalb des Körpers durch sog. „In-vitro-Fertilisation" erfolgt. Mit der Vorverlagerung des Lebenszeitpunkts erstreckt sich der Schutz des Lebens dann auch auf Embryonen.

**Merke:**
Mit dem Beginn des Lebens setzt auch der Schutz der Menschenwürde ein. Der Gesetzgeber hat sich der verbrauchenden Embryonenforschung und der Präimplantationsdiagnostik, also der Untersuchung von Embryonen vor der Einpflanzung in die Gebärmutter auf Merkmale von Erbkrankheiten hin, im Stammzellgesetz (StammzellG) und im Embryonenschutzgesetz (ESchG) gewidmet. Das Bundesverfassungsgericht hat sich zu diesen Fragen in Bezug auf die Geltung des Art. 1 Abs. 1 GG und des Art. 2 Abs. 2 Satz 1 GG noch nicht geäußert.

Auch was das **Ende** des Lebens markiert, ist nicht eindeutig. Zwar ist mit dem Tod das Ende des Lebens und damit auch das Ende der sachlichen Geltung des Art. 2 Abs. 2 Satz 1 GG gegeben; insbesondere existiert neben Leben und Tod kein drittes Moment als Übergangsstadium. Fraglich ist aber, ob auf den Hirntod, also der Zustand nicht mehr feststellbarer Hirnströme, ggf. unter Aufrechterhaltung der Herz-Kreislauf-Funktion, abzustellen ist, oder auf den irreversiblen Herz-Kreislauf-Tod. Die noch herrschende Ansicht stellt auf den Hirntod ab. Allerdings wird diese Ansicht aufgrund der vegetativen Steuerungsfunktion des Menschen bezüglich Der Aufrechterhaltung der Herz-Kreislauf-Funktion auch unter dem Zustand fehlender Hirnaktivität zunehmend kritisiert.[124] Eine Stellungnahme des Bundesverfassungsgerichts steht noch aus.

**Nicht** erfasst vom Recht auf Leben ist nach überwiegender Ansicht das **Recht auf Tod**, also insbesondere auf Selbstmord.[125] Jedoch ist die Freiheit, seinem Leben ein freigewähltes Ende zu bereiten, grundrechtlich geschützt. So hat das Bundesverfassungsgericht in einer neueren Entscheidung zur Verfassungswidrigkeit des § 217 StGB ausgesprochen, dass das Recht auf einen menschenwürdigen Tod Ausfluss des allgemeinen Persönlichkeitsrechts aus Art. 2 Abs. 1 i. V. m. Art. 1 Abs. 1 GG ist:

*„Art. 2 Abs. 1 in Verbindung mit Art. 1 Abs. 1 GG gewährleistet das Recht, selbstbestimmt die Entscheidung zu treffen, sein Leben eigenhändig be-*

122 BVerfGE 88, 203, 251 ff.
123 Vgl. die Nachweise bei *Lang* in BeckOK GG, Art. 2 GG Rn. 59.
124 Hierzu wiederum *Lang* in BeckOK GG, Art. 2 GG Rn. 61.
125 Unentschieden *Kingreen/Poscher*, Staatsrecht II, Rn. 471.

*wusst und gewollt zu beenden und bei der Umsetzung der Selbsttötung auf die Hilfe Dritter zurückzugreifen.*"[126]

#### 4.4.2.1.2 Persönlicher Schutzbereich

Das Recht auf Leben ist Jedermannsrecht. Mit einiger Selbstverständlichkeit scheidet die wesensmäßige Anwendbarkeit auf juristische Personen aus.

### 4.4.2.2 Recht auf körperliche Unversehrtheit

***Beispielfall 34 – Körpersäfte:***
*G ist Geschäftsführer und Mitgesellschafter einer GmbH. Er macht sich einen Sport daraus, Fragebögen der Handwerkskammer, zu deren Beantwortung er sich nicht verpflichtet glaubt, nicht auszufüllen bzw. mit beleidigenden und sinnlosen Anmerkungen zu versehen. Folge dieser Späße ist die – für sich ordnungsgemäße Verhängung eines Bußgeldes i. H. v. 1.000 €. Da dieser Bußgeldbescheid eindeutig auf das Konto des G geht und der GmbH ein Schaden in Höhe der Buße entstanden ist, wird gegen G auf eine Anzeige anderer Gesellschafter hin Anklage wegen Untreue (§ 266 StGB) erhoben.*

*Da der G in der Hauptverhandlung weiter relativ verhaltensauffällig ist (er erscheint deutlich nach Rosenmontag mit einer Clownsnase im Gerichtssaal), will der Amtsrichter die Zurechnungsfähigkeit des G feststellen, und ordnet hierzu eine ärztliche Untersuchung des Angeklagten an, bei der eine Untersuchung des Liquors (Gehirn- und Rückenmarkflüssigkeit) durchgeführt werden soll. Für die Liquorentnahme muss der Rückenmarkskanal punktiert werden, was u. a. mit Infektionsrisiken und Risiken für Folgeerkrankungen behaftet ist.*

*Wie zu erwarten war, verweigert G auch die Durchführung dieser Untersuchung. Schließlich würde man ja nicht jedem, der gut gelaunt sei, gleich Nadeln in den Körper jagen, um sich an dessen Körpersäften zu erfreuen. Der Amtsrichter bleibt bei seinem Plan und ordnet durch Beschluss auf Grundlage des § 81a StPO die Vornahme der Untersuchung in einer örtlichen Nervenklinik an.*

*G fragt, ob ihn die Anordnung in seinem Recht auf körperliche Unversehrtheit verletzt.*

***Bearbeitervermerk:***
*Es ist davon auszugehen, dass die Liquorentnahme geeignet ist, Auskunft über den geistigen Gesundheitszustand des G zu geben.*

***„§ 81a StPO:***
*(1) Eine körperliche Untersuchung des Beschuldigten darf zur Feststellung von Tatsachen angeordnet werden, die für das Verfahren von Bedeutung sind. Zu diesem Zweck sind Entnahmen von Blutproben und andere körperliche Eingriffe,*

126 BVerfG, Urt. vom 26.2.2020 – 2 BvR 2347/15 –, Rn. 203, http://www.bverfg.de/e/rs20200226_2bvr234715.html, zuletzt abgerufen am 21.6.2021.

*die von einem Arzt nach den Regeln der ärztlichen Kunst zu Untersuchungszwecken vorgenommen werden, ohne Einwilligung des Beschuldigten zulässig, wenn kein Nachteil für seine Gesundheit zu befürchten ist.*
*(2) Die Anordnung steht dem Richter, bei Gefährdung des Untersuchungserfolges durch Verzögerung auch der Staatsanwaltschaft und ihren Ermittlungspersonen (§ 152 des Gerichtsverfassungsgesetzes) zu.*
*(3) Dem Beschuldigten entnommene Blutproben oder sonstige Körperzellen dürfen nur für Zwecke des der Entnahme zugrundeliegenden oder eines anderen anhängigen Strafverfahrens verwendet werden; sie sind unverzüglich zu vernichten, sobald sie hierfür nicht mehr erforderlich sind."*

##### 4.4.2.2.1 Sachlicher Schutzbereich

Die körperliche Unversehrtheit umfasst gleichermaßen die biologisch-physische wie die psychische **Gesundheit** des Menschen. So sieht das Bundesverfassungsgericht auch psychische und das soziale Wohlbefinden beeinträchtigende Auswirkungen auf den Menschen als von Art. 2 Abs. 2 Satz 1 GG erfasst.[127] Einbezogen ist insoweit auch die Freiheit von Schmerz, nicht aber die Freiheit von rein sozialem oder sonstigem Unbehagen.[128]

***Beispiel:***
*Im Juli 2022 bestätigte das Bundesverfassungsgericht die Masern-Nachweispflicht für Kinder-, Schul- und Gesundheitseinrichtungen. Das Gericht hob hervor, dass Impfobliegenheiten schwere Eingriffe sein können, aber im Kindes- und Fremdschutz verfassungsrechtlich legitim sind, solange sie auf gesicherter fachlicher Evidenz beruhen und ein wirksames Nachweis- und Ausnahmesystem vorsehen. Damit ist der Maßstab für künftige Immunisierungspflichten (etwa bei neuen Atemwegserkrankungen) gesetzt.*[129]

##### 4.4.2.2.2 Persönlicher Schutzbereich

Hier gilt Gleiches wie beim Recht auf Leben.

### 4.4.3 Eingriff

#### 4.4.3.1 Recht auf Leben

Staatliche Einwirkungen auf das Leben kommen in erster Linie mit dem finalen Rettungsschuss der Polizei in Betracht. Wichtig ist, dass der Eingriff nicht erst bei der Einwirkung auf das Leben, sondern bereits bei dessen **Gefährdung** ansetzt. So hat das Bun-

127 BVerfGE 56, 54, 75 f.
128 Vgl. *Kingreen/Poscher*, Staatsrecht II, Rn. 472.
129 BVerfG, Beschl. vom 21.7.2022 – 1 BvR 469/20 – u. a., https://www.bundesverfassungsgericht.de/SharedDocs/Entscheidungen/DE/2022/07/rs20220721_1bvr046920.html, zuletzt abgerufen am 26.6.2025.

desverfassungsgericht Verfassungsbeschwerden zugelassen, die sich gegen das Luftsicherheitsgesetz richteten, das aber zum Zeitpunkt des Verfahrens noch nie zur Anwendung gekommen war. Insoweit reichte es aus, dass das Gesetz die Möglichkeit des Eingriffs in menschliches Leben durch Waffeneinsatz der Bundeswehr zuließ. Eingriffscharakter kann auch das **Unterlassen** staatlicher **Schutzpflichten** haben.[130]

Eingriffe können sich auch aus – staatlich geduldeter oder staatlich unterstützter (bspw. in öffentlichen Krankenhäusern durchgeführter) – **Sterbehilfe** ergeben, so insbesondere bei Formen aktiver Sterbehilfe, aber auch bei passiver Sterbehilfe.

### 4.4.3.2 Recht auf körperliche Unversehrtheit

***(Zwischen-)Lösung zu Beispielfall 34 – Körpersäfte:***
*(angelehnt an BVerfGE 16, 194)*
*Die Anordnung zur Liquorentnahme in der Form des letztinstanzlichen Beschlusses des Landgerichts könnte den G in seinem Recht auf körperliche Unversehrtheit aus Art. 2 Abs. 2 Satz 1 GG verletzen.*

***I. Schutzbereich***

***1. Sachlicher Schutzbereich***

*Dazu müsste zunächst der Schutzbereich des Art. 2 Abs. 2 Satz 1 GG eröffnet sein. Art. 2 Abs. 2 Satz 1 GG schützt das Leben und die körperliche Unversehrtheit. Betroffen sein könnte die körperliche Unversehrtheit des G. Mit „körperlicher Unversehrtheit" ist die Gesundheit im biologisch-physiologischen wie im psychischen Sinn gemeint. Erfasst sind auch die körperliche Integrität und die Freiheit von Schmerzen. Der sachliche Schutzbereich des Art. 2 Abs. 2 Satz 1 GG ist somit eröffnet.*

***2. Persönlicher Schutzbereich***

*Art. 2 Abs. 2 Satz 1 GG ist ein Jedermannsgrundrecht, so dass G als natürliche Person erfasst ist.*

***Zwischenergebnis:*** *Der Schutzbereich des Art. 2 Abs. 2 Satz 1 GG ist eröffnet.*

Eingriffe sind denkbar durch körperliche **Gewalteinwirkung** oder psychischen Druck seitens staatlicher Stellen (Polizeieinsätze mit unmittelbarem Zwang – vom Gummiknüppel über Wasserwerfer bis zum Schusswaffengebrauch). Aber auch Zwangsbehandlungen, Impfzwang, erzwungene Blutentnahmen[131] kommen in Betracht. Ein Eingriff kann ebenso in der staatlichen Duldung von Lärmeinwirkungen durch Auto- oder Flugverkehr liegen.

---

130 Vgl. BVerfGE 46, 160, 164 – Schleyer, wo aber ein Anspruch der Angehörigen des entführten *Hans-Martin Schleyer* auf Freilassung inhaftierter Terroristen, die freigepresst werden sollten, mit Blick auf den weiten Entscheidungsspielraum bei der Erfüllung der Schutzpflicht für das Leben des Entführten verneint wurde.

131 Vgl. etwa BVerfG 1996: S. 3071, 3073; gerechtfertigter Eingriff in Art. 2 Abs. 2 Satz 2 GG bei Blutentnahme zum Zwecke einer DNA-Vergleichsuntersuchung.

Auch gilt wieder, dass Eingriffe nicht erst bei der konkreten Einwirkung auf die Gesundheit vorliegen, sondern bereits dann, wenn die Schutzgüter des Art. 2 Abs. 2 Satz 1 GG gefährdet sind.

***(Zwischen-)Lösung zu Beispielfall 34 – Körpersäfte:***
***II. Eingriff***

*„Eingriff“ ist jede staatliche Maßnahme, die geeignet ist, das Grundrecht des Betroffenen zu verkürzen, also dessen Ausübung zu erschwert oder unmöglich macht.*

*Wenn die Untersuchung wie angeordnet durchgeführt wird, wird die körperliche Integrität des G verletzt und es werden nicht unerhebliche Schmerzen zugefügt. Eine Liquorentnahme ist mit nicht unerheblichen Schmerzen verbunden und birgt auch das Risiko von schwerwiegenden Infektionen. Auch wenn mit dem Beschluss die körperliche Integrität noch nicht betroffen ist und auch noch keine Schmerzen zugefügt werden, schafft er doch die rechtlichen Voraussetzungen für den Eingriff. Der richterliche Beschluss über die Anordnung der körperlichen Untersuchung stellt somit bereits einen (klassischen) Eingriff in die körperliche Unversehrtheit des G dar.*

***Zwischenergebnis:*** *Ein Eingriff in das Recht auf körperliche Unversehrtheit nach Art. 2 Abs. 2 Satz 1 GG ist gegeben.*

***Beispiel Impf- und Zwangsbehandlung:***
*Als Eingriff gilt nun schon die gesetzliche Anordnung zur Vorlage eines Vakzinnachweises, selbst wenn keine körperliche Gewalt angewandt wird. Die Entscheidung zur Masernpflicht macht deutlich, dass der Staat auch bei rein administrativen Sanktionen (Ausschluss vom Kita-Besuch) die Eingriffsqualität an Art. 2 Abs. 2 Satz 1 GG messen muss.*[132]

**Merke:**
Für Praxisfälle im Vollzug von Gesundheitsschutzgesetzen ist zu erklären, dass sich die Prüfung nicht auf körperliche Zwangsmaßnahmen beschränkt, sondern bereits beim Nachweiszwang einsetzt.

## 4.4.4 Verfassungsrechtliche Rechtfertigung

### 4.4.4.1 Schranken

Art. 2 Abs. 2 Satz 3 GG sieht vor, dass die Rechte aus Satz 1 nur *„**aufgrund** eines **Gesetzes**“* eingeschränkt werden dürfen. In Abgrenzung zur Einschränkung „durch Gesetz“ ist dies so zu verstehen, dass die unmittelbare Einwirkung auf Leben und körperliche

132 BVerfG, Beschl. vom 21.7.2022 – 1 BvR 469/20 – u. a., openJur 2022, 15542.

Unversehrtheit niemals unmittelbar durch Gesetz, sondern immer nur durch einen Anwendungsakt im Einzelfall vorstellbar sind. Also muss es ein (Parlaments-)Gesetz (Wesentlichkeitsgrundsatz!) geben, das dem Staat eine Eingriffsmöglichkeit im Einzelfall einräumt, bspw. also die Vorschriften der Polizeigesetze zum finalen Rettungsschuss.

#### 4.4.4.2 Schranken-Schranken

Diese Gesetze müssen den Anforderungen an wirksame Schranken entsprechen.[133] Eine Grundrechtsverletzung kann dementsprechend schon vorliegen, wenn das ermächtigende Gesetz bei der Formulierung der **Eingriffsvoraussetzungen** die Grundrechte der potentiell Betroffenen nicht hinreichend achtet. Der Schusswaffeneinsatz darf nur zum Schutz von im Wesentlichen gleichwertigen Rechtsgüter erlaubt ist. Es ist zu fragen, ob die Gefahr durch eine Erkrankung schwer genug wiegt, dass sie einen Impfzwang rechtfertigt. Stehen die potentiellen Folgen der Impfung in angemessenem Verhältnis zu den Folgen der zu bekämpfenden Krankheit?

Ist das Gesetz im Einzelfall angewendet worden, ist wiederum zu fragen, ob diese Maßnahme verfassungsgemäß, insbesondere verhältnismäßig war. Hier muss dann u. U. auch die Abwägung einfließen, ob der jeweils Handelnde eine zutreffende **Prognoseentscheidung** getroffen hat. War zu vermuten, dass die Waffe des Geiselgangsters echt war? Lag ein hinreichender Verdacht auf Vorliegen einer Erkrankung vor, die eine Zwangsbehandlung erfordert? Wie weit war die Gefährdung des Hungerstreikenden fortgeschritten, in dem Moment, in dem die Zwangsernährung angeordnet wurde?

***Lösung Beispielfall 34 – Körpersäfte:***

***III. Rechtfertigung***

*Der Eingriff könnte jedoch gerechtfertigt sein.*

***1. Beschränkbarkeit des Grundrechts***

*Das Grundrecht auf Leben und körperliche Unversehrtheit steht unter einem Gesetzesvorbehalt nach Art. 2 Abs. 2 Satz 3 GG; die Einschränkung aufgrund eines Gesetzes ist möglich. Da Eingriffe in den Schutzbereich des Art. 2 Abs. 2 Satz 1 GG häufig von erheblicher Intensität sind, muss nach dem Wesentlichkeitsgrundsatz eine Eingriffsermächtigung bezüglich der Eingriffe auf der körperlichen Unversehrtheit durch Parlamentsgesetz geregelt werden. Darüber hinaus muss diese Schrankenregelung auch verfassungsgemäß angewendet worden sein.*

***2. Existenz einer wirksamen Schranke***

*Grundlage des Beschlusses ist § 81a StPO als Parlamentsgesetz. Damit § 81a StPO eine wirksame Grundlage für Grundrechtseingriffe ist, muss die Norm zunächst verfassungsgemäß sein.*

***a) Formelle Verfassungsmäßigkeit des Gesetzes***

*§ 81a StPO ist formell verfassungsgemäß, wenn der zuständige Gesetzgeber tätig geworden ist und keine Verfahrens- oder Formmängel vorliegen. Die StPO als Bundesgesetz liegt gem. Art. 74 Abs. 1 Nr. 1 GG in der Zuständigkeit*

133 Dazu oben Kap. 3.7.

*des Bundes. Mangels entgegenstehender Angaben im Sachverhalt ist die formelle Verfassungsmäßigkeit im Übrigen anzunehmen.*

***b) Materielle Verfassungsmäßigkeit***

*Hinsichtlich der materiellen Verfassungsmäßigkeit ist zu prüfen, ob das Zitiergebot des Art. 19 Abs. 1 Satz 2 GG eingehalten wurde, ob die Norm hinreichend bestimmt ist und ob sie verhältnismäßig ist.*

***aa) Zitiergebot***

*Das Zitiergebot hat eine Warn- und Besinnungsfunktion für den Normgeber und den Normanwender. Allerdings findet das Zitiergebot bei vorkonstitutionellen Gesetzen keine Anwendung. Die StPO ist ein solches vorkonstitutionelles Gesetz. Zwar kann ein vorkonstitutionelles Gesetz in den Willen des nachkonstitutionellen Gesetzgebers übergegangen sein, so durch Neuverkündung oder wesentliche Änderung. Das Zitiergebot soll hier aber nur eingreifen, wenn dadurch bereits geltende Grundrechtseinschränkungen unverändert oder mit geringfügigen Abweichungen wiederholt werden, was hier anzunehmen ist.*

*Das Zitiergebot ist somit nicht einzuhalten.*

***bb) Bestimmtheitsgebot***

*§ 81a StPO benennt den Anlass, den Rahmen und die Voraussetzungen für körperliche Eingriffe, und ist somit hinreichend bestimmt.*

***cc) Verhältnismäßigkeit***

*Fraglich ist, ob das Gesetz verhältnismäßig ist. Der Grundsatz der Verhältnismäßigkeit erfordert, dass das Gesetz einem legitimen Ziel dient und zur Erreichung dieses Ziels geeignet, erforderlich und angemessen ist.*

***(1) Legitimer Zweck***

*§ 81a StPO dient der Durchführung eines geordneten Strafverfahrens durch Feststellung verfahrenserheblicher Tatsachen; die Norm verfolgt somit einen verfassungsrechtlich legitimen Zweck.*

***(2) Geeignetheit***

*Durch die in § 81a StPO vorgesehenen Untersuchungen kann der Zweck, verfahrenserhebliche Tatsachen, wie etwa auch die Zurechnungsfähigkeit eines Betroffenen zu ermitteln, gefördert werden.*

***(3) Erforderlichkeit***

*Fraglich ist, ob ein milderes Mittel gleicher Zweckdienlichkeit existiert. Ein milderes Mittel wäre die Möglichkeit, körperliche Untersuchungen nur im Einverständnis mit den Betroffenen vorzunehmen. Da hier kein Zwang ausgeübt würde, wäre dies zwar ein milderes Mittel, das aber im Falle der einfachen Weigerung des Betroffenen nicht gleichermaßen effektiv wäre.*

***(4) Angemessenheit***

*Hier sind die geschützten Interessen des Betroffenen und der Allgemeinheit abzuwägen. Durch § 81a StPO wird das Allgemeininteresse an einer funktionierenden Strafrechtspflege befördert. Dagegen steht die körperliche Unversehrtheit des Betroffenen als hochwertiges Schutzgut. § 81a StPO trifft allerdings klare Verfahrensregelungen (Durchführung durch einen Arzt nach den Regeln der ärztlichen Kunst und nur, wenn kein Nachteil für die Gesundheit des Betroffenen zu befürchten ist). Damit werden die körperlichen Folgen der Untersuchung nach Möglichkeit minimiert, so dass das Interesse der Strafrechtspflege hier überwiegt. § 81 a StPO ist somit insgesamt verhältnismäßig.*

3. ***Verfassungsmäßigkeit der Einzelmaßnahme***
*Fraglich ist jedoch, ob § 81a StPO im Einzelfall durch den Richter verfassungsgemäß, insbesondere verhältnismäßig angewendet worden ist.*

a) ***Legitimer Zweck der Einzelmaßnahme***
*Die Einzelmaßnahme verfolgt das legitime Ziel, die Zurechnungsfähigkeit des G als Voraussetzung für die ordnungsgemäße Durchführung des gegen ihn gerichteten Strafverfahrens festzustellen.*

b) ***Geeignetheit***
*Dazu ist sie auch geeignet, weil zweckförderlich.*

c) ***Erforderlichkeit***
*Im Sinne der Erforderlichkeit ist zu unterstellen, dass zur Liquorentnahme keine sinnvolle Alternative besteht.*

d) ***Angemessenheit***
*Fraglich ist jedoch, ob die Anordnung der Liquorentnahme im konkreten Fall angemessen war. Hier ist wiederum die funktionierende Strafrechtspflege mit dem Recht des G auf körperliche Unversehrtheit des G abzuwägen. Zunächst ist die funktionierende Strafrechtspflege ein hochrangiges Rechtsgut, das hier nicht zuletzt auch im Interesse des G liegt. Zu berücksichtigen ist allerdings, dass der potenzielle Schaden durch die Untreue mit 1.000 € relativ gering ist.*
*Dagegen steht die schmerzhafte und mit erheblichen Infektionsrisiken behaftete Liquorentnahme, weshalb das Interesse des G aus Art. 2 Abs. 2 Satz 1 GG das Allgemeininteresse an der ordnungsgemäßen Durchführung des Strafverfahrens überwiegt. Durch das Beharren der Gerichte auf der Durchführung der Untersuchung ist das vorrangige Interesse des G missachtet worden. Die Einzelmaßnahme ist daher unverhältnismäßig und verfassungswidrig.*
***Endergebnis:*** *Der G ist in seinem Grundrecht aus Art. 2 Abs. 2 Satz 1 GG verletzt.*
***Anm.:*** *Wenn dann Zweifel an der Schuldfähigkeit des G verbleiben, muss das Verfahren im Zweifel eingestellt werden.*

### 4.4.5 Schutzpflicht

Gerade das Recht auf Leben und körperliche Unversehrtheit kann staatliche Schutzpflichten auslösen. So ist der Staat verpflichtet, **Risikovorsorge** bezogen auf denkbare Gesundheitsbeeinträchtigungen (bspw. durch Verkehrs- oder Fluglärm) zu treffen.[134] Auch muss er zum Schutz von Grundrechtsträgern tätig werden, die selbst (noch) nicht

134 BVerfGE 56, 54, 75 ff.

in der Lage sind, ihr Grundrecht zu verteidigen. Bei der Ausgestaltung dieser Schutzpflicht steht dem Staat wiederum ein weiter Ermessensspielraum zu. So hat das Bundesverfassungsgericht das Konzept des Schutzes von ungeborenem Leben nach dem Schwangeren- und Familienhilfegesetz grundsätzlich gebilligt. Der Abbruch einer Schwangerschaft ist grundsätzlich Unrecht; bei bestimmten Indikationen aber kann ein Schwangerschaftsabbruch ausnahmsweise straflos bleiben.[135] Auch ist es zulässig, den Lebensschutz bis zu einem bestimmten Zeitpunkt durch ein verpflichtendes Beratungskonzept zu gewährleisten, bevor die Mittel des Strafrechts eingreifen.[136]

Die Grenze des Ermessensspielraums wird vornehmlich durch das **Untermaßverbot** skizziert, also durch den Punkt, an dem das Maß staatlichen Schutzes offenbar nicht mehr ausreicht, um das gewünschte Ziel zu erreichen. So hätte im Rahmen des o. a. Schutzkonzepts für menschliches Leben bei Schwangerschaftsabbrüchen eine freiwillige Beratung das Untermaßverbot wahrscheinlich verletzt.[137]

**Merke:**
Die Schutzpflicht umfasst mittlerweile ausdrücklich vorausschauende Klima-Adaptationspflichten. Seit der Entscheidung vom 24.3.2021 muss der Gesetzgeber Treibhausgasbudgets so verteilen, dass spätere Generationen nicht durch drastische Freiheitsbeschränkungen belastet werden.[138] Die Gefahrenabwehrplanung soll dieses Vorsorgeprinzip spiegeln, indem sie $CO_2$-relevante Maßstäbe (z. B. Emissionsobergrenzen für Großveranstaltungen) integriert.

## 4.5 Art. 2 Abs. 2 Satz 2 GG – Freiheit der Person

### 4.5.1 Allgemeines

Die **Freiheit** der Person ist – als höchstrangiges Rechtsgut – wie auch das Recht auf Leben und körperliche Unversehrtheit im Kontext der Verbrechen des NS-Regimes zu sehen. Die Gewährung des Art. 2 Abs. 2 Satz 2 GG steht dabei zugleich in Zusammenhang mit dem Justizgrundrecht aus Art. 104 GG.

***Beispielfall 35:***
*Autofahrer A wird mit seinem nagelneuen Mercedes S 500 (Tachostand: 1267 km) von einer Polizeistreife an den Straßenrand gewunken. Die Beamten stellen sich höflich vor und bitten um die Vorlage von Fahrzeugschein und Führerschein. A*

135 BVerfGE 88, 203, 252 ff.
136 BVerfGE 88, 203, 264 ff.
137 So BVerfGE 88, 203, 270 f.
138 BVerfG, Beschl. vom. 24.3.2021 – 1 BvR 2656/18 – u. a., https://www.bundesverfassungsgericht.de/SharedDocs/Entscheidungen/DE/2021/03/rs20210324_1bvr265618.html, zuletzt abgerufen am 26.6.2025.

*händigt beides relativ mürrisch aus. Als der Beamte B fragt, ob der A einen Verbandskasten dabeihabe, antwortet dieser: „Wie muss man denn drauf sein, um sich vorzustellen, dass jemand ein Auto für 130.000 € kauft und dann seinen Verbandskasten verscherbelt?“*

*Daraufhin wird der Verbandskasten herausverlangt und Stück für Stück auf Ablauf des Haltbarkeitsdatums untersucht, an allen vier Reifen die Profiltiefe gemessen, die kompletten Lichtfunktionen überprüft, das TÜV-Siegel abgelesen, das Warndreieck auf Vorhandensein und Funktionstüchtigkeit hin geprüft, das Vorhandensein der gelben Warnweste festgestellt, und das Wurzelholzlenkrad, die Reifen und die Auspuffanlage auf Übereinstimmung mit den Eintragungen im Fahrzeugschein hin überprüft.*

*Mittlerweile sind 45 min ins Land gegangen, in denen A hinter seinem (Wurzelholz-)Lenkrad schmort, wenn er nicht gerade gebeten wird, den einen oder anderen der zuvor genannten Gegenstände hervorzuholen.*

*Liegt ein Eingriff in Art. 2 Abs. 2 Satz 2 GG vor?*

## 4.5.2 Schutzbereich

### 4.5.2.1 Sachlicher Schutzbereich

Sachlich schützt die Freiheit der Person das Recht auf körperliche **Bewegungsfreiheit**; garantiert ist also das Recht, sich von einem bestimmten Ort fort zu bewegen. Nicht unbedingt geschützt ist das Recht, jeden beliebigen Ort aufzusuchen und sich unbeschränkt an beliebigen Orten aufzuhalten.

***Beispiel:***
*Militärische Sperrbezirke nicht beliebig aufsuchen zu dürfen beschränkt nicht die Freiheit der Person, sondern die Allgemeine Handlungsfreiheit.*

### 4.5.2.2 Persönlicher Schutzbereich

Hier gilt zunächst das Gleiche wie beim Recht auf Leben und dem Recht auf körperliche Unversehrtheit: Das Recht auf Freiheit der Person ist **Jedermannsrecht** und juristischen Personen nicht zugänglich.

Zu betonen ist, dass auch **Geschäftsunfähige** das Recht auf Freiheit der Person haben. Sie – auch zu ihrem eigenen Schutz – zwangsweise unterzubringen und dortzubehalten ist ein Eingriff in Art. 2 Abs. 2 Satz 2 GG.

## 4.5.3 Eingriff

Eingriffe in die Freiheit der Person werden üblicherweise in **Freiheitsbeschränkungen** und **Freiheitsentziehungen** unterteilt. Freiheitsbeschränkungen liegen vor, wenn der Grundrechtsträger durch staatliche Ge- oder Verbote entweder daran gehindert oder dazu gezwungen wird, einen Ort aufzusuchen oder sich an einem bestimmten Ort aufzuhalten, der ihm an sich (rechtlich und tatsächlich) zugänglich ist.[139] Dies ist bspw. gegeben bei führungsaufsichtlichen Maßnahmen (bspw. Meldepflichten auf der Polizeiwache in regelmäßigen Abständen) oder bei Vorladungen.

**Freiheitsentziehungen** liegen vor, wenn die – tatsächlich und rechtlich an sich gegebene – körperliche Bewegungsfreiheit in jede Richtung aufgehoben wird.[140] Letzteres ist gegeben bei Arrest, Gewahrsam, bei Haft (bspw. Untersuchungshaft, Ersatzzwangshaft als Mittel des Verwaltungszwangs), bei Freiheitsstrafen oder zwangsweisen Unterbringungen.

***Lösung zum Beispielfall 35:***
*Üblicherweise werden einfache Verkehrskontrollen nicht als Eingriff in die Freiheit der Person angesehen. Hierfür werden regelmäßig die geringe Dauer und die Geringfügigkeit der Beschränkung angeführt.*[141] *Abgestellt werden kann hier auf die „maßnahmetypische Dauer" einer allgemeinen Verkehrskontrolle. Wird diese eingehalten, handelt es sich um einen Eingriff in die allgemeine Handlungsfreiheit, nicht in die Freiheit der Person.*

*Damit wäre das polizeiliche Vorgehen einschließlich der Frage nach dem Verbandskasten noch Eingriff in Art. 2 Abs. 1 GG, nicht in Art. 2 Abs. 2 Satz 2 GG (a. A. vertretbar).*

*Spätestens aber, wenn die Polizisten sich zu einem vollständigen „Filzen" des Fahrzeugs hinreißen lassen (für die Beurteilung des Eingriffs nach Art. 2 Abs. 2 Satz 2 GG ohne Belang, ob berechtigt oder als Schikane), ist bei Zugrundelegung von Schwerekriterien der Übergang zur Freiheitsbeschränkung erreicht.*

*So dürfte es wohl hier liegen: Spätestens mit Ansetzen zur Komplettkontrolle wäre eine Freiheitsbeschränkung anzunehmen (a. A. wohl vertretbar).*

***Beispiel:***
*Die präventive Ingewahrsamnahme nach bayerischem Polizeirecht wurde 2024 erneut bestätigt, solange richterliche Kontrolle spätestens innerhalb von 24 Stunden erfolgt und die Dauer strikt an einen konkreten gefährdungsbezogenen Zweck gekoppelt ist. Das BayObLG hob hervor, dass mehrwöchiger Gewahrsam gegen Klimaaktivistinnen nur ausnahmsweise zulässig ist, wenn unmittelbare Wiederholungsgefahr schwerer Straftaten besteht und mildere Mittel – z. B. Platzverweise – nachweislich ausscheiden.*[142]

---

139 BVerfGE 109, 239, 248.
140 BVerfGE 94, 166, 198.
141 Nachweise bei *Barczak*, NZV 2010 S. 598, 598 f., der selbst die Geltung des Art. 2 Abs. 2 Satz 2 GG annimmt.
142 BayObLG, Beschl. vom 31.10.2024 – 103 ZBR-PAG 4/24 –, juris.

### 4.5.4 Verfassungsrechtliche Rechtfertigung

**Freiheitsbeschränkende** und freiheitsentziehende Maßnahmen werden nach Art. 104 GG unter besondere Anforderungen gestellt. Dabei stellen Art. 104 Abs. 2 bis 4 GG spezielle Regelungen für Freiheitsentziehungen dar, die Absatz 1 vorgehen.

**Merke:**
Mittelalterliche Haftbefehle wurden mit den Worten „Habeas corpus" eingeleitet (lat.: „Du sollst den Körper haben"). Im *Habeas-Corpus-Act* von 1679 wurden in England Rechte Verhafteter bezüglich der Vorführung vor einen Richter niedergelegt. Vergleichbare Habeas-corpus-Rechte finden sich heute in Art. 104 GG.

***Beispielfall 36:***
*S ist Atomkraftgegner. Anlässlich eines Schienentransports von Atommüll („Castor-Transport") wird er am 26.11.2015 gegen 16:00 Uhr zusammen mit mehreren anderen Demonstranten dabei beobachtet, wie er Steine aus dem Schotterbett unter den Gleisen, auf denen der Castor-Transport rollen soll, entfernt. S ist bekleidet mit einem weißen Schutzanzug, Arbeitshandschuhen, Knie- und Armschonern sowie einer Schutzbrille. Daraufhin nimmt ihn die Polizei auf Grundlage des § 18 Abs. 1 Nr. 2 Buchst. a Niedersächsisches Gesetz über die öffentliche Sicherheit und Ordnung – NdsSOG (vergleichbar mit § 35 Abs. 1 Nr. 2 PolG NRW) in präventiven Gewahrsam. Hier wird S mit den anderen Aufgegriffenen zunächst erkennungsdienstlich behandelt. Während des Transports zum Polizeipräsidium kommt es zu verkehrsbedingten Verzögerungen. Dort angekommen weigert sich S zunächst, seine Identität preiszugeben. Gegen 19:00 Uhr schließlich beantragt die Polizei die richterliche Entscheidung über die Zulässigkeit und Fortdauer der Freiheitsentziehung. Die richterliche Bestätigung der Ingewahrsamnahme sei unumgänglich, weil die Beschwerdeführer einer Gruppe angehörten, die offensichtlich geplant und zielgerichtet vorgehe und den absoluten Willen gezeigt habe, den Castortransport zu verhindern oder jedenfalls so lange wie möglich aufzuhalten.*

*Das zuständige Amtsgericht bestätigt – formell ordnungsgemäß – die Ingewahrsamnahme bis zu dem Zeitpunkt, an dem der Castor-Transport spätestens durchgeführt sei, längstens bis zum 28.11.2015, 24:00 Uhr. Die Ingewahrsamnahme sei jeweils unerlässlich, weil aufgrund des Polizeiberichts und nach Anhörung der Beschwerdeführer zu befürchten sei, dass diese sich in allernächster Zeit erneut nach §§ 316b Abs. 1, 315 Abs. 1, 25 Abs. 2 StGB (gemeinschaftliche Störung öffentlicher Betriebe, hier: Beschädigung der Bahngleise, gemeinschaftlicher gefährlicher Eingriff in den Bahnverkehr) strafbar machen würden. Am 28.11.2015 gegen 4:00 Uhr morgens – unmittelbar nach Beendigung des Castortransports – wird S mit seinen Kumpels entlassen.*

*Liegt eine Verletzung von Art. 2 Abs. 2 GG vor?*

#### 4.5.4.1 Schranken

*Für die Beschränkbarkeit des Rechts auf Freiheit gilt das zum Recht auf Leben und körperliche Unversehrtheit Gesagte: Eine Beschränkung ist nur „aufgrund eines Gesetzes" möglich.*[143] *Hier sollte eigentlich das Gleiche gelten wie zuvor ausgeführt: dass Beschränkungen nämlich niemals unmittelbar durch Gesetz, sondern immer nur durch einen Anwendungsakt im Einzelfall vorstellbar sind. Wie sollte man „durch ein Gesetz" eingesperrt werden?*

Geschützt wird nach Art. 2 Abs. 2 Satz 2 GG die nach dem zuvor Ausgeführten im Rahmen der geltenden allgemeinen Rechtsordnung gegebene tatsächliche körperliche Bewegungsfreiheit vor staatlichen Eingriffen,[144] also – regelmäßig – vor Verhaftung, Festnahme und ähnlichen Maßnahmen des unmittelbaren Zwangs.[145] Eine solche unmittelbare Zwangseinwirkung liegt im Falle des allgemeinen Gebots, die Wohnung in der genannten Zeit nicht zu verlassen, nicht vor, was gegen einen Eingriff spricht.

Darüber hinaus gewährt Art. 2 Abs. 2 GG zwar grundsätzlich keinen Schutz davor, frei von Angst und Furcht zu sein. Dennoch kann eine Situation, in der sich der Bürger nicht mehr „vor die Haustür traut", etwa, weil er körperliche Angriffe oder dauerhafte Beschattung befürchten muss, Eingriffsqualität entfalten. Dies ist dann der Fall, „*wenn [die Maßnahme] objektiv ein derartiges Gewicht hat, dass sich jemand veranlasst sieht, den ihm rechtlich eingeräumten Spielraum zur körperlichen Bewegung deshalb nicht wahrzunehmen*".[146]

Fraglich ist, ob für die Annahme einer solchen psychischen Zwangseinwirkung eine Drohung mit Verfolgung des Handelns als Ordnungswidrigkeit oder als Straftat (§§ 73 f. IFSG) ausreicht. Der BayVerfGH[147] verneint dies: „*Soweit sich der Antragsteller auf das Grundrecht auf Freiheit der Person (Art. 102 Abs. 1 BV) beruft, ist dieses nicht einschlägig. Eine – auch bußgeldbewehrte – Pflicht, die Wohnung nicht ohne bestimmte Gründe zu verlassen, fällt nicht in den Schutzbereich dieses Rechts. Erforderlich wäre hierfür vielmehr, dass für den Betroffenen eine Zwangswirkung begründet wird, die über die bloße Rechtspflicht zur Anwesenheit an einem bestimmten Ort hinausgeht, wofür die Androhung eines Bußgelds nicht genügt.*" Insoweit wird auch die Bedrohung jedenfalls mit Bußgeldern als nicht hinreichender psychischer Zwang angesehen; dazu, ob eine Bedrohung mit Geld- bzw. Haftstrafen einen solchen Zwang begründet, findet sich keine Stellungnahme. Der hierdurch ausgeübte Druck erscheint jedenfalls erheblich intensiver, sodass – wenn man eine Einschränkung nicht schon bei der Drohung mit empfindlichen Bußgeldern annimmt – spätestens eine angedrohte Verhängung einer Kriminalstrafe einen hinreichenden psychischen Druck vermitteln könnte.

Die Gesetzesbegründung zu § 28b IFSG führt hierzu im Übrigen – wenig überzeugend – aus, es handele sich „*nicht um eine Freiheitsentziehung, sondern lediglich um*

143 Vgl. oben Kap. 4.4.4.1.
144 Vgl. BVerfGE 94, 166, 198; BVerfGE 96, 10, 21; BVerfGE 105, 239, 247;
145 Vgl. BVerfGE 22, 21, 26; BVerfGE 105, 239, 247.
146 So *Di Fabio* in DHS, Grundgesetz-Kommentar, Art. 2 II GG Rn. 38.
147 BayVerfGH, Entsch. vom 17.12.2020 – Vf. 110-VII-20 –, Rn. 48, juris.

*eine Einschränkung der persönlichen Bewegungsfreiheit zu regelmäßigen Ruhens- und Schlafenszeiten, die sich als Eingriff in die allgemeine Handlungsfreiheit auswirkt*".[148]

Dennoch haben verschiedene Gerichte bereits Ausgangssperren als Eingriffe in die Rechte aus Art. 2 Abs. 2 Satz 1 GG angesehen.[149] Das Bundesverfassungsgericht hat die Vorschriften zur „Corona-Notbremse" im Eilrechtsschutz jedenfalls als nicht offensichtlich verfassungswidrig eingestuft, und über die Qualität der Maßnahme, Eingriff in Art. 2 Abs. 1 Satz 2 GG oder Art., 2 Abs. 1 GG, keine abschließende Aussage getroffen.[150]

#### 4.5.4.2 Differenzierung nach Maßnahmenintensität

##### *4.5.4.2.1 Freiheitsbeschränkende Maßnahmen*

Art. 104 Abs. 1 Satz 1 GG verlangt, dass freiheitsbeschränkende Maßnahmen nur aufgrund eines förmlichen (Parlaments-)**Gesetzes** ergehen dürfen, das die Freiheitsbeschränkung bezüglich Form, Verfahren und Zuständigkeit ausgestalten muss. Unabhängig von den Voraussetzungen des Art. 104 Abs. 1 GG sind stets die übrigen Rechtmäßigkeitsvoraussetzungen bezüglich Gesetz und Einzelakt zu wahren, insbesondere die Anforderungen der Bestimmtheit und der Verhältnismäßigkeit.

##### *4.5.4.2.2 Freiheitsentziehende Maßnahmen*

Abgesehen von den Fällen, in denen die Polizei von ihrem **Festnahmerecht** Gebrauch macht (Art. 104 Abs. 2 Satz 2 u. 3, Abs. 3 Satz 1 GG), kann nur ein Richter über freiheitsentziehende Maßnahmen entscheiden (Art. 104 Abs. 2 Satz 1 GG).

Nur wenn die mit der Festnahme verfolgten Zwecke mit vorheriger Einschaltung eines **Richters** nicht erreichbar sind, darf auf die vorherige richterliche Anordnung verzichtet werden. Hat die Exekutive Festnahmerechte ausgeübt, muss diese Freiheitsentziehung richterlich überprüft und ggf. bestätigt werden (Art. 104 Abs. 2 Satz 2 GG, Abs. 3 GG); die Frist des Art. 104 Abs. 2 Satz. 3 GG, wonach Festgenommene nicht länger als bis zum Ende des Folgetages in Polizeigewahrsam verbleiben dürfen, entbindet nicht von der Pflicht zur unverzüglichen Vorführung vor einen Richter.[151] Eine weitere verfahrensmäßige Absicherung enthält Art. 104 Abs. 4 GG bezüglich des Rechts, dass Angehörige oder Vertrauenspersonen von der Andauer der Haft benachrichtigt werden.

Die nähere Ausgestaltung des Verfahrens obliegt dem einfachen **Gesetzgeber**. Vorschriften bspw. zu Haftgründen finden sich in der StPO, zum Verfahren der Unterbringung in den Gesetzen über die Unterbringung psychisch Kranker. Aufgabe der Gerichte ist, die Erreichbarkeit eines zuständigen Richters – jedenfalls zur Tageszeit (vgl. etwa § 188 Abs. 1 ZPO, § 104 Abs. 3 StPO) – sicherzustellen.[152]

---

148 BT-Drs. 9/28444 S. 12.

149 BayVGH, Entsch. vom 30.3.2020 – 20 NE 20.632 –, Rn. 72, juris; VG München, Entsch. vom 24.3.2020 – M 26 S 20.1255 –, Rn. 31, juris.

150 BVerfG, Entsch. vom 31.5.2021 – 1 BvR 794/21 – u. a., http://www.bverfg.de/e/rk20210531_1bvr079421.html, zuletzt abgerufen am 21.6.2021.

151 BVerfGE 105, 239, 249.

152 BVerfGE 105, 239, 248.

Neben dieser verfahrensmäßigen Absicherung muss im Rahmen der Schranken-Schranken-Prüfung im Einzelfall die Anwendung der entsprechenden Vorschriften wiederum insbesondere **verhältnismäßig** sein. So müssen Haftgründe bspw. in Anbetracht der Höhe der zu erwartenden Strafe angewendet werden (§ 112 Abs. 1 StPO). Wiederholungsgefahr als Haftgrund verlangt eine hinreichende Schwere der Anlasstat (§ 112a StPO). Zum Schutz der Betroffenen ist auch eine möglichst zügige Verfahrensabwicklung zu fordern.[153]

Besondere Anforderungen ergeben sich für Strafgefangene mit langen **Haftstrafen**, ggf. lebenslanger Haft, und Sicherungsverwahrte. Hier muss zwischen dem Gedanken des Schutzes der Allgemeinheit und den Rechten der Betroffenen abgewogen werden. Tendenziell steigen die Anforderungen an die Fortdauer von Haft und Sicherungsverwahrung mit der Dauer der jeweiligen Maßnahme.[154]

***Lösung zu Beispielfall 36:***

*Der Schutzbereich des Art. 2 Abs. 2 GG betrifft u.a. die Freiheit der Person, also die Freiheit, sich zu jedem frei zugänglichen Ort zu bewegen oder sich von einem solchen Ort wegzubewegen. Art. 2 Abs. 2 GG ist ein Jedermannsgrundrecht, so dass sich S hierauf berufen kann. Der Schutzbereich ist eröffnet.*

*Mit der gerichtlich bestätigten Ingewahrsamnahme wird S gehindert, sich frei fortzubewegen. In den Schutzbereich des Art. 2 Abs. 2 GG wird somit im Sinne eines klassischen Eingriffs eingegriffen. Dadurch, dass S in seiner Bewegungsfreiheit über einen längeren Zeitraum vollkommen eingeschränkt ist, erreicht der Eingriff die Schwelle der Freiheitsentziehung.*

*Fraglich ist, ob der Eingriff verfassungsrechtlich gerechtfertigt ist. Art. 2 Abs. 2 Satz 3 GG formuliert einen Gesetzesvorbehalt; in die Freiheit der Person darf nur aufgrund eines Gesetzes eingegriffen werden. Dieses Gesetz ist hier § 18 Abs. 1 Nr. 2 Buchst. a NdsSOG. Dieses Gesetz ist als formell und materiell verfassungsgemäß zu unterstellen und kann als wirksame Grundlage für freiheitsbeschränkende oder –entziehende Maßnahmen angesehen werden.*

*Fraglich ist, ob diese Schranke wirksam angewendet wurde.*

*Zunächst müsste die richterlich bestätigte Ingewahrsamnahme im Lichte des Grundrechts des S und seiner Freunde verhältnismäßig gewesen sein. Zweck war die Verhinderung der weiteren Begehung von Straftaten; dieser Zweck ist verfassungsrechtlich legitim. Durch die Ingewahrsamnahme wurde die Möglichkeit weiterer Beschädigungen des Gleiskörpers eingeschränkt; die Maßnahme war somit zweckförderlich, also geeignet.*

*Als milderes Mittel gleicher Eignung wäre ein Platzverweis in Erwägung zu ziehen. Allerdings wäre aufgrund der Ausstattung des S und der in seinem Verhalten zum Ausdruck kommenden Entschlossenheit anzunehmen, dass dieser dem Platzverweis zuwiderhandeln und sich sofort wieder dem Schotter zuwenden*

153 *Kingreen/Poscher*, Staatsrecht II, Rn. 509 f.

154 BVerfGE 109, 133, 159 f. zur Sicherungsverwahrung.

*würde. Gleiches hätte gegolten, wäre S sofort nach der erkennungsdienstlichen Behandlung wieder auf freien Fuß gesetzt worden wäre.*

*Schließlich müsste die Ingewahrsamnahme angemessen gewesen sein. Hier ist zunächst die Höchstrangigkeit des Rechts auf Freiheit in Betracht zu ziehen. Diese im Sinne einer Freiheitsentziehung zu beschränken bedarf des Nachweises erheblicher Gefährdungen für andere hochrangige Rechtsgüter. Dies sah das Bundesverfassungsgericht in Anbetracht der Wahrscheinlichkeit der Begehung weiterer Straftaten als gegeben an: „Danach gehörten die Beschwerdeführerin zu I. und der Beschwerdeführer zu II. zu einer Gruppe, die durch ihre überwiegende Ausstattung mit Schutzkleidung und ihr arbeitsteiliges Vorgehen am Gleisbett den Willen gezeigt hatte, den Castortransport trotz des Einschreitens der Polizei durch die Begehung von Straftaten zu verhindern. Die Beschwerdeführer hatten sich bereits der Begehung eines der zu verhindernden Straftat gleichartigen Delikts hinreichend verdächtig gemacht. Die Störung des Castortransports durch die Begehung von Straftaten war ihnen sowohl im Zeitpunkt der Ingewahrsamnahme als auch im Zeitpunkt der amtsgerichtlichen Anordnung weiter möglich.“*[155]

*Zu beachten ist insoweit auch, dass die Freilassung unmittelbar nach Ende des gefährdeten Transports erfolgte.*

*Weiterhin müssen die besonderen Maßgaben des Art. 104 GG eingehalten worden sein. Wie bereits ausgeführt, beruht die Ingewahrsamnahme auf einem förmlichen Gesetz; die Maßgaben des Art. 104 Abs. 1 GG sind eingehalten. Fraglich ist, ob auch die Maßgaben des Art. 104 Abs. 2 GG eingehalten sind. Dazu müsste es sich zunächst um eine freiheitsentziehende Maßnahme handeln. Durch die Ingewahrsamnahme ist die körperliche Bewegungsfreiheit des S und seiner Freunde in jeder Richtung aufgehoben worden. Damit bedarf das Vorgehen der Polizei einer richterlichen Entscheidung. Diese ist zwar eingeholt worden, aber erst nach der Freiheitsentziehung. Gemäß Art. 104 Abs. 2 Satz 2 GG ist bei jeder nicht auf richterlicher Anordnung beruhenden Freiheitsentziehung unverzüglich eine richterliche Entscheidung herbeizuführen.*

*Hier ist die Ingewahrsamnahme gg. 16:00 Uhr erfolgt; die richterliche Anordnung wurde drei Stunden später – gegen 19:00 Uhr – eingeholt. Die Zeitspanne von 16:00 Uhr bis 19:00 Uhr müsste also den Maßstäben einer unverzüglichen nachträglichen richterlichen Entscheidung entsprechen.*

*Gerade in Anbetracht dessen, dass die Ingewahrsamnahme am helllichten Tage er-folgte, könnte hieran zu zweifeln sein. Allerdings sah das Bundesverfassungsgericht das Erfordernis der Unverzüglichkeit noch gewahrt: „Die nachträgliche richterliche Anordnung der Ingewahrsamnahme genügte dem Gebot der Unverzüglichkeit aus Art. 104 Abs. 2 Satz 2 GG. Das Landgericht hat den zeitlichen Ablauf von der Ingewahrsamnahme bis zur Vorführung zur richterlichen Anhörung*

155 BVerfG, Entsch. vom 18.4.2016 – 2 BvR 1833/12 –, Rn. 35; http://www.bverfg.de/e/rk20160418_2bvr183312.html, zuletzt abgerufen am 21.6.2021.

*aufgeklärt und Verzögerungen jeweils in Anerkennung des verfassungsrechtlichen Maßstabs für sachlich gerechtfertigt gehalten.“*[156]

*Damit war die Maßnahme selbst verhältnismäßig und somit verfassungsgemäß. Auch die Anforderungen des Art. 104 GG waren gewahrt. In der Folge ist der Eingriff in Art. 2 Abs. 2 GG gerechtfertigt; eine Verletzung des Art. 2 Abs. 2 GG scheidet aus.*

*Überblick zu Art. 104 GG*

| **Absatz** | **Regelungsgegenstand** | **Zentrale Anforderung** | **Beispielhaftes Vollzugsproblem** |
|---|---|---|---|
| Absatz 1 | Gesetzesvorbehalt für jede Freiheitsbeschränkung oder -entziehung | Förmliches Parlamentsgesetz mit Verfahren, Form und Zuständigkeit | § 38 PolG NRW verweist ausdrücklich auf richterliche Entscheidung binnen 24 h |
| Absatz 2 | Richterlicher Vorbehalt bei Freiheitsentziehungen | Unverzügliche oder spätestens bis Folgetag herbeizuführende richterliche Anordnung | Problem langer Fahrzeiten zur Amtsgerichtsnachtbereitschaft bei Großdemos |
| Absatz 3 | Dokumentations- und Verkündigungspflichten bei Festnahmen | Information über Gründe, Möglichkeit rechtlichen Gehörs | Standardformular Mitteilung nach Art. 104 Abs. 3 GG in Polizeigewahrsam |
| Absatz 4 | Benachrichtigungspflicht gegenüber Angehörigen oder Vertrauensperson | Sofortige, unverzügliche Mitteilung | Streit im Eilverfahren, wenn Polizei aus taktischen Gründen Benachrichtigung verzögert |

## 4.6 Art. 4 Abs. 1, Abs. 2 GG – Religions- und Weltanschauungsfreiheit, Gewissensfreiheit

Art. 4 Abs. 1, 2 GG betrifft die **Glaubens-** und Religionsfreiheit sowie die **Weltanschauungsfreiheit** und die Gewissensfreiheit. Daneben regelt Art. 4 Abs. 3 GG mit dem Recht auf Kriegsdienstverweigerung einen Spezialfall der Gewissensfreiheit.

***Beispielfall 37 – Ein Finger für den Guru:***
*H ist Hohepriester der X-Gemeinschaft, die den Lehren ihres in den Himmel aufgefahrenen gottgleichen „Glaubensstifters“ G folgt, der vor 100 Jahren in einem Land auf dem Gebiet des heutigen Indien geboren wurde. H selbst und seine Familienmitglieder sind indische Staatsbürger.*

*G hat zu Lebzeiten umfangreiche Schriften dazu verfasst, welche Form der Lebensgestaltung zu Reinigung, Erkenntnis und schließlich ewigem Leben führt. Hierzu gehören unter anderem tägliche Gebete und die Teilnahme an gottesdienst-*

156 BVerfG, Entsch. vom 18.4.2016 – 2 BvR 1833/12 –, Rn. 36; http://www.bverfg.de/e/rk20160418_2bvr183312.html, zuletzt abgerufen am 21.6.2021.

*ähnlichen Handlungen. Für die Söhne der Anhänger hat G etwas Besonderes vorgesehen. Da der Glaubensstifter selbst mit einer angeborenen Behinderung zur Welt gekommen ist, nämlich nur mit vier Fingern an der rechten Hand, ist es vorgeschrieben, dass den Jungen mit vier Jahren der Zeigefinger der rechten Hand vollständig amputiert wird. Diese Handlung wird durch die Hohepriester durchgeführt, denen die Technik für eine relativ schmerzfreie und hygienisch vertretbare Amputation von anderen Hohepriestern übermittelt werden.*

*H will das Ritual im Einverständnis mit seiner Ehefrau an ihrem gemeinsamen Sohn S durchführen. Das zuständige Jugendamt erfährt von der anstehenden Amputation und erwirkt eine gerichtliche Anordnung, mit der die Operation untersagt wird. Dem H wird für den Fall, dass er den Plan weiterverfolgt, strafrechtliche Verfolgung angedroht. Zudem wird die Entziehung des Sorgerechts in Aussicht gestellt; S würde in eine Pflegefamilie gegeben werden.*

*Der vierjährige S, der von seinem Vater über die Wichtigkeit des Rituals für sein künftiges Seelenheil eindringlich aufgeklärt wurde, bestätigt dem Jugendamt gegenüber, dass er das Ritual um jeden Preis an sich vollziehen lassen will. H lässt gleichwohl zunächst von seinem Plan ab, beruft sich aber auf eine Verletzung der Religionsfreiheit seines Sohnes.*

*Zu Recht?*

***Beispielfall 38:***
*Am frühen Abend kontrolliert die Bundespolizei den Einlass zum Düsseldorfer Hauptbahnhof. Auf dem Bahnsteig entdeckt sie den Amritdhari-Sikh J, der an seiner Hüfte einen Kirpan mit 8 cm Klingenlänge trägt. Ein Beamter erklärt J, dass das Führen feststehender Klingen von mehr als 6 cm in Zügen und an Bahnhöfen nach § 42 Abs. 1 Nr. 2 WaffG verboten sei. J entgegnet, das Messer sei ein unverzichtbares Glaubenssymbol; ohne Kirpan dürfe er sich nach der Weisung des Guru Gobind Singh nicht in der Öffentlichkeit zeigen. Die Beamten beschlagnahmen den Kirpan, leiten ein Ordnungswidrigkeitenverfahren ein und erteilen J einen Platzverweis.*

## 4.6.1 Religionsfreiheit und Weltanschauungsfreiheit

### 4.6.1.1 Allgemeines

Die Garantien des Art. 4 Abs. 1, 2 GG stehen in Zusammenhang mit der Garantie der Menschenwürde, da es zur Freiheit des Menschen als **sittliche Person** gehört, sich religiöse oder weltanschauliche Überzeugungen zu bilden und danach zu leben. Die Glaubens- und Weltanschauungsfreiheit genießt gerade vor dem Hintergrund der Erfahrungen mit dem NS-Regime einen hohen Rang.

### 4.6.1.2 Schutzbereich

#### *4.6.1.2.1 Sachlicher Schutzbereich*

**„Glaube"** ist nach gängiger Definition die Überzeugung, die der Einzelne von der Stellung des Menschen in der Welt und seinen Beziehungen zu höheren Mächten und tieferen Seinsschichten hat und insoweit synonym zu „Religion". Als „Weltanschauung" wird die Ordnung der Weltsicht nach umfassenden Prinzipien und subjektiv verbindliche Handlungsanleitung im Rahmen einer Wahrheitsüberzeugung von einer ganzheitlichen Welt-, Lebens-, Sinn- und Werteordnung verstanden.[157]

Religions- und Weltanschauungsfreiheit stehen sich **gleichwertig** gegenüber. Sie haben gemeinsam, dass sie „eine mit der Person des Menschen verbundene Gewissheit über bestimmte Aussagen zum Weltganzen sowie zur Herkunft und zum Ziel des menschlichen Lebens betreffen, sowie zur Herkunft und zum Ziel des menschlichen Lebens zu verstehen; dabei legt die Religion eine den Menschen überschreitende und umgreifende (‚transzendente') Wirklichkeit zugrunde, während sich die Weltanschauung auf innerweltliche (‚immanente') Bezüge beschränkt."[158] Merkmal beider Begriffe ist die Totalität der jeweiligen Überzeugung; es geht stets um eine Gesamtansicht der Welt, wodurch sich insbesondere die Weltanschauung von politischen Ansichten unterscheidet.

Beiden Garantien ist zugleich eigen, dass nach überwiegender Ansicht Art. 4 Abs. 1 GG das Haben einer Glaubensüberzeugung oder einer Weltanschauung schützt **(„forum internum")**, und Art. 4 Abs. 2 GG – entgegen dem auf die „Religion" beschränkten Wortlaut – die Betätigung von Glauben und Weltanschauung nach außen **(„forum externum")**. Damit ergibt sich aus Art. 4 Abs. 1, 2 GG ein gemeinsamer Schutzbereich, einen Glauben oder eine Weltanschauung

- zu bilden,
- zu haben,
- zu äußern
- und danach zu handeln.

Hinweise auf das Vorliegen einer Religion oder einer Weltanschauung kann der Umstand sein, dass die Überzeugungen auf nachweisbare **Überlieferungen** zurückgehen, dass sie von Mehreren (ggf. auch Wenigen) geteilt und gemeinsam (in Ritualen) praktiziert werden. Geschützt ist dann insbesondere das Praktizieren derartiger Rituale.

***Beispielfall 39:***
*Der türkische Metzger T beantragt bei der zuständigen Behörde nach § 4a Abs. 2 Satz 1 TierschG eine Ausnahmegenehmigung zum betäubungslosen Schlachten (Schächten). Er trägt vor, dass der Koran beim Verzehr von Fleisch gebiete, dass dieses von geschächteten Tieren gewonnen werden müsse. Insbesondere könne wegen eines anstehenden hohen islamischen Feiertags der Bedarf der ansässigen Muslime – was zutrifft – nicht durch Importfleisch gedeckt werden.*

157 Nachweise jeweils bei *Germann* in BeckOK GG, Art. 4 Rn. 12.1.
158 BVerwG, NJW 1992 S. 2496, 2497.

*Die Behörde versagt die Genehmigung, was von den Verwaltungsgerichten letztinstanzlich gebilligt wird.*

*Ist T in seinen Grundrechten verletzt?*

Insbesondere von der Glaubens- und Religionsfreiheit ist nicht nur der judäo-christliche Anschauungsbereich umfasst. Die früher vertretene **„Kulturadäquanz-Formel"** besagte, das Grundgesetz wolle nicht jegliche Glaubensüberzeugung schützen, sondern *„nur diejenige, die sich bei den heutigen Kulturvölkern auf dem Boden gewisser übereinstimmender sittlicher Grundanschauungen im Laufe der geschichtlichen Entwicklung herausgebildet"*[159] hat. Heute wird das Verständnis dessen, was eine Religion ausmacht, überwiegend nach dem **Selbstverständnis** der Religionsgemeinschaft selbst bestimmt. Das Bundesverfassungsgericht hat aber in der Bahá'í-Entscheidung verlangt, dass es sich bei der betreffenden Gemeinschaft *„auch tatsächlich, nach geistigem Gehalt und äußerem Erscheinungsbild, um eine Religion und Religionsgemeinschaft handeln"*[160] müsse. Die Behauptung religiöser Betätigung muss also plausibel sein. Zwar ist letztverbindlich der Staat zuständig für die Bestimmung dessen, was religiöses Verhalten ist, dabei ist aber das Selbstverständnis der (Religions-)Gemeinschaft maßgeblich zu berücksichtigen,[161] ggf. unter Heranziehung anerkannter Autoritäten.

Nicht erfasst vom Glaubens- und Religionsbegriff sind rein geistige Techniken, auch darf die wirtschaftliche Betätigung nicht der (verkappte) Hauptzweck der Gemeinschaft sein (z. B. **Scientology**). Dagegen ist religiös motivierte caritative Betätigung grds. von der Glaubensfreiheit gedeckt.[162] Zwar kann auch wirtschaftliche Betätigung von Art. 4 GG gedeckt sein; sie muss aber ansatzweise religiöse Motive und Elemente enthalten.

**Merke:**
Die vorigen Ausführungen machen deutlich, dass die rechtliche Diskussion vornehmlich um Religionsgemeinschaften geführt wird. Allerdings betreffen die Aussagen zum Selbstverständnis, zu zulässigen Betätigungen und staatlicher Anerkennung letztlich auch Weltanschauungsgemeinschaften.
Beispiele für solche Weltanschauungsgemeinschaften sind der Bund für Geistesfreiheit Bayern, die Freigeistige Aktion für humanistische Kultur, das Freigeistige Lebenshilfswerk oder der Humanistische Freidenkerbund Brandenburg.

Geschützt ist die Freiheit, nach seinem Glauben oder seiner Weltanschauung zu handeln sowie bestimmte Handlungen aufgrund seiner Überzeugung zu unterlassen. Geschützt ist nicht nur die Freiheit, einen Glauben oder eine Weltanschauung zu haben, sondern auch die Freiheit, diese nicht zu haben. Auch darf niemand gezwungen werden, das Haben oder Nichthaben eines Glaubens zu offenbaren. Letzteres ist immer dann proble-

159 BVerfGE 12, 1, 4 – Tabak-Beschluss.
160 BVerfGE 83, 341, 353 – Bahá'í.
161 *Germann* in BeckOK GG, Art. 4 GG Rn. 18.
162 BVerfGE 24, 236, 246 ff. – Aktion Rumpelkammer.

matisch, wenn sich der Betroffene für ein bestimmtes Tun oder Unterlassen auf seine religiöse oder weltanschauliche Überzeugung berufen will. Hier muss ihm zugemutet werden, die entsprechende Überzeugung auch darzulegen.[163]

#### 4.6.1.2.2 Persönlicher Schutzbereich

Persönlich schützt die Religions- und Weltanschauungsfreiheit jede natürliche Person; Art. 4 GG ist damit ein Jedermannsrecht. Da die Religions- und Weltanschauungsfreiheit aber immer auch eine überindividuelle Dimension hat, insbesondere auf dem Gebiet der nach außen tretenden Überzeugung (forum externum), ist Art. 4 Abs. 1, 2 GG auch auf **juristische Personen** wesensmäßig anwendbar.[164] Dabei richtet sich die Freiheit, religiöse Vereinigungen zu bilden, nach Art. 4 GG und nicht nach der Vereinigungsfreiheit, Art. 9 GG.[165] Speziell für die Religionsfreiheit wird gem. § 5 Satz 2 Gesetz über die religiöse Kindeserziehung die Religionsmündigkeit (RelKErzG) ab dem 14. Lebensjahr angenommen.[166]

Erfasst sind auch selbständige **Untergliederungen** oder Einrichtungen der Religions- und Weltanschauungsgemeinschaften.

***(Zwischen-)Lösung zu Beispielfall 37 – Ein Finger für den Guru:***
*S könnte durch das Verbot des Rituals in seiner Religionsfreiheit nach Art. 4 Abs. 1, 2 GG verletzt sein.*

*[**Anm.:** Der Fall folgt keinem prozessualen Aufbau, so dass lediglich nach Schutzbereich, Eingriff und Rechtfertigung zu fragen ist. In der Zulässigkeitsprüfung einer Verfassungsbeschwerde müsste nach der Verfahrensfähigkeit des S, orientiert an der Grundrechtsmündigkeit gefragt, und diese verneint werden. Allerdings würden die Verfahrensfähigkeit und die Religionsmündigkeit durch das Recht der elterlichen Sorge des H und seiner Frau, das auch Fragen der Religiosität erfasst, ersetzt werden.]*

***I. Schutzbereich***

***a) Sachlicher Schutzbereich***

*Das Ritual, das an S vollzogen werden soll, müsste Ausdruck von Glaube und Religion sein. Glaube ist die Überzeugung, die der Einzelne von der Stellung des Menschen in der Welt und seinen Beziehungen zu höheren Mächten und tieferen Seinsschichten hat.*

*Gegen das Vorliegen eines Glaubens, das durch Art. 4 Abs. 1, 2 GG geschützt ist, könnte hier aber schon sprechen, dass eine Religion, die Verstümmelung von Kindern vorsieht, aufgrund der sog. „Kulturadäquanzformel" nicht den Schutz der Religionsfreiheit genießt. So heißt es in BVerfGE 12, 14:*

*„Das Grundgesetz hat nicht irgendeine, wie auch immer geartete freie Betätigung des Glaubens schützen wollen, sondern nur diejenige, die sich bei den heutigen*

---

163 So zutreffend *Kingreen/Poscher*, Staatsrecht II, Rn. 631.

164 *Germann* in BeckOK GG, Art. 4 GG Rn. 18.

165 BVerfGE 83, 341, 354 – Bahá'í.

166 Dazu schon oben Kap. 3.5

*Kulturvölkern auf dem Boden gewisser übereinstimmender sittlicher Grundanschauungen im Laufe der geschichtlichen Entwicklung herausgebildet hat."*
*Von dieser Kulturadäquanzformel hat sich das Bundesverfassungsgericht allerdings in späteren Entscheidungen (vgl. BVerfGE 41, 29, 50) Abstand genommen und die Begrenzung der Glaubensfreiheit auf den judäo-christlichen Kulturkreis aufgegeben. Es stellt im Zeichen weltanschaulich-religiöser Neutralität des Staates vornehmlich auf das Selbstverständnis der Religionsgemeinschaft ab und fragt, ob eine Glaubensüberzeugung im obigen Sinne vorliegt, die von Mehreren geteilt und durch Rituale nach außen getragen wird.*
*Bei Zugrundelegung des Selbstverständnisses der X-Gemeinschaft ist festzustellen, dass ein geschlossenes Gedankengebäude entsprechend den Lehren des G existiert, das dieser überliefert hat, und in dem die Stellung des Menschen in der Welt und seinen Beziehungen zu höheren Mächten, repräsentiert durch den in den Himmel aufgefahrenen G, bestimmt wird. Die X-Gemeinschaft vollzieht die von G vorgegebenen Rituale. Damit verkörpert das Verhalten der X-Gemeinschaft nach ihrem Selbstverständnis einen Glauben; die X-Gemeinschaft ist Religionsgemeinschaft. Damit stellt aber auch das Amputationsritual als Ausdruck des Glaubens im Sinne des Forum externum dar.*

***b) Persönlicher Schutzbereich***
*Art. 4 Abs. 1, 2 GG ist ein Jedermannsgrundrecht; damit könnte sich S unabhängig von seiner Staatsangehörigkeit als natürliche Person grds. hierauf berufen. Allerdings fehlt ihm im Alter von vier Jahren die Religionsmündigkeit. Zum einen hat er nicht die Altersgrenze von 14 Jahren nach § 5 Satz 2 Gesetz über religiöse Kindererziehung noch nicht erreicht, zum anderen besitzt er mit vier Jahren nicht die notwendige Einsichtsfähigkeit. Allerdings tritt hier an die Stelle der Religionsmündigkeit des S das elterliche Sorgerecht (§ 1626 BGB), das auch religiöse Fragen umfasst.*
*Der Schutzbereich der Religionsfreiheit ist eröffnet.*

### 4.6.1.3 Eingriff

Denkbar sind gleichermaßen klassische wie mittelbar-faktische Eingriffe. Bezüglich des forum internum, also der inneren Glaubensüberzeugung, sind mittelbare-faktische Eingriffe anzunehmen bei staatlicher **Indoktrination**. Hierzu zählt auch staatliche oder staatlich geduldete oder geförderte Aufklärungsarbeit, so bezüglich Warnungen vor Jugend- und Psychosekten.

In den Bereich der **negativen Glaubensfreiheit** und der mittelbar-faktischen Eingriffe gehört auch der „Zwang zum Lernen unter dem Kreuz". So kann das Aufhängen von Kreuzen oder Kruzifixen (Darstellung des gekreuzigten Jesus am Kreuz) in Schulen einen Eingriff in die negative Glaubensfreiheit begründen.

> **Merke:**
> Für staatliche Warnungen ergibt sich das Problem der hinreichenden Ermächtigungsgrundlage.[167] Hierzu hat das Bundesverfassungsgericht vertreten, dass die Bundesregierung aufgrund ihrer Aufgabe der Staatsleitung (Art. 65 GG) überall dort zur Informationsarbeit berechtigt ist, wo ihr eine gesamtstaatliche Verantwortung zukommt, die mit Hilfe von Informationen wahrgenommen werden kann. Bei lediglich mittelbar-faktischer Einwirkung auf Grundrechte soll es dann auch keiner weiteren parlamentsgesetzlichen Ermächtigungen mehr bedürfen.[168]

**Klassische** Eingriffe sind anzunehmen bei staatlichen Verboten bestimmter religiöser Handlungen, aber bspw. auch bei Nichterteilung von Sondernutzungsgenehmigungen für Veranstaltungen religiösen Inhalts.

***(Zwischen-)Lösung zu Beispielfall 37 – Ein Finger für den Guru:***

***2. Eingriff***

*Ein Eingriff ist jede staatliche Maßnahme, durch die der Schutzbereich eines Grundrechts verkürzt, also dessen Ausübung erschwert oder unmöglich gemacht wird.*

*Die Drohung des Jugendamtes mit Strafverfolgung und Entziehung des Sorgerechts für den Fall des Vollzugs des Amputationsrituals verhindert, dass das Ritual als wichtiger Teil der Glaubensüberzeugung der X-Gemeinschaft und des S entsprechend den Lehren des G vollzogen wird. Das Recht auf Religionsausübung wird so teilweise unmöglich gemacht und verkürzt, auch ohne dass das Sorgerecht bereits entzogen oder eine strafrechtliche Verfolgung eingeleitet worden wäre.*

*Rechtsförmig richten sich die angedrohten Maßnahmen allerdings nicht gegen S, sondern gegen dessen Eltern. Allerdings wird hierdurch (Finalität im engeren Sinne) die Religionsfreiheit des S gezielt betroffen.*

*Ein Eingriff ist jedenfalls im mittelbar-faktischen Sinne zu bejahen.*

### 4.6.1.4 Verfassungsrechtliche Rechtfertigung

#### 4.6.1.4.1 *Schranken*

Die Religions- und Weltanschauungsfreiheit unterliegt keiner geschriebenen Grundrechtsschranke. Teilweise ist versucht worden, durch Schrankenübertragung (Art. 2 Abs. 1, Art. 5 Abs. 2 GG) einen Schrankenvorbehalt zu konstruieren. Diese Ansätze **widersprechen** aber dem klaren Wortlaut der Norm; insbesondere widerspricht eine Schrankenübertragung aus Art. 2 Abs. 1 GG – die denkbar weiteste Schrankenregelung der Schran-

167 Vgl. zum Vorbehalt des Gesetzes oben Kap. 2.4.3.
168 BVerfG, NJW 2002 S. 2626, 2626 f.

kentrias – der deutlichen Intention des Grundgesetzes, bestimmte Grundrechte nicht gesetzlichen Schranken zu unterwerfen.[169]

Auch wird versucht, aus Art. 140 GG i. V. m. Art. 136 Abs. 1, Abs. 3, Art. 137 Abs. 3 Satz 1 WRV Schranken für die Religionsfreiheit herzuleiten. Das Bundesverfassungsgericht lehnt die Anwendung dieser einfachen Gesetzesvorbehalte ab, da Art. 4 GG die inkorporierten staatskirchenrechtlichen Artikel der **Weimarer Reichsverfassung** überlagere.[170] Gegen eine Schrankenübertragung spricht der Wortlaut des Art. 4 GG, auch die systematische Stellung der Normen zueinander. Zwar stellen die Weimarer Kirchenrechtsartikel vollgültiges Verfassungsrecht dar, jedoch fehlt es bspw. an einem Verweis von Art. 4 GG auf Art. 136 ff WRV. Auch spricht der Grundsatz der Schrankenspezialität gegen eine Übertragung von Schranken auf Art. 4 Abs. 1 und 2 GG.[171]

Damit ergeben sich Schranken der Religions- und Weltanschauungsfreiheit (nur) aus kollidierendem Verfassungsrecht.

#### 4.6.1.4.2 Schranken-Schranken

Im Rahmen der Schranken-Schranken-Prüfung ist regelmäßig zu erwägen, ob das verfassungsrechtlich geschützte Rechtsgut eine einfachgesetzliche Konkretisierung gefunden hat. Hier ist dann bezüglich des Gesetzes und seiner Anwendung zu fragen, ob die geschützten Rechtsgüter im Rahmen der **praktischen Konkordanz** zu einem vertretbaren Ausgleich mit den Freiheiten aus Art. 4 Abs. 1, 2 GG gebracht werden. Sollte es – etwa im Kontext staatlicher Aufklärungstätigkeit – an einer konkreten einfachgesetzlichen Grundlegung fehlen, ist es Aufgabe der Verhältnismäßigkeitsprüfung, die konfligierenden Rechtsgüter – bspw. Religionsfreiheit vs. staatliche Aufklärungsarbeit im Interesse der Allgemeinheit – in Ausgleich zu bringen. Hier kann dann bspw. geklärt werden, ob die staatliche Stelle von zutreffenden und nachprüfbaren Sachverhaltsannahmen ausgeht, oder ob die Wortwahl der Aufklärungsmaßnahme angemessen ist.[172]

> ***Lösung zu Beispielfall 39:***
> *Der türkische Metzger T dürfte mit seinem Ansinnen, nach islamischem Ritus zu schlachten, nicht vornehmlich in seiner Glaubensfreiheit, sondern im beruflichen Kontext betroffen sein; da Art. 12 Abs. 1 GG aber ein Deutschenrecht ist, greift für ihn das Auffanggrundrecht des Art. 2 Abs. 1 GG.*[173] *Dieses Recht wird aber durch Art. 4 Abs. 1, 2 GG verstärkt. Damit ist für die Rechtfertigung des staatlichen Eingriffs – Schächtungsverbot – entscheidend, ob die Religionsfreiheit oder die Gebote des Tierschutzes als Rechtsgut mit Verfassungsrang (Art. 20a GG) überwiegen. Einfachgesetzlich ist der Tierschutz konkretisiert im Tierschutzgesetz, das in § 4a Abs. 2 TierschG Ausnahmen vom Schächtverbot in begründeten*

169 Ablehnend insoweit BVerfGE 32, 98, 107.

170 BVerfGE 33, 23, 31; kritisch dazu *Kingreen/Poscher*, Staatsrecht II, Rn. 635 ff. In der Tendenz wie das Bundesverfassungsgericht *Germann* in BeckOK GG, Art. 4 GG Rn. 47 ff.

171 *Germann* in BeckOK GG, Art. 4 GG Rn. 48.

172 Vgl. etwa BVerfG, NJW 2002 S. 2626, 2626 f. zum Begriff „Sekte".

173 Dazu oben Kap. 3.6.2.3.

*Fällen vorsieht und deshalb verhältnismäßig ist. Fraglich ist, ob die Verweigerung der Ausnahmegenehmigung verfassungsgemäß ist.*

Hier ist zunächst festzustellen, ob das Gebot, nur Fleisch von geschächteten Trieren zu essen, ein zwingendes Gebot der Religionsgemeinschaft ist. Hier gehen die Meinungen bereits auseinander, da offenbar bestimmte Aussagen im Koran belegen, dass die Einhaltung von Speiseriten nur dort verlangt wird, wo die jeweilige Ordnung dies zulässt. Geht man von einer übereinstimmenden Glaubensüberzeugung des Islam aus, könnte als nächstes gefragt werden, ob denn der Verzehr von Fleisch Glaubensgebot ist. Das dürfte abzulehnen sein, da der Koran nicht gebietet, aus religiöser Überzeugung Fleisch zu essen. Jedoch wäre eine solche Anforderung an die Lebensgestaltung, auf Fleisch zu verzichten, wenn es nicht nach den betreffenden Riten geschlachtet wurde, überzogen. Damit ist praktische Konkordanz nicht herstellbar. Also muss bei substantiierter Darlegung, dass die Versorgung der Gläubigen mit geschächtetem Fleisch nur mit der Ausnahmegenehmigung herbeigeführt werden kann, diese erteilt werden. Dies ist insbesondere in Anbetracht der nicht hinreichenden Versorgung mit Importfleisch anzunehmen. Dabei kann der Staat durch Nebenbestimmungen zu einer Ausnahmegenehmigung sicherstellen, dass die Schlachtung fachkundig und unter möglichster Einhaltung des Tierschutzes durchgeführt wird.

Im Ergebnis ist der T durch die Nichterteilung der Genehmigung in seinen Grundrechten aus Art. 2 Abs. 1 GG i. V. m. Art. 4 Abs. 1, 2 GG verletzt (a. A. vertretbar).[174]

Ist die Herstellung praktischer Konkordanz nicht möglich, muss ggf. ein Rechtsgut vollständig zurückstehen – je nachdem entweder die Religionsfreiheit oder das vom Staat verfolgte Interesse. So mag es dem Interesse einzelner Eltern und auch der staatlichen Schulen entsprechen, eine christlich geprägte Schulerziehung zu vermitteln. Aber gerade in konfessionell nicht gebundenen Schulen soll es von der negativen Glaubensfreiheit und der staatlichen Neutralitätspflicht gefordert sein, Kreuze oder Kruzifixe aus Unterrichtsräumen zu entfernen.[175]

***Lösung zu Beispielfall 37 – Ein Finger für den Guru:***

***3. Verfassungsrechtliche Rechtfertigung***

*Der Eingriff könnte aber gerechtfertigt sein.*

***a) Beschränkbarkeit des Grundrechts***

*Fraglich ist, ab die Glaubensfreiheit nach Art. 4 Abs. 1, 2 GG beschränkbar ist. Die Ansicht, dass Art. 140 GG i. V. m. Art. 136 ff. WRV geschriebene Schranken der Religionsfreiheit enthält, ist aus systematischen Gründen abzulehnen; insbesondere ist nicht zu ersehen, dass der Grundgesetzgeber in Art. 4 GG hinsichtlich der Beschränkung des Grundrechts auf die Weimarer Staatskirchenrechtsartikel verweisen wollte. Auch eine Schrankenleihe aus Art. 5 Abs. 2 GG (Schranke der allgemeinen Gesetze) ist aus den gleichen*

174 Vgl. insoweit BVerfGE 104, 337 ff.

175 So im Ergebnis BVerfGE 93, 1 ff. – Kruzifix.

*systematischen Gesichtspunkten abzulehnen. Schließlich scheidet auch eine Schrankenleihe aus Art. 2 Abs. 1 GG aus; es ist nicht ersichtlich, dass alle dem Wortlaut nach unbeschränkten Grundrechte unter Bezugnahme auf die Schrankentrias des Art. 2 Abs. 1 GG einem denkbar weiten Schrankenvorbehalt unterstellt werden sollten.*

*Im Ergebnis kann Art. 4 Abs. 1, 2 GG damit nur durch verfassungsimmanente Schranken eingeschränkt werden.*

***b) Existenz einer wirksamen Schranke***

*Als eine solche verfassungsimmanente Schranke kommt hier die staatliche Schutzpflicht für das Leben und die körperliche Unversehrtheit aus Art. 2 Abs. 2 Satz 1 GG in Betracht. Einfachgesetzlich konkretisiert ist diese Schranke in den Vorschriften über die strafbare Körperverletzung, §§ 223 ff. StGB und die Vorschriften zum Sorgerechtsentzug (§§ 1666 f. BGB).*

*Von der Verfassungsmäßigkeit der betreffenden Vorschriften ist auszugehen.*

***c) Verfassungsgemäße Anwendung der Schranken***

*Fraglich ist nun noch, ob die Schranken verfassungsgemäß angewendet wurden, insb. ob das Vorgehen des Jugendamtes verhältnismäßig war.*

***aa) Legitimer Zweck***

*Das Jugendamt verfolgt damit, dass es für den Fall der Durchführung des Rituals Strafverfolgung androht und den Entzug des Sorgerechts in Aussicht stellt, den verfassungsrechtlich legitimen Zweck, die körperliche Integrität des S zu wahren.*

***bb) Geeignetheit***

*Durch die Androhung der genannten Maßnahmen wird der Zweck, die körperliche Integrität des S zu schützen, jedenfalls gefördert.*

***cc) Erforderlichkeit***

*Ein ggü. der Androhung der Maßnahmen mildere Maßnahme gleicher Effektivität ist nicht ersichtlich. Jetzt bereits den Sorgerechtsentzug durchsetzen, wäre ggf. effektiver, in Anbetracht der Bereitschaft des H, das Ritual vorerst nicht durchzuführen, aber belastender.*

***dd) Angemessenheit***

*Gegenstand der Angemessenheitsprüfung ist der Versuch, die religiöse Überzeugung des S und seiner Eltern im Sinne praktischer Konkordanz zu einem vertretbaren Ausgleich mit dem Schutzauftrag des Staates zu bringen.*

*Fest steht dabei zunächst, dass das vom vierjährigen S ernsthaft erklärte Einverständnis mit der Durchführung des Rituals mangels Einsichtsfähigkeit bezüglich der Folgen des Eingriffs für sein weiteres Leben nicht ins Gewicht fällt.*

*Zugleich ist aber grds. zu beachten, dass die Nichtdurchführung des Rituals an S ihn und seine Familie in einen schweren Konflikt mit den Lehren der X-Gemeinschaft stürzt. Zur Überzeugung aller Anhänger des G könnte der Verzicht auf das Ritual das Seelenheil des S schwer gefährden.*

*Dagegen spricht, dass mit dem Verlust des Zeigefingers der rechten Hand hinsichtlich der Greiffähigkeit und der damit einhergehenden Einschränkung motorischer Fähigkeiten eine erhebliche und irreparable Beeinträchtigung des S für sein ganzes weiteres Leben einhergehen dürfte. Eine weniger intensive Vorgehensweise (bspw. Amputation nur eines Fingergliedes), die u. U. eine geringere Beeinträchtigung des S bedeuten würde, dürfte staatlicherseits im Zweifel auch nicht geduldet werden, würde aber auch der religiösen Überzeugung der X-Gemeinschaft nicht entsprechen. Infolgedessen ist praktische Konkordanz hier nicht herstellbar. Im Zweifel muss das Schutzinteresse des Staates hier die religiöse Überzeugung des S und seiner Eltern überwiegen. Das faktische Verbot der Durchführung des Rituals durch die Androhungen des Jugendamts ist damit verhältnismäßig.*

***Endergebnis:*** *Das Recht des S, vertreten durch seine Eltern, aus Art. 4 Abs. 1, 2 GG ist nicht verletzt.*

***Lösung zu Beispielfall 38:***

*Die Glaubensüberzeugung des J fällt unter Art. 4 Abs. 1 GG, denn der Kirpan ist nach dem Selbstverständnis der Sikh-Religion zentraler Bestandteil ihrer religiösen Identität. Seine Wegnahme und das Verbot, das Bahnhofsgelände zu betreten, lassen die äußere Betätigung seiner Religion unmöglich werden und sind damit Eingriffe in Art. 4 Abs. 1 und 2 GG. Das Waffenrecht stellt zwar ein formelles Gesetz dar, doch Art. 4 GG kennt keine ausdrücklichen Gesetzesvorbehalte. Der Eingriff kann nur gerechtfertigt sein, wenn kollidierendes Verfassungsrecht den Vorrang beansprucht. In Bahnhöfen muss die Polizei kollektive Sicherheit und das Leben anderer Reisender gewährleisten; der Gefahrenabwehrzweck lässt sich mit der Religionsfreiheit in praktischer Konkordanz verbinden, wenn der Kirpan fixiert, versiegelt und für den Schnellzugriff unbrauchbar geführt wird. Eine blanke Beschlagnahme ohne Angebot einer solchen Ausgleichslösung überschießt das Ziel. Der Platzverweis erweist sich daher als unverhältnismäßig, weil weniger einschneidende Auflagen – eine Siegelschnur oder Kunststoffscheide – dasselbe Sicherheitsniveau erreicht hätten. Die Maßnahme verletzt J in seinen Grundrechten.*

## 4.6.2 Gewissensfreiheit

***Beispielfall 40:***

*Polizeihauptmeisterin P versieht Dienst bei der Bundespolizeidirektion Pirna. Seit dem 16.9.2024 schreibt die Bundesregierung im Rahmen ihrer Rückführungsinitiative feste Binnengrenzkontrollen vor, um Personen ohne Einreiseerlaubnis bereits an der Grenze Deutschland-Tschechien abzuweisen. Parallel verlängerte das Rückführungsverbesserungsgesetz die maximale Dauer des Ausreisegewahrsams auf 28 Tage und ermächtigt die Polizei, Asylsuchende direkt aus der Kon-*

*trollstelle an das Nachbarland zu überstellen. P hatte bereits bei Beginn des russischen Angriffskriegs in der Ukraine öffentlich erklärt, dass sie aus Gewissensgründen niemals Menschen in lebensbedrohliche Situationen zurückschicken könne. Als sie einem ukrainischen Deserteur und dessen 17-jähriger Tochter die Einreise verweigern soll, verweigert sie den Dienst und meldet eine Gewissensnot nach Art. 4 Abs. 1 GG. Die Dienststelle leitet ein Disziplinarverfahren wegen Gehorsamsverweigerung ein und suspendiert P vorläufig.*

#### 4.6.2.1 Allgemeines

Die **Gewissensfreiheit** schützt Entscheidungen des Einzelnen bezogen auf sein individuelles Handeln, wobei diese Entscheidungen durch bestimmte ethisch-moralische Überzeugungen geprägt sein müssen. Soweit diese Überzeugungen religiöser oder weltanschaulicher Natur sind, ergeben sich Überschneidungen zur Religions- und Weltanschauungsfreiheit, jedoch ist für die Gewissensfreiheit kein Anknüpfen an Totalität, also die Orientierung am Weltganzen, notwendig.

#### 4.6.2.2 Schutzbereich

##### *4.6.2.2.1 Sachlicher Schutzbereich*

***Beispielfall 41:***[176]
*Der Chemiker C ist nach langer Arbeitslosigkeit zu einer Anstellung beim Pharmaunternehmen P gelangt. Er wird dort – entsprechend der Ausschreibung der Stelle – eingesetzt in der Forschung zur Entwicklung eines hochwirksamen Medikaments zur Unterdrückung von Brechreiz. Nach einiger Zeit findet er heraus, dass er an einem sog. „Dual-use"-Produkt forscht. Das Medikament ist nicht nur dafür gedacht, um etwa für Krebspatienten die Folgen einer Chemotherapie erträglicher zu machen. Es soll später auch eingesetzt werden, um im Fall eines Atomkriegs oder einer atomaren Verseuchung durch Kernkraftwerksunfälle totgeweihten verseuchten Soldaten oder Arbeitern ein Weiterkämpfen oder -arbeiten bis zum Tod zu ermöglichen.*

*In Anbetracht dieser Umstände will C auf eine andere – tatsächlich vorhandene – Stelle im Unternehmen versetzt werden. Er beruft sich als bekennender Pazifist und Atomkraftgegner darauf, die Weiterarbeit an dem Produkt nicht mit seinem Gewissen vereinbaren zu können. Das Unternehmen P wirft ihm Arbeitsverweigerung vor. Das Ausweichen auf eine andere Stelle helfe ihm im Übrigen nicht; schließlich mache er nur die Stelle frei für jemanden, der „weniger zimperlich" sei.*

*Gegen die schließlich ausgesprochene Kündigung wehrt sich der C vor dem Arbeitsgericht.*

*Wie sollte das Gericht über die zulässige Klage des C entscheiden?*

176 Nach BAG, NJW 1990 S. 203 ff.

Sachlich schützt die Gewissensfreiheit wiederum die Freiheit, eine Gewissensentscheidung zu treffen und danach zu handeln.[177] Eine Gewissensentscheidung ist *„jede ernste sittliche, d. h. an den Kategorien von ‚Gut' und ‚Böse' orientierte Entscheidung [...], die der Einzelne in einer bestimmten Lage als für sich bindend und unbedingt verpflichtend innerlich erfährt, sodass er gegen sie nicht ohne ernste Gewissensnot handeln könnte.“*[178] Die auf das eigene Gewissen gestützte Entscheidung muss für den Betroffenen als **innerer Zwang** verbindlich sein; im Falle des Zuwiderhandelns muss eine Schädigung der Persönlichkeit oder deren Zerbrechen drohen.

Mit der Orientierung an ethischen Wertungen wie „gut“ und „böse“ ist zugleich ausgeschlossen, dass Wertungen wie „wahr/unwahr“, „schön/hässlich“ usw. als Grundlage einer Gewissensentscheidung dienen können.

Merkmale einer Gewissensentscheidung sind
- ihre Höchstpersönlichkeit,
- ihre Subjektivität und
- ihre mangelnde Überprüfbarkeit

Deswegen dürfen die Darlegungsanforderungen für den substantiierten Nachweis einer Gewissensentscheidung nicht überspannt werden. Insbesondere kann nicht – wie im Kontext der Kriegsdienstverweigerung lange Zeit üblich – von konstruierten **Fangfragen** der Nachweis des Vorliegens einer Gewissensüberzeugung, bspw. nicht töten zu wollen, abhängig gemacht werden. (*„Was tun Sie, wenn der Feind auf Ihre Mutter zielt und neben Ihnen liegt eine Pistole?“ „Sie klammern sich nach einem Schiffbruch an eine Planke, die nur eine Person trägt. Was tun Sie, wenn sich ein anderer Schiffbrüchiger nähert, der ebenfalls nach der Planke greifen will?“*)

Auch ist darauf hinzuweisen, dass das Gewissen **nichts Statisches** ist. So kann ein Handeln, das einem Betroffenen gestern noch möglich erschien, heute aufgrund besserer Einsicht aus Gewissensgründen unmöglich werden. Deswegen ist eine nachträgliche Kriegsdienstverweigerung aus Gewissensgründen möglich; ebenso kann ein Arzt, der zu Beginn seiner Tätigkeit noch zur Vornahme von Schwangerschaftsabbrüchen bereit war, gegenüber der Krankenhausleitung die weitere Vornahme von Eingriffen dieser Art aus Gewissensgründen verweigern.

#### 4.6.2.2.2 Persönlicher Schutzbereich

Die Gewissensfreiheit ist ein Jedermannsgrundrecht. Wegen der Höchstpersönlichkeit der Gewissensentscheidung und die Verknüpfung mit ethischen Überzeugungen des Einzelnen soll die Gewissensfreiheit dem Wesen nach nicht auf juristische Personen anwendbar sein.

177 *Germann* in BeckOK GG, Art. 4 GG Rn. 89.

178 Grundlegend BVerfGE 12, 45, 55 – Kriegsdienstverweigerung I.

**Merke:**
Die letztgenannte Sicht ist absolut vorherrschend. Allerdings scheint es nicht ausgeschlossen, dass sich ein Wirtschaftsunternehmen über seine Firmenleitung und seine Belegschaft einer an ethischen Gesichtspunkten (kein Handel mit Produkten aus Kinderarbeit, Verwendung fair gehandelter Rohstoffe) orientierten Geschäftspolitik verpflichtet sieht und danach handelt.
Zu empfehlen ist aber die Bezugnahme auf die herrschende Ansicht.

#### 4.6.2.3 Eingriff

Eingriffe sind alle staatlichen Maßnahmen, die einen Grundrechtsträger **zwingen**, gegen sein Gewissen zu handeln oder gegen sein Gewissen bestimmte Handlungen zu unterlassen.

#### 4.6.2.4 Verfassungsrechtliche Rechtfertigung

Auch die Gewissensfreiheit steht nur unter dem Vorbehalt **kollidierenden Verfassungsrechts**. Insoweit wird auf die Ausführungen zur Religions- und Weltanschauungsfreiheit verwiesen.

***Lösung zu Beispielfall 40:***
***Exkurs: Neue Abschiebepraxis der Bundesregierung***
*Das Rückführungsverbesserungsgesetz von 2024*[179] *hebelt zahlreiche bislang geltende Fristen aus: Der Ausreisegewahrsam kann jetzt vier Wochen dauern; die Pflicht zur Vorabankündigung ist bei alleinstehenden Erwachsenen entfallen, und ein behördliches Beschwerderecht macht es leichter, richterliche Ablehnungen einer Abschiebungshaft zu übergehen. Seit der Einführung temporärer Grenzkontrollen werden laut Bundesregierung jährlich mehr als 40.000 Personen noch an der Grenze zurückgewiesen, ein Höchstwert seit 2016. Die neue Praxis verlagert Abschiebungen stärker in den Polizeivollzug und konfrontiert Einsatzkräfte unmittelbar mit humanitären Konflikten.*[180]
***Lösung:***
*Der innere Zwang der P, keine Zurückweisung vorzunehmen, ist ernsthaft, an der Unterscheidung zwischen gut und böse orientiert und für sie persönlich verbind-*

179 Deutscher Bundestag, Bundestag stimmt Gesetz zur Verbesserung von Rückführungen zu, https://www.bundestag.de/dokumente/textarchiv/2024/kw03-de-rueckfuehrung-986284, zuletzt abgerufen am 26.6.2025.

180 Bundesministerium des Innern/Bundesregierung, Angaben zu Grenzkontrollen und Zurückweisungen seit Wiedereinführung der Kontrollen; seit Oktober 2023 bzw. September 2024 wurden rund 50.000 bzw. mehr als 37.000 Personen an den Grenzen zurückgewiesen (Stössel, Sonja, Migrationspolitik. 50.000 Zurückweisungen an der Grenze – Faeser verteidigt ihre Bilanz, Welt, Online-Ausgabe vom 1.4.2025, https://www.welt.de/politik/deutschland/article255836978/Migrationspolitik-50-000-Zurueckweisungen-an-der-Grenze-Faeser-verteidigt-ihre-Bilanz.html, abgerufen am 23.6.2026).

*lich; damit liegt eine Gewissensentscheidung im Sinn von Art. 4 Abs. 1 GG vor. Das Disziplinarverfahren greift in die Gewissensfreiheit ein, weil P faktisch gezwungen werden soll, gegen ihre ethische Überzeugung zu handeln. Kollisionen bestehen zu den Funktionsinteressen des Staates: Er darf die Ordnung an den Grenzen nur aufrechterhalten, wenn er sich auf zuverlässige Beamten verlassen kann. Eine Versetzung in den Innendienst böte einen schonenderen Ausgleich – der Staat kann P aus dem unmittelbaren Kontrollbereich herauslösen, ohne das Grenzregime zu gefährden. Die sofortige Suspendierung ist deshalb unangemessen. Erst wenn Versetzungs- und Umbesetzungsversuche erfolglos bleiben, kann ein disziplinarisches Vorgehen verhältnismäßig sein. Im konkreten Fall überwiegt die Gewissensfreiheit; das Disziplinarverfahren verletzt Art. 4 Abs. 1 GG.*

***Lösung zu Beispielfall 41:***
*C beruft sich der P gegenüber auf seine Gewissensfreiheit, P macht dagegen die Berufsfreiheit und die unternehmerische Freiheit (Art. 12 Abs. 1 GG, Art. 2 Abs. 1 GG) geltend. Das Arbeitsgericht muss diese Grundrechtspositionen bei seiner Entscheidung über die Rechtmäßigkeit der Kündigung zum Ausgleich bringen (mittelbare Drittwirkung![181]). Sofern ein „Einfallstor" für Grundrechte verlangt wird, würde sich dieses hier über den unbestimmten Rechtsbegriff „nach billigem Ermessen" nach § 315 Abs. 1 BGB, dem sog. „Direktionsrecht" (hier: des Arbeitgebers) ergeben („Soll die Leistung durch einen der Vertragschließenden bestimmt werden, so ist im Zweifel anzunehmen, dass die Bestimmung* ***nach billigem Ermessen*** *zu treffen ist").*

*Die Darlegung seiner Gewissensnot dürfte C gelingen; dagegen muss das wirtschaftliche Interesse der P – insbesondere dann, wenn ein Ausweicharbeitsplatz zur Verfügung steht – weichen. Dies gilt umso mehr, als sich C nicht schlechthin weigert, seine Arbeitskraft für P einzusetzen. Die Argumentation der P, C verhindere mit seinem Arbeitsplatzwechsel die Forschung nicht, ist nicht stichhaltig. Sie ändert nichts an der Gewissensüberzeugung des C, nicht selbst unmittelbar an der betreffenden Forschung beteiligt sein zu wollen.*

*Folglich wird das Arbeitsgericht die Kündigung mit Blick auf die Gewissensfreiheit für unwirksam erklären.*

*[**Anm.:** Bei Fehlen eines Ersatzarbeitsplatzes dürfte es dagegen nicht ausgeschlossen sein, dass das Arbeitsverhältnis des C gekündigt wird.]*

## 4.7 Art. 10 GG – Brief-, Post- und Fernmeldegeheimnis

Art. 10 GG gehört an der HSPV NRW zwar nicht zum prüfungsrelevanten Pflichtstoff. Gleichwohl sollten künftige Polizeibeamte seine Grundzüge kennen, denn Telefonauswertungen nach §§ 99, 100a, 100b StPO, Quellen-TKÜ und Postbeschlagnahmen nach § 99 StPO sind typische Ermittlungsinstrumente, deren Zulässigkeit stets an Art. 10 GG

181 Vgl. dazu Kap. 3.4.3.

gemessen wird. Das Grundrecht spielt daher weniger in Prüfungen, aber unmittelbar in der Einsatzrealität eine Rolle, sobald Ermittlungsrichterinnen und Ermittlungsrichter über Überwachungsbeschlüsse entscheiden oder Polizeibehörden als ersuchende Stelle tätig werden.

## 4.7.1 Allgemeines

Genuiner Kerngehalt des Art. 10 GG ist der Schutz der **Vertraulichkeit** der dort angelegten **Kommunikationsformen**: Briefverkehr, Postverkehr und Fernmeldeverkehr. Art. 10 GG ist über die Zeiten einem erheblichen rechtlichen und tatsächlichen **Wandel** unterworfen worden. Zum einen hat sich der Rechtsrahmen durch die weitgehende Entstaatlichung des Post- und Fernmeldesektors gewandelt, zum anderen sind neue Formen der Kommunikationsvermittlung hinzugetreten.

Seit dem Urteil des Gerichtshofs der Europäischen Union vom 20.9.2022 in den verbundenen Rechtssachen – C-793/19 – und – C-794/19 – ist endgültig klargestellt, dass eine anlasslose, umfassende Vorratsdatenspeicherung allenfalls bei einer ernsten Bedrohung der nationalen Sicherheit zulässig ist. Der Deutsche Gesetzgeber reagierte hierauf mit dem im Dezember 2024 eingebrachten Quick-Freeze-Modell, das lediglich eine punktuelle Sicherung bereits vorhandener IP-Adressen vorsieht und damit den Übergang von einer Speicher- zu einer Sicherungslogik markiert. Zeitgleich beschäftigte 2024 und 2025 die geplante EU-Verordnung zur automatisierten Aufdeckung von Kindesmissbrauchsdarstellungen („Chatkontrolle“) die Innenverwaltungen; ein Konsens wurde unter deutscher Federführung bislang nicht erreicht. Das Fernmeldegeheimnis steht damit in einem Spannungsfeld zwischen digitalem Kinderschutz, unionsrechtlichen Datenschutzvorgaben und den Polizeibedürfnissen einer vernetzten Gefahrenabwehr.

## 4.7.2 Schutzbereich

### 4.7.2.1 Sachlicher Schutzbereich

#### *4.7.2.1.1 Briefgeheimnis, Art. 10 Abs. 1 Var. 1 GG*

Das Briefgeheimnis schützt die Vertraulichkeit des **Inhalts eines Briefs** oder einer sonstigen verkörperten Sendung mit **individuellen schriftlichen Miteilungen**. Obgleich bei geschlossenen Briefen das Vorliegen individueller schriftlicher Mitteilungen nicht erkennbar ist, folgt aus dem Umstand des Verschlusses, dass eine solche Mitteilung vorliegen könnte, weshalb derartige Sendungen dem Schutzbereich unterfallen. Der Umstand, dass eine individuelle Mitteilung nicht verschlossen übermittelt wird (Telegramme, so es diese noch gibt, oder offene **Postkarten**), schließt diese Sendungen nicht vom Briefgeheimnis aus; geschützt sind derartige Sendung jedenfalls gegen gezielte Ausspähung (bspw. Sammeln und Durchlesen aller Postkarten aus einem Briefkasten). Dementsprechend geschützt sind auch die äußeren Umstände des Kommunikationsvorgangs, so Ort und Zeit der Aufgabe der Sendung sowie Absender- und Empfängerdaten. Hier ist wie bei der Postkarte nicht von Interesse, dass diese – bezüglich des Empfängers sinnlogisch – nach außen erkennbar sind und bspw. vom Postboten auch erkannt werden müssen. Der Schutz besteht auch hier wieder gegen jede Form von Erfassung über das für die Versendung Notwendige hinaus.

Ob Waren- oder **Postwurfsendungen** erfasst sind, ist umstritten;[182] jedenfalls zu verlangen sind stichhaltige, nach außen erkennbare Anhaltspunkte dafür, dass der Absender keine individuelle schriftliche Mitteilung übersenden wollte.[183] Ausgeschlossen vom Briefgeheimnis können so insbesondere Kataloge und Zeitungen sein.

**Zeitlich** erstreckt sich der Schutz des Briefgeheimnisses ab dem Zeitpunkt, in dem Dritte von Inhalt und Umständen Kenntnis nehmen können, und endet mit dem Zeitpunkt, in dem die Sendung unter Ausschluss Dritter in den Herrschaftsbereich des Empfängers gelangt ist.

#### 4.7.2.1.2 Postgeheimnis, Art. 10 Abs. 1 Var. 2 GG

Das Postgeheimnis erfasst alle zur **postalischen Versendung** vorgesehenen Sendungen, damit neben Briefen auch die ggf. nicht vom Briefgeheimnis erfassten Zeitungssendungen oder Warensendungen sowie Postwurfsendungen. Von der ursprünglichen Bedeutung her war die postalische Versendung wörtlich zu nehmen, also der Transport durch die früher noch staatlich organisierte Deutsche Bundespost.

Durch die mittlerweile weithin vollzogene materielle Privatisierung würde das Postgeheimnis bei fortgesetzter Betrachtung anhand der Organisationsform mehr oder minder leerlaufen – und damit würden die gerade wieder vom Grundrechtsschutz erfassten Gegenstände letztlich erneut herausfallen. Deswegen wird mit guten Gründen dafür plädiert, das Merkmal des postalischen Transports funktional zu betrachten und damit Transporte durch private bzw. **privatisierte Postdienstleister** miteinzubeziehen.[184] Insoweit tritt nunmehr der an den Staat gerichtete Schutzauftrag ggü. privaten oder privatisierten Postdienstleistern in den Vordergrund.

#### 4.7.2.1.3 Fernmeldegeheimnis, Art. 10 Abs. 1 Var. 3 GG

Anknüpfungspunkt für das Fernmeldegeheimnis sind alle Kommunikationsvorgänge mittels drahtloser oder drahtgebundener elektromagnetischer Wellen, also der klassische Telefon-, Telegramm-, aber auch der Mobilfunkverkehr. Geschützt sind sowohl Inhalte als auch Umstände des Kommunikationsvorgangs. Neben dem klassischen Fernmeldeverkehr sind aber auch **neue Kommunikationsformen** wie etwa E-Mail, Messengerdienste u. ä. internetbasierte Kommunikantionskanäle erfasst.

---

182 Dagegen *Kingreen/Poscher*, Staatsrecht II Rn. 888; dafür *Michael/Morlok*, Grundrechte Rn. 322.

183 In diese Richtung wohl auch *Baldus* in BeckOK GG, Art. 10 Rn. 3, der aber darauf abstellt, dass der Absender Dritte erkennbar nicht von der Kenntnisnahme des Inhalts der Sendung ausschließen wollte, was bspw. bei Warensendungen trotz Fehlens einer individuellen schriftlichen Mitteilung der Fall sein könnte.

184 So überzeugend *Kingreen/Poscher*, Staatsrecht II Rn. 893.

Allerdings erstreckt sich der Schutz des Art. 10 Abs. 1 GG nicht auf alle Informationen, die das Telekommunikationsverhalten oder insgesamt die Beziehungen zwischen Dienstanbietern und Kunden betreffen. Das Fernmelde- oder Telekommunikationsgeheimnis schützt insbesondere **nicht** die Vertraulichkeit der jeweiligen **Umstände der Bereitstellung** von Telekommunikationsdienstleistungen, bspw. die Zuordnung der von den Dienstanbietern vergebenen Telekommunikationsnummern zu bestimmten Anschlussinhabern. Diese Daten genießen vorrangig den Schutz des Art. 2 Abs. 1 i. V. m. Art. 1 Abs. 1 GG in der Ausprägung des Rechts auf informationelle Selbstbestimmung.[185] Erfasst ist dagegen die Zuordnung dynamischer IP-Adressen, da hierfür ein Rückgriff auf konkrete Verbindungsdaten notwendig ist.[186]

Der sachliche Schutzbereich erfasst heute ausdrücklich auch Ende-zu-Ende-verschlüsselte Messenger-Kommunikation. Das Bundesverfassungsgericht hat im Beschluss vom 8.10.2024[187] zur strategischen Inland-Ausland-Überwachung durch den BND betont, dass selbst dann, wenn der Staat Inhalte wegen starker Kryptografie nicht entschlüsseln kann, schon die Filterung nach Suchbegriffen einen Eingriff darstellt. Die derzeit diskutierte Mindestspeicherung von dynamischen IP-Adressen verändert den Schutzbereich dagegen nicht; sie betrifft nicht die laufende Kommunikation, sondern allein rückwirkende Verkehrsdatensicherung und bleibt deshalb primär vom Recht auf informationelle Selbstbestimmung geprägt.

#### 4.7.2.1.4 *Verhältnis der Gewährleistungen zueinander*

Die **Schutzgehalte** des Art. 10 Abs. 1 GG stehen grds. **nebeneinander**, auch wenn sie sich, so insbesondere im Bereich des Brief- und des Postgeheimnisses, sachlich überschneiden; insbesondere bilden die Garantien des Art. 10 GG kein einheitliches Grundrecht.[188] Dies kann zur Folge haben, dass durch ein bestimmtes Verhalten sowohl das Brief- als auch das Postgeheimnis betroffen sind.

### 4.7.2.2 Persönlicher Schutzbereich

Art. 10 GG ist ein **Jedermannsgrundrecht**. Geschützt ist also jede natürliche Person. Das Grundrecht ist wesensmäßig auf inländische **juristische Personen** anwendbar,[189] damit genauso auf EU-europäische juristische Personen, die im Bereich der Marktfreiheiten oder des hierzu erlassenen Sekundärrechts der europäischen Union tätig sind.[190]

185 BVerfGE 130, 151, 179 f.
186 BVerfGE 130, 151, 181.
187 BVerfG, Beschl. vom 8.10.2024 – 1 BvR 1743/16 –, juris.
188 *Hermes* in Dreier, GG-Kommentar, Art 10 GG Rn 25.
189 BVerfGE 100, 313, 356.
190 Dazu oben Kap. 3.5.3.5.

### 4.7.2.3 Territoriale Geltung, Grundrechtsberechtigte und -verpflichtete

#### *4.7.2.3.1 Territoriale Geltung*

Mit einiger Selbstverständlichkeit gilt Art. 10 GG für alle inländischen Kommunikationsvorgänge. Allerdings sind auch Kommunikationsvorgänge zwischen dem Ausland und der Bundesrepublik sowie solche im Ausland vom Schutz des Art. 10 Abs. 1 GG umfasst, sofern ein Gebietskontakt hergestellt wird, so insbesondere durch Erfassungsvorgänge von deutschem Boden aus.[191]

Das Bundesverfassungsgericht hat mittlerweile positiv festgestellt, dass auch Kommunikationsvorgänge im Ausland **ohne Gebietskontakt** ggü. deutscher Staatsgewalt geschützt sind.[192] Hierfür spricht, dass sofern deutsche Staatsgewalt unter Inanspruchnahme fremden Territoriums ausgeübt wird, diese nach Art. 1 Abs. 3 GG die Grundrechte als unmittelbar geltendes Recht zu achten hat; Gründe für eine Beschränkung der Geltung des Art. 10 Abs. 1 GG sind nicht zu erkennen.[193] Insoweit können sich – so hat das Gericht nunmehr ausdrücklich festgestellt – auch ausländische juristische Person oder als im Ausland lebende Ausländer auf die Grundrechte des Grundgesetzes berufen.

#### *4.7.2.3.2 Grundrechtsberechtigte*

Grundrechtsberechtigte sind jeweils die **Absender** sowie die **Empfänger** des jeweiligen Kommunikationsvorgangs, also der Absender und Empfänger des Briefs oder der Sendung bzw. der Anrufer und der Angerufene, entsprechend der Absender der E-Mail und ihr Empfänger.

**Nicht** dagegen umfasst sind die **Kommunikationsmittler**, also die Post- oder Kommunikationsdienstleister. Diese können sich ggü. hoheitlichen Maßnahmen ggf. auf Art. 12 Abs. 1 GG (Berufsfreiheit) bzw. Art. 2 Abs. 1 GG (Allg. Handlungsfreiheit) berufen.[194]

#### *4.7.2.3.3 Grundrechtsverpflichtete*

Grundrechtsverpflichtet ist ***„alle Staatsgewalt“***, d. h. alle staatlichen Stellen, zumeist in der Gestalt der Sicherheitsorgane: Polizei, Verfassungsschutz usw. Vom Begriff der Staatsgewalt erfasst sind auch solche Unternehmen, die zwar in der Form des Privatrechts bestehen, aber in Alleinbesitz des Staates oder unter dessen beherrschenden Einfluss stehen; dies galt vor deren materieller Privatisierung etwa für die Nachfolgeunternehmen der Deutschen Bundespost, Deutsche Post AG und Deutsche Telekom AG.

Darüber hinaus ist eine unmittelbare Drittwirkung ggü. Privaten abzulehnen. Allerdings können sich insoweit ggü. **privaten** oder materiell privatisierten **Kommunikationsdienstleistern** Konstellationen **mittelbarer Drittwirkung** ergeben, so dass bei

---

191 BVerfGE 100, 313, 363 f.

192 BVerfG, NJW 2020 S. 2235 ff. – Ausland-Ausland-Fernmeldeaufklärung.

193 In diesem Sinne auch *Baldus* in BeckOK GG, Art. 10 GG Rn. 21.

194 *Baldus* in BeckOK GG, Art. 10 GG Rn. 18.

Auslegung privatrechtlicher Vorschriften durch Gerichte auch Art. 10 GG zu berücksichtigen ist.

Darüber hinaus verpflichtet Art. 10 Abs. 1 GG auch den **Gesetzgeber**, rechtliche Mechanismen zum Schutz von Kommunikationsvorgängen auch vor Übergriffen Privater zu entwickeln.[195]

## 4.7.3 Eingriffe

### 4.7.3.1 Briefgeheimnis

Unmittelbare Eingriffe liegen vor, wenn eine **Kenntnisverschaffung** vom Inhalt einer individuellen Mitteilung i. S. d. Art. 10 Abs. 1 Var. 1 GG erfolgt. Kein Eingriff in das Grundrecht liegt dagegen bei Verhinderung oder Erschwerung des Übermittlungsvorgangs vor, da nicht der Kommunikationsvorgang als solcher geschützt ist, sondern lediglich sein Inhalt und seine Umstände.

### 4.7.3.2 Postgeheimnis

Eingriffe in das Postgeheimnis ergeben sich bei **Öffnung von Sendungen**, Ermittlung ihres Inhalts, bei der Überprüfung der Absender oder der Empfänger; insoweit ergeben sich besagte Überschneidungen bezüglich der Schutzbereiche von Brief- und Postgeheimnissen, wenn nämlich Briefe von der Öffnung betroffen sind.

Für die Deutsche Bundespost ergaben sich nach § 5 Abs. 2 PostG, heute für Postdienstleister nach § 39 Abs. 2 PostG Ausnahmen vom Postgeheimnis zur Erfüllung von Aufgaben im Bereich der dienstinternen Abwicklung von Postdienstleistungen, so etwa im Bereich der Anschriftenermittlung oder der Sicherung des Inhalts beschädigter Sendungen. Die betreffenden Maßnahmen sind trotz ihrer im Einzelfall höchstwahrscheinlichen Notwendigkeit dennoch als (im Regelfall gerechtfertigte) Eingriffe in das Postgeheimnis zu sehen, und nicht etwa nur als „betriebsbedingte Schranken“ oder innere Begrenzungen des Postgeheimnisses.[196]

### 4.7.3.3 Fernmeldegeheimnis

Der Katalog von Eingriff in das Fernmeldegeheimnis ist aufgrund technischer Überwachungsmöglichkeiten besonders breit. Maßnahmen der Staats- und Verfassungsschutzbehörden sowie der Polizeibehörden zur Abwehr besonders schwerer Straftaten durch das Abhören; das Mitschneiden, das Abgleichen und Auswerten des Gehörten stellen typische Eingriffe dar. Anerkannt sind bspw. Eingriffe durch

- Erfassung und Verwertung von Kommunikationsdaten[197] und -inhalten,

195 BVerfGE 106, 28, 37.
196 So aber BVerwGE 76, 152, 155; dagegen zu Recht *Baldus* in BeckOK GG, Art. 10 Rn. 26.
197 BVerfGE 100, 313, 366.

- gerichtliche Anordnungen zu derartigen Erfassungsvorgängen bzw. die Sicherstellung bzw. Beschlagnahme durch staatliche Stellen[198] („Telefonüberwachung"),

aber auch

- gerichtliche Anordnungen ggü. privaten Kommunikationsdienstleistern zur Speicherung und Übermittlung an staatliche Stellen[199] („Vorratsdatenspeicherung"); der Eingriff in Art. 10 Abs. 1 GG besteht hier, wie bereits ausgeführt, ggü. den Kommunizierenden im Sinne einer konkreten Grundrechtsgefährdung, nicht ggü. dem Dienstleister, der aber in Art. 12 Abs. 1 GG betroffen sein kann,
- Einrichtung von Fangschaltungen zur Möglichkeit der Rückverfolgung eines Anrufers.[200]

Zu letzterem Punkt sei angemerkt, dass es für die Qualifikation als Eingriff auf die **Rechtmäßigkeit** des Kommunikationsvorgangs (bzw. etwa dessen Einsatz zu kriminellen Zwecken) **nicht ankommt**; dies gilt nicht nur für Eingriffe in das Fernmeldegeheimnis, sondern für alle Eingriffe in die Gewährleistungen des Art. 10 Abs. 1 GG.

**Kein** Eingriff in Art. 10 Abs. 1 GG ist die Eröffnung von **Mithörgelegenheiten** durch einen Kommunikationsteilnehmer für Dritte, da Schutzgut der Schutz vor Gefahren des Kommunikationsmittels und nicht durch den Kommunikationspartner ist.[201]

#### 4.7.3.4 Möglichkeit der Einwilligung

Grundsätzlich steht den Betroffenen die Möglichkeit der **Einwilligung** in die Überwachungsmaßnahme zu; zu beachten ist allerdings, dass die Einwilligung, soll sie den Eingriffscharakter der Maßnahme vollständig ausschließen, von **allen Teilnehmern** des Kommunikationsvorgangs erklärt werden muss.

### 4.7.4 Rechtfertigung

#### 4.7.4.1 Schranken

Art. 10 Abs. 2 GG normiert einen einfachen Gesetzesvorbehalt. Erforderlich ist ein **Parlamentsgesetz**, das selbst die wesentlichen Eingriffsvoraussetzungen regeln muss. Entsprechende gesetzliche Bestimmungen finden sich auf Bundes- und Landesebene; die ausschließliche Gesetzgebungskompetenz des Bundes nach Art. 73 Abs. 1 Nr. 7 GG für Postwesen und Telekommunikation betrifft im Wesentlichen die technische Seite des Aufbaus betreffender Infrastrukturen, nicht aber die Regelung des Umgangs mit Inhalten. Damit bleibt für andere bundes- und auch landesgesetzliche Regelungen Raum, so im Recht der **Geheimdienste** (Bundes- und Landesverfassungsschutz), in der StPO (insb. §§ 99, 100a, 100b StPO) sowie in den **Polizeigesetzen** der Länder.

198 BVerfGE 124, 43, 58 zur „Beschlagnahme" von Emails.
199 BVerfGE 125, 260, 310.
200 BVerfGE 85, 386, 395 f.
201 *Kingreen/Poscher*, Staatsrecht II Rn. 904.

Mittels Vorschriften des PostG und des **TKG** können auch Bindungen gegenüber privaten Kommunikationsdienstleistern als Schranke des Art. 10 Abs. 1 GG normiert werden.

Eine spezielle gesetzliche Grundlage für Eingriffe der Verfassungsschutzbehörden des Bundes und der Länder sowie der Geheimdienste bietet das Gesetz zur Beschränkung des Brief-, Post- und Fernmeldegeheimnisses (Artikel-10-Gesetz – **G 10**), mit dem entsprechende Eingriffsmöglichkeiten für die betreffenden Stellen auch gegenüber privaten Kommunikationsdienstleistern eröffnet werden. Das G 10 nutzt dabei in bestimmten Fällen die Möglichkeit des **erweiterten Gesetzesvorbehalts** nach Art. 10 Abs. 2 Satz 2 GG, der im Einzelfall die nachträgliche Kenntnisverschaffung von Überwachungsmaßnahmen und den gerichtlichen Rechtsschutz ggü. diesen beschränken kann.[202]

Das Bundesverfassungsgericht hat dem Gesetzgeber mit Beschluss vom 8.10.2024 aufgegeben, eine an die Rechtsprechung des EuGH angepasste Speicherregel zu schaffen.[203] Der einfache Gesetzgeber muss künftig eine präzise Gefahrenlage definieren, die Speichermaßnahmen strikt zeitlich begrenzen und ein zweistufiges Richtervorbehaltsmodell vorsehen. Darüber hinaus stellte der Beschluss vom 8.10.2024 klar, dass strategische Auslandstelekommunikationsaufklärung des BND nur zulässig bleibt, wenn ein unabhängiges Kontrollgremium ex-ante und ex-post über Suchbegriffe wacht.[204] Der Bundestag erhielt eine Nachbesserungsfrist bis 31.12.2026.

### 4.7.4.2 Schranken-Schranken

Aufgrund der teilweise massiven Eingriffe in die Rechte aus Art. 10 Abs. 1 GG gewinnt die Frage der **Bestimmtheit** des einschränkenden Gesetzes sowie der Grundsatz der **Verhältnismäßigkeit** des Gesetzes wie auch der hierauf gestützten Maßnahme besondere Bedeutung.

Der Grundsatz der Bestimmtheit verlangt bspw., dass im Rahmen der Strafverfolgung diejenigen Taten, zu deren Aufklärung eine Telekommunikationsüberwachung angeordnet werden darf, klar umrissen werden. Hierzu sind bevorzugt **Straftatenkataloge** anzugeben; eine gesetzliche Erweiterung dergestalt, dass neben den katalogtaten auch Taten „ähnlicher Art und Schwere" die Überwachung erlauben, dürfte nicht hinreichend sein.[205]

Aus dem Grundsatz der Verhältnismäßigkeit hat das Bundesverfassungsgericht für Eingriffe in Art. 10 Abs. 1 GG einen **Richtervorbehalt** abgeleitet, wobei als Grundlage für die richterliche Genehmigung das Erfordernis einer hinreichend substantiierten Begründung und Begrenzung der Abfrage der begehrten Daten durch die staatliche Stelle hervorgehoben wird.[206]

Überwachungsmaßnahmen haben zudem immer zu **unterbleiben** bzw. beendet zu werden, sofern tatsächliche Anhaltspunkte für die Annahme vorliegen, dass durch sie

202 Näher dazu sogleich unten Kap. 8 J V.
203 BVerfG, Beschl. vom 8.10.2024 – 1 BvR 1743/16 –, juris.
204 BVerfG, Beschl. vom 8.10.2024 – 1 BvR 1743/16 –, juris.
205 In diesem Sinne BVerfGE 120, 274, 317 f. zu § 5 VSG NRW.
206 BVerfGE 125, 260, 337 f. – Vorratsdatenspeicherung.

Erkenntnisse aus dem **Kernbereich privater Lebensgestaltung** des Betroffenen erfasst werden (vgl. insoweit auch § 3a G 10).

Nach dem Urteil des EuGH vom 20.9.2022 dürfen Verkehrs- und Standortdaten nur noch gezielt und anlassbezogen gespeichert werden; anlasslose Vorratsdatenspeicherung ist unionsrechtswidrig.[207] Folglich wird jede deutsche Norm, die eine unterschiedslose Speicherung oder einen unbegrenzten Datenzugriff ermöglicht, am Grundsatz der Verhältnismäßigkeit scheitern. Bei Quick-Freeze-Sicherungen sind deshalb strenge Protokollierungs- und Löschungspflichten zwingend.

### 4.7.5 Rechte Betroffener

Nach Abschluss einer für den Betroffenen nicht erkennbaren staatlichen Eingriffsmaßnahme hat der Betroffene aus Art. 10 Abs. 1 GG einen **Anspruch** auf **nachträgliche Kenntnis** von der Maßnahme. Dieser Anspruch erwächst, wenn die Kenntnis Grundlage gerichtlichen Rechtsschutzes ist, zugleich aus dem Anspruch auf effektiven Rechtsschutz nach Art. 19 Abs. 4 GG.

> **Merke:**
> Im Falle fehlender Kenntnis im Moment der belastenden Maßnahme und erst späterer Kenntnisverschaffung kann dem Betroffenen im Rahmen der Überprüfung der Maßnahme durch Erheben der Verfassungsbeschwerde nicht die fehlende Gegenwärtigkeit der Beschwer entgegengehalten werden.
> Zwar ist der Betroffene nach Abschluss der Überwachungsmaßnahme häufig nicht mehr beschwert; hatte er aber zum Zeitpunkt der Beschwer keine Kenntnis hiervon und damit keine Rechtsschutzmöglichkeit, darf ihm der Grundrechtsschutz im Nachgang nicht verwehrt werden.

Allerdings kann bei vorgehender richterlicher Kontrolle der Maßnahme auch ein Zurückstellen der Kenntnisverschaffung ermöglicht oder auch eine **Ausnahme** hiervon gemacht werden; von dieser Möglichkeit darf im Lichte des Verhältnismäßigkeitsgrundsatzes aber nur sehr zurückhaltend Gebrauch gemacht werden.[208]

Unter den Voraussetzungen des Art. 10 Abs. 2 Satz 2 GG kann die Mitteilung **unterbleiben**, *„solange eine Gefährdung des Zwecks der Beschränkung nicht ausgeschlossen werden kann oder solange der Eintritt übergreifender Nachteile für das Wohl des Bundes oder eines Landes absehbar ist“* (so bspw. der Text des § 12 Abs. 1 Satz 2 G 10). Das Unterlassen der Mitteilung muss ggf. durch eine hierzu eingerichtete Kommission bestätigt werden, die unter bestimmten Voraussetzungen auch die Beschränkungsmaßnahmen selbst anstelle der Gerichte überprüfen kann. Eine solche Kommission ist auf

207 EuGH, Urt. vom 20.9.2022 – C-793/19 –, – C-794/19 – (ABl. EU Nr. C 2022 S. 702).
208 BVerfGE 129, 208, 239, 251.

Bundesebene die sog. **„G 10-Kommission“** (vgl. § 15 G 10-Gesetz). Auch die Entscheidung über das Unterbleiben der Mitteilung nach den einschlägigen gesetzlichen Vorschriften untersteht dem Grundsatz der **Verhältnismäßigkeit**, so dass eine nachträgliche Kenntnisverschaffung geboten sein kann.[209]

> **Merke:**
> Die Einfügung des Art. 10 Abs. 2 Satz 2 GG war Teil der sog. „Notstandsgesetze“ im Jahre 1968. Gerade die Einfügung dieses Satzes 2 war heftiger Kritik unterworfen. Insbesondere wurde angeführt, dass wegen eines denkbaren Menschenwürdeverstoßes und wegen Verletzung des Rechtsstaatsprinzips eine solche Änderung durch die Ewigkeitsgarantie des Art. 79 Abs. 3 GG gesperrt sei. Das Bundesverfassungsgericht hat hierzu ausgeführt, dass es im Lichte des Art. 79 Abs. 3 GG möglich sei, *„auch elementare Verfassungsgrundsätze systemimmanent zu modifizieren“*. Weiter meinte das Gericht: *„In dieser Sicht gehört der aus dem Rechtsstaatsprinzip ableitbare Grundsatz, dass dem Bürger ein möglichst umfassender Gerichtsschutz zur Verfügung stehen muss, nicht zu den in Art. 20 GG ‚niedergelegten Grundsätzen‘; er ist in Art. 20 GG an keiner Stelle genannt. Art. 19 Abs. 4 GG, der eine Rechtsweggarantie in diesem Sinne enthält, ist also durch Art. 79 Abs. 3 GG einer Einschränkung und Modifizierung durch verfassungsänderndes Gesetz nicht entzogen.“*[210] Die Zweifelhaftigkeit dieser Argumentation scheint offensichtlich.

Im Falle der nicht rechtmäßigen Beschränkung besteht ein Anspruch auf **Löschung** bzw. Berichtigung der erhobenen Daten. Ungeachtet der zuvor beschriebenen Fälle nach Art. 10 Abs. 2 Satz 2 GG besteht regelmäßig auch ein Anspruch auf **nachträgliche richterliche Überprüfung** von staatlichen Maßnahmen

## 4.7.6 Objektive Gewährleistung

Als objektive Gewährleistung lässt sich aus Art. 10 GG die Verpflichtung des Staates im Sinne einer Schutzpflicht herleiten, seine Bürger vor entsprechenden Eingriffen seitens der Hoheitsgewalt von **Drittstaaten** zu schützen. Allerdings steht die Wahrnehmung und Ausformung dieser Schutzpflicht wie stets bei Schutzpflichten im **Ermessen** des Staates.

Eine **Schutzpflicht** des Staates steht den Bürgern – insbesondere nach weitgehender Privatisierung des Post- und Telekommunikationssektors – auch ggü. dem **Verhalten privater Dritter** zu, soweit diese auf Kommunikationsvorgänge zugreifen können.

209 *Baldus* in BeckOK GG, Art. 10 Rn. 59.
210 BVerfGE 30, 1, 24 ff.

Hieraus folgt allerdings kein Anspruch, entsprechende Leistungen weiterhin in staatlicher Form erbringen zu müssen.

### 4.7.7 Verhältnis zu anderen grundrechtlichen Gewährleistungen

Gerade die Nähe technischer Kommunikationsvorgänge zu anderen grundrechtlichen Gewährleistungen macht einen Blick auf das **Verhältnis der Grundrechte** untereinander nötig.

Das **Recht auf informationelle Selbstbestimmung** (Art. 2 Abs. 1 i. V. m. Art. 1 Abs. 1 GG) ist neben dem Fernmeldegeheimnis anwendbar, soweit es um den Schutz technischer Kommunikationsdaten geht. Dagegen soll Art. 10 Abs. 1 GG dem Recht auf informationelle Selbstbestimmung **vorgehen**, soweit durch Eingriff in die Kommunikation **personenbezogene Daten erhoben** werden.[211]

Gleiches gilt für das aus Art. 2 Abs. 1 i. V. m. § 1 Abs. 1 GG hergeleitete Recht auf Gewährleistung der Vertraulichkeit und Integrität informationstechnischer Systeme, das sog. **„Computergrundrecht"**.[212]

Aufgrund der unterschiedlichen Schutzrichtungen stehen Art. 10 GG und Art. 13 GG **nebeneinander**, etwa wenn zur Ermöglichung einer Telekommunikationsüberwachung („Verwanzung" des Telefons) in die **Unverletzlichkeit der Wohnung** eingegriffen wird.

Art. 10 Abs. 1 GG soll schließlich der **Meinungsfreiheit** (Art. 5 Abs. 1 GG) vorgehen, wenn durch staatliche Maßnahmen eine über ein Kommunikationsmittel des Art. 10 Abs. 1 GG geäußerte Meinung wahrgenommen, erfasst oder weiterverarbeitet wird.[213]

## 4.8 Art. 11 GG – Freizügigkeit im Bundesgebiet

### 4.8.1 Allgemeines

Art. 11 GG scheint eine Selbstverständlichkeit zu regeln, nämlich die Freiheit, sich im ganzen **Bundesgebiet** zu **bewegen** – und insbesondere auch, sich an jedem gewünschten Ort niederzulassen. Dass dies nicht selbstverständlich ist, zeigt das Beispiel der früheren DDR, wo – ungeachtet der beschränkten Ausreisemöglichkeiten – der Wegzug und Zuzug innerhalb des Staatsgebiets, insbesondere in die großen Städte wie Berlin, Magdeburg oder Leipzig, staatlich reglementiert wurde.

211 BVerfGE 125, 260, 310.
212 BVerfGE 124, 43, 57.
213 BVerfGE 113, 348, 364.

## 4.8.2 Schutzbereich

### 4.8.2.1 Sachlicher Schutzbereich

Sachlich schützt Art. 11 GG das Recht, sich frei zu entscheiden, an welchem Ort im Staatsgebiet der Bundesrepublik man **Aufenthalt** und Wohnung nehmen will. Geschützt ist die Freizügigkeit zwischen Bundesländern, zwischen Gemeinden und innerhalb von Gemeinden gleichermaßen. Geschützt ist auch das Recht, zum Zweck der Wohnungsnahme in das Bundesgebiet einzureisen.

**Merke:**
Die Freiheit auszureisen dagegen ist nach überwiegender Ansicht nicht vom Schutzgehalt des Art. 11 GG erfasst. Die Ausreisefreiheit ist aber Teil der Allg. Handlungsfreiheit nach Art. 2 Abs. 1 GG.[214]
Gesetzliche Ausreisebeschränkungen sind neuerdings im Gespräch für Islamisten deutscher Staatsangehörigkeit, die in die Krisengebiete im Nahen und Mittleren Osten reisen möchten, um sich dort an Kämpfen zu beteiligen. Diesen soll zukünftig der Personalausweis entzogen werden dürfen, der bislang für eine Einreise in die Türkei ausreicht, um von dort nach Syrien oder in den Irak zu gelangen. Geplant ist die Ausstellung von Ersatzdokumenten, die nicht mehr zur Ausreise berechtigen.

**Nicht** letztlich **geklärt** ist, ob der Wunsch, sich nur **vorübergehend** an einen anderen Ort zu begeben, Gegenstand der Art. 11 GG oder des Art. 2 Abs. 1 GG ist. Allerdings wird schon bei Planung einer Übernachtung an einem anderen Ort Art. 11 GG als einschlägig angesehen.[215] Art. 11 GG sichert auch ein Recht gegen **Ausweisung** und Abschiebung; für Auslieferungen an andere Staaten gilt Art. 16 Abs. 2 GG als spezieller.

### 4.8.2.2 Persönlicher Schutzbereich

Art. 11 GG ist ein **Deutschenrecht**, wobei hier die Weiterung des persönlichen Schutzbereichs auf EU-Ausländer zu bedenken ist, die sich gleichermaßen auf die Garantien des Art. 11 GG berufen dürfen, sei es unmittelbar oder über Art. 2 Abs. 1 GG unter Heranziehung der Schranken des Art. 11 GG.[216] Nicht-EU-Ausländer können sich insoweit (nur) auf Art. 2 Abs. 1 GG berufen.

Die Freizügigkeit ist dem Wesen nach nur auf natürliche Personen anwendbar, nicht auf juristische Personen. Ist bspw. deren Sitzverlagerung betroffen, kann Art. 12 Abs. 1 GG eingreifen. Im Übrigen würde für juristische Personen auch nur Art. 2 Abs. 1 GG in Betracht kommen.

214 So auch BVerfGE 6, 32, 35 ff., 42 – Elfes.
215 *Baldus* in BeckOK GG, Art. 11 GG Rn. 3.
216 Dazu oben Kap. 3.6.2.4.

Systematische Einordnung

Die Bewegungsfreiheit im Grundgesetz verteilt sich auf drei Normen: Art. 11 Abs. 1 GG schützt das Niederlassungsrecht im gesamten Bundesgebiet, Art. 2 Abs. 2 Satz 2 GG gewährleistet die körperliche Fortbewegungsfreiheit gegenüber staatlichem Zwang, und Art. 2 Abs. 1 GG fängt jede sonstige, nicht speziell geregelte Mobilität ab. Die folgende Übersichtsdarstellung verdeutlicht Gemeinsamkeiten und Grenzlinien.

*Drei Grundrechteregeln die Bewegungsfreiheit*

| **Grundrechtsnorm** | **Geschützter Kern** | **Haupteingriffe aus Polizeisicht** | **Schrankenformel und typische Rechtfertigung** |
|---|---|---|---|
| Art. 11 Abs. 1 GG | Dauerhafte Standortwahl im Bundesgebiet und Einreise zum Wohnzweck | Wohnungsverweis mit Rückkehrverbot, Bereichsbetretungsverbot nach § 34 Abs. 2 PolG NRW | Qualifizierter Gesetzesvorbehalt (Art. 11 Abs. 2 GG), erfordert Tatbestand Vorbeugung strafbarer Handlungen und Verhältnismäßigkeit |
| Art. 2 Abs. 2 Satz 2 GG | Körperliche Bewegungsfreiheit in jede Richtung | Gewahrsam, Fixierung, länger andauernde Platzverweisung | Schrankentrias „verfassungsmäßige Ordnung, Rechte Anderer, Sittengesetz", überwiegend ordnungsrechtliche Generalklausel |
| Art. 2 Abs. 1 GG | Sonstige Mobilitätsakte (Tagesreisen, Ausreise, simple Ortswechsel) | Kurzfristiger Platzverweis, Wegweisung bei Störungen, Fahrradverbote in Fußgängerzonen, aber auch Ausreise | Schrankentrias „verfassungsmäßige Ordnung, Rechte Anderer, Sittengesetz", überwiegend ordnungsrechtliche Generalklausel |

## 4.8.3 Eingriffe

Da die Freizügigkeit auch die kleinräumige Bewegungsfreiheit im Bundesgebiet schützt, stellt bereits die **Wohnungsverweisung** mit Rückkehrverbot einen Eingriff in Art. 11 GG dar. Auch Platzverweisungen können Eingriffscharakter bezüglich Art. 11 GG haben.[217] In diesen Kontext gehören dann auch sog. **„Gefährderansprachen"**, wenn etwa die Polizei potenziell gewalttätigen Fußballfans nahelegt, gegnerische Stadien nicht aufzusuchen.

> ***Beispiel:***
> *Der bekannte Hooligan H packt gerade sein Köfferchen, um seine geliebte „Eintracht Frankfurt" zu begleiten und am Spielort für Zwietracht zu sorgen.*
>
> *Da die Polizei seines Heimatortes dies ahnt, bekommt H am Abend vor der Abreise einen wohlmeinenden Besuch von zwei wohlmeinenden Polizeibeamten, die ihm „anraten", die Eintracht am nächsten Tag nicht zum Zweck der Zwietracht zu begleiten. Er müsse – da „man ein Auge auf ihn" habe – andernfalls beim kleinsten Augenzwinkern mit seiner Ingewahrsamnahme rechnen.*

---

217 Vgl. OVG LSA, Beschl. vom 27.6.2006 – 2 M 224/06 –, juris, Platzverweisung für sog. „Hooligans" bezüglich Public-Viewing-Veranstaltungen.

*Das „Anraten" stellt mangels Regelungsgehaltes im Zweifel keinen Verwaltungsakt dar; dennoch liegt im Sinne der Finalität im engeren Sinne (die Polizei will die Reise des H verhindern!) ein mittelbar-faktischer Grundrechtseingriff vor, der aber – gestützt auf die polizeirechtliche Generalklausel – bei hinreichenden Anhaltspunkten für das Sähen von Zwietracht auf der Reise der Eintracht gerechtfertigt wäre.*

## 4.8.4 Verfassungsrechtliche Rechtfertigung

### 4.8.4.1 Schranken

Art. 11 Abs. 2 GG enthält einen **qualifizierten** Gesetzesvorbehalt, mit dem die zulässigen Zielsetzungen von Gesetzen, die die Freizügigkeit beschränken, stark vorgeprägt werden. Betroffen sind sowohl Bundes- als auch Landesgesetze, die jeweils zu Verordnungen oder zu Einzelmaßnahmen ermächtigen dürfen. Die Erstreckung auf Landesgesetze ergibt sich insbesondere daraus, dass gefahrenabwehrrechtliche Normen, die die Freizügigkeit beschränken können, traditionell Landesrecht sind.[218] Die speziellen Fälle, die eine gesetzliche Einschränkung der Freizügigkeit erlauben, sind:

- Bekämpfung von Gefährdungen der ausreichenden Lebensgrundlage mit Lasten für die Allgemeinheit,
- Abwehr einer drohenden Gefahr für den Bestand oder die freiheitliche demokratische Grundordnung des Bundes oder eines Landes,
- Bekämpfung von Seuchengefahr, Naturkatastrophen oder besonders schweren Unglücksfällen,
- Schutz der Jugend vor Verwahrlosung,
- Vorbeugung strafbarer Handlungen.

Eine ähnliche Ermächtigung enthält Art. 17a GG für den Verteidigungsfall.

Die zulässigen **Einschränkungstatbestände** erreichen nicht durchweg den gleichen Schweregrad. So ist die präventive Freiheitsbeschränkung zur vorbeugenden Verbrechensbekämpfung jedenfalls nicht zwingend mit dem gleichen Allgemeinbezug versehen wie die übrigen Einschränkungsgründe. Gleichwohl lässt die Aufzählung aber erkennen, dass das Grundgesetz erhebliche **Hürden** für die Einschränkung der Freizügigkeit vorsieht.

### 4.8.4.2 Schranken-Schranken

Art. 11 GG unterfällt entsprechend der Formulierung des Schrankenvorbehalts („*durch Gesetz oder aufgrund Gesetzes*") zunächst dem **Zitiergebot**.[219] Im Übrigen sind an Gesetze, die die Freizügigkeit beschränken, hohe Bestimmtheitsanforderungen zu stellen.

---

218 *Baldus* in BeckOK GG, Art. 11 GG Rn. 16; insoweit ist die Kompetenzzuweisung nach Art. 73 Abs. 1 Nr. 3 GG, die Regelungen zur Freizügigkeit dem Bund überlässt, enger gefasst.

219 Dazu oben Kap. 3.7.2.2.

Auch ist die Verhältnismäßigkeit bezüglich des einschränkenden Gesetzes wie bezüglich. dessen Anwendung besonders sorgsam zu prüfen. Insbesondere auf der Ebene des einschränkenden Gesetzes ist im Einzelfall die Abfederung unbilliger Härten zu erwägen.[220]

> **Merke:**
> Unter den Bedingungen der Corona-Pandemie sind auf Grundlage des § 28 IFSG und der Corona-Schutzverordnungen Anreiseverbote für Feriengebiete in Form von Allgemeinverfügungen verhängt und von den Gerichten überwiegend bestätigt worden.[221] Das Zitiergebot nach § 28 Abs. 4 IFSDG war im Zuge der Pandemie auf die Beschränkung von Art. 11 Abs. 1 GG erweitert worden. Im Übrigen wurde festgestellt, dass unter dem Eindruck der Entwicklung des Infektionsgeschehens in der Bundesrepublik Deutschland keine Zweifel bestanden, dass die untersagte Anreise (hier: zur Nutzung einer im Kreis Nordfriesland gelegenen Nebenwohnung) ein geeignetes, notwendiges und angemessenes Mittel darstellt, um die Ausbreitung des neuartigen Corona-Virus SARS-CoV-2 im Gebiet des Antragsgegners einzudämmen. Angesichts der rasanten Ausbreitung von COVID-19 bestand eine hinreichende Wahrscheinlichkeit dafür, dass auch die Anreise von Personen zur Nutzung einer Nebenwohnung, von denen es im Gebiet des Antragsgegners mehrere Tausend gibt, die Infektionsausbreitung verstärkt hätte und in der Folge auch zu einer Überlastung der medizinischen Kapazitäten im Gebiet des Antragsgegners hätte führen könnte.[222]

## 4.9 Art. 13 Abs. 1 GG – Unverletzlichkeit der Wohnung

„*For a man's home is his castle*"; so heißt es bei *Sir Edward Coke* in „The Institutes of the Laws in England" von 1628. Das Grundrecht auf **Unverletzlichkeit** der Wohnung versucht diesen Gedanken umzusetzen, indem es dem Einzelnen einen elementaren Lebensraum gewährt. In diesem Lebensraum hat jeder das Recht, in Ruhe gelassen zu werden. Die eigentliche grundrechtliche Gewährung ist in Art. 13 Abs. 1 GG enthalten; die übrigen Absätze befassen sich mit Eingriffsermächtigungen und Berichtspflichten.

### 4.9.1 Allgemeines

Art. 13 GG bestand bis 1998 aus den heutigen Absätzen 1, 2 und 7; eingefügt wurden 1998 vor Absatz 2 die heutigen Absätze 3 bis 6. Der bisherige Absatz 3 wurde zu

220 *Baldus* in BeckOK GG, Art. 11 GG Rn. 18 ff. m. w. N.
221 Vgl. etwa OVG SH, Entsch. vom 2.4.2020 – 3 MB 8/20 –, juris.
222 Vgl. insoweit OVG SH vom 2.4.2020, 3 MB 8/20, Rn. 38, juris.

Absatz 7. Insbesondere durch die eingefügten Absätze 3 bis 5 wurden die Eingriffsmöglichkeiten in Art. 13 GG erweitert.

*Aufbau des Art. 13 GG*

| **Absatz** | **Eingriffstyp und Zweck** | **Voraussetzungen/ Richtervorbehalt** | **Kurzer Polizeifall zum Merkpunkt** |
|---|---|---|---|
| Absatz 1 | Grundsatz der Unverletzlichkeit | Keine Eingriffe ohne ausdrückliche Ermächtigung | Streifenbeamte dürfen eine offene Wohnungstür nicht ohne Gefahr im Verzug betreten |
| Absatz 2 | Durchsuchung | Zwingend richterliche Anordnung, Gefahr im Verzug eng auszulegen | Ermittlungsrichter bewilligt Hausdurchsuchung bei Seriendiebstahl, weil Täter Beute vermutet wird |
| Absatz 3 | Repressiver Lauschangriff (Strafverfolgung) | Katalog schwerer Straftaten, Richterkollegium, Abbruch bei Kernbereich | LKA-Ermittler verwanzen Drogenküche, Aufnahme stoppt, als Kinder über Privates sprechen |
| Absatz 4 | Präventiver Lausch- und Spähangriff | Konkrete Gefahr für Leib, Leben oder Staat, richterliche Vorabkontrolle | LZPD lässt terroristische Planungswohnung per Videowanze beobachten |
| Absatz 5 | Schutz verdeckter Ermittler bzw. von V-Leuten | Anordnung durch Behördenleitung, richterliche Verwertungserlaubnis | SEK installiert Mikrokamera, um Identität des eingeschleusten V-Manns zu sichern |
| Absatz 6 | G-10-Kontrolle und Berichtspflicht | Parlamentarisches oder richterliches Aufsichtsgremium | BfV meldet Zahl präventiver Wohnraumüberwachungen jährlich an Landtag |
| Absatz 7 | Betreten und Besichtigen ohne Durchsuchungszweck | Einfaches Gesetz, Information des Inhabers, zu Geschäftszeiten | Gesundheitsamt kontrolliert Kühlkette in Dönerbude nach § 42 LFGB |

## 4.9.2 Schutzbereich

### 4.9.2.1 Sachlicher Schutzbereich

Zentralbegriff des Art. 13 GG ist die **„Wohnung"**. „Wohnung" bezeichnet zunächst einmal den Bereich der räumlichen Privatsphäre, der einerseits gekennzeichnet ist durch den nach außen erkennbaren Willen des Einzelnen zur bloß privaten Zugänglichkeit von Räumen und Örtlichkeiten. Dieser Raum muss aber zum anderen auch die soziale Anerkennung dieser individuellen Bestimmung räumlicher Privatsphäre besitzen.[223] Diese Eigenschaft erfüllt jedenfalls die Wohnung im klassischen Sinne, sei es aufgrund Eigentums oder Miete, einschließlich evtl. vorhandener Kellerräume, Garagen usw. Umfasst sind auch Wohnungen für den nur vorübergehenden Aufenthalt, Ferienwohnun-

223 In diesem Sinne *Kingreen/Poscher*, Staatsrecht II Rn. 1004.

gen, Hotelzimmer, aber auch mobile Wohnmöglichkeiten wie Zelte, Wohnwagen und Wohnmobile.[224] Kraftfahrzeuge fallen grds. nicht unter den Wohnungsbegriff, es sei denn, sie werden über ihren eigentlichen Fortbewegungszweck hinaus als Quasiwohnwagen verwendet. Erfasst sind auch die Außenbereiche eines Hauses oder einer Wohnung, soweit sie durch Hecken, Mauern oder Zäune der öffentlichen Zugänglichkeit entzogen sind. Nicht geschützt sind dagegen Hafträume oder Sammelunterkünfte, etwa in Kasernen.

Den Schutz des Art. 13 GG soll auch der gekündigte **Mieter** haben, der nach Ablauf der Kündigungsfrist noch in der Wohnung lebt: „*Die Kündigung des Mietverhältnisses berührt die Privatheit [...] nicht.*“[225] Teilweise wird sogar erwogen, Hausbesetzern das Recht aus Art. 13 GG für den besetzten Wohnraum zukommen zu lassen.[226]

In Anbetracht des Fokus auf den Aspekt der Privatheit dürften Betriebs- und **Geschäftsräume** eigentlich nicht unter den Wohnungsbegriff fallen. Gleichwohl bezieht das Bundesverfassungsgericht derartige Räumlichkeiten unter bestimmten Voraussetzungen mit ein. Dass derartige Räume überhaupt Wohnung sein können, begründet das Gericht damit, dass insbesondere die Bedeutung des Grundrechts der Berufsfreiheit aus Art. 12 Abs. 1 GG für die Lebensgestaltung die Einbeziehung von Betriebs- und Geschäftsräumen nahelegt.[227]

Gleichwohl werden hinsichtlich der Einbeziehung von Betriebs- und **Geschäftsräume** Abstufungen vorgenommen. Bei Betriebs- und Geschäftsräumen innerhalb der privaten Wohnräume („Home office“) gilt der Schutz uneingeschränkt. Sind die Räumlichkeiten – wie etwa bei **Anwaltskanzleien**, Arztpraxen, aber auch Werkshallen – dem unkontrollierten Zugang Dritter durch Sicherungsmaßnahmen gleich welcher Art (auch die geschlossene, wenngleich auf Klingeldruck automatisch sich öffnende Praxistür) entzogen, gilt der Schutz der Wohnung. Allerdings soll in derartigen Fällen der Schutz des Art. 13 GG tendenziell herabgesetzt sein.[228]

Umstritten ist der Schutz von Räumlichkeiten, die gerade auf freie Zugänglichkeit angelegt sind. So soll für Freizeitparks, **Einkaufszentren** oder Selbstbedienungsläden der Schutz des Art. 13 GG nur zu Schließungszeiten gelten. Glasschiebetüren oder Drehtüren dürften insoweit eher dem Schutz vor Witterungseinflüssen als der Begrenzung der Öffentlichkeit dienen. Allerdings kann das Hausrecht der Inhaber, über das ungebetene Kunden oder Gäste herausexpediert werden können, für die Annahme hinreichender Privatheit nutzbar gemacht werden. Selbst wenn man die strengere Sicht fehlender Privatheit zugrunde legt, genießt die Einrichtung, sobald der Inhaber den öffentlich zugänglichen Bereich – auch während der generellen Öffnungszeiten – schließt, wieder den Schutz des Art. 13 GG.

224 *Papier* in DHS, Grundgesetz-Kommentar, Art. 13 GG Rn. 10.

225 BVerfGE 89, 1, 12.

226 *Kunig* in v. Münch/Kunig, Grundgesetz-Kommentar, Art. 13 GG Rn. 14. Anders *Papier* in DHS, Grundgesetz-Kommentar, Art. 13 GG Rn. 12: Unberechtigtes Eindringen kann nicht den Schutz des Art. 13 GG genießen.

227 BVerfGE 96, 44, 51; BVerfGE 32, 54, 69 ff.

228 BVerfGE 97, 228, 266; *Papier* in DHS, Grundgesetz-Kommentar, Art. 13 GG Rn. 14.

#### 4.9.2.2 Persönlicher Schutzbereich

Der Schutzbereich ist für jedermann eröffnet. Insbesondere die Einbeziehung von Betriebs- und Geschäftsräumen legt nahe, dass das Grundrecht dem Wesen nach auch auf juristische Personen abwendbar ist. Gleiches gilt aber für Vereine und andere Personenmehrheiten in ihren Vereinslokalen, Clubräumen o. Ä., sofern sie nicht für den freien Zugang der Öffentlichkeit gedacht sind.

### 4.9.3 Eingriff

Insbesondere im Bereich staatlicher Ermittlungsmaßnahmen stehen mittelbar-faktische Eingriffe im Vordergrund, also die nicht rechtsförmlichen Eingriffsmaßnahmen. Eingriffe können sich ergeben aus jeder Form des körperlichen oder nichtkörperlichen **Eindringens** (mittels technischer Hilfsmittel, Richtmikrofone, Kameras) in geschützte Räumlichkeiten. Der Eingriff beginnt in den letzteren Fällen mit dem ggf. notwendigen Eindringen zum Zwecke der Installation von Aufklärungsmitteln, dauert während der technischen Aufklärung an und setzt sich ggf. in der Speicherung und Weitergabe von gewonnenen Aufnahmen an Dritte fort.

Art. 13 Abs. 2 bis 5, 7 GG beschreibt dabei unterschiedliche Eingriffskonstellationen, die mit gesonderten Rechtfertigungsanforderungen korrespondieren.

#### 4.9.3.1 Durchsuchungen

Eine Durchsuchung i. S. d. Art. 13 Abs. 2 GG ist *„das ziel- und zweckgerichtete Suchen staatlicher Organe nach Personen oder Sachen oder zur Ermittlung eines Sachverhalts, um etwas aufzuspüren, was der Inhaber der Wohnung von sich aus nicht offenlegen oder herausgeben will.“*[229] Allerdings darf sich die Suche nicht in der Feststellung des Zustandes der durchsuchten Räumlichkeit erschöpfen. Vielmehr ist das **Zutagefördern von Versterktem** Wesensmerkmal der Durchsuchung.

Durchsuchungen i. S. d. Art. 13 Abs. 2 GG sind sowohl strafprozessuale Durchsuchungen als auch solche durch Gerichtsvollzieher oder Polizei- und Ordnungsbehörden.

#### 4.9.3.2 Sog. „Lauschangriffe“

Unter den Begriff der **Lauschangriffe** fasst man Ermittlungsmaßnahmen mit technischen Hilfsmitteln wie Wanzen, Videokameras oder Richtmikrofone.

Art. 13 Abs. 3 GG sieht solche Maßnahmen zu **repressiven**, strafprozessualen Zwecken nur mittels akustischer Hilfsmittel vor. Art. 13 Abs. 4 GG erfasst Aufklärungsmaßnahmen zu **präventiven** Zwecken, also zu Zwecken der Gefahrenabwehr, mittels akustischer und optischer Mittel. Diese beiden sog. „großen Lauschangriffe“ sind abzugrenzen von kleinen Lauschangriffen, die insoweit nicht das Eindringen in Wohnungen bezwecken, sondern dem Schutz von Spitzeln oder **V-Leuten** dienen und die keine

229 BVerfGE 76, 83, 89.

Begrenzung bezüglich technischer Hilfsmittel, wohl aber bezüglich der Verwertung gewonnener Erkenntnisse vorsehen.

***Beispiel:***
*Mit Urteil vom 26.4.2022 - 1 BvR 1619/17 – hat das Bundesverfassungsgericht große Teile des Bayerischen Verfassungsschutzgesetzes für verfassungswidrig erklärt,*[230] *darunter die Befugnis zur verdeckten Wohnraumüberwachung und zur Online-Durchsuchung. Der Senat verlangt nun erstmals, dass heimliche Überwachungen in Wohnungen bereits auf Gesetzesebene eine streng gestufte Beschreibung der Gefahr – von der einfachen konkreten Gefahr bis zur Gefahr für Leib, Leben oder den Bestand des Staates – enthalten und zusätzlich eine unabhängige Vorabkontrolle durch ein Richterkollegium oder eine datenschutzrechtlich befugte Stelle sicherstellen müssen. Für verdeckte akustische oder optische Maßnahmen ordnet Karlsruhe ein lückenloses Protokoll- und Löschkonzept an, das Kernbereichsverletzungen wirkungsvoll ausschließt. Landesgesetzgeber, darunter NRW, haben ihre Polizeigesetze 2023/2024 entsprechend angepasst; Einsatzleitstellen wurden angewiesen, beim Einbau technischer Mittel jederzeit eine Echtzeit-Ansprechbarkeit der genehmigenden Richterinnen und Richter zu gewährleisten.*

### 4.9.3.3 Sonstige Eingriffe

Alle Formen des **Betretens**, Verweilens oder Besichtigens zu anderen Zwecken als der Durchsuchung fallen unter Art. 13 Abs. 7 GG; dies gilt bspw. für gewerberechtliche Nachschauen, etwa nach § 29 Abs. 2 GewO.

## 4.9.4 Verfassungsrechtliche Rechtfertigung

Zunächst unterliegt Art. 13 GG zunächst einem **qualifizierten Gesetzesvorbehalt**. Art. 13 Abs. 7 HS 1 GG formuliert zudem eine verfassungsunmittelbare Schranke. Schrankenregelungen ergeben sich aus den Gesetzen, die entsprechende Eingriffshandlungen vorsehen. Ermächtigungsgrundlagen für Lauschangriffe finden sich bspw. in §§ 100c ff. StPO. Durchsuchungen im strafprozessualen Bereich können etwa gestützt werden auf §§ 102 ff. StPO, für die polizeiliche Gefahrenabwehr bspw. auf §§ 41 f. PolG NRW[231], für das Handeln von Gerichtsvollziehern auf §§ 758 ff. ZPO. Sonstige Betretungsmaßnahmen können auf Sonderordnungsrecht, bspw. den schon erwähnten § § 29 Abs. 2 GewO, gestützt werden.

230 BVerfG, Urt. vom. 26.4.2022 – 1 BvR 1619/17 –, openJur 2022, 8612.

231 Zu beachten ist auch die 4. Novelle des OBG NRW, durch die die für Ordnungsbehörden geltenden Standardmaßnahmen des PolG NRW weitgehend aus der Verweisungstechnik des § 24 OBG a. F. herausgelöst und als §§ 24a–24z OBG eigenständig geregelt wurden (vgl. https://gruene-fraktion-nrw.de/2025/07/16/viertes-gesetz-zur-aenderung-des-ordnungsbehoerdengesetzes/, abgerufen am 30.6.2026).

Im Bereich der Schranken-Schranken gilt zunächst aufgrund der Formulierung der Schrankenregelung das **Zitiergebot** nach Art. 19 Abs. 1 GG. Im Übrigen hat das Bundesverfassungsgericht stets die besondere Bedeutung des Verhältnismäßigkeitsgrundsatzes für die Rechtfertigung von Eingriffen in Art. 13 GG in den Vordergrund gestellt.[232] Im Übrigen stellt das Grundgesetz weitere **Rechtfertigungsanforderungen** je nach Eingriffsmaßnahme.

#### 4.9.4.1 Durchsuchungen

***Beispielfall 42:***
*M ist Inhaber einer Internet-Domain, über die er Internetnutzern E-Mail-Adressen bereitstellt. Ein noch nicht namentlich bekannter Kunde des M steht im Verdacht, über ein illegales Download-Portal im Internet neun Filme, acht Musiktitel und acht weitere Dateien aus dem Internet heruntergeladen und strafbewehrte Urheberrechtsverletzungen begangen zu haben.*

*Die Staatsanwaltschaft hofft, wie es im Antrag auf Anordnung eines Durchsuchungsbeschlusses heißt, bei M als Zeugen „Beweismittel zur Identität und Täterschaft des noch zu ermittelnden Internetnutzers, der über M eine E-Mail-Adresse erhalten hat, zu finden." Im Rahmen der aufgrund § 103 Abs. 1 Satz 1 StPO richterlich angeordneten Durchsuchung der Geschäftsräume des M beschlagnahmt die Polizei mehrere Festplatten.*

*M protestiert heftig, kann die Maßnahme aber nicht verhindern; er fragt sich gleichwohl, ob das Vorgehen gemessen an Art. 13 GG rechtmäßig war.*

Art. 13 Abs. 2 GG bestimmt, dass Durchsuchungen regelmäßig nur durch den **Richter angeordnet** und in der in den Gesetzen vorgeschriebenen Form durchgeführt werden dürfen. Derartige Formvorschriften sind jeweils in den o. a. Gesetzen mitgeregelt. Die Gerichte müssen sicherstellen, dass ein richterlicher Bereitschaftsdienst erreichbar ist. Nur wenn dies ausnahmsweise wegen besonderer Eilbedürftigkeit („Gefahr im Verzug") nicht möglich ist *(„wenn schon die zeitliche Verzögerung wegen eines solchen Versuchs den Erfolg der Durchsuchung gefährden würde"[233])*, kann ohne richterliche Anordnung durchsucht werden. An das Vorliegen dieser Umstände sind aber strenge Maßstäbe anzulegen.

Inhaltlich ist eine Durchsuchung nur gerechtfertigt, wenn sie verspricht, geeignete **Beweismittel** zu erbringen, die erforderlich sind, um den jeweiligen Gesetzeszweck zu fördern. Dabei ist stets die Wahrung von Grundrechten Dritter zu bedenken, so etwa die schützenswerten Interessen von Patienten oder Mandanten bei der Durchsuchung von Arztpraxen oder Anwaltskanzleien. Im Übrigen steht die Anordnung und Durchführung von Durchsuchungsmaßnahmen stets unter dem Vorbehalt einer strengen Verhältnismäßigkeitsprüfung.

232 Bspw. BVerfGE 109, 279, 315 ff.
233 So BVerfGE 103, 142, 156.

Sieht eine Vorschrift, die eine Durchsuchung regelt, ausnahmsweise **keinen Richtervorbehalt** vor, gilt dieser Richtervorbehalt kraft Verfassung unmittelbar aus Art. 13 Abs. 2 GG; die dann einzuhaltende Form kann in analoger Anwendung existierender Durchsuchungsvorschriften ermittelt werden.[234]

***Lösung zu Beispielfall 42:***
*(angelehnt an LG Köln, Beschl. vom. 21.4.2015 – 119 Qs 3/15 –, n. v.)*

*Es könnte ein Verstoß gegen Art 13 GG vorliegen. Der Schutzbereich ist eröffnet, wenn es sich bei den Geschäftsräumen des M um eine Wohnung handelt. Dies ist bei Geschäftsräumen grds. nicht ausgeschlossen, da sie regelmäßig der Ort eines wesentlichen Teils der privaten Lebensgestaltung sind. Der Umstand, dass Geschäftsräume eines Internetproviders im Zweifel nur einem begrenzten Kreis zugänglich sein sollen, spricht ebenfalls für den Schutz aus Art. 13 GG. M kann sich, gleich ob natürliche oder juristische Person des Privatrechts, personell auf Art. 13 GG berufen. Der Schutzbereich ist insgesamt eröffnet.*

*Die vom zuständigen Gericht angeordnete Maßnahme dient dem ziel- und zweckgerichteten Suchen staatlicher Organe nach Personen oder Sachen oder zur Ermittlung eines Sachverhalts, um etwas aufzuspüren, was der Inhaber der Wohnung von sich aus nicht offenlegen oder herausgeben will. Die Staatsanwaltschaft will hier in den Räumen Hinweise auf die Identität eines potentiellen Straftäters finden; die Proteste des M deuten darauf hin, dass er, so er solche Hinweise bieten kann, diese nicht herausgeben möchte. Folglich ist die Maßnahme als Durchsuchung i. S. d. Art. 13 Abs. 2 GG zu qualifizieren.*

*Im Rahmen der Rechtfertigung ist zunächst festzustellen, dass § 103 Abs. 1 Satz 1 StPO eine rechtmäßige Ermächtigungsgrundlage darstellt. Fraglich ist, ob die Durchsuchungsmaßnahme in Anwendung des § 103 Abs. 1 Satz 1 StPO verfassungsgemäß war.*

*Der nach Art. 13 Abs. 2 GG einzuhaltende Richtervorbehalt wurde durch die Staatsanwaltschaft beachtet.*

*Zweifel ergeben sich zunächst daraus, dass der Durchsuchungsbeschluss nur darauf gerichtet ist, ohne nähere Spezifizierung Beweismittel im Allgemeinen zu erbringen. Die Anordnung ist daher im Zweifel zu unbestimmt.*

*Fraglich ist im Übrigen die Verhältnismäßigkeit der Maßnahme. Zwar ist das Ermitteln der Identität eines Straftäters ein legitimer Zweck. Hierzu dürfte eine Durchsuchung bei einem Internetprovider jedenfalls dann zweckförderlich sein, wenn zu vermuten ist, dass der Provider den Internetzugang des potenziellen Täters bereitstellt. Die Maßnahme ist somit geeignet.*

*Unterstellt, dass der E-Mail-Zugang bei M das einzige bekannte Datum bezüglich des Täters ist, stellt die Durchsuchung bei M im Zweifel auch das relativ mildeste Mittel dar.*

*Anders verhält es sich jedoch in Bezug auf die Angemessenheit: Gegenstand der Urheberrechtsverletzung ist ein Verstoß bezogen auf 25 Dateien. Adressat*

234 BVerfGE 51, 97, 114 f.

*der Durchsuchungsanordnung ist nicht der Täter, sondern nur ein Zeuge. Dagegen streitet das hohe Gut der Unverletzlichkeit der Wohnung des M.*

*Damit ist die Durchsuchungsmaßnahme insgesamt unangemessen und neben der bereits festgestellten Unbestimmtheit somit auch unverhältnismäßig.*

***Ergebnis:** Die Durchsuchungsmaßnahme verstößt gegen Art. 13 Abs. 2 GG.*

*(**Anm.:** Die Größenordnung des angenommenen Urheberrechtsverstoßes entspricht der des Originalfalls; dass die Durchsuchungsmaßnahme und Beschlagnahmen im Falle des LG Köln zudem keine Ergebnisse erbracht haben, ist umso bemerkenswerter.)*

#### 4.9.4.2 Sog. „Lauschangriffe"

Lauschangriffe zu **Strafverfolgungszwecken** (Art. 13 Abs. 3 GG) sind nur zur Verfolgung schwerer Straftaten zulässig (siehe etwa den Katalog nach § 100c Abs. 2 StPO). Erforderlich ist stets eine richterliche Anordnung, die kraft Verfassung durch ein Kollegialgericht mit drei Richtern erfolgen muss.

Da die **Intimsphäre** unantastbar ist,[235] muss zum Schutz des allgemeinen Persönlichkeitsrechts eine Abhörmaßnahme unterbrochen oder abgebrochen werden, wenn Information aus dem Kernbereich privater Lebensgestaltung erhoben werden.[236]

> **Merke:**
> Dies stellt organisatorische Anforderungen an das Handeln der Strafverfolgungsbehörden, die so nicht einfach Bandgeräte dauernd laufen lassen dürfen, sondern eigentlich stets gehalten sind, mitzuhören, um bei persönlichkeitsrechtsrelevanten Äußerungen ggf. kurzfristig abzuschalten. Wie immer das gegen soll!

Der Lauschangriff zu **Gefahrenabwehrzwecken** (Art. 13 Abs. 4 GG) und zum Schutz von V-Leuten (Art. 13 Abs. 5 GG) ist nur zulässig zur Gefahrenabwehr, nicht allein zur Gefahrverhütung im Vorfeld oder zur vorbeugenden Verbrechensbekämpfung. Für Lauschangriffe nach Art. 13 Abs. 4 GG ist eine konkrete („dringende") Gefahr für höchstwertige Rechtsgüter wie Leben oder bei schweren Gefährdungen der körperlichen Unversehrtheit erforderlich. Ist eine richterliche Anordnung wegen Gefahr in Verzug nicht rechtzeitig erreichbar, ist sie – anders als bei Absätzen 2 und 3 – nachträglich einzuholen.

Der Lauschangriff zum Schutz von **V-Leuten** und verdeckten Ermittlern ist ohne Begrenzung der eingesetzten Mittel zulässig und kann durch die Ermittlungsbehörden angeordnet werden. Eine Verwertung von weiteren Erkenntnissen, die über den Schutz der Betroffenen hinausgehen, ist nur mit richterlicher Erlaubnis zulässig.

235 Dazu oben Kap. 4.3.4.2.
236 BVerfGE 109, 279, 315 ff. – Großer Lauschangriff.

#### 4.9.4.3 Sonstige Eingriffe

Am 1.10.2024 hat das Bundesverfassungsgericht in einem Kammerbeschluss – 1 BvR 1160/19 – präzisiert, dass bloße „Kontaktpersonen-Überwachungen" in Privatwohnungen ohne vorherige konkrete Gefahr für hochrangige Rechtsgüter ebenfalls gegen Art. 13 GG verstoßen.[237] Die Entscheidung betrifft vor allem Observationsteams, die auf bloßen Gefahrenprognosen Telekommunikations- oder Videotechnik in angrenzenden Räumen installieren wollen. Seitdem verlangt das Justizministerium NRW für jede Observation mit Wohnraumbezug eine trennscharfe Begründung, wie die Maßnahme zur Abwehr einer unmittelbar bevorstehenden schweren Gewalttat beiträgt; Lageberichte allein reichen dafür nicht mehr.

***Beispielfall 43:***
*Frittenbudenbesitzer B ist ein regelrechter Schmutzfink; darum hält er seine Küche, die er hinter seiner Imbisstheke betreibt, immer feinsäuberlich (das einzig Feinsäuberliche in seinem Betrieb) geschlossen – niemand soll das Elend verrottender Lebensmittel und fettiger Krusten zu sehen bekommen. Eines Tages betreten gegen 13:00 Uhr zwei Mitarbeiter der zuständigen Überwachungsbehörde seinen „Gourmettempel" und verlangen Einlass in seine Küche, um dort die Einhaltung lebensmittelrechtlicher Vorschriften zu überprüfen. B tritt ihnen entgegen, weil er meint, solch eine Durchsuchung sei nur mit richterlicher Anordnung zulässig.*
*Ist dies zutreffend? Wäre die Maßnahme rechtmäßig?*

Einschränkungen sonstiger Art können aufgrund Gesetzes geregelt werden, also bspw. in ordnungsgemäß erlassenen Rechtsverordnungen. Regelmäßig zu verlangen ist eine **dringende Gefahr** für Rechtsgüter besonderen Gewichts. Hierunter ist – als gemeine Gefahr – eine erhebliche Gefährdung einer Vielzahl von Personen und Sachen zu verstehen. Bei Lebensgefahr kann auch eine gefährdete Person vorübergehend zwangsweise in einer Wohnung einquartiert werden, um so die Versorgung sicherzustellen.[238]

Trotz ihrer relativen Häufigkeit ist die Eingriffsqualität staatlicher Betretungs- und **Nachschaubefugnisse** hochumstritten. Hier hat das Bundesverfassungsgericht unter Annahme eines geringeren Schutzes für Betriebs- und Geschäftsräume angenommen, dass derartige Maßnahmen nur unter dem Vorbehalt der verfassungsmäßigen Ordnung und der Verhältnismäßigkeit stehen.

Voraussetzungen für rechtmäßige **Betretungen** sollen sein:

- eine ordnungsgemäße gesetzliche Ermächtigung, die das Betreten und Besichtigen erlaubt,
- die die Zwecke, zu deren Erreichung das Betreten erforderlich sein soll, hinreichend bestimmt ausweist und die Erforderlichkeit des Betretens erkennen lässt,
- darüber hinaus ein Handeln zu diesen erlaubten Zwecken

237 BVerfG, Beschl. vom 1.10.2024 – 1 BvR 1160/19 –, openJur 2024, 9281.
238 Vgl. *Kingreen/Poscher*, Staatsrecht II Rn. 1024.

- und dies nicht zur Unzeit, also – verkürzt – „zu den üblichen Geschäftszeiten";[239]
- hinzu tritt eine Pflicht zur Information des Inhabers des Hausrechts.

Letztlich **widerspricht** sich das Bundesverfassungsgericht damit ein Stück weit selbst, wenn es einerseits den Schutz des Art. 13 GG auf Betriebs- und Geschäftsräume erstreckt, andererseits aber das Schutzniveau – im Ergebnis wohl aus Praktikabilitätserwägungen heraus – so weit absenkt.

***Lösung zu Beispielfall 43:***
*Der Zweck des Besuchs ist nicht das Auffinden von Sachen oder Personen zur Ermittlung eines Sachverhalts über die Feststellung des Zustands der Sache hinaus. Die Maßnahme ist damit nicht Durchsuchung und unterfällt nicht dem Richtervorbehalt des Art. 13 Abs. 2 GG. Vielmehr handelt es sich um eine Nachschau nach § 22 Gaststättengesetz (GastG). Diese Norm und die konkrete Maßnahme entsprechen den Maßstäben des Bundesverfassungsgerichts; die Maßnahme wäre damit rechtmäßig. Die Kontrolleure bewegen sich im Rahmen des Gesetzeszwecks, machen die Intention ihres Handelns deutlich und erscheinen nicht zur Unzeit.*

## 4.10 Art. 14 Abs. 1 GG – Eigentumsfreiheit

Art. 14 Abs. 1 GG garantiert das **Eigentum** und das **Erbrecht**. Von der alltäglichen Relevanz her steht die Eigentumsgarantie im Vordergrund.

***Beispielfall 44 – Trennungsschmerz:***
*Im Bundesland X besagt § 3 des formell verfassungsgemäßen „Gesetzes über die Abgabe von Pflichtexemplaren an die Staatsbibliothek des Landes X":*

*„Von jedem Druckwerk, das innerhalb des Landes X erscheint, hat der Verleger, soweit er nicht nach anderen Vorschriften dieses Gesetzes befreit ist, ein Stück (Pflichtexemplar) kostenlos und auf eigene Kosten der Staatsbibliothek des Landes X abzuliefern. Das Pflichtexemplar ist mit Beginn der Verbreitung ohne besondere Anforderung unverzüglich abzuliefern."*

*Verleger V, der bislang im Lande Y ansässig war und nunmehr mit seinem Betrieb in das Land X umgezogen ist, erstellt im Selbstverlag wertvolle Kunstbände in kleinen Auflagen, die teilweise Originalradierungen enthalten. Die Preise seiner Druckwerke liegen – bei einer Auflage von durchschnittlich 70 Stück – zwischen 1.000 und 1.500 € pro Band. Gerade jetzt hat er mit der Veröffentlichung eines Bandes begonnen, der in einer Auflage von 60 Stück 1.200 € kosten soll.*

*V ist erschüttert über die Regelung und sieht sich aufs Übelste in seinem Eigentumsrecht betroffen. Er fragt, ob er gegen diese „wegelagerische Enteignung" seitens des Landes X Verfassungsbeschwerde zum Bundesverfassungsgericht erheben kann. Die Kultusverwaltung des Landes X sieht die Ablieferungspflicht als*

---

239 Vgl. etwa BVerfG, NJW 2008 S. 2426, 2426 f.

*zulässige Inhalts- und Schrankenbestimmung des Verlegereigentums, die einem anerkennenswerten kulturpolitischen Bedürfnis folge. Dieses bestehe darin, dass das verlegerische Werk im Moment der Verbreitung den Bereich der Privatnützigkeit des Eigentums verlasse und der breiten Öffentlichkeit – nicht zuletzt zum Zwecke der Dokumentation des verlegerischen Schaffens der jeweiligen Epochen – in geeigneter Weise zugänglich gemacht werden müsse.*

*Liegt eine Verletzung von Grundrechten vor?*

### 4.10.1 Allgemeines

Art. 14 Abs. 1 GG gehört zu den (erheblich) normgeprägten Grundrechten. Das bedeutet, dass Inhalt und Reichweite des grundrechtlichen Eigentumsschutzes in erheblichem Umfang erst durch den Gesetzgeber bestimmt werden. Letztlich ist es am Gesetzgeber, festzulegen, was genau „Eigentum" ist. So schützt Art. 14 GG etwa das Eigentum an einem Kraftfahrzeug. Welche Befugnisse mit diesem Eigentum verbunden sind und welchen Beschränkungen es unterliegt (z. B. Zulassungspflicht, Versicherungspflicht oder Verkehrsvorschriften), ergibt sich jedoch nicht aus dem Grundgesetz selbst, sondern aus den einschlägigen Gesetzen. Dabei gibt Art. 14 GG als sog. „Institutsgarantie" einen unerlässlichen Rahmen vor.

### 4.10.2 Institutsgarantie

Die Funktion des Art. 14 Abs. 1 GG als **Institutsgarantie** des Eigentums gibt einen – wenn auch recht lockeren – Rahmen für die Ausgestaltung der einfachgesetzlichen Eigentumsordnung vor. So muss der einfache Gesetzgeber zwei wesentliche Maßstäbe einer verfassungsgemäßen Eigentumsordnung im Blick behalten: Dies ist zum einen der Grundsatz der grundsätzlichen Privatnützigkeit des Eigentums. Zum anderen muss die grundsätzliche Verfügungsbefugnis über das Eigentum gewahrt bleiben. So ist gewährleistet, dass das Privateigentum weiterhin zur Ermöglichung einer eigenverantwortlichen Lebensgestaltung dienen kann. Das Eigentum soll „*dem Eigentümer als Grundlage privater Initiative in eigenverantwortlichem privatem Interesse von Nutzen sein.*"[240] Die Sicherung von Privatnützigkeit und Verfügungsbefugnis setzt sich in der durch das Erbrecht garantierten Rechtsnachfolgegarantie fort.

Teil des Instituts „Eigentum" ist andererseits aber auch die dem Eigentum zugrunde liegende **Sozialbindung** („*Eigentum verpflichtet*", Art. 14 Abs. 2 Satz 1 GG). Dies gilt nicht nur, aber insbesondere für nicht vermehrbare Eigentumsobjekte, wie etwa das Grundeigentum. Aufgabe des Gesetzgebers ist es, einen angemessenen Ausgleich zwischen den Eigentümerinteressen und den Interessen der Allgemeinheit herzustellen.

240 BVerfGE 104, 1, 8 f.

Das Bundesverfassungsgericht hat bezüglich steuerlicher Belastungen entschieden, dass Erträge aus Eigentum allenfalls zu einem hälftigen Anteil dem Staat zufallen dürfen.[241]

Der Zweite Senat des Bundesverfassungsgerichts hat mit Urteil vom 26.3.2025 – 2 BvR 1505/20 –) erneut klargestellt, dass allgemeine Finanzlasten wie der Solidaritätszuschlag keine eigentumsgrundrechtliche Entziehung darstellen.[242] Auch eine auf wenige Hochverdiener konzentrierte Ergänzungsabgabe bleibt dem Bereich des Art. 14 GG entzogen, solange sie das Vermögen nur global erfasst und keinen spezifischen Gegenstand entzieht. Das Gericht verlangt aber eine „Beobachtungsobliegenheit" des Gesetzgebers: Fällt der Finanzierungsanlass weg, droht ein Verstoß gegen Art. 14 Abs. 2 GG, weil dann die fehlende Konnexität zwischen Beitrag und Gemeinwohlziel die Sozialbindung überschreitet. Damit werden steuerliche Belastungen zwar weiterhin grds. durch Art. 14 GG abgeschirmt, doch öffnet sich ein verfassungsrechtliches Korrektiv, wenn die Abgabe ihre Zweckbindung endgültig verliert.

### 4.10.3 Abwehrrecht

Neben der Dimension als Institutsgarantie hat Art. 14 GG auch eine **abwehrrechtliche Dimension**, die dem Einzelnen grundsätzlich Bestand, Privatnützigkeit und Verfügungsbefugnis über das Eigentum gegen staatliche Zugriffe sichert.

#### 4.10.3.1 Schutzbereich

##### *4.10.3.1.1 Sachlicher Schutzbereich*

Zu fragen ist zunächst, was Eigentum i. S. d. Art. 14 GG ist. Hier gilt zunächst der Grundsatz, dass Eigentum nur das ist, was die Rechtsordnung zu einem bestimmten Zeitpunkt als „Eigentum" definiert.

Eigentum ist zunächst als Leitbild der Eigentumsgarantie das **Sacheigentum** nach den Vorschriften der §§ 903 BGB; hier beschreibt § 903 Satz 1 BGB die eben genannten Eckpfeiler des Eigentums, die Privatnützigkeit und die Verfügungsbefugnis: „*Der Eigentümer einer Sache kann, soweit nicht das Gesetz oder Rechte Dritter entgegenstehen, mit der Sache nach Belieben verfahren und andere von jeder Einwirkung ausschließen.*"

Umfasst ist hiervon etwa auch die **Baufreiheit**, allerdings nur im Rahmen der Gesetze, also insbesondere im Rahmen des öffentlich-rechtlichen Bauordnungs- und Bauplanungsrechts. Geschützt ist auch nicht die Erwartung, dass ein bestimmtes Grundstück zu Bauland gemacht wird.

Über die Eigentumsgewährung des bürgerlichen Rechts hinaus ist Eigentum jedes privatrechtliche **vermögenswerte Recht**, bspw. Wertpapiere, Aktien, Warenzeichen-

241 BVerfGE 115, 97, 114 – Halbteilungsgrundsatz.

242 BVerfG, Urt. vom 26.3.2025 – 2 BvR 1505/20 –, https://www.bundesverfassungsgericht.de/SharedDocs/Entscheidungen/DE/2025/03/rs20250326_2bvr150520.html, zuletzt abgerufen am 27.6.2025.

rechte, Patentrechte, Forderungen gem. Privatrecht, aber auch das Besitzrecht des Mieters an der gemieteten Wohnung[243].

***Beispielfall 45:***
*Kioskbesitzer K hat seinen Kiosk an einer Stelle, wo regelmäßig nächtliche Gelage stattfinden, die die ansässige Wohnbevölkerung die Wände hochtreibt. Die Feiernden nutzen seinen Kiosk, um ihre Partys alkoholtechnisch „am Laufen zu halten". Da diese Umtriebe zunehmen, ermöglicht der Gesetzgeber, Verkaufsstellen wie denen des K den Alkoholverkauf nach 23:00 Uhr zu verbieten. Im Übrigen bemüht sich die Stadt, die nächtlichen Partygäste ab diesem Zeitpunkt von dem Platz zu vertreiben.*

*K, der durch die nächtlichen Alkoholverkäufe ca. 20 % seiner Einnahmen erzielt, sieht sich durch beide Maßnahmen in seiner Eigentumsgarantie verletzt.*

*Zu Recht?*

Seit jeher umstritten ist die Eigentumsqualität des **eingerichteten und ausgeübten Gewerbebetriebs**. Der Bundesgerichtshof und weite Teile der Lehre sehen den Gewerbebetrieb mit all seinen wirtschaftlichen Bestandteilen als Eigentum an. Das Bundesverfassungsgericht dagegen sieht den Gewerbebetrieb nur als Summe seiner eigentumsrelevanten Einzelbestandteile geschützt und führt dazu aus, dass der Schutz dieser Gesamtheit nicht weiter reichen könne als der Schutz der Einzelbestandteile.[244] Jedenfalls fällt aus dem Schutz der Eigentumsgarantie damit die reine Erwerbschance und ein Anspruch auf Beibehaltung günstiger Rahmenbedingungen („Goodwill" des Unternehmens, Marktstellung oder Freistellung von Konkurrenz, Erhalt einer günstigen Verkehrsanbindung oder öffentlicher Parkflächen in der Nähe, Erhalt des Kundenstamms, Kiosk neben Schule) heraus.[245] Ebenso ist ein Konzessionsinhaber nicht davor geschützt, dass ein mit der Konzession verbundenes Widerrufsrecht ausgeübt und so die Konzession entzogen wird.

**Merke:**
Für das Verhältnis von Art. 14 Abs. 1 GG zur Berufsfreiheit nach Art. 12 Abs. 1 GG gilt: Art. 14 GG schützt das Erworbene, Art. 12 GG den Erwerb. Staatliche Maßnahmen, die die Erwerbstätigkeit betreffen, sind zunächst an Art. 12 Abs. 1 GG zu messen. Erst wenn staatliche Maßnahmen bspw. den Betrieb erdrosseln, also dessen Existenz gefährden, kommt Art. 14 GG ins Spiel.

***Lösung zu Beispielfall 45:***
*Der K hat zwar Eigentum an dem Kiosk (entweder unmittelbar am eingerichteten und ausgeübten Gewerbebetrieb oder an der Summe der Güter, die den Kiosk*

243 BVerfGE 89, 1, 7.
244 BVerfGE 58, 300, 353 – Nassauskiesung.
245 Siehe die Nachweise bei *Kingreen/Poscher*, Staatsrecht II Rn. 1040 f.

*ausmachen). Das Alkoholverbot betrifft aber nur seinen Erwerb, also seine Berufsfreiheit, jedenfalls wenn man – bei 20 % der Einnahmen aus dem nächtlichen Verkauf – realistischerweise nicht von einer Existenzgefährdung ausgeht. Auch hat K keinen Anspruch darauf, dass ihm die nächtliche Partygemeinschaft als Kundschaft erhalten bleibt.*

*K kann sich bezüglich des Verkaufsverbots und des Einschreitens gegen die Feiernden nicht auf einen Eingriff in Art. 14 Abs. 1 GG berufen.*

Gegenstand des Eigentums ist als vermögenswertes Recht damit aber auch das sog. „geistige Eigentum", also **Urheberrechte** u. Ä.

Zum geschützten Vermögensbestand zählen inzwischen ausdrücklich auch kryptographisch repräsentierte Vermögenswerte. Der Bundesfinanzhof hat 2023 die Kryptowährungen „Bitcoin", „Ether" und „Monero" als „andere Wirtschaftsgüter",„qualifiziert und ihre Verkehrsfähigkeit wie ihre selbständige Bewertbarkeit bejaht. Die Entscheidung betont, dass digitale Token objektiv werthaltig und individuell zuzuordnen sein müssen. Wird diese Schwelle überschritten, liegt eine eigentumsrechtlich relevante Position vor, die – sollte der Gesetzgeber in Zukunft Zugriffs- oder Verwahrpflichten statuieren – von Art. 14 GG erfasst ist.[246]

Die fortschreitende ökologische Transformation des Gebäudebestands und die Digitalisierung der Wirtschaft haben die Bedeutung der Eigentumsgarantie in den vergangenen Jahren weiter akzentuiert. Eigentum wird heute nicht mehr allein in klassischen Sachgütern verwirklicht, sondern zunehmend auch in digital gespeicherten Vermögenswerten – von Kryptowährungen bis hin zu Datenbeständen, die infolge des Data-Act (VO (EU) 2023/2854) unter bestimmten Umständen exklusiv verwertbar sind. Gleichzeitig verdeutlichen die erheblichen Investitions- und Umrüstpflichten nach der Novelle des Gebäudeenergiegesetzes vom 19.10.2023, dass die Sozialbindung des Eigentums in Zeiten der Klimakrise stärker denn je konkretisiert wird. Diese Entwicklung macht es erforderlich, die durch Art. 14 Abs. 1 GG gewährleistete Privatnützigkeit dynamisch im Lichte neuer Gemeinwohlbelange – namentlich der Dekarbonisierung und Digitalisierung – auszubalancieren.

Auch **öffentlich-rechtliche** Rechtspositionen können Eigentumsqualität haben. Wesentliches Kriterium ist hier, dass die Positionen Äquivalente eigener Leistung sind, so etwa Steuerrückerstattungsansprüche. Nicht geschützt sind damit Ansprüche auf Kindergeld, Arbeitslosengeld II oder Sozialhilfe.

Im **Sozialversicherungsrecht** sollen solche Positionen Eigentumsschutz besitzen, die

- dem Versicherten ausschließlich und privatnützig zugeordnet sind,
- im Wesentlichen Äquivalent eigener Leistung sind
- und der Existenzsicherung dienen.

Dies sind im Wesentlichen Ansprüche auf gesetzliche Rente und Rentenanwartschaften sowie Arbeitslosengeld I.

246 BFH, Urt. vom 14.2.2023 – IX R 3/22 –, https://www.bundesfinanzhof.de/de/entscheidung/entscheidungen-online/detail/STRE202310057/, zuletzt geöffnet am 27.6.2025.

**Merke:**
Nicht geschützt durch Art. 14 GG ist das Vermögen, also der Wert aller vermögenswerten Rechte einer Person in ihrer Gesamtheit. Geschützt ist nur jede einzelne vermögenswerte Position für sich.
Bedeutung hat dies insbesondere für das Verhältnis von Steuern und Art. 14 GG. Da Steuern nicht aus bestimmten vermögenswerten Gütern, sondern aus dem Vermögen als Ganzem geleistet werden, sind Steuern – ungeachtet der Rechtsprechung zum Halbteilungsgrundsatz[247] – eigentumsrechtlich irrelevant. Anders verhält es sich dann, wenn eine Steuer erdrosselnde Wirkung hat oder haben soll. Erdrosselungssteuern liegen vor, wenn der Steuergesetzgeber (auch Kommunen, bspw. bei Steuern auf Spielhallen oder bei Steuern auf Kampfhunde[248]) keine Einnahmen erzielen will, sondern das besteuerte Verhalten oder das Entstehen oder Fortbestehens des Steuertatbestands durch Belastung mit einer besonders hohen Abgabenpflicht unterbinden möchte.

Geschützt ist, wie bereits ausgeführt, der **Bestand** des Eigentums; geschützt ist aber auch die Nutzung des Eigentums. Gemeint ist mit dem Begriff der Nutzung hier allerdings nur die eigentumsbezogene Nutzung, also das Recht, das Eigentum zu behalten, zu verkaufen, zu verschenken oder zu verschwenden. Teilweise räumt das einfache Recht Nutzungsrechte an Eigentumsgegenständen ein, so der Anliegergebrauch nach Straßenrecht (gesteigerter Gemeingebrauch, vgl. etwa § 14a StrWG NRW), der das Recht auf Zugänglichkeit des Grundstücks von öffentlichen Straßen und Wegen garantiert.

Nicht als Nutzung umfasst ist dagegen der **„sachtypische Gebrauch"** von Eigentumsgegenständen. So ist das Lesen einer erworbenen Zeitung von Art. 5 Abs. 1 Satz 1 Alt. 2 GG (Informationsfreiheit), das Fahren des eigenen Autos von Art. 2 Abs. 1 GG (Allg. Handlungsfreiheit) geschützt, nicht aber von Art. 14 GG.

#### 4.10.3.1.2 Persönlicher Schutzbereich

Dass Eigentum ist ein **Jedermannsrecht**; Eigentum kann auch juristischen Personen zustehen. Ausdrücklich ausgenommen hat das Bundesverfassungsgericht Körperschaften des öffentlichen Rechts vom Schutz der Eigentumsgarantie, auch wenn diese bürgerlich-rechtliches Eigentum haben können: *„Art. 14 Abs. 1 GG schützt nicht das Privateigentum, sondern das Eigentum Privater."*[249]

***(Zwischen-)Lösung zu Beispielfall 44 – Trennungsschmerz:***
*(angelehnt an BVerfGE 82, 126 ff.)*
*In Betracht kommt eine Verletzung von Art. 14 Abs. 1 GG.*

247 Wiederum BVerfGE 115, 97, 114 – Halbteilungsgrundsatz.
248 Vgl. http://www.spiegel.de/panorama/bundesverwaltungsgericht-2000-euro-kampfhundesteuer-sind-zu-viel-a-997372.html, zuletzt abgerufen am 21.6.2021.
249 BVerfGE 61, 82, 108 f. – Sasbach.

***I. Schutzbereich***

***1. Sachlicher Schutzbereich***

*Hier steht das bürgerlich-rechtliche Eigentum an den Druckwerken, die V als Verleger herstellt, in Rede. Betroffen ist der Bestand seines Eigentums, so dass die vom Gesetz betroffene Vermögensposition auch dem Schutzumfang nach dem Schutzbereich der Eigentumsgarantie unterfällt.*

***2. Persönlicher Schutzbereich***

*Art. 14 Abs. 1 GG ist ein Jedermannsgrundrecht, auf das sich der V als natürliche Person, gleich welcher Nationalität er angehört, berufen kann.*

### 4.10.3.2 Eingriff

Bezüglich der Eingriffe in Art. 14 GG wird unterschieden zwischen sog. „Inhalts- und Schrankenbestimmungen“ und der Enteignung.

***Beispielfall 46:***
*Drohnenpilot D hat sich für aufwendige Luftbildaufnahmen ein Kamerafluggerät im Wert von 4.500,– € angeschafft, das er v. a. an Wochenenden über Innenstädten und bei Großveranstaltungen betreibt. Seit dem 1.2.2024 verlangt § 31 Abs. 2 Satz 1 Luftverkehrsgesetz i. V. m. Art. 15 VO (EU) 2019/947, dass alle unbemannten Luftfahrzeuge ab 250 g dauerhaft mit einem Remote-ID-Sender ausgerüstet sein müssen, damit Polizei- und Ordnungsbehörden in Echtzeit Halter und Position feststellen können. Der nachrüstbare Sender kostet rund 180,– €. D beruft sich auf Art. 14 Abs. 1 GG und wendet ein, sein Eigentum werde „technisch verunstaltet und entwertet“.*

***Beispielfall 47:***
*Eigentümerin E besitzt ein unbebautes, aber erschlossenes Eckgrundstück in unmittelbarer Nähe des Düsseldorfer Hauptbahnhofs. Zur Vorbereitung der Fußball-Europameisterschaft 2024 errichtet das Land Nordrhein-Westfalen dort einen temporären „Police Operations Hub“. Der Landtag beschließt am 28.2.2024 das „Landesgesetz über Sicherheitsinfrastrukturen bei Großereignissen“ (LSIG NRW), das am 1.3.2024 in Kraft tritt. § 4 LSIG NRW sieht vor, dass Grundstücke an kritischen Knotenpunkten dauerhaft enteignet und gegen Wertersatz in Landeseigentum überführt werden dürfen, wenn eine einvernehmliche Übereignung nicht zustande kommt. Nachdem die Verhandlungen mit E scheitern, erlässt das Innenministerium am 20.3.2024 einen Enteignungsbeschluss und setzt eine Entschädigung von 1,2 Mio. € fest. E macht geltend, die Maßnahme überschreite den Befugnisrahmen des Art. 14 Abs. 3 GG, weil das Turnier im Juli 2024 ende und anschließend nur noch eine „gewöhnliche Polizeiwache" verbleibe.*

#### *4.10.3.2.1 Inhalts- und Schrankenbestimmungen*

Art. 14 GG ist gekennzeichnet durch die Normprägung und den Umstand, dass Eigentum immer nur das ist, was die Eigentumsordnung zu einem bestimmten Zeitpunkt als

„Eigentum“ definiert. Die Folge ist, dass Gesetze die Eigentumsfreiheit erweitern oder auch verkürzen können. Derartige Eingriffe bezeichnet man als **Inhalts-** und **Schrankenbestimmungen**; sie *„legen generell und abstrakt die Rechte und Pflichten des Eigentümers fest.“*[250]

Durch Inhalts- und Schrankenbestimmungen definiert der Gesetzgeber den Umfang des Eigentums für die **Zukunft**. Wer Eigentum erwirbt, tut dies nur im Umfang der Inhalts- und Schrankenbestimmung. Für bestehendes Eigentum jedoch bedeutet die Inhalts- und Schrankenbestimmung ggf. eine Verkürzung des Eigentumsrechts, also einen Eingriff.

Die Modernisierungs- und Nachrüstpflichten des Gebäudeenergierechts stellen grundsätzlich Inhalts- und Schrankenbestimmungen i. S. d. Art. 14 Abs. 1 Satz 2 GG dar, durch die die Sozialbindung des Grundeigentums konkretisiert wird. Der Gesetzgeber darf Eigentümer insbesondere zu energetischen Modernisierungsmaßnahmen verpflichten, sofern die Regelungen legitimen Gemeinwohlzielen dienen und den Anforderungen der Verhältnismäßigkeit genügen. Verfassungsrechtlich bedeutsam ist dabei, dass entsprechende Pflichten regelmäßig an zukünftige Investitions- und Modernisierungsentscheidungen anknüpfen und durch Übergangs-, Ausnahme-, Härtefall- oder Förderregelungen abgefedert werden. Eine unverhältnismäßige Belastung kommt nur in atypischen Einzelfällen in Betracht, etwa dann, wenn die wirtschaftliche Tragbarkeit einer Maßnahme auch unter Berücksichtigung bestehender Entlastungsmechanismen nicht gewährleistet ist.[251]

#### 4.10.3.2.2 Enteignung

Eine besonders drastische Form des Eigentumseingriffs ist die Enteignung. Mit der Enteignung werden konkrete Eigentumspositionen entzogen. Die Enteignung kann durch Einzelakt aufgrund eines Gesetzes **(Administrativenteignung)** oder durch Gesetz (Legal- oder **Legislativenteignung**) erfolgen.

Während Bundesverwaltungsgericht und Bundesgerichtshof je nach Schwere des Eingriffs oder Belastung des Betroffenen ein Umschlagen von Inhalts- und Schrankenbestimmungen in Enteignungen für möglich hielten, hat das Bundesverfassungsgericht eine klare **Abgrenzung** zwischen Inhalts- und Schrankenbestimmungen einerseits und Enteignungen andererseits vorgenommen:

Enteignungen zeichnen sich formal dadurch aus, dass sie
- konkret und nicht abstrakt wirken,
- stets individuell und nicht generell gerichtet sind,
- Eigentumspositionen formal entziehen und Eigentum nicht (ggf. ausgehöhlt) belassen
- und nur zu Zwecken des Gemeinwohls zulässig sind.

---

250 BVerfGE 58, 300, 330 – Nassauskiesung.

251 Zu den Reformvorhaben der Bundesregierung für das Gebäudeenergiegesetz bzw. das geplante Gebäudemodernisierungsgesetz siehe den Gesetzentwurf der Bundesregierung vom 13.5.2026 (https://www.bundesregierung.de/breg-de/aktuelles/neues-gebaeudemodernisierungsgesetz-2430284, zuletzt abgerufen am 30.6.2026).

**Merke:**
Für Enteignungen gilt das „Nutella-Prinzip". (Älteren Semestern dürfte noch die Nutella-Werbung bekannt sein – für die Oma, die die falsche Nuss-Nougat-Creme kauft, gilt der Grundsatz: „Nur wo ‚Nutella' draufsteht, ist auch Nutella drin!") Dieses Prinzip gilt auch für Enteignungen: „Nur wo ‚Enteignung' draufsteht, ist auch Enteignung drin!"

***(Zwischen-)Lösung zu Beispielfall 44 – Trennungsschmerz:***

***II. Eingriff***

*Fraglich ist, ob das Gesetz in die Eigentumsfreiheit eingreift. Die Ablieferungspflicht könnte einen Eingriff in die Eigentumsfreiheit darstellen. In Betracht kommt eine Inhalts- und Schrankenbestimmung oder eine Enteignung des V.*

*Dem formalen Ansatz des BVerfG folgend ist zu fragen, ob die Vorschrift eine konkrete Belastung des V oder eine abstrakte Belastung darstellt. Auch ist zu fragen, ob sie individuell auf V zugeschnitten ist oder generellen Charakter hat. Zugleich ist zu prüfen, ob dem V das Eigentum belassen wird oder ob ein Eigentumsentzug vorliegt.*

*Für eine Enteignung könnte sprechen, dass V konkret und individuell das Eigentum an dem abzugebenden Druckwerk entzogen wird. Eine Eigentumsentziehung i. S. einer Enteignung liegt aber nur dann vor, wenn der Staat auf eine spezielle Vermögensposition des Betroffenen zugreifen will. Hier stellt sich die Lage aber so dar, dass § 3 des Gesetzes in abstrakt-genereller Weise eine Naturalleistungspflicht der Verleger im Land X normiert. Es kommt dem Staat also nicht auf ein bestimmtes individualisiertes Druckwerk aus dem Bestand des V an. Die vom Verleger vorzunehmende Auswahl und Ablieferung eines beliebigen Exemplars der Auflage aktualisiert diese allgemein und im Vorhinein obliegende Verpflichtung.*

*Damit liegt eine Inhalts- und Schrankenbestimmung vor. Diese betrifft auch den aktuellen Bestand der Werke aus dem Verlag des V und stellt daher einen Eingriff dessen Eigentumsrecht dar.*

### 4.10.3.3 Verfassungsrechtliche Rechtfertigung

#### *4.10.3.3.1 Inhalts- und Schrankenbestimmungen*

Die Festlegung und Ausgestaltung von Inhalts- und Schrankenbestimmungen erfolgt „durch die **Gesetze**". Da es sich dabei um eine Ausformung des Eigentums handelt, kann nicht von einem Gesetzesvorbehalt im klassischen Sinne ausgegangen werden. Obwohl neben der Formulierung „durch die Gesetze" ein „aufgrund von Gesetzen" fehlt, wird davon ausgegangen, dass die abstrakt-generelle Ausgestaltung des Eigentums auch aufgrund exekutiver Rechtssetzung (Rechtsverordnungen oder anderer untergesetzlicher Normen) erfolgen kann.

Der Gesetzgeber ist bei der Ausgestaltung der Inhalts- und Schrankenbestimmungen nicht völlig frei. Vielmehr unterliegt seine Ausgestaltungsbefugnis der Schranken-Schranke der Verhältnismäßigkeit. Hier muss versucht werden, den Ausgleich zwischen **Privatnützigkeit** und **Sozialbindung** herzustellen. Dabei ist einerseits die Eigenart der betreffenden Eigentumsposition zu beachten, andererseits die Bedeutung des vermögenswerten Gutes für den Eigentümer.

So ist **Grundeigentum** der Sache nach nicht vermehrbar und unterliegt so einer stärkeren Sozialbindung als andere Vermögensgegenstände.[252] Deswegen kann das Interesse der Allgemeinheit beim Verkehr mit Grundstücken stärker zur Geltung gebracht werden. Während aber der Gesetzgeber zu Zeiten, zu denen bspw. Schrebergärten noch eine Ernährungsfunktion hatten, die Kündigungsrechte und die Pachtpreisgestaltung durch Verpächter noch stärker beschränken durfte, sind diese Einschränkungen im Bedeutungswandel des Schrebergartens hin zum Wohngarten nicht mehr im gleichen Maße gerechtfertigt.[253] Je weiter die Bedeutung des Eigentums für die private Lebensgestaltung und die Ausgestaltung der persönlichen Freiheit reicht, desto weniger darf der Gesetzgeber eingreifen.

Regelmäßig sind Inhalts- und Schrankenbestimmungen, wenn sie nicht unverhältnismäßig – und damit verfassungswidrig – sind, **entschädigungslos** hinzunehmen. In Ausnahme- und Härtefällen kann aber eine Geldentschädigung für übermäßige Eingriffe in das Eigentum gewährt werden. So wurde die entschädigungslose Ablieferungspflicht eines Pflichtexemplars von Druckwerken durch Verlage an die Landesbibliothek als generell verhältnismäßig angesehen, für den Fall besonders kleiner Auflagen zu hohen Stückpreisen aber als unverhältnismäßig und damit verfassungswidrig erachtet. Hier hätte der Gesetzgeber eine Entschädigungsregelung vorsehen müssen.[254]

Auch wurde eine denkmalschutzrechtliche Regelung, die den Abriss eines denkmalgeschützten Gebäudes, für das keine wirtschaftliche Nutzung mehr möglich war, ohne aufwändige, den Wert des Grundstücks übersteigende Renovierungsmaßnahmen durchzuführen, als unwirksam erachtet; hier hätte eine gesetzliche Härtefall- oder eine finanzielle Ausgleichsregelung normiert werden müssen.[255]

***Lösung Beispielfall 44 – Trennungsschmerz:***

***II. Verfassungsrechtliche Rechtfertigung***

***1. Beschränkbarkeit des Grundrechts***

*Art. 14 Abs. 1 Satz 2 GG enthält einen geschriebenen Gesetzesvorbehalt, der dem Gesetzgeber die Ausgestaltung des Eigentums aufgibt.*

***2. Wirksame Konkretisierung dieser Schranke?***

***a) Formell verfassungsmäßiges Gesetz?***

*Das Gesetz ist formell verfassungsgemäß. Die Gesetzgebungskompetenz des Landes ergibt sich aus Art. 70 Abs. 1 GG.*

252 BVerfGE 21, 73, 82 f.

253 BVerfGE 52, 1, 32 f. – Kleingärten.

254 BVerfGE 58, 137, 149 ff. – Pflichtexemplar.

255 BVerfGE 100, 226, 243 – Denkmalschutz.

***b) Materielle Verfassungsmäßigkeit, insb. Verhältnismäßigkeit des Gesetzes***

***aa) Zweck der Regelung***

*Zweck der Regelung ist ein kulturpolitisches Bedürfnis, der Öffentlichkeit – auch späteren Generationen – das Kulturschaffen als Teil einer Kunstepoche zugänglich zu machen.*

***bb) Geeignetheit***

*Durch die Sammlung an einer Stelle wird die breite Öffentlichkeit in die Lage versetzt, auch ohne den Erwerb eines Buchs zukünftig Zugang zu den entsprechenden Werken zu haben. Die Regelung ist somit zweckförderlich.*

***cc) Erforderlichkeit***

*Ein milderes Mittel könnte die Verpflichtung zu zeitweisen Leihgaben oder Dauerleihgaben sein. Der Zweck ist jedoch durch eine nur zeitweise Leihgabe nicht zu erreichen; Dauerleihgaben sind nicht weniger belastend. Ebenso kann ein genereller Ankauf der Bücher mangels finanzieller Möglichkeiten regelmäßig nicht erfolgen und ist daher weniger geeignet. Eine zeitweise Überlassung zur Digitalisierung wäre zwar milder, hätte aber nicht den gleichen Dokumentationswert.*

***dd) Angemessenheit***

*Bei Art. 14 Abs. 1 GG stellt sich insb. die Frage nach der Privatnützigkeit des Eigentums einerseits und Allgemeinnützigkeit andererseits.*

***BVerfGE 58, 137, 148 f.:** „Vom Zeitpunkt der Publikation an entwickelt jedes Druckwerk ein Eigenleben. Es bleibt nicht nur vermögenswertes Ergebnis verlegerischer Bemühungen, sondern wirkt in das Gesellschaftsleben hinein. Damit wird es zu einer eigenständigen, das kulturelle und geistige Geschehen der Zeit mitbestimmender Faktor. […] Es ist, losgelöst von privatrechtlicher Verfügbarkeit, geistiges und kulturelles Allgemeingut. Mit Blick auf diese soziale Bedeutung stellt es ein legitimes Anliegen dar, die literarischen Erzeugnisse dem wissenschaftlich und kulturell Interessierten möglichst geschlossen zugänglich zu machen und künftigen Generationen einen umfassenden Eindruck vom geistigen Schaffen früherer Epochen zu vermitteln."*

*Somit ist die Allgemeinnützigkeit des Druckwerks grds. zu bejahen, die gegenüber der Privatnützigkeit des Vermögensgegenstandes vorrangig ist. Damit liegt zunächst eine verhältnismäßige Inhalts- und Schrankenbestimmung vor, die im Regelfall entschädigungslos hinzunehmen ist.*

*Fraglich ist aber, ob dies auch im konkreten Einzelfall gilt. Hier könnte der Eigentumsgarantie – jedenfalls als Eigentumswertgarantie – ein besonderer, über den Normalfall hinausgehender Stellenwert gebühren.*

***BVerfGE 58, 137, 149 f.:** „Unter diesen Umständen stellt die unentgeltliche Abgabe eines Belegexemplars je Druckwerk eine zumutbare, den Verleger nicht übermäßig und einseitig treffende Belastung dar, wenn der damit verbundene Nachteil nicht wesentlich ins Gewicht fällt. […] Die besondere soziale Bedeutung, die künstlerisch, wissenschaftlich oder literarisch herausragend wertvollen und daher in der Herstellung regelmäßig sehr teuren*

*Druckwerken im Blick auf Art. 14 Abs. 2 GG zukommt, kann nicht losgelöst von deren Entstehung gesehen werden."*
*Deswegen ist bei derart teuren und aufwändig hergestellten Auflagen das unternehmerische Risiko und die finanzielle Belastung derart hoch einzustufen, dass eine kostenlose Ablieferung eines Pflichtexemplars die Grenzen verhältnismäßiger und noch zumutbarer Festlegung des Verlegereigentums überschreitet. Ohne eine Ausnahme für teure Kleinstauflagen ist die Regelung des § 3 des Gesetzes damit unangemessen und die Vorschrift damit soweit verfassungswidrig.*
***Endergebnis:*** *§ 3 des „Gesetzes über die Abgabe von Pflichtexemplaren an die Staatsbibliothek des Landes X" verletzt im dargestellten Umfang das Grundrecht des V aus Art. 14 Abs. 1 GG.*

***Lösung zu Beispielfall 46:***
*Der Kameracopter ist eine bewegliche Sache und damit von der Eigentumsgarantie umfasst. Die Nachrüstpflicht modifiziert die künftige Benutzbarkeit abstrakt-generell für alle betroffenen Eigentümer. Eine konkrete Entziehung findet nicht statt; D behält das Gerät und kann es nach Aufrüstung weiterverwenden. Die Regelung stellt folglich eine Inhalts- und Schrankenbestimmung dar. Sie verfolgt das legitime Ziel, Gefahren durch anonymen Drohneneinsatz – etwa bei Einsatzlagen der Polizei – abzuwehren, und ist geeignet, weil Remote-ID eine sofortige Zuordnung ermöglicht. Das Erfordernis ist erforderlich, da mildere Mittel wie freiwillige Kennzeichnungen schon nach der alten Rechtslage gescheitert sind. Bei den Kosten von 180 € ist auch die Angemessenheit gewahrt, zumal der Gesetzgeber Unternehmern und Vereinen eine Förderlinie nach § 31 Abs. 8 LuftVG eröffnet hat. Der Eingriff ist deshalb verhältnismäßig und verfassungsrechtlich gerechtfertigt. Art. 14 Abs. 1 GG ist nicht verletzt.*

#### 4.10.3.3.2 Enteignung

Enteignungen sind regelmäßig aufgrund Gesetzes und nur **ausnahmsweise** – aufgrund des eingeschränkten Rechtsschutzes – unmittelbar durch Gesetz möglich. Im ersten Fall spricht man von „Administrativenteignungen", im zweiten Fall von „Legal-" oder „Legislativenteignungen". Die Legal- oder Legislativenteignung ist nur dann zulässig, wenn die Eigentumsgegenstände für die Erfüllung einer im Allgemeininteresse zwingend notwendigen Aufgabe im Wege der Einzelenteignung nicht in vertretbarer Zeit verfügbar gemacht werden können.

**Merke:**
Einen Fall zulässiger Legislativenteignung sah das Bundesverfassungsgericht im Hamburger Deichordnungsgesetz; nach der Flutkatastrophe von 1966 stand die Freie und Hansestadt Hamburg vor der Aufgabe, sofort ein umfassendes Deichsystem aufzubauen und das vorhandene Deichsystem zu sichern und wirksam auszubauen. Die Verschaffung der hierfür erforderlichen Grundstücke entlang der Elbe wäre im Wege des freihändigen Erwerbs bzw. durch Administrativenteignungen nicht rechtzeitig möglich gewesen.[256]

Wesentliche Schranken-Schranke für Gesetze, die Enteignungen ermöglichen, ist das Vorhandensein einer sog. **„Junktim-Klausel"** (von lat. „iunctum" = verbunden), in der vorab die Gewährung einer Entschädigung angelegt und nach Art und Umfang im Wesentlichen festgelegt ist. Fehlt es an einer solchen Klausel, ist das Gesetz nichtig, insbesondere darf ein Gericht keine Entschädigungsregelung durch Analogie ergänzen oder unmittelbar aus Art. 14 Abs. 3 Satz 4 GG ableiten.

**Merke:**
Dies hat aber zugleich zur Folge, dass derjenige, der sich nicht gegen eine solche verfassungswidrige Enteignung gerichtlich wehrt und sich eine Entschädigung erhofft, ins Leere schaut: Der Grundsatz: *„Dulde und liquidiere!"* ist tot.[257]

Die gewährte **Entschädigung** muss angemessen sein. Vor der Enteignung muss zudem versucht werden sein, den zu enteignenden Eigentumsgegenstand freihändig vom Eigentümer zu erwerben.

Darüber hinaus dürfen Enteignungen nur zum Wohl der **Allgemeinheit** erfolgen und müssen hierzu auch im Einzelfall erforderlich sein. Enteignungen zugunsten Privater sind nur dann zulässig, wenn mit der Enteignung ein Gemeinwohlzweck verfolgt wird und die Erfüllung dieses Gemeinwohlzwecks auch hinreichend gesichert ist.[258]

***Lösung zu Beispielfall 47:***
*Der Beschluss entzieht E das Eigentum konkret-individualisiert; es liegt eine Enteignung im Sinne des Art. 14 Abs. 3 GG vor. Die Zwecksetzung – Einrichtung und dauerhafte Aufrechterhaltung eines polizeilichen Lage- und Interventionsstandorts in unmittelbarer Bahnhofsnähe – ist dem Allgemeinwohl zuzuordnen. Das Junktim-*

256 BVerfGE 24, 367, 402 ff. – Hamburger Deichordnungsgesetz.

257 Vgl. BVerfGE 58, 300 ff. – Nassauskiesung, dort LS 2: *„Sieht der Betroffene in einer gegen ihn gerichteten Maßnahme eine Enteignung, so kann er eine Entschädigung nur einklagen, wenn eine gesetzliche Anspruchsgrundlage vorhanden ist. Fehlt sie, muss er sich bei den zuständigen Gerichten um die Aufhebung des Eingriffsaktes bemühen."*

258 BVerfGE 74, 264, 286 ff. – Boxberg.

*Gebot wird erfüllt, weil § 8 LSIG NRW die Entschädigung am Verkehrswert ausrichtet und gerichtliche Kontrolle vorsieht. Die Maßnahme erweist sich auch als erforderlich: Düsseldorf verfügt im dichten Innenstadtbereich über kein Alternativgrundstück gleicher Eignung, und ein temporärer Bau würde wegen Rück- und Neubaukosten das Gemeinwohlziel deutlich stärker belasten. Der dauerhafte Betrieb einer Wache bleibt funktional auf das Großereignis bezogen, weil sie die Nachsorge- und Folgeeinsätze absichert; damit hält sich der Gesetzgeber im Einschätzungsspielraum. Verfassungsrechtliche Bedenken bestehen nur, falls die festgesetzte Entschädigung hinter dem tatsächlichen Verkehrswert zurückbleibt.*

*Wesentliche Unterschiede zwischen Inhalts- und Schrankenbestimmung und Enteignung*

| **Prüfkriterium** | **Inhalts- und Schrankenbestimmung** | **Enteignung** |
|---|---|---|
| Regelungsart | Abstrakt-generelle Festlegung der Reichweite bestehender Eigentumsbefugnis | Konkret-individueller Entzug einer bestimmten Eigentumsposition |
| Rechtsfolge für den Berechtigten | Eigentum bleibt erhalten, Nutzung wird neu geordnet oder beschränkt | Eigentum geht grundsätzlich auf den Staat oder einen Dritten über |
| Entschädigungspflicht | Grundsätzlich keine, nur bei unzumutbarer Belastung ausnahmsweise | Zwingend, Art. 14 Abs. 3 Satz 3 GG, Höhe muss angemessen sein |
| Gesetzliche Grundlage | Jede formell-gesetzliche Regelung oder auf Grundgesetz beruhende Rechtsverordnung möglich („durch die Gesetze") | Nur aufgrund eines Gesetzes mit ausdrücklicher Entschädigungsregel (Junktim-Gebot) oder – in atypischen Fällen – unmittelbar durch Gesetz |
| Prüfungsmaßstab | Verhältnismäßigkeit im Ausgleich zwischen Privat- und Sozialnützigkeit | Verhältnismäßigkeit plus strikte Prüfung von Zweckbindung, Erforderlichkeit und Angemessenheit der Entschädigung |
| Typischer Polizeibezug | Duldungspflichten wie Remote-ID oder Pflicht zur Anbringung von Sicherungstechnik | Dauerhafte Überführung eines Grundstücks für einsatztaktische Einrichtungen oder Gefahrenabwehranlagen |

## 4.11 Konkurrenzen

Echte Grundrechtskonkurrenzen liegen vor, wenn ein Verhalten unter den **Schutzbereich** von zwei Grundrechten zu fassen ist. So können religiöse Prozessionen sowohl der Versammlungs- als auch der Religionsfreiheit unterfallen. Das bedeutet, dass beide Grundrechte geprüft werden müssen und der evtl. Eingriff bezüglich beider Grundrechte gerechtfertigt sein muss, damit kein Grundrechtsverstoß vorliegt.

**Merke:**
In diesen Fällen ist ein Gleichlauf der Ergebnisse naheliegend; wer bei einer echten Grundrechtskonkurrenz zu abweichenden Ergebnissen zwischen beiden Grundrechten gelangt, sollte sein Ergebnis lieber noch einmal überprüfen.

Das Bundesverfassungsgericht löst Konkurrenzverhältnisse offenbar nach dem **Schwerpunkt** eines bestimmten grundrechtlich geschützten Verhaltens auf. So ist Kunst, insbesondere in Form der Satire, häufig mit Meinungsäußerung in Form von Werturteilen verbunden. Satire wird zumeist vorrangig an der Kunstfreiheit gemessen, wobei dann die Maßstäbe ggü. eventueller Verletzungen von Persönlichkeitsrechten etwas großzügiger sind als dies bei der Meinungsfreiheit der Fall wäre.[259]

Konkurrenzverhältnisse können auftreten zwischen Art. 5 Abs. 1 Satz 1 GG und Art. 12 Abs. 1 GG. So ist denkbar, dass ein **Redakteur** als „professioneller Meinungsäußerer" betroffen ist, so dass der Schutzbereich von Art. 5 Abs. 1 Satz 1 Alt. 1 GG und Art. 12 Abs. 1 GG eröffnet ist. Gleiches gilt für einen Pressebetrieb bezüglich Art. 5 Abs. 1 Satz 2 Var. 1 GG und Art. 12 Abs. 1 GG. Wird in solchen Fällen eine Recherche oder eine Veröffentlichung wegen ihres Inhalts untersagt, tritt für den Journalisten und das Presseorgan Art. 5 Abs. 1 GG in den Vordergrund; Art. 12 Abs. 1 GG wird verdrängt. Werden dem Redakteur und/oder dem Presseorgan dagegen wg. Verstoßes gegen das Arbeitszeitgesetz Einschränkungen bezüglich der Herausgabe der Frühausgabe einer Zeitung auferlegt, behindert das zwar mittelbar die redaktionelle Pressearbeit, stellt aber primär einen Eingriff in die Berufsfreiheit dar.[260] Wird in einem solchen Fall – für sich kaum vorstellbarer – allerdings die Einschränkung mit Blick auf das Arbeitszeitgesetz nur vorgeschoben, um Pressearbeit zu behindern, wäre wiederum Art. 5 Abs. 1 GG vorrangig einschlägig. Nach anderer Ansicht stehen in solchen Fällen Berufsfreiheit und Meinungs- und Pressefreiheit idealkonkurrierend nebeneinander.[261] Gleichermaßen löste das Bundesverfassungsgericht den Fall der muslimischen Lehrerin, der das Tragen des Kopftuchs im Schulalltag verboten wurde, vorrangig über Art. 4 Abs. 1, 2 GG.[262]

Auch in anderen Fällen sind Konkurrenzverhältnisse nicht eindeutig zu lösen. Dies gilt bspw. für das Konkurrenzverhältnis von Art. 5 Abs. 1 Satz 2 Var. 3 GG **(Filmfreiheit)** und Art. 5 Abs. 3 GG **(Kunstfreiheit)**. Hier geht eine Meinung davon aus, dass die Filmfreiheit nur den dokumentarischen Film erfasst. Das Bundesverfassungsgericht geht aber mit der wohl überwiegenden Meinung eher von Idealkonkurrenz zwischen Filmfreiheit und Kunstfreiheit bezogen auf den „Kunstfilm" aus. In der Folge wären – jedenfalls in einer Klausur, nicht aber für das Bundesverfassungsgericht – Filmfreiheit und Kunstfreiheit nebeneinander zu prüfen: *„Da die Verfassungsbeschwerde bereits aus den vorstehenden Gründen Erfolg hat, bedarf es nicht mehr der Entscheidung, ob die angegriffenen Beschlüsse die Beschwerdeführerin auch in ihrem Grundrecht aus Art. 5 Abs. 3 Satz 1 GG – der Freiheit der Kunst – verletzen."*[263]

---

259 Dazu BVerfGE 75, 369, 378 f. – Strauß-Karikatur; auch wenn hier die Abwägung zugunsten des Persönlichkeitsrechts ausgefallen ist.

260 So tendenziell *Kingreen/Poscher*, Staatsrecht II, Rn. 388 f.

261 So *Schemmer* in BeckOK GG, Art. 5 GG Rn. 96.

262 BVerfG, Beschl. vom 27.1.2015 – 1 BvR 471/10 –, Rn. 80, zitiert nach http://www.bverfg.de/e/rs20150127_1bvr047110.html, zuletzt abgerufen am 21.6.2021.

263 So BVerfGE 87, 209, 233: Annahme eines Verstoßes gegen das Vorzensurverbot (Art. 5 Abs. 1 Satz 3 GG; vgl. oben Kap. 4.1.1 bezüglich der Einziehung des Films „The evil dead – Tanz der Teufel", wodurch die Frage, ob auch die Kunstfreiheit verletzt sei, nicht mehr entschieden werden müsse.

# 5. Gleichheitsrechte

Gegenstand der weiteren Darstellung ist im Schwerpunkt der Allgemeine **Gleichheitssatz** nach Art. 3 Abs. 1 GG. Daneben werden die besonderen Gleichheitssätze, insb. Art. 3 Abs. 2 GG und Art. 3 Abs. 3 GG, angesprochen.

*Übersicht der Regelungen des Art. 3 GG*

| **Absatz/ Satz** | **Inhalt** | **Tragweite für Polizei- und Verwaltungsrecht** |
|---|---|---|
| Absatz 1 | Alle Menschen sind vor dem Gesetz gleich. | Maßstab für jede Norm- oder Ermessensprüfung, z. B. Gebührenrecht, Auswahlentscheidungen. |
| Absatz 2 Satz 1 | Männer und Frauen sind gleichberechtigt. | Verbietet formelle Diskriminierung, etwa geschlechtsbezogene Dienstpflichten. |
| Absatz 2 Satz 2 | Staat fördert tatsächliche Durchsetzung der Gleichberechtigung und wirkt auf Beseitigung bestehender Nachteile hin. | Ermächtigt und verpflichtet zur Frauenförderung, Diversitätsquoten, geschlechtsbewusster Personalplanung. |
| Absatz 3 Satz 1 | Verbot der Benachteiligung oder Bevorzugung wegen Geschlecht, Abstammung, Rasse, Sprache, Heimat und Herkunft, Glaubens, religiöser oder politischer Anschauungen. | Untersagt unmittelbare wie verdeckte Anknüpfungen, relevant bei Anordnungskriterien für Polizeieinsätze oder Beförderungen. |
| Absatz 3 Satz 2 | Niemand darf wegen seiner Behinderung benachteiligt werden. | Verpflichtet zur Barrierefreiheit, inzwischen auch bei digitaler Polizeikommunikation (vgl. BFSG). |

## 5.1 Art. 3 Abs. 1 GG – Allgemeiner Gleichheitssatz

### 5.1.1 Allgemeines

Menschen sind **ungleich**. Vor dem **Gesetz** aber, so verlangt es der Allgemeine Gleichheitssatz, sind alle Menschen **gleich**. Der Allgemeine Gleichheitssatz verbietet es damit kurz gesagt, ohne triftigen Grund wesentlich Gleiches ungleich und wesentlich Ungleiches gleich zu behandeln. Der Schwerpunkt der Darstellung liegt auf dem Umstand der Ungleichbehandlung von wesentlich Gleichem.

#### 5.1.1.1 Tatbestand des Gleichheitssatzes

Anders als bei Freiheitsrechten gliedert sich die Prüfung nicht in die drei großen Abschnitte „Schutzbereich“, „Eingriff“ und „Rechtfertigung“. Vielmehr wird zumeist in **zwei Schritten** geprüft:

1. **Feststellung einer Ungleichbehandlung von wesentlich Gleichem,**
2. **Rechtfertigung dieser Ungleichbehandlung.**

Die Prüfung würde unter umgekehrten Vorzeichen für die Gleichbehandlung von wesentlich Ungleichem ebenso verlaufen. Allerdings lässt sich regelmäßig über eine richtige **Vergleichsgruppenbildung** die Gleichbehandlung von wesentlich Ungleichem als – leichter zu handhabende – Ungleichbehandlung von wesentlich Gleichem fassen.

#### 5.1.1.2 Ungleichbehandlung von wesentlich Gleichem

***Beispielfall 48:***
***Variante 1:***
*S ist Häftling und sitzt in der JVA Rheinberg ein. Von seinem Eigengeld, also dem ihm für den Einkauf von Waren verbleibendem Geld, möchte er gerne Kosmetika kaufen, nämlich eine pflegende Nachtcreme und eine reichhaltige Tagescreme (mit Lichtschutzfaktor).*

*Während der formell ordnungsgemäße (fiktive) § 22a des einschlägigen Strafvollzugsgesetzes (StVollzG) weiblichen Gefangenen ermöglicht, Kosmetika vom Eigengeld zu erwerben, ist dies männlichen Gefangenen versagt. Zur Begründung wird angeführt: Zwar seien Kosmetika in Haftanstalten grds. eher unerwünscht, da dies zu Neid, Missgunst und Unruhe zwischen den Gefangenen führen könne. Kosmetika gehörten aber zu den natürlichen Bedürfnissen von Frauen, worin ein grundsätzlicher Unterschied zwischen Männern und Frauen liege, der hier Berücksichtigung gefunden habe.*

*S meint, dass diese Sicht in einem alten Rollenverständnis verhaftet sei. Schließlich wollten sich Männer heutzutage auch über Kernseife und Nivea-Creme hinaus pflegen, was auch durch die große Produktpalette von Herrenkosmetika (einschl. pflegender Nachtcremes und reichhaltiger Tagescremes mit Lichtschutzfaktor) bestätigt werde.*

*S sieht sich in seinem Recht aus dem allgemeinen Gleichheitssatz verletzt und will auch die genannten Kosmetika erwerben dürfen.*

*Zu Recht?*

***Variante 2:***
*P ist Prüfingenieur und als solcher für die Überprüfung von Standsicherheit und Feuersicherheit von Gebäuden zuständig. Aufgrund eines formell verfassungsmäßigen Landesgesetzes des Landes L gilt für seine Berufstätigkeit als Prüfingenieur eine Altersgrenze von 70 Jahren.*

*P ist empört, als er erfährt, dass das benachbarte Bundesland M in seinen Landesgesetzen keine vergleichbare Altersgrenze für die gleiche Tätigkeit setzt.*

*P, der arbeiten will, bis ihm das Messgerät aus der Hand fällt, fühlt sich in seinem Recht aus Art. 3 Abs. 1 GG verletzt.*

*Zu Recht?*

Personen oder Sachverhalte ungleich zu behandeln ist für die Staatsgewalt solange **unproblematisch**, wie sich Personen und Sachverhalte unterscheiden. Verfassungsrechtliche Relevanz – im Sinne einer Rechtfertigungsbedürftigkeit – ist die Ungleichbehandlung vergleichbarer Personen oder Sachverhalte.

In persönlicher Hinsicht schützt Art. 3 Abs. 1 GG **jedermann**. Der allgemeine Gleichheitssatz steht dabei in großer Nähe zur Menschenwürdegarantie. Gleichwohl ist Art. 3 Abs. 1 GG seinem Wesen nach auch auf **juristische Personen** anwendbar (Art. 19 Abs. 3 GG).

Zur Feststellung einer relevanten Ungleichbehandlung bedarf es zunächst der Feststellung eines gemeinsamen **Bezugspunkts**, also eines Faktors, in dem sich die Vergleichbarkeit von zwei Personen, zwei Personengruppen oder zwei Sachverhalten zeigt. Man spricht hier auch vom sog. „tertium comparationis" (lat.: „das Dritte des Vergleichs", also ein dritter Begriff, in dessen Umfang die anderen beiden Begriffe enthalten sind).

Voraussetzung für eine relevante Ungleichbehandlung ist damit:

1. Die rechtliche Behandlung von Personen/Personengruppen/Sachverhalten (Teilgruppe A) durch rechtliche Belastung/Begünstigung u. Ä. in einer bestimmten Weise,
2. die rechtliche Behandlung von Personen/Personengruppen/Sachverhalten (Teilgruppe B) durch rechtliche Belastung/Begünstigung u. Ä. in einer anderen Weise,
3. die Möglichkeit, beide Personen/Personengruppen/Sachverhalte (Teilgruppe A und B) unter einen gemeinsamen Nenner (Oberbegriff, tertium comparationis) zu fassen, der nur diese beiden und keine weiteren Personen/Personengruppen/Sachverhalte erfasst.

**Merke:**
Die eben angesprochene Vergleichsgruppenbildung enthält stark wertende Momente und ist daher nicht immer ganz einfach vorzunehmen. Wer den falschen Bezugspunkt wählt, läuft in der Prüfung häufig in die Irre.

Da sich der Gleichheitssatz – wie alle Grundrechte – primär an den Staat als Verpflichteten wendet, ist dieser zur Gleichbehandlung verpflichtet. Allerdings ist die jeweilige Staatsgewalt nur im Rahmen ihres eigenen Zuständigkeitsbereichs zur Gleichbehandlung verpflichtet. Niemand kann verlangen, durch einen Hoheitsträger in gleicher Weise behandelt zu werden, wie dies ein anderer Hoheitsträger im Rahmen seiner Zuständigkeit tut. Man spricht von der **Begrenzung** des Art. 3 Abs. 1 GG durch die **Kompetenzordnung**. Dieser Grundsatz gilt auf der Ebene der Gesetzgebung (bspw. zwischen den Bundesländern) und der vollziehenden Gewalt (bspw. Satzungserlass der Kommunen bzw. Ermessensausübung im eigenen Wirkungskreis).

***(Zwischen-)Lösung zu Beispielfall 48:***
***Variante 1:***
*Hier wäre der naheliegende Oberbegriff „Häftling". Teilgruppe A sind die männlichen Häftlinge, Teilgruppe B sind die weiblichen Häftlinge. Die unterschiedliche Behandlung liegt in der Begünstigung der Teilgruppe B, Kosmetika erwerben zu dürfen, gegenüber der Belastung der Teilgruppe A, dies nicht zu dürfen.*

***Zwischenlösung zu Variante 1:*** *Eine relevante Ungleichbehandlung liegt vor.*

***Variante 2:***
*Die Vergleichsgruppe könnte hier so zu fassen sein, dass als Oberbegriff die Tätigkeit als Prüfingenieur dient. Tertium comparationis wäre so „Prüfingenieure". Teilgruppe A wären die Prüfingenieure im Land L, Teilgruppe B diejenigen im Land M. Die Behandlung in unterschiedlicher Weise läge darin, dass für die Teilgruppe A die Altersgrenze von 70 Jahren besteht, für die Teilgruppe B dagegen nicht.*

*Fraglich ist aber, ob hierin eine relevante Ungleichbehandlung liegt.*

*Der P ist Prüfingenieur im Land L. Da das Landesgesetz, das die Altersgrenze auferlegt, formell ordnungsgemäß ist, ist davon auszugehen, dass die Regelung der Rechtsverhältnisse von Prüfingenieuren in der Hand des Landesgesetzgebers liegt. Hier hat der Landesgesetzgeber des Landes L im Rahmen seiner Kompetenz die Frage der Notwendigkeit einer Altersgrenze bejaht und bei 70 Jahren festgelegt. Diese Notwendigkeit hat der Landesgesetzgeber des Landes M in Rahmen seiner Kompetenz nicht gesehen.*

*Damit liegt zwar eine Ungleichbehandlung vor, aber durch zwei unterschiedliche Hoheitsträger, so dass dieser Ungleichbehandlung die verfassungsrechtliche Relevanz fehlt. Würde der Landesgesetzgeber L innerhalb des Landes zwischen unterschiedlichen Gruppen von Prüfingenieuren unterscheiden (nach Geschlecht, Tätigkeit in bestimmten Landesteilen, Eintrittsalter in den Beruf vor oder nach einem Stichtag), wären die Teilgruppen, die dann zu bilden wären (männl./weibl. Prüfingenieure, Prüfingenieure aus Landesteil X und Y, Prüfingenieure mit Einstellungsdatum vor oder nach Stichtag usw.), vergleichbar.*

***Lösung zu Variante 2:*** *Es fehlt an einem relevanten Vergleichsmerkmal; eine Verletzung von Art. 3 Abs. 1 GG scheidet insoweit schon aus.*

*[Anm.: Will P arbeiten, bis ihm das Messgerät aus der Hand fällt, wäre ihm ein Umzug ins Land M zu empfehlen.]*

Etwas verkürzt bedarf es dann noch der Feststellung, dass Gleichbehandlung nur verlangt werden darf, so der Begünstigte **rechtmäßig** begünstigt wurde. Es gilt damit der Grundsatz:

**Keine Gleichheit im Unrecht!**

***Beispiel:***
*Das (fiktive) StVollzG sieht ein generelles Verbot des Einkaufs von Kosmetika vor. Die JVA, in der S einsitzt, hat sowohl eine Männer- als auch eine Frauenabteilung. Der Leiter der JVA erlaubt den weiblichen Gefangenen aus Mitleid, entgegen dem Verbot des StVollzG Kosmetika zu erwerben.*

*Hier dürfte S nicht verlangen, aufgrund der – insoweit erkennbar rechtswidrigen – Bevorzugung der Frauen auch Kosmetika einkaufen zu dürfen.*

> **Merke:**
> Genaugenommen ist der Prüfschritt „Relevante Ungleichbehandlung" in der Parallele zur Prüfung eines Freiheitsrechts an die Stelle der Prüfung von Schutzbereich und Eingriff zu setzen. Durch die relevante Ungleichbehandlung wäre quasi der Schutzbereich des Art. 3 Abs. 1 GG „verkürzt".

### 5.1.1.3 Verfassungsrechtliche Rechtfertigung

#### *5.1.1.3.1 Vorüberlegung: Willkürformel oder Neue Formel*

Art. 3 Abs. 1 GG wurde ursprünglich als reines **Willkürverbot** begriffen. So war der Staat gehalten, wesentlich Gleiches gleich und wesentlich Ungleiches ungleich zu behandeln. Wenn er hiervon abwich, sollte hierfür jeder sachliche Grund ausreichen. Nur wenn die Ungleichbehandlung oder Gleichbehandlung evident willkürlich war, wurde hierin ein Verstoß gegen den Gleichheitssatz gesehen. „*Der Gleichheitssatz ist verletzt, wenn sich ein vernünftiger, sich aus der Natur der Sache ergebender oder sonst wie sachlich einleuchtender Grund für die gesetzliche Differenzierung oder Gleichbehandlung nicht finden lässt, kurzum, wenn die Bestimmung als willkürlich bezeichnet werden muss.*"[1]

Diese Sicht der **„Willkürformel"** hat sich mit der sog. **„Neuen Formel"**, die mittlerweile (Geburtsjahr 1980) auch schon in die Jahre gekommen ist, gewandelt. Danach sind Ungleichbehandlungen nur dann gerechtfertigt, wenn zwischen zwei Gruppen „*Unterschiede von solcher Art und solchem Gewicht bestehen, dass sie eine ungleiche Behandlung rechtfertigen*".[2] In diesem Fall ist zu fragen, ob der Staat mit der Ungleichbehandlung einen legitimen Zweck verfolgt, sie Ungleichbehandlung geeignet und erforderlich ist, diesen Zweck zu fördern bzw. zu erreichen und die Ungleichbehandlung in angemessenem Verhältnis zu dem damit erstrebten Zweck steht. Damit wird letztlich die Ungleichbehandlung unter den Maßstab des **Verhältnismäßigkeitsgrundsatzes** gestellt.

Inzwischen wendet das Bundesverfassungsgericht Willkürformel und Neue Formel nebeneinander an, und zwar so, dass Ungleichbehandlungen geringerer **Intensität** tendenziell der Willkürformel, Ungleichbehandlungen größerer Intensität eher der Neuen Formel unterfallen.

Damit ist eingangs der Rechtfertigungsprüfung festzustellen, ob als **Maßstab** der weiteren Prüfung die Willkürformel oder die Neue Formel anzuwenden ist. Indizien für eine größere Intensität einer Ungleichbehandlung sind:

- Je stärker die Ungleichbehandlung personen- oder personengruppenbezogen ist, also an Merkmale in der Person oder den Personen anknüpft und nicht an Sachverhalte oder Situationen, desto schwerer wiegt die Ungleichbehandlung.

1 So noch BVerfGE 1, 14, 52 – Südweststaat.
2 BVerfGE 55, 72, 88.

- Je stärker die Ungleichbehandlung an eines der „verbotenen" Differenzierungskriterien des Art. 3 Abs. 3 GG angelehnt ist, desto schwerer wiegt die Ungleichbehandlung.
- Je weniger der Betroffene oder die Gruppe der Betroffenen Einfluss auf die Ungleichbehandlung hat (je weniger von der Seite der Benachteiligten auf die Seite der Begünstigten gewechselt werden kann), desto schwerer wiegt die Ungleichbehandlung.
- Je stärker die Ungleichbehandlung die Wahrnehmung grundrechtlicher Freiheiten im Übrigen beeinträchtigt, desto schwerer wiegt die Ungleichbehandlung.

**Merke:**
In Prüfungsfällen ist, wenn eine Ungleichbehandlung von wesentlich Gleichem gegeben ist, in aller Regel anhand der Maßgaben der Neuen Formel zu prüfen (aber Ausnahmen bestätigen bekanntlich die Regel!).

***(Zwischen-)Lösung zu Beispielfall 48:***
***Variante 1:***
*In der verbliebenen Variante 1 wäre nunmehr der Maßstab der Rechtfertigungsprüfung zu bestimmen.*

*Frage ist also, ob eine leichtere (dann Willkürformel) oder eine schwerere (dann Neue Formel) Ungleichbehandlung anzunehmen ist.*

1. *Bezüglich des Merkmals der Anknüpfung an Personen oder Sachverhalte geht es zwar nur um den Sachverhalt „Kosmetikeinkauf", die Differenzierung hängt aber am Geschlecht und damit an einem personenbezogenen Merkmal. Tendenz: schwere Ungleichbehandlung.*
2. *Damit, dass an das Geschlecht angeknüpft wird, bewegt sich die Ungleichbehandlung in der Nähe eines Merkmals des Art. 3 Abs. 3 GG, auch wenn nicht „wegen" des Geschlechts ungleich behandelt wird (dann Verstoß gegen das Diskriminierungsverbot). Tendenz: schwere Ungleichbehandlung.*
3. *S kann nur mit einigem Aufwand von der Seite der Belasteten (Männer) auf die Seite der Begünstigten (Frauen) wechseln. (Warum? Denken Sie einmal scharf nach!) Tendenz: schwere Benachteiligung.*
4. *S wird durch die Ungleichbehandlung jedenfalls in der Allgemeinen Handlungsfreiheit (Art. 2 Abs. 1 GG), ggf. auch (Recht zur Außendarstellung) in seinem Allgemeinen Persönlichkeitsrecht (Art. 2 Abs. 1 i. V. m. Art. 1 Abs. 1 GG) betroffen. Tendenz: unklar.*

*Die Nrn. 1 bis 3 legen aber auf jeden Fall die Annahme einer schweren Ungleichbehandlung nahe, so dass hier nach der Neuen Formel zu prüfen wäre.*

#### 5.1.1.3.2 Prüfung der verfassungsrechtlichen Rechtfertigung

Auch Art. 3 Abs. 1 GG steht unter einem allgemeinen **Gesetzesvorbehalt**, wie bereits der Text „vor dem Gesetz" aussagt. Die Ungleichbehandlung kann sowohl durch Gesetz als auch aufgrund eines Gesetzes erfolgen.

Damit ist zunächst zu fragen, ob ein Gesetz vorliegt, das zu dem Verhalten, das die Ungleichbehandlung beinhaltet, ermächtigt. Dieses Gesetz muss formell ordnungsgemäß zustande gekommen und materiell zunächst hinreichend bestimmt sein.

**Merke:**
Die Formulierung wirkt etwas hakelig, aber: Die Ungleichbehandlung muss nicht in einem Gesetz liegen; sie kann sich auch aus der Zusammenschau mehrerer Gesetze ergeben.

***Beispiel:***
*So sah das Asylbewerberleistungsgesetz vor, dass Schmerzensgeldleistungen als aufzubrauchendes Einkommen anzusehen sind; § 83 Abs. 2 SGB XII schloss die Anrechnung solcher Entschädigungsleistungen für Sozialhilfeempfänger aus.*[3]

Für die weitere Prüfung ist zu **unterscheiden**, ob die Willkürformel oder die Neue Formel Anwendung findet.

##### 5.1.1.3.2.1 Willkürformel

Bei Prüfung der Willkürformel reicht die Feststellung, ob der Staat für die im Gesetz angelegte Ungleichbehandlung einen **sachlichen Grund** vorbringen kann oder ob er evident willkürlich handelt.

##### 5.1.1.3.2.2 Neue Formel

Bei Prüfung der Neuen Formel ist der **Verhältnismäßigkeitsgrundsatz** mit folgenden Maßgaben zu anzuwenden.

1. Legitimer Zweck

Zu fragen ist, warum der Gesetzgeber die gefundenen Teilgruppen unterschiedlich behandelt und ob dieses eine verfassungsrechtlich legitime Zielsetzung ist.

***Beispiel:***
*So wurde für die Unterscheidung zwischen dem Vermögenseinsatz von **Asylbewerbern** und **Sozialhilfeempfängern** vorgebracht, dass „der Gesetzgeber bei der Schaffung des Asylbewerberleistungsgesetzes bewusst eine unterschiedliche Behandlung von Berechtigten nach dem Bundessozialhilferecht und nach diesem*

3 BVerfGE 116, 229 ff.

*Gesetz vorgesehen habe. Ziel sei es gewesen, ein eigenständiges Regelwerk zu schaffen, das auf die Bedürfnisse eines in der Regel nur kurzen, vorübergehenden Aufenthalts ausgerichtet sei. Unabhängig vom Bundessozialhilfegesetz sollte ein umfassender Vermögenseinsatz verlangt werden." Die Sozialhilfe sei darauf angelegt, sich von der Bedürftigkeit zu lösen, während das Asylbewerberleistungsgesetz nur für einen vorübergehenden Zeitraum gelte und deswegen ein voller Vermögenseinsatz gefordert werden könne.*[4]

Die Richtigkeit der Annahmen unterstellt, würde sich die Ungleichbehandlung als ein Eingehen auf unterschiedliche Lebenssituationen darstellen und wäre damit für sich genommen verfassungsrechtlich legitim.

***(Zwischen-)Lösung zu Beispielfall 48:***
*In der verbliebenen Variante 1 liegt die Zielsetzung in der Anerkennung der natürlichen biologischen Unterschiede von Mann und Frau, die eine Berücksichtigung weiblicher Bedürfnisse rechtfertigt. Wiederum wäre dies bei Annahme der Richtigkeit dieser Prämisse eine billigenswerte Differenzierung.*

2. Geeignetheit

Bei der Prüfung der Geeignetheit ist wiederum nach der **Zweckförderlichkeit** zu fragen. Das Problem ist hier, dass die unterschiedliche Behandlung zweier Gruppen bezüglich der Geeignetheit nicht immer in Relation zueinander betrachtet werden kann, sondern teilweise nur aus der Sicht der Begünstigten oder Belasteten geprüft werden kann.

***Beispiel:***
*Im Fall der Asylbewerber und der Sozialhilfeempfänger hilft es den Sozialhilfeempfängern bei der gewünschten Lösung von der Sozialhilfe nicht, dass Schmerzensgeld bei Asylbewerbern anrechenbares Einkommen ist. Allerdings fördert es die Lösung von der Sozialhilfe, wenn Schmerzensgeld bei ihnen nicht angerechnet wird; die Regelung ist damit zweckförderlich, also geeignet.*

*Taxen dürfen auf dem Rückweg von einem Transport jederzeit wieder Fahrgäste aufnehmen, Funkmietwagen dagegen nicht; sie müssen (theoretisch) zu ihrem Ausgangspunkt zurückkehren. Zweck dieser unterschiedlichen Behandlung ist ein funktionierendes Taxengewerbe im Interesse der Allgemeinheit. Da Taxen einem engen Korsett hinsichtlich der Fahrpreisgestaltung unterliegen und damit von der Konkurrenz der Funkmietwagen ein Stück weit freigehalten werden sollen, fördert die Erschwerung der Berufsausübung für Funkmietwagen die Taxen, deren Berufsausübung durch die o. a. Regelung zugleich begünstigt wird. Die Regelung ist damit zweckförderlich, also geeignet.*

4 So das Vorbringen des Bundes in BVerfGE 116, 229, 236 f.

Es reicht damit grds. aus, wenn der Gesetzgeber mit seiner Regelung einen verfassungsrechtlich legitimen Zweck fördert, auch wenn die beiden Regelungen nicht in Korrelation zueinander stehen.

***(Zwischen-)Lösung zu Beispielfall 48:***
*Hier haben zwar die weiblichen Häftlinge nichts davon, dass die männlichen Häftlinge keine Kosmetika kaufen dürfen; gleichwohl fördert die Erlaubnis für Frauen, Kosmetika erwerben zu dürfen, die Stillung ihrer – unterstellt – natürlichen Bedürfnisse und ist damit zweckförderlich, also geeignet.*

### 3. Erforderlichkeit

Hier ist nur zu fragen, ob der Staat ggü. der entstandenen Ungleichbehandlung eine Alternative hat, die den Förderzweck besser verfolgt und zugleich der Personengruppe, die nicht begünstigt oder belastet ist, weniger zumutet, und wodurch der Staat zugleich entweder gleichermaßen oder weniger belastet wird.

***Beispiel:***
*Die Einbeziehung des Schmerzensgeldes in das anrechenbare Einkommen bei Asylbewerbern zu beseitigen würde zwar den Asylbewerbern zugutekommen und den Sozialhilfeempfängern auch nicht sonderlich schaden. Es würde den Staat aber stärker belasten, da Asylbewerber so schneller in den Leistungsbezug kämen. Die Ungleichbehandlung ist damit erforderlich.*

***(Zwischen-)Lösung zu Beispielfall 48:***
*Denkbar wäre, den Einkauf von Kosmetika allen Häftlingen zu erlauben. Geht man aber davon aus, dass Kosmetika in Haftanstalten – wegen denkbarer Neidgefühle und damit einhergehenden Spannungen – generell eher unerwünscht sind, ist die Benachteiligung der männlichen Häftlinge auch erforderlich.*

### 4. Angemessenheit

Die Rechtsprechung des Bundesverfassungsgerichts ist gekennzeichnet durch die zuvor aufgezeigten Unwägbarkeiten bei der Feststellung von Geeignetheit und Erforderlichkeit und konzentriert sich regelmäßig auf die **Angemessenheitsprüfung**, die dann zentral dem Ausgangsgedanken Rechnung trägt: Bestehen zwischen den zwei gegenübergestellten Gruppen Unterschiede von solcher Art und solchem Gewicht, dass sie eine ungleiche Behandlung rechtfertigen?

Hier ist dann zu fragen, ob der mit der Ungleichbehandlung verfolgte Zweck gemessen an den festgestellten Unterschieden zwischen beiden Gruppen tragfähig ist oder ob er eine entsprechende Ungleichbehandlung nicht rechtfertigt.

***Beispiel:***
*Wieder bezogen auf die Asylbewerber und Sozialhilfeempfänger: Das Schmerzensgeld ist seiner Zielsetzung nach darauf gerichtet, Genugtuung für Schäden immaterieller Art zu gewähren. Diese Situation ist für Asylbewerber wie für So-*

*zialhilfeempfänger gleich. Zwar mag die Zielsetzung des SGB XII – Lösung von der Sozialhilfe – billigenswert sein; sie rechtfertigt aber nicht, den Asylbewerbern die Genugtuungsfunktion des Schmerzensgeldes durch Anrechnung auf das einzusetzende Einkommen quasi zu entziehen.*

***Beispiel:***
*Ein aktuelles Beispiel liefert das Urteil des Bundesverfassungsgerichts vom 14.1.2025 – 1 BvR 548/22 – über die Bremer Gebührenpflicht für Polizeimehrkosten bei Hochrisikofußballspielen. Der Erste Senat nahm eine intensive Angemessenheitsprüfung vor und stellte klar, dass eine durch Art. 3 Abs. 1 GG angegriffene Differenzierung gerechtfertigt ist, wenn die Gebührenregelung zum legitimen Ziel der Kostenzuordnung an wirtschaftlich Begünstigte geeignet, erforderlich und für die Betroffenen zumutbar bleibt. Das Gericht betonte, Art. 3 Abs. 1 GG verlange keine gebührenfreie Sicherheitsvorsorge, solange der Gesetzgeber die Gebührenhöhe plausibel an den verursachten Mehraufwand knüpft und keine erdrosselnde Wirkung eintritt.*[5]

**Merke:**
Die Entscheidung konkretisiert erstmals seit Jahrzehnten die Anwendung der Neuen Formel auf gebührenrechtliche Lastenverteilungen im Polizei- und Ordnungsrecht und ist für nordrhein-westfälische Sicherheitsbehörden wegen der dort diskutierten Kostenbeteiligungsmodelle unmittelbar praxisrelevant.

***(Zwischen-)Lösung zu Beispielfall 48:***
*Zu fragen ist hier, ob die Prämisse des StVollzG (Frauen brauchen Kosmetika, Männer nicht) im Lichte der Angemessenheit tragfähig ist.*

*Dies ist in Anbetracht der tatsächlichen Verhältnisse zweifelhaft; es existiert ein Markt für und eine erhebliche Nachfrage nach Männerkosmetik, so dass die „natürlichen Unterschiede“ zwischen Mann und Frau, die hier unterstellt werden, wohl nicht (mehr) existieren.*

*Damit ist eine Verletzung des Art. 3 Abs. 1 GG anzunehmen; die betreffende Regelung zur Bevorzugung von Frauen ist verfassungswidrig.*

*[Anm.: Das ist aber noch nicht die Lösung!]*

#### 5.1.1.3.3 Folgen eines Gleichheitsverstoßes

Mit der Feststellung der **Verfassungswidrigkeit** einer Norm gemessen an Art. 3 Abs. 1 GG ist über das Schicksal der betreffenden Regelung noch nicht viel gesagt.

Im **gewaltenteilenden System** des Grundgesetzes liegt die Gesetzgebung in der Hand der Legislative, nicht in der Hand der Judikative. Wenn das Bundesverfassungsgericht feststellt, dass eine Regelung gleichheitswidrig ist, signalisiert es dem Gesetz-

5 BVerfG, Urt. vom 14.1.2025 – 1 BvR 548/22 –, juris.

geber bezüglich der Verfassungsmäßigkeit eines Gesetzes gemessen an Art. 3 Abs. 1 GG regelmäßig nur: „So jedenfalls nicht!"

Die Frage „Wie denn sonst?" ist wiederum Sache des Gesetzgebers. Deswegen erklärt das Bundesverfassungsgericht gleichheitswidrige Regelungen regelmäßig nur für **verfassungswidrig** und nicht für nichtig, verbunden mit dem Auftrag, binnen einer bestimmten Frist eine **Neuregelung** zu schaffen, wobei die Berücksichtigung der Ausführungen des Bundesverfassungsgerichts vorausgesetzt wird.

***Beispiel:***
*Das Bundesverfassungsgericht hat die unterschiedlichen gesetzlichen Kündigungsfristen für Arbeiter (starr vier Wochen) und Angestellte (sechs Wochen mit Zuwachs je nach Betriebszugehörigkeit) als gleichheitswidrig erachtet.*

*Denkbare Regelungsvarianten und tatsächliche Neuregelung:*
- *Für alle: sechs Wochen plus* ☐
- *Für alle: irgendetwas dazwischen* ☐
- *Für alle: vier Wochen* ☒

*Bezüglich des Asylbewerberleistungsgesetzes war dagegen kaum eine andere Lösung denkbar als die Herausnahme des Schmerzensgeldes aus dem anrechenbaren Einkommen; siehe entsprechend heute § 7 Abs. 5 AsylbLG.*

***Lösung zu Beispielfall 48:***
*Der Gesetzgeber ist frei, ob er in Anbetracht der Gleichheitswidrigkeit die Begünstigung auf alle Häftlinge ausweitet, den Erwerb bspw. auf eine bestimmte Summe begrenzt oder allen Häftlingen die Begünstigung streicht.*

*Im Ergebnis ist damit jedenfalls festzustellen: Die Benachteiligung des S gegenüber weiblichen Häftlingen ist gleichheitswidrig; einen Anspruch auf Erwerb pflegender Nachtcreme und reichhaltiger Tagescreme (mit Lichtschutzfaktor) hat er deshalb jedoch nicht.*

## 5.2 Besondere Gleichheitsätze

### 5.2.1 Art. 3 Abs. 2, Abs. 3 Satz 1 Var. 1 GG – Gleichberechtigung von Mann und Frau, Diskriminierungsverbot wg. des Geschlechts

Gegenstand des Art. 3 Abs. 2 GG – und insoweit auch des gleichgerichteten Art. 3 Abs. 3 Var. 1 GG bezogen auf das Merkmal des **Geschlechts** – ist die Herstellung von Gleichberechtigung in der sozialen Wirklichkeit; dies wird durch den später eingefügten Satz 2 bestätigt.[6] Art. 3 Abs. 3 Var. 1 GG sieht zugleich ein Diskriminierungsverbot wegen des Geschlechts vor.

***Beispielfall 49:***
*K ist ein gestandener Kerl aus dem Bundesland L. Das dortige Feuerwehrgesetz (FwG) sieht eine Feuerwehrdienstpflicht vor. Für den Fall, dass man seiner Feuerwehrdienstpflicht nicht nachkommen will, sieht das Gesetz eine Satzungsermächtigung vor, nach der die Gemeinden ersatzweise eine Feuerwehrabgabe von diesen Feuerwehrdienstpflichtigen erheben kann. Feuerwehrdienstpflichtig sind nach Landesrecht nur Männer.*

*K ist zwar – wie gesagt – ein gestandener Kerl, hat aber mit der Feuerwehr nichts am Hut. Er will aber auch die von ihm erhobene Feuerwehrabgabe mit Blick auf Art. 3 Abs. 1 und 2 GG nicht zahlen.*

*Zu Recht?*

#### 5.2.1.1 Grundsätzliche (Un-)Zulässigkeit der Anknüpfung an das Geschlecht

Als der Parlamentarische Rat am 18.1.1949 die Gleichberechtigungsklausel verabschiedete, lag eine kontroverse Auseinandersetzung hinter ihm. Zu Beginn hatte der Verfassungsausschuss eine Formulierung vorgeschlagen, die lediglich die „Gleichwertigkeit" der Geschlechter betonte. Dagegen erhoben sich die vier weiblichen Ratsmitglieder *Elisabeth Selbert, Frieda Nadig, Helene Weber* und *Helene Wessel.* Vor allem *Selbert* verband juristische Argumente – das Bürgerliche Gesetzbuch enthielt damals noch das Leitbild der „Hausfrauenehe" – mit weitreichender Öffentlichkeitsarbeit: Über Frauenausschüsse, Gewerkschaften und Kirchen erreichten innerhalb weniger Wochen mehrere tausend Eingaben den Rat. Der öffentliche Druck zwang die männliche Mehrheit schließlich, den klaren Satz „Männer und Frauen sind gleichberechtigt" zu übernehmen.[7] Damit wurde der Gleichheitsgrundsatz zugleich zum Hebel für die spätere BGB-Reform der 1950er Jahre, weil jeder Fortbestand des Anerbprinzipats, des väterlichen Letztentscheidungsrechts oder des Alleinvertretungsrechts des Ehemannes nun evident verfassungswidrig war.

Das Geschlecht kann so nur in engen Grenzen Anknüpfungspunkt für differenzierende gesetzliche Regelungen sein. Denkbar sind aber auch **mittelbar-faktische** Diskriminierungen, die sich aus für sich geschlechtsneutralen Regelungen ergeben, die aber aufgrund natürlicher Unterschiede oder gesellschaftlicher Gegebenheiten ein Geschlecht überproportional betreffen.

***Beispiel:***
*§ 11 Abs. 3 der Satzung des Versorgungswerks der Rechtsanwälte in Baden-Württemberg sah vor, dass der Mindestbeitrag für die Mitgliedschaft im Versorgungswerk dem Mindestbetrag in der gesetzlichen Rentenversicherung entsprach;*

6 Vgl. etwa BVerfGE 92, 91, 109.
7 SPD, Wie die Gleichberechtigung ins Grundgesetz kommt, https://www.spd.de/160-jahre/1948/49-elisabeth-selbert, zuletzt abgerufen am 27.6.2025.

*eine Beitragsbefreiung für einkommenslose Zeiten war nicht vorgesehen. Diese geschlechtsneutrale Vorschrift traf aber vorwiegend Frauen, die aufgrund von Kindererziehungszeiten vorübergehend einkommenslos waren. Sie wurde deswegen vom Bundesverfassungsgericht als gegen Art. 3 Abs. 2 GG verstoßend angesehen.*[8]

Nicht vom Begriff des Geschlechts nach Art. 3 Abs. 3 GG erfasst und auch nicht Gegenstand des Art. 3 Abs. 2 GG ist die Frage nach Diskriminierung wegen der **sexuellen Orientierung**.

**Merke:**
Der Diskriminierung wegen der sexuellen Orientierung nimmt sich das Bundesverfassungsgericht anhand des Art. 3 Abs. 1 GG an; so hat es entschieden, dass die Privilegierung der Ehe gegenüber anderen Formen des geregelten Zusammenlebens, die vom Lebenssachverhalt wie von den Zielen her mit der Ehe vergleichbar sind, nicht mit dem allgemeinen Gleichheitssatz vereinbar sind.[9] Die Rechtsprechung verfolgt hier eine Tendenz zur weitgehenden Anerkennung und Angleichung gleichgeschlechtlicher Beziehungen.
Bemerkenswert ist, dass das Bundesverfassungsgericht damit einerseits dem Verfassungsgesetzgeber vorgegriffen hat, der die Gleichstellung im Zweifel aufgrund der politisch heiklen Fragestellungen nicht beherzt angehen wollte. Der Verfassungsgesetzgeber andererseits zieht sich jetzt auf den Standpunkt zurück, einer Verankerung in der Verfassung bedürfe es nicht, da ja die entsprechende Rechtsprechung des Bundesverfassungsgerichts existiere.[10]
Die Rechtsprechung des Bundesverfassungsgerichts wird teilweise kritisch gesehen, weil aus Art. 6 Abs. 1 GG heraus ein „Abstandsgebot“ zwischen Ehe und anderen Formen des gesetzlich geregelten Zusammenlebens zweier Individuen gefordert wird; die Ehe wäre demnach aufgrund der verfassungsrechtlichen Hervorhebung in Art. 6 Abs. 1 GG gegenüber bspw. der eingetragenen Lebenspartnerschaft zu privilegieren.[11] Allerdings lehnt das Bundesverfassungsgericht die Existenz eines Abstandsgebots ab.

Mit dem Gesetz über die Selbstbestimmung in Bezug auf den Geschlechtseintrag (Selbstbestimmungsgesetz – SBGG) vom 12.4.2024, in Kraft ab dem 1.11.2024, hat der Gesetzgeber das Transsexuellengesetz abgelöst. Personen ab 18 Jahren können ihren Geschlechtseintrag nun jährlich durch einfache Erklärung beim Standesamt ändern; Minderjährige ab 14 Jahren benötigen die elterliche Zustimmung, jüngere Kinder eine Erklärung der Sorgeberechtigten. Für Verwaltungspraxis und Polizeidienst bedeutet dies,

8 BVerfGE 113, 1, 15 ff.
9 Vgl. nur BVerfGE 124, 199 ff.; BVerfGE 126, 400 ff.; BVerfGE 131, 239 ff.
10 BT-Drs. 17/4775 S. 5.
11 Vgl. etwa *Krings*, ZRP 2000 S. 409, 411; *Scholz/Uhle*, NJW 2001 S. 393, 397 ff.

dass sich Einsatz-, Melderegister- und Uniformierungsentscheidungen strikt am aktuell eingetragenen Geschlecht orientieren müssen, wobei dienstliche Auskünfte über frühere Einträge nach § 11 SBGG weitgehend untersagt sind. Das Gesetz stärkt damit die tatsächliche Gleichberechtigung geschlechtsdiverser Menschen im Sinne von Art. 3 Abs. 2 GG und konkretisiert die Schutzpflicht des Staates, Diskriminierung wegen des Geschlechts zu verhindern.[12]

### 5.2.1.2 Ausnahmsweise Rechtfertigung

Die **Rechtfertigungsmöglichkeiten** für Ungleichbehandlungen oder Diskriminierungen in Anlehnung an das Merkmal des Geschlechts sind sehr **eng** gefasst.

Wichtig ist hier zunächst das Gebot der **Herstellung tatsächlicher Gleichberechtigung** nach Art. 3 Abs. 2 Satz 2 GG. Hiermit lassen sich Bevorzugungen von Frauen rechtfertigen, bis die Gleichberechtigung von Mann und Frau „tatsächlich" durchgesetzt ist. Art. 3 Abs. 2 Satz 2 GG stellt insoweit auch kollidierendes Verfassungsrecht dar. Dieses kann eingreifen, wenn sich Männer wegen Beeinträchtigung ihrer Berufsfreiheit (oder Kapitalgesellschaften wegen Einschränkung ihrer Vereinigungsfreiheit) gegen Frauenquoten wehren wollen, so wie bezüglich der Einführung einer Frauenquote in Aufsichtsräten von DAX-Unternehmen. Allerdings sollte die Einführung starrer Frauenquoten durch Art. 3 Abs. 2 Satz 2 GG nicht gedeckt sein.[13] Art. 3 Abs. 2 Satz 2 GG rechtfertigt auch eigentlich unzulässige Bevorzugungen wegen des Geschlechts i. S. d. Art. 3 Abs. 3 Satz 1 GG.

Im Übrigen sind solche Ungleichbehandlungen mit Bezug auf das Geschlecht gerechtfertigt, die auf **biologischen**, nicht aber auf funktionalen **Unterschieden** zwischen den Geschlechtern beruhen. Rücksichtnahme auf biologische Unterschiede wäre bspw. bei Beachtung der Folgen von Schwangerschaften gegeben. Funktionale Unterschiede, so etwa ein bestimmtes Rollenverständnis von Frauen und Männern, lässt das Bundesverfassungsgericht nicht mehr als Anknüpfungspunkt gelten.

**Merke:**
Beispielsweise ist § 19 Abs. 1 Arbeitszeitordnung (ArbZO), der für Frauen Nachtarbeitsverbote enthielt, mit Blick auf Art. 3 Abs. 1 und 3 GG gekippt worden; Anlass für die Normierung der Nachtarbeitsverbote war der Umstand, dass Frauen weitaus häufiger als Männer neben ihrer Berufsarbeit mit der Betreuung von Kleinkindern und mit Hausarbeit belastet sind. Hierzu meinte das Bundesverfassungsgericht, dass überkommene Rollenverteilungen durch den Gesetzgeber nicht verfestigt werden dürfen.[14]

12 BT-Drs. 20/11004 vom 12.4.2024 (BT-Plenarprotokoll).
13 BT-Drs. 12/6000 S. 50.
14 BVerfGE 89, 191, 207.

Auf der Annahme biologischer Unterschiede dürfte § 16 Abs. 1 ArbZO beruht haben, der Frauen im Bergbau weithin die Arbeit **unter Tage** verbot. Mittlerweile ist die ArbZO insgesamt aufgehoben worden, entsprechende Vorschriften des Bundesberggesetzes (§ 64a BBergG)[15] gleichermaßen. Arbeit von Frauen unter Tage ist mit Sicherheit auch heute nicht die häufigste aller Beschäftigungsformen, aber durchaus möglich[16], und nunmehr jedenfalls auch durchgängig erlaubt.

> **Merke:**
> (Falls Befürchtungen aufkommen: Durch den Wegfall des § 64a BBergG *dürfen* Frauen unter Tage arbeiten; sie *müssen* nicht!)

Insoweit unterliegt die Möglichkeit einer Rechtfertigung von Anknüpfungen an das Geschlecht zugleich dem **Wandel** der gesellschaftlichen **Anschauungen** zum Verhältnis von Mann und Frau und des Verständnisses der biologisch bedingten Leistungsfähigkeit insbesondere von Frauen. In Betracht zu ziehen ist insoweit auch die zunehmende Technisierung der Berufe, die ggf. geringere Körperkraft auszugleichen in der Lage ist.

***Lösung zu Beispielfall 49:***
*Die Inanspruchnahme nur männlicher Bewohner für die Feuerwehrdienstpflicht und die ersatzweise Inanspruchnahme für die Feuerwehrabgabe kann als Ungleichbehandlung und Diskriminierung wegen des Geschlechts angesehen werden. Sie wäre mit Art. 3 Abs. 1 und 2 GG zu vereinbaren, wenn die Beschränkung der Dienstpflicht auf Männer mit zwingenden biologischen Unterschieden zwischen Mann und Frau begründet werden kann.*

*Das Bundesverfassungsgericht sieht für die Annahme, dass Frauen wegen ihrer körperlichen Konstitution vom Feuerwehrdienst ausgenommen werden dürfen, aus heutiger Sicht keine zureichenden Gründe mehr. Die grundsätzliche Eignung von Frauen könne durch Tauglichkeitstests ermittelt werden. Die zunehmende Technisierung der Feuerwehrtätigkeit führe zu Erleichterungen; auch sei die Brandbekämpfung nur ein kleiner Teil der Tätigkeit. Eventuell aufkommende Belastungsspitzen könnten durch das Arbeiten im Team ausgeglichen werden.*[17]

*Ergänzend prüft das Bundesverfassungsgericht, ob mit der Ausnahme zugunsten von Frauen faktische, typischerweise Frauen treffende Nachteile ausgeglichen werden, so dass Art. 3 Abs. 2 Satz 2 GG als Rechtfertigung in Betracht käme; hier sieht das Gericht aber lediglich (irrelevante) Annahmen funktionaler*

---

15 Allerdings beruhte die Aufhebung des Beschäftigungsverbots unter Tage auf der Umsetzung einer entsprechenden EG-Richtlinie und einem Urteil des EuGH vom 1.2.2005 – C-203/03 –, wonach ein generelles Beschäftigungsverbot für Frauen unter Tage eine unzulässige unterschiedliche Behandlung darstelle und über das hinausgehe, was zum Schutz von Frauen erforderlich ist.

16 Vgl. https://bdi.eu/artikel/news/unter-tage-im-kalibergwerk-zielitz/, zuletzt abgerufen am 24.6.2021.

17 Vgl. BVerfGE 92, 91, 99 ff. zu den Feuerwehrgesetzen aus Baden-Württemberg und Bayern.

*Unterschiede zwischen Männern und Frauen als Motiv des Gesetzgebers, nicht aber den Ausgleich bestehender Nachteile.*[18]

*Liegen aber keine gewichtigen Gründe für einen Ausschluss von Frauen von der Feuerwehrpflicht vor, kann auch eine Heranziehung nur von Männern – zum aktiven Dienstwie zur ersatzweisen Feuerwehrabgabe – nicht gerechtfertigt sein. Eine Verletzung von Art. 3 Abs. 1 und 3 GG liegt vor.*

***Praxisbeispiel – CSD-Beteiligung und Beflaggung des Reichstagsgebäudes:*** *Zum Berliner Christopher-Street-Day 2025 untersagte Bundestagspräsidentin Julia Klöckner erstmals seit 2022, dass der Bundestag als Institution im Demonstrationszug mitläuft und die Regenbogenflagge auf dem Reichstagsgebäude hisst. Sie berief sich auf die Neutralität des Parlaments und verwies darauf, dass bereits am 17. Mai, dem Internationalen Tag gegen Homo- und Transphobie, geflaggt worden sei. Vertreter der Opposition und der queeren Abgeordnetennetzwerke sowie der wissenschaftliche Dienst argumentierten dagegen, die Entscheidung greife in das Freie Mandat nach Art. 38 GG ein, weil sie einem Teil der Abgeordneten die öffentliche Parteinahme für ein verfassungsgeschütztes Gleichheitsanliegen erschwere. Ein Unterlassungsgebot verstoße zudem gegen das objektive Gleichheitsgebot des Art. 3 Abs. 2 GG, das den Staat zu aktiver Förderung tatsächlicher Gleichberechtigung verpflichtet.*

*Rechtlich ist die Präsidentin als Inhaberin des Hausrechts zwar zur Beflaggung befugt, muss ihr Ermessen aber diskriminierungsfrei ausüben. Wird die Regenbogenflagge –anders als die Bundes- oder Europaflagge – ohne tragfähigen Sachgrund singulär ausgeschlossen, liegt eine unzulässige Ungleichbehandlung vor. Gleiches gilt für ein Teilnahmeverbot, sofern es allein auf die sexuelle Orientierung oder das damit verbundene Symbol abstellt.*[19]

## 5.2.2 Art. 3 Abs. 3 GG – Differenzierungsverbote im Übrigen

### 5.2.2.1 Art. 3 Abs. 3 Satz 1 GG

#### *5.2.2.1.1 Merkmale des Art. 3 Abs. 3 Satz 1 GG*

Art. 3 Abs. 3 Satz. 1 GG sieht neben der Anknüpfung an das Geschlecht auch ein Verbot von **Benachteiligungen** und **Bevorzugungen** wegen der Abstammung, der Rasse, der Sprache, der Heimat und Herkunft des Glaubens und der religiösen und politischen Anschauungen.

- **„Abstammung"** bezeichnet die natürliche biologische Beziehung eines Menschen zu seinen Vorfahren.

18 BVerfGE 92, 91, 112 f.

19 Siehe auch *Magoley, Nina*, NRW anders als der Bund: Regenbogenfahne weht vor dem Landtag, WDR, stand 18, https://www1.wdr.de/nachrichten/landespolitik/kloeckner-regenbogenflagge-landtag-nrw-100.html, zuletzt abgerufen am 27.6.2025.

- **„Rasse"** bezeichnet die Zugehörigkeit eines Menschen zu einer Gruppe mit real oder vermeintlich vererbbaren Merkmalen; mit dieser Anknüpfung soll – deswegen *vermeintlich* vererbbaren Merkmalen – der Missbrauch von Rassenideologien vermieden werden.
- **„Sprache"** bezeichnet die Anknüpfung an die Muttersprache, nicht etwa an Dialekte.
- **„Heimat"** bezeichnet die örtliche Herkunft eines Menschen nach Geburt oder nach emotionaler Prägung durch einen bestimmten Lebensraum.
- **„Herkunft"** bezeichnet die Abstammung aus sozialen Schichten.
- **„Glaube"** ist Glaube i. S. d. Art. 4 Abs. 1, 2 GG.[20]
- **„Religiöse Anschauungen"** sind glaubensgeprägte Überzeugungen.
- **„Politische Anschauungen"** sind Überzeugungen bezüglich staatlicher und gesellschaftlicher Vorgänge

Der Versuch, den Begriff „Rasse" durch die Formulierung „aus rassistischen Gründen" zu ersetzen, scheiterte im Februar 2024 trotz breiter politischer Zustimmung an der fehlenden verfassungsändernden Zweidrittelmehrheit. Damit bleibt die historische Formulierung zwar unangetastet; zugleich hob jedoch der Bundestag in seiner Schlussdebatte hervor, dass sie als „vermeintliche Rasse" verstanden werden müsse. Für die verfassungsrechtliche Prüfung bedeutet dies weiterhin: Art. 3 Abs. 3 Satz 1 GG schützt vor jeder rassistisch motivierten Ungleichbehandlung, insbesondere wegen zugeschriebener ethnischer Herkunft oder Zugehörigkeit, unabhängig davon, ob tatsächliche menschliche „Rassen" existieren.

Ein Fall der Differenzierung ist jedenfalls dann gegeben, wenn staatlicherseits an eines der Merkmale des Art. 3 Abs. 3 Satz 1 GG positiv und zielgerichtet angeknüpft wird. Die Norm drückt dies mit dem Wort **„wegen"** aus.

Umstritten ist, ob auch mittelbare Diskriminierungen der Norm unterfallen. Für das Merkmal des Geschlechts ist dies über die Sonderstellung im Kontext des Art. 3 Abs. 2 GG anerkannt.[21] Für die übrigen Merkmale würde dies zu einer ausufernden Zahl von mittelbaren Diskriminierungen führen, so dass die Norm restriktiv – beschränkt auf unmittelbare Diskriminierungen – verstanden wird. Etwas anderes ergibt sich für Fälle **verdeckter** Diskriminierung, bei der die tatsächliche Intention des Handelns verschleiert wird; diese Fälle sind den unmittelbaren Diskriminierungen zuzuordnen.

Darum ist immer genau zu ermitteln, ob eine Benachteiligung wirklich „wegen" eines Merkmals nach Art. 3 Abs. 3 Satz 1 GG erfolgt.

***Beispiel:***
*Wenn sich ein des Deutschen nicht Mächtiger auf eine Chefarztstelle in einem öffentlichen Krankenhaus bewirbt, wird er sich für seine Ablehnung nicht auf Art. 3 Abs. 3 Satz 1 GG berufen dürfen; die Ablehnung erfolgt nicht wegen seiner „Sprache", sondern wegen mangelnder Deutschkenntnisse, die für den Beruf im Sinne der persönlichen Eignung unerlässlich sein dürften.*

20 Dazu oben Kap. 4.6.1.2.1.
21 *Kischel* in BeckOK GG, Art. 3 GG Rn. 215.

#### 5.2.2.1.2 Ausnahmsweise Rechtfertigung

Die Anforderungen an eine Rechtfertigung von Diskriminierungen aufgrund von Merkmalen des Art. 3 Abs. 3 Satz 1 GG sind überaus streng. Als Rechtfertigungsgrund kommt allenfalls **kollidierendes Verfassungsrecht** oder sonstige **schwerwiegende Gründe** in Betracht, deren Gewicht aber zugleich für jedes Merkmal getrennt ermittelt werden muss.

> ***Beispiel:***
> *Wird ein hauptamtlicher Bürgermeister wegen seiner politischen Überzeugungen und dem sich hieraus ergebenden gestörten Vertrauensverhältnis zur Gemeindevertretung abgewählt, muss dies in Einklang mit Art. 3 Abs. 3 Satz 1 GG geschehen dürfen.*
>
> *Wird ein bekennender Rechtsradikaler, der seine Vorstellungen von Recht und Ordnung in einer Polizeiuniform ausleben möchte, nicht zum Polizeidienst zugelassen, kann man einerseits sagen, dass er wegen seiner politischen Anschauungen gemieden wird, es allerdings gewichtige Gründe gibt (Eintreten für die freiheitlich-demokratische Grundordnung als Grundvoraussetzung für die Aufnahme in den öffentlichen Dienst, insbesondere die Polizei), ihn nicht zu berücksichtigen. Man kann andererseits aber auch schlichtweg annehmen, dass das Eintreten für die freiheitlich-demokratische Grundordnung zentrales Eignungskriterium für die Aufnahme in den öffentlichen Dienst ist,*[22] *sodass er nach Art. 33 Abs. 2 GG schlichtweg nicht die erforderliche Eignung für den Polizeidienst aufweist.*

Beispielsweise hat das Bundesverfassungsgericht die Besserstellung von **Bekenntnisschulen** gegenüber sonstigen Privatschulen bei der staatlichen Förderung gestützt auf historische und finanzielle Gründe als gerechtfertigt erachtet.[23] Hier ging es um den Fall einer Bevorzugung, die aber mit einer relativen Benachteiligung der übrigen Privatschulen einherging.

In der Rechtspraxis ist ein gezieltes Anknüpfen an Merkmale des Art. 3 Abs. 3 GG äußerst selten. Sollte dies ausnahmsweise doch der Fall sein, ergibt sich für die Rechtfertigung solcher Anknüpfungen zumeist Folgendes: Auch wenn das Bundesverfassungsgericht im zuletzt genannten Fall eine verfassungsrechtliche Rechtfertigung der Besserstellung von Bekenntnisschulen bejaht hat, ist in der Tendenz davon auszugehen, dass eher keine Rechtfertigung gegeben sein dürfte. So ist nicht ersichtlich, welche rechtfertigenden Gründe es geben soll, bspw. an Abstammung, Sprache, Heimat oder Herkunft anknüpfen zu dürfen. Noch weniger ist vorstellbar, dass eine Anknüpfung an – existente oder vorgebliche – Rassemerkmale gerechtfertigt sein könnte.

22 Dazu sogleich unten Kap. 5.2.3.2.
23 BVerfGE 75, 40, 69 ff.

### 5.2.2.2 Benachteiligungsverbot wegen Behinderung nach Art. 3 Abs. 3 Satz 2 GG

Bezüglich Behinderter ist jede Benachteiligung verboten. **Behinderung** ist „jede nicht nur vorübergehende Funktionsbeeinträchtigung, die auf einem regelwidrigen körperlichen, geistigen oder seelischen Zustand beruht."[24] Damit sind, da die Verfassung erkennbar an den herkömmlichen Behindertenbegriff anknüpfen wollte, letztlich rein altersbedingte – insoweit „regelgemäße" – Beeinträchtigungen nicht erfasst.[25] Letztlich müsste auch jede Art chronischer Erkrankung erfasst werden, was aber in Anbetracht des zugrunde gelegten Behinderungsbegriffs auch nicht der Fall sein soll. Offenbar will der Verfassungsgeber vornehmlich an Schwerbehinderte anknüpfen; eine Unsicherheit bleibt insoweit.[26] Verpflichteter des Benachteiligungsverbots ist der Staat; eine unmittelbare Drittwirkung zwischen Privaten ist abzulehnen.[27]

Art. 3 Abs. 3 Satz 2 GG schützt nur vor Benachteiligungen, gewährt aber **keinen Anspruch** auf **Begünstigungen.**[28] Allerdings wird mit der Norm die besondere Verantwortung des Staates für Behinderte hervorgehoben.

Verboten ist jede Anknüpfung an Behinderungen, die nicht durch zwingende Gründe gerechtfertigt ist. So kann das Fehlen bestimmter körperlicher oder geistiger Fähigkeiten die Wahrnehmung von Rechten einschränken, dies aber nur, wenn die entsprechenden Fähigkeiten für die Wahrnehmung dieser Rechte unerlässlich sind. So hat das Bundesverfassungsgericht im Ausschluss schreibunfähiger Stummer von jeglicher **Testierfähigkeit** einen Verstoß gegen Art. 3 Abs. 3 Satz 2 GG gesehen, soweit nicht bspw. eine intellektuelle oder physische Unfähigkeit zur Selbstbestimmung hinzutritt.[29]

Zum 28.6.2025 trat das **Barrierefreiheitsstärkungsgesetz (BFSG)** vollständig in Kraft und verpflichtet erstmals auch private Dienstleister, digitale Produkte barrierefrei zu gestalten. Für Behörden gilt bereits seit 2018 das Behindertengleichstellungsgesetz – nun müssen im Rahmen von Genehmigungs- und Aufsichtsverfahren zusätzlich private Anbieter überwacht werden. Die Neuregelung macht deutlich, dass die staatliche Schutzpflicht aus Art. 3 Abs. 3 Satz 2 GG nicht mit bloßem Verbot von Benachteiligung endet, sondern Barrierefreiheit als Voraussetzung gleichberechtigter gesellschaftlicher Teilhabe aktiv durchgesetzt werden muss.

---

24 BVerfGE 96, 288, 301.

25 Zweifelnd insoweit *Osterloh* in Sachs, Grundgesetz-Kommentar, Art. 3 GG Rn. 310.

26 Siehe hierzu auch *Sannwald*, NJW 1994 S. 3313, 3314 und *Dürig/Scholz* in DHS, Grundgesetz-Kommentar, Art. 3 Abs. 3 GG Rn. 176.

27 *Dürig/Scholz* in DHS, Grundgesetz-Kommentar, Art. 3 Abs. 3 GG Rn. 174; allgemein zur Drittwirkung von Grundrechten oben Kap. 3.4.4.

28 So auch *Sannwald*, NJW 1994 S. 3313, 3314.

29 BVerfGE 99, 341, 353 ff.

*Übersichtstabelle der wichtigsten Entwicklungen 2023–2025*

| Datum | Rechtsentwicklung | Norm/Entscheidung | Kerngedanke für Art. 3 GG |
|---|---|---|---|
| 14.1.2025 | Polizeikosten bei Hochrisikospielen | BVerfG – 1 BvR 548/22 – | Gebührenpflicht gerechtfertigt, keine Verletzung des Gleichheitssatzes |
| 1.11.2024 | Selbstbestimmungsgesetz tritt in Kraft | BGBl. 2024 I Nr. 112 | Stärkt geschlechtliche Selbstbestimmung, konkretisiert Art. 3 Abs. 2 GG |
| 28.6.2025 | Vollumsetzung BFSG | BGBl. I 2021 S. 3354 u. ÄndG | Staatliche Pflicht zur Durchsetzung digitaler Barrierefreiheit |
| Februar 2024 | Verfassungsänderung „Rasse" scheitert | BT-Drs. 20/12800 | Begriff bleibt, wird als „rassistische Zuschreibung" teleologisch interpretiert |

***Polizeispezifische Fallbeispiele:***

1. ***Kontrolle einer afrodeutschen Familie:***
   *Die Bundespolizei wählte 2012 in einem Intercity-Zug Reisende nach äußerlichen Kriterien aus und kontrollierte ausschließlich eine afrodeutsche Familie. Das Oberverwaltungsgericht Rheinland-Pfalz wertete dies als Verstoß gegen Art. 3 Abs. 3 Satz 1 GG, weil nicht ausgeschlossen werden könne, dass die Hautfarbe ein ausschlaggebendes Auswahlkriterium gewesen sei. Die Entscheidung beendete faktisch jede Legitimation für sogenanntes* ***„Racial Profiling"*** *in verdachtsunabhängigen Kontrollen.*[30]

2. ***Haarerlass für Polizisten:***
   *Ein „ministerieller Haarerlass" verlangte 2003 von uniformierten Beamten, ihre Haare maximal bis zum Hemdkragen zu tragen. Das Bundesverwaltungsgericht hob die Anordnung 2006 auf, weil sie ohne belastbare Gründe in das Persönlichkeitsrecht eingreife und männliche Beamte im Vergleich zu weiblichen Kolleginnen – denen lange Haare erlaubt blieben – unverhältnismäßig diskriminiere. Die Entscheidung gilt in Polizeidienstvorschriften bis heute als Leitfall für geschlechtsneutrale Uniformvorgaben.*[31]

3. ***Rosentätowierungen:***
   *Im Februar 2025 untersagte die Berliner Polizei einer Bewerberin wegen Rosentätowierungen auf beiden Handrücken den Eintritt in den Vorbereitungsdienst. Das Verwaltungsgericht Berlin verpflichtete die Behörde zur Neubescheidung, weil sichtbare Tattoos, solange sie kein extremistisches oder gewaltverherrlichendes Motiv enthalten, den dienstlichen Aufgaben nicht widersprechen und ein pauschales Tattoo-Verbot ohne gesetzliche Grundlage gegen Art. 3 Abs. 1 GG verstößt. Die Entscheidung macht deutlich, dass ästhetische*

30 OVG RhPf, Urt. vom 21.4.2016 – 7 A 11108/14 –, openJur 2016, 11822.
31 BVerwG, Urt. vom 2.3.2006 – BVerwG 2 C 3.05,ECLI:DE:BVerwG:2006:020306U2C3.05.0.

*Konventionen nicht als sachlicher Grund für Ungleichbehandlungen genügen.*[32]

4. ***Einordnung des BVerfG-Urteils vom 14.1.2025 zur Bremer Polizeikosten-Gebühr:***
   *Der Erste Senat stellte klar, dass die Bremer Gebührenpflicht für polizeilichen Mehraufwand bei Hochrisikofußballspielen weder Art. 12 GG noch Art. 3 GG verletzt. Die DFL werde gegenüber anderen Großveranstaltern nicht unzulässig herausgegriffen, weil das Gesetz an objektive Kriterien wie erwartete Sicherheitsrisiken und Gewinnerzielungsabsicht anknüpft. Für die Polizeipraxis bedeutet dies: Kostenerhebungen sind zulässig, solange der Gesetzgeber eine gruppenneutrale Bemessungsgrundlage schafft und die Gebühr nicht erdrosselnd wirkt.*[33]

> **Merke:**
> Die genannten Entwicklungen veranschaulichen, dass Art. 3 GG im Polizeialltag weit über eine abstrakte Staatszielbestimmung hinausreicht: Er wirkt als konkreter Prüfungsmaßstab für Befehls- und Ermessensentscheidungen, für Organisationsrecht und für Kostenregelungen und verlangt, dass jede Ungleichbehandlung auf objektivierbare, verhältnismäßige Gründe zurückgeführt werden kann.

### 5.2.3 Art. 6 Abs. 5 GG

Einen speziellen Gleichheitssatz enthält auch Art. 6 Abs. 5 GG, der die **Gleichstellung nichtehelicher** Kinder gegenüber ehelichen Kindern gebietet. Art. 6 Abs. 5 GG ist der Erkenntnis geschuldet, dass uneheliche oder **nichteheliche Kinder** – heute u. U. weniger als früher – häufig unter **ungünstigeren Lebensumständen** zu leiden haben als eheliche Kinder.

Art. 6 Abs. 5 GG regelt damit ein spezielles Gleichheitsgrundrecht für nichteheliche Kinder ggü. ehelichen Kindern. Ziel ist die Schaffung *„wirklich gleicher Bedingungen“*[34] für nichteheliche Kinder, womit neben dem leistungs- und abwehrrechtlichen Gehalt zugleich ein Gesetzgebungsauftrag verbunden ist, den der Gesetzgeber zwar im Rahmen seines Gestaltungsspielraums, aber unter Achtung des speziellen verfassungsrechtlichen Auftrags nach Art. 6 Abs. 5 GG wahrnehmen muss.[35] Träger des Grundrechts ist das nichteheliche Kind, nicht dessen Mutter oder Vater.

---

32 VG Berlin, Beschl. vom 27.2.2025 – VG 26 L 288/24 –, ECLI:DE:VGBE:2025:0227.26L288.24.00.

33 BVerfG, Urt. vom 14.1.2025 – 1 BvR 548/22 –, juris.de.

34 BVerfGE 85, 80, 88.

35 Auch *Uhle* in BeckOK GG, Art. 6 GG Rn.75 f.

Wie Art. 6 GG insgesamt ist Art. 6 Abs. 5 GG ein normgeprägtes Grundrecht. Von einem „normgeprägten Grundrecht“ spricht man, wenn Inhalt und Reichweite des grundrechtlichen Schutzes nicht allein aus dem Verfassungstext hervorgehen, sondern erst durch einfachgesetzliche Regelungen näher ausgestaltet werden. Die Verfassung gewährleistet zwar den Schutz eines bestimmten Lebensbereichs, überlässt dessen konkrete rechtliche Ausgestaltung jedoch weitgehend dem Gesetzgeber.

Die Normprägung des Art. 6 Abs. 5 GG bedingt es, dass der Staat bezüglich der Rechtsstellung nichtehelicher Kinder vornehmlich ausgestaltend tätig wird. Mit Regelungen, die diese Rechtsstellung definieren, verkürzt der Staat das Grundrecht nicht; vielmehr konkretisiert er dessen Schutzbereich. So legt bspw. das Familienrecht fest, unter welchen Voraussetzungen die rechtliche Vaterschaft festgestellt wird oder welche Unterhalts- und Erbansprüche einem nichtehelichen Kind zustehen. Erst durch diese gesetzlichen Regelungen erhält der verfassungsrechtliche Gleichstellungsauftrag des Art. 6 Abs. 5 GG seinen konkreten Inhalt.

Werden die Grenzen des zulässigen Regelungsrahmens überschritten, kann aus der Definition des Schutzbereichs ein (rechtfertigungsbedürftiger, aber im Zweifel nicht rechtfertigungsfähiger) Eingriff werden. Dies wäre etwa dann der Fall, wenn der Gesetzgeber nichtehelichen Kindern bestimmte erbrechtliche Ansprüche allein wegen ihrer Geburt außerhalb einer Ehe vorenthielte und sie dadurch gegenüber ehelichen Kindern ohne sachlichen Grund benachteiligte. In solchen Fällen liegt ein Definitionsversuch vor, der aufgrund seines Misslingens zum Eingriff wird.[36]

Liegt eine solche Überschreitung vor, kann dem Eingriff, da das Grundrecht schrankenlos gewährt wird, nur ein **Rechtsgut mit Verfassungsrang** entgegengehalten werden. Die Schranken-Schranken folgen dann wieder im Wesentlichen aus dem Grundsatz der **Verhältnismäßigkeit**.

## 5.2.4 Art. 33 GG

### 5.2.4.1 Art. 33 Abs. 1 GG

Art. 33 Abs. 1 GG verbürgt allen Deutschen in jedem Land die gleichen **staatsbürgerlichen Rechte** und **Pflichten**. Umfasst ist das Recht zur Teilnahme an Wahlen und Abstimmungen, der Zugang zu Bildungseinrichtungen und Sozialleistungen, allerdings auch die Unterwerfung unter Steuer- und Abgabenpflichten. Abhängig gemacht werden kann die Teilhabe und die Verpflichtung von der **Sesshaftigkeit** in dem jeweiligen Land. Die Vorschrift gilt als grundrechtsgleiches Recht; sie ist zugleich eine Reserveregelung, da die betreffenden Fälle zumeist über Art. 3 Abs. 1 GG gelöst werden können.[37]

36 So anschaulich zu Überschreitungen des Regelungsrahmens in Art. 6 GG *Kingreen/Poscher*, Staatsrecht II Rn. 762.

37 Vgl. insoweit *Hense* in BeckOK GG, Art. 3 GG Rn. 3.

#### 5.2.4.2 Art. 33 Abs. 2 GG

Art. 33 Abs. 2 GG gewährt den gleichen Zugang zu **öffentlichen Ämtern**; dies sind alle beruflichen und nebenamtlichen Tätigkeiten und Funktionen in staatlichen Organisationen. Privatrechtliche Strukturen öffentlicher Verwaltung sind erfasst, soweit diese öffentliche Aufgaben wahrnehmen.[38]

Umfasst sind **Ersteinstellungen** und Ersternennungen ebenso wie **Beförderungen**; nicht umfasst ist ein Anspruch auf Einrichtung neuer Ämter oder Stellen.

Differenzierungskriterien sind die Merkmale Befähigung, fachliche Leistung und Eignung. **„Befähigung“** ist die Summe der für eine Tätigkeit notwendigen Begabungen, Kenntnisse, Vor- und Ausbildungen, ggf. bis hin zu erforderlichen Ortskenntnissen. **„Fachliche Leistung“** bezeichnet Merkmale wie praktische Erfahrungen, Fachwissen und fachliches Können, die vorgewiesen werden müssen.[39] Damit wird an Vergangenes angeknüpft, zugleich aber die Erwartung auf Zukünftiges einbezogen. Das Merkmal der fachlichen Leistung spielt damit insbesondere, aber nicht nur bei Beförderungsentscheidungen eine Rolle.

**„Eignung“** ist ein schwer fassbarer Begriff. Zur „Eignung“ im engeren Sinn werden alle geistigen, körperlichen, psychischen, charakterlichen und sonstigen Eigenschaften gezählt, die für ein spezifisches Amt von Bedeutung sind.[40] Hierzu zählt auch das Merkmal der Verfassungstreue. Seine Auswirkungen hat hier wiederum Art. 3 Abs. 2 Satz 2 GG. Ist bei Bewerbern von gleicher Befähigung, fachlicher Leistung und Eignung auszugehen, kann Art. 3 Abs. 2 Satz 2 GG die **Bevorzugung** weiblicher Bewerber rechtfertigen.

#### 5.2.4.3 Art. 33 Abs. 3 GG

Mit Art. 33 Abs. 3 GG wird in erster Linie ein **religionsverfassungsrechtliches Neutralitätsgebot** normiert. Sinn der wiederholten Betonung der religiös-weltanschaulichen Neutralität des Staates waren die seit jeher erheblichen und spannungsgeladenen Religions- und Konfessionsunterschiede, insbesondere zwischen Katholiken und Protestanten. Die Irrelevanz derartiger Unterschiede sollte für den Bereich der staatsbürgerlichen Rechte und Pflichten noch einmal hervorgehoben werden.[41] Unzulässig sind unmittelbar glaubens- oder weltanschauungsbezogene Benachteiligungen.[42] Ziel ist insbesondere die Vermeidung des Eindrucks eines konfessionellen Proporzes im öffentlichen Dienst oder der religiös motivierten Ämterpatronage.

---

38 Vgl. insoweit *Hense* in BeckOK GG, Art. 3 GG Rn. 11 ff.

39 BVerfGE 110, 304, 322.

40 In diesem Sinne BVerfGE 92, 140, 151.

41 Vgl. *Kingreen/Poscher*, Staatsrecht II, Rn. 572 f.

42 Näher *Hense* in BeckOK GG, Art. 3 GG Rn. 25 f.

### 5.2.5 Art. 38 Abs. 1 Satz 1 GG – Allgemeinheit und Gleichheit der Wahl

Auch die **Wahlrechtsgrundsätze** der Allgemeinheit und Gleichheit der Wahl sind Ausdruck der Gleichheit aller Staatsbürger. Für die Einschränkungen sowohl der Allgemeinheit als auch der Gleichheit der Wahl und ihre jeweiligen Rechtfertigungen sei auf die entsprechende Darstellung im Rahmen der Wahlrechtsgrundsätze[43] verwiesen.

## 5.3 Konkurrenzen

Grundsätzlich stehen Art. 3 Abs. 1 GG und die genannten speziellen Gleichheitsrechte wegen unterschiedlicher Schutzrichtung **nebeneinander**; auch wenn sich bei Prüfung eines speziellen Gleichheitssatzes ergibt, dass dieser nicht verletzt ist, ist damit immer noch Art. 3 Abs. 1 GG zu prüfen.[44]

Sofern **Freiheitsrechte** und **Gleichheitsrechte** betroffen sind, ist zwischen beiden – wiederum aufgrund unterschiedlicher Schutzrichtungen – kein echtes Konkurrenzverhältnis anzunehmen. Beide stehen damit wiederum **nebeneinander**. Eingebürgert hat sich dabei die Prüfung der Freiheitsrechte vor den Gleichheitsrechten.

## 5.4 Prüfungsschema

Aus dem zuvor Ausgeführten ergeben sich folgende Prüfungsschemata:

### 5.4.1 Prüfungsschema für den Allgemeinen Gleichheitssatz

**Als Besonderheit** ggü. der Prüfung der Freiheitsrechte ist die Prüfung der relevanten Ungleichbehandlung anstelle der Prüfpunkte „Schutzbereich" und „Eingriff" zu beachten, daneben das Herausarbeiten des Prüfungsmaßstabs für die Rechtfertigungsprüfung und die stark auf die Angemessenheit zugeschnittene Verhältnismäßigkeitsprüfung.

**I. Relevante Ungleichbehandlung**

1. Feststellung einer vergleichbaren Personengruppe/Sachverhalts
2. Rechtlich unterschiedliche Behandlung

43 Dazu oben Kap. 2.2.4.1.1 und 2.2.4.1.4.

44 Nicht ganz eindeutig insoweit *Kingreen/Poscher*, Staatsrecht II, Rn. 565 einerseits und Rn. 598 andererseits; jedenfalls sollte in der Prüfung von Art. 33 Ab. 1 GG und Art. 3 Abs. 1 GG nebeneinander in jedem Fall ein inhaltlicher Gleichlauf, d. h. ein gleiches Ergebnis festzustellen sein.

**II. Verfassungsrechtliche Rechtfertigung**
1. Vorüberlegung: Feststellung des Prüfungsmaßstabs
   Leichtere oder schwerere Ungleichbehandlung mit Folge der Anwendbarkeit der Willkür- oder der Neuen Formel
2. Verfassungsrechtliche Rechtfertigung
   a) Existenz einer gesetzlichen Grundlage für die Ungleichbehandlung
      aa) Formelle Verfassungsmäßigkeit
      bb) Materielle Verfassungsmäßigkeit, insbesondere bei
         (1) Willkürformel: Feststellung eines sachlichen Grundes
         (2) Neue Formel: Prüfung der Verhältnismäßigkeit
3. Ggf. Frage nach Rechtfertigung von Ungleichbehandlungen bei der Gesetzesanwendung nach den vorgenannten Kriterien

### 5.4.2 Anpassung des Prüfungsschemas für die Diskriminierungsverbote des Art. 3 Abs. 3 GG

**Besonderheiten** ergeben sich bei den **Diskriminierungsverboten** zunächst bezüglich des Prüfungspunkts I: Anstelle der Feststellung einer relevanten Ungleichbehandlung und der Vergleichsgruppenbildung ist hier festzustellen, ob eine rechtliche Besser- oder Schlechterstellung mit einem Anknüpfen an Kriterien des Art. 3 Abs. 3 GG erfolgt.

In der Rechtfertigungsprüfung sollte dann differenziert werden zwischen der Anknüpfung an das **Geschlecht** oder an eines der **übrigen Kriterien** des Art. 3 Abs. 3 GG.

Bei Anknüpfung an das Geschlecht kann
- bei **Bevorzugung** von Frauen zunächst nach einer Rechtfertigung aus Art. 3 Abs. 2 Satz 2 GG gefragt werden,
- bei **Bevorzugung** von Frauen ggf. weiterhin gefragt werden, ob diese durch zwingende biologische Unterschiede zwischen Frauen und Männern geboten ist,
- bei **Benachteiligungen** von Frauen – auch bei einer behaupteten Verletzung von Art. 3 Abs. 2 Satz 1 GG – gefragt werden, ob für die Ungleichbehandlung zwingende **biologische** Unterschiede zwischen Frauen und Männern eine Rolle spielen, die eine Gleichbehandlung von Frauen ausschließen.

Bezüglich der **übrigen** Kriterien des Art. 3 Abs. 3 Satz 1 GG ist zu fragen:
- nach **kollidierenden Verfassungsrechtsgütern**, die die Differenzierung tragen,
- sodann nach anderen **zwingenden Gründen**, die ausnahmsweise als Rechtfertigung dienen können.

# 6. Meinungs- und Informationsfreiheit, Versammlungsrecht, Vereinigungs- und Koalitionsfreiheit und Asylrecht

Gegenstand der weiteren Darstellungen sind weitere **Freiheitsrechte** und Partizipationsrechte und ihre Besonderheiten. Eingegangen wird auf die Grundrechte aus:

- Art. 5 Abs. 1 Satz 1 GG (Meinungs- und Informationsfreiheit),
- Art. 8 GG (Versammlungsfreiheit),
- Art. 9 GG (Vereinigungs- und Koalitionsfreiheit),
- Art. 16a GG (Asylrecht).

**Hinweis:**
Art. 9 GG wird in den Klausuren der HSPV NRW nicht mehr eigenständig abgefragt. Weil jedoch das Koalitions- und Vereinigungsrecht im Verwaltungsalltag bis heute von zentraler Bedeutung ist, bleibt der Stoff im Lehrbuch. Stattdessen kann das Asylgrundrecht nach Art. 16a GG jetzt als Überblicksgegenstand in Zusatzfragen auftauchen und wird deshalb neu in dieses Lehrbuch aufgenommen.

## 6.1 Art. 5 Abs. 1 GG – Meinungsäußerungsfreiheit, Informationsfreiheit, Pressefreiheit

Art. 5 Abs. 1 GG enthält insgesamt **fünf** Gewährleistungen:

1. Meinungsäußerungsfreiheit (Art. 5 Abs. 1 Satz 1 Alt. 1 GG),
2. Informationsfreiheit (Art. 5 Abs. 1 Satz 1 Alt. 2 GG),
3. Pressefreiheit (Art. 5 Abs. 1 Satz 2 Var. 1 GG),
4. Rundfunkfreiheit (Art. 5 Abs. 1 Satz 2 Var. 2 GG),
5. Filmfreiheit (Art. 5 Abs. 1 Satz 2 Var. 3 GG).

*Übersicht*

| **Grundrecht** | **Typischer Schutzgegenstand** | **Kommunikationskanal** | **Schranken nach Art. 5 Abs. 2 GG** | **Besonderheiten für Verwaltung & Polizei** |
|---|---|---|---|---|
| Meinungsäußerungsfreiheit | Werturteile und wahrheitsfähige Tatsachen, soweit für Meinungsbildung relevant | Wort, Schrift, Bild, digitale Posts | Allgemeine Gesetze, Jugendschutz, persönliche Ehre | Beamte unterliegen zusätzlicher Verfassungstreue; Dienst- und Freizeitrolle trennscharf |

| **Grundrecht** | **Typischer Schutzgegenstand** | **Kommunikationskanal** | **Schranken nach Art. 5 Abs. 2 GG** | **Besonderheiten für Verwaltung & Polizei** |
|---|---|---|---|---|
| Informationsfreiheit | Empfang von Informationen aus allgemein zugänglichen Quellen | Zugang zu Medien, Akten, offenen Daten | Wie oben | Behörden müssen durch Auslegung bestimmen, was „allgemein zugänglich" ist |
| Pressefreiheit | Herstellung und Verbreitung von Druck- und Onlineerzeugnissen | Recherche, Redaktion, Vertrieb | Wie oben; Zensurverbot | NRW-Behörden achten bei Maßnahmen gegen Presseorgane auf mittelbare Drittwirkung |
| Rundfunkfreiheit | Programmauswahl und -gestaltung, einschließlich Vor- und Nachbereitung | Lineares Fernsehen, Radio, Abruf-Mediatheken, Podcasts | Wie oben | Landesmedienrecht, Binnen- und Außenpluralismus; duales System |
| Filmfreiheit | Sequenzierte Bildwerke zur öffentlichen Wiedergabe | Kino, Streaming, Lehr- und Kurzfilme | Wie oben | Jugendschutz-Freigaben beachten, § 14 JuSchG |

Die weitere Darstellung befasst sich im Schwerpunkt mit den Gewährleistungen des Satzes 1, der Meinungsfreiheit und der Informationsfreiheit, sowie des Satzes 2 Var. 1, der Pressefreiheit; die Rundfunk- und Filmfreiheit werden der Vollständigkeit halber ebenfalls kurz erläutert.

## 6.1.1 Allgemeines

Die häufiger zu findende Feststellung, dass Art. 5 Abs. 1 GG „die Kommunikationsfreiheiten" schützt, ist relativ untechnisch und trägt zum Verständnis des Art. 5 Abs. 1 GG in Anbetracht der unterschiedlichen Schutzbereiche kaum bei. Trotz der unterschiedlichen Formulierungen in Art. 5 Abs. 1 Satz 1 und Satz 2 GG, einmal von der Seite des Berechtigten (Satz 1: „*Jeder hat das Recht*") bzw. vom Schutzbereich her (Satz 2: „*Die Pressefreiheit*"), gewährt Art. 5 Abs. 1 GG durchgehend **subjektive Rechte**. Gleichwohl wird gerade aus Art. 5 Abs. 1 Satz 2 GG eine objektiv-rechtliche staatliche Schutzpflicht jedenfalls für die Presse[1] hergeleitet, was auch entsprechende Fördermaßnahmen rechtfertigt.

Art. 5 Abs. 1 Satz 3 GG enthält mit dem **Zensurverbot** keine grundrechtliche Gewährleistung, sondern eine Schranken-Schranke für Eingriffe in Art. 5 Abs. 1 Satz. 1 und 2 GG,[2] mit der staatliche Vorzensur, d. h. dass eine obligatorische Zensur von Mei-

1 BVerfGE 20, 162, 175 – Spiegel.
2 *Kingreen/Poscher*, Staatsrecht II, Rn. 649.

nungsäußerungen, Presse-, Rundfunk- und Filmbeiträgen vor ihrer Veröffentlichung im Sinne einer Vorab-Vorlagepflicht verboten wird.

Die **Kommunikationsfreiheit** entfaltet sich heute vor allem in digitalen Räumen. Der Bundesgerichtshof hat am 29.7.2021 – III ZR 179/20 – klargestellt, dass Betreiber großer sozialer Netzwerke ihre Lösch- und Sperrentscheidungen an Art. 5 Abs. 1 GG messen und den Betroffenen vor Eingriffen ein faires Anhörungsverfahren eröffnen müssen.[3] Das Bundesverfassungsgericht hat 2022 entschieden, dass Nutzende gegenüber Plattformen einen grundrechtlich gestützten Anspruch auf Auskunft über Bestands- und Verkehrsdaten haben, soweit dies der effektiven Durchsetzung der Meinungsfreiheit dient.[4] Seit Februar 2024 gilt darüber hinaus die Verordnung (EU) 2022/2065 (Digital Services Act – DSA), deren Art. 14 Abs. 4 sehr große Online-Plattformen verpflichtet, Moderationsentscheidungen transparent zu begründen und dabei die Grundrechte der Nutzenden ausdrücklich zu achten. Damit verschiebt sich die Prüfung künftig auf eine doppelte Ebene: mittelbare Drittwirkung des Grundgesetzes und unmittelbare Bindung an die EU-Grundrechtecharta.

**Merke:**
Oft wird Art. 5 Abs. 1 GG fast ausschließlich im klassischen Presse- und Rundfunkkontext gesehen. Für die polizeiliche und verwaltungsbehördliche Praxis ist aber entscheidend, dass die Meinungs- und die Informationsfreiheit heute primär durch private digitale Infrastrukturen vermittelt werden. Wichtig ist, dass Grundrechte in diesem Umfeld sowohl mittelbar (über das Privatrecht) als auch unmittelbar (über den DSA) wirken.

## 6.1.2 Schutzbereiche und Eingriffe

### 6.1.2.1 Meinungsäußerungsfreiheit (Art. 5 Abs. 1 Satz 1 Alt. 1 GG)

Die Bedeutung der Meinungsäußerungsfreiheit hat das Bundesverfassungsgericht schon früh beschrieben: „*Das Grundrecht auf freie Meinungsäußerung ist als unmittelbarster Ausdruck der menschlichen Persönlichkeit in der Gesellschaft eines der vornehmsten Menschenrechte überhaupt. […] Für eine freiheitlich-demokratische Staatsordnung ist es schlechthin konstituierend, denn es ermöglicht erst die ständige geistige Auseinandersetzung, den Kampf der Meinungen, der ihr Lebenselement ist. […] Es ist in gewissem Sinn die Grundlage jeder Freiheit überhaupt*“.[5]

3 BGH, Urt. vom 29.7.2021 – III ZR 179/20 –, openJur 2021, 34148.
4 BVerfG, Beschl. vom 19.12.2021 – 1 BvR 1073/20 –, openJur 2022, 2398.
5 So schon BVerfGE 7, 198, 208 – Lüth.

***Beispielfall 50 – Druck wegen Aufdruck:***
*Die Punkerin F läuft am liebsten mit ihrem Lieblings-Sweatshirt (Grundton: schwarz) durch ihre Heimatstadt, auf dem in zwei dicken weiß unterlegten Balken übereinander die roten Druckbuchstaben „FCK" und „CPS" zu lesen sind. Sie wird mehrfach von Polizisten angesprochen, dass das Tragen dieses Schriftzugs eine Beleidigung darstelle, die in Zukunft nicht mehr toleriert werde. Schließlich wird F, die ihr Lieblings-Sweatshirt weiterhin trägt, von einem Polizeibeamten wg. Beleidigung angezeigt. Das zuständige Jugendgericht gibt ihr wg. Beleidigung 10 Stunden gemeinnützige Arbeit auf.*

*Das Gericht begründet die Verurteilung damit, dass „FCK CPS" als Abkürzung für „Fuck Cops" stehe, was mittlerweile einem großen Personenkreis bekannt sei. Diese Äußerung sei eine Kundgabe der Missachtung, weil sie den sozialen Wert der betroffenen Personen im Amt betreffe und schmälern solle. Bei verständiger Würdigung der Gesamtumstände und insbesondere der früheren Kontrolle liege eine hinreichende Individualisierung der Äußerung auf die Beamten des örtlichen Polizeikommissariats vor, die eine überschaubare und hinreichend abgrenzbare Gruppe bildeten.*

*Verletzt die Verurteilung die F in Art. 5 Abs. 1 Satz 1 Alt. 1 GG?*

#### 6.1.2.1.1 Sachlicher Schutzbereich

##### 6.1.2.1.1.1 Werturteile

Art. 5 Abs. 1 Satz 1 Alt. 1 GG schützt die freie Meinungsäußerung. Meinungen sind jedenfalls **Werturteile**, d. h. Äußerungen, die durch das Element der Stellungnahme, des Dafürhaltens und der Beurteilung geprägt sind; unerheblich ist dabei, ob eine solche wertende Äußerung „wertvoll" oder „wertlos"[6], emotional oder rational begründet ist oder von Anderen als „richtig" oder „falsch" eingestuft wird.[7] Auch beleidigende Inhalte können als Werturteil geschützt sein, wie die Schrankenregelung des Art. 5 Abs. 2 GG zeigt, die die freie Meinungsäußerung unter den Vorbehalt des Rechts der persönlichen Ehre stellt.

Grundsatz
Wenn neben dem Inhalt auch die Form der Meinungsäußerung geschützt ist, müssten sowohl Schmähkritik als auch formale Beleidigungen (bspw. herabsetzende Schimpfworte: „Du A…loch!") dem Schutzbereich der Meinungsäußerungsfreiheit unterfallen. Dennoch entzieht das Bundesverfassungsgericht persönlichen Herabwürdigungen und rein diffamierender Schmähung den Schutz des Art. 5 Abs. 1 GG.[8] Andererseits sind die Hürden für die Annahme von Schmähkritik in der Rechtsprechung des Bundesverfassungsgerichts sehr hoch: „*Auch eine überzogene und selbst eine ausfällige Kritik*

6 BVerfGE 30, 336, 347 – Sonnenfreunde.
7 In diesem Sinne BVerfGE 61, 1, 8.
8 BVerfGE 54, 129, 137; BVerfGE 82, 272, 283 f.; vgl. auch *Grabenwarter* in DHS, Grundgesetz-Kommentar, Art. 5 GG Rn. 61 f.

*macht für sich genommen eine Äußerung noch nicht zur Schmähung. Eine herabsetzende Äußerung nimmt vielmehr erst dann den Charakter der Schmähung an, wenn in ihr nicht mehr die Auseinandersetzung in der Sache, sondern die Diffamierung der Person im Vordergrund steht. Sie muss jenseits auch polemischer und überspitzter Kritik in der Herabsetzung der Person bestehen.*"[9]

**Merke:**
In einer ersten Gerichtsentscheidung zum Fall des Fernsehsatirikers Jan Böhmermann, der öffentlich ein (Schmäh-)Gedicht über den türkischen Staatspräsidenten Recep Tayyip Erdoğan vorgetragen hatte, hat das LG Hamburg die weitere Verbreitung von großen Teilen des Gedichts als unzulässige Schmähkritik untersagt, allerdings erkennbar als Ergebnis eines Abwägungsvorgangs, und nicht, weil der Schutzbereich insoweit nicht eröffnet gewesen wäre.[10]

Das Bundesverfassungsgericht legt den Fokus der Meinungsäußerungsfreiheit auf die öffentliche Diskussion, den geistigen Kampf der Meinungen. Deshalb soll ein Verhalten, mit dem Meinung aufgezwungen und als Druckmittel eingesetzt wird, nicht in den Schutzbereich des Art. 5 Abs. 1 GG fallen.[11]

### Einzelfälle

In einer Reihe von neueren Entscheidungen hat das Bundesverfassungsgericht die Maßstäbe noch einmal präzisiert, nach denen eine Äußerung als Schmähkritik von vornherein aus dem Schutzbereich des Art. 5 Abs. 1 Satz 1 Alt. 1 GG auszunehmen bzw. bei denen trotz Vorliegens einer Formalbeleidigung eine Abwägung zwischen den Interessen der Beteiligten vorzunehmen ist.

Gegenstand der ersten Entscheidung waren Äußerungen des Beschwerdeführers in einem Internet-Blog; darin nannte er u. a. die an der Entscheidung beteiligten Richter sowie diverse andere Personen namentlich, stellte Fotos von ihnen ins Netz und bezeichnete sie mehrfach als „asoziale Justizverbrecher", „Provinzverbrecher" und „Kindesentfremder", die Drahtzieher einer Vertuschung von Verbrechen im Amt seien. Sie hätten auf Geheiß des namentlich genannten „rechtsradikalen" Präsidenten des OLG offenkundig massiv rechtsbeugend agiert. Hierzu führt das Bundesverfassungsgericht einerseits aus: „*Aus dem Nichtvorliegen einer solchen – unabhängig von einer Abwägung strafbaren – Antastung der Menschenwürde, Schmähung oder Formalbeleidigung folgt noch keine Vorfestlegung dahingehend, dass das allgemeine Persönlichkeitsrecht*

9 BVerfGE 82, 272, 283 f.

10 LG Hamburg, Beschl. vom 17.5.2016 – 324 O 255/16 –, zit. n. http://openjur.de/u/887161.html, zuletzt abgerufen am 21.6.2021.

11 BVerfGE 25, 256, 265 – Blinkfüer. Gegenstand der Entscheidung war ein Boykottaufruf des Springerverlags gegen eine Zeitung, die nach dem Mauerbau das Fernsehprogramm der DDR abdruckte; jeder Zeitungshändler, der daraufhin noch die Zeitung Blinkfüer vertrieb, wurde mit einem Lieferstopp durch den Springerverlag bedroht.

*bei der dann gebotenen Abwägungsentscheidung zurückzutreten habe. Eine solche Vorfestlegung ergibt sich auch nicht aus der Vermutung zugunsten der freien Rede.*"[12] Weiter heißt es: „*Eine Äußerung nimmt den Charakter als Schmähung vielmehr erst dann an, wenn nicht mehr die Auseinandersetzung in der Sache, sondern die Diffamierung der Person im Vordergrund steht. […] Tragfähig und überzeugend verneint das LG einen Vorrang des Schutzes des Persönlichkeitsrechts hier auch nicht unter dem Gesichtspunkt der Machtkritik und des ‚Kampfs um das Recht'. Die Entscheidung des LG geht auf beides umfassend ein, hält aber zu Recht daran fest, dass diese Aspekte den verfassungsrechtlich gebotenen Schutz der persönlichen Ehre auch von Amtsträgern nicht in unzumutbarer Weise zurückdrängen können, zumal wenn – wie es hier der Fall ist – die persönliche Kränkung das sachliche Anliegen weitgehend überlagert. Dabei ist die Erwägung des LG schlüssig, dass der Gesichtspunkt des ‚Kampfs um das Recht', in dessen Rahmen besonders heftige und zugespitzte Äußerungen zulässig sein können, hier dadurch zurückgenommen war, dass die Äußerung nicht mehr während der rechtlichen Auseinandersetzung, sondern erst nach deren Abschluss getätigt wurde.*"[13] Die Verteilung blieb bestehen.

Gegenstand der zweiten Entscheidung war eine Äußerung gegenüber der Leiterin eines städtischen Rechtsamts, über die sich der Beschwerdeführer in einer Klageschrift zum Verwaltungsgerichts unter anderem dahingehend äußert, dass er sich vorbehalte, „*unter Berücksichtigung, […] dass in der Sache die Leiterin des Rechtsamts R, eine in stabiler und persönlichkeitsgebundener Bereitschaft zur Begehung von erheblichen Straftaten befindlichen Persönlichkeit, deren geistig seelische Absonderlichkeiten und ein Gutachten zu deren Geisteskrankheit Gegenstand von gerichtlichen Auseinandersetzungen sind, involviert ist, ein Ordnungsgeld in angemessener Höhe zu beantragen*". Das Bundesverfassungsgericht führt hier an, dass die Rechtsamtsleiterin in nicht hervorgehobener öffentlicher Position noch weniger als ein Politiker eine derartige Herabsetzung hinzunehmen habe: „*Das gegenüber Angriffen auf ihre Person von ihr aufzubringende Maß der Toleranz war daher nicht durch ihre besondere öffentlich wirksame Stellung oder durch besonders einschneidende Machtausübung und -befugnisse gegenüber dem Bf. erhöht.*"[14] Die Verurteilung blieb bestehen.

In der nächsten Entscheidung ging es um Äußerungen über den damaligen nordrhein-westfälischen Finanzminister in einem Schreiben an ein Finanzamt, in dem es hieß: „*Weitere Dienstaufsichtsbeschwerden behalte ich mir ausdrücklich vor. Sie jetzt zu erheben, dürfte allerdings sinnlos sein: Solange in Düsseldorf eine rote Null als Genosse Finanzministerdarsteller dilettiert, werden seitens des Fiskus die Grundrechte und Rechte der Bürger bestenfalls als unverbindliche Empfehlungen, normalerweise aber als Redaktionsirrtum des Gesetzgebers behandelt. Aber vielleicht führt ja die Landtagswahl im Mai 2017 hier zu Verbesserungen.*" Hierzu führt das Bundesverfassungsgericht wie folgt aus: „*Bürgern muss es möglich sein, straflos und ohne Furcht vor Strafe zum Ausdruck zu bringen, dass sie eine bestimmte Person für ungeeignet zur Führung der*

12 BVerfG, NJW 2021 S. 2622, 2623, Rn. 16.
13 BVerfG, NJW 2021 S. 2622, 2624 Rn. 18; 2628, Rn. 48.
14 BVerfG, NJW 2021 S. 2629, 2631, Rn. 25.

*von ihnen bekleideten öffentlichen und politischen Ämter halten. Auch solche Kritik gibt zwar nicht das Recht, zu verhetzenden Formen zu greifen, Amtsträger unmäßig zu beschimpfen und in der Öffentlichkeit verächtlich zu machen. Es ist auch im öffentlichen Interesse an der Aufrechterhaltung der Bereitschaft zur Mitwirkung in Staat und Gesellschaft notwendig, Amtsträger und Politiker vor solchen Angriffen zu schützen. Bürger dürfen aber, insbesondere gegenüber Amtsträgern in Regierungsfunktion, auch harsche Fundamentalkritik („Null") üben und zwar unabhängig davon, ob sie dieses negative Urteil näher begründen und ob es weniger drastische Ausdrucksformen für die Kritik gegeben hätte.*"[15] Die Verurteilung wurde aufgehoben.

Gegenstand der vierten Entscheidung waren schließlich Äußerungen gegenüber einem Abteilungsleiter einer kommunalen Behörde als Gegenstand einer Dienstaufsichtsbeschwerde, in der es wörtlich hieß: „*Dieses weitere Verhalten des Herrn H, besonders bereits unter dem Vorverhalten der Behörde in der Sache mit einem absolut ungenügenden Arbeiten, sehen wir mittlerweile nur noch als offenbar persönlich bösartig, hinterhältig, amtsmissbräuchlich und insgesamt asozial uns gegenüber an.*" Die Verurteilung wegen Beleidigung war darauf gestützt, dass es nur noch um eine konkrete Diffamierung des von ihm namentlich ausdrücklich benannten Abteilungsleiters gegangen sei, ohne dass dabei noch ein konkreter Bezug zur Sache erkennbar gewesen sei. Das Bundesverfassungsgericht führt hierzu aus: „*Zu beachten ist hierbei, dass Art. 5 I 1 GG nicht nur sachlich differenzierte Äußerungen schützt, sondern gerade Kritik auch grundlos, pointiert, polemisch und überspitzt geäußert werden darf; die Grenze zulässiger Meinungsäußerungen liegt nicht schon da, wo eine polemische Zuspitzung für die Äußerung sachlicher Kritik nicht erforderlich ist. […] Vielmehr handelt es sich um eine persönlich formulierte Ehrkränkung in Anknüpfung und unter Bezug auf eine fortdauernde Auseinandersetzung mit einem sachlichen Kern. Dabei stehen ersichtlich auch nicht krass herabwürdigende Beschimpfungen in Rede, die wegen ihres verächtlichen Charakters gegenüber anderen Personen schon unabhängig von den Umständen generell nicht geäußert werden dürfen und deshalb als Formalbeleidigung zu beurteilen wären. Zur strafrechtlichen Verurteilung kann eine solche Äußerung folglich nur nach Maßgabe einer Abwägung zwischen dem Persönlichkeitsrecht des Betroffenen und der Meinungsfreiheit des Bf. führen.*"[16] In der Folge hob das Gericht die Verurteilung wegen Beleidigung auf.

#### 6.1.2.1.1.2 *Tatsachenbehauptungen*

Nicht eindeutig ist die Einbeziehung von **Tatsachenbehauptungen**. Während Werturteile, also Urteile über Personen, Sachverhalte oder Ideen, nicht der Bewertung als falsch oder richtig zugänglich sind, sind Tatsachenbehauptungen hinsichtlich ihres Wahrheitsgehalts nachprüfbar. Art. 5 Abs. 1 Satz 1 Alt. 1 GG scheint Tatsachenäußerungen nicht einzubeziehen. Gleichwohl geht das Bundesverfassungsgericht – zutreffend – davon aus, dass Tatsachen Grundlage für Meinungsbildung sind und insofern dem Schutzbereich unterfallen.

15 BVerfG, NJW 2021 S. 2631, 2635, Rn. 38.
16 BVerfG, NJW 2021 S. 2636, 2637, Rn. 17; 2639, Rn. 30.

Nicht vom Schutzbereich umfasst sind **bewusst unwahre** Tatsachenbehauptungen, und solche, deren Unwahrheit bereits im Zeitpunkt der Äußerung unzweifelhaft feststeht; Tatsachenbehauptungen, die sich im Nachhinein als unwahr erweisen, genießen im Moment der Äußerung den Schutz des Art. 5 Abs. 1 GG.[17] Zugleich ist durch Auslegung zu ermitteln, ob eine erkennbar unwahre Tatsachenbehauptung wirklich als solche gemeint ist oder ob die betreffende Aussage nicht vielmehr ein Werturteil darstellt.[18]

Angaben im Rahmen **statistischer** Erhebungen, etwa im Rahmen einer Volkszählung, sind reine Tatsachenmitteilungen, die mit Meinungsbildung nichts zu tun haben.

**Merke:**
Deswegen kann sich derjenige, der sich an einer Volkszählung nicht beteiligen möchte, auch nicht auf die negative Meinungsfreiheit, also auf die Freiheit, eine Meinung nicht äußern zu müssen, berufen.

**Werbeaussagen** im wirtschaftlich-kommerziellen Bereich sollen laut Bundesverfassungsgericht dann dem Art. 5 Abs. 1 Satz 1 GG unterfallen, *„wenn eine Ankündigung wertenden, meinungsbildenden Inhalt hat oder Angaben enthält, die der Meinungsbildung dienen.“*[19] „Rein werbende“ Werbung soll dagegen der Berufsfreiheit, Art. 12 Abs. 1 GG, unterfallen. Eine solche Unterscheidung ist kaum durchführbar, so dass Einiges dafürspricht, jegliche Werbeaussage dem Schutz der Meinungsäußerungsfreiheit zu unterstellen.[20]

Geschützte Verhaltensweisen sind das **Äußern** und **Verbreiten** einer Meinung. Zwar ist hierfür im Vorfeld das Bilden und das Haben einer Meinung erforderlich, was aber dem staatlichen Zugriff entzogen ist (*„Die Gedanken sind frei!“*[21]).

Äußern und Verbreiten sind nicht strikt voneinander zu trennen. Das Äußern ist die Kundgabe an die Außenwelt; jedoch kann damit bereits untrennbar die Verbreitung einer Meinung verbunden sein. Auch die Aufzählung der Art und Weise des Äußerns und Verbreitens – „in Wort, Schrift und Bild“ – ist als beispielhaft anzusehen und meint letztlich, dass jede Art der Kundgabe geschützt ist. So ist die Verfassung offen für neue Kommunikationsformen.

***Beispiel:***
*1949 war der QR-Code noch nicht bekannt, kann aber heute eine Form der Meinungsäußerung darstellen.*

---

17 BVerfGE 99, 185, 197.

18 BVerfGE 61, 1, 9; das zuvor entscheidende Oberlandesgericht hatte der Äußerung in einer Wahlrede *„Die CSU ist die NPD von Europa“* als offenbar unwahre Tatsachenbehauptung den Schutz des Art. 5 Abs. 1 GG verwehrt; das Bundesverfassungsgericht dagegen meinte, die Aussage sei als Tatsachenbehauptung so absurd falsch, dass niemand sie in dieser Bedeutung verstehen würde.

19 BVerfGE 107, 275, 280.

20 So auch *Grabenwarter* in DHS, Grundgesetz-Kommentar, Art. 5 GG Rn. 64.

21 Deutsches Volkslied, Text um 1780; vgl. http://www.volksliederarchiv.de/die-gedanken-sind-frei/, zuletzt abgerufen am 21.6.2021.

Geschützt ist auch der **Empfang** der Meinung durch ein Gegenüber; so ist der Übersender einer (bspw. schriftlich gefassten) Meinungsäußerung in seiner Meinungsäußerungsfreiheit betroffen, wenn die Nachricht vor Erreichen des Empfängers angehalten wird.[22]

Geschützt ist ebenso die **negative** Meinungsfreiheit, also das Recht, sich der Kundgabe einer Meinung zu enthalten. Die negative Meinungsfreiheit schützt auch vor ungewollter Vereinnahmung durch staatliche Meinungsbekundungen, wie Protestschreiben oder Grußbotschaften.

Wie bereits ausgeführt, sind rein statistische Angaben ohne wertende Stellungnahme nicht vom Meinungsbegriff umfasst. Deswegen ist die Problematik gewerberechtlicher Auskunfts- und Meldepflichten keine Fragestellung, die Art. 5 Abs. 1 GG betrifft.

#### 6.1.2.1.2 Persönlicher Schutzbereich

Die Meinungsfreiheit ist ein **Jedermannsrecht**. Sie steht grds. auch Personen in **Sonderrechtsverhältnissen** (Beamte, Soldaten, Schüler, Strafgefangene) zu, kann hier nur relativ leichter eingeschränkt werden. Das Grundrecht ist dem Wesen nach auch auf juristische Personen anwendbar, die insoweit zu kollektiven Meinungsäußerungen in der Lage sind. Äußerungen von Abgeordneten im Rahmen ihres Mandats werden dagegen nicht von Art. 5 Abs. 1 Satz 1 GG erfasst; Sie nehmen mit ihrem parlamentarischen Rederecht Organrechte wahr, die über Art. 38 Abs. 1 Satz 2 GG geschützt sind.[23]

> ***(Zwischen-)Lösung zu Beispielfall 50 – Druck wegen Aufdruck:***
> *(angelehnt an BVerfG [3. Kammer des 1. Senats], NJW 2015 S. 2022 f.)*
> *F könnte durch die Verurteilung in ihrem Grundrecht aus Art. 5 Abs. 1 Satz 1 Alt. 1 GG verletzt sein.*
>
> ***I. Schutzbereich***
>
> ***1. Sachlicher Schutzbereich***
>
> *Geschützt ist die Meinungsäußerungsfreiheit. Geschützt sind sowohl Werturteile als auch Tatsachenbehauptungen. Hier liegt ein Werturteil vor, das durch die subjektive Einstellung des sich Äußernden zum Gegenstand der Äußerung gekennzeichnet ist und ein Urteil über Sachverhalte, Ideen oder Personen enthält.*
>
> ***BVerfG, NJW 2015 S. 2022, 2022:*** *„Der Aufdruck „FCK CPS" ist nicht von vornherein offensichtlich inhaltlos, sondern bringt eine allgemeine Ablehnung der Polizei und ein Abgrenzungsbedürfnis gegenüber der staatlichen Ordnungsmacht zum Ausdruck. Es handelt sich um eine Meinungsäußerung i. S. d. Art. 5 I GG."*
>
> ***2. Persönlicher Schutzbereich***
>
> *Art. 5 Abs. 1 Satz 1 Alt. 1 GG ist ein Jedermannsrecht, auf das sich F als natürliche Person berufen kann.*
>
> ***Zwischenergebnis:*** *Der Schutzbereich ist eröffnet.*

---

22 BVerfG, NJW 2005 S. 1341, 1341 f. – Übersendung einer haftkritischen Broschüre an einen Häftling.

23 Kap. 3.1.3.2.

> **Merke:**
> Für Beamte gilt die Meinungsfreiheit mit besonderen Bindungen an die Verfassungs- und Neutralitätspflicht. Außerhalb des Dienstes dürfen sie sich privat politisch äußern, an Versammlungen teilnehmen und demonstrieren, solange sie das Vertrauen in ihre Unparteilichkeit nicht erschüttern. Während des Dienstes sind sie auf den dienstlichen Auftrag beschränkt; politische Parolen im Einsatz oder in Uniform sind unzulässig. Das Bundesverwaltungsgericht hat 2017 entschieden, dass schon das Zeigen von verfassungsfeindlichen Tätowierungen die Entfernung aus dem Dienst rechtfertigen kann.[24]
> Das Oberverwaltungsgericht NRW bestätigte 2024 die Entlassung eines Probebeamten wegen beleidigender Äußerungen und grob unkameradschaftlichen Verhaltens[25] und am 21.5.2025 die sofortige Entlassung eines Polizisten nach rechtsextremen Chat-Posts.[26]
> Dienstrechtliche Maßnahmen greifen damit regelmäßig in Art. 5 Abs. 1 GG ein, sind aber zulässig, wenn sie der hergebrachten Pflicht zur Verfassungstreue dienen.

***Beispiel:***
*Ein Polizist schreibt auf seinem privaten Account abends im Zivilstatus, er halte eine geplante Steuerreform für „Raub am Mittelstand". Diese Äußerung ist erlaubt, weil sie sachbezogen bleibt und keinen Zweifel an der Verfassungstreue erkennen lässt.*

*Dieselbe Person veröffentlicht während eines Einsatzes in Uniform den Post „Klimachaoten einsperren!"; das disziplinarrechtliche Einschreiten ist rechtmäßig, weil der uniforme Kontext staatliche Billigung suggeriert und Gegnerschaft kriminalisiert.*

*Unzulässig ist ferner der in einem dienstlichen Chat verbreitete Aufruf: „Heute zeigen wir denen, wo der Hammer hängt, Deutschland den Deutschen!"; das OVG NRW sah darin einen schwerwiegenden Verstoß gegen die Menschenwürdegebote des Grundgesetzes.*[27]

---

24 BVerwG, Urt. vom 17.11.2017 – 2 C 25.17 –, openJur 2017, 1779.

25 OVG NRW, Beschl. vom 27.9.2024 – 6 B 461/24 –, NRWE, ECLI:DE:OVGNRW:2024:0927.6B461.24.00.

26 OVG NRW, Beschl. vom 21.5.2025 – 6 B 1231/24 –, NRWE, ECLI:DE:OVGNRW:2025:0521.6B1231.24.00.

27 OVG NRW, Beschl. vom 21.5.2025 – 6 B 1231/24 –, NRWE, ECLI:DE:OVGNRW:2025:0521.6B1231.24.00.

### Exkurs: § 188 StGB – Schutz von Personen des politischen Lebens vor Beleidigungen

Mit der Reform des § 188 StGB[28] wurde der strafrechtliche Schutz von Personen des politischen Lebens erweitert. Die Vorschrift erfasst insbesondere Beleidigungen, üble Nachrede und Verleumdungen gegenüber politisch tätigen Personen, wenn die Tat geeignet ist, deren öffentliches Wirken erheblich zu erschweren oder zu beeinträchtigen. Hintergrund der Neuregelung sind zunehmende Hasskampagnen, Bedrohungen und persönliche Angriffe gegen Politikerinnen und Politiker, insbesondere in sozialen Medien.

> **Hinweis:**
> Die heutige Fassung des § 188 StGB geht auf eine Reform aus dem Jahr 2021 zurück. Durch das Gesetz zur Bekämpfung des Rechtsextremismus und der Hasskriminalität wurde der Anwendungsbereich der Vorschrift erheblich erweitert. Seit dem 3.4.2021 werden nicht nur üble Nachrede und Verleumdung, sondern auch Beleidigungen gegenüber Personen des politischen Lebens besonders geschützt. Zudem erstreckt sich der Schutz ausdrücklich bis auf die kommunale Ebene.

**Bedeutung für die polizeiliche Praxis**

Für Polizeibeamtinnen und Polizeibeamte gewinnt § 188 StGB vor allem bei der Bearbeitung von Strafanzeigen wegen Äußerungen im Internet an Bedeutung. Die Vorschrift verpflichtet jedoch nicht dazu, jede scharfe Kritik an Politikerinnen und Politikern strafrechtlich zu verfolgen. Vielmehr ist stets sorgfältig zwischen zulässiger Meinungsäußerung und strafbarer Ehrverletzung zu unterscheiden. Die Meinungsfreiheit aus Art. 5 Abs. 1 GG schützt auch überspitzte, polemische und emotional formulierte Kritik.

**Verhältnis zur Meinungsfreiheit**

Der Tatbestand des § 188 StGB steht in einem Spannungsverhältnis zur Meinungsfreiheit. Nach der Rechtsprechung des Bundesverfassungsgerichts müssen Politikerinnen und Politiker grundsätzlich auch scharfe Kritik hinnehmen, da sie sich bewusst in die

28 *"§ 188 StGB Gegen Personen des politischen Lebens gerichtete Beleidigung, üble Nachrede und Verleumdung*
*(1) Wird gegen eine im politischen Leben des Volkes stehende Person öffentlich, in einer Versammlung oder durch Verbreiten eines Inhalts (§ 11 Absatz 3) eine Beleidigung (§ 185) aus Beweggründen begangen, die mit der Stellung des Beleidigten im öffentlichen Leben zusammenhängen, und ist die Tat geeignet, sein öffentliches Wirken erheblich zu erschweren, so ist die Strafe Freiheitsstrafe bis zu drei Jahren oder Geldstrafe. Das politische Leben des Volkes reicht bis hin zur kommunalen Ebene.*
*(2) Unter den gleichen Voraussetzungen wird eine üble Nachrede (§ 186) mit Freiheitsstrafe von drei Monaten bis zu fünf Jahren und eine Verleumdung (§ 187) mit Freiheitsstrafe von sechs Monaten bis zu fünf Jahren bestraft."*

politische Auseinandersetzung begeben haben.[29] Die Meinungsfreiheit findet ihre Grenzen jedoch dort, wo die persönliche Ehre verletzt wird oder unwahre Tatsachenbehauptungen verbreitet werden. § 188 StGB soll deshalb nicht politische Kritik unterbinden, sondern gezielte ehrverletzende Angriffe bekämpfen, die geeignet sind, die demokratische Willensbildung zu beeinträchtigen.

**Kritische Würdigung**

Die Vorschrift wird unterschiedlich bewertet. Befürworter sehen in ihr einen notwendigen Schutz für demokratisches Engagement und gegen Einschüchterungsversuche. Kritiker wenden hingegen ein, dass Politikerinnen und Politiker bereits durch die allgemeinen Ehrschutzdelikte (§§ 185 ff. StGB) geschützt seien und ein besonderer strafrechtlicher Schutz den Eindruck einer „Bevorzugung" politischer Amtsträger erwecken könne. Zudem wird befürchtet, dass Bürgerinnen und Bürger aus Unsicherheit auf zulässige politische Kritik verzichten könnten (sog. „chilling effect").

***Beispiel:***

*Ein Nutzer schreibt in einem sozialen Netzwerk: „Die Ministerin ist unfähig und ihre Politik schadet dem Land!" Diese Äußerung stellt regelmäßig eine von Art. 5 Abs. 1 GG geschützte Meinungsäußerung dar.*

*Schreibt derselbe Nutzer hingegen „Die Ministerin ist eine korrupte Betrügerin", ohne hierfür tatsächliche Anhaltspunkte zu haben, kann darin eine strafbare Ehrverletzung liegen. Ist die Äußerung zudem geeignet, das öffentliche Wirken der Politikerin erheblich zu beeinträchtigen, kommt eine Strafbarkeit nach § 188 StGB in Betracht.*

**Merke:**
§ 188 StGB schützt nicht vor politischer Kritik, sondern vor besonders gravierenden ehrverletzenden Angriffen auf Personen des politischen Lebens. Bei der Anwendung der Vorschrift ist die Meinungsfreiheit stets als grundlegendes Freiheitsrecht zu berücksichtigen.

#### 6.1.2.1.3 Eingriff

Eingriffe sind sowohl im klassischen wie im mittelbar-faktischen Sinne denkbar. Jede staatliche Maßnahme, die die Meinungsäußerung oder -verbreitung hindert, erschwert, verbietet oder auch gebietet (negative Meinungsfreiheit!), kann Eingriff sein. Der Einschränkung muss eine gewisse **Gegenwärtigkeit** innewohnen, weshalb nicht jede Befürchtung, zukünftig an Meinungsäußerungen gehindert zu sein, einen Eingriff darstellt. Jedoch ist jegliches zivilrechtliche oder strafrechtliche Verbot, bestimmte Mei-

29 Vgl. BVerfG, Beschl. vom 19.05.2020 – 1 BvR 2397/19 -, NJW 2020 S. 2622, Rn. 34 ff.; Politiker müssen wegen ihrer Stellung im öffentlichen Meinungskampf grundsätzlich auch scharfe Kritik hinnehmen.

nungen zukünftig wieder zu äußern, ebenso ein relevanter Eingriff wie ein Gebot, Meinungen zu widerrufen. Gleichermaßen schränkt ein Vertriebsverbot für Zeitschriften und Zeitungen die Meinungsfreiheit der dort schreibenden Autoren ein.[30]

> ***(Zwischen-)Lösung zu Beispielfall 50 – Druck wegen Aufdruck:***
> ***II. Eingriff***
> *Durch das Urteil des zuständigen Jugendgerichts wird die Meinungsäußerung der F mit Strafe sanktioniert. Es ist zudem davon auszugehen, dass sie bei Bestand des Urteils zukünftig vom Tragen des Sweatshirts mit der Meinungsäußerung in Form des Aufdrucks absehen wird.*
> ***Zwischenergebnis:*** *Ein Eingriff im klassischen Sinne liegt vor.*

Art. 5 Abs. 1 Satz 1 GG ist häufiger Anwendungsfall der sog. **„mittelbaren Drittwirkung"**, wenn bspw. Meinungskundgaben in der Presse mit Persönlichkeitsrechten Dritter kollidieren und zivilgerichtlich um Unterlassung und Widerruf gestritten wird.[31]

### 6.1.2.2 Informationsfreiheit (Art. 5 Abs. 1 Satz 1 Alt. 2 GG)

Die Informationsfreiheit nach Art. 5 Abs. 1 Satz 1 Alt. 2 GG schützt die Möglichkeit der Unterrichtung aus frei **zugänglichen Quellen**.

#### *6.1.2.2.1 Sachlicher Schutzbereich*

**„Informationen"** sind alle Werturteile und Tatsachenbehauptungen Dritter, aber auch sonstige Mitteilungen, Tatsachen usw. Informationsquellen sind alle Träger von Informationen, egal ob Medienberichte, Akten, Briefe, mündliche Auskünfte oder Zeitungsartikel. Quelle der Information ist auch die Information selbst.

> ***Beispiel:***
> *Wer Augenzeuge eines Unfalls ist, erhält die Information über den Unfall; das heißt aber zugleich, dass der Unfall selbst Quelle der Information ist.*

**Allgemein** zugänglich muss die Quelle sein; das ist sie, wenn sie „geeignet und bestimmt ist, der Allgemeinheit, also einem individuell nicht bestimmbaren Personenkreis, Informationen zu beschaffen."[32]

Die **Informationsfreiheitsgesetze** des Bundes und der Länder haben mittlerweile im Rahmen der in diesen Gesetzen zugleich enthaltenen Restriktionen (Geheimschutz, Schutz personenbezogener Daten usw.) die bisher – außerhalb der Akteneinsichtsrechte – weithin verschlossenen Behördenakten der Allgemeinheit zugänglich gemacht; allerdings ist das damit geschaffene Informationsfreiheitsrecht nicht verfassungsrechtlich geboten.[33]

30 BVerfGE 30, 336, 347 – Sonnenfreunde.
31 Dazu oben Kap. 3.4.3.
32 So zuletzt BVerfGE 103, 44, 60.
33 *Schmitz/Jastrow*, NVwZ 2005 S. 984, 985, siehe dort auch zu den Informationsfreiheitsgesetzen im Allgemeinen.

#### 6.1.2.2.2 *Persönlicher Schutzbereich*

Für den persönlichen Schutzbereich gilt das zur Meinungsäußerungsfreiheit Gesagte gleichermaßen.

#### 6.1.2.2.3 *Eingriff*

Eingriffe können Verbote des Zugangs zu (bislang) allgemein zugänglichen Quellen sein. Jedoch kann auch jede nicht rechtsförmliche tatsächliche Beschränkung des Zugangs zu Informationen Eingriffsqualität haben.

Dass das Bundesverfassungsgericht dem Staat mittlerweile zugesteht, ohne Annahme eines Eingriffs in die Informationsfreiheit **vorab** bestimmen zu dürfen, ob und inwieweit eine Quelle öffentlich zugänglich ist, ist wenig nachvollziehbar: „*Legt der Gesetzgeber die Art der Zugänglichkeit von staatlichen Vorgängen und damit zugleich das Ausmaß der Öffnung dieser Informationsquelle fest, so wird in diesem Umfang zugleich der Schutzbereich der Informationsfreiheit eröffnet.*“[34] In der Konsequenz kann in einem solchen Fall die Behauptung, eine Quelle müsse öffentlich zugänglich sein oder der Staat habe die Zugänglichmachung übermäßig verengt, nicht mit der Verfassungsbeschwerde, gestützt auf Art. 5 Abs. 1 Satz 1 Alt. 2 GG geltend gemacht werden. Das Bundesverfassungsgericht will die Überprüfung solcher gesetzlichen Bestimmungen davon abhängig machen, ob eine solche Beschränkung vom Recht zur Bestimmung des Zugangs gedeckt ist. „*Folgt aber aus Verfassungsrecht, dass der Zugang als solcher weiter oder gar unbeschränkt hätte eröffnet werden müssen, kann dies vom Träger des Grundrechts der Informationsfreiheit, bei dem Ausschluss rundfunkspezifischer Aufnahme- und Verbreitungstechniken vom Träger des Grundrechts der Rundfunkfreiheit, geltend gemacht werden.*“[35] Der Maßstab dieser Überprüfung bleibt aber weithin unklar; auch wird nicht deutlich, woraus sich ohne Annahme eines Eingriffs in die Informationsfreiheit die Beschwerdebefugnis eines Grundrechtsträgers ergeben soll.

**Merke:**
Dass derartige Ausgestaltungen der Allgemeinzugänglichkeit keinen Eingriffscharakter haben, ist vom Bundesverfassungsgericht anhand der Rundfunkberichterstattung aus dem Gerichtssaal entschieden worden. Untersagt wurde im konkreten Fall nur die Art der Informationsbeschaffung, nicht aber die Informationsbeschaffung selbst, da die Zugänglichkeit der Verhandlungen ohne Aufnahmetätigkeit nicht beschränkt wurde. Das mag im Kontext von Gerichtsverhandlungen noch nachvollziehbar sein, darf aber nicht Anlass für eine generelle Verfahrensweise des Staates werden.

34 Wiederum BVerfGE 103, 44, 60; dazu sogleich Kap. 6.7.2.2.
35 BVerfGE 103, 44, 60.

### 6.1.2.3 Pressefreiheit (Art. 5 Abs. 1 Satz 2 Var. 1 GG)

Die Presse gilt als prägend für die öffentliche **Meinungsbildung** und genießt insoweit einen besonderen Schutz. Gekennzeichnet ist die Presse durch Meinungspluralität und Staatsunabhängigkeit.

#### *6.1.2.3.1 Sachlicher Schutzbereich*

Der Pressebegriff ist entwicklungsoffen, wie dies etwa in § 7 Abs. 1, 2 PresseG NRW deutlich wird:

> *„Druckwerke im Sinne dieses Gesetzes sind alle mittels der Buchdruckerpresse oder eines sonstigen zur Massenherstellung geeigneten Vervielfältigungsverfahrens hergestellten und zur Verbreitung bestimmten Schriften, besprochenen Tonträger, bildlichen Darstellungen mit und ohne Schrift, Bildträger und Musikalien mit Text oder Erläuterungen. […] Zu den Druckwerken gehören auch die vervielfältigten Mitteilungen, mit denen Nachrichtenagenturen, Pressekorrespondenzen, Materndienste und ähnliche Unternehmungen die Presse mit Beiträgen in Wort, Bild oder ähnlicher Weise versorgen. Als Druckwerke gelten ferner die von einem presseredaktionellen Hilfsunternehmen gelieferten Mitteilungen ohne Rücksicht auf die technische Form, in der sie geliefert werden."*

Geschützt sind gleichermaßen periodisch erscheinende **Druckwerke**, bis hin zu Werkszeitungen und Schülerzeitungen, einmalig erscheinende Druckwerke wie Bücher, aber auch Flugblätter und Handzettel, sowie gleichermaßen ton- und bildtragende Trägermedien wie CD, DVD, Bluray-Disk.[36] Ob damit generell die Bindung an ein körperliches Trägermedium verlangt ist, ist in Abgrenzung zur Rundfunkfreiheit umstritten.[37]

Der Schutz besteht unabhängig vom **Inhalt** des Druckerzeugnisses; im Vordergrund steht der Herstellungs- und Verbreitungsvorgang einschließlich aller presseinternen Vorbereitungs- und Hilfstätigkeiten, von der Informationsbeschaffung bis zur Verbreitung von Nachrichten und Meinungen in den genannten Pressemedien. Umfasst ist die Tätigkeit aller an der Erstellung von Presseerzeugnissen Beteiligten, Verleger, Drucker, Redakteure, Mitarbeiter der Verlagsverwaltungen bis hin zum Zeitungsausträger. Die Pressefreiheit ist vom Schutzbereich her eröffnet, „*wenn es um die im Pressewesen tätigen Personen in Ausübung ihrer Funktion, um ein Presseerzeugnis selbst, um seine institutionell-organisatorischen Voraussetzungen und Rahmenbedingungen sowie um die Institution einer freien Presse überhaupt geht.*"[38] Eingeschlossen ist auch das Verhältnis zwischen Presse und privaten Informanten.[39]

---

36 So *Kingreen/Poscher*, Staatsrecht II, Rn. 668.

37 Vgl. die Nachweise bei *Schemmer* in BeckOK GG, Art. 5 GG Rn. 43.

38 BVerfGE 85, 1, 12 f.

39 BVerfGE 20, 162, 176.

> **Merke:**
> Die Pressefreiheit ist kein Spezialfall der Meinungsäußerungsfreiheit. Meinungsäußerung in der Presse bleibt für den Äußernden, egal ob Redakteur, Journalist, Kolumnist, Leserbriefverfasser oder Buchautor, Gegenstand der Meinungsäußerungsfreiheit.

Wichtig ist wie bei der Meinungsfreiheit, dass dem Staat **keine Qualitätskontrolle** zusteht. Presse ist geschützt, wenn und weil sie die Merkmale des Pressebegriffs erfüllt, nicht nur, wenn und weil sie Tiefschürfendes, qualitativ Hochwertiges und Erbauliches produziert.

Umstritten ist die Existenz einer **inneren Pressefreiheit**, also die Freiheit des Redakteurs oder Journalisten gegenüber dem Verleger. Dies Frage wird so zu lösen sein, dass der Verleger die (bspw. politische) Linie seines Blattes vorgibt, und der einzelne Mitarbeiter in diesem Rahmen eigenverantwortlich publizistisch tätig werden kann. Die Fragestellung erweist sich als Anwendungsfall der sog. „mittelbaren Drittwirkung" von Grundrechten. Als Anknüpfungspunkt kann hier das Direktionsrecht des Arbeitgebers nach § 315 Abs. 1 BGB („*Soll die Leistung durch einen der Vertragschließenden bestimmt werden, so ist im Zweifel anzunehmen, dass die Bestimmung nach billigem Ermessen zu treffen ist*") und der besondere Schutz von Unternehmen und Betrieben, die überwiegend Zwecken der Berichterstattung oder Meinungsäußerung dienen (§ 118 Abs. 1 Nr. 2 BetrVG).[40]

### 6.1.2.3.2 Persönlicher Schutzbereich

Es gilt das zur Meinungsäußerungsfreiheit Gesagte; da alle am Pressewesen **Beteiligten** geschützt sind, steht die Pressefreiheit auch juristischen Personen (als AG oder GmbH organisierten Verlagen, Vereinen usw.) zu.

### 6.1.2.3.3 Eingriff

***Beispielfall 51:***
*Die Zeitung „Freie Völker – marxistisch-leninistisches Wochenblatt" wird wegen vermuteter verfassungsfeindlicher Tendenzen in den Verfassungsschutzbericht des Landes L aufgenommen.*
*Liegt ein Eingriff in Art. 5 Abs. 1 Satz 2 Var. 1 GG vor?*

Der Eingriffsbegriff ist auch bei der Pressefreiheit weit zu fassen. Selbstverständlich liegt beim Verbot einer Publikation ein Eingriff in die Pressefreiheit vor. Auch die **Durchsuchung** von Redaktionsräumen stellt einen Eingriff dar;[41] ebenso Maßnahmen, die

40 Näher *Kühling* in BeckOK Informations- und Medienrecht, Art. 5 GG Rn. 53.
41 BVerfGE 20, 262, 186.

Pressevertreter von der Informationsbeschaffung ausschließen, etwa der Verweis aus einer Pressekonferenz u. Ä.

Es reicht aber auch jede Einflussnahme des Staates auf Dritte, etwa dadurch, dass das Verhalten dieser Dritten die publizistischen **Wirkungsmöglichkeiten** oder die finanziellen Erträge des Presseorgans nachteilig beeinflusst.

***Lösung zu Beispielfall 51:***
*Auf jeden Fall erfüllen die „Freien Völker" die Voraussetzungen des Pressebegriffs. Gegen die Zeitung wird zwar nicht mit Befehl und Zwang vorgegangen. Wenn aber eine Einflussnahme auf das Verhalten Dritter ausreicht, muss auch eine Aufnahme in den Verfassungsschutzbericht als mittelbar-faktischer Eingriff in die Pressefreiheit angesehen werden.*[42] *Auch wenn eine wirtschaftliche Schädigung des Presseorgans möglicherweise nicht gewollt ist (Finalität im engeren Sinne), ist eine abschreckende Wirkung auf das Publikum und die potentielle Leserschaft jedenfalls absehbar (Finalität im weiteren Sinne).*[43]

### 6.1.2.4 Rundfunkfreiheit (Art. 5 Abs. 1 Satz 2 Var. 2 GG)

Auch der Rundfunkfreiheit wird eine **konstituierende Bedeutung** für die freiheitlich-demokratische Grundordnung zugesprochen,[44] da sie neben der Presse maßgeblichen Einfluss auf die öffentliche Meinungsbildung hat.

#### *6.1.2.4.1 Sachlicher Schutzbereich*

Ursprünglich bezeichnet „Rundfunk" die Verbreitung von Inhalten in **elektromagnetischer** Form, egal ob über Antennen, Kabel, Satellit, und zwar sowohl als Fernseh- als auch als Radioübertragung. Da die Rundfunkfreiheit genauso offen konzipiert ist wie die Pressefreiheit, sind auch neue Verbreitungsformen wie „Video on Demand" o. Ä. erfasst. Umstritten ist, wie weit Onlineinhalte der Rundfunkfreiheit unterfallen; das Konkurrenzverhältnis zur Pressefreiheit ist insoweit noch nicht endgültig geklärt.

Wichtig ist, dass die Verbreitung an eine unbestimmte **Vielzahl** von Personen gerichtet ist, die aber zugleich nicht übermäßig groß sein muss. Damit sind auch bspw. Krankenhausrundfunksender erfasst. Erforderlich ist weiter eine irgendwie geartete redaktionelle Tätigkeit hinter den Inhalten; die reine Tätigkeit als Provider oder jede andere rein fernmeldetechnische Tätigkeit ohne Vermittlung von Inhalten[45] fällt nicht unter die Rundfunkfreiheit. Steht eine redaktionelle Tätigkeit im Hintergrund, ist es gleich, ob die jeweilige Sendung der Information, der Bildung oder der Unterhaltung dient.[46]

Wie bei der Pressefreiheit ist – trotz der Reduzierung des Wortlauts auf die „Berichterstattung durch Rundfunk" – das gesamte **Spektrum** der rundfunkbezogenen Tätigkeit von der Informationsbeschaffung über die Vorbereitung bis zur Ausstrahlung von

42 BVerfGE 113, 63, 76 f. – Junge Freiheit.
43 Zu den Kriterien des mittelbar-faktischen Eingriffs siehe oben Kap. 3.8.2.2.
44 Vgl. nur BVerfGE 77, 65, 74.
45 BVerfGE 12, 205, 226 – Deutschland-Fernsehen.
46 *Schemmer* in BeckOK GG, Art. 5 GG Rn. 66 ff.

Inhalten geschützt. Auch ist wieder wie bei der Pressefreiheit das Verhältnis von im Rundfunk Tätigen zu externen Informanten als Teil der Vorbereitung von Rundfunkbeiträgen vom Schutzbereich des Art. 5 Abs. 1 Satz 2 Var. 2 GG erfasst.[47]

**Merke:**
Für das Verhältnis von Meinungsäußerungsfreiheit und Rundfunkfreiheit gilt wiederum, dass die Meinungsäußerung im Rundfunk der Meinungsäußerungsfreiheit unterfällt, die Rundfunkfreiheit dagegen wiederum den strukturellen Rahmen von Vermittlung derartiger Inhalte schützt.

Ähnlich wie bei der Pressefreiheit ist die Existenz einer **inneren Rundfunkfreiheit** umstritten, also die Freiheit des Redakteurs oder Journalisten gegenüber dem Intendanten im öffentlich-rechtlichen Rundfunk oder dem privaten Rundfunkunternehmer. Verschärft wird die Problematik im Rundfunkbereich durch die Verpflichtung auf den durch den Binnenpluralismus gekennzeichneten Programmauftrag insbesondere der öffentlich-rechtlichen Rundfunkanstalten. Hierdurch wird die Meinungs- und Rundfunkfreiheit der Programmitarbeiter regelmäßig begrenzt. Im öffentlich-rechtlichen Rundfunk werden Konflikte zwischen Programmmitarbeitern und Sendeanstalt regelmäßig durch Redakteurstatute geregelt.[48]

Umstritten ist, wie weit **textliche Onlineinhalte** der Rundfunkfreiheit unterfallen; das Konkurrenzverhältnis zur Pressefreiheit ist insoweit noch nicht endgültig geklärt. Problematisch ist insoweit vor allem die Konkurrenz zwischen dem öffentlich-rechtlich dominierten Rundfunkbereich einerseits und den privatrechtlich ausgestalteten Pressestrukturen andererseits. Um Online-Angebote gerade öffentlich-rechtlicher Rundfunkanstalten auf ihre Zulässigkeit hin untersuchen zu können, wird ein sog. **„Drei-Stufen-Test“** angewendet. Das Angebot muss

1. zum öffentlichen Auftrag gehören,
2. einen publizistischen Mehrwert aufweisen und
3. mit verhältnismäßigem Aufwand erstellt sein, um einen Verdrängungswettbewerb gegenüber privaten Presseangeboten zu vermeiden.[49]

In der Tendenz wird die Berechtigung öffentlich-rechtlicher Rundfunkanstalten, Angebote über das Internet zu machen, derzeit eher restriktiv gesehen.

47 BVerfGE 77, 65, 74 f.
48 Vgl. insoweit etwa das Redakteurstatut des WDR unter http://www.agra-rundfunk.org/mediawiki/index.php?title=WDR_Redakteurstatut&redirect=no, zuletzt abgerufen am 21.6.2021.
49 Näher *Kühling* in BeckOK Informations- und Medienrecht, Art. 5 GG Rn. 85 und Sokoll, NJW 2009 S. 885, 886 ff.

#### *6.1.2.4.2 Persönlicher Schutzbereich*

Für den persönlichen Schutzbereich gilt zunächst, dass es sich um ein Jedermannsgrundrecht handelt. Das Grundrecht ist zudem wesensmäßig auf juristischen Personen anwendbar. Besonderheit ist weiterhin, dass die **öffentlich-rechtlichen Rundfunkanstalten** Träger des Grundrechts sind.[50] Dabei ist es Ausdruck der Staatsferne der öffentlich-rechtlichen Rundfunkanstalten, dass die Aufsichtsgremien der Anstalten, die Rundfunkräte, mit Personen mit möglichst unterschiedlichen Perspektiven und Erfahrungshorizonten aus allen Bereichen des Gemeinwesens zu besetzen sind. Dabei darf die Besetzung nur zu einem Drittel mit staatlichen oder staatsnahen Vertretern erfolgen.[51]

Neben den öffentlich-rechtlichen Rundfunkanstalten sind selbstverständlich auch private Rundfunkveranstalter geschützt.

#### *6.1.2.4.3 Eingriff*

Eingriffe sind alle Maßnahmen, die gezielt und mit rechtlicher Einwirkung oder mittelbar die **Rahmenbedingungen** der Rundfunktätigkeit beschränken. Keinen Eingriff stellt es dar, wenn der Gesetzgeber organisatorische Vorgaben für Rundfunkveranstalter oder Rundfunkveranstaltungen trifft, um die Rundfunkfreiheit zu sichern; ob es sich um beschränkende oder ausgestaltende Vorschriften und Maßnahmen handelt, ist im Einzelfall zu klären.[52]

#### *6.1.2.4.4 Schutzpflicht*

Im Zeichen knapper **Übertragungskapazitäten** ist es Aufgabe des Gesetzgebers, einen organisatorischen Rahmen für die Verteilung der verfügbaren Ressourcen zu errichten. Die öffentlich-rechtlichen Rundfunkanstalten werden für die Grundversorgung der Bevölkerung mit Rundfunkleistungen im terrestrischen (antennengebundenen) Rundfunk in Anspruch genommen. Insoweit ist auch eine Gebührenfinanzierung des öffentlich-rechtlichen Rundfunks zu rechtfertigen.

Bezüglich der privaten Rundfunkveranstaltungen ist es Sache der (insoweit allein zuständigen) Landesgesetzgeber, durch Medien- und Rundfunkgesetze im Zeichen einer sog. **„Außenpluralität"** für eine Vielzahl unterschiedlicher Anbieter zu sorgen, bzw. durch Vorgaben für Anbieter einen hinreichenden **Binnenpluralismus** im eigenen Programm sicherzustellen.

### 6.1.2.5 Filmfreiheit (Art. 5 Abs. 1 Satz 2 Var. 3 GG)

#### *6.1.2.5.1 Sachlicher Schutzbereich*

Sachlich schützt die Filmfreiheit die Übermittlung von Bildinhalten durch zur **Projektion** vorgesehene Bilderreihen. Die Filmfreiheit beschränkt sich nicht auf dokumenta-

50 Dazu schon oben Kap. 3.4.1.3.

51 BVerfGE 139, 9, 37 ff. – ZDF-Staatsvertrag.

52 Vgl. die Abgrenzung bei BVerfGE 95, 220, 235.

rische oder informierende Filme; sie umfasst auch unterhaltende Filme bis hin zum Kunstfilm.

#### *6.1.2.5.2 Persönlicher Schutzbereich*

Für den persönlichen Schutzbereich gilt das zur Pressefreiheit Gesagte.

#### *6.1.2.5.3 Eingriff*

Hier gilt das zur Rundfunkfreiheit Ausgeführte.

## 6.1.3 Verfassungsrechtliche Rechtfertigung

Die Schranken des Art. 5 Abs. 1 GG ergeben sich aus Art. 5 Abs. 2 GG; die Dogmatik der Schranken und Schranken-Schranken wurde zu guten Teilen an der **Meinungsäußerungsfreiheit** entwickelt, kann aber auf die weiteren Freiheiten aus Art. 5 Abs. 1 GG – die Besonderheiten der übrigen Gewährleistungen achtend – übertragen werden.

### 6.1.3.1 Schranken und Schranken-Schranken

#### *6.1.3.1.1 Schranke der „allgemeinen Gesetze"*

Art. 5 Abs. 2 GG stellt die Gewährleistungen des Art. 5 Abs. 1 GG unter die Schranken der Vorschriften der allgemeinen Gesetze, der gesetzlichen Bestimmungen zum Schutz der Jugend und des Rechts der persönlichen Ehre. Art. 5 Abs. 2 GG stellt damit einen **qualifizierten** Gesetzesvorbehalt[53] dar.

Einen speziellen Gesetzesvorbehalt spricht **Art. 17a GG** für Ersatz- und Wehrdienstleistende aus. Entsprechende Vorschriften sind bspw. in § 15 Abs. 3 SG für Soldaten enthalten; den Betroffenen wird untersagt, an politischen Veranstaltungen, somit auch an entsprechenden Versammlungen gleich welcher Art in Uniform teilzunehmen.[54]

Zentralbegriff des Art. 5 Abs. 2 GG ist der der allgemeinen Gesetze. Um eines vorab klarzustellen:

***„Allgemeine Gesetze" ist nicht gleichbedeutend mit „alle abstrakt-generellen Regelungen"!***

Gesetze i. S. d. Art. 5 Abs. 2 GG sind zunächst **Parlamentsgesetze**, die aber auch zu Verordnungen und sonstigem nachrangigem Recht sowie zu Einzelakten ermächtigen dürfen. Selbstverständlich ist, dass nur formell ordnungsgemäße Gesetze Schranken i. S. d. Art. 5 Abs. 2 GG sein können; auch müssen sie bspw. inhaltlich hinreichend

53 Dazu schon oben Kap. 3.6.3.2.2.

54 Vgl. hierzu allgemein *Schmidt-Radefeldt* in BeckOK GG, Art. 17a GG Rn. 1 ff.

bestimmt sein. Sie dürfen keine Einzelfallgesetze sein und sie müssen der Wesensgehaltsgarantie entsprechen.[55]

Die Gesetze müssen aber „allgemein" sein. Zur Bestimmung, wann ein Gesetz „allgemein" ist, werden die **Sonderrechtslehre** und die **Abwägungslehre** herangezogen, die das Bundesverfassungsgericht zur sog. **„Wechselwirkungslehre"** kombiniert.

Nach der **Sonderrechtslehre** sind allgemeine Gesetze solche, die nicht eine Meinung als solche verbieten oder sich gegen eine Meinung als solche richten.[56] Ausgeschlossen sind damit Gesetze, die eine bestimmte Meinung wegen ihres nicht erwünschten Inhalts oder ihrer nicht genehmen geistigen Zielrichtung verbieten.

***Beispiel:***
*Die Bundesregierung plant groß angelegte Sozialreformen („Ztrah V"). Verschiedene Verbände, Gewerkschafter und Presseorgane äußern heftige Kritik an dem Geplanten und wollen gemeinsam eine groß angelegte Medienkampagne gegen das Vorhaben starten. Die Bundesgesetzgeber beschließt deswegen auf Initiative der Bundesregierung ein „Gesetz zur Wahrung des sozialen Friedens", mit dem im Interesse der Allgemeinheit für die Dauer von einem Jahr kritische Äußerungen zur Sozialreform „Ztrah V" untersagt werden.*

*Dieses Gesetz wäre nicht „allgemein" im Sinne der Sonderrechtslehre – und damit zugleich verfassungswidrig!*

Das Bundesverfassungsgericht kombiniert diese Lehre in Anlehnung an Ansätze aus der Zeit der Weimarer Republik mit der sog. **„Abwägungslehre"**. Danach sind allgemeine Gesetze solche, die dem Schutz eines schlechthin – ohne Rücksicht auf eine bestimmte Meinung – zu schützenden Rechtsguts dienen, dem Schutz eines Gemeinschaftswerts, der gegenüber der Betätigung der Meinungsfreiheit Vorrang hat.[57]

Das Bundesverfassungsgericht verlagert damit ein Stück weit die Verhältnismäßigkeitsprüfung (Schranken-Schranken) in die **Schrankenprüfung**, indem sie das Gesetz, das die Meinungsäußerungsfreiheit einschränken soll, bereits einer Abwägung mit dem hohen Rang der Meinungsäußerungsfreiheit unterzieht. Wie bei den übrigen Freiheiten des Art. 5 Abs. 1 GG verlangt das Gericht „*eine Wechselwirkung in dem Sinne, dass die allgemeinen Gesetze zwar dem Wortlaut nach dem Grundrecht Schranken setzen, ihrerseits aber [...] in ihrer das Grundrecht beschränkenden Wirkung selbst wieder eingeschränkt werden müssen.*"[58] Es wird also nach dieser sog. **„Wechselwirkungslehre"** (auch „Schaukeltheorie" – treffender eher „Wippentheorie") eine verfassungskonforme Auslegung des einschränkenden Gesetzes im Lichte des Grundrechts aus Art. 5 Abs. 1 GG verlangt, wobei eine Vermutung für die freie Rede gelten soll.

55 Dazu oben Kap. 3.7; dort auch (3.7.2.2) zur (Nicht-)Geltung des Zitiergebots.

56 So *Anschütz*, VVdStRL Bd. 4, S. 74 f.; die Sonderrechtslehre geht damit schon auf die Zeit der Weimarer Republik zurück.

57 BVerfGE 7, 198, 209 f. – Lüth; so die Fassung der Abwägungslehre als Teil der Verbindungslehre.

58 BVerfGE 7, 198, 208 f. – Lüth.

**Merke:**
§ 130 Abs. 3 StGB[59] (Holocaustleugnung) ist wegen seines inhaltlichen Fokus kein allgemeines Gesetz im Sinne des Art. 5 Abs. 2 GG. Das Bundesverfassungsgericht hat mit Beschluss vom 13.4.1994 (BVerfGE 90, 241 ff.) ausgeführt, dass die vorsätzliche Leugnung der nationalsozialistischen Massenmorde wegen des Angriffs auf die Menschenwürde jüdischer Bürger jeder Abwägung entzogen ist. In der **Wunsiedel-Entscheidung** von 2009 hat das Gericht die Normen zum Schutz vor NS-Propaganda als verfassungsimmanente Ausnahme vom Sonderrechtsverbot anerkannt. Die Regelung enthält daher kein verfassungswidriges Einzelfallgesetz, sondern bewirkt eine spezifische Menschenwürdeschutzklausel von Verfassungsrang. **Begründung:** Diese Dogmatik erlaubt es, historisch singuläres Unrecht mit spezialgesetzlichen Mitteln zu sanktionieren, ohne das Gebot der Allgemeinheit zu verletzen, weil die Menschenwürde als oberstes Prinzip des Grundgesetzes betroffen ist.

***Beispiel:***
***Die Rechtsprechung zeigt drei prägende Fälle:***

- *Im Jahr 1995 wurde der frühere Waffen-SS-Offizier Otto Ernst Remer wegen öffentlicher Leugnung von Gaskammermorden zu einer Freiheitsstrafe verurteilt; er entzog sich durch Flucht einer Vollstreckung, weshalb Deutschland den Europäischen Haftbefehl ausstellte.*
- *1995/96 folgte die Verurteilung des damaligen NPD-Vorsitzenden Günter Deckert, nachdem der Bundesgerichtshof seine revisionistische Rede zunächst noch nicht als Volksverhetzung eingestuft hatte; die Empörung über das „Skandalurteil von Mannheim" gab den Anstoß zur ausdrücklichen Strafbarkeit des Leugnens.*
- *Seit 2015 wurde die Publizistin Ursula Haverbeck immer wieder zu Freiheitsstrafen ohne Bewährung verurteilt; das Landgericht Hamburg verhängte am 26.6.2024 eine Haftstrafe von einem Jahr und vier Monaten gegen die damals 95-Jährige. Bevor das Urteil rechtskräftig wurde, verstarb sie.*

#### 6.1.3.1.2 Schranke der „gesetzlichen Bestimmungen zum Schutz der Jugend"

Ziel dieser Grundrechtsschranke ist es, die Entwicklung von Kindern und Jugendlichen zu **eigenverantwortlichen Persönlichkeiten** zu fördern und zu schützen. Sie müssen daher von Einflüssen ferngehalten werden, die sich (nicht zuletzt) auf die Entwicklung

59 ***„§ 130 StGB Volksverhetzung***
*(3) Mit Freiheitsstrafe bis zu fünf Jahren oder mit Geldstrafe wird bestraft, wer eine unter der Herrschaft des Nationalsozialismus begangene Handlung der in § 6 Abs. 1 des Völkerstrafgesetzbuches bezeichneten Art in einer Weise, die geeignet ist, den öffentlichen Frieden zu stören, öffentlich oder in einer Versammlung billigt, leugnet oder verharmlost."*

ihrer Persönlichkeit nachteilig auswirken können.[60] Hierzu gehören neben schamverletzenden sexuellen Darstellungen auch solche, die gewaltverherrlichend sind, Rassenhass provozieren oder Verbrechen glorifizieren. Der Gesetzgeber ist berechtigt und gehalten, Jugendlichen derartige Darstellungen durch gesetzliche Vorschriften möglichst unzugänglich zu machen. Dabei muss der Staat einerseits seiner Schutzpflicht nachkommen, andererseits aber auch den Grundsatz der Verhältnismäßigkeit wahren.

#### 6.1.3.1.3 Schranke des „Rechts der persönlichen Ehre"

Erfasst sind alle gesetzlichen Vorschriften, die dem Schutz der persönlichen Ehre dienen, die über Art. 2 Abs. 1 i. V. m. Art. 1 Abs. 1 GG selbst grundrechtlichen Schutz genießt. Hierzu gehören etwa die strafrechtlichen Ehrschutzvorschriften (§§ 185 ff. StGB), aber auch zivilrechtliche Widerrufs- und Unterlassungsansprüche (§§ 823 Abs. 1, 1004 BGB).

***(Zwischen-)Lösung zu Beispielfall 50 – Druck wegen Aufdruck:***
***III. Verfassungsrechtliche Rechtfertigung***
***1. Schranken der Meinungsfreiheit***
*Als Schranke kommen hier die Vorschriften zum Schutz der persönlichen Ehre, insbesondere § 185 StGB in Betracht. Diese Norm müsste nach der Wunsiedel-Rechtsprechung des Bundesverfassungsgerichts zusätzlich die Anforderungen an ein allgemeines Gesetz erfüllen. Zunächst verbietet § 185 StGB nicht eine Meinung als solche und richtet sich auch nicht gegen die Meinungsfreiheit schlechthin. Zielrichtung ist vielmehr der Schutz des Achtungsanspruchs des Einzelnen, der im Einzelfall der Meinungsfreiheit vorgehen kann.*
***2. Schranken-Schranken***
***a) Verfassungsmäßigkeit des einschränkenden Gesetzes***
*Wie dargestellt, erfüllt § 185 StGB die Anforderungen an den qualifizierten Schrankenvorbehalt des Art. 5 Abs. 2 GG. Zweifel an der Verfassungsmäßigkeit des § 185 StGB im Übrigen bestehen nicht.*
***Zwischenergebnis:*** *§ 185 StGB ist allgemeines Gesetz und bildet eine taugliche Schranke der Meinungsfreiheit.*

#### 6.1.3.1.4 Erstreckung des Erfordernisses der allgemeinen Gesetze

Mit der Wunsiedel-Entscheidung hat das Bundesverfassungsgericht festgestellt, dass – anders als der Wortlaut dies vermuten lässt – auch die **Ehrschutzgesetze** (in der Konsequenz auch der Jugendschutz) den Charakter allgemeiner Gesetze haben müssen.[61] Der Wortlaut legt diese Sicht nicht nahe; immerhin werden die Varianten „allgemeine Gesetze" einerseits und Ehrschutz und Jugendschutz andererseits in Art. 5 Abs. 2 GG nebeneinander gestellt und nicht etwa durch ein „insbesondere" verbunden. Für diese

60 BVerfGE 83, 130, 139 f.
61 BVerfGE 124, 300, 326 – Wunsiedel.

Ansicht spricht jedoch, dass insbesondere Gesetze zum Schutz der persönlichen Ehre nicht dazu missbraucht werden dürfen, eine Meinungsäußerung wegen ihres Inhalts – etwa zulasten einer Person des öffentlichen Lebens – zu verbieten (bspw. strafrechtliches Verbot der Kanzlerinnenbeleidigung).

Die Konsequenz ist allerdings, dass diejenigen Vorschriften des StGB, die die **Verherrlichung** der NS-Herrschaft unter Strafe stellen (insb. § 130 Abs. 4 StGB), zunächst keine allgemeinen Gesetze sind, da sie eine Meinung als solche verbieten, weiterhin aber auch als Ehrschutzvorschriften nicht als Schranke der Meinungsäußerungsfreiheit dienen könnten, da auch diese Vorschriften allgemeine Gesetze sein müssen. Das Bundesverfassungsgericht behilft sich mit folgender Feststellung: „*Angesichts des sich allgemeinen Kategorien entziehenden Unrechts und des Schreckens, die die nationalsozialistische Herrschaft über Europa und weite Teile der Welt gebracht hat, und der als Gegenentwurf hierzu verstandenen Entstehung der Bundesrepublik Deutschland ist Art. 5 Abs. 1 und 2 GG für Bestimmungen, die der propagandistischen Gutheißung des nationalsozialistischen Regimes in den Jahren zwischen 1933 und 1945 Grenzen setzen, eine Ausnahme vom Verbot des Sonderrechts für meinungsbezogene Gesetze immanent.*“[62]

#### 6.1.3.1.5 Schranken-Schranken

##### 6.1.3.1.5.1 *Verhältnismäßigkeit und Wechselwirkungslehre*

Im Zeichen der bereits angesprochenen **Wechselwirkungslehre** ist zu ermitteln, ob den Rechtgütern des Art. 5 Abs. 1 GG in Abwägung mit den durch die Schranken geschützten Rechtsgütern, die im Einzelfall den Freiheiten des Art. 5 Abs. 1 GG vorgehen können, **im Lichte des hohen Rangs** der Grundrechte aus Art. 5 Abs. 1 GG hinreichend Rechnung getragen wurde. So heißt es beim Bundesverfassungsgericht: „*Das ‚Recht der persönlichen Ehre‘ und die ‚allgemeinen Gesetze‘ müssen im Lichte der Bedeutung des Grundrechts der Meinungsfreiheit gesehen werden; sie sind ihrerseits aus der Erkenntnis der wertsetzenden Bedeutung dieses Grundrechts im freiheitlichen demokratischen Staat auszulegen und so in ihrer das Grundrecht beschränkenden Wirkung selbst wieder einzuschränken.*“[63]

Hier ist im Rahmen der Verhältnismäßigkeitsprüfung ein umfassender **Abwägungsvorgang** vorzunehmen, der situative Elemente berücksichtigen kann (bspw. politischer Meinungskampf): „*Insbesondere muß in der öffentlichen Auseinandersetzung, zumal im politischen Meinungskampf, auch Kritik hingenommen werden, die in überspitzter und polemischer Form geäußert wird, weil andernfalls die Gefahr einer Lähmung oder Verengung des Meinungsbildungsprozesses drohte.*“[64]

Dabei ist aber nicht nur das Gesetz im obigen Sinn auszulegen; zugleich werden auch Anforderungen an die Deutung der betreffenden Äußerung gestellt. So soll weder die Sicht des Äußernden noch die Sicht des Adressaten der Äußerung maßgeblich sein; viel-

62 BVerfGE 124, 300, 327 f. – Wunsiedel.
63 BVerfGE 7, 198, 208 f. – Lüth.
64 BVerfGE 82, 272, 282.

mehr ist eine **objektive** Deutung der Äußerung verlangt, die eine möglichst geringe Kollision mit dem zu schützenden Rechtsgut erzeugt. Jedenfalls sind die Fachgerichte gehalten, nach einer solchen konfliktarmen Variante zu suchen, um dann ggf. darzulegen, warum diese Deutung hier nicht zugrunde gelegt werden kann.[65]

***Beispiel:***
*Bei einem öffentlichen Gelöbnis der Bundeswehr wird aus dem anwesenden Publikum gerufen: „Soldaten sind Mörder!" Der Rufende wird wegen Beleidigung vor Gericht gestellt. Nun gilt es zu ermitteln, was der Rufer aussagen wollte. Zwischen „Ihr, die Ihr da in Uniform steht, seid Mörder (also Täter i. S. d. § 211 StGB)!" und „Soldaten können in die Lage kommen, ungerechtfertigt zu töten" ist jede Deutung denkbar. Legt man die erstere zugrunde, würde man ggf. zu einer Verurteilung gelangen; legt man die letztere zugrunde, wäre ein Freispruch sicher.*[66]

Bei Äußerungen, die gegenüber den tatsächlichen Elementen stark wertende Momente aufweisen, ist es regelmäßig schwieriger, die **konfliktarme** Deutungsvariante zugrunde zu legen.[67] Dennoch können bei der Bewertung von Äußerungen auch unterschiedliche (vertretbare) Deutungskategorien in Betracht gezogen werden.

Bei der Abwägung sind dann auch situative Momente mit einzubeziehen. So ist eine verbale Auseinandersetzung sozusagen im verschärften **Meinungskampf**, bspw. im Kontext des Wahlkampfs, mit anderen Maßstäben zu messen als in anderen Situationen. Hier muss der Angesprochene ggf. mehr einstecken als er dies üblicherweise tun müsste. Hier müssen auch Äußerungen in überspitzter und polemischer Form eher hingenommen werden.[68]

Befremdlich ist allerdings, wenn das Bundesverfassungsgericht die Inanspruchnahme eines verstorbenen NS-Gegners durch eine rechtsradikale Partei mittels entstellter und verkürzter Zitate („*Ganz unsere Meinung: DVU*") mangels **Schmähkritik** gemessen an dessen postmortalem Persönlichkeitsrecht als zulässig erachtet.[69]

***Lösung zu Beispielfall 50 – Druck wegen Aufdruck:***
***III. Verfassungsrechtliche Rechtfertigung (Forsetzung)***
***b) Schranken-Schranken – Anwendung des allg. Gesetzes im Einzelfall***
*Fraglich ist, ob der Jugendrichter § 185 StGB in diesem Fall in verfassungsgemäßer Weise angewendet hat.*
***BVerfG, NJW 2015 S. 2022, 2022:*** *„Die Auslegung und Anwendung der Strafgesetze ist grundsätzlich Aufgabe der Fachgerichte. Gesetze, die in die*

65 BVerfGE 94, 1, 9.
66 Instruktiv insoweit BVerfGE 93, 266 ff. – „Soldaten sind Mörder"; auch BVerfG, NJW 2009 S. 3505, 3505 f.
67 BVerfGE 85, 1, 16 f.
68 BVerfG, NJW 2009 S., 3505, 3505 f., dort auch zum Verhältnis unterschiedlicher Deutungsmöglichkeiten von Meinungsäußerungen. Zum Verhältnis von Ehrschutz, Schmähkritik und Wahrung berechtigter Interessen siehe schon Kap. 6.1.2.1.1.2.
69 BVerfG, NJW 2001 S. 2947 ff. – Wilhelm Kaisen; dazu *Pabst*, NJW 2002 S. 999 ff.

*Meinungsfreiheit eingreifen, müssen dabei jedoch so interpretiert werden, dass der prinzipielle Gehalt dieses Rechts in jedem Fall gewahrt bleibt. Es findet eine Wechselwirkung in dem Sinne statt, dass die Schranken zwar dem Wortlaut nach dem Grundrecht Grenzen setzen, ihrerseits aber aus der Erkenntnis der grundlegenden Bedeutung dieses Grundrechts im freiheitlich demokratischen Staat ausgelegt und so in ihrer das Grundrecht begrenzenden Wirkung selbst wieder eingeschränkt werden müssen."*
*Das Urteil dient dem legitimen Zeck, die persönliche Ehre hier der Mitglieder des betreffenden Kommissariats zu schützen und ist hierfür zweckförderlich, also geeignet. Auch ist kaum ein milderes Mittel gleicher Eignung zu erkennen als die Verurteilung zum Ableisten von zehn Sozialstunden.*
*Fraglich ist, ob die Verurteilung in Abwägung der persönlichen Ehre der Polizisten des Kommissariats (Ausfluss des Art. 2 Abs. 1, 1 Abs. 1 GG – Allg. Persönlichkeitsrecht) angemessen ist und so dem hohen Rang der Meinungsfreiheit gerecht wird.*
*Die Feststellung auf dem Sweatshirt der F könnte auch in der kryptischen und entstellten Form der Äußerung (Auslassung der Vokale) tatsächlich beleidigenden Inhalt haben. Das Problem könnte hier aber darin liegen, dass das Jugendgericht zu Unrecht von einer hinreichenden Konkretisierung und Individualisierung des negativen Werturteils ausgegangen ist.*
*Bei sog. „Kollektivbeleidigungen" sieht das Bundesverfassungsgericht die persönliche Betroffenheit des Mitglieds eines Kollektivs als umso geringer an, je größer das Kollektiv ist. Hier hält das Bundesverfassungsgericht die Entscheidung des Jugendgerichts als unzureichend an. Es fehle an hinreichenden Feststellungen zu den Umständen, die die Beurteilung tragen könnten, dass sich die Äußerung auf eine hinreichend überschaubare und abgegrenzte Personengruppe bezieht. Insbesondere reiche die Bezugnahme im Urteil auf die Bewegung der F im öffentlichen Raum und die Möglichkeit, dabei Polizisten des gleichen Kommissariats wie bei den vorherigen Ermahnungen zu treffen, für einen hinreichenden Beleidigungsvorsatz der F nicht aus.*
***Ergebnis:** Die Verurteilung verletzt die F in ihrem Recht aus Art. 5 Abs. 1 Satz 1 Alt. 1 GG.*
***(Anm.:** Muss man nicht mögen, ist aber so entschieden worden.)*

#### 6.1.3.1.5.2 Spezielle Schranken-Schranke: Das Zensurverbot (Art. 5 Abs. 1 Satz 3 GG)

Art. 5 Abs. 1 Satz 3 GG enthält mit dem **Zensurverbot** eine spezielle Schranken-Schranke für die Meinungs-, die Presse-, die Rundfunk- und die Filmfreiheit.

Das Zensurverbot verbietet eine verbindliche staatlicherseits angeordnete Vorlagepflicht für Meinungsäußerungen, Presse-, Rundfunk- oder Filmbeiträgen **vor** ihrer **Veröffentlichung** oder Kundgabe bei staatlichen Stellen. Das Bundesverfassungsgericht nennt insoweit „einschränkende Maßnahmen vor der Herstellung oder Verbreitung eines

Geisteswerkes, insbesondere das Abhängigmachen von behördlicher Vorprüfung und Genehmigung seines Inhalts".[70]

Die staatliche Vorzensur ist damit zu **unterscheiden** von **nachträglichen Beschränkungen** bspw. der Meinungsfreiheit oder der Pressefreiheit auf Betreiben des Staates oder Dritter, die zum Schutz vorrangiger Rechtspositionen oder zum Schutz von Rechten Dritter erlassen werden. Auch kein Fall der Vorzensur ist gegeben, wenn eine Meinungsäußerung – im betreffenden Fall eine gemessen an Art. 5 Abs. 1 Satz 1 GG ggf. bedenkliche Werbemaßnahme – freiwillig zur Abstimmung einer staatlichen Stelle vorgelegt wird.[71]

#### 6.1.3.2 Prüfaufbau

Die Vorgehensweise des Bundesverfassungsgerichts macht die übliche Trennung in Schranken und Schranken-Schranken schwierig. Ein denkbarer **Ausweg** ist Folgender:

Man definiert „allgemeine Gesetze" so, dass sie sich weder gegen bestimmte Meinungen richten, sondern vielmehr dem Schutz eines schlechthin, ohne Rücksicht auf eine bestimmte Meinung zu schützenden Rechtsguts dienen, also dem Schutz eines Gemeinschaftswerts, der gegenüber der Betätigung der Meinungsfreiheit Vorrang **haben kann**. Es würde also im Rahmen der Schranken festgestellt, dass das Gesetz den Schutz eines derart hochrangigen Rechtsguts bezweckt (Allg. Persönlichkeitsrecht Dritter, Unparteilichkeit des öffentlichen Dienstes usw.). Im Rahmen der Schranken-Schranken würde man dann im Zeichen der Wechselwirkungslehre die eigentliche Abwägung zwischen dem zu schützenden Rechtsgut und den Freiheiten nach Art. 5 Abs. 1 GG vornehmen.

## 6.2 Art. 8 GG – Versammlungsfreiheit

### 6.2.1 Allgemeines

Die moderne Versammlungsfreiheit entstand 1848 im Paulskirchenentwurf, erlebte im Kaiserreich repressive Rückschläge – namentlich durch das Preußische Vereinsgesetz von 1850 – und wurde nach 1918 erstmals positiv in Art. 123 WRV verankert. Nach der Zerschlagung jeglicher politischer Oppositionsbewegungen während der NS-Zeit stellte das Versammlungsgesetz des Bundes vom 24.7.1953 (BGBl. I S. 684) das Grundgerüst für die junge Bundesrepublik dar und griff damit bewusst in den Text des Grundgesetzes ein, als es eine Anmeldepflicht einführte. Die herausragenden Leitentscheidungen des Bundesverfassungsgerichts machten das Bundesgesetz zum Prüfstein einer freiheitlichen Demokratie. Der **Brokdorf-Beschluss** vom 14.5.1985[72] hob ältere Demonstrationsverbote wegen unzureichender Gefahrenprognose auf und verankerte das Koope-

70 BVerfGE 33, 52, 71 f.; BVerfG, NJW 2015 S. 1438, 1440.
71 BVerfG, NJW 2015 S. 1438, 1440.
72 BVerfGE 69, 315.

rationsgebot zwischen Polizei und Veranstaltern. Im Mutlangen-Beschluss[73] hob das Bundesverfassungsgericht das Spannungsverhältnis von Friedlichkeit und zivilen Ungehorsamsaktionen auf, ohne Sitzblockaden pauschal den Schutz zu entziehen. Diese Rechtsprechung bildete die Grundlage für nachfolgende Entscheidungen, die etwa Videoüberwachung nur unter engen Voraussetzungen zulassen. Das Bundesverwaltungsgericht entwickelte ab den 1990er Jahren ein geschlossenes System der Polizeifestigkeit, nach dem versammlungsspezifische Gefahren ausschließlich nach dem Versammlungsgesetz zu bewältigen sind.

Art. 8 GG soll die Freiheit einer bestimmten Form der Kommunikation – das Sich-Versammeln – schützen und kann so – untechnisch – dem Kreis der Kommunikationsrechte, zusammen mit Art. 5 Abs. 1 GG und Art. 9 GG, zugeordnet werden.

Seit der Föderalismusreform 2006 liegt die Gesetzgebungskompetenz für das Versammlungsrecht bei den Ländern. Den Anfang machte Bayern 2008; Niedersachsen folgte 2011, Sachsen 2012, Sachsen-Anhalt 2009, Berlin 2021 und Nordrhein-Westfalen 2022. Im übrigen Bundesgebiet gilt mangels landesrechtlicher Ablösung weiterhin das Bundesgesetz. Die folgende Tabelle dient als schneller Wegweiser:

| **Land** | **Kurzbezeichnung** | **Inkrafttreten** | **ausgewählte Besonderheiten** |
|---|---|---|---|
| Bayern | BayVersG | 1.10.2008 | Ausdrückliches Militanzverbot, richterliche Anordnung für Übersichtsaufzeichnung |
| Niedersachsen | NVersG | 1.2.2011 | Zwei-Stufen-Modell bei Auflagen |
| Sachsen | SächsVersG | 2012, 1.9.2024 Neufassung | Enthält ein eigenständiges Waffen-, Schutzausrüstungs- und Vermummungsverbot (§ 31a) sowie eine engere Richterkontrolle bei Übersichtsaufzeichnungen |
| Sachsen-Anhalt | VersammlG LSA | 7.1.2009 | Flächendeckende Videoaufzeichnung nur bei erheblicher Gefahr |
| Schleswig-Holstein | VersFG SH | 1.7.2015 | Liberales Anzeige- statt Erlaubnissystem, ausdrückliches Kooperationsprinzip (§ 3) |
| Berlin | VersFG BE | 28.2.2021 | Erweiterter Störerausschluss, Presseschutzklausel |
| Nordrhein-Westfalen | VersG NRW | 7.2.2022 | Autobahnverbot (§ 19), präventive Videoüberwachung (§ 15) |
| Hessen | HVersFG | 4.4.2023 | 48-Stunden-Anzeigefrist, Kennzeichnungspflicht der Einsatzleitung, abgestufte Auflagenbefugnis, enge Grenzen für Videoaufzeichnungen (§ 17) |

Der nordrhein-westfälische Landtag verabschiedete das Versammlungsgesetz NRW am 15.12.2021 gegen lautstarken Protest, nachdem die ursprüngliche Fassung im Sommer 2021 in einer Großdemonstration mit rund 40.000 Teilnehmenden kritisiert worden war. Zentraler Streitpunkt waren das pauschale Filmverbot der Polizei und das Verdachtsprofiling durch die Militanzklausel. Der Gesetzgeber änderte die Vorlage in puncto Uni-

73 BVerfGE 73, 206.

formierungsverbot und gewährte den Veranstaltern ein Kooperationsrecht. Am 4.1.2023 reichten zivilgesellschaftliche Gruppen, unterstützt von der Gesellschaft für Freiheitsrechte, Verfassungsbeschwerde beim Verfassungsgerichtshof NRW ein. Sie sahen in den §§ 15, 18 und 19 VersG NRW einen unverhältnismäßigen Eingriff in Art. 8 GG. Der Verfassungsgerichtshof lehnte den Eilantrag auf Außerkraftsetzung im November 2023 ab, weil eine summarische Prüfung die Gefahrenprognose des Gesetzgebers nicht eindeutig widerlegte. Das Hauptsacheverfahren ist anhängig.

***Beispielfall 52 – Holocaust-Gedenktag:***[74]

*Die als rechtsextrem eingeordnete, aber nicht verbotene N-Partei (N) meldet für den 27.1.2014 von 13.00 bis 19.00 Uhr in Düsseldorf unter Einhaltung aller Formalia eine „Mahnwache" als Versammlung auf dem K-Platz an. Motto der Versammlung soll „Schluss mit der Eurokrise und Finanz- und Zinshaien – zurück zur D-Mark!" sein. Als Anlass wird der Vortrag eines renommierten Professors und Eurobefürworters in Düsseldorf am gleichen Tag benannt, zu dem man mit der Versammlung Stellung nehmen wolle. Gerechnet wird mit ca. 30 Teilnehmern, die mit Fahnen, Spruchbändern und Megafonen agieren wollen; zudem wird mit spontan hinzukommenden weiteren Teilnehmern gerechnet.*

*Der 27. Januar ist in Anlehnung an den Tag der Befreiung der Gefangenen des Konzentrationslagers Auschwitz durch eine Proklamation des damaligen Bundespräsidenten Herzog von 1996 und eine entsprechende Resolution der Vereinten Nationen der sog. „Holocaust-Gedenktag". An diesem Tag wollen verschiedene Gruppen angemeldete Versammlungen zum Gedenken an die Opfer der NS-Herrschaft stattfinden lassen, u. a. eine „Wanderung", die zum Zeitpunkt der Versammlung der N am K-Platz vorbeiführen soll.*

*Das zuständige Polizeipräsidium als Versammlungsbehörde gibt der N durch „Auflage" nach § 15 Abs. 1 VersG auf, die Mahnwache nicht am 27.1.2014, sondern erst am 28.1.2014 stattfinden zu lassen. Als Grund wird darauf verwiesen, dass die Veranstaltung der N als Provokation zu werten und die Auflage zum Schutz der öffentlichen Ordnung gerechtfertigt sei. Die N lasse bekanntermaßen die notwendige Distanz zu den Unrechtstaten des NS-Regimes vermissen. Es komme insoweit nicht auf die konkrete Themenstellung der Mahnwache an, wobei im Übrigen zu bezweifeln sei, dass es der N wirklich auf die Auseinandersetzung mit der Eurokrise ankomme. Die N lege es nur darauf an, an diesem „neuralgischen Datum" mit ihrer politischen Gesinnung Flagge zu zeigen.*

*Verletzt die „Auflage" die N in ihrem Recht aus Art. 8 GG?*

74 Der Fall spielt vor dem Inkrafttreten des Versammlungsgesetzes NRW und wird daher nach dem Versammlungsgesetz des Bundes beurteilt.

## 6.2.2 Schutzbereich

### 6.2.2.1 Sachlicher Schutzbereich

#### *6.2.2.1.1 Vorliegen einer Versammlung*

Zentralbegriff des Art. 8 GG ist der Begriff der Versammlung. Nicht jedes Mal, wenn Menschen zusammenkommen, stellt dies eine Versammlung dar. Verlangt werden muss eine **innere Verbindung** zwischen den Zusammenkommenden im Sinne einer gemeinsamen **Zweckverfolgung**. Umstritten ist dabei, welche Zwecke verfolgt werden müssen. Geht es nur um gemeinsame Meinungsbildung oder -äußerung in öffentlichen Angelegenheiten? Oder reicht jede gemeinsam verfolgte Thematik aus?[75]

Sieht man den Sinn der Versammlungsfreiheit in der Komplementärfunktion zur (individuellen) Meinungsäußerungsfreiheit, ist die Beschränkung auf öffentliche Angelegenheiten nicht vorzugswürdig, auch wenn das Bundesverfassungsgericht in jüngerer Zeit dem engen, auf öffentliche Meinungsbildung begrenzten Versammlungsbegriff zuneigt: „*Für die Eröffnung des Schutzbereichs reicht es wegen seines Bezugs auf den Prozess öffentlicher Meinungsbildung nicht aus, dass die Teilnehmer bei ihrer gemeinschaftlichen kommunikativen Entfaltung durch einen beliebigen Zweck verbunden sind.*“[76]

**Merke:**
Jedenfalls ist der betreffenden Ansicht zugute zu halten, dass das idealtypische und grundrechtlich am meisten gefährdete Bild einer Versammlung die politische Versammlung ist („Demonstration“ oder „Demo“), bei der unstreitig öffentliche Themen behandelt werden.

Vermittelnd kann darauf abgestellt werden, dass nicht jeder gemeinsame Zweck eine Versammlung ergibt, aber jedenfalls **jeder** – wenn auch private – **Meinungsbildungsprozess** ausreicht.

**Merke:**
Einen interessanten – vermittelnden – Weg geht auch Art. 2 Abs. 1 BayVersG: *„Eine Versammlung ist eine Zusammenkunft von mindestens zwei Personen zur gemeinschaftlichen, **überwiegend auf die Teilhabe an der öffentlichen Meinungsbildung** gerichteten Erörterung oder Kundgebung.“*

75 Nachweise zu diesen Ansichten bei *Kingreen/Poscher*, Staatsrecht II Rn. 807 ff.
76 BVerfGE 104, 92, 104.

**Nicht** verlangt ist, dass die Zweckverfolgung bzw. der Meinungsbildungsprozess innerhalb der Versammlung **gleichgerichtet** ist. Auch die Versammlung, in der diskutiert und gestritten wird, enthält ein inneres Band.[77] Schwierig kann in diesen Fällen aber die Abgrenzung zwischen kritischer Teilnahme an der Versammlung einerseits oder einer Gegenveranstaltung (**„Gegendemonstration“**) andererseits sein; problematisch ist dies mit Blick auf die Frage des Anmeldeerfordernisses[78] und der (Un-)Friedlichkeit innerhalb der einen oder der anderen Versammlung[79].

Abzugrenzen ist die Versammlung insoweit von der **Ansammlung**, bei der verschiedene Personen den **gleichen**, aber keinen gemeinsamen **Zweck** verfolgen. Derartige Ansammlungen sind bspw. die rein konsumierenden Zuhörer eines Rockkonzertes oder die Zuschauer bei einem Fußballspiel, aber auch Schaulustige anlässlich eines Polizeieinsatzes.

Wählt man den vermittelnden Versammlungsbegriff, kann auch der Besuch eines Kultfilms („Rocky Horror Picture Show“ mit Strapsen, Reis und Feuerzeug) Versammlung sein.

Wichtig ist, dass eine Ansammlung durchaus zu einer von Art. 8 GG erfassten Versammlung mutieren kann. Dies gilt umso mehr, wenn kein politischer Zweck verlangt wird.

***Beispiel:***
*Das RheinEnergie-Stadion ist ausverkauft; ein Spiel des FC Köln vor vollen Rängen steht bevor. Nach dem Singen der FC-Hymne unter Hochalten und Schwenken der FC-Schals*[80] *regt sich in der folgenden ergreifenden Stille in einer Ecke des Stadions eine Stimme gegen die jüngst angehobenen Dauerkartenpreise. Der Protestruf: „Kein Vorstandsschampus von unserem Dauerkartengeld!“ pflanzt sich im Stadion fort – unter Hochhalten und Schwenken der FC-Schals, aber diesmal ohne Gesang. Wenn das nicht schon eine Versammlung war, wird spätestens jetzt eine Ansammlung zur Versammlung.*

*Der Vorstand zieht sich daraufhin dezent in seine Loge zurück, denn der Schampus wird warm.*

Ob **Flashmobs** eine Ansammlung oder eine Versammlung darstellen, kann nicht generell, sondern nur im Einzelfall beantwortet werden. So wird ein Flashmob mit im weitesten Sinne politischen Inhalten eher eine Versammlung darstellen als ein Flashmob mit Werbehintergrund oder als reine Spaßveranstaltung.

Trotz allen technischen Fortschritts setzt der Versammlungsbegriff immer noch die **körperliche Anwesenheit** der Teilnehmer voraus. Gemeinsame Willensbekundungen in Internetforen oder Chatrooms stellen keine Versammlungen dar.

---

77 BVerfGE 92, 191, 202 f.

78 Dazu unten Kap. 6.2.3

79 Dazu sogleich unten Kap. 6.2.1.1.2.1.

80 Für Interessierte: https://www.youtube.com/watch?v=hlZOj_vyYl4, zuletzt abgerufen am 21.6.2021. Die Sache mit der Preiserhöhung ist erfunden (bzw. nicht die Preiserhöhung, nur der Protest dagegen).

Noch immer nicht gänzlich geklärt ist die **Mindestzahl** an Teilnehmern; vertreten wird eine Mindestanzahl von zwei Teilnehmern, drei Teilnehmern (angelehnt an den allgemeinen Sprachgebrauch) oder – angelehnt an § 56 BGB (Versammlung als Kurzzeitverein?) – sieben Teilnehmer. Vorzugswürdig ist eine Teilnehmerzahl von mindestens **zwei Personen**, da eine größere Zahl keinen Anhaltspunkt in Art. 8 GG findet.

**Merke:**
Neben dem erwähnten Art. 2 Abs. 1 BayVersG definiert auch § 2 VersG Nds. – anders als das VersG des Bundes – den Versammlungsbegriff; beide neuen Landesgesetze gehen – richtigerweise – von mindestens zwei Teilnehmern aus.

Zeitlich sind keine großen Anforderungen an eine Versammlung gestellt; insbesondere ist keine **Mindestdauer** zu verlangen.

***Beispiel:***
*Es reicht (im Extremfall) völlig aus, wenn bspw. zwei Personen zusammentreten, ein Protestplakat in die Höhe halten, einpacken und sich wieder trennen.*

Schwieriger ist die **Höchstdauer**, gerade in Abgrenzung zum Verein. So kann eine einige Tage dauernde Mahnwache oder – ungeachtet des Problems der Friedlichkeit oder der Störung der öffentlichen Sicherheit – eine Waldbesetzung in den Schutzbereich der Versammlungsfreiheit fallen. Dennoch wird eine zeitliche Begrenzung, insbesondere in Anschauung des jeweiligen Versammlungszwecks, notwendig sein; sie kann aber im Einzelfall bestimmt werden.

Sofern das VersG **öffentliche** Versammlungen verlangt, ist dies keine wesentliche Abweichung gegenüber Art. 8 GG. Die Öffentlichkeit der Versammlung ist allerdings für Art. 8 GG **ohne Belang**; sie ist nur nach § 1 VersG (auch Art. 1 Abs. 1, 2 Abs. 3 BayVersG) verlangt.

**Merke:**
Eine Versammlung, die fortbesteht, unterliegt in Nordrhein-Westfalen stets den speziellen Befugnissen des VersG NRW. Erst wenn die Versammlung ordnungsgemäß beendet oder nach § 13 VersG NRW aufgelöst worden ist, darf die Polizei zu allgemeinen Befugnissen des PolG NRW greifen. Diese Rangfolge folgt aus der Polizeifestigkeit der Versammlungsfreiheit.

Exkurs: Polizeifestigkeit

„Polizeifestigkeit" bedeutet, dass versammlungsspezifische Gefahren ausschließlich mit den Mitteln des Versammlungsgesetzes abgewehrt werden dürfen. Die Verwaltungsgerichte verlangen deshalb eine vorherige Auflösung, bevor Platzverweise, Gewahrsamnahmen oder Identitätsfeststellungen auf § 35 PolG NRW gestützt werden. Erst wenn die Versammlung rechtlich nicht mehr besteht, entfällt die Sperrwirkung.

#### 6.2.2.1.2 Verfassungsunmittelbare Schranke: „friedlich und ohne Waffen"

Art. 8 Abs. 1 GG enthält eine sog. „verfassungsunmittelbare Schranke"[81] oder auch „Schutzbereichseinschränkung"[82]. So sind per se nur solche Versammlungen vom Schutzbereich des Art. 8 GG erfasst, die friedlich und ohne Waffen stattfinden.

> **Merke:**
> Damit wird deutlich, dass die verfassungsunmittelbare Schranke *„friedlich und ohne Waffen"* letztlich eine Frage des Schutzbereichs ist. Eine unfriedliche Versammlung oder eine unter Waffen ist bereits nicht vom sachlichen Schutzbereich erfasst und genießt nicht den Schutz des Art. 8 GG.

##### 6.2.2.1.2.1 „Friedlich"

Die Bestimmung, wann eine Versammlung friedlich ist, gelingt in erster Linie über die Beschreibung einer unfriedlichen Versammlung. Eine Versammlung ist unfriedlich, **wenn mehr als eine Minderheit** der Teilnehmer sich **gewalttätig** verhält, dieses Verhalten bevorsteht oder – im Sinne drohender Unfriedlichkeit – auch nur angekündigt wird.[83] Hier steht das Wesen der Versammlung *„als Mittel zur geistigen Auseinandersetzung und zur Einflussnahme auf die politische Willensbildung"*[84] entgegen. Zugleich beseitigt aber nicht jeder Verstoß gegen die Rechtsordnung das Merkmal der Friedlichkeit.[85]

Verwendet wird insoweit auch der Begriff des **„aufrührerischen Verlaufs"**, der dann gegeben ist, wenn das Ziel der Versammlung der Umsturz des politischen Systems ist oder wenn *„aktiver gewaltsamer Widerstand gegen rechtmäßig handelnde Vollstreckungsbeamte durch körperliche Einwirkung auf dieselben geleistet wird"*.[86] Insoweit wird auch keine übermäßige Erheblichkeit dieses Widerstands verlangt.[87]

Problematisch ist die **Gewalttätigkeit** von Einzelnen oder von **Teilgruppen** innerhalb einer Versammlung: *„Würde unfriedliches Verhalten einzelner für die gesamte Veranstaltung und nicht nur für die Täter zum Fortfall des Grundrechtsschutzes führen, hätten diese es in der Hand, Demonstrationen ‚umzufunktionieren'."*[88] Hier gilt vorrangig das Gebot, gegen einzelne Störer vorzugehen und Maßnahmen gegen die gesamte

81 *Katz*, Staatsrecht, Rn. 640.
82 *Schneider* in BeckOK GG, Art.8 GG Rn. 12.
83 In diesem Sinne *Osterlitz*, Eingriffsrecht im Polizeidienst, Bd. II, S. 244.
84 So BVerfGE 69, 315, 360 – Brokdorf.
85 So zutreffend *Osterlitz*, Eingriffsrecht im Polizeidienst, Bd. II, S 243 f.
86 So *Kingreen/Poscher*, Staatsrecht II Rn. 817.
87 *Depenheuer* in DHS, Grundgesetz-Kommentar, Art. 8 GG Rn. 84.
88 So BVerfGE 69, 315, 361 – Brokdorf; auch BVerfG, NJW 2007 S. 2167, 2170.

Versammlung erst dann zu ergreifen, wenn das gewalttätige Verhalten prägend für die Veranstaltung erscheint.[89]

Problematisch kann insoweit die Auslegung und die Bestimmtheit des **Gewaltbegriffs** etwa i. S. d. § 240 StGB sein, insb. im Kontext sog. **„Sitzblockaden"**.[90]

Problematisch erscheint im Kontext des Merkmals „friedlich" das **Uniformverbot**, wie es in § 3 VersG normiert ist. Tatsächlich kann die Motivation der Versammlungsteilnehmer darin bestehen, durch Auftreten in Uniform – womöglich auch unter Trommelschlag und Marschschritt – auf die Öffentlichkeit besonders einschüchternd zu wirken oder auch Gewaltbereitschaft zu demonstrieren. Allerdings ist das Uniformverbot jedenfalls restriktiv auszulegen.[91]

***Beispiel:***
*Das Tragen eines lilafarbenen Halstuchs durch Teilnehmer der Friedensdemonstrationen in den 1980er Jahren hatte einen Anklang von Uniformität, war aber weder einschüchternd noch diente es zur Demonstration von Gewaltbereitschaft. Vielmehr kam hier das innere Band der Teilnehmer zum Ausdruck.*

*Auch dürfte eine Versammlung von Polizisten, die in Unform gegen Arbeitsbedingungen in der Polizeiarbeit demonstrieren, keinen Verstoß gegen das Uniformverbot begründen.*

Bei der Anmeldung einer Versammlung hat bez. der Friedlichkeit oder Unfriedlichkeit eine **Prognoseentscheidung** stattzufinden, die am Maßstab umgekehrter Proportionalität durchzuführen ist: Je höher der zu erwartende Schaden ist, desto geringer sind die Anforderungen an die Eintrittswahrscheinlichkeit. Hier kann auch auf Erfahrungswerte bzgl. ähnlicher vorhergehender Veranstaltungen zurückgegriffen werden. Bei der Prognoseentscheidung ist aber stets der hohe Rang der Versammlungsfreiheit mit einzubeziehen und stets der Handlungsspielraum der Behörden zur Verhütung von Gefahren für Dritte oder die Allgemeinheit zu bedenken.

Keine grundrechtlichen Bedenken begegnet es, wenn im Vorfeld einer Versammlung seitens der Polizei **Internetrecherchen** betrieben werden, um aus Aufrufen der Veranstalter auf einen bestimmten Verlauf der Versammlung zu schließen.[92]

#### 6.2.2.1.2.2 „hne Waffen"

Erfasst vom Begriff der Waffenlosigkeit sind zunächst Waffen i. S. d. § 1 WaffG (**technischer Waffenbegriff**) Gemeint sind aber auch andere, bei bestimmungsgemäßem Gebrauch harmlose Gegenstände (Baseballschläger, Eisenketten, letztlich auch Beile oder Äxte), die aber als **„gefährliche Werkzeuge"** (vgl. etwa § 224 Abs. 1 Nr. 2 Alt. 2 StGB)

89 Siehe anschaulich zu einer solchen Lage BVerfG, NJW 2007 S. 2167, 2171.
90 Dazu oben Kap. 2.4.5.
91 So zutreffend *Schneider* in BeckOK GG, Art. 8 GG Rn. 16.1; zweifelnd auch *Osterlitz*, Eingriffsrecht im Polizeidienst, Bd. II, S. 284 f.; Verfassungswidrigkeit nimmt *Höfling* in Sachs, Grundgesetz-Kommentar, Art. 8 GG Rn. 61, an. Siehe auch BVerfG, NJW 1982 S. 1803, 1803 zum uniformen Auftreten bei rechtsextremen Versammlungen.
92 So auch *Depenheuer* in DHS, Grundgesetz-Kommentar, Art. 8 GG Rn. 88.

angesehen werden können.[93] Letztere Werkzeuge wegen des daraus folgenden Grundrechtsausschlusses restriktiv nur der Frage der (potenziellen) Unfriedlichkeit zuzuordnen,[94] überzeugt nicht recht; zwar knüpft die Einordnung als Waffe an die (prognostische) Annahme eines Missbrauchs an, die aber bei bestimmten Gegenständen recht nahe liegt. Gegebenenfalls müsste bei einer Person, die neben einer Eisenkette auch Schlösser mitführt, zu deren Gunsten davon ausgegangen werden, dass sie sich „nur“ anketten will, was dann vorrangig im Rahmen der (Un-)Friedlichkeitsprognose mit einzubeziehen wäre, oder bei nachträglichen Maßnahmen (Auflösung nach § 13 VersG NRW) zu berücksichtigen ist.

Abgrenzungsschwierigkeiten können sich insoweit ergeben hinsichtlich des Mitführens von Fahnen oder Transparenten; was als **Fahnenstange** dient, kann gleichzeitig Waffe im Sinne eines gefährlichen Werkzeugs sein. In diesen Fällen muss insbesondere dann, wenn das Mitführen von Fahnen und Transparenten üblich oder notwendig erscheint, das Vorliegen einer Waffe vorzugsweise verneint[95] und ggf. an die beim Missbrauch einsetzende Unfriedlichkeit angeknüpft werden.

Ob das Mitführen von **Farb- oder Fäkalienbeuteln**, rohen/faulen Eiern, faulen Früchten und ähnlichen Gegenständen, die nicht in erster Linie mitgeführt werden, um Menschen zu verletzen, sondern eher, um diese der Lächerlichkeit preiszugeben, als **Bewaffnung** anzusehen ist, wird **nicht einheitlich** beantwortet.[96] Lediglich über das Merkmal der voraussichtlichen Strafbarkeit eines Wurfs als – ggf. versuchte – Sachbeschädigung zu argumentieren, misst der Frage des Waffenverbots einen stark prognostischen Charakter bei, der vornehmlich dem Merkmal der (Un-)Friedlichkeit anhaftet. Problematisch ist insoweit auch, dass nicht jede Rechtsverletzung aus einer Versammlung heraus diese unfriedlich macht.[97] Insoweit müsste tatsächlich differenziert werden. Zwar kann auch der Wurf eines rohen Eis auf die Uniform eines Polizisten den Vorwurf der Sachbeschädigung erfüllen, allerdings ist der Wurf eines Beutels mit Buttersäure erheblich schwerwiegender. Der sicherere Weg ist derjenige, das Mitführen derartiger Gegenstände als sicheres **Indiz** für die voraussichtliche **Unfriedlichkeit** zu werten, als vom Mitführen einer Waffe auszugehen.[98]

**Keine Waffen** sind reine Schutzgegenstände wie Gasmasken oder Schutzbrillen. Diese sog. **„passive Bewaffnung“** erfüllt den Begriff der Waffe nicht. Allerdings kann

93 Wie hier auch *Depenheuer* in DHS, Grundgesetz-Kommentar, Art. 8 GG Rn. 89.

94 So *Schneider* in BeckOK GG, Art. 8 GG Rn. 16; *Höfling* in Sachs, Grundgesetz-Kommentar, Art. 8 GG Rn. 36.

95 So auch *Depenheuer* in DHS, Grundgesetz-Kommentar, Art. 8 GG Rn. 90.

96 Gegen die Annahme von Bewaffnung *Höfling* in Sachs, Grundgesetz-Kommentar, Art. 8 GG Rn. 36; *Hoffmann-Riem*, AK GG, Art. 8 GG Rn. 26. Für die Annahme von Bewaffnung *Depenheuer* in DHS, Grundgesetz-Kommentar, Art. 8 GG Rn. 89; *Osterlitz*, Eingriffsrecht im Polizeidienst, Bd. II, S. 250 f. Differenzierend nach dem Zweck des Einsatzes bzw. der konkreten Wirkung *Kingreen/Poscher*, Staatsrecht II Rn. 817 f.

97 So zutreffend *Osterlitz*, Eingriffsrecht im Polizeidienst, Bd. II, S. 251, der am Maßstab des § 303 StGB auf die Eignung *„zur nicht unerheblichen Beeinträchtigung der Brauchbarkeit von Sachen“* abstellt; letztlich würde auch dieser Maßstab zur Differenzierung zwingen.

98 So letztlich auch *Depenheuer* in DHS, Grundgesetz-Kommentar, Art. 8 GG Rn. 90: *„Wer sich derart bewaffnet, versammelt sich mithin unfriedlich und fällt nicht in den Schutzbereich des Grundrechts.“*

das Mitführen derartiger Gegenstände wiederum als sicheres Indiz dafür gelten, dass der Mitführende mit einem unfriedlichen Verlauf rechnet.

Das Waffenverbot gilt im Übrigen auch für **Berufswaffenträger**, also bspw. demonstrierende Polizisten.

#### *6.2.2.1.3 Geschützte Verhaltensweisen*

Einbezogen sind grundsätzlich alle **versammlungsbezogenen Verhaltensweisen**, das Mitführen von Transparenten, die Benutzung von Megaphonen, Ansprachen und Gesang. Erfasst ist sowohl das Verharren an einem Ort als auch die Fortbewegung auf öffentlichen Straßen und Wegen. Das Verhalten der Versammlungsteilnehmer darf insoweit auf größtmögliche Aufmerksamkeit in der Öffentlichkeit gerichtet sein.

Die Frage, inwieweit hierbei **Verkehrsbehinderungen** für Dritte zu akzeptieren sind, ist – ungeachtet einer sich aus der Behinderung ergebenden Unfriedlichkeit – ein Problem der Schranken und Schranken-Schranken.

Umfasst sind auch **Nebeneinrichtungen** wie etwa Infotische, Rednertribünen, bis hin zu Toilettenhäuschen und auch Imbissständen, jedenfalls dann, wenn letztere bei voraussichtlich länger andauernden Veranstaltungen unumgänglich erscheinen.[99]

Einbezogen ist der Zeitraum der Versammlung selbst, aber auch alle notwendigen Verhaltensweisen im näheren **Vorfeld** und im **Nachgang** der Versammlung; jedenfalls sind bei Maßnahmen gestützt auf das allgemeine Polizei- und Ordnungsrecht die Wertungen des Art. 8 Abs. 2 GG miteinzubeziehen, insbesondere, um die Versammlungsfreiheit nicht durch sog. „Vorfeldmaßnahmen" auszuhöhlen.[100]

**Nicht geschützt** ist dagegen das Auftreten bei Versammlungen mit dem Ziel, diese zu verhindern. Zwar ist kein Gleichklang innerhalb der jeweiligen Versammlung zu verlangen. Jedoch ist insoweit die kritische Teilnahme an einer Versammlung von der Einwirkung auf eine Versammlung zum alleinigen Zweck der Störung oder **Sprengung** abzugrenzen. Letztere genießt nicht den Schutz der Versammlungsfreiheit, jedenfalls bezogen auf die Versammlung, die gestört oder gesprengt werden soll. Die Anmeldung einer **Gegendemonstration** bleibt hiervon unberührt, jedoch ist hier im Einzelfall die Prognoseentscheidung bezüglich der Friedlichkeit besonders sorgfältig zu treffen.

Geschützt ist auch die **negative Versammlungsfreiheit**, also das Recht, sich nicht zu versammeln. Der Bürger darf sich also staatlichen Aufforderungen zur Teilnahme an bestimmten Veranstaltungen widersetzen.

> ***Beispiel:***
> *Umschichtig werden die Mitarbeiter des Landesinnenministeriums und des Landesverkehrsministeriums zu einem Aufmarsch mit Ständchen vor der Staatskanzlei am Geburtstag des Ministerpräsidenten gebeten. Dem dürften sich die Bediensteten generell entziehen, nicht nur mit der Begründung, nicht gehen oder nicht singen zu können.*

---

99 Schneider in BeckOK GG, Art. 8 GG Rn. 20.

100 BVerfGE 69, 315, 349 – Brokdorf; BVerfGE 84, 203, 209.

#### *6.2.2.1.4 Grundrechtsträger*

Grundrechtsträger sind die **Teilnehmer** einer Versammlung, die **Veranstalter**, die **Organisatoren**, aber auch bspw. die Ordner. Die Versammlungsfreiheit knüpft insoweit an Personen, nicht aber an die Versammlung selbst an. Dies kann dann von Bedeutung sein, wenn sich ein Deutscher an einer Versammlung von Nicht-EU-Ausländern beteiligt, die anders als er ggf. nur den Schutz des Art. 2 Abs. 1 GG genießen.

### 6.2.2.2 Persönlicher Schutzbereich

Art. 8 GG ist ein **Deutschengrundrecht**. Damit ist nach den oben aufgestellten Maßstäben der Grundrechtsschutz auch auf EU-Ausländer zu erstrecken.[101] Nicht-EU-Ausländern kann aufgrund der völkerrechtsfreundlichen Auslegung des Grundgesetzes der Schutz von **Art. 11 EMRK** zukommen, wobei die EMRK einerseits nur den Rang eines einfachen Bundesgesetzes genießt, andererseits aber bei allen staatlichen Entscheidungen zu achten ist.[102] Das VersG nimmt zudem keine Unterscheidung zwischen Deutschen und Ausländern vor.

Wesensmäßig anwendbar im Sinne des Art. 19 Abs. 3 GG ist Art. 8 GG auch auf **inländische juristische Personen**. Diese können als Veranstalter oder Organisatoren von Versammlungen auftreten,[103] wobei hier einerseits wieder der untechnische Begriff der juristischen Person nach Art. 19 Abs. 3 GG zu beachten ist, andererseits aber die Anforderungen an Dauerhaftigkeit, Ernsthaftigkeit und Verfestigung von juristischen Personen im nicht rechtstechnischen Sinne genau zu prüfen sind.[104] Dies gilt etwa, wenn Bürgerinitiativen zu Versammlungen aufrufen.

***(Zwischen-)Lösung zu Beispielfall 52 – Holocaust-Gedenktag:***
*(angelehnt an BVerwG, NVwZ 2014 S. 883 ff.)*
*Es könnte eine Verletzung von Art. 8 GG vorliegen.*

***Schutzbereich***
*Die Veranstaltung zielt auf eine – hier gleichgerichtete – Meinungskundgabe mehrerer Personen für den betreffenden Zeitraum.*

*Hinweise auf Unfriedlichkeit, Bewaffnung oder Uniformierung sind nicht auszumachen. Die Schutzbereichsbeschränkungen greifen daher nicht ein; insbesondere ist das Mitführen von Megafonen, Spruchbändern, Transparenten und Fahnen insoweit von der Versammlungsfreiheit gedeckt. Der sachliche Schutzbereich ist eröffnet.*

*Ausgehend von der naheliegenden Annahme, dass die Teilnehmer Deutsche i. S. d. Art. 116 GG sind, ist auch der persönliche Schutzbereich eröffnet.*

***Zwischenergebnis**: Der Schutzbereich der Versammlungsfreiheit ist eröffnet.*

101 Dazu oben Kap. 2.6.2.4.
102 Dazu oben Kap. 2.4.2.2.
103 *Schneider* in BeckOK GG, Art. 8 GG Rn. 24.
104 Dazu oben Kap. 3.4.1.2.

### 6.2.3 Eingriffe

Eingriffe liegen zunächst in einer Anmelde- oder Erlaubnispflicht. Ebenso sind Verbote und Auflösungen von Versammlungen als Eingriff zu werten. Im Vorfeld kann die Behinderung des freien Zugangs zu Versammlungsorten, aber auch der Abreise von einer Versammlung als Eingriff zu werten sein.

Ein Eingriff kann aber schon in staatlichen Registrierungs- und Überwachungsmaßnahmen liegen, insbesondere wenn diese geeignet sind, potenzielle Teilnehmer abzuschrecken.[105] Ob solche Maßnahmen „exzessiv" sein müssen, ist zweifelhaft; zum einen ist das Maß für Exzessivität schwer zu bestimmen, zum anderen kann auch jede „normale" Überwachungstätigkeit einen abschreckenden Effekt haben und damit Eingriff sein.[106] Noch weiter geht das VG Köln, das aus Anlass einer Versammlung am Wiener Platz in Köln im Interesse der Versammlungsfreiheit neben der Abschaltung der dort installierten Kameras zusätzlich deren Abdeckung verlangte.[107]

**Merke:**
Hinzuweisen ist insoweit darauf, dass das Bundesverfassungsgericht Art. 9 Abs. 2 und 4 BayVersG im Eilrechtsschutz mit *„einschränkenden Maßgaben"* versehen hat. Die Vorschriften erlaubten generell *„zur Lenkung und Leitung des Polizeieinsatzes"* die Anfertigung von Übersichtsaufnahmen (Kamera-Monitor-Übertragung) *und „zur Auswertung des polizeitaktischen Vorgehens"* die Anfertigung von Übersichtsaufzeichnungen.
Das Gericht sah hierin die Gefahr, dass Einzelpersonen in der Regel individualisierbar miterfasst werden, womit zu einer anlasslosen Aufzeichnung des gesamten Versammlungsgeschehens einschließlich der Ablichtung der einzelnen Versammlungsteilnehmer ermächtigt worden wäre, die hierzu zurechenbar keinen Grund gegeben hätten.[108] Die Zulässigkeit von entsprechenden Aufnahmen wurde durch das Bundesverfassungsgericht vorläufig auf Fälle reduziert, in denen erhebliche Gefahren für die öffentliche Sicherheit und Ordnung zu befürchten sind.
Der Bayerische Landesgesetzgeber hat diese Maßgaben in der Neufassung der Art. 9 Abs. 2 und 4 BayVersG berücksichtigt.

***(Zwischen-)Lösung zu Beispielfall 52 – Holocaust-Gedenktag:***
***II. Eingriff***

*Mit der „Auflage", die Veranstaltung um einen Tag zu verschieben, hat die Polizei die Ausübung des Grundrechts aus Art. 8 GG jedenfalls – rechtsförmig und befehlend – erschwert.*

105 BVerfGE 69, 315, 349 – Brokdorf.
106 *Kingreen/Poscher*, Staatsrecht II, Rn. 825.
107 VG Köln, Entsch. vom 12.3.2020 – 20 L 453/20 –, https://openjur.de/u/2198383.html, zuletzt abgerufen am 21.6.2021.
108 BVerfG, NVwZ 2009 S. 441, 446.

***Zwischenergebnis**: Ein Eingriff im klassischen Sinne ist gegeben.*
***(Anm.**: Welche Intensität der Eingriff hat, insbesondere ob es sich um eine Auflage i. S. d. § 15 Abs. 1, 3 VersG oder um ein Verbot handelt, soll an späterer Stelle geklärt werden.)*

## 6.2.4 Schranken und Schranken-Schranken

### 6.2.4.1 Schranken

#### *6.2.4.1.1 Unterscheidung zwischen Versammlungsformen*

Art. 8 GG unterscheidet hinsichtlich der Schranken zwischen Versammlungen in **geschlossenen Räumen** oder unter **freiem Himmel**. Für Versammlungen unter freiem Himmel statuiert Art. 8 Abs. 2 GG einen Gesetzesvorbehalt.

Was eine Versammlung „in geschlossenen Räumen“ und „unter freiem Himmel“ ist, lässt sich **nicht** allein nach dem **Wortsinn** bestimmen.

Die Unterscheidung zwischen beiden Formen von Versammlungen beruht in erster Linie darauf, dass Versammlungen *„unter freiem Himmel“* aufgrund des Kontakts zur Umgebung, insbesondere unbeteiligten Passanten oder auch Andersdenkenden, zum einen besonders störanfällig, zum anderen aber auch besonders gefährlich sein können. Deswegen sind Versammlungen „unter freiem Himmel“ solche, die **an Orten allgemeinen kommunikativen Verkehrs** stattfinden,[109] sei dieser Ort auch überdacht, bspw. auf frei zugänglichen Flächen in Flughafenhallen o. Ä.

Für eine Versammlung in **geschlossenen Räumen** dagegen ist lediglich eine die Zugänglichkeit für Dritte grds. ausschließende Abgrenzung zu allen Seiten, nicht aber zwingend eine Überdachung erforderlich.[110] Die Abgrenzung hat zugleich nichts zu tun mit der Unterscheidung zwischen öffentlichen und nicht öffentlichen Veranstaltungen, wobei zu bezweifeln ist, ob unter freiem Himmel überhaupt eine nicht öffentliche Versammlung vorliegen kann.

#### *6.2.4.1.2 Schranken für Versammlungen unter freiem Himmel*

Art. 8 Abs. 2 GG enthält einen **qualifizierten Gesetzesvorbehalt**, da an die Sondersituation der Versammlung unter freiem Himmel angeknüpft wird. Erfasst sind vom Gesetzesvorbehalt nur versammlungsspezifische Gefahren. Für meinungsspezifische Eingriffe in Versammlungen sind die Maßstäbe des Art. 5 Abs. 2 GG heranzuziehen, die Meinungsneutralität der eingreifenden Gesetze gebieten. Damit muss sichergestellt sein, dass grds. keine meinungsbezogen unterschiedliche Behandlung bspw. rechts- oder linksextremer Versammlungen erfolgen darf.

109 BVerfGE 128, 226, 255 – Fraport.
110 *Schneider* in BeckOK GG, Art. 8 GG Rn. 16; *Höfling* in Sachs, Grundgesetz-Kommentar, Art. 8 GG Rn. 36.

> **Merke:**
> Dem entsprechend hat das Bundesverfassungsgericht wiederholt Verbotsverfügungen aufgehoben, die sich gegen rechtsextreme Versammlungen richteten, bei denen nach der Prognose der Versammlungsbehörde die Schwelle zur Strafbarkeit noch nicht als überschritten gelten konnte.[111]

Zentral ist hier das **Versammlungsgesetz NRW,** insbesondere § 13 VersG NRW.

Gesetzliche Beschränkungen können sich daneben aus Normen des **Polizei- und Ordnungsrechts**, des Sonn- und Feiertagsrechts, aus dem Straßen- und Wegerecht sowie aus Bannmeilenbestimmungen ergeben. Auch kann das private Hausrecht nach §§ 903 Satz 1, 1004 BGB Beschränkungen rechtfertigen, etwa bei Versammlungen auf privatem Grund.

Einen speziellen Gesetzesvorbehalt spricht **Art. 17a GG** für Ersatz- und Wehrdienstleistende aus. Entsprechende Vorschriften sind bspw. in § 15 Abs. 3 SG für Soldaten enthalten; den Betroffenen wird untersagt, an politischen Veranstaltungen, somit auch an entsprechenden Versammlungen gleich welcher Art, in Uniform teilzunehmen.[112]

#### 6.2.4.1.3 Schranken für Versammlungen in geschlossenen Räumen

Für Versammlungen in geschlossenen Räumen greifen nur **verfassungsimmanente Schranken**. Dies ergibt sich im Umkehrschluss aus dem Gesetzesvorbehalt für Versammlungen unter freiem Himmel nach Art. 8 Abs. 2 GG. Die entsprechenden Vorschriften des Versammlungsrechts stellen dann **einfachgesetzliche Konkretisierungen** dieser verfassungsimmanenten Schranken dar, so etwa dann, wenn eine Versammlung in geschlossenen Räumen nach § 13 Abs. 1 Nr. 2 VersG wegen einer ernstzunehmender Bombendrohung aufgelöst wird; dem kommt die Polizei der – insoweit mit Art. 8 GG kollidierenden – Schutzpflicht für Leib und Leben nach Art. 2 Abs. 2 GG nach.

***(Zwischen-)Lösung zu Beispielfall 52 – Holocaust-Gedenktag:***
***III. Verfassungsrechtliche Rechtfertigung***
***1. Beschränkbarkeit und Schranken***
*Da es sich bei der Versammlung um eine solche unter freiem Himmel handelt, kommt der Gesetzesvorbehalt nach Art. 8 Abs. 2 GG zum Tragen; die Schranke ergibt sich hier aus § 15 Abs. 1, 2 VersG.*
***Zwischenergebnis**: Eine Schrankenbestimmung liegt vor.*

111 Vgl. nur BVerfGE 111, 147, 154 f.
112 Vgl. hierzu allgemein *Schmidt-Radefeldt* in BeckOK GG, Art. 17a GG Rn. 1 ff.

#### 6.2.4.2 Schranken-Schranken

Wesentliche Schranken-Schranke ist die Prüfung der **Verhältnismäßigkeit** insbesondere der Maßnahme im Einzelfall.

Zu fordern ist hier eine besondere **Gewichtung** der Rechtsgüter, die durch das Einschreiten gegen die Versammlung geschützt werden sollen, und die Wahrscheinlichkeit des Gefahreneintritts in Relation zur Schwere des eintretenden Schadens zu setzen.

Vor allem ist das Merkmal der **Erforderlichkeit** zu achten, welches gebietet, das jeweils mildeste Mittel gleicher Wirkung zu wählen. Hier sind – vorrangig vor einem Verbot und Auflösung nach § 15 Abs. 2 VersG im Vorfeld, aber auch im Verlauf einer Versammlung – alle Mittel auszuschöpfen, um eine bestehende oder absehbare Gefahr für die öffentliche Sicherheit und Ordnung zu beseitigen (sog. **„Minusmaßnahmen"**), insbesondere Auflagen.

Auflagen nach § 15 VersG sind zunächst von Auflagen nach § 36 Abs. 2 VwVfG zu unterscheiden. Bei den Auflagen nach § 15 VersG handelt es sich um beschränkende Verfügungen, die sich auf den Ort, die Art und Weise und die Zeit der Versammlung beziehen können. Insbesondere ist mangels Genehmigungserfordernis[113] nicht ersichtlich, auf welchen Grundverwaltungsakt sich die Auflage beziehen sollte.

Auflagen sind in vielfältiger Form denkbar, müssen aber ihrerseits das Grundrecht aus Art. 8 GG achten. So würde eine Verlagerung des Zugwegs einer Versammlung aus Gründen der Vermeidung von **Verkehrsbelastungen** einem Verbot vorzuziehen sein; jedoch haben die Versammlungsteilnehmer – wie bereits ausgeführt – Anspruch auf öffentliche Aufmerksamkeit, so dass nicht beabsichtigte Verkehrsbeschränkungen ggf. im Lichte des Rangs von Art. 8 GG hinzunehmen sind.

Bezüglich der Suche nach einer sinnvollen Reaktion auf drohende oder absehbare Gefahrenlagen ist nach Möglichkeit im Interesse praktischer Konkordanz die **Abstimmung** mit den Versammlungsteilnehmern bzw. deren Veranstaltern zu suchen.[114] Auch ist vor der Auflösung einer Versammlung, von der gewalttätige Aktionen ausgehen, zu prüfen, ob ein Vorgehen nur gegen die Störer möglich ist.

Gefährdungen der **öffentlichen Ordnung** können nur sehr zurückhaltend als Grundlage für eine Verbotsverfügung herangezogen werden;[115] hier ist – wenn überhaupt – mit den Mitteln der Auflage zu agieren.

***Lösung zu Beispielfall 52 – Holocaust-Gedenktag:***
***II. Verfassungsrechtliche Rechtfertigung (Fortsetzung)***
***2. Schranken-Schranken***
***a) Wirksamkeit der Schranke nach § 15 VersG***
*§ 15 VersG ist als verfassungsgemäß zu unterstellen.*
***b) Verfassungsgemäße Anwendung der Schranke im Einzelfall***
*Hier könnte in der Auflage eine rechtmäßige Ausformung des § 15 VersG liegen.*

113 Dazu sogleich unten Kap. 6.2.6.3.
114 Darauf weist *Schneider* in BeckOK GG, Art. 8 GG Rn. 51 hin.
115 Vgl. wiederum BVerfGE 111, 147, 154 f

*Fraglich ist aber bereits, ob es sich um eine Auflage handelt. Hier könnte eine versammlungsbeschränkende Verfügung in Bezug auf die Zeit der Maßnahme vorliegen. Hierfür könnte sprechen, dass die Versammlung nicht per se verboten, sondern lediglich ihre zeitliche Verschiebung angeordnet wird. Eine Beschränkung kann aber einem Verbot gleichkommen, wenn mit der Beschränkung die spezielle Wirkung der Versammlung unterlaufen würde.*
*Hier könnte für eine Auflage sprechen, dass der Protest gegen die Euro-Krise auch an einem anderen Tag als am 27.1.2014 demonstriert werden könnte. Einziger Ankerprunkt ist der am gleichen Tag stattfindende Vortrag des besagten Professors an anderer Stelle in Düsseldorf, so dass insoweit nicht von einem Unterlaufen des Versammlungszwecks ausgegangen werden kann.*
*Widersprüchlich ist aber insoweit das Vorbringen zum Grund der Auflagenerteilung. Hier wird nämlich auf den provokativen Charakter der Veranstaltung bezogen auf den Holocaust-Gedenktag abgestellt. Dieser allerdings würde mit Verlegung auf den Folgetag entfallen, so dass der (unterstellte) Zweck der Versammlung mit der „Auflage" unterlaufen würde. Somit ist also vorrangig vom Vorliegen eines Verbots auszugehen (a. A. vertretbar).*
*Egal ob man von einem Verbot oder von einer Auflage ausgeht, müsste die Maßnahme im Übrigen verhältnismäßig sein. Die Maßnahme dient dem legitimen Zweck, die öffentliche Ordnung (von drohenden Straftaten gehen die Beteiligten nicht aus), die von der Provokation seitens der Versammlung der N ausgehen könnte, zu wahren. Dieser Zweck ist legitim.*
*Die Maßnahme ist – gleich wie sie zu qualifizieren ist – zweckförderlich und damit geeignet.*
*Unabhängig von der Qualifikation als Auflage oder Verbot ist die Maßnahme auch erforderlich. Holocaust-Gedenkveranstaltungen finden in der ganzen Stadt statt, sodass insbesondere eine räumliche Verlegung der Veranstaltung nicht gleichermaßen geeignet wäre.*
*Zweifelhaft ist dagegen die Angemessenheit der Maßnahme. Auf der einen Seite steht das hochrangige Rechtsgut der Versammlungsfreiheit, das die N als nicht verbotene Partei für sich in Anspruch nehmen darf (vgl. insoweit § 1 Abs. 2 Nr. 3 VersG).*
*Dagegen steht ggf. eine Gefährdung der öffentlichen Ordnung, sofern von der Versammlung auf dem K-Platz gerade am Holocaust-Gedenktag eine Provokation der übrigen Bevölkerung ausgehen kann.*
*Heranzuziehen ist der Gedanke, dass bei Zugrundelegung einer derartigen Gefahr (nur) für die öffentliche Ordnung bestimmte Tage (nicht nur der Holocaust-Gedenktag, auch andere relevante Tage mit vergleichbarer Symbolkraft wie der 9. November als Jahrestag der Reichsprogromnacht, ggf. auch der 20. Juni als Tag des Attentats auf Adolf Hitler, der 8. Mai als Jahrestag des Kriegsendes) für Veranstalter wie die N-Partei generell ausgeschlossen wären. Ausreichen kann eine solche Gefährdung wohl aber jedenfalls dann, wenn der Versammlung an einem der benannten Tage eine eindeutige Stoßrichtung gegen das jeweilige Gedenken beizumessen ist. In der Abwägung ist aber zu*

*beachten, dass der provokative Charakter der Veranstaltung lediglich unterstellt wird; jedenfalls kann die N einen sachlichen Grund für die Terminierung ihrer Versammlung vorbringen (Vortrag des Professors am gleichen Tag). Damit ist die Maßnahme, gleich ob sie ein Verbot oder eine Auflage darstellt, als unangemessen und nicht verhältnismäßig anzusehen (a. A. wohl vertretbar).*

***Endergebnis:*** *Das Recht der N aus Art. 8 GG ist verletzt.*

#### 6.2.4.3 Spezielle Schranken-Schranke: Verbot der Anmelde- und Erlaubnispflicht

Eine spezielle Schranken-Schranke enthält Art. 8 Abs. 1 GG mit dem Verbot der Anmelde- oder Erlaubnispflicht. So darf eine Versammlung **nicht** von einer obligatorischen **Anmeldungspflicht** abhängig gemacht werden; erst recht müssen Versammlungen nicht genehmigt werden.

**Merke:**
In der Zeit der Corona-Pandemie war vielfach eine Kollision der Kontaktbeschränkungen im öffentlichen Raum mit der Versammlungsfreiheit zu verzeichnen. So enthielten die Corona-Schutzverordnungen der Länder häufig – meist implizit als Unterfall der allgemeinen Ausgangs- bzw. Kontaktbeschränkungen – zunächst pauschale Versammlungsverbote. Das Bundesverfassungsgericht äußerte sich in zwei Beschlüssen aus April 2020 zu Versammlungsverboten und stellte fest, dass Versammlungsverbote mit pauschalen Erwägungen, die jeder Versammlung entgegengehalten werden könnten, für die Verbote nicht ausreichten. Vielmehr sei es an den Behörden, zu prüfen, ob neben dem Verbot – in Anwendung einer strengen Verhältnismäßigkeitsprüfung – mildere Mittel gegenüber einem Verbot zur Verfügung gestanden hätten. Keine Aussage traf das Gericht darüber, ob die Versammlungsverbote mit Erlaubnisvorbehalt mit Art. 8 GG in Einklang standen.[116] Die bestehenden Versammlungsverbote mit Erlaubnisvorbehalt sind in der Folge ersetzt worden durch Regelungen, aufgrund derer den Veranstaltern, teilweise abgestuft nach Teilnehmerzahlen, Auflagen gemacht werden konnten, etwa im Sinne der Vorlage von Hygienekonzepten, der Einhaltung der Maskenpflicht oder der Einhaltung von Abstandsgeboten.[117]

116 BVerfG, NJW 2020 S. 1426 f.; BVerfG, NVwZ 2020 S. 711 ff.

117 Vgl. hierzu Wissenschaftlicher Dienst des Bundestages, Versammlungsfreiheit unter den Bedingungen der Corona-Pandemie Einschränkungen aus Infektionsschutzgründen (WD 3 – 3000 – 259/20); https://www.google.com/url?sa=t&rct=j&q=&esrc=s&source=web&cd=&cad=rja&uact=8&ved=2ahUKEwj1x4HU9K3xAhWOzqQKHaUrDZEQFjAAegQIBhAD&url=https%3A%2F%2Fwww.bundestag.de%2Fresource%2Fblob%2F817530%2F7fb241c69a6ab384bed15e885367c656%2FWD-3-259-20-pdf-data.pdf&usg=AOvVaw3MBD8RFCCYBXzHcoGeg0Xp, zuletzt abgerufen am 21.6.2021.

Das Anzeigeerfordernis nach § 10 Abs. 1 VersG NRW ist als bloße Obliegenheit einzuordnen; eine Verletzung dieser Pflicht darf nicht pauschal zu einem Verbot oder einer Auflösung der Versammlung nach § 13 Abs. 2 VersG NRW führen.

**Merke:**
Die Anzeigepflicht lässt sich nicht allein unter Berufung auf den Gesetzesvorbehalt des Art. 8 Abs. 2 GG rechtfertigen. Der einfache Landesgesetzgeber darf kein rechtspolitisches Gesamturteil fällen, das dem verfassungsrechtlich garantierten Freiheitsrecht diametral widerspricht. Zweck der Anzeigepflicht ist in erster Linie die Ermöglichung der Versammlung: Behörden sollen frühzeitig einschreiten können, um Gefahren für Teilnehmende und Dritte abzuwenden. Die Norm bedarf daher einer verfassungskonformen Auslegung

*Eil- und Spontanversammlungen nach § 10 Abs. 3 und 4 VersG NRW*

| **Versammlungstyp** | **Gesetzliche Regelung** | **Rechtsfolge für die Anzeige** | **Leitungsangabe** |
|---|---|---|---|
| Eilversammlung | § 10 Abs. 3 | Anzeige muss „unverzüglich" mit der öffentlichen Bekanntgabe erfolgen; die 48-Stunden-Frist gilt nicht. | Anzeige sobald feststehend. |
| Spontanversammlung | § 10 Abs. 4 | Keine Anzeigepflicht, weil die Versammlung sich augenblicklich bildet. | Keine Leitungsangabe erzwingbar. |

Konsequenzen bei Pflichtverletzungen
Ein Verstoß gegen die Anzeigepflicht rechtfertigt Eingriffe nur nach dem Grundsatz der Verhältnismäßigkeit. Erst wenn konkrete Tatsachen eine unmittelbare Gefahr für die öffentliche Sicherheit begründen und mildere Mittel ausscheiden, darf die Behörde Beschränkungen (§ 13 Abs. 1) oder ein Verbot (§ 13 Abs. 2) aussprechen. Eine rein formale Betrachtung (fehlende Anzeige → „Verbot") wäre verfassungswidrig.

## 6.3 Art. 9 GG – Vereinigungs- und Koalitionsfreiheit

### 6.3.1 Allgemeines

Art. 9 GG weist **zwei** wesentliche **Gewährleistungen** aus, zum einen in Art. 9 Abs. 1 GG die allgemeine **Vereinigungsfreiheit**, zum anderen in Art. 9 Abs. 3 GG den Spezialfall der **Koalitionsfreiheit**, der die Bildung von Vereinigungen zur Wahrung und Förderung der Arbeits- und Wirtschaftsbedingungen betrifft.

Die Freiheit, sich zu politischen **Parteien** zusammenzuschließen, ist ebenfalls nach Art. 9 Abs. 1 GG geschützt, woraus sich nicht zuletzt die Verfassungsbeschwerdebefugnis politischer Parteien ergibt. Zur Struktur und zu Merkmalen der Parteien wurde bereits im Rahmen der Verfassungsprinzipien, namentlich des Demokratieprinzips, eingegangen; hierauf sei verwiesen.[118]

Die jüngste Rechtsprechung illustriert anschaulich, wie dynamisch die Anwendung des Vereinsrechts nach Art. 9 Abs. 2 GG bleibt. Am 24.6.2025 hob der 6. Senat des Bundesverwaltungsgerichts[119] das vom Bundesinnenministerium am 5.6.2024 verhängte Verbot gegen die **„COMPACT-Magazin GmbH"** und ihre Teilorganisation **„CONSPECT FILM GmbH"**[120] auf. Die Leipziger Richter stellten ausführlich dar, dass zwar zahlreiche Beiträge des rechtsextremen Magazins Elemente eine aggressiv-kämpferische Ideologie enthalten, diese Passagen jedoch nicht derart prägend seien, dass sie die Gesamtausrichtung des Unternehmens auf eine Beseitigung der verfassungsmäßigen Ordnung verengen könnten. Entscheidend war für das Gericht, dass die Meinungs- und Pressefreiheit nach Art. 5 GG ein besonders hohes Gewicht besitzt und nur dann hinter Art. 9 Abs. 2 GG zurücktreten darf, wenn verfassungsfeindliche Inhalte das Gesamtbild dominieren. Zugleich ließ der Senat ausdrücklich zu, dass ein Medienunternehmen in extremen Ausnahmefällen sehr wohl nach Vereinsrecht verboten werden kann; es fehle hier lediglich die hinreichende Intensität.

Die Entscheidung fügt sich in eine Reihe einschlägiger Vereinsverbote, die ein plastisches Bild vom Instrumentarium des Innenministeriums und seiner gerichtlichen Kontrolle vermitteln. Das im Januar 2020 ausgesprochene Verbot der rechtsterroristischen Gruppierung **„Combat 18 Deutschland"**[121] blieb ebenso bestandskräftig wie das Verbot der rockerähnlichen Organisation **„United Tribuns"** aus dem September 2022;[122] beide Vereinigungen hatten nach den Feststellungen des Bundesinnenministeriums eine erhebliche Gewaltbereitschaft entfaltet. Im September 2023 folgten zwei bedeutsame rechtsextreme Verbote: Zunächst untersagte das BMI die neonazistische sektenartige **„Artgemeinschaft"**,[123] kurz darauf die transnational vernetzte Skinhead-Struktur **„Hammerskins Deutschland"**[124] samt ihrer Teilorganisation **„Crew 38"**.

118 Dazu oben Kap. 2.2.3.2.

119 BVerwG, Urt. vom 24.6.2025 – 6 A 4.24 –, Pressemitteilung 48/2025, zit. n. https://www.bverwg.de/pm/2025/48, zuletzt abgerufen am 28.6.2025.

120 Bundesamt für Verfassungsschutz, Bundesinnenministerin Nancy Faeser verbietet „COMPACT-Magazin GmbH", 16.7.2024, https://www.verfassungsschutz.de/SharedDocs/kurzmeldungen/DE/2024/2024-07-16-verbot.html, zuletzt abgerufen am 28.6.2025.

121 BMI, Pressemitteilung zum Verbot „Combat 18 Deutschland", 23.1.2020, https://www.bmi.bund.de/SharedDocs/pressemitteilungen/DE/2020/01/combat-18-verbot.html, zuletzt abgerufen am 28.6.2025.

122 BMI, Pressemitteilung zum Verbot „United Tribuns", 14.9.2022, https://www.bmi.bund.de/SharedDocs/pressemitteilungen/DE/2022/09/vereinsverbot-united-tribunes.html, zuletzt abgerufen am 28.6.2025.

123 BMI, Pressemitteilung zum Verbot „Artgemeinschaft", 27.9.2023, https://www.bmi.bund.de/SharedDocs/pressemitteilungen/DE/2023/09/verbot-ag2.html, zuletzt abgerufen am 28.6.2025.

124 BMI, Pressemitteilung zum Verbot „Hammerskins Deutschland", 19.9.2023, https://www.bmi.bund.de/SharedDocs/pressemitteilungen/DE/2023/09/verbot-hammerskins.html, zuletzt abgerufen am 28.6.2025.

> **Merke:**
> Diese Fälle zeigen, dass das Vereinsrecht in der Extremismus- und Kriminalitätsbekämpfung eine zentrale Rolle spielt, während das BVerwG zugleich strikte Maßstäbe an dessen Anwendung anlegt, wenn – wie bei „COMPACT" – publizistische Aktivitäten betroffen sind.

## 6.3.2 Allgemeine Vereinigungsfreiheit

### 6.3.2.1 Schutzbereich

#### *6.3.2.1.1 Sachlicher Schutzbereich*

##### *6.3.2.1.1.1 Begriff der Vereinigung*

Wenn in Art. 9 Abs. 1 GG von „Vereinen" und „Gesellschaften" die Rede ist, kann zur näheren Bestimmung dieser Begriffe auf § 12 Abs. 1 VereinsG verwiesen werden:

> *„Verein im Sinne dieses Gesetzes ist ohne Rücksicht auf die Rechtsform jede Vereinigung, zu der sich eine Mehrheit natürlicher oder juristischer Personen für längere Zeit zu einem gemeinsamen Zweck freiwillig zusammengeschlossen und einer organisierten Willensbildung unterworfen hat."*

Der Begriff bestimmt zugleich in seiner **Weite** den sachlichen Schutzbereich des Art. 9 Abs. 1 GG. Bestimmend für Vereinigungen i. S. d. Art. 9 Abs. 1 GG ist zunächst die **Freiwilligkeit** des Zusammenschlusses zur gemeinsamen **Zweckverfolgung**.

Durch die Vereinigung werden **zwei oder mehr Personen**, egal ob natürliche oder juristische Personen, mit einem Mindestmaß an zeitlicher und organisatorischer Stabilität **vereinigt**. Ausdruck dieser Stabilität ist die Willensbildung auf Grundlage geschriebener oder ungeschriebener Regeln.[125]

Seit Inkrafttreten des Gesetzes zur Ermöglichung hybrider und virtueller Mitgliederversammlungen im Vereinsrecht (BGBl. I 2023 Nr. 72) können Vereine ihre Willensbildung dauerhaft vollständig digital oder in Hybridformen organisieren. Der sachliche Schutzbereich des Art. 9 Abs. 1 GG umfasst damit nun ausdrücklich auch Vereinigungen, deren innere Organisation ausschließlich online erfolgt; die organisatorische Stabilität kann mithin ebenso durch digitale Satzungen und elektronische Abstimmungstools gewährleistet werden.

##### *6.3.2.1.1.2 Individualgrundrecht*

Art. 9 Abs. 1 GG beinhaltet zunächst eine **individualrechtliche Komponente**, die dem Einzelnen das Recht zur Bildung von Vereinigungen zugesteht. Umfasst ist die Vereinsautonomie, also die Freiheit, Zeit, Namen, Form und Zweck der Gründung frei zu wäh-

125 Zu den Merkmalen der Vereinigung insoweit *Kingreen/Poscher*, Staatsrecht II, Rn. 840 ff.

len, den Sitz zu bestimmen und die Vereinigung – bei Vereinen durch Satzung – selbst zu organisieren.

Von der Vereinigungsfreiheit ist auch die **Freiheit** erfasst, einem Verein **beizutreten**, sich dort zu betätigen und dort zu verbleiben. Gewährleistet ist zugleich die **negative Vereinsfreiheit**, d. h. die Freiheit, einem Verein fernzubleiben bzw. aus diesem auszutreten.

**Umstritten** ist die Frage, ob die negative Vereinigungsfreiheit auch das Fernbleiben von **öffentlich-rechtlichen Zwangsvereinigungen** betrifft, bspw. Jagdgenossenschaften, Rechtsanwalts- oder Handelskammern. Da dem Art. 9 Abs. 1 GG nur privatrechtliche Vereinigungen unterfallen, könnte die Pflicht, öffentlich-rechtlichen Zwangsvereinigungen beizutreten, Gegenstand der Allg. Handlungsfreiheit nach Art. 2 Abs. 1 GG, und damit auch hieran zu messen sein. Allerdings wird zutreffend darauf hingewiesen, dass es für die Ausübung der negativen Vereinigungsfreiheit keinen Unterschied machen dürfte, in welcher Rechtsform die Vereinigung, der man fernbleiben möchte, organisiert ist.[126]

Das Bundesverfassungsgericht hat mit Beschluss vom 12.7.2017 – 1 BvR 2222/12 – u. a. erneut bestätigt, dass die Pflichtmitgliedschaft in Industrie- und Handelskammern die negative Vereinigungsfreiheit nicht verletzt.[127] Der Senat stützt die Zulässigkeit solcher Zwangskorporationen auf deren funktionsgebundene öffentliche Aufgaben und verlangt lediglich eine fortlaufende Überprüfung durch den Gesetzgeber, ob die Voraussetzungen für eine Pflichtmitgliedschaft weiterhin vorliegen.

###### *6.3.2.1.1.3 Kollektives Freiheitsrecht*

Umfasst von Art. 9 Abs. 1 GG als **kollektives Freiheitsrecht** ist auch die Vereinigung selbst in ihrem Entstehen und Fortbestehen. Geschützt ist neben der Existenz und Funktionsfähigkeit insbesondere das Recht auf Selbstbestimmung über die innere Organisation und die innere Willensbildung. Zutreffend dürfte es sein, die außenwirksame Betätigung einer Vereinigung im Rechtsverkehr an den Grundrechten zu messen, die dem Schutz des jeweiligen Betätigungsfeldes dienen,[128] so bspw. die Berufsfreiheit oder die Eigentumsfreiheit für das Agieren von Gesellschaften im Wirtschaftsverkehr.

##### ***6.3.2.1.2 Persönlicher Schutzbereich***

Art. 9 Abs. 1 GG ist ein **Deutschenrecht**. Damit sind neben Deutschen i. S. d. Art. 116 Abs. 1 GG auch EU-Ausländer – unmittelbar über Art. 9 Abs. 1 GG oder über Heranziehung des Art. 2 Abs. 1 GG, gemessen an den Maßstäben des Art. 9 Abs. 1 GG ge-

126 Zum Meinungsstand *Kingreen/Poscher*, Staatsrecht II, Rn. 848 ff. mwN.

127 BVerfG, Beschl. vom 12.7.2017 – 1 BvR 2222/12 –, – 1 BvR 1106/13 – (Pflichtmitgliedschaft IHK), https://www.bundesverfassungsgericht.de/SharedDocs/Entscheidungen/DE/2017/07/rs20170712_1bvr222212.html, zuletzt abgerufen am 29.6.2025; Waldhoff in Sachs, GG-Kommentar, Art. 9 Rn. 64 ff.

128 Dazu etwa BVerfG, NJW 2000 S. 1251, 1251.

schützt.[129] Für Nicht-EU-Ausländer ist die Vereinigungsfreiheit damit (lediglich, aber immerhin) als Ausfluss der Allg. Handlungsfreiheit (Art. 2 Abs. 1 GG) garantiert.

Aus der Kombination von individualrechtlicher und kollektiver Komponente folgt zugleich, dass das Grundrecht wesensmäßig auch auf **juristische Personen** i. S. d. Art. 19 Abs. 3 GG anwendbar ist.

**Hinweis:**
Die seit 12.6.2021 geltenden Änderungen des Zweiten Führungspositionen-Gesetzes (FüPoG II)[130] verpflichten börsennotierte und paritätisch mitbestimmte Unternehmen, im Vorstand mindestens eine Frau zu bestellen, sobald dieser aus mehr als drei Personen besteht (§ 76 Abs. 3a AktG). Die Maßnahme wird überwiegend als Eingriff in die Organisationsautonomie der Gesellschaften und damit in Art. 9 Abs. 1 GG eingeordnet, zugleich jedoch durch Art. 3 Abs. 2 Satz 2 GG gerechtfertigt, weil sie das Ziel der tatsächlichen Gleichberechtigung verfolgt und verhältnismäßig ausgestaltet ist.

### 6.3.2.2 Eingriff

Bezüglich der **Eingriffe** in Art. 9 Abs. 1 GG ist zu bedenken, dass – im Sinne einer Normprägung – staatliche Normen existieren, die die äußere Form – insbesondere die Typen von Vereinigungen, also von Vereinen und Gesellschaften – festlegen. Letztere dienen der Ermöglichung der Vereinsfreiheit und sind damit **Ausgestaltungen** der Vereinigungsfreiheit, keine Eingriffe.

Denkbare **Eingriffe** sind **Gründungsverbote**, die präventive Kontrolle von Vereinstätigkeiten,[131] die Pflicht, Vereinssatzungen genehmigen zu lassen, das Erschweren der Mitgliederwerbung und schließlich das Vereinsverbot.

Denkbare **Ausgestaltungen** sind Mindesteinlagevorschriften für bestimmte Gesellschaftsformen, bspw. die GmbH, sowie Eintragungspflichten.

---

129 Dazu oben Kap. 3.6.2.4.

130 Gesetz zur Ergänzung und Änderung der Regelungen für die gleichberechtigte Teilhabe von Frauen an Führungspositionen (BGBl. I 2021 S. 3311); *Vögele, Linda/Sichma, Adrian*, Mehr Macht für Frauen. Das FüPoG II in Privatwirtschaft und öffentlichem Dienst, BWV 2022 S. 53 ff.

131 Vgl. etwa BVerfG, NVwZ 2003 S. 855, 855 f. bezüglich der Pflichten von Schießsportverbänden nach § 15 WaffG. Hier wird allerdings nicht recht deutlich, ob das Bundesverfassungsgericht von einem Eingriff oder einer lediglichen Ausgestaltung ausgeht: *„Nach diesen Grundsätzen ist die Bf. durch die angegriffenen Vorschriften in ihrer Vereinigungsfreiheit **betroffen**. Es handelt sich um Regelungen, die das Schießsportvereinswesen unter Gesichtspunkten der Gefahrenabwehr **ausgestalten**.“* (Hervorh. d. Verf.) Die Diktion „betroffen“ spricht für einen Eingriff, das „Ausgestalten“ eben nur für eine Ausgestaltung, die nicht Eingriff ist. Letztlich ist die Annahme eines (i. E. gerechtfertigten) Eingriffs näherliegend.

> **Merke:**
> Da Art. 9 Abs. 1 GG auch privatrechtliche Gesellschaften erfasst, betreffen staatliche Vorgaben für die innere Organisation auch den Schutzbereich des Art. 9 Abs. 1 GG; jüngstes Beispiel ist die Einführung einer Frauenquote in Aufsichtsräten bestimmter Aktiengesellschaften.
> Da die Personalauswahl für Gesellschaftsgremien in der Organisationshoheit der Gesellschaften liegt, dürfte die Pflicht zur Bestellung einer Mindestanzahl an Frauen für den Aufsichtsrat eher Eingriff als Ausgestaltung sein (a. A. vertretbar), die dann insbesondere an Art. 3 Abs. 2 GG zu messen ist.[132]

### 6.3.2.3 Verfassungsrechtliche Rechtfertigung

#### *6.3.2.3.1 Schranken*

##### *6.3.2.3.1.1 Vereinsverbote*

Art. 9 Abs. 2 GG wird hinsichtlich des **Verbots** von Vereinigungen von der überwiegenden Ansicht auch ohne ausdrückliche Nennung als **qualifizierter Gesetzesvorbehalt** begriffen, da aus rechtsstaatlichen Gründen über das Verbot nur unter gesetzlich festgelegten Zuständigkeits- und Verfahrensvorschriften entschieden werden kann. Die Verbotsgründe sind insoweit abschließend.

**Strafvorschriften** dürfen dabei nur als **„allgemein"** vergleichbar Art. 5 Abs. 2 GG[133] ausgestaltet werden; vereinsspezifisches Strafrecht würde die Vereinigungsfreiheit zur Disposition des einfachen Gesetzgebers stellen. Strafvorschriften, die dem Wortlaut nach das Sichvereinigen unter Strafe stellen (§§ 129, 129a StGB: Bildung krimineller bzw. terroristischer Vereinigungen), knüpfen an die Gefährlichkeit der geplanten gemeinsamen Ausübung von Straftaten an und sind deshalb kein Sonderrecht gegen Vereinigungen.

Vereinigungen, die sich **gegen** die **verfassungsmäßige Ordnung** bzw. die Völkerverständigung (letzteres bspw. durch Auf- oder Abwertung von Völkern anhand rassischer Merkmale) richten, müssen dies in **aggressiv-kämpferischer Haltung** tun, der rein verbale Ausdruck der Ablehnung reicht hierfür nicht aus.

Für die **Abgrenzung** zwischen **Parteien** und **politischen Vereinen** und den entsprechenden Verbotsverfahren sei auf die entsprechenden Feststellungen im Rahmen des Demokratieprinzips verwiesen.[134]

##### *6.3.2.3.1.2 Sonstige Eingriffe*

Sonstige Eingriffe in die Vereinigungsfreiheit können durch **kollidierendes Verfassungsrecht** gerechtfertigt werden. Einfachgesetzliche Vorschriften etwa des Vereins-

132 Dazu oben Kap. 5.2.1.
133 Dazu oben Kap 6.1.3.1.1.
134 Vgl. oben Kap. 2.2.3.2.

rechts, aber anderer Vorschriften, die das Tätigwerden von Vereinigungen betreffen, stellen sich insoweit als einfachgesetzliche Konkretisierungen dieses Verfassungsrechtsguts dar.

***Beispiel:***
*Eine Vereinigung von Strafgefangenen, die sich als Vereinszweck die Vermittlung und Verfeinerung von Ausbruchstechniken gegeben hat, kollidiert mit Vorschriften der Art. 103 Abs.2, 3, 104 GG. Vorschriften des Strafvollzugsrechts, die die Unterbindung dieser Vereinstätigkeit ermöglichen, konkretisieren die entsprechenden Normen des GG.*[135]

**Merke:**
Da Selbstbefreiung nicht unter Strafe steht, kann eine solche Vereinigung nicht per se unter Hinweis auf Art. 9 Abs. 2 GG verboten werden.

Nicht zuletzt aufgrund der individuellen und der kollektiven Komponente des Art. 9 Abs. 1 GG sind kollidierende Verfassungspositionen auch **innerhalb** der **Vereinigungsfreiheit**, etwa zwischen Vereinigungen und den ihr zugehörigen Mitglieder denkbar.

#### 6.3.2.3.2 Schranken-Schranken

Für alle Eingriffe in Art. 9 Abs. 1 GG gilt, dass die Rechtfertigung nur aufgrund **verfassungsmäßiger Vorschriften** und unter **verhältnismäßiger Anwendung** derselben im Einzelfall gelingen kann.

### 6.3.3 Koalitionsfreiheit

Art. 9 Abs. 3 GG regelt den Spezialfall der **Koalitionsfreiheit**, der die Bildung von Vereinigungen zur Wahrung und Förderung der Arbeits- und Wirtschaftsbedingungen betrifft. Geregelt wird also kurz gesagt das organisierte Gegenüber von Arbeitnehmern und Arbeitgebern v. a. zur Festlegung von Rahmenbedingungen in Arbeit und Wirtschaft.

Wie die allgemeine Vereinigungsfreiheit beinhaltet die Koalitionsfreiheit eine **individuelle** und eine **kollektive** Komponente. Die individuelle Komponente beschreibt das Recht des einzelnen Berufsangehörigen (auch von Beamten, Soldaten, Richtern), aber auch von juristischen Personen, insbesondere von Gesellschaften auf Arbeitgeberseite, Koalitionen beizutreten oder fernzubleiben. Zugleich ist die Gründung, die Existenz und das Agieren von Koalitionen umfasst.

135 So das anschauliche Beispiel bei *Pieroth/Schlink/Kingreen/Poscher*, Staatsrecht II, 30 Aufl., Rn. 815.

### 6.3.3.1 Schutzbereich

#### *6.3.3.1.1 Sachlicher Schutzbereich*

Art. 9 Abs. 3 GG legt zunächst den **Vereinigungsbegriff** des Art. 9 Abs. 1 GG zugrunde, legt aber den **speziellen Zweck** der betreffenden Vereinigung, nämlich Wahrung und Förderung der Arbeits- und Wirtschaftsbedingungen, fest.

Der Begriff der **Arbeitsbedingungen** betrifft die das Arbeitsverhältnis betreffenden Bedingungen bezüglich Arbeitslohn, Arbeitszeiten, Arbeitsschutz, aber auch Urlaub und sonstigen Leistungen des Arbeitgebers.

Der Begriff der **Wirtschaftsbedingungen** betrifft Bedingungen mit wirtschafts- bzw. sozialpolitischem Charakter, so etwa Maßnahmen zur Konjunkturentwicklung, zur Verringerung und Abfederung von Arbeitslosigkeit sowie zum Einsatz von Arbeitsmitteln, bspw. im technologischen Bereich.

Koalitionen i. S. d. Art. 9 Abs. 3 GG dürfen sich nicht auf einen der beiden Bereiche beschränken; Art. 9 Abs. 3 GG setzt insoweit eine **gemeinsame Verfolgung** beider Zwecke durch die Koalition voraus.[136] Weitere **ungeschriebene**, aber bestimmende **Merkmale** der Koalition nach Art. 9 Abs. 3 GG sind

- die Gegnerfreiheit:
  ausschließliche Zusammenschlüsse von Arbeitgebern einerseits und Arbeitnehmern andererseits,
- die Gegnerunabhängigkeit:
  wirtschaftliche Selbständigkeit der einen Koalition von der gegenüberstehenden Koalition,
- die Überbetrieblichkeit:
  regelmäßig Tätigwerden für mehr als einen Betrieb.

**Klassische Koalitionen** sind dem entsprechend auf der Arbeitnehmerseite die **Gewerkschaften**, auf Arbeitgeberseite die **Arbeitgeberverbände,** sowie die entsprechenden Spitzenorganisationen, Gewerkschaftsbund und Bundesvereinigung der Arbeitgeberverbände.

Ausdruck der Koalitionsfreiheit ist damit insbesondere die Freiheit, weithin frei von staatlicher Einflussnahme Tarifverträge auszuhandeln (**Tarifautonomie**). Neben werbenden Maßnahmen und der Beratung, ggf. auch gerichtlichen Vertretung von Mitgliedern zählen **Arbeitskampfmaßnahmen** zum Kern der geschützten Betätigung. Da die Ausgestaltung der Tarifbedingungen durch die Koalitionen das Ziel sein muss, fallen Sympathie- oder Solidaritätsstreiks sowie „wilde", also nicht durch die Koalition organisierte Streiks aus dem Schutzbereich heraus.[137]

**Erlaubte Arbeitskampfmittel** sind **Streiks**, also Arbeitsniederlegungen durch eine Vielzahl von Arbeitnehmern und Betriebsblockaden einerseits sowie **suspendierende Abwehraussperrungen**, die die Hauptpflichten aus dem Arbeitsverhältnis für die Zeit

136 So *Kingreen/Poscher*, Staatsrecht II, Rn. 853; zweifelnd insoweit *Cornils* in BeckOK GG, Art. 9 GG Rn. 47.

137 So umfassend *Kingreen/Poscher*, Staatsrecht II Rn. 858.

der Aussperrung aussetzen, andererseits;[138] nicht zugelassen sind lösende Aussperrungen, die die Arbeitsverhältnisse erlöschen lassen. Erlaubt ist wiederum die Einstellung der Lohnzahlung für die Zeit des Streiks.

#### 6.3.3.1.2 *Persönlicher Schutzbereich*

Hier gilt – anders als bei Art. 9 Abs. 1 GG – dass die Koalitionsfreiheit ein **Jedermannsrecht** ist; eine wesensmäßige Anwendung auf juristische Personen i. S. d. Art. 19 Abs. 3 GG ist gegeben.

**Merke:**
Mit Urteil vom 12.6.2018 – 2 BvR 1738/12 – u. a.[139] hat das Bundesverfassungsgericht das verfassungsrechtliche Streikverbot für Beamte als hergebrachten Grundsatz des Berufsbeamtentums bestätigt. Zwar fällt das individuelle Recht eines Beamten, einer Gewerkschaft beizutreten, unter Art. 9 Abs. 3 GG; das Gericht sah jedoch in Art. 33 Abs. 5 GG eine kollidierende Verfassungsbestimmung von höherem Gewicht, die ein streikfreies Berufsbeamtentum zum Schutz funktionsfähiger staatlicher Verwaltung garantiert.

### 6.3.3.2 Eingriff

Eine Besonderheit des Art. 9 Abs. 3 GG ist der Umstand, dass das Grundrecht **unmittelbare Drittwirkung** entfaltet. Eingriffe sind daher nicht nur von Seiten des Staates, sondern auch durch die jeweils gegenüberstehende Koalition denkbar.

Wiederum stellen die staatlicherseits zur Verfügung gestellten Normen für die allgemeine **Ausgestaltung** von Arbeits- und Tarifbedingungen dar und sind keine Eingriffe. Wie stets bei Ausgestaltungen kann es vorkommen, dass derartige Ausgestaltungsnormen übermäßig sind und dann zu Eingriffen mutieren.

***Beispiel:***
*Als Beispiel mag das jüngst in Kraft getretene Tarifeinheitsgesetz dienen. Ziel des Gesetzes ist es, die Möglichkeit zum Abschluss von Tarifverträgen in einem Betrieb auf jeweils einen Tarifvertrag zu beschränken. Bei Uneinigkeit der Gewerkschaften auf Arbeitnehmerseite soll im Zweifel der Tarifvertrag gelten, der durch die am stärksten vertretene Gewerkschaft geschlossen wird. Ob dies eine zulässige Ausgestaltung der Tarifautonomie ist oder ob eine übermäßige Ausgestaltung in Form eines (ggf. nicht gerechtfertigten) Eingriffs in die Tarifautonomie*

138 BVerfGE 84, 212,225 – Aussperrung. Die Zulässigkeit auch der nur suspendierenden Aussperrung ist umstritten; vgl. die Nachweise bei *Kingreen/Poscher*, Staatsrecht II Rn. 859.

139 BVerfG, Urt. vom 12.6.2018 – 2 BvR 1738/12 –, – 2 BvR 646/15 –, – 2 BvR 983/16 –, – 2 BvR 2258/16 –, https://www.bundesverfassungsgericht.de/SharedDocs/Entscheidungen/DE/2018/06/rs20180612_2bvr173812.html, zuletzt abgerufen am 28.6.2025.

*vorliegt, haben die sog. „Spartengewerkschaften“ (GDL für die Bahn, Pilotenvereinigung „Cockpit“) vor dem Bundesverfassungsgericht herauszufinden versucht.*

*Das Bundesverfassungsgericht hat das Tarifeinheitsgesetz als im Wesentlichen verfassungsgemäß eingestuft.*[140] *Die Entscheidung begründet das mit dem weiten Gestaltungsspielraum des Gesetzgebers bei der Ausgestaltung der Strukturprinzipien der Tarifautonomie. Zugleich wird aber festgestellt, dass das Streikrecht der Spartengewerkschaften nicht eingeschränkt sei. Dies gilt auch dann, wenn feststeht, dass sich ein infolge eines erfolgreichen Arbeitskampfes geschlossener Tarifvertrag nicht durchsetzen wird.*[141] *Damit ist aber ein wichtiges Ziel des Gesetzes, Streiks kleiner Gewerkschaften wie der GDL oder der Pilotenvereinigung „Cockpit“ mit erheblichen Wirkungen für die jeweiligen Gesamtunternehmen zu unterbinden, gescheitert.*

Nach dem Grundsatzurteil des Bundesverfassungsgerichts zum Tarifeinheitsgesetz vom 11.7.2017 – 1 BvR 1571/15 – u. a.[142] hat das Bundesarbeitsgericht mit Beschluss vom 25.1.2023 – 4 ABR 4/22 –[143] erstmals konkretisiert, wie das betriebsbezogene Mehrheitsprinzip des § 4a TVG praktisch anzuwenden ist. Es genügt nun, wenn der tarifschließende Arbeitgeberverband mit allen betroffenen Gewerkschaften abweichende Vereinbarungen trifft; eine einheitliche Gesamtvereinbarung aller Koalitionen ist nicht erforderlich.

#### 6.3.3.3 Rechtfertigung

##### *6.3.3.3.1 Schranken*

Ob die Schrankenregelung des Art. 9 Abs. 2 GG auf Art. 9 Abs. 2 GG anwendbar ist, ist so umstritten wie bedeutungslos:[144] Eine Koalition, die die verbotenen Zwecke des Art. 9 Abs. 2 GG verfolgt, ist keine, die die Zwecke des Art. 9 Abs. 3 GG verwirklicht. Werden die Zwecke des Art. 9 Abs. 3 GG erfüllt, liegt kein Verbotsgrund nach Art. 9 Abs. 2 GG vor. Im Übrigen gelten wieder die Grundsätze der Beschränkung durch kollidierendes Verfassungsrecht, die sowohl innerhalb einer Koalition oder auch zwischen Koalitionen zum Tragen kommen können.

140 BVerfG, Urt. vom 11.7.2017 – 1 BvR 1571/15 – u. a., zit. n. https://www.bundesverfassungsgericht.de/SharedDocs/Entscheidungen/DE/2017/07/rs20170711_1bvr157115.html, zuletzt abgerufen am 21.6.2021.

141 BVerfG, Urt. vom 11.7.2017 – 1 BvR 1571/15 – u. a., zit. n. https://www.bundesverfassungsgericht.de/SharedDocs/Entscheidungen/DE/2017/07/rs20170711_1bvr157115.html, zuletzt abgerufen am 21.6.2021, Rn. 140.

142 BVerfG, Urt. vom 11.7.2017 – 1 BvR 1571/15 – u. a., zit. n. https://dejure.org/dienste/vernetzung/rechtsprechung?Gericht=BVerfG&Datum=11.07.2017&Aktenzeichen=1%20BvR%201571%2F15, zuletzt abgerufen am 28.6.2025.

143 BAG, Beschl. vom 25.1.2023 – 4 ABR 4/22 –, openJur 2023, 5960.

144 Insoweit zutreffend, auch zum Meinungsstand, *Kingreen/Poscher*, Staatsrecht II, Rn. 874 f.

**Merke:**
Zwei jüngere EU-Richtlinien beeinflussen maßgeblich den verfassungsrechtlichen Rahmen kollektiver Arbeitsbeziehungen:
Die Richtlinie (EU) 2022/2041 über angemessene Mindestlöhne verpflichtet die Mitgliedstaaten, den Tarifbindungsgrad auf mindestens 80 % zu erhöhen, und stärkt damit mittelbar die Koalitionsfreiheit.
Die Richtlinie (EU) 2024/2831 zur Verbesserung der Arbeitsbedingungen in der Plattformarbeit enthält eine Vermutungsregel für das Vorliegen eines Arbeitsverhältnisses sowie Transparenz- und Mitwirkungsrechte gegenüber algorithmischem Management.
Beide Instrumente stellen keine unmittelbaren Eingriffe in Art. 9 Abs. 3 GG dar, begründen aber europarechtliche Abwägungsbelastungen, die der deutsche Gesetzgeber und die Gerichte bei Eingriffen in die Tarifautonomie künftig beachten müssen.

#### *6.3.3.3.2 Schranken-Schranken*

Vornehmliches Lösungsmittel entsprechender Konfliktlagen ist wiederum der **Grundsatz der Verhältnismäßigkeit**,[145] dem aber aufgrund des teilweise wenig normgeprägten Arbeitsrechts und der tragenden Rolle des Richterrechts noch einmal besondere Bedeutung zukommt.

Eine spezielle Schranken-Schranke enthält **Art. 9 Abs. 3 Satz 3 GG**, der auch im Fall des Notstands Arbeitskampfmaßnahmen ausdrücklich für zulässig erklärt.

## 6.4 Konkurrenzen

**Art. 5 Abs. 1 GG** betrifft auch im Rahmen von **Versammlungen** die **meinungsspezifische** Komponente; die Äußerungen von Werturteilen und Tatsachenbehauptungen während einer Versammlung unterfallen daher vorrangig dem Art. 5 Abs. 1 GG. Zugleich zieht das Bundesverfassungsgericht bei der Anwendung des Art. 8 GG auf meinungskundgebende Versammlungen die Gewährleistungen des Art. 5 Abs. 1 GG verstärkend hinzu.

Bezüglich **religiöser Versammlungen** (Aufzüge, Prozessionen, Gottesdienste unter freiem Himmel) ist – sofern man den religiösen Charakter des Versammlungszwecks als hinreichend für die Erfüllung des Versammlungsbegriffs ansieht – danach zu differenzieren, ob die staatliche Maßnahme die Glaubensausübung betrifft – dann handelt es sich um einen Fall des Art. 4 Abs. 1, 2 GG – oder den versammlungstypischen Kontext – dann um einen Fall des Art. 8 GG.

145 Vgl. wiederum BVerfGE 84, 212, 226 ff. – Aussperrung.

**Maßnahmen von Koalitionen** i. S. d. Art. 9 Abs. 3 GG können zugleich **Versammlungscharakter** i. S. d. Art. 8 GG haben, so etwa Protestzüge im Rahmen von Arbeitskampfmaßnahmen. Hier sind Beeinträchtigungen der Allgemeinheit dann auch in Relation zum hohen Rang des Art. 8 GG zu sehen.

***Beispiel:***
*Blockade der Rheinbrücke Rheinhausen-Hochfeld im Zuge der Proteste gegen die Werksschließungen in Duisburg-Rheinhausen 1987.*

Wiederum genießen **Meinungsäußerungen** im Zuge von **Arbeitskämpfen**, bspw. auf Transparenten oder im Rahmen von Ansprachen, grds. den – insoweit spezielleren – Schutz des Art. 5 Abs. 1 GG.

## 6.5 Das Asylgrundrecht (Art. 16a GG) – Systematik, Praxisbezug und aktuelle Entwicklungen

Das Asylgrundrecht ist für Polizei- und Verwaltungsbeamte ein ständiger Wegbegleiter: Es bestimmt, ob ein an der Grenze gestelltes Asylbegehren angenommen, eine Überstellung durchgeführt oder eine Abschiebung ausgesetzt werden muss.

### 6.5.1 Allgemeines

#### 6.5.1.1 Historischer Rahmen

Als der Parlamentarische Rat 1948/49 über Art. 16 GG verhandelte, trug er die Erfahrung im Gepäck, dass Gegner des NS-Regimes im Exil oft vergeblich um Aufnahme gebeten hatten. Die Gleichzeitigkeit von Flucht und Verfolgung prägte den knappen Satz *„Politisch Verfolgte genießen Asylrecht“*.[146] Damit stand das Asylrecht ursprünglich neben dem Ausbürgerungs- und Auslieferungsverbot für Deutsche und war in der Nachkriegswirklichkeit praktisch bedeutungslos.[147] Erst der wachsende Wohlstand der Bundesrepublik, schnellere Verkehrswege und globale Krisen rückten die Norm ins Zentrum der Migrationspolitik.

Die 1993 beschlossene Verfassungsänderung verlagerte das Asylrecht in den neuen Art. 16a GG, fügte fünf Absätze ein und schuf die Konstruktionen des **Sicheren Dritt- und Herkunftsstaates.**[148] Parallel kürzte das Asylverfahrensgesetz die Rechtswege

146 Vgl. BVerfG, Urt. vom 26.11.1986 – 2 BvR 1058/85 –, BVerfGE 74, 51 = „Zufluchts-Entscheidung“; *Maunz/Dürig*, GG, 106. EL 2025, Art. 16a Rn. 2.
147 *Jarass/Pieroth*, GG, Art. 16a Rn. 5.
148 Vgl. BVerfG, Urt. vom 14.5.1996 – 2 BvR 1938/93 –, BVerfGE 94, 49; DHS, Grundgesetz-Kommentar, Art. 16a Rn. 56 ff.

und band Bundes- und Landespolizei enger in Registrierung, Identitätsklärung und Sicherung von Überstellungen ein.[149]

#### 6.5.1.2 Europäische Weiterentwicklung

Die europäische Antwort auf steigende Schutzsuchendenzahlen war zunächst das **Dublin-System**;[150] Seit 14.5.2024 gilt das Asyl- und Migrationsmanagement-Paket (VO (EU) 2024/1351 ff.). Es führt ein strenges Grenz-Screening, einheitliche Schnellverfahren und einen Solidaritätsmechanismus ein, der Mitgliedstaaten gegenseitig zu Aufnahme oder finanzieller Kompensation verpflichtet. Die Verordnungen verweisen ausdrücklich auf die Grundrechtecharta; deutsche Behörden – nicht zuletzt die Bundes- und Landespolizeien – müssen ihre Abläufe bis 2026 harmonisieren, etwa bei der Identifizierung in der Eurodac-Datenbank und bei der Organisation von Grenzverfahren in AnKER-Zentren.

> ***Beispielsfall 53:***
> *Ranya, 20 Jahre alt, flieht aus Aleppo. Über die Türkei, Griechenland, Serbien und Österreich erreicht sie am 12.7.2025 den Grenzbahnhof Passau. Die Bundespolizei nimmt sie in Gewahrsam, registriert Fingerabdrücke (Eurodac-Kategorie 1) und leitet das „Dublin-Verfahren“ ein, weil Österreich als sicherer Drittstaat gilt. Ranya erhält eine Bescheinigung über die Aussetzung der Abschiebung (§ 60a AufenthG) bis zur Entscheidung des BAMF.*

### 6.5.2 Dogmatik des Art. 16a GG

Art. 16a Abs. 1 GG eröffnet ein Grundrecht eigener Art.[151] Seine Prüfung folgt zwar dem klassischen Dreischritt „Schutzbereich – Eingriff – Rechtfertigung“, bewegt sich jedoch stets im Spannungsfeld zwischen subjektivem Abwehr- und Leistungsanspruch einerseits und den objektiv-rechtlichen Lenkungsinstrumenten des Migrationsrechts andererseits.[152]

#### 6.5.2.1 Sachlicher Schutzbereich

Der sachliche Schutzbereich knüpft an die Begriffstriade „Verfolgungsgefahr“, „politisches Motiv“ und „staatliche Zurechenbarkeit“ an.[153]

**„Verfolgungsgefahr“** liegt nur vor, wenn Eingriffe an die Substanz von Leib, Leben, Freiheit oder Menschenwürde rühren. Das Bundesverfassungsgericht hat früh betont, dass selbst erhebliche berufliche oder soziale Diskriminierungen nicht genügen, solange

149 *Klurh, Winfried*, Die spezifische Rationalität von asylrechtlichen Kontingenten, ZAR 2025 S. 1 ff.
150 Vgl. EuGH, Urt. vom 26.7.2017 – C-670/16 – Mengesteab.
151 *Jarass/Pieroth*, GG, Art. 16a Rn. 1.
152 *Eichenhofer* in Dreier GG, Art. 16a Rn. 82.
153 *Wittreck* in Dreier GG Art. 16a Rn. 53.

sie die Betroffenen noch nicht in eine ausweglose Lage drängen; die Schwelle ist erst überschritten, wenn der Staat oder ein von ihm geduldeter Akteur gezielt den Lebenskern zerstört.[154]

Verfolgung ist „politisch“, wenn sie an Rasse, Religion, Nationalität, Zugehörigkeit zu einer sozialen Gruppe oder an eine feste Überzeugung anknüpft.[155]

„Staatliche Zurechenbarkeit“ rückt den Verfolgerstaat in den Fokus: Entweder handelt er selbst oder er erweist sich als schutzunwillig gegenüber nicht-staatlichen Akteuren.

Das Bundesverwaltungsgericht differenziert deshalb präzise zwischen allgemeiner Kriegsgewalt und gezielter politischer Entwertung; erstere bleibt dem völkervertraglichen oder humanitären Schutz, nicht aber Art. 16a GG überlassen.[156]

Absatz 2 grenzt den Schutzbereich auf Tatbestandsebene ein: Wer aus der EU oder einem sonstigen sicheren Drittstaat einreist, kann sich nicht auf Art. 16a GG berufen.[157]

Absatz 3 statuiert bei sicheren Herkunftsstaaten eine widerlegliche Vermutung fehlender Verfolgung, die der Antragsteller durch substantiierte Beweise entkräften kann;[158] im Urteil vom 26.4.2022 hat das Bundesverfassungsgericht verlangt, dass die Behörde diesen Vortrag sorgfältig dokumentiert.

**Nachfluchtgründe** – etwa Oppositionstätigkeit im deutschen Exil – sind nur dann erheblich, wenn sie die im Herkunftsstaat bereits erkennbar gelebte Überzeugung fortführen.[159]

### 6.5.2.2 Persönlicher Schutzbereich

Der persönliche Schutzbereich ist bewusst enger gefasst als bei den Abwehrrechten des Grundgesetzes: Träger können nur Ausländer oder Staatenlose sein. Deutsche genießen bereits das Recht auf Einreise und Aufenthalt aus Art. 11 GG.[160] Ebenso ausgeschlossen ist, wer aus einem sicheren Drittstaat einreist; diese verfassungsunmittelbare Begrenzung ist Teil des Schutzbereichs selbst, nicht bloß eine Schranke.[161]

## 6.5.3 Eingriff

Als Eingriff wirkt jede hoheitliche Maßnahme, die politisch Verfolgte an Einreise, Aufenthalt oder Abschiebungsschutz hindert: Grenzzurückweisungen, ablehnende BAMF-Bescheide, Abschiebehaft oder Vollstreckung von Dublin Überstellungen.[162] Weil das

154 BVerfG, Beschl. vom 10.7.1989 – 2 BvR 502/86 –, BVerfGE 80, 315.
155 BVerfG, Urt. vom 26.11.1986 – 2 BvR 1058/85 –, BVerfGE 74, 51
156 BVerwG, Urt. vom 24.6.2008 – 10 C 43/07 –; *Markard, Nora*, Subsidiärer Schutz gegen allgemeine Kriegsgefahren, NVwZ 2008 S. 1206 ff.
157 BVerfG, Urt. vom 14.5.1996 – 2 BvR 1938/93 –, BVerfGE 94, 49.
158 *Gärditz* in DHS, Grundgesetz-Kommentar, Art. 16a Rn. 441 ff.
159 BVerwG, Urt. vom 22.11.2011 – 10 C 29/10 –.
160 *Jarass/Pieroth*, GG, Art. 16a Rn. 5.
161 *Von Arnauld/Martini* in Von Münch/Kunig, GG, Art. 16a Rn. 15.
162 *Jarass/Pieroth*, GG, Art. 16a Rn. 47 ff.

Asylgrundrecht zugleich Leistungsrecht ist, kann schon das bloße Unterlassen staatlicher Hilfe den Eingriffstatbestand erfüllen.[163]

### 6.5.4 Verfassungsrechtliche Rechtfertigung

Die Rechtfertigung folgt einem gestuften Regelungsmodell:

- Art. 16a Abs. 2 GG schließt Einreisende aus EU-Staaten oder sonstigen sicheren Drittstaaten vollständig aus dem Grundrecht aus.[164]
- Art. 16a Abs. 3 GG erlaubt dem Gesetzgeber, sichere Herkunftsstaaten zu benennen; hier besteht lediglich eine widerlegliche Vermutung.[165]

Bei beiden Normen verlangt das Bundesverfassungsgericht eine permanente menschenrechtsorientierte Bestandsaufnahme.[166] Jenseits dieser **innerverfassungsrechtlichen Begrenzungen** gilt das **Prinzip praktischer Konkordanz.**

Der Beschluss vom 9.4.2015 belegt diese Wechselwirkung: Selbst wenn völkerrechtliche Auslieferungs- oder Dublin-Pflichten bestehen, bleibt das Refoulement-Verbot aus Art. 1 Abs. 1 GG und Art. 16a GG Prüfmaßstab jeder polizeilichen oder gerichtlichen Vollstreckung.

Damit läuft Art. 16a GG trotz enger persönlicher und sachlicher Grenzen nicht leer. Der Normkern wird lediglich auf Situationen extremer Individualverfolgung konzentriert, während breit angelegte Konflikt-, Kriegs- oder Fluchtlagen von unions- und völkerrechtlichen Instrumenten (temporärer Schutz, Genfer Flüchtlingskonvention, subsidiärer Schutz) aufgefangen werden.

Art. 16a Abs. 2 Satz 2 GG ermächtigt den Gesetzgeber, sichere Drittstaaten zu bestimmen. Die Liste in Anlage I zum AsylG umfasst u. a. die Schweiz, Norwegen und das Vereinigtes Königreich. Art. 16a Abs. 3 GG erlaubt die Definition sicherer Herkunftsstaaten (Anlage II AsylG). Die Vermutung ist widerleglich und darf nicht zur Beweislastumkehr führen.

### 6.5.5 Polizeilicher Bezug

Die Bundespolizei führt Grenz- und Bahnhofskontrollen durch, nimmt Asylbegehren entgegen (§ 18 AsylG) und leitet sie an das BAMF weiter. Landespolizeien sind für den Schutz von Erstaufnahmeeinrichtungen zuständig, ermitteln bei Pass- und Urkundendelikten (§§ 267 ff. StGB) und vollstrecken Abschiebungen. Effektivität und Humanität bilden den leitenden Doppelgrundsatz.

163 BVerfG, Beschl. vom 9.4.2015 – 2 BvR 221/15 –.
164 BVerfGE 94, 49.
165 *Gärditz* in DHS, Grundgesetz-Kommentar, Art. 16a Rn. 453 ff.
166 BVerfG, Beschl. vom 9.4.2015 – 2 BvR 221/15 –.

***Fortsetzung und Lösungshinweis zu Beispielfall 53:***
*Ranya legt binnen einer Woche eine Stellungnahme vor und macht geltend, dass sie in Österreich Opfer geschlechtsspezifischer Gewalt wurde, die Behörden aber untätig blieben. Die Bundespolizei informiert das BAMF. Nach Anhörung entscheidet das Amt, das Selbsteintrittsrecht nach Art. 17 Abs. 3 Dublin-IV (künftig AMMR[167]) auszuüben, weil die konkrete Gefahr einer unmenschlichen Behandlung besteht. Ranya erhält subsidiären Schutz nach Art. 15 EU-Qualifikations-VO und eine Aufenthaltserlaubnis nach § 25 Abs. 2 Alt. 2 AufenthG.*

## 6.5.6 Prüfschema für die polizeiliche Praxis

| **Prüfschritt** | **Leitfrage** | **Erläuterung (Tatbestands-/ Rechtsfolgenebene)** | **Polizeirelevante Handlungsschritte** |
|---|---|---|---|
| 1. Persönlicher Anwendungsbereich | Ist der Antragsteller Ausländer/Staatenloser (non-citizen)? | Erläuterung (Tatbestands-/ Rechtsfolgenebene) | Nationalitätsfeststellung, Dokumentenprüfung, Aufnahme biometrischer Daten (Eurodac-Kategorie 1) |
| 2. Sicherer Drittstaat | Hat der Betroffene das Bundesgebiet direkt aus EU-Staat oder sonstigem „sicheren Drittstaat“ erreicht? | Ausschluss nach Art. 16a Abs. 2 Satz 1 f. GG; Anlage I AsylG (Schweiz, Norwegen, UK u. a.). | Grenz-/Bahnhofszurückweisung (§ 14 AufenthG) bzw. Dublin-Überstellung (§ 62a AufenthG); Gewahrsam zur Sicherung möglich |
| 3. Gefährdendichte | Drohen Leib-, Lebens-, Freiheits- oder Würdeverletzungen von erheblichem Gewicht? | Verfolgung muss den Betroffenen in eine „ausweglose Lage“ bringen (BVerfGE 67 184); bloße wirtschaftliche oder kriegsbedingte Not genügt nicht. | Erstbefragung, Einholung von Herkunfts-/ Lageberichten (BAMF, Auswärtiges Amt) |
| 4. Politisches Tatmotiv | Knüpft die Gefahr an Rasse, Religion, Nationalität, soziale Gruppe oder politische Überzeugung an? | Maßgeblich sind Genfer Flüchtlingskonvention und BVerfGE 54, 341; seit 1988 zählt sexuelle Orientierung als „soziale Gruppe“. | Dolmetschereinsatz, gesicherte Protokollierung des Vorbringens |
| 5. Staatliche Zurechenbarkeit | Geht die Verfolgung vom Staat aus oder wird sie von ihm geduldet/ unterstützt? | Private Gewalt wird nur erfasst, wenn der Heimatstaat nicht schützt; andernfalls kein asylerheblicher Vorgang. | Abgleich mit Menschenrechtsreports, Ermittlung zu paramilitärischen Gruppen |
| 6. Innerstaatliche Fluchtalternative | Besteht ein sicherer Landesteil im Heimatstaat? | Fehlt eine inländische Zufluchtsmöglichkeit, bleibt die Gefahr asylerheblich (BVerfGE 74, 51). | Überprüfung per Länderleitsätzen des BAMF |

167 Die Verordnung (EU) 2024/1351 (AMMR-Verordnung) regelt die Zuständigkeiten für die Durchführung von Asylverfahren sowie den Solidaritätsmechanismus.

| Prüfschritt | Leitfrage | Erläuterung (Tatbestands-/ Rechtsfolgenebene) | Polizeirelevante Handlungsschritte |
|---|---|---|---|
| 7. Nachfluchtgründe | Entstand der Verfolgungsanlass erst nach Ausreise (Exil-Aktivität)? | Grundsätzlich unbeachtlich, außer Fortsetzung bereits zuvor gelebter Überzeugung (BVerwGE 104, 97). | Dokumentation politischer Aktivitäten in Deutschland, Gefahrenprognose aktualisieren |
| 8. Sicherer Herkunftsstaat | Steht das Herkunftsland auf Anlage II AsylG? Wird Vermutung widerlegt? | Abs. 3 Art. 16a GG: widerlegliche Vermutung keiner Verfolgung; substantiierter Gegenvortrag kann sie erschüttern (BVerfG, Entsch. vom 26.4.2022). | Anhörung besonders sorgfältig protokollieren; Entscheidungsvorlage an BAMF |
| 9. Rechtsfolge | Besteht Anspruch auf Aufenthalt und Sozialleistungen? | Bei positivem Ergebnis: Aufenthaltstitel (§ 25 Abs. 1 AufenthG), Leistungen nach AsylbLG, Abschiebeschutz; Ausweisung nur bei kollidierendem Verfassungsrecht (§ 56 AufenthG). | Ausstellung Ankunfts- bzw. Aufenthaltsbescheinigung, Meldung an Ausländerbehörde, ggf. polizeilicher Schutz gewährleisten |
| 10. Verfahrensgarantien | Sind rechtliches Gehör und effektiver Rechtsschutz gesichert? | Art. 19 Abs. 4 GG; § 74 AsylG (Klage gegen BAMF-Bescheid). Die Polizei darf Vollstreckung erst nach Bestandskraft/Beschleunigungsrichtlinie durchführen. | Zustellung von Bescheiden, Belehrung über Klagefristen, Fristkontrolle vor Abschiebung |

## 6.5.7 Normsynopse – Zentrale Aussagen für die Polizei- und Verwaltungspraxis

| Absatz | Regelungsinhalt | Kernaussage für die Polizei- und Verwaltungspraxis |
|---|---|---|
| Art. 16a Abs. 1 GG | Individuelles Grundrecht auf Asyl für politisch Verfolgte | Anspruch auf Einreise, Aufenthalt, existenzsichernde Leistungen und Abschiebungsschutz; Polizei muss Asylbegehren entgegennehmen, Identität feststellen und unverzüglich an das BAMF übermitteln. |
| Art. 16a Abs. 2 Satz 1 GG | Ausschluss bei Einreise aus EU-Mitgliedstaaten | Binnengrenz- oder Landespolizeien können zurückweisen, wenn Antragsteller unmittelbar aus einem EU-Staat kommt; Erfassung im Eurodac und Übergabe an zuständige Ausländerbehörde. |
| Art. 16a Abs. 2 Satz 2 GG | Ausschluss bei Einreise aus sonstigem sicherem Drittstaat | Liste in Anlage I AsylG (u. a. Schweiz, Norwegen, Vereinigtes Königreich); Bundes- oder Landespolizei leitet Dublin-Verfahren ein und sichert Überstellung. |
| Art. 16a Abs. 3 GG | Widerlegliche Vermutung fehlender Verfolgung für sichere Herkunftsstaaten | Anlage II AsylG (z. B. Georgien, Moldau); Polizei registriert Antragsteller regulär, BAMF prüft, ob substantiierter Gegenvortrag die Vermutung erschüttert. |
| Art. 16a Abs. 4 GG | Verfahrens- und Rechtsschutzverweis auf Gesetzgebung | Einfaches Recht (AsylG, AufenthG, AsylbLG) regelt Aufnahme, Unterbringung, Identitätsfeststellung, Gewahrsam, Abschiebung; Polizei wendet diese Vorschriften an. |

| Absatz | Regelungsinhalt | Kernaussage für die Polizei- und Verwaltungspraxis |
|---|---|---|
| Art. 16a Abs. 5 GG | Integrations- und Öffnungsklausel für künftige EU-Regelungen | Nationale Befugnisse, insbesondere zu Grenz- und Rückführungsmaßnahmen, passen sich unmittelbar an das EU-Asyl- und Migrationsmanagement an; Dienststellen müssen Verordnungen 2024/1351 ff. umsetzen. |

### 6.5.8 Fünf Fallbeispiele für das Einsatz- und Prüfungstraining

***Kleiner Fall 1 – Der Schnellzug aus Wien:***
***Sachverhalt:***
*Die Bundespolizei kontrolliert im ICE München-Berlin den syrischen Journalisten Hadi. Sein Reisepass weist ein Schengen-Visum der Republik Österreich auf; dort hat er bereits Fingerabdrücke abgegeben. Hadi trägt eine Pressemappe mit regierungskritischen Artikeln gegen das Assad-Regime*[168] *bei sich. Er bittet in München sofort um „politisches Asyl“. Drei Tage später ergeht vom BAMF eine Dublin-Abschiebungsanordnung nach Österreich. Hadi legt ärztliche Atteste über schwere Folterfolgen vor und verweist auf Berichte, wonach sich die Wiener Erstaufnahmestelle in einem Gebäude befindet, das für Rollstuhlfahrer unzugänglich ist.*
***Lösungsskizze:***
*Der persönliche Anwendungsbereich ist eröffnet. Art. 16a Abs. 2 GG nimmt Hadi wegen dessen Einreise aus dem sicheren Drittstaat Österreich grundsätzlich aus dem Schutzbereich heraus. Die Bundesrepublik Deutschland könnte aber ihr Selbsteintrittsrecht ausüben, wenn ein konkretes Risiko unmenschlicher Behandlung besteht. Eine bloße bauliche Barriere begründet regelmäßig kein Refoulement-Verbot; die Überstellung ist deshalb zulässig, sofern Österreich medizinische Versorgung zusichert.*

***Kleiner Fall 2 – Tamar aus Tiflis:***
***Sachverhalt:***
*Tamar, georgische Staatsbürgerin und offen lesbisch lebend, wird nach Ankunft am Flug-hafen Köln/Bonn zu einem Dublin-Fingerabdrucktest aufgefordert. Sie erklärt, sie habe ihre Heimat wegen regelmäßiger Polizeischikanen verlassen. Georgien steht in Anlage II AsylG als „sicherer Herkunftsstaat“. Das BAMF lehnt den Antrag als offensichtlich unbegründet ab. Im Beschwerdeverfahren legt Tamar ein Video vor, das ihre Misshandlung durch Polizeibeamte zeigt.*
***Lösungsskizze:***
*Die Vermutung nach Art. 16a Abs. 3 GG greift, ist aber widerleglich. Das Video ist ein substantiierter Gegenvortrag und zwingt das BAMF zur vertieften Prüfung. Polizeischikanen staatlicher Organe wegen sexueller Orientierung erfüllen das politische Merkmal. Die ablehnende Entscheidung dürfte rechtswidrig sein;*

168 Der Fall spielt vor der Zerschlagung des Assad-Regimes.

*Tamar erhält jedenfalls ein nationales Abschiebungsverbot, unter Umständen sogar Flüchtlingsschutz.*

***Kleiner Fall 3 – Die Kartellbotschaft***
***Sachverhalt:***
*Der mexikanische Blogger Carlos berichtet über Kartellkriminalität. Nach Morddrohungen verlässt er das Land per Direktflug nach Frankfurt; ein legaler mexikanischer Ausweis liegt vor. Er beantragt Asyl mit der Begründung, der Staat könne oder wolle ihn nicht schützen. Das BAMF bezweifelt die Staatlichkeit der Verfolgung, verweist auf ein FBI-finanziertes mexikanisches Zeugenschutzprogramm und ordnet die Abschiebung an.*
***Lösungsskizze:***
*Verfolgung durch Nichtstaatliche wird asylerheblich, wenn der Staat sie nicht unterbindet. Besteht ein funktionierendes Zeugenschutzsystem, entfällt die Zurechenbarkeit. Das entscheidende Kriterium ist die effektive, landesweit zugängliche Schutzbereitschaft. Gelingt Carlos der Nachweis ernsthafter Defizite, steht ihm Flüchtlingsschutz zu. Andernfalls bleibt nur Abschiebeschutz nach § 60 Abs. 5, 7 AufenthG.*

***Kleiner Fall 4 – Das Protestplakat in Dortmund:***
***Sachverhalt:***
*Der pakistanische Staatsangehörige Adeel reist 2024 als Saisonarbeiter visafrei ein, stellt aber erst nach Ablauf seines Aufenthalts einen Asylantrag. Während des Verfahrens organisiert er in Dortmund Mahnwachen gegen die Militärregierung in Islamabad und veröffentlicht regimekritische Posts mit Klarnamen. Das BAMF stuft die Fluchtgründe als „wirtschaftlich" ein und lehnt ab. Adeel verweist auf Nachfluchtgründe, weil das Regime seine Posts strafrechtlich verfolgt.*
***Lösungsskizze:***
*Nachflucht lässt den Anspruch nur entstehen, wenn sie Ausdruck einer schon im Heimat-staat erkennbar gelebten Überzeugung ist. Da Adeel erst in Deutschland politisch aktiv wurde, sind die Motive unbeachtlich. Die Abschiebung ist rechtmäßig; dennoch muss geprüft werden, ob § 60 Abs. 5 AufenthG (EMRK) ein Abschiebehindernis begründet, falls in Pakistan Folter wegen exilpolitischer Betätigung droht.*

***Kleiner Fall 5 – Anu und die Jaffna-Route:***
***Sachverhalt:***
*Die tamilische Studentin Anu flieht vor Repressalien singhalesischer Milizen auf der Halbinsel Jaffna. Sri Lankas Hauptstadt Colombo gilt seit Jahren als befriedet. Das BAMF erkennt zwar an, dass Anu im Norden gefährdet wäre, lehnt ihren Antrag aber ab, weil sie in Colombo ohne Verfolgung leben könne. Anu entgegnet, dort habe sie keine Netzwerke; sie spräche nur Tamil.*

***Lösungsskizze:***
*Eine innerstaatliche Fluchtalternative muss erreichbar, zumutbar und sicher sein. Sprach- und Familiennetzwerke spielen eine Rolle, begründen aber allein keine Unzumutbarkeit. Liegen verlässliche UNHCR-Berichte über das Ende tamilischer Diskriminierung in Colombo vor, entfällt der Anspruch. Andernfalls bleibt Flüchtlingsschutz bestehen.*

**Merke:**
Diese fünf Kurzfälle decken die polizeilich relevanten Brennpunkte des Art. 16a GG ab:
- sichere Dritt- und Herkunftsstaaten,
- widerlegliche Vermutung,
- nichtstaatliche Verfolgung,
- Nachfluchtgründe und
- innerstaatliche Fluchtalternativen.

### 6.5.9 Aktuelle Position der deutschen Asyl- und Flüchtlingspolitik

Die Grundarchitektur des Art. 16a GG wird heute von drei großen Regelungskomplexen geprägt: dem verfassungsunmittelbaren Katalog sicherer Dritt- und Herkunftsstaaten, dem unionsrechtlichen Gemeinsamen Europäischen Asylsystem und einer wachsenden Zahl einfachgesetzlicher Zugangsbeschränkungen. Seit Inkrafttreten des Asyl- und Migrationspakets (VO (EU) 2024/1351 ff.) verlagern sich die entscheidenden Weichenstellungen an die EU-Außengrenze. Dort greift ab 2026 ein obligatorisches Screening- und Schnellverfahren, dessen Ergebnisse die innerstaatliche Asylprüfung weitgehend vorbestimmen. Für die Polizei bedeutet das: Registrierung, Identitätsfeststellung, Überstellungen nach Dublin-IV (künftig AMMR) und die Sicherung der neuen Grenzverfahren in den AnKER-Zentren rücken in den Mittelpunkt alltäglicher Amtshilfe.

#### 6.5.9.1 Entscheidung zum Familiennachzug

Am 27.7.2025 hat der Bundestag mit 444 gegen 135 Stimmen beschlossen, den Familiennachzug zu subsidiär Schutzberechtigten erneut vollständig auszusetzen.[169] Härtefallklauseln bleiben zwar bestehen, stehen aber unter rigiden Kontingent- und Ermessensvorbehalten. Die Suspendierung gilt zunächst für zwei Jahre, soll aber schon nach zwölf Monaten evaluiert werden. Innenminister *Alexander Dobrindt* begründete den

169 Deutscher Bundestag, Inneres. Aussetzung des Familiennachzugs zu subsidiär Schutzberechtigten geplant, https://www.bundestag.de/dokumente/textarchiv/2025/kw23-de-familiennachzug-1083664, zuletzt abgerufen am 28.6.2025.

Schritt mit *„Belastungsgrenzen bei Kommunen und Integrationsinfrastruktur"*; die Regierungsfraktionen sprechen von einem notwendigen *„Atemholen"* des Systems. Kritiker von Pro Asyl, EKD und Deutschem Anwaltverein verweisen darauf, dass der Nachzug im Jahr 2024 faktisch bei rund 12.000 Personen lag und damit weniger als eine Person pro Kommune bedeutet. Sie sehen in der Regelung ein Abschreckungs- und kein Steuerungsinstrument und kündigen Verfassungsbeschwerden an.

#### 6.5.9.2 Läuft das Grundrecht leer? Eine verfassungsrechtlich-politische Bewertung

Schon die Dritt- und Herkunftsstaatenlisten haben den unmittelbaren Anwendungsbereich erheblich verkleinert: 2024 wurden nur noch rund 9 % aller Schutzsuchenden als Asylberechtigte nach Art. 16a GG anerkannt; der große Rest erhielt Flüchtlings-, subsidiären oder humanitären Schutz nach einfachem Recht.[170] Die beschlossene Aussetzung des Familiennachzugs trifft ausschließlich subsidiär Geschützte, aber auch sie schwächt mittelbar die Attraktivität des Asylrechts insgesamt, weil der Weg vom Asylbegehren zum gesicherten Familienleben weiter beschränkt wird.

Der Bundesgesetzgeber verweist darauf, dass Art. 16a Abs. 5 GG die „europäische Integration" ausdrücklich privilegiert. Er sieht die Suspendierung des Nachzugs als flüchtlingspolitisches Flankenelement zum neuen EU-Grenzverfahren: Wer künftig bereits an Außengrenzen abgewiesen oder verteilt wird, soll auch nicht mehr mit einem abgeleiteten Nachzugsrecht in Deutschland rechnen können.[171]

**Gegenargument:** Das Bundesverfassungsgericht hat im Kammerbeschluss vom 9.4.2015 verlangt, jede Abschiebung, Auslieferung oder familiäre Trennung daran zu messen, ob konkrete Gefahr menschenrechtswidriger Behandlung droht.[172] Familienleben sei integraler Teil der Menschenwürde. Die neuerliche Aussetzung verschiebt die Gewichte zugunsten migrationspolitischer Steuerung und riskiert, dass Schutzstatus und Menschenwürde faktisch auseinanderfallen. NGOs sprechen daher von einer „schleichenden Entleerung" des Grundrechts, weil immer mehr Folgerechte (Unterbringung, Nachzug, Niederlassung) unter Kontingent- oder Härtefallvorbehalte gestellt würden.

**Für den Vollzug bedeutet das Gesetz:** Familienangehörige subsidiär Geschützter sind an den Grenzen – selbst bei gültigen Visaanträgen – zurückzuweisen (§ 14 AufenthG). Die Bundes- und Landespolizei muss zugleich mit einer Zunahme informeller Einreisen rechnen; entsprechende Erfahrungswerte liegen aus der ersten Aussetzung 2016–2018 vor.[173] Das Spannungsverhältnis zwischen grundrechtlicher Schutzpflicht und ordnungsrechtlicher Migrationssteuerung nimmt damit zu.

---

170 https://www.bamf.de/SharedDocs/Anlagen/DE/Statistik/BundesamtinZahlen/bundesamt-in-zahlen-2024-asyl.pdf?__blob=publicationFile&v=12.

171 *Thym, Daniel*, Der Rechtsbruch-Mythos und wie man ihn widerlegt, VerfBlog, 2018/5/02, https://verfassungsblog.de/der-rechtsbruch-mythos-und-wie-man-ihn-widerlegt/, DOI: 10.17176/20180502-152930.

172 BVerfG, Beschl. vom 9.4.2015 – 2 BvR 221/15 –.

173 Vgl. *Thym, Daniel*, Bundestags-Stellungnahme 2025, S. 4 f., https://www.bundestag.de/resource/blob/1093510/21-4-012-A-Stellungnahme-Prof-Dr-Daniel-Thym-Familiennachzug-21-321.pdf, zuletzt abgerufen am 28.6.2025.

#### 6.5.9.3 Zwischenfazit

Art. 16a GG besteht fort, doch sein praktischer Schutzgehalt hat sich auf einen engen Kern extremer Individualverfolgung reduziert. Die heutige Suspendierung des Familiennachzugs bestätigt den Trend, flankierende Aufenthaltsrechte nicht mehr aus dem Grundgesetz, sondern aus einfachgesetzlichen oder unionsrechtlichen Instrumenten abzuleiten. Ob das Grundrecht leerläuft, wird das Bundesverfassungsgericht an den anhängigen Beschwerden gegen die Nachzugspause zeigen; bis dahin operieren Polizei- und Verwaltungspraxis in einem rechtlich zulässigen, politisch jedoch hoch umstrittenen Spielraum.

Die seit Mai 2025 verfolgte Politik verstärkter Grenzkontrollen und Zurückweisungen von Asylsuchenden hat eine neue Diskussion über Reichweite und praktische Bedeutung des Art. 16a GG ausgelöst. Besondere Aufmerksamkeit erlangte eine Entscheidung des VG Berlin vom Juni 2025, das pauschale Zurückweisungen an den deutschen Grenzen für unionsrechtswidrig hielt. Zugleich gewinnt die Umsetzung der Reform des Gemeinsamen Europäischen Asylsystems (GEAS) an Bedeutung, wodurch sich die Asylprüfung zunehmend auf die europäische Ebene verlagert.[174]

### 6.5.10 Rechtsprechungsübersicht

| Jahr/Gericht | Fundstelle/ Aktenzeichen | Zentrale Aussage | Bedeutung für Polizei- und Verwaltungspraxis |
|---|---|---|---|
| 1984 – BVerfG | BVerfGE 67, 145 („Asyl-Grundsatz I“) | Politische Verfolgung erfordert Eingriffe in Leib, Leben, Freiheit oder Würde, die den Betroffenen in eine ausweglose Lage bringen. | Grenz- und Ausländerbehörden müssen bereits bei Erstbefragung konkrete Hinweise auf eine solche Gefahr dokumentieren; reine Wirtschaftsnöte scheiden aus. |
| 1986 – BVerfG | BVerfGE 74, 51 („Fluchtalternative“) | Anspruch entfällt, wenn im Herkunftsland ein sicherer Landesteil besteht; innerstaatliche Umsiedlung ist zumutbar. | Polizei und BAMF prüfen in Lageberichten, ob Binnenflucht möglich ist; beeinflusst Aufnahmekapazitäten der Landesaufnahmebehörden. |
| 1988 – BVerfG | BVerfGE 79, 143 („Homosexualität“) | Homosexuelle bilden eine „soziale Gruppe“; strafrechtliche Verfolgung wegen sexueller Orientierung begründet Asylanspruch. | Schulung der Befragungsbeamten in sensibler Anhörung; Schutz besonderer Persönlichkeitsbereiche bei Gewahrsam und Unterbringung. |
| 1990 – BVerfG | BVerfGE 80, 315 („Bürgerkriegsfolgen“) | Allgemeine Kriegs- und Bürgerkriegslagen ohne individuelle Zielrichtung sind kein asylerheblicher Verfolgungsgrund. | Unterscheidung zwischen Flüchtlingsschutz (GFK) und Art. 16a; Gewahrsam zur Dublin-Überstellung bleibt zulässig. |

174 Vgl. https://www.tagesschau.de/inland/innenpolitik/zurueckweisung-grenze-rechtswidrig-102.html, zuletzt abgerufen am 30.6.2026.

| Jahr/Gericht | Fundstelle/ Aktenzeichen | Zentrale Aussage | Bedeutung für Polizei- und Verwaltungspraxis |
|---|---|---|---|
| 1996 – BVerwG | BVerwGE 104, 97 | Nachfluchtgründe sind unbeachtlich, es sei denn, sie setzen eine bereits im Heimatstaat erkennbare Überzeugung fort. | Bei Ermittlungen zu exilpolitischen Aktivitäten ist zu prüfen, ob sie bloße Asyltaktik darstellen; wichtig für Visums- und Haftentscheidungen. |
| 2009 – BVerfG | BVerfGE 122, 353 („Sichere Drittstaaten") | Drittstaatsliste verfassungsgemäß, solange menschenrechtliche Mindeststandards gewahrt bleiben; dynamische Kontrolle erforderlich. | Bundespolizei und Landesdienststellen müssen bei Zurückweisungen auf aktuelle Menschenrechtslage achten. |
| 2015 – BVerfG | Beschl. vom 9.4.2015 – 2 BvR 221/15 – | Vor jeder Auslieferung, Abschiebung oder Dublin-Überstellung ist eine eigenständige Verfolgungs- und Menschenrechtsprüfung nötig. | Polizeiliche Durchsetzung von Überstellungen setzt vorherige BAMF- oder Gerichtsprüfung voraus; Eildienst der Amtsgerichte einschalten. |
| 2022 – BVerfG | Urt. vom 26.4.2022 – 1 BvR 1619/17 – | Widerlegliche Vermutung bei sicheren Herkunftsstaaten darf nicht zur Beweislastumkehr verkommen; Behörde muss Gegenvortrag substantiiert würdigen. | Anhörungsprotokolle der Polizei sind grundlegende Beweismittel; sorgfältige Dokumentation entscheidet über Prozesslage. |

## 6.5.11 Sonderregelung: Ukrainische Geflüchtete – Humanitäre Aufnahme neben Art. 16a GG

### 6.5.11.1 Kriegshintergrund

Am 24.2.2022 begann die russische Vollinvasion. Seitdem stehen große Teile der Ost- und Südukraine unter Beschuss; die Front verläuft 2025 noch immer nördlich von Donezk und östlich von Kupjansk. Russland setzt Raketen- und Drohnenangriffe gegen Energie-, Hafen- und Getreideterminals; die Ukraine antwortet mit Drohnenangriffen auf Treibstofflager jenseits der Grenze. Die Zivilbevölkerung erlebt Ausgangssperren, Teilmobilmachung und wiederkehrende Stromabschaltungen; Männer zwischen 18 und 60 Jahren dürfen in der Regel nicht ausreisen.[175]

### 6.5.11.2 Rechtsrahmen in der EU

Erstmals aktivierte der Rat am 4.3.2022 die Richtlinie 2001/55/EG über den vorübergehenden Schutz. Sie wird im Sommer 2025 bis 4.3.2027 verlängert, weil noch keine sichere Rückkehrperspektive besteht. Nach Eurostat hatten Ende April 2025 4,26 Mio.

175 *Janda, Constanze*, Geflüchtete aus der Ukraine im System des Migrations(sozial)rechts – Legitime Differenzierung oder unzulässige Ungleichbehandlung? ZAR 2023 S. 8 ff.

Ukrainer einen entsprechenden Aufenthaltstitel; allein Deutschland beherbergt 1.189.355 Menschen.

#### 6.5.11.3 Deutsche Umsetzung (§ 24 AufenthG)

Der Deutsche Bundestag hat die nach § 24 Abs. 1 AufenthG erteilten Aufenthaltstitel im März 2025 ohne Antrag bis zum 4.3.2026 verlängert. Die Bundesregierung arbeitet bereits an einer weiteren Verlängerung bis 2027.

Für die Inhaber dieses Aufenthaltstitels findet keine individuelle Asylprüfung statt, sodass Artikel 16a GG nicht zur Anwendung kommt. Die Betroffenen erhalten sofort eine Arbeitserlaubnis und haben uneingeschränkten Zugang zu Schule, Studium sowie zur Kranken- und Pflegeversicherung. Sie unterliegen einer Melde- und Registrierungspflicht: Ihre Fingerabdrücke werden als Eurodac-Datensatz der Kategorie 1 erfasst, und die Ausländerbehörden müssen ihnen innerhalb von 90 Tagen eine Fiktionsbescheinigung ausstellen.

Das Aufgabenprofil von Bundes- und Landespolizei gestaltet sich folgendermaßen: Seit März 2022 wird an den EU-Außengrenzen Ukrainern faktisch durchgehend die visumfreie Einreise gewährt. Die Grenzpolizei überprüft dabei die Identität der Einreisenden sowie mögliche Fahndungs- und Sicherheitstreffer, nimmt jedoch keine Asylanträge entgegen. Bei Masseneinreisen übernehmen die Polizeien die biometrische Erfassung in Ankunftszentren oder an Bahnhöfen. Zudem fahnden sie gezielt nach Kriegs- und Sexualstraftätern, die auf Interpol- oder Europol-Hinweisen basieren. Im Inland führen sie Aufenthaltspapierkontrollen durch; da viele ukrainische Pässe 2025/2026 ablaufen, sind Pass-Ersatzbescheinigungen der Ukraine gemäß § 12a Abs. 14 AufenthG zu akzeptieren.

# Stichwortverzeichnis

## A



## B



## C



## D



## E

## F



## G

## V



## W



## Z